Thorolf Lipp

Gol – das Turmspringen
auf der Insel Pentecost in Vanuatu

OZEANIEN

herausgegeben von

Hermann Mückler (Wien)
Christian Kaufmann (Basel)
Thomas Bargatzky (Bayreuth)

Band 1

LIT

Thorolf Lipp

Gol – das Turmspringen auf der Insel Pentecost in Vanuatu

Beschreibung und Analyse eines riskanten Spektakels

LIT

Gefördert durch die Deutsche Forschungsgemeinschaft (DFG) im Rahmen des Drittmittelprojektes BA 664 / 15-1: Die Turmspringer von Pentecost. Mythos, Ritual, Grenzerfahrung

Die vorliegende Arbeit wurde am 12. Dezember 2006 als Dissertation an der Fakultät für Kulturwissenschaften der Universität Bayreuth eingereicht und am 12. Juni 2007 verteidigt.
Gutachter waren:
Prof. Dr. Thomas Bargatzky (Ethnologie),
Prof. Dr. Ulrich Berner (Religionswissenschaft)
und Prof. Dr. Hermann Hiery (Geschichte).

Bibliografische Information der Deutschen Nationalbibliothek
Die Deutsche Nationalbibliothek verzeichnet diese Publikation in der Deutschen Nationalbibliografie; detaillierte bibliografische Daten sind im Internet über http://dnb.d-nb.de abrufbar.

ISBN 978-3-7000-0857-6 (Österreich)
ISBN 978-3-8258-1452-6 (Deutschland)
Zugl.: Bayreuth, Univ., Diss., 2007

© LIT VERLAG GmbH & Co. KG Wien 2008
Krotenthallergasse 10/8
A-1080 Wien
Tel. +43 (0) 1 / 409 56 61
Fax +43 (0) 1 / 409 56 97
e-Mail: wien@lit-verlag.at
http://www.lit-verlag.at

LIT VERLAG Dr. W. Hopf
Berlin 2008
Verlagskontakt:
Fresnostr. 2
D-48159 Münster
Tel. +49 (0)251–62 03 20
Fax +49 (0)251–23 19 72
e-Mail: lit@lit-verlag.de
http://www.lit-verlag.de

Auslieferung:
Deutschland/Schweiz: LIT Verlag Fresnostr. 2, D-48159 Münster
Tel. +49 (0) 2 51/620 32 - 22, Fax +49 (0) 2 51/922 60 99, e-Mail: vertrieb@lit-verlag.de

Österreich: Medienlogistik Pichler-ÖBZ GmbH & Co KG
IZ-NÖ, Süd, Straße 1, Objekt 34, A-2355 Wiener Neudorf
Tel. +43 (0) 2236/63 535 - 290, Fax +43 (0) 2236/63 535 - 243, e-Mail: mlo@medien-logistik.at

VORWORT DES HERAUSGEBERS

Bilder von sich spektakulär in die Tiefe werfenden Menschen, deren einziger Sicherheitsanker um die Fußknöchel gebunden Lianen sind, sowie die fragil erscheinenden Turmkonstruktionen von dennoch beachtlicher Größe, haben das Turmspringen der Bewohner Pentecosts weltweit bekannt gemacht. Parallelen zum modernen Bungee Jumping wurden gezogen und Erklärungsansätze für diese Veranstaltung angeführt, die von archaischen Initiationsriten oder männlichen Mutproben sprechen. Vieles wurde in der Populärdiskussion vereinfacht und undifferenziert dargestellt, manches war schlichtweg falsch.

Der Autor des vorliegenden Bandes, der Ethnologe Thorolf Lipp, hat mit seiner Studie, die auf mehreren langen und akribischen Feldforschungen beruht, die bisher umfassendste und differenzierteste Darstellung dieses Phänomens geliefert. Er räumt mit falschen und eindimensionalen Erklärungsansätzen auf und liefert eine kompakte und äußerst detaillierte Erfassung der komplexen Zusammenhänge des in der Sprache der lokalen Sa-Bevölkerung *gol* genannten Brauches. Neben einer Reflexion der methodischen Herangehensweise und der Auseinandersetzung mit den für dieses Thema relevanten Theorieansätzen, präsentiert Lipp zunächst eine Fülle an historischen und ethnographischen Daten. Dabei werden Gesichtspunkte der Ethnologie des Körpers, Ordnungsvorstellungen von Raum und Zeit oder Verwandtschaftskategorien der Sa genauso behandelt wie Aspekte ihrer Mythologie oder ihres Ethos. Schließlich wird der Ablauf des Turmspringens ausführlich beschrieben. Die besondere Qualität dieser Datensammlung liegt jedoch nicht in ihrer Akribie, sondern darin, daß im anschließenden Analyseteil alle hier ausgebreiteten Aspekte aufeinander bzw. auf das Turmspringen bezogen werden. So kann deutlich werden, was als eine zentrale Erkenntnis der Ethnologie gelten darf: „Alles hängt mit allem zusammen", das Turmspringen ist ein „totales soziales Phänomen". Lipp sucht in seiner behutsamen aber aussagekräftigen Deutung des Turmspringens nach Zusammenhängen zwischen Mythos, Symbolik und Ritual und fragt nach Funktionen und Bedeutungen des *gol*. Obwohl seine Interpretation eher einem dramatologischen als einem poststrukturalistischen Ansatz verpflichtet ist, kommt auch Lipp nicht umhin, vermeintlich naheliegende, aber zu kurz greifende Erklärungen über Ursprung und Bedeutung des Turmspringens zu dekonstruieren. Schließlich läßt er das Phänomen mit seiner These, es müsse als „riskantes Spektakel" aufgefaßt werden, in einem gänzlich neuem Licht erscheinen, wodurch er der aktuellen ritualtheoretischen Diskussion einige neue Impulse verleihen kann. Die von Thorolf Lipp angestrebte deutliche Trennung von historischen und ethnographischen Daten einerseits und der ethnologischen Analyse andererseits ist erwähnens- und lobenswert. So will er nachfolgenden Forschern einen möglichst unverstellten Blick auf sein Material ermöglichen. Allerdings klammert er, mit Verweis auf Franz Boas' Satz „you must have the guts to interpret" die Analyse eben keinesfalls aus. Dabei weiß er natürlich, daß es unmöglich ist, ein Phänomen wie das Turmspringen in allen individuell und kollektiv wirksamen Bedeutungen und Funktionen zu erfassen oder gar ein für allemal zu verstehen. Sein selbsterklärtes Ziel jedoch, „die Multidimensionalität des Phänomens überhaupt zu zeigen und mit Hilfe eines polyparadigmatischen Theorieansatzes möglichst viele der, teils sehr dicht, über- und nebeneinander liegenden Schichten vorsichtig voneinander zu trennen um sie letztlich doch zusammendenken zu können", hat er fraglos eingelöst.

Es freut mich sehr, daß die schon lange mit dem Lit-Verlag diskutierte Einrichtung einer eigenen Publikationsreihe für den deutschsprachigen Raum zum Regionalgebiet Ozeanien gerade mit diesem Band eröffnet wird. Insofern ist die Wahl des Autors und seines Werkes programmatisch für die Ziele, die sich Verlag und Herausgeber für die Reihe gestellt haben: herausragende Beiträge, die der Theoriediskussion Impulse liefern, aufzugreifen und Themen, die als Desiderat erkannt, jedoch bisher nur wenig Beachtung gefunden haben, in den Vordergrund zu rücken. Damit soll ein entscheidender Beitrag für die kultur- und sozialwissenschaftliche Ozeanienforschung geleistet werden. In loser Folge werden Bände in ähnlicher Aufmachung erscheinen, die zeigen, daß die Erforschung der kulturellen Vielfalt Ozeaniens auch heute noch im deutschsprachigen Raum ihre qualitativ anspruchsvolle Fortführung findet und zu substantiellen Ergebnissen gelangt. Es ist dem Verlag zu danken, daß damit eine Tradition fortgesetzt werden kann, deren Anfänge bereits in der konstituierenden Phase der einzelnen Fachdisziplinen lagen.

Hermann Mückler, Wien im Mai 2008

Abb. 1: Junge vor seinem ersten Sprung.

DANK

Mein Dank gilt zunächst meinen Freunden und wichtigsten Partnern unter den Sa. Namentlich Bebe Malegel, Moses Watas und Chief Warisul. Ohne ihre tage- und wochenlangen geduldigen, teils überaus liebevollen Mühen, würde es diese Arbeit nicht geben. Erwähnen möchte ich aber auch deren Frauen Mani, Belaku und Mumum, die ihre Männer in dieser Zeit teils nur selten zu Gesicht bekamen, weil ich sie „in Beschlag" genommen hatte. Großer und herzlicher Dank gilt auch Sé, der Frau von Warisus Telkon, in deren Haus meine Gefährtin Martina und ich während unseres Bunlap-Aufenthaltes im Jahre 2002 untergebracht waren. Auch Sali Warara, Telkon Betu, Betu Malsalus, Sali Molkat, Francois Watas und Betu Oska schulde ich viel, ebenso den vielen Dutzend Sa Mädchen und Jungen, Frauen und Männern, die hier vielfach namenlos bleiben müssen. Ihre großzügige Hilfe und wohlwollende Gastfreundschaft haben meine Aufenthalte zu wunderbaren Erlebnissen gemacht.

Der Deutschen Forschungsgemeinschaft danke ich für die Unterstützung des Vorhabens im Rahmen eines Drittmittelprojektes. Auch dem Vanuatu Cultural Center, vor allem dem Leiter der National Film & Sound Unit, Jacob Sam, sowie dem Direktor, Ralph Regenvanu, gilt großer Dank für stets freundliche und großzügige Unterstützung, Beratung und Vermittlung.

Ich hatte das Glück, frei und selbständig ein Promotionsthema entwickeln und zur Förderung vorschlagen zu dürfen und dabei auch noch auf ernsthafte und geduldige Betreuung zu stoßen. Mein aufrichtiger und herzlicher Dank gilt daher dem Ethnologen Prof. Thomas Bargatzky und dem Religionswissenschaftler Prof. Ulrich Berner. Sie haben, trotz manchen Unkalkulierbarkeiten, die mit so einem Projekt „am Ende der Welt" immer verbunden sind, an die Idee geglaubt und mir ein sehr freies Arbeiten ermöglicht. Prof. John MacAloon schulde ich Dank für einige aufschlußreiche Anmerkungen zum Problem des Rituals bzw. des Spektakels sowie zur Entstehung der liminal/liminoid Dichotomie Victor Turners, die er, als sein Schüler, aus unmittelbarer Anschauung miterleben konnte. Mein Dank gilt außerdem Prof. Hartmann Tyrell, der die Anregung gab, das *gol* als eine von den anderen gesellschaftlichen Institutionen der Sa weitgehend „entkoppelte" Veranstaltung zu bezeichnen. Der australische Linguist Dr. Murray Garde, der selbst seit etwa zehn Jahren bei den Sa forscht, hat mir stets sehr freundschaftlich, über zwei Ozeane hinweg, manche Frage beantwortet, zu deren Lösung mir als Ethnologe mitunter die „Werkzeuge" fehlten. Thanks mate! Für einige wertvolle Hinweise zum Umgang mit dem mythischen Material, zum Strukturalismus und zu linguistischen und kulturellen Parallelen innerhalb der Kulturen Austronesiens danke ich Dr. Susanne Rodemeier. Auch Dr. Markus Verne gilt mein Dank, er hat mir bei meiner steten Suche danach, was Ethnologie eigentlich im Kern bedeutet, einige wichtige und konstruktive Anmerkungen mitgegeben, mit großer Geduld manche meiner Überlegungen angehört und stets leidenschaftlich und ernsthaft darauf Replik genommen.

Amelie Hüneke und Katharina Kaiser bin ich für die Anfertigung der gelungenen Zeichnungen, die die wissenschaftliche Arbeit ergänzen und abrunden, überaus verbunden. Bettine Kuhnert gilt Dank für Ihre Hilfe beim Transkribieren von mehreren Filmen und Texten. Katrin Friedrich, die mich, zusammen mit meiner Partnerin Martina Kleinert, während meiner dritten Feldforschung im Jahre 2004 für einige Wochen besucht und an unseren Erfahrungen Anteil genommen hat, danke ich sehr für die großzügige Überlassung einiger ausgezeichneter Aufnahmen. Den Druck dieses Buches hat Jamal Zeinál-Zade ermöglicht, Mäzen, Freund und selbst ein erfahrener Vanuatu-Reisender. Auch ihm sei herzlich gedankt.

Die letzten Worte des Dankes gelten Martina Kleinert. Sie hat mich zweimal - nicht nur gedanklich, sondern auch physisch - zu den Sa begleitet. Teils monatelang ertrug sie mit mir die Strapazen einer „klassischen Feldforschung" in einem melanesischen Bergdorf. Für uns beide war es eine sowohl anstrengende als auch unbeschreiblich schöne und reiche Zeit. Sie war es auch, die nicht nur einen Großteil der hier abgedruckten Photos gemacht, sondern auch die Bildbearbeitung der Zeichnungen und Photographien übernommen und das Manuskript gründlich gegengelesen hat.

Ich allein bin für die in diesem Buch vertretene Sicht der Dinge verantwortlich. Letztlich bin ich der Auffassung, daß keine noch so ausgeklügelte Theorie der Beobachtungsbeobachtung dem Autor die Verantwortung der Autorenschaft abnehmen kann. Ich habe versucht, offenzulegen und transparent zu machen, wie ich zu meinen Einsichten gelangt bin und wer sie mir eröffnet hat. Dennoch mußte ich, um zu einem lesbaren Ergebnis zu gelangen, den Stoff mit gestalterischer Kraft ordnen, neu zusammenfügen und verdichten. Deswegen spiegelt sich hier letztlich genausowenig das „reale Leben" wie im Ritual, im Theater oder im Film. Wenn der „Vorhang gefallen ist" werden viele Fragen offengeblieben sein. Vielleicht können sie später einmal an anderer Stelle weitergedacht werden.

Mein Vater, der Kultursoziologe Wolfgang Lipp, hat an Fragen, wie sie inzwischen auch mich beschäftigen, bald mehr als 40 Jahre schon vor- und vorausgearbeitet. Ich beehre und freue mich sehr, ihm, der mich auf meinem Weg stets großzügig unterstützt hat, diese Studie heute widmen zu können.

PROLOG

Ich schäme mich nicht, zu bekennen,
dass ich nicht weiß, was ich nicht weiß.
Marcus Tullius Cicero (106 – 43 v. Chr.)

I. Wie es dazu kam...

In den Jahren 1997 und 1998 arbeitete ich als Research Fellow für das Institute of Pacific Studies der University of the South Pacific in Suva. Dort gehörte es zu meinen Aufgaben, einen ethnographischen Film über das Kavaritual in Ozeanien zu drehen. Ende 1997 führten mich meine Recherchen für dieses Projekt nach Vanuatu. Mein Plan war, die Insel Maewo aufzusuchen, weil hier die Kava aller Wahrscheinlichkeit nach vor gut 3500 Jahren zuerst kultiviert wurde. Zufällig stieß ich am zweiten Tag meines Aufenthaltes im Nationalmuseum in Port Vila auf eine kleine Ausstellung mit Photos von *kastom* Sa aus dem Dorf Bunlap in Pentecost.[1] Zu sehen waren Bilder einiger nur mit der typischen Penisbinde bekleideten Jungen und Männer bei alltäglichen Arbeiten in den Gärten und im Dorf. Diese Bilder berührten mich. Ich änderte meine Reisepläne und beschloß, nicht nach Maewo, sondern nach Pentecost zu fahren. Auf der nur schwer zugänglichen Südostseite der Insel kam ich dann, einige Tage später, erstmals mit den *kastom* Sa zusammen und verbrachte mehrere Wochen für meine Recherchen und Dreharbeiten in Bunlap. Bereits bei diesem ersten Aufenthalt lernte ich einige der Männer kennen, die später meine Freunde und Informanten werden sollten. Die Begegnung mit den *kastom* Sa beeindruckte mich nachhaltig. In den Monaten nach meiner ersten Reise zu ihnen erwachte in mir der Wunsch, mehr über sie zu erfahren, mit ihnen zu leben und bei ihnen zu forschen. Ihre feste Überzeugung, daß ihr *kastom* die für sie einzig richtige Lebensart sei und ihr Widerstand gegenüber einer Vereinnahmung durch die Europäer und deren Kultur, die die Sa vor allem in Form von Schule und Kirche kennengelernt hatten, faszinierten mich ebenso wie ihr Bekenntnis zu ihrem traditionellen Lebensstil: die mit *natagora*[2] gedeckten Häusern, das Festhalten am traditionellen Titelsystem, die strenge Trennung von Mann und Frau sowie das Beibehalten zur traditionellen Bekleidung, die hier bis heute praktisch ausschließlich aus der geflochtenen Penisbinde *(bi pis)* und dem Grasrock *(rahis)* besteht. Ich fühlte mich an Stanley Diamond und dessen Projekt einer „kritischen Anthropologie" erinnert,

---

[1] Für besonders bedeutsame und häufiger verwendete Begriffe aus dem Sa bzw. Bislama verweise ich auf das Glossar am Ende dieser Arbeit. *Kastom* ist vielfach als „religiöse Revitalisationsbewegung" beschrieben worden. Im allgemeinen versteht man darunter die Ablehnung des Christentums und die Wiederbelebung bzw. das ganz bewußte Festhalten an regional wichtigen, „traditionellen" Werten und Bräuchen, das sich augenfällig häufig schon in der Ablehnung westlicher Kleidung zeigt (vgl. genauer Kap. 6).

[2] Eine von mir nicht identifizierte Palmenart mit langen, Blättern, die in Aussehen und Konsistenz in etwa denen der Pandanuspalme gleichen (*lat: Pandanus tectorius*)

die ihre Aufgabe in der Bewußtmachung und Vergegenwärtigung der primitiven Gesellschaft als eines kulturellen Paradigmas versteht, das dem Staat und der damit verbundenen Form der Zivilisation vorausgeht. Ich fühlte, hoffte, daß ich hier auf ein Potential an menschlichen Möglichkeiten gestoßen war, von dem ich meinte, daß es uns westlich-kapitalistischen Fortschrittsmenschen längst abhanden gekommen ist (vgl. Diamond 1980). Heute würde ich sagen, daß der größte persönliche Erfolg dieser Forschung nicht zuletzt im Zurechtrücken dieser ersten, notwendig noch unreflektierten Eindrücke liegt, im positiven wie im negativen Sinne. Als mein Vertrag mit der USP im Mai 1998 erfüllt war und ich nach Deutschland zurückkehren mußte, stand für mich fest, alles daran setzen zu wollen, nochmals mit den Sa zu leben und ein nächstes Mal länger bei ihnen zu forschen. Es war mir daher eine wirkliche Freude, daß die DFG einen entsprechenden Forschungsantrag im Sommer 2001 positiv entschied und der Weg dadurch frei wurde für weitere Feldforschungen in Vanuatu, die insgesamt knapp ein Jahr dauern sollten. Den ersten wenigen Wochen im Jahr 1997 folgte ein jeweils etwa fünfmonatiger Feldaufenthalt in den Jahren 2002 und 2004.

II. Orte und Partner

Den größten Teil der Feldforschungen für diese Arbeit führte ich in Süden der Insel Pentecost durch. Die meiste Zeit davon verbrachte ich im Dorf Bunlap, das für diese Untersuchung besonders wichtig ist. Dort konnte ich zwei *gol*[3] beobachten, die im April und Juni des Jahres 2002 abgehalten wurden. Darüber hinaus war es aber unerläßlich, auch andere Dörfer des Sa Gebietes kennenzulernen, zumindest solche, in denen das *gol* immer noch – oder inzwischen wieder – veranstaltet wird. Daher besuchte ich nach und nach auch die Dörfer Baramwel, Retefor, Lonpis, Santari, Rantas, Ponof, Ponra, Ranon, Sankar, Pohurur, Ranwas, Point Cross, Ranliai, Sarop, Wanur, Panmatmat, Ranbutor, Salap, Pangi, Wali, Panas, Londot und Rangusuksu (vgl. Abb. 11). Die Exkursionen zu diesen Dörfern im dicht bewaldeten, bergigen Südosten der Insel Pentecost waren anstrengende Unternehmungen, da über rutschige Lehmpfade und steinige Waldwege im stetigen Wechsel bergauf und bergab marschiert wird. Dennoch gehören diese schweißtreibenden Wanderungen durchaus zu den Höhepunkten der Forschung. Zum einen, weil ich in den mir

Abb. 2: Bebe Malegel.
(Bunlap-Bena, Oktober 2004)

ja zunächst ganz fremden Dörfern, in denen oftmals seit Jahren kein Weißer mehr zu Besuch war, stets freundlich aufgenommen wurde und viel Neues in Erfahrung bringen konnte. So wurden manche bereits für sicher gehaltenen Informationen aus Bunlap wieder deutlich zurechgerückt. Zum anderen aber auch, weil mir mein wohl wichtigster Partner, Bebe Malegel, der bei meinem dritten Aufenthalt in Bunlap auch mein Gastgeber war, auf diesen langen Wegen zum wirklichen Freund wurde. Jenseits der heimatlichen Atmosphäre seines eigenen Dorfes sich selbst ein wenig fremd fühlend, entwickelte sich eine sehr vertrauensvolle Beziehung zwischen uns, die bis heute andauert. In unzähligen Gesprächen während unserer Wanderpausen an wilden Wasserfällen und einsamen

---

[3] *Gol* ist der Sa Begriff für „Turmspringen" (vgl. IV. weiter unten).

Buchten, in stillen Wäldern, unter gewaltigen Banyan Bäumen oder an den Ufern der vielen kleinen Flüßchen, gab er mir viele wertvolle Hinweise, die er mir wohl im vertrauten Bunlap so nicht offenbart hätte. Dabei hatten wir jedoch die explizite Vereinbarung getroffen, daß er mir nichts sagen sollte, was seiner Ansicht nach „tabu" war. Im Gegenteil würde ich auf den ersten Hinweis von ihm sofort meine Fragen einstellen.[4] Ich wollte ehrlich vermeiden, daß unsere Freundschaft durch meine Forschung Schaden nehmen würde oder er vielleicht gar den Eindruck erhielte, ich sei nur aus Eigennutz vordergründig freundlich, während ich eigentlich nur an meine Forschungen dächte und jede sich bietende Gelegenheit nutzte, um an „geheime" Informationen zu kommen.

An dieser Stelle muß ich einige grundlegende Gedanken zum Verhältnis zwischen „Forscher" und „Erforschten" einfließen lassen: Während mir der Begriff „Informant" für manche – nicht alle – meiner Begegnungen in Südpentecost, zu sachlich distanziert erscheint, und das Wort „Freund" Erwartungen weckt, die überhaupt nur selten eingehalten werden können, halte ich die Bezeichnung „Partner" für angemessen. Auch ich selbst wollte mich von den Sa gerne als Partner betrachtet sehen. Ein Partner ist jemand, mit dem man nicht „befreundet" sein muß, von dem man aber gerne nimmt und dem man selbst gerne gibt – und zwar in einem menschlich fairen und ausgewogenen, vertrauensvollen Verhältnis. Insofern habe ich stets versucht, alle diejenigen, die mir mit teils großem Engagement geholfen haben, als Partner zu betrachten und zu bezeichnen. Wenn der Begriff „Informant" aber doch noch hin und wieder auftaucht, dann deswegen, weil er sich in unserer Disziplin durchgesetzt hat und in der Tat nicht alle Informanten zu Partnern wurden. Bebe Malegel ist stets mit großer Ernsthaftigkeit und der ganzen Würde seiner erstaunlich intakten Kultur sowie seiner außergewöhnlichen Persönlichkeit mit dieser Situation umgegangen. Er hat seinerseits stets mit großer Neugier Anteil an meinem eigenen Leben, meiner Kultur und Herkunft genommen. Der Austausch zwischen uns war gleichberechtigt und von gegenseitigem Respekt und Neugier geprägt. Vielleicht hat er mir sogar mehr Antworten auf seine vielen Fragen entlocken können, als ich ihm – was nur für ihn und für das Selbstbewußtsein spricht, das er und seine Leute gegen viele Widerstände bis heute aufrecht erhalten konnten. Bebe Malegel kommt aus der zahlenmäßig größten *buluim*[5] Bunlaps und zählt einige bedeutende Männer zu seinen Vorfahren. Ohne sich in den Vordergrund zu spielen gilt er, obwohl erst knapp vierzig Jahre alt, als Chief[6], dessen Wort Gewicht hat. Ein anderer Partner, der hier Erwähnung finden muß, ist Moses Watas. Er war mein Gastge-

---

[4] In der Tat hat sich eine solche Situation einige Male ergeben. Vgl. dazu z.B. Kap 9.2
[5] *Buluim* ist der Sa Begriff für „erweiterte Hausgemeinschaft". Diese zentrale Verwandtschaftskategorie werden wir in Kap. 11 sehr genau behandeln.
[6] Der Begriff „Chief" muß mit großer Vorsicht gebraucht werden, da es bis zum Eintreffen der Europäer keine hereditäre Macht bei den Sa gab. Weiter unten wird daher ausführlich erläutert, weshalb es heute jedoch berechtigt ist, von „Chief" zu sprechen und wie der Begriff verstanden werden muß.

ber während meines ersten Bunlap Aufenthaltes im Jahre 1997. Auch bei späteren Aufenthalten hat mir der tüchtige Moses stets unter die Arme gegriffen. Moses hat als *juban* Schnitzer und Musiker den Ruf eines Künstlers, als Priester von Brotfrucht und Kokosnuß sowie als begabter Redner ist er auch auf der politisch-religiösen Ebene einer der kommenden „großen Männer" Bunlaps. Auch Chief Warisul darf in dieser Aufzählung der wichtigsten Gewährsleute in Bunlap nicht fehlen. Als ich ihn im Jahre 1997 kennenlernte, war er gerade zum Chief von Bunlap avanciert. Obwohl man ihm damals die Führung des Dorfes zutraute, hat der stille, zurückhaltende Warisul die Gelegenheit, nach der Macht zu greifen, nie vollständig wahrgenommen. Seine Position ist, aus Gründen, die wir noch ausführlich analysieren werden, fragil und von der Art Unsicherheit geprägt, die Intellektuellen im Umgang mit der Macht oft zum Nachteil gereicht. Warisul ist momentan der wohl bedeutendste Philosoph der *kastom* Sa. Die Gespräche mit ihm waren immer eine anregende, willkommene und bereichernde Erfahrung.[7] Diesen Dreien zuvorderst gilt mein aufrichtiger Dank: für ihre Gastfreundschaft und die Beantwortung meiner zahllosen Fragen, für die Hilfe bei schwierigen und langatmigen Übersetzungen aus dem Sa, die Unterweisung in Regeln der Höflichkeit und Etikette, die Begleitung bei langen und anstrengenden Fußmärschen kreuz und quer durch Südpentecost und für viele, viele Abende im *mal,* bei denen sie ihre Kava freundschaftlich mit mir teilten.

Abb.3: Moses Watas. Bunlap, Nov. 2004

Abb. 4: Chief Warisul. Bunlap, Mai 2002

---

[7] Wenn ich hier den Begriff „Philosoph" verwende, beziehe ich mich damit v.a. auf Paul Radin (1957), der meinte, in „primitiven" Gesellschaften finde sich in etwa die gleiche prozentuale Anzahl an „Philosophen" wie in den modernen Industriegesellschaften.

Ein Problem muß noch erwähnt werden, das auch Jolly beschreibt (1994b:17): alle Sa, Männer wie Frauen, haben mehrere Namen. Diese resultieren aus dem *warsangul*-Titelsystem: mit jedem Titel, den ein Mann oder eine Frau erwirbt, erhält er oder sie auch einen neuen Namen. Die Schwierigkeit ist nun die, daß diese Namen nicht immer auch tatsächlich geführt werden (vgl. Kap. 12.1). Während ich hier also manche Männer mit ihrem Geburtsnamen nenne, tauchen andere mit ihrem Titelnamen bzw. mit einer Kombination aus beidem auf. Ich habe mich hier stets für den Namen entschieden, mit dem eine Person von den anderen meiner Beobachtung zufolge am häufigsten gerufen wird.

III. Datensammlung: Quellen, Aufnahme, Übertragung, Übersetzung

Wo von Fragen und Antworten die Rede ist, liegt es nahe, ein paar Bemerkungen über die Verständigung mit meinen Partnern unter den Sa zu machen. Zu Beginn der Forschung erfolgte die Verständigung ausschließlich in Bislama, der *lingua franca* der Republik Vanuatu. Aufgrund der hohen Sprachdichte in der Region bestand bereits zu Zeiten der beginnenden Öffnung, Befriedung und Kolonialisierung der melanesischen Inseln, also schon vor mehr als einhundert Jahren, die dringende Notwendigkeit, eine Verkehrssprache einzuführen. Diese nahm dann, wie vorher schon in anderen Weltgegenden, etwa in China oder Ostafrika, rasch die Form eines grammatikalisch und morphologisch stark vereinfachten Englisch an[8]. Bislama ist eine lokale Spielart dieses Pidgin und daher den entsprechenden Varianten in Papua Neuguinea und auf den Salomonen eng verwandt. Der Wortschatz besteht hier aus englischen, französischen und austronesischen Elementen. Grammatik und Syntax lehnten sich mit der Zeit immer mehr an das Austronesische an (vgl. Crowley 1995; Tyron 2001). Die Annahme, daß Bislama als Hilfsmittel einer basalen Kommunikation „weit verbreitet" sei, wäre es eine Untertreibung. Bislama ist viel mehr als das, es ist die Nationalsprache des Landes. Ob Fernsehen, Radio oder Zeitungen, politische Diskussionen im Parlament oder das Schwätzchen auf dem Markt: in Vanuatu wird Bislama gesprochen, von einigen ganz seltenen Ausnahmen, etwa den Frauen in den *kastom* Dörfern, einmal abgesehen. Damit soll gesagt sein, daß Verständigung in Bislama nicht gleichbedeutend ist mit einem mühsam radebrechenden Austauschen von Allerweltsfloskeln. Bislama ist also für die Ni-Vanuatu, so nennen sich die Landesbewohner, keine Fremdsprache, sondern *die* Verkehrssprache, die überall im Land fließend gesprochen wird[9]. Dennoch sind abfällige Haltungen zu dieser Sprache sind nicht neu. Wilhelm Müller (1881-1916), Teilnehmer der Hamburger Südsee-Expedition von 1908-1910, hatte die Möglich-

---

[8] Der Begriff „Pidgin" stammt zunächst aus der chinesischen Aussprache des englichen Wortes „business" und entwickelte sich in China bereits ab dem 17. Jahrhundert.
[9] Manche Kinder wachsen sogar mit Bislama als erster Sprache auf. Dies ist jedoch überwiegend in der Hauptstadt Port Vila der Fall, wo manche Paare von Haus aus zwei unterschiedliche indigenen Sprachen sprechen und daher mit ihren Kinder von Beginn an Bislama sprechen.

keit sich in Pidgin zu verständigen, gar wissenschaftliche Erkenntnisse zu sammeln, noch in Bausch und Bogen verworfen. In seinem Tagebuch schreibt er:

"Das pidgin ist absolut kein Ersatz und wertlos, wo es sich um die Bezeichnungen für irgendwelche Objekte handelt. Für denjenigen, der die Ergebnisse der Expedition zu veröffentlichen haben wird, falls ich selbst nicht daran teilnehme, wünsche ich hier ausdrücklich festzustellen, daß sämtliche mit Hilfe des pidjin (sic) gewonnenen Daten aus der sozialen und geistigen Kultur nach meiner Überzeugung durchaus der Sicherheit entbehren, welche von einer wissenschaftlichen Feststellung erwartet werden dürfen. Die Widersprüche in den Ergebnissen der verschiedenen Arbeiter werden diesem Umstand zuzuschreiben sein." (Müller, zitiert aus Fischer 1981:98)

Dazu ist zu sagen, daß die Teilnehmer der Südsee-Expedition sowie auch der überwiegende Teil der Einheimischen selbst des Pidgin kaum mächtig waren, und schon von daher eine Konversation kaum in Gang kommen konnte. Auch Malinowski hatte beinahe schon mit Abscheu bestritten, daß Datenerhebung in Pidgin überhaupt sinnvoll sei (Malinowski 1922). Ich schließe mich hier jedoch der Auffassung von Hans Fischer an, der festgestellt hat, daß bei Übersetzungen aus dem austronesischen Wampar in das Pidgin praktische keine Bedeutungsverschiebungen festzustellen waren, solange nur, was allerdings die Voraussetzung ist, der Übersetzer das Pidgin gut beherrscht (Fischer 2006:52). Bislama ist heute unbestreitbar eine eigenständige Sprache. Wer meint, des Englischen mächtig zu sein und daher auch automatisch Bislama verstehen oder gar sprechen könne, der irrt. In den vergangenen hundert Jahren haben sich die verschiedenen Formen des Pidgin, also auch das Bislama in Vanuatu, längst zu Sprachen entwickelt, die in Wörterbüchern und Grammatiken erfaßt sind und teilweise mit einem erstaunlichen Reichtum an phantasievollen Umschreibungen fast schon poetischen Charakter haben (vgl. Crowley 1995; Tyron 2001). Andererseits wird man nicht von der Hand weisen können, daß es für manche, in einigermaßen langen Zeiträumen gewachsene kulturelle *Feinheiten* keine sprachliche Äquivalente, sondern bestenfalls Umschreibungen in der vergleichsweise jungen Sprache Bislama gibt. Ich habe daher versucht, diesem Problem wie folgt zu begegnen: Immer dann, wenn bei meiner eigenen Forschung über Mythen oder besonders „verdichtete" Lieder gesprochen wurde, persönliche Namen, erworbene Titel oder komplizierte Verwandtschaftsterminologien zu verstehen waren, hatte dies zurecht in Sa zu geschehen. Im Laufe der Zeit nahm meine Kenntnis von Sa stetig zu, die alltäglichen Konversationen mit den Männern wurden aber in aller Regel weiterhin auf Bislama geführt, weil dies sowohl für mich als auch für meine Gesprächspartner praktischer war und schneller vonstatten ging. Eine Ausnahme waren die vielen Zusammenkünfte mit Frauen und Kindern. Aus Gründen, die wir noch näher betrachten werden, lernen die Frauen und Mädchen in den *kastom* Dörfern nur selten überhaupt Bislama, während es die kleinen Jungen *noch* nicht können. Die Verständigung mit Frauen und Kindern war aber natürlich aus vielerlei Gründen nötig. Einmal, weil einige Frauen sich als wertvolle Informantinnen herausstellten und es mir überdies auch menschlich wichtig war, mit ihnen sprechen zu können. Außerdem aber noch aus einem anderen, viel banaleren Grund: da ich bereits bei meinem ersten Aufenthalt im Jahre 1997 den akuten Mangel an medizinischer Versorgung festgestellt hatte, beschloß ich, bei meinen nächsten Aufenthalten eine provisorische Krankenstation einzurichten und jeden Morgen eine gute Stunde lang Patienten auf die häufigsten Krankheiten zu behandeln.[10] Ein großer Teil meiner Patienten waren Frauen, die mir ihre Kinder brachten und hier blieb ohnehin nur Sa als Verständigungsmöglichkeit übrig, was anfangs mühsam war, später aber immer besser funktionierte und mir indirekt sowohl zu einem besseren Kontakt zu den Frauen verhalf als auch meine Sprachkenntnisse entscheidend voranbrachte.

Wie setzt sich das von mir erhobene Material zusammen? Im Feld füllten sich rasch mehrere Tagebücher mit zusammen mehreren hundert Seiten Notizen: Alltagsbeobachtungen, nachträglich aufgezeichnete Gesprächseindrücke, Zeichnungen geographischer und mythischer Topographien, Transkriptionen von Liedern und komplexen mythischen Geschichten. Die zugrundeliegenden Gespräche wurden, wie oben bereits genauer ausgeführt, in Bislama oder Sa geführt und handschriftlich aufgezeichnet oder direkt in einen kleinen, sehr hilfreichen Psion Revo Computer eingegeben, der sich auch deswegen überaus bewährt hat, weil er monatelang durch eine handelsübliche Haushaltsbatterie mit Energie versorgt werden konnte. Diese Tagebuchnotizen werden in dieser Arbeit häufig herangezogen und vermitteln hoffentlich lebhafte und unmittelbare Beschreibungen konkreter Vorgänge.[11] Die während der Feldforschung getätigten, audiovisuell festgehaltenen Interviews wurden praktisch alle in Bislama erhoben und auf DVCAM oder DVCPRO Videobänder aufgezeichnet, die ich anschließend transkribierte. Ich selbst habe die in dieser Arbeit herangezogenen Interviewsequenzen aus dem Bislama oder dem Sa übersetzt und dabei einige Glättungen vorgenommen, die m. E. den Sinn nicht verändern, aber zur besseren Lesbarkeit beitragen. So wurden z.B. manche Wiederholungen ausgelassen oder Gedankensprünge nachträglich korrigiert. Man hätte hier sicher auch anders vorgehen können, indem man sich etwa der die Gesprächssituation exakt beschreibenden und die Gesprächsverläufe sehr genau sequenzierenden Methode der „rekonstruktiven Sozialforschung" von Ralf Bohnensack bediente (Bohnsack 1999). Auch die Transkriptanalyse, zunächst hauptsächlich von Psychologen und Linguisten angewandt, scheint in jüngster Zeit auch in der Ethnologie auf Anklang zu stoßen (zur Transriptanalyse vgl. Hymes 1973; ders. 1985; Zur Anwendung in der Ethnologie vgl. Sherzer 1983; Kuipers 1990; Rodemeier 2006). Ich habe diese Techniken nicht angewandt und werde an späterer Stelle noch meine

---

[10] Im Regelfall waren dies Krätze, tropische Beulen, Zahnschmerzen, Rheuma und Wunden aller Art.

[11] Solche Passagen werden, in leicht geglätteter Fassung und evtl. mit Anmerkungen bzw. Literaturhinweisen versehen, in einem kleineren Schriftgrad wiedergegeben, um dem Leser eine bessere Orientierung zu ermöglichen.

Skepsis bezüglich einer allzu ausgeklügelten „Beobachtungsbeobachtung" darlegen.

Neben den gefilmten Interviews entstanden auch ca. dreißig Stunden Filmmaterial, das einmal als wissenschaftliche Quelle dient und zum anderen auch zu einer ethnographischen Fernsehdokumentation zusammengefaßt wurde.[12] Überdies stellte mir das Cultural Center bzw. Nationalmuseum von Vanuatu weiteres Filmmaterial für meine Recherchen zur Verfügung, das im Nationalarchiv gesichtet bzw. für weitere Auswertungen kopiert wurde. Diese weiteren zwanzig Stunden Film zeigen meist Turmspringen in verschiedenen *skul*[13] Dörfern sowie in Bunlap. Das Material entstand zwischen 1980 und 2001 und wurde von Touristen, von Mitarbeitern des Cultural Center sowie verschiedenen professionellen TV-Teams erstellt.

IV. Schreibweise und Aussprache

Die maßgeblichen Autoritäten in Bezug auf Verständnis und Schreibweise des Sa sind heute v.a. die australische Ethnologin Margaret Jolly und der ebenfalls aus Australien stammende Linguist Murray Garde. Was die Schreibweise des Sa insgesamt anbelangt, gehen die Ansichten immer noch auseinander, bislang existiert kein von Linguisten für verbindlich erklärtes Wörterbuch. Margaret Jolly arbeitete in den 1970er Jahren zunächst mit Notizen des katholischen Missionars Elie Tattevin, der zu Beginn des 20. Jahrhunderts beinahe zwanzig Jahre lang im Sa Gebiet gearbeitet hatte. Dieses Material ergänzte sie später mit Aufzeichnungen von George Elliott, einem Missionar der Church of Christ, der zu Beginn der 1970er Jahre in Südpentecost missionierte. In einem weiteren Schritt verglich sie ihr Material mit der Hilfe von Mark Bebe, einem Sa „native speaker", der auch fließend englisch sprach, mit Aufzeichnungen der Linguisten Darrell Tyron und David Walsh. Heute, mehr als dreißig Jahre später, scheinen Jollys Daten ergänzungs- bzw. veränderungsbedürftig. Seit fast zehn Jahren schon führt Murray Garde, den ich mehrfach in Vanuatu getroffen habe, und der mir auch später bei linguistischen Problemen stets sehr gründlich und unbürokratisch geholfen hat, linguistische Forschungen im Sa Gebiet durch, die zum Verfassen eines Wörterbuches bzw. einer Grammatik führen sollen. Für mich galten seine Hinweise als ausschlaggebend. Da seine Arbeit jedoch zum Zeitpunkt der Drucklegung dieses Buches noch nicht beendet war, muß die hier verwendete Schreibweise immer noch unter Vorbehalt betrachtet werden.

---

[12] Der Film „Vom Ursprung", erster Teil meiner fünfteiligen Dokumentationsreihe „Mythen der Südsee" war in den Jahren 2005 und 2006 in fast allen Fernsehprogrammen der ARD, sowie, über 3sat, in Österreich und der Schweiz zu sehen.

[13] *{Bislama}* aus d. engl. *school*. Im Gegensatz zu *kastom* Leuten, tragen *skul* Leute Kleidung aus Stoffen (*kaliko*) und gehen zur Schule bzw. in die Kirche. Jedermann, der *skul* ist, hat in den Augen der *kastom* Anhänger seine Identität als „*man ples*" in vielerlei Hinsicht verloren und versucht statt dessen, den „Weg des weißen Mannes" (*fasin blong waet men*) zu gehen.

An dieser Stelle muß ich auch etwas genauer auf den Begriff *gol* eingehen. Jolly und Garde bedienen sich der Schreibweise *gol*, die ich hier ebenfalls übernehme, und zwar sowohl für den Turm als solchen als auch für die Veranstaltung selbst. In der Literatur stoßen wir auf verschiedene Schreibweisen, wobei in nichtwissenschaftlichen Publikationen in der Regel vom *naghol* oder *nagol* die Rede ist. Es handelt sich dabei um eine, allerdings „unkorrekt", ins Bislama adaptierte Form des zugrundeliegenden Sa-Begriffs *gol*. Die „korrekte" Schreibweise – „korrekt" immer unter dem Vorbehalt, daß Bislama eine sich sehr rasch entwikkelnde bzw. verändernde Sprache darstellt – ist hier jedoch *nanggol* (vgl. Crowley 1995:162). In dieser Arbeit werden, auch das muß ich noch erwähnen, alle Sa und Bislama Begriffe, mit Ausnahme jedoch von Ortsbezeichnungen und Eigennamen, *kursiv* gedruckt.

Die Aussprache der hier verwendeten Sa Begriffe ist für deutschsprachige Leser einfach, da man bei der Verschriftlichung versucht hat, dem Ideal der sog. „Schreiblautung" so nah als möglich zu kommen. Schreiblautung bedeutet, daß sich die Schreibweise direkt an der Aussprache orientieren soll. Im Deutschen ist man, im Gegensatz etwa zum Englischen oder Französischen, diesem Ideal bei den verschienenen Phasen der Verschriftlichung relativ nahgekommen. Grundsätzlich kann hier daher gelten, daß Sa Begriffe so ausgesprochen werden, wie man sie schreibt. Da die Schreiblautung im Sa und im Bislama weitgehend gleich ist, verweise ich auf eine genauere Beschreibung der Zuordnung zwischen Graphemen und Phonemen einstweilen auf Terry Crowleys Bislama Lexikon (Crowley 1995) sowie auf die entsprechenden Anmerkungen bei Jolly (1994b:18). Über ein verläßliches Werkzeug wird man allerdings wohl erst mit Gardes Veröffentlichung seiner umfassenden Grammatik bzw. Wörterbuches verfügen.

Abb. 5: Ein tarbe-gol in Bunlap, April 2004.
Dieser mit etwa 18 Metern Höhe eher kleine Turm ist hier direkt von hinten zu sehen. Deutlich zu erkennen sind die Lianen, mit denen der Turm zu umstehenden
Bäumen abgespannt wird und die ein mögliches Umfallen verhindern sollen. Aus
dieser Perspektive ist auch die Kokospalme, die als eine Art „Rückgrat" des Turmes
dient, gut sichtbar. Die Palmwedel wurden entfernt.

EINLEITUNG

Eine Reise gleicht einem Spiel.
Es ist immer etwas Gewinn und Verlust dabei.
Meist von der unerwarteten Seite.
Johann Wolfgang von Goethe (1749-1832)

Die Sa im Südosten von Pentecost sind außergewöhnliche Menschen, die etwas Außergewöhnliches vollbringen. Zwischen März und Mai baut ein Teil der männlichen Bevölkerung einen bis zu dreißig Meter hohen Turm aus Holz. Wenn der Turm fertig ist, wird an einem vorher festgelegten Tag ein großes Fest gefeiert, in dessen Mittelpunkt das Turmspringen steht: zwischen zehn und fünfzig Jungen, Burschen und Männer springen kopfüber von verschiedenen Höhen des Turmes herunter. Dabei werden sie lediglich von zwei um die Fußknöchel gebundenen Lianen vor dem Aufschlagen auf dem Erdboden bewahrt. Die Lianen müssen exakt die richtige Länge besitzen, damit die Springenden nicht zu Schaden kommen. Nach dem Sprung werden sie von ausgewählten Männern in Empfang genommen und von ihren Lianen losgeschnitten. Je nachdem wie elegant ihr Sprung ausgefallen ist, bzw. von welcher Höhe sie gesprungen sind, werden sie von Männern, Frauen und Kindern, die aus verschiedenen Dörfern der ganzen Region zum Zuschauen gekommen sind, mehr oder weniger stark bejubelt. Der letzte Springer hat sich die höchste Plattform reserviert, sein Sprung markiert den Höhepunkt der Veranstaltung. Ihm gilt die ungeteilte Aufmerksamkeit aller Anwesenden und sein Sprung wird, wenn er erfolgreich geglückt ist, minutenlang stürmisch gefeiert. Mitunter gibt es bei ungeschickten Springern und zu schwach dimensionierten Sprungbrettern oder Lianen auch Verletzungen, die sogar tödlich sein können. In den Wochen nach dem *gol* wird der hölzerne Turm Stück für Stück abgetragen. Das Baumaterial dient als Brennholz, wird zum Hausbau verwendet oder verrottet einfach. Im darauffolgenden Jahr beginnt der Turmbau dann von neuem, ein neues Fest wird gefeiert.

Sowohl der Bau des Turmes als auch der Turmsprung selbst ist, man kann es sich kaum klar genug machen, eine beinahe unfaßbare Angelegenheit und hat in der Welt, wenn man von den Errungenschaften der modernen Freizeit- und Flugzeugtechnik einmal absieht, nicht seinesgleichen. Das staunende Davorstehen vor diesem phantastischen „Spektakel" mündet schon bald in Fragen, denen es auf den Grund zu gehen lohnt: Was hat das alles zu bedeuten? Um was für eine Veranstaltung handelt es sich hier? Warum nehmen die Sa diese große und riskante Aufgabe auf sich? Woher kommt dieser Brauch? Wer „erfindet" so etwas? Welche Beziehungen gibt es zwischen dem Akt des Turmspringens und anderen Phänomenen der Sa Kultur? Was läßt sich über die historische Entwicklung des Phänomens sagen?

1. Stand der Forschung – was weiß man über das *gol*?

Das *gol* ist ein gutes Beispiel dafür, wie schwierig es ist, verläßliche Informationen über ein fremdes Kulturphänomen zu erhalten. Betrachten wir zunächst die nichtwissenschaftlichen Interpretationen: Touristen, Journalisten, TV-Teams oder Filmemacher - sie alle möchten wissen, *warum* die Sa von Pentecost ein so „archaisches Ritual" überhaupt veranstalten. Welche Antworten erhalten sie und durch wen werden sie vermittelt? Wer kommt als Interpret des Turmspringens eigentlich in Frage? Zu nennen sind hier in erster Linie die Tourguides der verschiedenen Reiseveranstalter, die in der Regel die direkten Ansprechpartner der Besucher vor Ort sind. Bei den Tourguides handelt es sich meistens nicht um einheimische Sa aus Pentecost, sondern häufig um Ni-Vanuatu aus der Hauptstadt Port Vila auf der Insel Efate, weil es nur hier die entsprechenden Ausbildungsplätze und Arbeitsmöglichkeiten gibt. Was sie als nicht Sa-sprechende Ortsfremde über das Turmspringen wissen, deckt sich in aller Regel mit den paar Zeilen, die in den überall erhältlichen Reiseführern oder Touristenbroschüren nachzulesen sind. Wenn die Guides doch ausnahmsweise einmal selbst Sa sind, kommen sie fast immer von der Westseite der Insel Pentecost, wo man zwar englisch oder französisch in den Schulen lernen kann, aber der Großteil des traditionellen Wissens, und nur dafür interessieren sich die fremden Besucher, seit zwei Generationen verlorengegangen ist. Die einheimischen Guides wissen daher in aller Regel auch nicht mehr als das, was in den gängigen Broschüren, Reiseführern oder auf diversen Internetseiten verzeichnet ist. Einige typische Beispiele für die Interpretation des Turmspringens lauten wie folgt:

„Das *nanggol* stammt gar nicht aus Pentecost. Das haben einige clevere Leute sich erst während des zweiten Weltkrieges in Santo abgeschaut, als dort die amerikanischen Fallschirmspringer trainierten. Das ist letztlich dasselbe, wie diese ganzen Cargo Kulte."
(Meinung eines australischen Touristen. Feldnotiz Thorolf Lipp 2002)

"Every year, as soon as the first yam crop begins to show its green tips in early April, islanders in southern Pentecost begin building at least one huge wooden tower in each village, often as high as 23m (75ft). On one or two days from April to early June, men jump from these towers with only two long, elastic vines tied to their ankles to break the fall. While the jump has its origins in island mythology, **Pentecosters believe jumping is necessary to guarantee a bountiful yam harvest, and the divers' hair is meant to brush the ground to fertilise it.**"
(http://www.lonelyplanet.com/theme/religion rel_pentecost.html, Stand: 10. März 2006)

"Pentecost is famous for the *gol* or land diving ritual which usually takes place on Saturdays in April and May, its significance being to guarantee a plentiful yam harvest the following year."
(Air Vanuatu In-flight Magazine Island Spirit No. 24: 10, 2002)

"It is also a fertility rite. Every year in April, when the first yam crop is ready, the islanders on the south of the island start building a huge tower for the land diving... As the vines stretch at the end of the dive, the land diver's heads curl under and their shoulders touch the earth, making it fertile for the following year's yam crop."
(Vanuatu Tourism Office – Broschüre, 2004)

"It's not a show for tourists but an important part of custom ceremony. Up to 30 'outsiders' are permitted to watch the dives on the designated days. It is part of the annual yam festival and circumcised boys and men of all ages can take part. While it is a 'manhood' thing, there is no shame in not participating, or indeed pulling out at the last minute... Usually, he will hit the broken earth and 'fertilise' the soil, bringing on a healthy yam crop. The jumper's male relatives release him and the watchers again break into singing and dancing."
(http://www.vanuatuatoz.com/n.html, Stand: 10. März 2006)

"Our visit to Pentecost Island was highlighted by the stunning display of land diving, a ceremony held in the hope of a good Yam harvest in the coming season as well as a ritual of initiation into manhood for the divers." (http://www.matthew.mumford.com/Melanesia-Expedition-Log-1.htm, Stand: 10. März 2006)

"*Naghol*, or *N'gol*, is known by outsiders to be a fertility rite. As the divers head grazes the soil below, the land is made fertile and assures a good yam harvest. The rite, however, has much deeper and important meaning that is largely kept from the tourists who pay to see the ceremony. It is a tradition crucial to the cultural and spiritual life of those who participate... For the tourists, the rite is entertainment - they feel like they are seeing something exotic and special. The villagers, however, are careful to preserve their cultural and spiritual integrity, and the true and significant reasons and meanings of the ceremony are not revealed.... A mother holds a cloth "baby" in her arms as her son makes his first dive, tossing it into the air as he jumps, representing the passing of his childhood.... It is not seen as a "thrilling sport" - it is valued for its spiritual and cultural functions. The *N'gol* ceremony is a part of the secret initiation process for boys (which is why they must be a certain age and circumcised in order to dive) and has much deeper significance than most outsiders will ever know.... As eager tourists watch and comment on the success of each dive, the meaning of the event continues to be misunderstood and under-valued. Because of the spiritual and cultural importance of the rite, the esoteric knowledge of the *N'gol* ceremony may never be known to the outside world. The sacred initiation ceremony has become not only a tourist attraction, but has "evolved" into one of the most popular "extreme sports" of modern times. The villagers of Vanuatu dive for many cultural and spiritual reasons; today's youth jump solely for the adrenaline rush."
(http://theearthcenter.com/ffarchivesbungee.html, Stand: 10. März 2006)

Die Liste derartiger Texte aus Reiseführern, Vanuatu-Werbeprospekten oder dem Internet könnte beinahe beliebig verlängert werden, man stieße immer wieder auf die gleichen, stereotypen Erklärungen. Nun könnte man annehmen, daß wenigstens die professionellen TV-Teams und Journalisten, die das Turmspringen zum Gegenstand ihrer Reportagen, Dokumentationen und TV-Beiträge machen, gründlichere Recherchen anstellen und zu anderen Interpretationen kommen. Schließlich stellen sie über ihre massenwirksamen Medien eine große Öffentlichkeit her und spielen eine eminent wichtige Rolle bei der Vermittlung von „Weltwissen". Um so erstaunlicher ist, daß sie bei der „Enträtselung" des Turmspringens als ernstzunehmende Bedeutungsvermittler weitgehend ausfallen. Ihr

Versagen hat mehrere Gründe: einmal mangelnde Fach- und Sprachkenntnisse, zum anderen unzureichende finanzielle und zeitliche Ressourcen, bzw. der fehlende Wille, diese für eine gründliche Recherche einzusetzen. TV-Teams und Journalisten können allein aus diesen Gründen in aller Regel keine auch nur annähernd fundierten Recherchen anstellen, ihre Befunde sind daher, wie sich noch herausstellen wird, für die ernsthafte ethnologische Analyse wertlos. Es sei hier einstweilen festgehalten, daß auch den „professionellen Bedeutungsvermittlern" in der Regel nichts anderes übrigbleibt, als sich von den einschlägigen Tourguides informieren zu lassen, bzw. wiederum aus den immer gleichen Broschüren und Websites oder den Reportagen ihrer Vorgänger abzuschreiben. Ein Prozeß, der sich bis ins Unendliche fortzusetzen scheint. Da Texte also wiederum Texte generieren, stößt man auch bei den professionellen Medienprodukten auf keine signifikant anderen Interpretationen der Veranstaltung als die soeben geschilderten. Im folgenden ein paar Beispiele aus einer

Abb. 6: Ein Junge kurz vor dem Sprung. (Bunlap, April 2002)

TV-Dokumentation von Jerome Segur (Mitinhaber der französischen Produktionsfirma ZED), die in mehreren europäischen Ländern zu sehen war, darunter auch in Deutschland in den Jahren 2005 und 2006 mehrfach im WDR:

„Für mich ist es auch das erste Mal auf dem Sprungbrett und ich springe, weil es alle anderen tun. Mein Vater sagt, wir sollen nicht dabei nachdenken. Denn wenn du denkst, dann zögerst du, dann springst du nicht und dann bleibst du ein kleiner Junge." (Telkon Warisus in: „Mann braucht Mut", ZED 2004)

So läßt man Telkon, einen der im Film portraitierten Jungen, sagen und suggeriert, daß es sich hier zweifelsfrei um ein Initiationsritual handelt, das gleichzeitig auch noch der Höhepunkt des Jahres ist:

„Das *naghol* ist der Höhepunkt des Jahres und wird von allen sehnsüchtig erwartet, denn die Turmspringer von Bunlap springen leidenschaftlich gern." (Kommentartext in: „Mann braucht Mut", ZED 2004)

Damit ein Film überhaupt wert ist, im Fernsehen gezeigt zu werden, muß die gezeigte Veranstaltung, hier das *gol,* als Höhepunkt im Leben der gezeigten Menschen beschrieben werden. Im Film geht es nämlich nicht nur um Bilder, sondern auch um das Wort, wie Pierre Bourdieu treffend beschrieben hat: „Das Auswahlprinzip ist die Suche nach dem Sensationellen, dem Spektakulären. Das Fernsehen verlangt die Dramatisierung, und zwar im doppelten Sinne: Es setzt ein Ereignis in Bilder um, und es übertreibt seine Bedeutung, seinen Stellenwert, seinen Charakter" (Bourdieu 1998:25). In allen gesichteten Filmen über das *gol* bedienen sich die Autoren bestimmter, eindeutiger Schlagwörter, um eine unmißverständliche Spur archaischer Exotik zu legen. In einem 45-minütigen Film über das Turmspringen, den der deutsche Filmemachers Roland Garve für den NDR herstellte (Garve 1997), kommen etwa die folgenden Begriffe gehäuft vor: heilig (12x), Geister (9x), tabu (6x), Tradition (5x), Ritual (5x) traditionell (4x). Der schon allein durch die Häufung dieser Begriffe erzielte Eindruck wird noch verstärkt durch Behauptungen wie:

„Sie bitten die Geister um Beistand"; „Das Turmspringen ist ein Stück Ursprünglichkeit"; „Noch sind Ihnen Ihre Traditionen heilig"; „Das *nanggol* ist das heiligste Fest des Jahres" (Kommentartext aus: Garve 1997)

Fassen wir kurz die wichtigsten Elemente dieser Erklärungsversuche aus den hier vorgestellten populären Texten in der Form von typischen Behauptungen zusammen, die, in der ein oder anderen Konstellation, mit einiger Regelmäßigkeit auftauchen:

Behauptung Nr. 1
Jedes Dorf *muß* einen Turm bauen. Die Veranstaltung ist keine Show für Touristen, sondern ein „traditionelles", „heiliges" Ritual, das in den Mythen der Inselbewohner seinen Ursprung hat und aus „kulturellen" und „spirituellen" Gründen durchgeführt wird.
- *Hier soll die Originalität der Veranstaltung unterstrichen werden, die unbedingte Notwendigkeit der Durchführung aus rituellen Gründen. Es wird, mit anderen Worten, der „Mythos der ewigen Wiederkehr" beschworen, die Authentizität und unberührte Reinheit der einheimischen Kultur.*

Behauptung Nr. 2
Die Jungen und Männer müssen mit den Haaren oder Schultern den Erdboden berühren, um eine gute Yamsernte sicherzustellen.
- *Hier soll verdeutlicht werden, daß es sich um eine gefährliche und unter zweckrationalen Gesichtspunkten völlig unsinnige Veranstaltung handelt. Die Sa setzen aus religiösen Gründen Leben und Gesundheit aufs Spiel, um das Wohlwollen der Götter zu erringen, die eine gute Yamsernte und damit das Überleben der Gemeinschaft sichern sollen. Der Topos des archaischen „homo religiosus" tritt unverkennbar zu Tage.*

Behauptung Nr. 3
Es handelt sich hier um einen Initiationsritus, bei dem die jungen Männer ihre Tapferkeit zur Schau stellen müssen.

- *Hier begegnet uns die Vorstellung, daß das ein hohes Maß an Mut voraussetzende Turmspringen einer Initiation gleichzusetzen ist. Das Ritual fordert zwar einerseits Mut, vermittelt aber andererseits auch Geborgenheit und weist dem Menschen einen Platz innerhalb der Gemeinschaft zu.*

Es wird das Bild einer Kultur bzw. einer Dimension des Menschseins entworfen, die offenbar genau das verkörpert, was dem westlich (vermeintlich) aufgeklärten Menschen offenbar abhanden gekommen ist, die Stichworte „homo religiosus", „Mythos der ewigen Wiederkehr", „Geborgenheit in den Traditionen" sind gefallen. Was muß eine ethnologische Analyse dem gegenüberstellen?

Zunächst will sie den Akteuren zuhören und versuchen herauszufinden, was die Sa selbst über das *gol* denken. Dabei wird sich zeigen, daß diese ganz andere Theorien über ihr Tun haben, als die oben geschilderten. Das fällt Touristen, Journalisten oder Filmteams jedoch nicht auf, weil eine sprachliche Verständigung kaum möglich ist und in der Regel auch nicht interessiert. Man gibt sich vielmehr gern mit den oben genannten Interpretationen zufrieden, weil sie gut in das bereits bestehende Bild des archaischen „homo religiosus" passen. Sollte sich ausnahmsweise doch einmal ein ungelenkes Gespräch zwischen Besucher und Turmspringer ergeben, wird dieses in der Regel nicht wesentlich mehr zu Tage fördern als die Behauptung des Turmspringers, daß das *gol* eben ein wichtiger *„kastom"* sei, den man nicht verlieren dürfe. Eine Aussage, die genug Raum für eine relativ beliebige Auslegung nach allen Seiten läßt – weshalb in den oben behandelten Texten der stets beschworene „cultural and spiritual value" ja auch nirgends näher bezeichnet wird. Die Tourguides bzw. lokalen Veranstalter führen schließlich oft schon seit vielen Jahren „Expeditionen" zu den Turmspringern durch. Nach so langer Zeit und so viel Routine bei der praktischen Durchführung der Turmsprünge mit den Touristen noch über irgendwelche kulturell bedingten „Gründe" zu sprechen, halten offenbar weder die Turmspringer noch die Guides für nötig, so daß auch auf dieser Ebene nur wenig Austausch stattfindet. Jeder meint zu wissen, warum der jeweils andere tut, was er eben tut. Touristen, Tourguides und Turmspringer haben, so könnte man sagen, ein unausgesprochenes Abkommen über die Bedeutung der Veranstaltung geschlossen. Man sagt sich gegenseitig, was der jeweils andere hören möchte bzw. ohnehin schon weiß. So läßt sich erklären, weshalb sich die oben skizzierte Lesart dieser Veranstaltung durchgesetzt hat, die eben aus der stetigen Wiederholung von drei oder vier stereotypen Behauptungen besteht, die den Ethnologen freilich nicht befriedigen können.

Neben dem Zuhören und der Beschreibung dessen, was die „Anderen" tun, will die hier vorliegende Arbeit aber auch weitere Dimensionen des Phänomens erschließen, kulturelle und historische. Bevor ich etwas weiter unten konkret auf den näheren theoretischen Rahmen eingehe, innerhalb dessen das *gol* betrachtet werden soll, will ich hier kurz darlegen, welchen Traditionen in der Ethnologie ich mich dabei grundsätzlich verpflichtet fühle. Die Frage danach ist berechtigt und doch fast nicht zu beantworten. Ungeachtet der Haltung, die man als Ethnologe zum Soziologen und Kulturphilosophen Jürgen Habermas haben mag, muß man doch konstatieren, daß sich seit zwanzig Jahren an der von ihm ausgerufenen „Epoche der neuen Unübersichtlichkeit" nichts geändert hat (Habermas 1985). Es wäre wohl vermessen, würde man für sich reklamieren wollen, *einen einzigen* Ausweg aus der Krise von Repräsentation einerseits und Theoriebildung andererseits gefunden zu haben. Im Gegenteil meine ich mit Clifford Geertz, daß Ethnologen heute eigentlich vor unlösbaren Aufgaben stehen: die Gesellschaften, die wir untersuchen, sind irgendwie halb traditional, halb modern. Die „Feldforschung" hat als Herzstück ethnologischer Forschung eine unüberschaubare ethisch-moralische Komplexität angenommen und ungeahnte technisch-bürokratische Problemfelder aufgeworfen. Die Unmengen verschiedener Methoden, Beschreibungs- und Analyseverfahren, derer wir uns bedienen, stehen nicht selten in diametralem Gegensatz zueinander – oder sind nach allen möglichen Seiten hin irgendwie beliebig offen. Ein „turn" löst den nächsten in regelmäßig kürzer werdenden Abständen ab (vgl.f.a. Bachmann-Medick 2006). Unsere Forschungssubjekte können für sich selbst sprechen und tun das auch.[14] Wir haben die Exegesehoheit zwar einerseits verloren, können aber andererseits doch nicht so ganz davon lassen, woran auch postmoderne Ansätze oder Writing Culture Versuche im Kern nichts ändern; es sei denn, man gibt den Versuch, ethnologische Wissenschaft zu betreiben, ganz und gar auf (vgl. Petermann 2004:1004ff.). Ethnologen werden, und ich nehme mich dabei in keiner Weise aus, von schweren inneren Unsicherheiten geplagt, die fast einer erkenntnistheoretischen Hypochondrie gleichkommen, im Hinblick auf die Frage, wie man wissen kann, daß irgend etwas, was man über andere Lebensformen sagt, tatsächlich so ist (vgl. Geertz 1990:73). Dennoch ist der Versuch des Ethnologen, tatsächlich etwas über kulturelle Wirklichkeit auszusagen, nicht aufzugeben. Vielleicht ist er, angesichts einer vermeintlich allwissenden, weltumspannenden Medienmaschinerie, die sich freilich nur selten die Zeit für einen genauen Blick nimmt, heute sogar notwendiger denn je. Ich nehme die Herausforderung, Ethnologie wissenschaftlich zu betreiben jedenfalls ernst, und bemühe mich hier um einen realen Erkenntnisfortschritt.

---

[14] Zwar höre ich *Nisa* beim Erzählen gerne zu, kann aber nicht von ihr erwarten, daß sie die notwendige, oft ermüdende und für den teilnehmenden, beobachtungsbeobachtenden Forscher immer schmerzhaft gefühlte *Distanz* zu ihrer eigenen Geschichte aufbringt, die den Blick auf *Bedeutung* erst ermöglicht (vgl. Shostak: 2001). Im Übrigen: daß sich unsere Protagonisten immer öfter auf die ethnologischen Arbeiten unserer Vorgänger beziehen, macht die Sache auch nicht gerade leichter.

Ganz grundsätzlich: menschliche Gesellschaften *sind* nicht einfach. Über das (selbstgesponnene?)[15] Gewebe, das wir Kultur nennen, kann gesprochen werden, es gibt tatsächlich Parameter, die sich benennen, bestimmen und bedeuten lassen: Mythen und Rituale, in denen Symbole entfaltet werden, Kosmologie und religiöse Praxis, Ordnungsvorstellungen von Raum, Zeit oder sozialer Sphäre. Es gibt Macht, Legitimationsstrategien oder konkret nachweisbare historische Entwicklungen. Ich schließe mich daher Weber (1980) und mit ihm auch wieder Geertz (1973) an, die für die Notwendigkeit plädieren, Kulturen zu interpretieren und Bedeutungen nachzuspüren. Beides will ich in dieser Arbeit versuchen. Grundlage für meine Interpretation bildet eine nach bestem Wissen und Gewissen erstellte Ethnographie, die historische Dimensionen keinesfalls ausspart. Ich meine, daß wir es beim *gol* mit einem vielschichtigen Geschehen zu tun haben, das durch historische Veränderungen in seiner ursprünglichen Bedeutung vielfach gebrochen und mehrfach überlagert erscheint. Die bislang vorliegenden Deutungen des Geschehens sind dabei nicht hinreichend. Es handelt sich, wie wir noch sehen werden, um einfache, eindimensionale Erklärungen, welche die mehrschichtige soziale Wirklichkeit weder abbilden noch deuten können. Insofern kann man lediglich hoffen, mit Hilfe einer „dichten Beschreibung" und eines multiparadigmatischen Theoriemodells eine mehrdimensionale Vorstellung des Phänomens zu gewinnen, wobei auch versucht wird, Relikten aus historisch tiefer liegenden Schichten nachzuspüren. Vielleicht bietet das, auf dem alten Gedanken des Palimpsestestextes basierende „Transdifferenz" Konzept einen behutsamen Zugang zum Verständnis dieses Bildes.[16] Transdifferenz zielt auf jene Momente der Ungewißheit, der Unentscheidbarkeit und des Widerspruchs, die in Differenzkonzeptionen auf der Basis binärer Oppositionen (Tradition hier – Moderne dort) ausgeblendet werden. Daher ist das Konzept offen für die vielfältigen Formen der Nichtlinearität, der Mehrfachzugehörigkeiten und Überlagerungen sowie der Zwischenbefindlichkeiten, welche die Komplexität der Lebenswelten in menschlichen Symbioseformen ausmachen (vgl. Bargatzky 2007). Der Strukturfunktionalist würde diese Vorgehensweise ablehnen und sich, unter

---

[15] Ob all dies tatsächlich „selbstgesponnen" ist, wie Weber meint, oder doch Ausdruck eines übergeordneten Prinzips, an dem wir Menschen Anteil haben, was unter den Ethnologen heute nur Strukturalisten und vielleicht noch Kognitionsethnologen vermuten, diese Schlüsselfrage beschäftigt mich und ich werde sie hier auch immer wieder aufgreifen (vgl. Weber 1980).
[16] Kulturelle Analyse auf kollektiver wie auf individueller Ebene geht in der Regel von Differenzdiskursen, Differenzbeziehungen und Phänomenen der Abgrenzung aus. Neuere Ansätze in den Kulturstudien haben sich bemüht, das damit einhergehende Denken in binären Oppositionen zu überwinden und Orte des 'Dritten' auszumachen, oft in Verbindung mit dem Postulat einer intrinsischen Subversivität des Hybriden. Transdifferenz betont demgegenüber die Unvermeidbarkeit des Denkens von Differenz bei gleichzeitigem Bewusstsein für die vielfältigen Überlagerungen, Mehrfachzugehörigkeiten und Zwischenbefindlichkeiten, die die Komplexität der Lebenswelt ausmachen. Es gilt daher, Transdifferenzphänomene im synchronen und diachronen Kontext kultureller Kommunikation und als Phänomen der Bildung und Ausübung von Macht zu reflektieren (vgl. dazu: http://www.kulturhermeneutik.uni-erlangen.de, Stand: 20. Oktober 2006)

Ausblendung historischer Bezüge, mit der Beschreibung der momentan beobachtbaren sozialen Strukturen und ihrer Funktionen zufriedengeben,[17] der Struk turalist nach einem ewigen, allgemeingültigen Modell hinter den Erscheinungen suchen, der Funktionalist in positivistischer Manier nicht nach Bedeutung, sondern nach funktionalem Nutzen fragen, der Kulturmaterialist abwägen, ob die beim *gol* verbrauchten Kalorien durch die vielen, das Spektakel begleitenden Festessen, nicht mehr als wettgemacht werden usw.

Eine Ethnologie, wie sie mir für dieses Projekt vorschwebte, verweigert sich der ganz großen, modellbildenden Abstraktion und möchte das zu untersuchende Phänomen auch nicht in einem interkulturellen Kontext mit anderen, auf den ersten Blick vielleicht vergleichbaren Erscheinungen in Beziehung setzen. Statt dessen steht hier eindeutig das lokale Handeln im Vordergrund. Meine Arbeit weist, auf das *gol* zu beziehende, historische Zusammenhänge konkret und funktionale Zusammenhänge logisch nach. Kulturelle Bedeutungen versucht sie in ihren Strukturen zu erkennen und die Symbole, die daran geknüpft sind, verstehend zu erfassen. Sie benennt die handelnden Akteure und macht deutlich, daß alles, was heute über ein Phänomen ausgesagt wird, morgen in Teilen schon wieder ergänzungsbedürftig ist, weshalb eine Analyse Raum für zukünftige Entwicklungen lassen muß. Eine Theorie über die Bedeutung eines derart vielschichtigen Phänomens, wie es das *gol* darstellt, ist also möglich, die Gründe für Bedeutungszuweisungen im Rahmen einer solchen Theorie müssen aber, wie gesagt, offengelegt werden. Einschränkend füge ich jedoch hinzu, daß jede Theorie, aber auch schon jeder Versuch der Analyse, notwendig Auslassungen vornehmen muß, unvollständig sein und unvollkommen bleiben wird. Ein Umstand, der dem Ethnologen, der um die Beschränktheit seiner Forschung weiß, jederzeit schmerzhaft vor Augen steht. James Clifford meinte, das Problem auflösen wollend, im Hinblick auf die Dogon Forschungen von Marcel Griaule, es sei nicht möglich, einem Ethnologen „falsche Ergebnisse" nachzuweisen. Schließlich, so Clifford – der gerade aufgrund dieser Haltung als der erste postmoderne Ethnologe bezeichnet werden kann – beruht jede Begegnung zwischen dem Ethnologen und den Mitgliedern der Kultur die er untersucht, auf einem wechselseitigen kommunikativen Prozeß, der auch schöpferische Züge trägt und letztlich in so etwas wie „Erfindung von Kultur" mündet (Clifford 1983:121; Wagner 1981). Ich stimme dem zwar grundsätzlich zu, meine aber einschränkend doch, daß der Ethnologe den Mut zur Deutung haben soll und muß. Deutung auf der Grundlage von sorgfältig zusammengetragenem Material und einer möglichst transparent gemachten Methode, wird nicht immer ganz „richtig", sicher aber auch nicht ganz „falsch" sein. Sie stellt auf der Grundlager der in ihr angestrebten Transparenz, hoffentlich einen besseren Näherungswert an die so-

---

[17] Über die Haltung von Radcliffe-Brown zur Notwendigkeit der Einbeziehung historischer Dimensionen wird allerdings gestritten (vgl. Kohl 2000; Keesing & Strathern 1998).

ziale Wirklichkeit, oder, wenn man so will, eine „authentischere Inszenierung"
dar, als viele andere Formen der Kulturvermittlung und –interpretation.

Kommen wir nun jedoch zum tatsächlichen Gegenstand dieser Arbeit zurück
und stellen uns die Frage, woher die allerersten Quellen stammen, aus denen die
weiter oben skizzierten populären Deutungen rühren. Es existieren, neben sechs
schriftlichen Veröffentlichungen von Nicht-Ethnologen, ganze drei Aufsätze
von Ethnologen zum Thema (Jolly1994b; de Burlo1996; Ryman 1998). Bei ge-
nauerer Betrachtung dieser neun Texte erkennt man rasch, wo die oben genannten Interpretationen ihren Ursprung hatten, bevor sie popularisiert wurden. Zuerst wird das *gol* im Jahre 1902 von Francois Le Fur beschrieben, der zwischen
1898 und 1907 als Missionar in Südpentecost tätig war. Er gilt als der erste
Weiße, der die Sprache der Sa lernte, seine Geschichte wird uns weiter unten
noch ausführlicher beschäftigen. Daß er im Jahre 1902 mit dem *gol* in Berührung kam, ist allerdings lediglich in einer Randnotiz des Kirchenhistorikers Paul
Monnier erwähnt (Monnier 1991:15). Pere Victor Douceré, zu dieser Zeit Bischof und Chef der Maristen in Vanuatu, stattet der Insel Pentecost einen ausführlichen Besuch ab. Zusammen mit dem für Pentecost zuständigen Francois
Le Fur gelangt er unter anderem in ein Dorf, in dem gerade ein Turmspringen
abgehalten wurde. Um welches Dorf es sich dabei handelt, erfahren wir leider
nicht, wohl aber den Mythos, der uns von nun an noch öfter begegnen wird. Ob
dieser tatsächlich von Le Fur beschrieben oder nachträglich von Monnier hinzugefügt wurde, bleibt ebenfalls offen:

„Dans un village, ils arrivent juste après le saut du gol 'cette coutume barbare et supersti-
tieuse' (dit Douceré) qui se célèbre chaque année dans le Sud Pentecôte et qui deviendra, plus
tard une attraction mondiale. L'immense tour de branchage est encore debout. Du haut de
cette tour, les jeunes hommes se précipitent dans le vide. Des lianes sont liées à leurs chevilles. Les lianes se tendent juste au moment où ils vont s'écrasér à terre. Ils sautent de plus en
plus haut, vingt mètres, trente mètres. C'est une école de haut risque ou le jeune guerrier
donne la preuve de son courage! Le Fur raconte: 'Autrefois, un mari poursuivait sa femme
infidèle. La femme se sauve et grimpe pour se cacher dans un banian,... le mari la suit. La
femme sauté dans le vide et le mari aussi. Mais la femme avait lié des lianes à ses chevilles.
Elle survit tandis que le mari va s'écrasér au sol...' Alors, depuis cette tragédie, ce sont les
hommes qui sautent!" (Monnier 1991: 15)

Einer von Le Furs Nachfolgern, Elie Tattevin, hat uns mit seinen Beschreibungen von Mythen, Ritualen und der alltäglichen Lebenswelt der Sa wertvolle frühe Zeugnisse über deren Kultur hinterlassen, die viel Einfühlungsvermögen und
Verständnis zeigen. Tattevin berichtet in einem 1927 in der *„Revue d'Histoire
des Missions"* erschienenen Beitrag mit dem Titel *„Sur les bords de la mer sauvage"* über das *gol*. Darin liefert er, in einem allerdings kaum zwei Seiten langen Abschnitt, eine Beschreibung der Vorgänge, ohne diese jedoch weiter zu
interpretieren. Die nächste bekannte Veröffentlichung datiert aus dem Jahre
1955 und stammt von Irving und Electa Johnson, die das *gol* in einem Beitrag
für das amerikanische Magazin „National Geographic" schildern. Sie teilen al-

lerdings nicht mit, wo genau in Pentecost sie am *gol* teilnehmen und bieten eine bloße Beschreibung der Veranstaltung ohne ethnographische Vorkenntnisse. Anhand der den Beitrag begleitenden Photographien kann rekonstruiert werden, daß es sich nicht um ein *kastom* Dorf gehandelt haben wird, da die Springer westliche Kleidung statt der traditionellen Penisbinde tragen[18]. Aus ethnographischer Sicht ist ihre Beschreibung nur bedingt von Wert, vor allem auch deshalb, da sie nur zwei Tage vor Ort verbracht haben. Obwohl sie keine weitergehende Interpretation der beschriebenen Vorgänge liefern, suggerieren sie doch, daß es sich um eine Art Initiationsritual handelt. Sie schreiben: "The first dive was the lowest, 25 feet... and we felt glad it was not one of our sons risking his neck to prove he was a man." (Johnson & Johnson 1955:79) In den Jahren 1969 und 1970 verbrachte der Literaturwissenschaftler, Photograph und Filmemacher Kal Muller, ein Amerikaner ungarischer Abstammung, etwa sieben Monate im *kastom* Dorf Bunlap. Begleitet wurde er von seiner damaligen Freundin Beatrice Chaniel[19] und zwei Assistenten für Ton- und Filmaufnahmen. Auch er schrieb für „National Geographic" und fertigte für die Harvard University Filmaufnahmen vom Leben der Sa an, dabei unter anderem auch vom *gol*. Muller kam zu dem Schluß, daß das *gol* kein Initiationsritual sei, sondern eher eine Art „psychohygienischer Funktion" erfülle: "The land dive serves several psychological purposes: it gives the men a chance to demonstrate their courage, to show off in front of women, and to get a public hearing of their troubles. Some men, before jumping, discuss their marital difficulties. And the wives must stand and listen." (Muller 1970: 808) Es ist interessant, daß sich diese Interpretation in den einschlägigen Broschüren beinahe verloren hat. Sie scheint einerseits bereits zu komplex zu sein bzw. die liebgewonnenen Vorstellungen vom archaischen „homo religiosus" nicht in ausreichendem Masse zu erfüllen. Nähert man sich dem Ritual nämlich von dieser Seite, müßte man die Turmspringer als Menschen im Hier und Jetzt zur Kenntnis nehmen und sich detailliert mit ihren täglichen Leben, ihren Sorgen, Nöten, Wünschen und Sehnsüchten beschäftigen, um zu verstehen, warum sie tun, was sie tun. In diesem Fall würde es nicht mehr genügen, alle möglichen, aber natürlich unausgesprochen bleibenden „cultural and spiritual reasons" in sie „hineinzugeheimnissen". Die „Veranderung" der „Fremden" müßte zugunsten eines differenzierten Blickes aufgegeben werden, was dann allerdings mit ziemlicher Sicherheit die Erkenntnis zur Folge hätte, daß die „Anderen" möglicherweise so weit gar nicht vom Eigenen entfernt sind, welches man jedoch, weil es das „essentiale peccatum" darstellt, in der „Fremde" nicht anzutreffen wünscht (vgl. Bargatzky 1999a).

---

[18] Mit ziemlicher Sicherheit beschreiben die Johnsons eines der ersten von Kiliman ausgerichteten Turmspringen in der Gegend des heutigen Point Cross (vgl. Kap. 14.2).
[19] Der Verfasser traf Beatrice Chaniel im Jahre 2002 während seiner Feldforschung in Bunlap. Nach dreißig Jahren war sie erstmals für zwei Wochen zurückgekehrt, um ein französisches Filmteam bei der Arbeit zu unterstützen. Sie ist wohl die Einzige, die das *gol* mit einem Abstand von dreissig Jahren gesehen hat, und konnte dementsprechend sehr wertvolle Hinweise zum Wandel der Veranstaltung geben.

Ein Phänomen wie das Turmspringen näher zu untersuchen und die oben genannten, stereotypen Interpretationen zu überprüfen, ist eigentlich ein typisches
Forschungsfeld für die Ethnologie. Diese hat sich dafür jedoch bislang nur sehr
zögerlich interessiert. Eine Vernachlässigung die verwundert, denn der Brauch
gehört nicht nur zu den spektakulärsten Ereignissen in ganz Ozeanien, sondern
er wirft darüber hinaus zweifelsohne auch für den Ethnologen einige spannende
Fragen auf: Um was für eine Veranstaltung handelt es sich hier eigentlich? Kann
man überhaupt von einem Ritual sprechen, gar von einem Fruchtbarkeits- oder
Initiationsritual? Steht die Veranstaltung wirklich in Zusammenhang mit der
Yamsernte? Hat sie etwas mit den aufwendigen und langwierigen Titelkäufen zu
tun, die fast überall in diesem Teil Melanesiens ein wichtiger Bestandteil der
Gesellschaft sind? In ethnologischen Fachkreisen waren zu Beginn dieser Forschung tatsächlich nur zwei kürzere Aufsätze zum Thema erschienen. Die australische Anthropologin Margaret Jolly darf momentan wohl als beste Kennerin
der Sa gelten und ist mit mehreren einschlägigen Arbeiten zu deren Kultur her-
vorgetreten (Jolly 1979; 1982; 1991; 1994a). Mit dem Turmspringen hat sie sich
erstmals etwas ausführlicher in einem in jüngerer Zeit erschienenen Artikel beschäftigt (Jolly 1994b). Margaret Jolly begründet ihr nur zögerliches Interesse
an dem spektakulären Brauch mit der Auskunft, sie habe als Ethnologin nicht
mit den Touristen verwechselt werden wollen, die an einigen Tagen im April
und Mai ausschließlich des Turmspringens wegen nach Pentecost kämen (Jolly
1994a: 133). Diese Rechtfertigung läßt einen gewissen Standesdünkel erkennen,
der für die bislang nur sehr unzureichende Erforschung des Turmspringens
durch die Ethnologie zumindest mitverantwortlich zu sein scheint. Der Titel des
11-seitigen Artikels „*kastom* as Commodity" deutet ihr vordringliches Erkenntnisinteresse an: sie ist vor allem an den durch den zunehmenden Tourismus immer wichtiger gewordenen politisch-wirtschaftlichen Implikationen des Brauches interessiert bzw. daran ob und wie dessen zunehmende Kommerzialisierung zu seiner Profanisierung geführt hat oder nicht. Dabei kommt sie zu dem
Schluß, daß sich das Turmspringen in den Jahren der Kolonialzeit deutlich verändert habe und der Tourismus und die damit verbundene Monetarisierung nicht
ohne Einfluß auf den Brauch geblieben sei. Bei den Auseinandersetzungen auf
der politischen Ebene stehe, so Jolly, vor allem die Frage im Mittelpunkt, *wer*
das Recht für sich in Anspruch nehmen dürfe, traditionelle Turmspringen zu
veranstalten. Soll die Durchführung des Brauches auf seinen Ursprungsort, die
südliche Hälfte der Insel Pentecost, beschränkt bleiben, auf ganz Pentecost aus-
gedehnt werden, oder sollte man die Sache gar als nationales Kulturgut betrachten und dementsprechend überall in Vanuatu vermarkten dürfen? Schließlich
stellt sich sogar die Frage, ob die traditionellen „Rechte", sozusagen die „intellektuellen Eigentumsrechte" an einem Ritual wie dem Turmspringen an andere
Ethnien „verkauft" werden können?[20] Zur Bedeutung des Turmspringens inner-

---

[20] Diese Frage wurde in der jüngeren Geschichte des *gol* in der Tat mehrfach relevant, als
andere Ethnien, auch solche von anderen Inseln, deren politische Vertreter das *gol* gerne als

halb der Kosmologie der Sa macht Jolly hingegen nur wenige Angaben. Demnach wurde das Turmspringen in vorkolonialer Zeit meist in dcr Übcrgangszeit zwischen regenreichen und regenärmeren Monaten, also März, April und Mai durchgeführt. Sowohl Baumaterialien als auch Lianen haben dann die richtige Beschaffenheit (Jolly 1994a:135). Neben dem „technischen" gibt es aber auch einen „rituellen" Grund für diesen Zeitpunkt: das Turmspringen müsse, so Jolly, mit dem jährlich wiederkehrenden Yamszyklus zusammenfallen. Yams symbolisiere in der Sa Gesellschaft das männliche, Taro das weibliche Prinzip. Und anhand dieser Dichotomie, die sich durch viele Bereiche der Sa Gesellschaft ziehe, meint Jolly auch das Turmspringen verstehen zu können. Dabei erwähnt

sie zwar einen engen symbolischen Zusammenhang zwischen Turmspringen, Yams und Yamsernte, worin genau der aber bestehen soll, bleibt letztlich jedoch offen. Ihre Arbeit über die Sa, die sich in erster Linie mit der Welt der Frauen auseinandersetzt, ist stark vom Interesse an der

Abb. 7: Bong Aya beim Sprung vom „Kopf" des *gol*. Warum gibt es so etwas? Was hat es zu bedeuten? (Bunlap, April 2002).

„Gender" Problematik geprägt. Diese Thematik wurde in Melanesien häufig aufgegriffen, unter anderem von Marilyn Strathern, einer der Vordenkerinnen auf diesem Gebiet. Strathern hat selbst in Melanesien dazu geforscht und stand mit Margaret Jolly, von der sie mehrfach zitiert wird, in persönlichem Kontakt (Strathern 1972; 1984; 1988).In der Tat ist die häufig sehr ausgeprägte Trennung zwischen Männern und Frauen ein vordringliches Thema in der Kosmologie vieler melanesischer Gesellschaften (vgl.f.a.: Godelier 1987). „Gender" Aspekte nehmen auch in Jollys Arbeiten zu den Sa einen bedeutenden Platz ein. Insgesamt gesehen bleiben, angesichts vager, unpräziser Formulierungen jedoch Zweifel, ob Jolly, die gewiß eine hervorragende Kennerin der Region ist, im

---

Einkommensquelle für sich genutzt hätten, ihr Interesse bekundeten, die Veranstaltung in Eigenregie, aber mit Unterstützung der Sa durchzuführen. Die Versammlung der Chiefs von Pentecost entschied schließlich knapp dagegen (Feldnotiz Lipp 2002; vgl. a. Kap. 14 dieser Arbeit).

speziellen Fall des gol einerseits zum kosmologischen und andererseits zum aktuell lebensweltlichen Kern des Phänomens vordringen konnte. Sie hält den Sprung im wesentlichen für ein Ereignis von „therapeutischem Wert" und vertritt die Auffassung, daß er in erster Linie der Bestärkung bzw. Zurschaustellung männlicher Stärke, Gesundheit, Schönheit und sexueller Attraktivität dient. Obwohl es naheliegend wäre, nimmt Jolly auf Ritualtheoretiker, etwa Turner (1982; 1989), van Gennep (1906/1986), Staal (1989) oder Humphrey & Laidlaw (1994) keinen Bezug und stellt auch keine Verbindung zu ähnlichen, um das Phänomen des Rituals kreisende Fragestellungen in Melanesien her (vgl.f.a. Godelier 1987; Godelier /Strathern 1991). Neben Margaret Jolly hat sich auch der amerikanische Ethnologe Chuck de Burlo mit dem Turmspringen beschäftigt. In einem 1996 erschienenen Artikel, der den Titel *„ Cultural resistance and ethnic tourism on South Pentecost, Vanuatu "* trägt, behandelt er vor allem den Einfluß des Tourismus auf das *gol* (de Burlo 1996). Dabei kommt er, ganz anders als Jolly, zu dem Schluß, daß die Sa sich als erstaunlich widerstandsfähig gegenüber drohenden Entfremdungen erwiesen hätten und es der Tourismus nicht vermocht habe, den Brauch nachhaltig zu verändern. Zum besseren Verständnis der Veranstaltung selbst bzw. seiner kosmologischen Bedeutung trägt de Burlo nichts Neues bei, da er sich auf die bereits erwähnten Arbeiten von Jolly stützt und offenbar selbst keine eigene Feldforschung durchgeführt hat. Schließlich hat der schwedische Ethnologe und Photograph Anders Ryman das Turmspringen zuerst in den achtziger Jahren und dann nochmals 1996 beobachtet, dazu Notizen angefertigt und eine Fotoserie hergestellt, die im Rahmen von Ausstellungen und in Buchform veröffentlicht wurde[21]. Auch er folgt in seinen Ausführungen weitgehend Jolly.

---

[21] Thomas Bargatzky machte die Bekanntschaft von Anders Ryman anläßlich eines Feldaufenthaltes in Samoa Anfang der achtziger Jahre, und auch der Verfasser stand mit Ryman in Kontakt. Ryman richtete sein Interesse später auf Vanuatu und hat Bargatzky Ende der achtziger Jahre, über seine Vanuatu Forschung berichtet. Dabei wurde mehrfach auch über das Turmspringen gesprochen. Inzwischen hat Anders Ryman seine Forschungen und einen Teil seiner Photographien zum Turmspringen im Internet (aktuell zuletzt 22.03.2004: http://www.worldandi.com/newhome/public/ 2003/april/cl2pub.asp) veröffentlicht. Auch ein Kapitel in einem von Ryman veröffentlichten Buch befasst sich mit dem *gol*. (Ryman 1998).

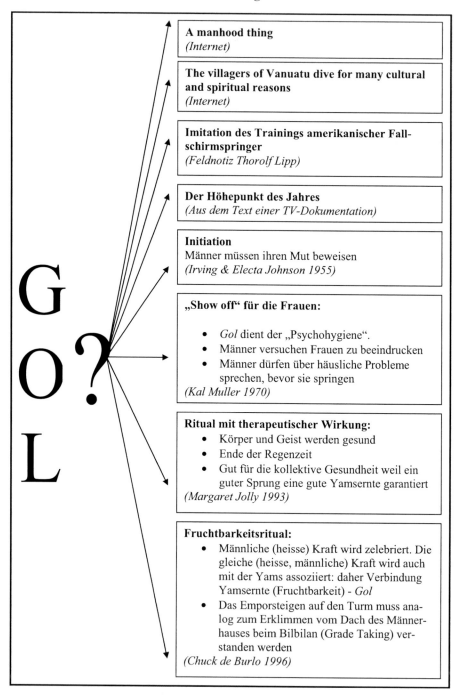

A manhood thing
(Internet)

The villagers of Vanuatu dive for many cultural and spiritual reasons
(Internet)

Imitation des Trainings amerikanischer Fall-schirmspringer
(Feldnotiz Thorolf Lipp)

Der Höhepunkt des Jahres
(Aus dem Text einer TV-Dokumentation)

Initiation
Männer müssen ihren Mut beweisen
(Irving & Electa Johnson 1955)

„Show off" für die Frauen:

- *Gol* dient der „Psychohygiene".
- Männer versuchen Frauen zu beeindrucken
- Männer dürfen über häusliche Probleme sprechen, bevor sie springen

(Kal Muller 1970)

Ritual mit therapeutischer Wirkung:
- Körper und Geist werden gesund
- Ende der Regenzeit
- Gut für die kollektive Gesundheit weil ein guter Sprung eine gute Yamsernte garantiert

(Margaret Jolly 1993)

Fruchtbarkeitsritual:
- Männliche (heisse) Kraft wird zelebriert. Die gleiche (heisse, männliche) Kraft wird auch mit der Yams assoziiert: daher Verbindung Yamsernte (Fruchtbarkeit) - *Gol*
- Das Emporsteigen auf den Turm muss analog zum Erklimmen vom Dach des Männer-hauses beim Bilbilan (Grade Taking) verstanden werden

(Chuck de Burlo 1996)

Tafel 1: Suche nach der Bedeutung des *gol*.

2. Erkenntnisinteresse und Ziel der Arbeit

Im Mittelpunkt dieser Arbeit steht das Turmspringen der Sa in Pentecost als totales soziales Phänomen, das in möglichst allen seinen Facetten beschrieben und analysiert werden soll (vgl. Bargatzky 2006). Obwohl in der überschaubaren Sa Gesellschaft in gewisser Weise „alles mit allem zusammenhängt", und das während der Feldforschung zusammengetragene Material mit Bezug auf das *gol* durchaus umfangreich ist, will die Arbeit nicht den Anspruch erheben, eine vollständige Ethnographie der Sa zu sein. Die Forschungsaufenthalte reichten nicht aus, eine so tiefgehende Kenntnis von Sa Kultur und Sprache zu erlangen, daß dieser Anspruch tatsächlich angemessen wäre. Dafür gibt es im wesentlichen zwei Gründe: In der Feldforschungsphase stand das Turmspringen selbst im Mittelpunkt, während andere Bereiche der Sa-Gesellschaft, etwa die vielen unterschiedlichen Bereiche der materiellen Kultur, detaillierte Fragen der Geschlechterbeziehungen, diffizile verwandtschaftsethnologische Probleme oder verzwickte linguistische Phänomene nicht im gleichen Umfang behandelt werden konnten. Als wichtig hingegen erwiesen sich diverse Probleme der politischen Anthropologie wie Fragen nach Rang, Titel, religiösem Einfluß, politischer Macht und Legitimation. Auch die Bedeutung von Mythen und Symbolen sowie der tradierten Geschichte nahm einen breiten Raum ein. Die Schwerpunkte meiner Arbeit ergaben sich also einerseits aus der Bedeutung, die diese für das Turmspringen im engeren Sinne haben, deuten andererseits aber auch meine übergreifenden sachlich-systematischen Interessen an.

Es gibt aber noch einen anderen Grund dafür, daß ich diese Arbeit nicht als ethnographische Monographie verstanden wissen möchte. Zwar wird hier mit dem Turmspringen explizit ein Phänomen der Sa Kultur untersucht, darüber hinaus soll jedoch auch versucht werden, die Dinge in einem größeren, ethnologisch-religionswissenschaftlichen Zusammenhang zu sehen. Meine Arbeit orientiert sich insofern eher an Werken wie Gregory Batesons „Naven" (1958) oder Maurice Godeliers „Die Produktion der großen Männer" (1987), in deren Mittelpunkt stets ein „totales soziales Phänomen" steht, das zur stellvertretenden Analyse des gesamtgesellschaftlichen Kontextes herangezogen wird. Am Anfang der Untersuchung standen, neben der unmittelbaren Faszination für die Sa und das Phänomen *gol* selbst, einige zentrale theoretische Fragen. Zunächst sollte erforscht werden, um was für eine Art Veranstaltung es sich beim Turmspringen überhaupt handelt. Das *gol,* so schien es, *weist* sowohl Elemente von Fruchtbarkeits-, Initiations- und melanesischen „Grade taking" Ritualen auf, als auch Züge eines rauschhaften Spiels mit „therapeutischer" Wirkung (vgl. Muller 1970). Einerseits läßt es sich anhand der Überlegungen des Ritualtheoretikers Victor Turner als *liminales* Ritual verstehen, andererseits aber auch wieder nicht, weil es nämlich, so könnte man mit Turner sagen, in mindestens ebenso starkem Maße *liminoide* Elemente beinhaltet (Turner 1989). Es stellte sich also die Frage, ob das *gol* überhaupt ein kontext-sensitives Ritual ist, oder nicht vielleicht vielmehr eine Art sportlicher Zeitvertreib, oder rauschhaftes Spiel. Turners Ritual-theorie schien zunächst für die nähere ethnographische Untersuchung des *gol* ein geeignetes Instrument zu sein und wurde daher während des Forschungsprozes-ses auch besonders berücksichtigt. Im Verlaufe der Forschung stellte sich nach und nach heraus, daß eine weitere, von Turner noch kaum beachtete Kategorie, zunehmend an Bedeutung für die Analyse des Turmspringens gewann. Die Rede ist vom Spektakel. Von allen Arten der kulturellen Performance stellt das "Spek-takel" wohl die bislang am wenigsten untersuchte Kategorie dar. Obwohl als Begriff schon lange bekannt, steckt eine „Ethnologie des Spektakels" fast noch in den Kinderschuhen (vgl. Mac Aloon 1984: 241).

In unmittelbarer Verbindung zu den rituellen Aspekten sollte der mythologische Hintergrund betrachtet werden. So galt es zu untersuchen, ob und wie der Brauch im Zusammenhang mit bestimmten mythologischen *Topoi* der Sa gese-hen werden kann und welche Interpretationen möglicherweise in Betracht kom-men. Dabei war erst einmal die Frage von zentraler Bedeutung, ob es hier über-haupt eine „unverbrüchliche Einheit" zwischen Mythen und Turmspringen gibt oder nicht. Spielen Mythen bei der neuerlichen Verbreitung des Turmspringens in der Region generell noch eine Rolle? Haben sich im Verlaufe der die letzten drei Jahrzehnte andauernden Revitalisierung des Turmspringens neue Mythen gebildet, die mit dem bis heute überlieferten, „ursprünglichen" Mythos nichts mehr zu tun haben? Oder hat die Tatsache, daß das *gol* in einigen Dörfern auf der Westseite Pentecosts ausschließlich für Touristen aufgeführt wird, den Cha-rakter der Veranstaltung grundlegend verändert?

Anhand der Untersuchung ergab sich die Möglichkeit, ethnologische mit religi-onswissenschaftlicher Theorie in Beziehung zu setzen und so einen Beitrag zur interdisziplinären Forschung zu leisten. Es scheint, daß religionswissenschaftli-che Ansätze in der Ethnologie nicht in ausreichendem Maße berücksichtigt wer-den. An den Beispielen Victor Turners und Mircea Eliades wird dieser Umstand beispielhaft deutlich. Während der Ethnologe Turner zu den Klassikern der Re-ligionswissenschaft gezählt wird (vgl. Michaels 1997), hat in der Ethnologie ei-ne Auseinandersetzung mit wichtigen Religionswissenschaftlern, so etwa auch mit Mircea Eliade, nur wenig stattgefunden (vgl. Lipp 2000). In der kritischen Aufarbeitung dieses Ungleichgewichts besteht dringender Nachholbedarf und die Forschung zum Turmspringen schien ein geeignetes Fallbeispiel dafür zu sein, daß eine positive Wechselwirkung zwischen den Disziplinen möglich und wünschenswert ist.

Wie nicht anders zu erwarten, erwiesen sich während der Feldforschung manche der im Vorfeld entwickelten theoretischen Überlegungen, Fragestellungen und Hypothesen als brauchbar, andere hingegen stellten sich als weniger relevant heraus. Immer stand jedoch die Maxime im Vordergrund, daß der am Schreib-tisch entwickelte theoretische Rahmen nicht dazu führen durfte, die tatsächli-chen inneren Zusammenhänge, soweit der Ethnologe diese eben erschließen kann, zugunsten eines vermeintlich stimmigeren, vielleicht gar „schöneren"

Schreibtisch-Modells außer Acht zu lassen. Längst weiß man in der Ethnologie, daß die Gefahr besteht, schon bei der Sammlung elementarer ethnographischer Daten diese nur noch nach Maßgabe des eigenen theoretischen Blickwinkels wahrzunehmen. Insoweit habe ich mich entschieden, die vorliegende Arbeit in zwei Abschnitte zu unterteilen. Im ersten Teil sollen historische Grundlagen, im zweiten Teil ethnographische Daten vorgestellt werden. Der dritte Teil versucht eine Analyse dieses Materials. Mit anderen Worten sollen historische Daten und ethnographische Beschreibungen, so gut es eben geht, von der theoretischen Analyse getrennt bleiben, schon um späteren Forschern einen möglichst unverstellten Blick auf das Material zu ermöglichen (vgl. Oliver 1989:IX). Die Schwierigkeit dieser Trennung liegt auf der Hand, den Versuch dennoch zu wagen erscheint mir aus den genannten Gründen unbedingt geboten. Gut gemachte Ethnographie besteht m.E. nicht zuletzt darin, daß man alle seine Daten wie die Karten eines Tarotspiels offen auf den Tisch legt. Die sich daran anschließende ethnologische Analyse entspricht einer gedanklichen Reise, die ich durch das symbolische Bild des Kartenspiels verdeutlichen möchte. Ein Spiel, das keineswegs beliebig, sondern durch die Spielregeln – hier bestimmte theoretische Ansätze – Regeln unterworfen ist. Regeln kann man ändern, weshalb gleiche Kartenkombinationen verschiedene Interpretationen zulassen bzw. die gedankliche Reise verschiedene Zielpunkte haben kann. Dieses Spiel zu spielen ist schon daher unerläßlich, da reine Datensammlungen nicht den Anspruch erheben können, die Forschung insgesamt zu bereichern. Der Forscher selbst darf am Ende zumindest die Hoffnung hegen, im Spiel zu so etwas wie „Wahrheit" gelangt zu sein, Wahrheit, in deren Erkenntnis dann vielleicht auch wieder Schönheit liegt.[22]

---

[22] Erst lange nachdem ich das Bild mit dem Tarotspiel entwickelt hatte, stieß ich auf ein Beispiel von Lévi-Strauss, der sich ebenfalls, allerdings mit dem für ihn so bezeichnenden Interesse für die Strukturen als solche, dieses Bildes bedient: „Nehmen wir einen Beobachter, der nichts von unseren Spielkarten weiß und längere Zeit einer Wahrsagerin zuhört. Er sieht ihre Klienten und teilt sie ein, rät ihr ungefähres Alter, ihr Geschlecht, ihr Aussehen, ihre gesellschaftliche Stellung usw., wie ein Ethnograph, der etwas von der Gesellschaft weiß, deren Mythen er untersucht. Unser Beobachter wird also die Beratungen anhören, wird sie sogar auf ein Tonband aufnehmen, um sie in Muße untersuchen und vergleichen zu können, wie wir das auch bei unseren eingeborenen Informanten tun. Wenn der Beobachter einigermaßen begabt ist und eine ausreichende Dokumentation gesammelt hat, wird er Struktur und Zusammensetzung des verwendeten Spiels rekonstruieren können, das heißt die Anzahl der Karten, 32 oder 52, die in vier homologen Serien ausgegeben werden und aus denselben Teileinheiten (den Karten) mit einem einzigen Unterscheidungsmerkmal (der Farbe) bestehen." (Lévi-Strauss 1977:233)

ERSTER TEIL
Historische Hinführung

Geschichte ist nicht nur Geschehenes, sondern Geschichtetes
– also der Boden, auf dem wir stehen und bauen.
Hans von Keler (*1925)

3. Grundlagen der Kulturgeschichte Vanuatus

Der Schauplatz des Turmspringens ist die Insel Pentecost in Vanuatu. Obwohl in mancherlei Hinsicht an der Peripherie gelegen, ist Pentecost – sind auch die übrigen Inseln Vanuatus – keineswegs „aus der Welt", sondern „Inseln der Geschichte", um ein Wort von Marshall Sahlins aufzugreifen (Sahlins 1992). Um den Boden für das Folgende zu bereiten, lenke ich nun kurz meinen Blick auf die historischen Rahmenbedingungen. Diese Vorrede ist schon deshalb notwendig, da wir verstehen müssen, wie es zur Entwicklung von *kastom* gekommen ist, was *kastom* heute bedeutet und welchen äußeren Einflüssen die *kastom* Sa ausgesetzt sind.

Wir wissen nicht genau, wie die ersten Menschen, die ihren Fuß auf eine der Inseln des heutigen Vanuatus setzten, ausgesehen haben, welche Kultur und Sprache sie mitbrachten. Nur eines kann man mit Gewißheit sagen: aus der zentralen Position des Archipels, das knapp vier Jahrtausende lang Durchzugsgebiet für sehr verschiedene Bevölkerungsgruppen war, resultiert eine komplexe kulturelle Situation, die zwar eine gewisse Ordnung erkennen läßt, in sich aber überaus vielfältig bleibt. Ich schließe mich der Beurteilung von José Garanger, einem der führenden Archäologen der Region an, der es für eine zu starke Vereinfachung hält, die Bewohner Vanuatus schlicht unter dem Oberbegriff „Melanesier" zu subsumieren (Garanger 1996:10). Wie bereits an anderer Stelle gezeigt (Lipp 2006) plädiere ich für den Begriff „Neumelanesien", weil Vanuatu höchstwahrscheinlich von Menschen besiedelt wurde, die eine kulturelle, sprachliche und phänotypische Mischung aus der negriden Urbevölkerung Neuguineas einerseits und Austronesiern andererseits darstellten. Etwa drei Jahrtausende nach der Erstbesiedlung kam vor allem im Süden und in der Mitte des Vanuatu Archipels auch ein anhaltender Kontakt mit Polynesiern aus Fidschi und Tonga hinzu. Dies läßt sich etwa durch linguistische Evidenzen veranschaulichen: Zum einen sind die westpolynesischen Sprachen Tonganisch und Niueanisch am nächsten mit denen Neumelanesiens verwandt, zum anderen werden in Vanuatu neben neumelanesischen auch drei polynesische Sprachen gesprochen: Emae, Mele-Fila und Futuna Aniwa.

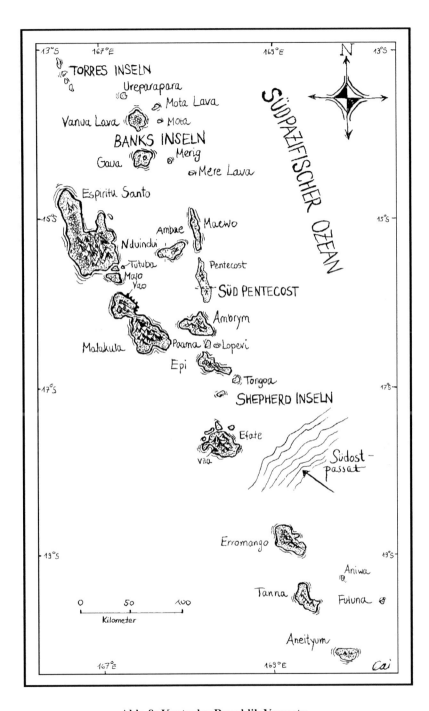

Abb. 8: Karte der Republik Vanuatu

4. Kurze Einführung in die politische Geschichte Vanuatus

Der portugiesische Seefahrer Pedro Fernandez de Quiros sichtete das Archipel am 3. Mai 1606 als erster Europäer. Allerdings landete er weder an, noch gewährte er den Inseln durch die Verleihung eines Namens den Eintritt in die europäische Geschichtsschreibung. Mehr als 150 Jahre später folgten 1768 Bougainville und im Frühjahr 1774 gewahrte James Cook auf seiner zweiten Südseereise an Bord der HMS Adventure westlich von Fidschi die Inselgruppe, der er nun den Namen „Neue Hebriden" gab, weil, so sagt man, ihn die Inseln an die Hebriden vor der Nordwestküste Schottlands erinnert hätten. Bei näherem Hinsehen ein erstaunlicher Vergleich, denn die schottischen Hebriden sind zumeist unbewaldete, mit hellgrünen Rasenflächen überzogene Eilande, die optisch mit den dunkel bewaldeten, schroffen Vulkaninseln Vanuatus nicht viel gemein haben. Spätestens mit der Namensgebung im Jahre 1774 also, trat das Archipel in *unsere* Geschichtsschreibung ein. James Cook nahm erste kartographische Vermessungen vor, denen zufolge die Inselgruppe etwa 800 Kilometer westlich von Fidschi bzw. 1500 Kilometer nordöstlich von Australien im südpazifischen Ozean liegt. Das Archipel besteht aus über 80 Inseln, die sich zwischen 20° - 13° Süd und 167° - 170° Ost in Form eines etwa 900 Kilometer langen Ypsilon von NNW nach SSE erstrecken. Die gesamte Landfläche liegt bei etwa 12190 km^2.

Nach Cooks Besuch vergingen weitere 50 Jahre, ohne daß Europäer weitergehendes Interesse an den Inseln bekundet hätte. Zu ersten systematischen Kontakten kam es schließlich in erster Linie durch den Abbau von Sandelholz, der etwa zwischen 1825 und 1865 betrieben wurde. Als die Bestände so gut wie erschöpft waren, ließen sich schließlich auch europäische Siedler auf den Inseln nieder, bald darauf folgten die berüchtigten „Blackbirder",[23] ab 1839 trafen die ersten Missionare ein (Adams 1984; Miller 1978). Die französisch-britische Marinekommission erklärte das Archipel schließlich 1887 zum gemeinsamen Treuhandgebiet „Neuen Hebriden", im Jahre 1906 wurde es zum „Kondominium", zu einer gemeinsam verwalteten Kolonie. Trotz des hohen Verwaltungsaufwandes errichtete man eine französische, eine englische und eine gemeinsam verwaltete Zone. Diese Regelung führte zu vielen Doppelinstitutionen: man schuf zwei Rechtssysteme mit zwei verschiedenen Polizeikräften, zwei eigenständige Gesundheitssysteme, drei Verwaltungen, drei Gerichtshöfen, drei Währungen. Wie in anderen Teilen der Welt auch drängte die Bevölkerung der „Neuen Hebriden" ab den 60er Jahren des 20ten Jahrhunderts zunächst zu mehr Selbstbestimmung und später nach Unabhängigkeit. Volle Souveränität erlangte der Inselstaat am 30. Juli 1980 unter der Zustimmung der beiden europäischen Schutzmächte. Ein neuer Staat wurde geboren, der den Namen „Vanuatu" erhielt, was soviel bedeutet wie „das Land, das sich erhebt". Der Name war das

---

[23] Weiße Menschenhändler (wörtl. etwa: Amselfänger), die im 19. Jahrhundert etwa 62.000 Melanesier mit oft kriminellen Methoden als Arbeitskräfte anwarben. Vgl. Kap. 6.1 in dieser Arbeit.

Programm des politischen Aufbruchs der vorangegangenen Dekade, in der der Wunsch nach Unabhängigkeit von der Kolonialverwaltung das vordringliche Ziel der indigenen Intellektuellen gewesen war. Im Jahre 1985 wurden die bis dahin existierenden Distrikte aufgelöst und durch elf neue Distrikte, sogenannte „Island Councils" ersetzt, die in etwa einer paritätischen Verteilung der Inselbewohner auf die großen Hauptinseln bzw. –inselgruppen entsprachen. Im Jahre 1994 fand eine Reorganisation in sechs Provinzen statt. Die Bezeichnungen der Provinzen setzen sich aus den Akronymen der Distrikte, aus denen sie bestehen, zusammen.[24] Die Gesamtbevölkerung Vanuatus betrug laut dem letzten, am 16.11.1999 veröffentlichten Zensus 186.678 Menschen (vgl. NPC 1999). Nach dem Übergang zur politischen Selbstbestimmung hat Vanuatu kaum etwas von seinem kolonialen Erbe verloren, Port Vila ist immer noch die Stadt mit dem europäischsten Charakter aller ehemaligen melanesischen Kolonien. Es ist die spezielle Mischung aus exotischer „Wildheit" und europäischer (Kulinar-) Kultur, die der Tourist an der Destination Melanesien insgesamt, an Vanuatu aber ganz besonders schätzt (vgl. Douglas 1996). Nicht weit von den letzten „Wilden" entfernt, so erscheint es jedenfalls in den diversen Werbevideos der Tourismusveranstalter, wartet bereits das nächste französische Fünfgangmenü auf den abenteuerlustigen Reisenden, dem damit landschaftliche Schönheit, outdoor activities, kultureller Nervenkitzel und kulinarische Gaumenfreuden auf engstem Raum präsentiert werden.

5. Vanuatu als typisches Melanesien-Reiseziel

Das Turmspringen der Sa auf der Insel Pentecost gehört zweifelsohne zu den Hauptattraktionen des Landes und rangiert, zusammen mit anderen touristischen Höhepunkten wie dem aktiven Vulkan Mount Yasur in Tanna, dem Dugong von Lamen Bay oder dem Schiffswrack der „President Coolidge", ganz vorne im Bekanntheitsgrad. Abbildungen des Turmspringens finden sich auf Briefmarken und Telefonkarten der Republik Vanuatu, in farbenprächtigen Reiseführern und Broschüren (vgl. O' Byrne & Harcombe 1999), auf T-Shirts, Teetassen und ungezählten Panoramaphotographien in den Hotels des Landes. Touristen, die mit der nationalen Fluggesellschaft Air Vanuatu ins Land kommen, können das Turmspringen bereits vor ihrer Ankunft im bordeigenen Inflight-Videoprogramm bestaunen, wo in einem bunten Bilderbogen die schönsten Strände, die aufregendsten Attraktionen und „archaischsten" Tänze präsentiert werden. Das Turmspringen wurde von Amateuren wie von professionellen Filmemachern ungezählte Male fotografiert und gefilmt und ist bereits in zahllosen Ländern als Dokumentation, Reportage, Reisebericht oder Kurzbeitrag über die Bildschirme geflimmert. Auch in dem australischen Kinofilm „Till there was You" aus dem Jahre 1990 sollte das *gol* als exotische Kulisse dienen (Spielfilm,

---

[24] Die MALAMPA Provinz etwa setzt sich aus MALakula, AMbrym und PAama zusammen. Die PENAMA Provinz aus PENtecost, AMbrym und MAewo.

Seale 1990). Das Erstaunliche dabei: das Turmspringen ist trotz, oder gerade wegen dieser großen medialen Präsenz, eine Attraktion, von der zwar so gut wie jeder Vanuatu Tourist schon einmal gehört hat, selbst gesehen hingegen haben es nur verhältnismäßig wenige Besucher (vgl. Douglas 1996:195ff.). Das liegt zum einen daran, daß es nur einige Wochen im Jahr sind, an denen die Sprünge veranstaltet werden, und zum anderen an der schlechten Verkehrsanbindung der Insel Pentecost. Das Phänomen an sich ist weithin „bekannt". Dabei sind es so gut wie ausschließlich staatliche Tourismusbehörden, private Reiseveranstalter, einige wenige Touristen oder professionell reisende Journalisten und TV-Teams, die für seine Popularität sorgen und es auch interpretieren. Das *gol*, so die Hoffnung der Tourismusbehörde und –veranstalter, soll die Destination Vanuatu in den Medien präsent machen und so die Aufmerksamkeit von potentiellen Vanuatu-Reisenden in aller Welt erregen. Für Journalisten und TV-Teams ist die unkompliziert und schnell zu photographierende bzw. filmende, „wilde" und „spektakuläre" Veranstaltung ohnehin ein hochwillkommener und zuverlässiger „Quotenbringer". Es geht, mit anderen Worten, heutzutage beim *gol* und seiner Interpretation fast immer auch um Geld. Wir werden in Kap. 14 noch genauer darauf eingehen.

**Abb. 9: Das Turmspringen als Motiv auf Briefmarken
und Telefonkarten der Republik Vanuatu**

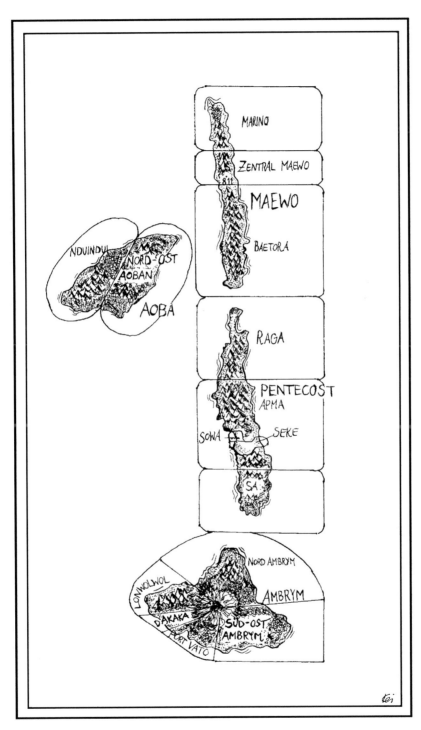

Abb. 10: Einige Sprachgruppen der PENAMA Provinz im nördlichen Vanuatu

6. Zur Entstehung von *kastom* als Lebensform & Ideologie

Die Insel Pentecost erhielt ihren Namen von Antoine de Bougainville, der sie am 22. Mai, dem Pfingstsonntag des Jahres 1768 „entdeckte". Sie erstreckt sich über eine Länge von etwa 70 Kilometern bei nur etwa 10 Kilometern Breite von Nordnordwest nach Südsüdost. Pentecost in Teil der Penama Provinz im Norden des Vanuatu Archipels. Der südliche Teil der Insel ist Heimat für etwa 2400 Sa.[25] Im Jahre 2004 bekennen sich unter den Sa Dörfern neben Bunlap auch Sankar, Lonbwe, Pohurur, Lonlibilie, Bilaut, Lonau, Ratap und einige kleinere Weiler, die teils nicht ständig besiedelt sind, zu *kastom*. Es ist für das Verständnis des Turmspringens von entscheidener Bedeutung, daß wir uns sehr auführlich mit dem beschäftigen, was gemeinhin *kastom* genannt wird. Ohne *kastom*, das wird später noch deutlich werden, würde es das Turmspringen heute aller Wahrscheinlichkeit nach nicht mehr geben.

Versuchen wir eine erste, deduktive Analyse und beginnen mit einigen allgemeinen Überlegungen: *Kastom* ist vielfach als „religiöse Revitalisationsbewegung" beschrieben worden (vgl. f.a. Jolly 1982; Keesing/Tonkinson 1982). Im allgemeinen versteht man darunter die Ablehnung des Christentums und die Wiederbelebung bzw. das ganz bewußte Festhalten an regional wichtigen „traditionellen" Werten und Bräuchen, das sich augenfällig schon in der Ablehnung westlicher Kleidung zeigt. In Vanuatu findet man neben den *kastom* Sa von Südpentecost auch in der Gegend von Yakel auf der Insel Tanna eine größere *kastom* Gemeinschaft. Ähnlich wie in Bunlap lehnt man auch in Yakel ganz bewußt westliche Kleidung ebenso wie Schulen und Missionsstationen ab. Ähnliche, mehr oder weniger rigide Formen von *kastom* finden sich auch in so verschiedenen anderen Teilen Melanesiens. Was *kastom* im Einzelnen jeweils bedeutet, läßt sich nur sehr allgemein definieren, weil es sich von Fall zu Fall sehr unterschiedlich darstellt. Der amerikanische Ethnologe David Akin versucht folgende Annäherung:

"Kastom is a Melanesian Pijin word (from English 'custom') denoting ideologies and activities formulated in terms of empowering indigenous traditions and practices... (...) ...anxieties at encroaching modernity can lead people to elaborate – rather than abandon or simply reify – ancestral traditions, as objectified *kastom* is transformed, extrapolated, and absorbed into everyday practice. It shows how this can occur through subjective processes that transcend the realm of overt cultural politics that has preoccupied so many anthropological studies of Melanesian *kastom*. With our attention so focused on the objectification of culture as *kastom*, anthropologists have neglected the concurrent subjectivization of *kastom* as culture. The two processes are constantly in play, each continuously shaping the other over time. It can become problematic to starkly differentiate *kastom* from culture except as analytical constructs. "
(Akin 2004: 299f)

---

[25] Dies ist ein Schätzwert, eine genauere Bevölkerungszahl ist nicht zu ermitteln. Ein Zensus von 1979 geht von 1719 Sa Sprechern aus. Ich schätze aufgrund des angenommenen Bevölkerungswachstums von zwischen 2.5 und 3.2 % p.a. die Bevölkerungszahl in 2004 auf ca. 2400.

Kastom ist, mit anderen Worten, nicht bloß das Festhalten an einer tatsächlichen oder angenommenen „traditionellen" Kultur, sondern wird selbst zu einer *Ideologie,* die Kultur aktiv gestaltet. Somit bezeichnet *kastom* zunächst das Betonen, genauso aber auch das Neudefinieren bzw. Erfinden einer eigenen regionalen aber auch überregionalen melanesischen Identität.[26] Dabei werden fremde Einflüsse nicht durchweg abgelehnt, wie dies etwa bei einem religiösen Fundamentalismus der Fall wäre, sondern bestimmte, in den Augen der Agierenden nicht im Widerspruch zum „Eigenen" stehende Elemente anderer Religionen und Kulturen kreativ in das eigene System integriert.[27] Joel Bonnemaison, einer der besten Kenner Melanesiens im Allgemeinen und Vanuatus im Besonderen berichtet, er habe einmal einen hochrangigen *kastom* Mann gefragt, was *kastom* denn eigentlich genau sei. Die schlaue und selbstbewußte Antwort war: „Ich bin *kastom*" (Bonnemaison 1996:202). Dem Ethnologen fällt es in Zeiten der „Repräsentationskrise" durchaus schwer, dem noch viel hinzuzufügen. Trotzdem meine ich: wenn er seine Aufgabe als Kulturvermittler ernst nimmt, muß er sich dieser Herausforderung stellen.[28]

Fragen wir uns also wenigstens, wie es überhaupt dazu kommen konnte, daß in Südpentecost eine so ausgeprägte *kastom* Bewegung entstanden ist, die bis heute Bestand hat. Ich behaupte, daß im wesentlichen drei miteinander eng zusammenhängende Gründe für diese Entwicklung verantwortlich sind: Erstens nahmen die Beziehungen zwischen europäischen Eindringlingen und Einheimischen

---

[26] Vgl. Akin 2004; de Burlo 1996; Maas 1994a; Jolly 1994a; 1994b; Tonkinson 1982; Hobsbawm 1983.

[27] Vgl. hierzu die Überlegungen von Ulrich Berner zum Synkretismus auf der „Element-Ebene". Im Fall der Sa haben wir es m.E. v.a. mit „Identifikationen", „äquivalentierender Synkretismen" und „lokalen Relationierungen" zu tun (vgl. Berner 1982:101-107).

[28] Zum Anstoß der sog. Repräsentationskrise wurde vor allem Michel Focaults „Die Ordnung der Dinge. Eine Archäologie der Humanwissenschaften" (Focault 1973). Versuche von Ethnologen, darauf zu reagieren, bleiben immer problematisch, die postmoderne Kritik an der Ethnologie ist nämlich selbst Teil jenes hegemonialen Diskurses, den sie anklagt. Ich stimme Focault zwar zu, wenn er sagt, daß es im Leben Augenblicke gebe, da die Frage, ob man anders denken könne, als man denkt, und anders wahrnehmen könne, als man sieht, zum Weiterschauen und Weiterdenken unentbehrlich ist, meine aber andererseits auch, daß die Überbetonung der Beobachtungsbeobachtung allzuschnell zum Verlorengehen in einem selbstreferentiellen Labyrinth führt, in dem der Ethnologe dann nur noch damit beschäftigt ist, den „wahrhaftigsten" Ausgang zu suchen, den es aber gar nicht geben kann. Insofern ist die postmoderne Dekonstruktion viel eher dem Idealismus verwandt, als man vielleicht glauben mag. Ich selbst halte es eher mit dem in den Mythen gespeicherten Wissen um das „Zusammenfallen der Gegensätze". Demnach gibt es nicht nur den einen, „warhaftigen" Ausgang, sondern mehrere, die alle einen Blick aus dem Dunkel des (gedanklichen) Labyrinths hinaus ins Licht der Welt eröffnen. Entscheidend ist in meinen Augen, daß man den Mut hat, den Ausgang überhaupt zu suchen und daß man, wenn man meint, einen Ausgang gefunden zu haben, benennen kann, wie es dazu kam. Zu Focault und Ethnologie vgl. Sahlins 1993. Zu Mythos, Ritual und Repräsentation vgl. Hornbacher 2005; Zur Ideengeschichte vgl. Petermann 2004:1004ff.

hier aufgrund mancher historischer Zufälle eine ungewöhnliche Wendung. Zweitens weist die Kultur der Sa offenbar einige Eigenheiten auf, die sie erstaunlich selbstbewußt und widerstandsfähig gegenüber äußeren Veränderungen machte und immer noch macht, ohne gleichzeitig im Zustand eines starren Konservativismus zu verharren oder gar von aggressiven Restaurationstendenzen bestimmt zu werden. Drittens hatten die Ostküsten-Sa das Glück, einige Führer hervorzubringen, die den Weißen und ihrer Welt mit erstaunlicher Weitsicht begegneten, die sich durch vorsichtige Zurückhaltung, selbstbewußtes Bewahren, beharrliches Verteidigen und kreatives Weiterentwickeln auszeichnet. Es sind also historische Entwicklungen, kulturelle Besonderheiten und starke Persönlichkeiten, die in einem glücklichen Zusammenspiel den Boden für *kastom* bereitet haben. Eine letztgültige Antwort, was in welchem Masse zur Entwicklung von *kastom* beigetragen hat wird es dabei genausowenig geben können, wie man eindeutig die Frage klären kann, wann genau sich aus der traditionellen Gesellschaft das *kastom* Phänomen entwickelt hat, das ja, wie ich oben bereits erwähnt habe und im Laufe der Arbeit noch weiter vertiefen werde, viel mehr ist als das bloße Bewahren von, möglicherweise längst erstarrten, Traditionen. Beschäftigen wir uns daher zunächst mit den historischen Rahmenbedingungen, die zur Bildung von *kastom* beigetragen haben. Mein Material setzt sich dabei sowohl aus historischen Quellen zusammen, als auch aus den vielen, teils bis heute lebendigen mündlichen Überlieferungen. Beginnen wir unsere Analyse mit einer Rückschau auf die Beziehungen zwischen *Sa* und Europäern.

6.1 Sandelholzhändler, Blackbirder und Walfänger

Die ersten dauerhaften Kontakte zwischen Europäern und den Bewohnern Vanuatus entstehen ab etwa 1825. Es sind zunächst Sandelholzhändler[29] und Walfänger, die auf die Inseln kommen um Handel zu treiben, Vorräte aufzunehmen oder Reparaturen an ihren Schiffen durchzuführen. Dabei besuchen sie vor allem den südlichen Teil des Archipels: Aneityum, Erromango, Tanna und Efate, ab 1853 auch Santo. Pentecost erreichen sie erst sehr viel später. Dennoch dürften ihre Waren auf dem Weg der weitverzweigten indirekten Tauschwege schon früher auch hierher gelangt sein: Äxte, Messer und Macheten, Bandeisen, Stoffe, Pfeifen, Tabak und Feuerwaffen (vgl. Jolly 1994a:23). Das Zeitfenster für die ersten Kontakte mit den Sa in Ost-Pentecost läßt sich nachträglich nur noch anhand von mündlichen Berichten rekonstruieren. Die Fremden sind ab den 1860er Jahren nicht mehr am Sandelholz interessiert, sondern an billigen Arbeitskräften, die im boomenden Australien, aber auch in Fidschi, Teilen Polynesiens oder Mikronesiens zum Straßenbau oder auf den Zuckerrohr- oder Baumwollplantagen dringend benötigt werden. Zu Tausenden werden die Bewohner

---

[29] Der Handel mit dem v.a. in China beliebten, angenehm duftenden Sandelholz etablierte erste Handelsbeziehungen zwischen einheimischen Landbesitzern und geschäftstüchtigen Händlern bzw. Handelsschiffen. Der große Bedarf führte innerhalb von knapp vier Jahrzehnten zu einem Erschöpfen der Bestände auf den Inseln (vgl. Shineberg 1967).

verschiedener melanesischer Inseln, Männer wie Frauen, angeworben und abtransportiert. Teils werden sie praktisch gekidnappt, teils macht man ihnen überzogene Versprechungen. Nur selten behandelt man sie so, wie man es ihnen zusagt. Mitunter müssen sie viele Jahre für geringsten Lohn arbeiten. Manche kehren niemals nachhause zurück. Einige bleiben aus freien Stücken in der Fremde, weil sie dort ein neues Leben beginnen wollen. Andere sterben an unbekannten Krankheiten, gegen die sie keine Abwehrkräfte besitzen. Manche können nicht genug zusammensparen, um sich die Rückfahrt zu leisten. Wenn Vereinbarungen tatsächlich eingehalten werden und die Arbeiter nach Ablauf ihres Kontraktes zurückkehren heißt es häufig, die Kosten für den Rücktransport seien so hoch, daß kein, oder nur noch ein weit geringerer Lohn ausbezahlt werden könne, als ausgemacht (vgl. Price and Baker 1976). Die Zeit des „Blackbirding" ist in unzähligen Überlieferungen überall in Melanesien lebendig geblieben. Sie sind mitverantwortlich für eine gewisse Skepsis, die man Weißen mitunter auch heute noch entgegenbringt. Immer wieder hört man, gerade auch in den *kastom* Dörfern, daß Europäer Leute sind, die „Menschen stehlen". Daß es im Prozeß der mündlichen Überlieferung zu Übertreibungen, Auslassungen und Bedeutungsverschiebungen kommt, liegt dabei ebenso auf der Hand wie der Umstand, daß derartige Geschichten in der Regel auf einem verifizierbaren historischen Kern beruhen. Betrachten wir dazu ein Beispiel. Der amerikanische Ethnologe Robert Lane schreibt im Jahr 1956 von der Begegnung mit einem seiner Sa Informanten, der sich angeblich noch selbst an die erste Begegnung zwischen seinen Leuten und einem europäischen Schiff erinnern kann. Setzt man das geschätzte Alter des Informanten mit seiner Erzählung in Beziehung so ergibt sich, daß diese sich gegen 1880 zugetragen haben muß:

„According to one of my oldest informants, the first ship came to the Southeast cost of Pentecost when he was a small boy. It was a sailing ship. The people sighting it in the distance thought that it was a great bird. When it came closer, they recognized it as a boat of some sort. The ship hove to in Barrier Bay. The people were frightened and *Raul* a man from the nearby village of Rerat, went down and tried to make the landing beach and the ship tabu. A boat came ashore. *Raul* was seized and carried on board the ship. He was never seen again. Before the boat's crew withdrew it left a pile of stick tobacco on the beach. The natives had leaf tobacco but they had never seen stick tobacco. They mistook the black gummy bars for pig dung and were incensed by this supposed insult. As the ship sailed away, they fired arrows at it. That this first ship came during the lifetime of a man still living is possible. The windward coast was physically dangerous with unfriendly inhabitants and was, for the most part, inaccessible. Few ships would have been attracted to such a shore. As a consequence the hill villages escaped direct recruiting or kidnapping." (Lane 1956:44f)

Knapp zwanzig Jahre später, also etwa Mitte der 1970er Jahre, wird Margaret Jolly dieselbe Geschichte berichtet. Ihr Informant, der zu diesem Zeitpunkt etwa 75-jährige Molga aus Pohurur, gibt an, die Begebenheit von seinem Vater gehört zu haben. Beide Berichte weisen unübersehbare Ähnlichkeiten auf, allerdings kehrt der „entführte" Raul in Jollys Version nach etwa einem Jahr auf die Insel zurück. Insgesamt dürften zwischen 1860 und 1906 etwa 1960 Kontraktarbeiter aus Pentecost nach Queensland verbracht worden sein, davon zwischen 6,2% und 8,7% Frauen. Nach Fidschi verschiffte man ca. 961 Arbeiter, davon etwa 5,2 % Frauen (Siegel 1985; Corris 1970:51). Trotz der offenkundigen Probleme, die das „Blackbirding" auf den verschiedensten Ebenen mit sich brachte, wäre es eine verkürzte Betrachtung, würde man die Eingeborenen ausschließlich als gegen ihren Willen entführte Opfer betrachten. Jolly berichtet von Aufzeichnungen mancher Rekrutierer die aussagen, daß die jungen Männer und Frauen häufig zur Arbeit im fremden Land keineswegs überredet werden mußten, sondern im Gegenteil überaus interessiert daran waren, die Welt hinter dem Horizont kennenzulernen. Es seien hingegen häufig die Alten gewesen, mit denen es zu Konflikten gekommen sei, weil diese versucht hätten, die Jungen am Weggehen zu hindern (Jolly 1994a: 24f). Wir können hier nicht in weiterer Einzelheiten auf die Geschichte des Blackbirding eingehen, da diese für Melanesien insgesamt, als auch für Pentecost im Speziellen, schon ausführlich behandelt ist.[30] Zusammenfassend kann gesagt werden, daß Südpentecost vom „Labour Trade" zwar nicht ausgespart blieb, entscheidend ist aber, daß es aufgrund der besonderen topographischen Gegebenheiten, weitaus weniger entsprechende Begegnungen gegeben hat, als etwa im Nordwesten der Insel oder in vielen anderen Teilen des Archipels.

"Labour recruiters were far more active on the leeward west coast than on the windward east coast. The population in the south east was undoubtly less exposed to recruiters because of perpetually rough seas around the south east tip of the island. Most likely the prospect of kidnap and easy retreat on this shore was thereby reduced." (Jolly 1994a: 28)

Daß es zwar mitunter problematische, aber doch insgesamt betrachtet nur sporadische Kontakte mit Europäern gab, erklärt zwar noch nicht die Entstehung der *kastom* Bewegung an sich, gibt aber möglicherweise einige wertvolle Hinweise. Verglichen mit anderen Teilen Vanuatus blieben die Sa weitgehend unbehelligt. Weder erlitten sie allzu große Bevölkerungsverluste durch das „Blackbirding", noch wurde ihre Kultur nachhaltig durch Heimkehrer unterwandert, die eine andere Welt kennen und manches an ihr schätzen gelernt hatten. Auf der anderen Seite hatten die Sa lange genug Zeit, so kann man mit einigem Recht argumentieren, ihr kulturelles Selbstverständnis langsam einer sich verändernden Welt anzupassen, ohne dabei an Selbstvertrauen zu verlieren oder gar einen traumatischen Kulturschock zu erleiden, wie es andernorts in unzähligen Fällen vorgekommen ist (vgl. Lane 1956:146). Daß ein Vertrauen in die eigene Kultur möglich war beruht nicht zuletzt auch auf manchen Zufällen während der zweiten Phase des Kontaktes, die wesentlich länger anhalten sollte und sich als viel nachhaltiger erwies: die Zeit der Missionierung zwischen 1898 und der Unabhängigkeit Vanuatus im Jahr 1980.

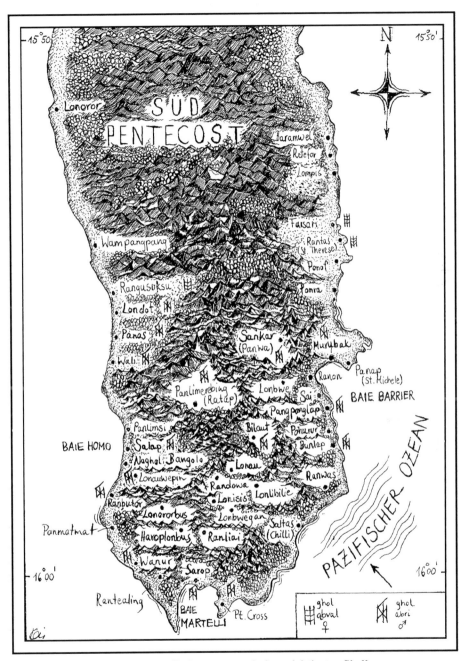

Abb. 11: Karte von Südpentecost mit den wichtigsten Siedlungen und deren Beteiligung am *gol* im Jahre 2004

Legende zu Abb. 11:
Die wichtigsten Siedlungen von Südpentecost und deren Beteiligung am *gol*.

Name:	Anzahl der Höfe, Männerhäuser, Schulen & Kirchen:	Religion:	ständig besiedelt:	*gol* dortselbst (mindestens einmal zwischen 1980 und 2004):
Retefor	3 Höfe 1 Männerhaus 1 Kirche	katholisch	ja gegründet 1999	nein
Lonpis	24 Höfe 4 Männerhäuser 1 Kirche	katholisch	ja gegründet 1999	nein
Farsari (auch St. Henri bzw. Santari)	22 Höfe 4 Männerhäuser 1 Kirche	katholisch	ja	ja, *gol abwal* ungebrochene Tradition
Rantas (St. Therese)	21 Höfe 5 Männerhäuser 1 Kirche	katholisch	ja	ja, *gol abwal* ungebrochene Tradition veranstaltet zusammen mit Farsari und Ponof
Ponof (ein Ortsteil von Rantas)	5 Höfe 1 Männerhaus	katholisch	ja	ja, *gol abwal* ungebrochene Tradition veranstaltet zusammen mit Farsari und Rantas
Panap (St. Michele)	10 Höfe 1 Männerhaus	katholisch	ja	nein die Männer von Panap gehen für das *gol* nach Murubak oder Ranon.
Murubak	30 Höfe 4 Männerhäuser	katholisch	ja	ja, *gol abri* ungebrochene Tradition, zusammen mit Panap und Ranon
Ranon (katholische Missio)	1 Hof 1 Schule 1 Kirche	katholisch	ja	ja, *gol abri* zusammen mit Murubak und Panas
Sankar	4 Höfe 1 Männerhaus	*kastom*	ja gegründet um 1955	nein die Männer von Sankar gehen für das *gol* nach Bunlap, Pohurur oder Lonbwe
Lonbwe	20 Höfe 1 Männerhaus	*kastom*	ja	ja, *gol abri* häufig zusammen mit Bunlap, Pohurur und Sankar
Ratap (Panlimerebing)	5-10 Höfe 1 Männerhaus	*kastom*	ja	ja, *gol abri* Wiederbelebung ausschließlich für Touristen
Bilaut	7 Höfe 1 Männerhaus	*kastom*	ja gegründet ca. 1935	nein die Männer von Bilaut gehen für das *gol* nach Bunlap oder Lonbwe

Name:	Anzahl der Höfe, Männerhäuser, Schulen & Kirchen:	Religion:	ständig besiedelt:	*gol* dortselbst (2004):
Pohurur	10 Höfe 1 Männerhaus	*kastom*	ja	zus. mit Bunlap-Bena oder anderen *kastom* Dörfern
Bunlap-Bena	53 Höfe 3 Männerhäuser	*kastom*	ja	ja, *gol abri* ungebrochene Tradition
Tanmili	8 Höfe 1 Männerhaus	*kastom*	ja	zus. mit Bunlap-Bena
Lonau	10 - 15 Höfe, 1 Männerhaus,	*kastom*	ja (zu Bunlap)	nein, die Männer von Lonau betrachten sich als zu Bunlap-Bena zugehörig und gehen zum *gol* dorthin.
Randowa	----	*kastom*	nein (zu Bunlap)	nein
Lonlibilie	4 Höfe. 1 Männerhaus	*kastom*	ja	nein, die Männer von Lonlibilie gehen für das *gol* nach Bunlap, Lonbwe oder Pohurur.
Lonisis	5 - 10 Höfe 1 Männerhaus	*kastom*	nein (zu Bunlap)	nein
Ranliai	6 Höfe 2 Männerhäuser	*kastom*	ja	nein
Ranwas	25 Höfe kein Männerhaus 1 Schule 1 Kirche	Church of Christ	ja	nein
Point Cross (Uro bzw. Bin Moori	ca. 35 Höfe 2 Männerhäuser 1 Schule 1 Kirche	anglikanisch	ja	ja, *gol abri* neubegonnen ca. 1955
Londar (bzw. Rantealing)	ca. 35 Höfe 4 Männerhäuser 1 Kirche 1 Kindergarten	katholisch	ja	nein
Wanur	26 Höfe 4 Männerhäuser 1 Schule	anglikanisch	ja	ja, *gol abri*, neubegonnen 1985, heute zus. mit Londar und Pt. Cross.
Panmatmat	1 Schule	Church of Christ	nein	nein
Ranbutor	25 Höfe kein Männerhaus 1 Schule 1 Kirche	Church of Christ	ja	nein

Name:	Anzahl der Höfe, Männer- häuser, Schu- len & Kirchen:	Religion:	ständig besiedelt:	*gol* dortselbst (2004):
Lonauwepin	1 Hof (*gol* Bangolo Ferienanlage)	----	ja	ja, *gol abri* neubegonnen 1998
Salap (bzw.Panggi)	15 Höfe kein Männer- haus 1 Schule1 Kir- che	Church of Christ	ja	ja, *gol abri* neubegonnen 1974
Wali	15 Höfe 2 Männerhäuser 1 Schule 1 Kirche	Church of Christ	ja	ja, *gol abri* neubegonnen 1985
Londot	1 Hof	---	ja	ja, *gol abri* neubegonnen 1973
Rangusuksu	22 Höfe 2 Männerhäuser 1 Kirche	katholisch	ja	ja, *gol abwal* neubegonnen 2003
Lonoror (nicht mehr Sa Gebiet!)	----	----	ja	ja, meist *gol abwal* neubegonnen 1970er Jahre

Tafel 2: Die wichtigsten Siedlungen von Südpentecost und deren Beteiligung am *gol*. (Eigene Erhebung aus dem Jahr 2004).

6.2 Geschichte der Missionierung von Südpentecost

Wäre die Missionierung der Insel Pentecost in anderen Bahnen verlaufen, hätten sich, konkret gesprochen, ausschließlich protestantische Kirchen durchsetzen können, würde das *gol* heute wahrscheinlich nicht mehr existieren. Wenn wir hier versuchen wollen, das Turmspringen möglichst umfassend zu betrachten, darf man daher, wie gleich zu belegen sein wird, die Geschichte der Missionie-rung keinesfalls unbeachtet lassen.

Der erste Missionar in Vanuatu überhaupt ist John Williams von der protestanti-schen London Missionary Society.[31] Williams landet 1839 in Erromango, wird aber bald darauf von Einheimischen umgebracht. Genauso wenig erfolgreich

---

[31] Um den Rahmen des hier Möglichen nicht zu sprengen und den eigentlichen Untersu-chungsgegenstand nicht zu sehr aus dem Blickfeld geraten zu lassen, beziehe ich mich im Folgenden im Wesentlichen auf die Zusammenfassung von Margret Jolly (1994a:35ff). De-tailliertere Abhandlungen der verschiedenen Missionstätigkeiten in Vanuatu finden wir u.a. bei Adams 1984; Miller 1978; Parsonson 1956; Hilliard 1978; Allen 1968; Armstrong 1900; Fox 1958; Frater 1922; Gunn 1914 & 1924; Lamb 1905; oder Moore 1985. Jolly bezieht sich immer wieder auch auf Paul Monnier (1988a; 1988b), offenbar lag ihr jedoch eine andere Ausgabe vor, als die mir bekannte, die aus dem Jahr 1991 stammt.

sind 1842 Lisbet und Turner, ebenfalls von der LMS, die versuchen, eine Missionsstation in Tanna zu etablieren. Auch verschiedene Anläufe polynesischer Laienprediger der LMS in Erromango, Futuna, Aniwa, Aneityum und Tanna in den 40er und 50er Jahren des 19. Jahrhunderts führen zu keinen nennenswerten Fortschritten. Katholische Maristen versuchen 1847 in Aneityum eine Missionsstation zu errichten, müssen aber bereits 1850 wieder aufgeben, weil sie unter Krankheiten leiden und sich außerdem gegenüber einigen erfolgreicher agierenden schottischen bzw. aus Australien stammenden Presbyterianerm nicht behaupten können. Diese hingegen etablieren nach und nach Missionen in Aneityum, Aniwa, Tanna, Erromango Efate, Nguna und Santo. Ab dem Jahr 1849 werden ihre Versuche durch Bemühungen von Anglikanern ergänzt, deren Missionstätigkeiten in Melanesien unter dem Namen „Melanesian Mission" bekannt ist. Die Anglikaner beginnen schon bald, Jungen und Mädchen aus Vanuatu nach Neuseeland und auf die zwischen Australien und Neuseeland liegende Norfolk Insel zu schicken, um sie später selbst als sprachkundige Missionare einzusetzen. Im Jahre 1881 treffen Presbyterianer und Anglikaner der Melanesian Mission die Vereinbarung, die Missionsgebiete künftig klarer voneinander zu trennen: fortan konzentrieren die Presbyterianer ihre Bemühungen auf den Süden, während die Anglikaner sich dem Norden widmen, namentlich den Inseln Pentecost, Maewo, Ambae, sowie der Torres und der Banks Gruppe. Ab den 1870er Jahren sollte sich die zunehmende Rivalität zwischen Franzosen und Engländern auch auf die Missionstätigkeiten auswirken. Da die Franzosen nicht ins Hintertreffen geraten wollen, beginnen französische Regierungsbeamte und Siedler gleichermaßen damit, die bereits 30 Jahre zuvor versuchte, jedoch erfolglos gebliebene Tätigkeit der katholischen Maristen erneut zu unterstützen. Eine direkte Folge dieser Bemühungen ist die Landung von Pater Emmanuel Rougier auf Pentecost im Jahre 1898, wo es bislang noch keine ständige Mission gegeben hatte. Jahre später folgen sowohl die protestantische Church of Christ als auch Anglikaner der „Melanesian Mission", um Pentecost nicht gänzlich den Katholiken zu überlassen. Die Church of Christ ist zwar bereits in den zwanziger Jahren des 20ten Jahrhunderts mit europäischen Laienpredigern vertreten, nennenswerten Zulauf erhält die Gemeinde jedoch erst im Jahre 1949, als die Dörfer Ranwas und Panmatmat geschlossen übertreten. Im Gegensatz dazu eröffnen die Anglikaner erst im Jahre 1950 in Point Cross ihre erste offizielle Gemeinde. Die systematische Missionierung von Pentecost und damit auch des Sa Gebietes setzt also erst relativ spät ein.

Wir müssen uns hier ausführlich vor allem mit den katholischen Maristen befassen. Einmal, weil sie die ersten Missionare in Pentecost sind. Zum anderen weil, wie ich hier gleich aufzeigen werde, ihr eher tolerantes Missionsverständnis einer der Gründe für die Entstehung der *kastom* Bewegung in Pentecost ist, ohne deren Entstehung es das *gol* heute wohl nicht mehr geben würde.[32] Der erste katholische Missionar in Pentecost, Emmanuel Rougier kommt nicht allein auf die Insel. Er hatte zuvor das Wort Gottes in Fidschi verkündet, wo er auf Kontraktarbeiter aus Vanuatu gestoßen war, von denen einige auch aus Pentecost stammen. Diese Kontraktarbeiter begleitet Rougier nun auf ihrem Rückweg nach Pentecost und ihre Fürsprache ermöglichen ihm und seinen Nachfolgern erste Erfolge bei der Missionierung der Insel. Loltong, Namara, Melsisi und Wanur, allesamt Dörfer auf der Westküste, werden so zu verläßlichen katholischen Stützpunkten, die sie bis heute geblieben sind. Rougier und sein Mitbruder Jean-Baptiste Jamond, der allerdings schon nach wenigen Wochen von Francis Rougé abgelöst wird, bleiben lediglich einige Monate in Pentecost (vgl. Monnier 1991:1). Es folgt der erst 28-jährige Francois Le Fur, der von 1899 bis zu seinem Tod im Jahr 1907 in Südpentecost missioniert und seinen permanenten Stützpunkt auf Wunsch des späteren Bischofs Victor Doucéré zunächst in Wanur aufschlägt. Weil die Begebenheiten um seinen Tod sich für die Entwicklung von *kastom* in Pentecost als schicksalhaft erweisen sollten, müssen wir Le Fur und seiner Zeit in Pentecost hier den nötigen Platz einräumen.

Der Kirchenhistoriker Paul Monnier beschreibt in als unerschrockenen Mann, den weder Hitze, Lepra, Ratten oder Moskitos von seiner „Mission" abzubringen vermochten (Monnier 1991:7). Le Fur, der in Wanur an der Westküste Quartier genommen hat, erkennt bald, daß die eigentliche Aufgabe viel eher im Inselinneren und an der dichter besiedelten, unzugänglichen Ostküste liegt. Der Westen Pentecosts ist von den südöstlichen Passatwinden durch die hohen Bergketten im Inneren der Insel abgeschottet. Zwar können Schiffe an der wind- und brandungslosen Küste leichter ankern und Boote gefahrloser anlanden, aber weil der Westen aufgrund der fehlenden Passatwinde heiß und malariaverseucht ist, und weil man hier zudem den feindlichen Angreifern, die von den Bergen und von See kommen können, schutzloser ausgeliefert ist als in den versteckten Bergregionen, sind die westlichen Küstenregionen zu dieser Zeit kaum besiedelt. Im Jahr 1902 bricht zudem die Ruhr aus, zunächst in Ambrym, später auch in Pentecost. Dutzende, vielleicht Hunderte Menschen sterben, genaue Angaben fehlen.[33] Man weiß lediglich, daß am Ende des Jahres 1902 bis auf den Missionar Le Fur niemand mehr in Wanur lebt. Viele sterben, einige versuchen, vor der

---

[32] Im Übrigen fällt auch die Quellenlage zugunsten der gut aufgestellten Weltorganisation katholische Kirche aus. Weder die Church of Christ noch die Anglikaner haben sich in vergleichbarem Umfang die Mühe gemacht, Quellen zusammenzutragen, zu sortieren oder zu veröffentlichen.

[33] Das Problem der Depopulation durch Epedemien hielt bis in die zwanziger Jahre an, als die Grippe bis zu 2/3 der Bevölkerung dahinraffte. Vergleicht man den Zensus von Tattevin (Tattevin 1925) aus dieser Zeit mit späteren Angaben, wird dies überdeutlich. Tattevin hatte in Mae, ein Dorf in der Nähe von Bunlap, 575 Menschen gezählt. In den fünfziger Jahren lebte dort nur noch eine überlebende Familie. Heute existiert das Dorf gar nicht mehr. Erstaunlicherweise sind die Epedemien nicht als traumatisches Ereignis in das kollektive Bewußtsein eingegangen (vgl. auch Lane 1956:146).

Krankheit in den Norden der Insel zu fliehen (Monnier 1991: 13). Aus allen diesen Gründen zählt es, so Margaret Jolly (1994a:36), unter anderem zu Le Furs Ambitionen auf der Südostseite der Insel, in der Baie Barrier, eine Mission zu errichten. Um überhaupt erste Kontakte zu den hier lebenden Sa etablieren zu können, wandert er immer wieder durch das Inselinnere zur Ostküste. Zunächst, um sich nach einem geeigneten Ort für eine Missionsstation umzusehen. Später, um Arbeitskräfte für den Bau der Station zu requirieren. Obwohl die Arbeit bezahlt ist, stößt offenbar weder die Vorstellung für den weißen Missionar arbeiten zu sollen, noch überhaupt die Aussicht auf dessen Besuche bei den Sa der Ostseite auf Gegenliebe. Während Lane schreibt: „The natives were not overly enthusiastic about these visits" (Lane 1956:145), spricht Jolly sogar von handfesten Auseinandersetzungen zwischen Le Fur und den Sa auf der östlichen Inselhälfte.

„The missionary used to ride periodically across the island on his horse, and was trying to cut a track from Wanur to Lonbwe. To do this he hacked down and trampled on some young Coconut trees which belonged to Tawerere, an old man from Lonbwe. The old man was outraged, and often tried to block his way. On one occasion a heated argument developed between them, and Le Fur shouted to him not to impede the work of God. Tawerere replied 'Perhaps Your God created you, but my God, Barkulkul, put me here. Let us see whose god is strongest. The man whose god is weakest will die first.' "
(Jolly 1994a: 35).

Tatsächlich ist es Le Fur, der kurz darauf bei einem Bootsunfall im „mer sauvage" vor der Küste Pentecosts ertrinkt. Während die noch nicht zum Christentum konvertierten Sa ihre Überlegenheit bestätigt sehen, sind die katholischen Konvertiten in Agonie – die Macht ihres neuen Gottes scheint keineswegs unerschöpflich. Man kann diesen, und andere, in den Unterlagen der Missionsarchive teils ausführlich festgehaltene Zwischenfälle, als Ausgangspunkt eines Prozesses deuten, der schließlich zum Beginn der *kastom* Bewegung führte. In Vanuatu kursierten, und kursieren bis heute, Geschichten von weißen Missionaren, die den einheimischen Göttern überlegen sind. In der Regel sterben die einheimischen Aufwiegler, während die Missionare unverwundbar zu sein scheinen und ihr Gott als Sieger aus Konflikten hervorgeht (Jolly 1994a: 36f). Nicht so in Südpentecost, denn hier, so lautet die mündliche Interpretation der *kastom* Anhänger, trägt der alte Tawerere den Sieg davon. Barkulkul, der Schöpfergott der Sa, erweist sich dem Gott der Weißen als überlegen. *Kastom* entwickelt sich demnach einerseits in der Abgrenzung zur fremden, christlichen Ideologie, andererseits aber auch in Abgrenzung zu denjenigen Mitgliedern der eigenen Sprachgemeinschaft, die sich diese fremde Ideologie, die im Bislama bald den Namen *skul* (Schule), erhalten wird, zu eigen zu machen beginnen. Ich meine, dieser Vorfall begünstigt eine Mythenbildung zu tun, derzufolge zum einen die Schwäche des Gottes der weißen Männer belegt wird, die zum anderen aber den zweifelsohne nach und nach aufbrechenden, bis heute fortbestehenden Konflikt zwischen Konvertiten und Nicht-Konvertiten unter den Sa zum Thema hat. Im

Kern dieses Mythos steht, daß der fremde Missionar sein Ziel nicht erreicht hat, sein Gott nicht unbesiegbar ist und eine Missionierung des Südostteils der Insel vorläufig abgewendet wird. Die Tradition hingegen, die alten Götter und die überlieferte Art zu leben, wird positiv gedeutet. Vielleicht ist das der Zeitpunkt, an dem eine eigenständige Entwicklung von *kastom* einerseits und *skul* andererseits beginnt. Mit anderen Worten: in einem sich langsam entwickelnden religiös-kulturellen Gegensatz, nimmt die *kastom* Ideologie anhand dieser und ähnlicher Geschichten nach und nach Gestalt an.[34] Die historische Wahrheit freilich ist insofern differenzierter, als daß der Tod Le Furs die Gründung einer ständigen Missionsstation im Osten nicht aufhalten kann, sondern lediglich unwesentlich verzögert. Am 21. August 1907 werden, im Beisein aller Maristen der Insel Pentecost sowie des extra aus Vila angereisten Bischofs Douceré, fünfundvierzig Erwachsene und vierzehn Kinder getauft. Trotz dieser ersten Erfolge kann andererseits keine Rede davon sein, daß die Christianisierung nun schnell und erfolgreich voranschreiten würde.

Nach einem kurzen Zwischenspiel von Eugène Bertreux, Alphonse Ardouin und Vincent Jan übernimmt ein Mann die Mission, dessen Berufung nach Pentecost sich als ausgesprochener Glücksfall für die Sa erweisen sollte und die Entwicklung von *kastom* nachhaltig positiv beeinflußte. Von 1910 bis 1929, so lange wie nie wieder irgendein anderer Missionar vor oder nach ihm, lebt und arbeitet Père Elie Tattevin in Südpentecost. Tattevin kommt mit gerade erst 26 Jahren nach Pentecost. Er stammt aus Pornic an der französischen Atlantikküste, nahe der mittelalterlichen Stadt Nantes. Der Kirchenhistoriker Monnier zeichnet ein sehr menschliches Bild dieses Mannes und beschreibt ihn als stets hilfsbereiten, zupackenden, zugleich aber "bärigen" und mitunter „grummeligen" Typen, der nicht viel Aufhebens um sich und seine Person macht und überdies einem guten Schluck gegenüber nicht abgeneigt ist. Der am Meer aufgewachsene Tattevin erweist sich als guter Seemann, was angesichts der schwierigen Bedingungen um Pentecost ein unschätzbarer Vorteil ist. Zu seinen ersten Aktivitäten zählt die Anschaffung eines Bootes mit Benzinmotor, das die Navigation sicherer und leichter machen soll. Eine Investition, die sich, trotz dauernder Probleme mit der anfälligen Maschine, langfristig bezahlt macht und zur besseren Anbindung des abgeschiedenen Ostens maßgeblich beiträgt (Monnier 1991:53). Seiner persönlichen Einsamkeit begegnet er durch engen Kontakt zu seinen Schützlingen, deren Sprache und Kultur er schnell und mit großer Ernsthaftigkeit erlernt. Tattevins erstaunlich unvoreingenommenen und genauen ethnographischen Beobachtungen sind die wichtigsten frühen Quellen zur Kultur der Sa. Er veröffentlicht Aufsätze zu den Themen Mythologie und Religion, Ritual und Politik im „Anthropos" (1928; 1929; 1931) sowie in einschlägigen kirchlichen Journalen

---

[34] Ob es wirklich diese eine Begebenheit war, die sich als schicksalhaft für die weitere Entwicklung der *kastom* Ideologie in Pentecost erweisen sollte, läßt sich heute nicht mehr rekonstruieren. Hier soll der Vorfall selbst, sowie seine mythische Verklärung, lediglich beispielhaft vorgestellt werden.

(1915; 1917; 1919; 1926; 1927a; 1927b; 1927c). Vor allem die ersten Jahre seiner Tätigkeit sind jedoch von inneren Unruhen überschattet, mehrere Morde sowie immer wieder aufs neue aufbrechende Kriege miteinander verfeindeter Dörfer aus Gründen der Blutrache nehmen seine Aufmerksamkeit voll und ganz in Anspruch. Monnier beschreibt eine Reihe gewalttätiger Zwischenfälle zwischen 1911 und 1924, die darauf schließen lassen, daß derartige Auseinandersetzungen vor dem Auftauchen der Missionare keineswegs die Ausnahme, sondern eher die Regel waren. Wir wollen einige der von Tattevin überlieferten Beispiele genauer anführen, um einen Eindruck der Lebenswelt zu vermitteln, in der sich die Sa zu jener Zeit bewegen.

Gleich zu Beginn seiner Tätigkeit erfährt Tattevin vom Mord an einem Mann mit Namen Mwil Kekhes. Man habe ihn getötet, so heißt es, weil er schwarze Magie betrieben habe und anderen damit schadete. Beweise dafür gibt es keine, der Mann wurde aus einer intuitiven Laune heraus getötet, so rekonstruiert Tattevin (Monnier 1991:49). Im darauffolgenden Jahr ereignet sich ein weiterer Mord, der diesmal Isidore, einen seiner katholischen Schützlinge in der Mission Baie Barrier trifft. Isidore und Clement haben nahe der Mission einen Tarogarten angelegt. Um ihn vor den halbwild herumstreunenden Schweinen aus dem nahen, noch nicht missionierten Panwa zu schützen, errichten sie einen stabilen Holzzaun um den Garten herum, so wie es Sitte ist. Doch immer wieder dringen Schweine in den Garten ein, verwüsten ihn und tun sich an den mühsam gezüchteten Taroknollen gütlich. Eines Tages ertappen Isidore und Clement eines der Schweine bei seinem zerstörerischen Werk und erlegen es an Ort und Stelle. Das Fleisch lassen sie liegen. Der Eigentümer, so vermuten sie, wird kommen, das Schwein suchen, finden und mitnehmen. So geschieht es auch. Einige Tage später kommt dieser Mann, Bwila aus Panwa, zum Tarogarten. Er ist derart aufgebracht, daß er den unbewaffneten Isidore mit einer Muskete erschießt[35]. Dieser Zwischenfall, er spielt sich in Rufweite von der Mission ab, erschüttert Tattevin derartig, daß er von nun an alles daransetzt, solche Gewalttätigkeiten künftig zu verhindern:

„A partir de ce jour, Tattevin va lutter de toutes ses forces contre la guerre, contre ces guerres interminables entre villages où, si personne ne s'interpose, les deux camps s'entretuent pendant des générations." (Monnier 1991:49)

Die endgültige Befriedung jedoch wird ihm, zunächst jedenfalls, nicht gelingen. Im Jahre 1914 kommt es zu einem schweren Zwischenfall zwischen den Dörfern Rantas[36] und den Bewohnern von Ponorwol, nahe der katholischen Mission. Im Jahr 1920 sterben sechs Männer aufgrund einer Blutrache, die das Resultat einer

---

[35] Feuerwaffen sind spätestens seit der Jahrhundertwende in Südpentecost verfügbar. Eingeführt werden sie entweder durch Blackbirder oder durch Händler, die ab dieser Zeit ion Pentecost tätig sind (vgl. Lane 1956).

[36] Heute meist St. Henri genannt.

lange zurückliegenden Auseinandersetzug zwischen Lon Wahri und Lon Bubut darstellt.[37] In den Jahren 1923/24 kommt es erneut zum Krieg zwischen Rantas und Panwa.[38] Diesmal geht es um Dasu, eine junge Witwe, die offenbar mehrere Männer gegeneinander ausgespielt hat und später mit dem Missionar MacKay eine Beziehung beginnt. Fünf oder sechs Menschen sterben (Jolly 1994b:43f; Monnier 1991:50). Im gleichen Jahr geschieht außerdem ein Mord in Saltas und fünf Männer und Frauen kommen bei einer Auseinandersetzung zwischen Ponorwol und Lon Bubut ums Leben. Die Auseinandersetzungen erreichen schließlich einen Höhepunkt in einem Kampf zwischen Saltas und Rebwisis. Diesmal steht nicht eine Frau im Mittelpunkt, sondern mehrere Schweine. Einige Männer aus Saltas sind der Überzeugung, daß Männer aus Rebwisis ihnen sechs Schweine gestohlen hätten. Sie bereiten einen Überraschungsangriff vor, der jedoch verraten wird, denn als sie das Dorf betreten, treffen sie niemanden an. So bleibt nur der Rückzug. Jetzt aber schlägt die Stunde der Männer aus Rebwisis, die sich im Busch versteckt haben und darauf warten, daß die Feinde ihnen buchstäblich in die Arme laufen. Ein heftiger Kampf entbrennt, durch den neun Männer ums Leben kommen.

Das ist die Welt, mit der es Tattevin zu tun hat. Er will entsprechend reagieren können, will Frieden stiften, ohne Fehler zu machen in einer Situation, die auch für ihn selbst potentiell tödlich ist. Schon aus diesen Gründen empfiehlt der gesunde Menschenverstand eine möglichst genaue Kenntnis der kulturellen Bedingungen, die das Handeln der Sa prägen. Anders als etwa Vincent Jan bemüht sich Tattevin um eine andere, tolerantere Politik. Die ist zwar nicht im Einklang mit den offiziellen Direktiven der Maristen, erweist sich aber als weitsichtiger und lebenspraktischer. Angesichts der häufigen gewalttätigen Auseinandersetzungen im Sa Gebiet ist Tattevins Toleranz einerseits aus der Not geboren: er braucht Apologeten und Verbündete, um nicht gänzlich auf verlorenem Posten zu stehen. Andererseits resultiert sie unbestreitbar aus einem grundsätzlichen Interesse an der Sa Kultur und einem grundlegenden Respekt diesen Menschen gegenüber. Tattevins zahlreiche schriftlichen Abhandlungen belegen beide Motive deutlich. Der Missionar bemüht sich um eine behutsame Vermittlung des Christentums. Seine Kompromißbereitschaft führt etwa dazu, daß er den christlichen Gott mit einheimischem Namen „Barkulkul" nennt, oder indigene Opfer und sakrale Handlungen mit der christlichen Liturgie zur Deckung zu bringen versucht. Traditionelle Rituale anläßlich von Geburt, Beschneidung, Heirat, Titelkäufen oder Tod duldet er bzw. bemüht sich, sie behutsam in christliche Formen zu überführen oder sie wenigstens um christliche Elemente zu ergänzen. Die Titelkäufe, das wohl zentralste Element der Sa Kultur, verbietet er nicht, sondern versucht vielmehr, sie langfristig zu verdrängen. Auch das *gol* sieht er

---

[37] Ponorwol, Lon Wahri und Lon Bubut existieren heute nicht mehr, die Bewohner sind in den ersten Jahren nach der Missionierung nach Lonbwe oder Baie Barrier gezogen.
[38] In der Nähe des heutigen Sankar aber wahrscheinlich nicht identisch.

nicht so kritisch wie sein Vorgesetzter Doucerè. Im Gegenteil duldet er, daß die Sprünge auf dem Gelände der Mission selbst durchgeführt werden. Lediglich der Polygynie steht er eindeutig ablehnend gegenüber, dafür läßt er aber ein Beibehalten des traditionellen Brautpreises zu (Jolly 1994a:37; Monnier 1991:48). Tattevin weiß also so viel über die Kultur der Sa, daß er sich sicher auf diesem schwierigen Terrain bewegen kann.

"… il savait où il mettait les pieds!... On était loin de la simplification radicale où toute la coutume était rangée au domaine de Satan. Il y avait tant de richesses à découvrir pour un esprit attentive. " (Monnier 1991:52)

Zusammenfassend können wir sagen, daß Tattevin die Position einer behutsamen synkretistischen Annäherung[39] vertritt. Das sorgfältige Beobachten der vorgefundenen indigenen Religion und deren behutsame Übersetzung bzw. Heranführung an die christliche Liturgie unter Beibehaltung einer Vielzahl von rituellen Formen, wird von den Sa bis heute goutiert und als dem „Eigenen" näher empfunden als die vergleichsweise nüchternen Riten der Protestanten. Die tolerante Haltung der katholischen Kirche in Pentecost hat sich bis heute fortgesetzt. Deswegen gestaltet sich die Beziehung zwischen den *kastom* Gruppen und den Vertretern der katholischen Mission bzw. deren Anhängern in der Regel deutlich problemloser als die zwischen *kastom* und den Angehörigen der Anglikaner der Melanesian Mission sowie der presbyterianischen Church of Christ.

Wenden wir uns nun noch kurz diesen beiden anderen christlichen Konfessionen in Pentecost zu. Zuerst muß festgehalten werden, daß die Beziehungen zwischen den Konfessionen in der ersten Hälfte des 20. Jahrhunderts alles andere als gut sind. Es ist, schreibt Monnier, keine Zeit der Ökumene, im Gegenteil. Die Missionare der Church of Christ sind unausgebildete weiße Laienprediger. Neben dem Kolonialwarenhändler Mr. Filmer und dem Mechaniker Mr. Black ist es der Tischler Mr. Mac Kay, der ab 1924 sein Glück als Missionar versucht. Tattevin nennt ihn einen „pêcheur en eau trouble", weil er mehrfach Vorstöße startet, die dazu dienen sollen, die in 25 Jahren mühsam aufgebauten Beziehungen zwischen der katholischen Mission und ihren Konvertiten, zu zerstören, um die jungen Gemeinden statt dessen für seine eigene Sache zu gewinnen (Monnier 1991:54). Es kommt zu zahlreichen, auch lautstarken Auseinandersetzungen zwischen Mac Kay und Tattevin, die dem Maristen schon deswegen unangenehm sind, weil sie ein ganz anderes Bild des Christenmenschen vermitteln, als ihm lieb sein kann. Als einziger Trost bleibt Tattevin, daß alle drei Church of Christ Missionare, so rasch wie sie gekommen sind, auch wieder verschwinden und in ihre eigentlichen Berufe zurückkehren. (Monnier 1991:54; Jolly 1994a:37f). In den ersten Jahrzehnten ist also auch der Church of Christ kein durchschlagender Erfolg beschieden, was sich erst im Jahr 1949 ändert, als

---

[39] Vgl. Ulrich Berners Schrift zu den verschiedenen Formen des „Synkretismus" (Berner 1980: 101-107).

Panmatmat und etwas später auch Ranwas geschlossen übertreten (Lane 1956:164). Zu dieser Zeit gibt es den Versuch, auch die *kastom* Dörfer Lonbwe und Lonlibilie zur Church of Christ zu bekehren. Margret Jolly berichtet, ein „missionary teacher" habe zu dieser Zeit eine kleine Kirche in Londana bei Lonbwe gebaut. Einige Männer und Frauen aus Lonbwe konvertieren – gleichzeitig regt sich aber auch massiver Widerstand im Dorf. Dieser entlädt sich, als ein Ehemann seine Frau mit ihrem konvertierten Liebhaber in flagranti erwischt und ihn tötet. Die außereheliche Liebschaft des Konvertiten wirft wohl kein allzu gutes Bild auf die neue Ideologie, jedenfalls flieht der „missionary teacher" aus Angst vor Racheakten (Jolly 1994a:38). Etwas später geht in Pentecost das, wohl von der Church of Christ selbst verbreitete Gerücht um, die Amerikaner würden zurückkehren und jeden umbringen, der noch Penisbinde oder Grasrock trüge (Lane 1956:164). Zu dieser Zeit kommt es zu einem Konflikt zwischen Molman, einem Mann aus Lonbwe, und der katholischen Mission in Baie Barrier. Dort tötet man zwei seiner Schweine, weil sie die Gärten der Mission verwüstet haben. Als Revanche erschießt Molman zwei missionseigene Kühe und versteckt sich anschließend einige Zeit im Norden der Insel, um Gras über die Sache wachsen zu lassen. Dort beginnt er, sich mit einem möglichen Übertritt zu befassen. Zum einen aus Angst vor amerikanischen Aktionen gegen Penisbinde und Grasrock, zum anderen, weil er sich, so Jolly, von der traditionellen Weltsicht „eingesperrt" fühlt (Jolly 1994a:38). Als er einige Monate später nach Lonbwe zurückkehrt bringt er einen Church of Christ Missionar mit Namen Nathan mit ins Dorf.[40] Der Prediger läßt keinen Zweifel daran, daß die bislang tragenden Säulen der Sa Gesellschaft – Polygynie, Brautpreis, Schwesterntausch und Kreuzcousinenheirat, Titelkäufe und eben auch das *gol*, auf das Schärfste zu verurteilen sind. Diese Haltung wird nach und nach von den meisten Bewohnern im Einflußgebiet der Church of Christ Missionen internalisiert, wodurch die „Church of Christ" Konvertiten zu den aggressivsten Gegner der traditionell lebenden Sa werden. Vor allem am rigoros eingeforderten Verzicht auf den Brautpreis aber scheiden sich die Geister, hier stößt der Missionar Nathan auf das Unverständnis und den Unmut der noch nicht konvertierten Sa in Lonbwe. In ihren Augen stellt der Brautpreis eine notwendige Entschädigung dar: für den Verlust der Tochter, ihrer Arbeitskraft und Reproduktionsfähigkeit. Außerdem sagen sie, so berichtet Lane, daß die Kinder der Sa deswegen nicht für die Schule geeignet sind, weil sie stets bei der Mutter bleiben müßten, deren umsorgende Hand sie bräuchten. Aus all diesen Gründen müssen Frauen bezahlt, ihre Familien entschädigt werden (Lane 1956:165). Auch beim zweiten Versuch kann sich ein Church of Christ Prediger in Lonbwe also nicht durchsetzen, ein zweites Mal entscheidet sich das gesamte Dorf für eine Rückkehr zu den traditionellen Regeln – und so ist es bis heute geblieben. Es gibt andererseits jedoch viele Bei-

---

[40] Ich beziehe mich hier auf eine von Margaret Jolly (1994a: 38) aufgezeichnete mündliche Überlieferung. Wie genau ihre Informationen sind, woher der Prediger kam und welche Sprache er sprach läßt sich nur erahnen. Jolly läßt Nathan Bislama sprechen was darauf schließen läßt, daß Bislama zu dieser Zeit bereits relativ weit verbreitet gewesen sein muß.

spiele für erfolgreiche Missionsarbeit der Church of Christ: Ranbutor, Panlimsi, Salap, Baie Homo, Wali und Panas an der Westküste sowie Ranwas an der Ostküste bekennen sich heute zu dieser Kirche (vgl. Jolly 1994a: 31).

Die dritte Konfession in Südpentecost sind die Anglikaner der „Melanesian Mission". In ihrer historischen Entwicklung den Katholiken näher als den Presbyterianern, vertreten sie eine ähnlich moderate Haltung zur Tradition wie die Maristen. Zunächst missionieren auch die Anglikaner ausschließlich an der Westküste, da der Großteil ihrer vereinzelten Anhänger jedoch im Süden der Insel zuhause sind, namentlich in Wanur, Pantor, Saltas und Ranpain, verlegen die Anglikaner das Zentrum ihrer Mission an den südlichsten Zipfel der Insel wo 1950 offiziell die erste Gemeinde im neu gegründeten Dorf Point Cross entsteht. Erster Pastor wird Father David, ein aus dem Norden Pentecosts stammender Raga. Ab etwa 1957 haben sich die Dorfstrukturen in Point Cross soweit etabliert, daß auch Konvertiten aus anderen Teilen der Inseln hierherkommen. Etwa zur gleichen Zeit führt Lane seine zehnmonatige Feldforschung in Südpentecost durch und schreibt über die Anglikaner:

„The Melanesian Mission Converts are small in number and not aggressive proselytizers. The two villages involved have only recently been converted and the Melanesian Mission is not opposed to the retention of many aboriginal customs. Therefore the relations of the heathens with these people are friendly, though not intimate, for the heathens seldom have reason to travel south to the Melanesian Mission villages." (Lane 1956:167)

Abschließend läßt sich sagen, daß im Wesentlichen drei Gründe für die Entstehung von *kastom* in Südpentecost ausschlaggebend waren:
Erstens hatten die Sa an der Ostküste von Pentecost das Glück, daß ihr Siedlungsgebiet so abgelegen und schwierig zu erreichen war, daß hier nur verhältnismäßig wenig von dem ansonsten mitunter gravierenden Einfluß von Sandelholzhandel oder „Blackbirding" zu spüren war. Andererseits waren die Kontakte aber doch intensiv genug, um ein gewisses Maß an Erfahrung im Umgang mit den Vertretern der fremden Kultur zu sammeln, die sich anschickten, tiefgreifende Veränderungen nicht nur einzuführen, sondern über Missionare, Händler und Regierungsbeamte auch aktiv einzufordern.
Zweitens führen uns die mythologisierenden mündlichen Überlieferungen um die Ereignisse des unglücklichen Todes von Francois Le Fur vor Augen, daß die Sa der Ostküste die Verkünder des fremden Gottes, und mit ihnen auch den fremden Gott selbst, weder für unfehlbar noch für unverletzlich hielten. Eine Haltung, die angesichts der Entwicklungen andernorts durchaus verblüfft.
Drittens hat die glückliche Entsendung eines so aufnahmebereiten Mannes wie Elie Tattevin ebenfalls einen Beitrag zum Entstehen von *kastom* geleistet. Statt einer unversöhnlichen Haltung gegenüber den einheimischen Traditionen bemüht sich Tattevin um Verständnis und Annäherung. Es soll allerdings nicht der Eindruck erweckt werden, daß es keine Spannungen zwischen *kastom* Anhängern und Missionaren, jedweder Couleur, gegeben hätte. Vielmehr meine ich,

daß Tattevins Bereitschaft zum Synkretismus mit ein Grund dafür ist, daß die Sa der Ostküste nach und nach die Überzeugung entwickelten, daß der Gott der Weißen und ihr eigener Gott Barkulkul identisch seien. Ja sie begannen sogar, Barkulkul als denjenigen zu betrachten, der an Ort und Stelle zunächst einmal sie selbst und erst danach die weißen Neuankömmlinge geschaffen hatte, die sich schließlich von Südpentecost aus in die ganze Welt verstreuten.[41] Mit anderen Worten integrieren sie selbst aktiv die fremde Kultur, statt sich von dieser nur passiv vereinnahmen zu lassen.

6.3 *Warsangul*, Kolonialmacht, Chiefs

Bei unserer Betrachtung, wie es überhaupt zur *kastom* Bewegung in Südpentecost gekommen ist, blieb bislang ein weiterer, kaum hoch genug einzuschätzender Umstand unerwähnt: die Führung der Ostküsten Sa durch eine handvoll charismatischer Männer, ohne deren außergewöhnliche Persönlichkeit und Führungsstärke es die *kastom* Bewegung möglicherweise keinen Bestand gehabt hätte. Schon im Jahr 1956 bemerkt Robert Lane:

„The role of individuals should not be overlooked…. There have been individuals who have had the acuity to understand events and the strength of character to organize the communities and to hold them in what they believe to be the safest channels." (Lane 1956:179)

Anders als im Süden und in der Mitte des Vanuatu Archipels existiert bei den Kulturen des Nordens ursprünglich keine hereditäre Macht. Statt dessen gibt es in jedem Sa Dorf gleichberechtigte Männer, die *warsangul,* die in etwa dem entsprechen, was Marshall Sahlins „Big Men" genannt hat (Sahlins 1963). Ein Mann ist dann ein vollwertiger *warsangul,* wenn er mehrere Kinder gezeugt und eine Mindestanzahl an symbolischen *warsangul* Titeln erworben hat, über ein freundliches, vermittelndes Wesen verfügt, Frieden stiftet, wann immer es möglich ist und keine Angst vor Krieg hat, wenn es keinen anderen Ausweg mehr gibt.[42] Zusätzlich zu dieser, in erster Linie durch eigene Lebensleistung erworbenen Anerkennung, kennen die Sa außerdem erbliche *loas* Titel, die ihrem Träger bestimmte religiöse Funktionen zuweisen. Diese Titel gehen meist vom Vater auf den Sohn über.

Die europäischen Kolonialmächte waren im Sa Gebiet nur sehr selten präsent, einen der wenigen direkten Eingriffe vollzogen sie während der weiter oben geschilderten gewalttätigen Auseinandersetzungen Mitte der zwanziger Jahre. Es liegt auf der Hand, daß sich eine koloniale Verwaltung nach dem Prinzip der

---

[41] Ich werde diese Behauptung unten noch weiter ausführen und stichhaltig begründen.

[42] Man kann mit Fug und Recht behaupten, daß diese Beschreibung auf eine relativ große Anzahl an Männern zutrifft. Tatsächlich verfügen aber nicht alle diejenigen, auf die diese Beschreibung zutrifft, über das gleiche Maß an Ansehen, wie wir später noch ausführlich sehen werden. Diese Hinweise sollen hier genügen, wir werden uns dann in Kap. 12.1 und 18.8 noch ausführlich mit dem komplexen Titelsystem beschäftigen und damit, in welchem Verhältnis dieses zum Turmspringen steht.

„indirect rule" unter den Bedingungen der totalen Abwesenheit institutionalisierter politischer Macht nur schwer durchsetzen ließ. Um aber wenigstens eine Art „ständigen Kontakt" zu den Sa einzurichten, führte die Verwaltung in den 1940er Jahren, ein genaues Datum ist nicht bekannt, in Pentecost sogenannte „Warrant Chiefs" oder „Government Appointed Chiefs" ein (vgl. Jolly 1994b:49; Lane 1956:170). In den *kastom* Dörfern von Südpentecost wurden bewährte Männer ausgesucht, die häufig, allerdings nicht immer, bereits einflußreiche *warsangul* waren. In den *skul* Dörfern wurden in der Regel diejenigen zum „Chief" ernannt, die eine entsprechende Position innerhalb der kirchlichen Hierarchie bekleiden.[43] Der „Chief" avancierte zum wichtigsten Vermittler zwischen den Interessen des Dorfes und der Außenwelt, also Regierung, Missionaren, Händlern, Touristen oder auch Ethnologen. Lassen wir zur Rolle der Chiefs den etwa 50-jährigen Warisul zu Wort kommen, seit Mitte der 90er Jahre einer der bedeutenden Männer Bunlaps:

„Früher gab es keine Chiefs. Aber früher war es hier, im Süden, in den *kastom* Dörfern so: Wenn es große, bedeutende *kastom* Männer im Dorf gab, also *warsangul*, dann waren sie es, die die Dinge regelten. Mal angenommen, es gab Probleme im Dorf oder zwischen zwei Dörfern, dann waren es diese Männer, die den Konflikt beseitigten, so daß wieder Frieden herrschte. Aber jetzt, wo es Councils gibt und eine Regierung, gibt es auch Gesetze. Und diese Gesetze machen eben jetzt, daß wir entscheiden können, wer Chief ist. Die Leute folgen jetzt also dem Gesetz des Chiefs und jedes Dorf hat seinen Chief bekommen. Aber früher gab es keine richtigen Chiefs, sondern nur *warsangul*. Und früher wußte man eben, daß die *warsangul* das Dorf führen würden und Probleme beseitigten. Wenn einer Familie etwas zustieß, die in seiner Gegend lebte, dann mußte dieser Mann, dieser *warsangul*, sich darum kümmern und sagen: ,so ist es, so wird es gemacht'. Aber jetzt, wie ich bereits gesagt habe, jetzt hat die Regierung ihr Gesetz mitgebracht und die Männer sind den beiden Regierungen gefolgt, der englischen und der französischen."
(Chief Warisul. Bunlap, November 2004)

Zum ersten Chief in Bunlap wird, darin sind sich die mündlichen Überlieferungen einig, ein Mann mit Namen Meleun Temat (Jolly 1994b:49). Meleun Temat ist der Vater von Bong Bumangari Kaon und Telkon Watas, die uns gleich noch begegnen werden. Er bleibt Chief bis zu seinem Tod in den 50er Jahren. Da Meleun Temat selbst kein Bislama spricht, stellt man ihm einen etwas jüngeren Mann mit Namen Molsuta zur Seite, der Vater des späteren Chief Warisul, der ja gerade mit einem längeren Zitat zu Wort gekommen ist.[44] Jolly meint, daß das Amt des Chiefs in den *kastom* Dörfern bereits wenige Zeit später zumindest vorläufig in Mißkredit geraten sei und führt als Beleg eine Geschichte an, die bei

---

[43] In den vierziger Jahren war die Missionierung des Gebietes noch nicht abgeschlossen bzw. lag teilweise erst einige Jahre zurück. Es war daher durchaus nicht unüblich, daß ältere Männer vor der Missionierung auch traditionelle Titel erworben hatten, also in beiden Systemen enkulturiert waren.

[44] Im Zuge der Missionierung begann auch die Verbreitung des Bislama, denn einen Bibelübersetzung in Sa lag nicht vor und die Missionare selbst sprachen zunächst kein Sa. Bislama setzte sich im *kastom* Gebiet dennoch verhältnismäßig spät durch, etwa ab 1950.

den *kastom* Sa bis zum heutigen Tag immer wieder erzählt wird und als ein weiterer Gründungsmythos der lokalen *kastom* Bewegung gelten kann. Wir werden ausführlich in Kap. 14.1 auf diese Geschichte eingehen, hier genügt es die Eckdaten zu erwähnen: Warisul, ein Mann, der ursprünglich aus Bunlap kommt, und nun in Ranwas den christlichen Namen Luke angenommen hat, streut das Gerücht, daß von Bunlap eine „general revolt" (Jolly 1994b: 45) ausgehe. Außerdem meldet er dem Church Minister von Ranbutor, einem Einheimischen mit Namen Bilaol, daß Bong, der Sohn Chief Meleun Temats, ein Gewehr besitze und damit andere bedrohe (Jolly 1994b:45). Bilaol leitete Lukes Beschwerde an den australischen Pastor Smith weiter, der sich mit Hilfe des Pflanzers Oskar Newman unverzüglich per Radiotelefon mit den Regierungsbehörden in Santo in Verbindung setzt. Seine Nachricht ruft tatsächlich eine zwanzigköpfige Regierungstruppe auf den Plan, die bereits am nächsten Tag, den 3. Juni 1952 in Pentecost eintrifft und mit militärischer Gewalt alle *kastom* Dörfer nach bewaffneten Aufrühren absucht. Da man nichts findet und auch vom Hauptverdächtigen Bong jede Spur fehlt, nimmt man die beiden Chiefs von Bunlap, Meleun Temat und Molsuta sowie zwei andere alte Männer in Gewahrsam. Schließlich kommt es einige Tage später zu einem Gefangenenaustausch: Bong, zwei seiner Brüder und noch zwei weitere junge Männer ergeben sich den Regierungssoldaten, die Alten werden dafür freigelassen. In den darauffolgenden Monaten macht man Bong in Santo den Prozeß. Da man ihm und seinen Leuten jedoch keine ernsthaften Vergehen nachweisen kann, entläßt man sie mit der Auflage, ein *gol* zur Unterhaltung der französischen Verwaltung und einiger ausgewählter Gäste auszurichten, was im nächsten Jahr dann auch tatsächlich so geschieht.

Die Position der Chiefs Meleun Temat und Molsuta wird durch den Zwischenfall zunächst geschwächt, werden sie durch die Razzia der Regierungstruppen doch selbst zu ahnungs- und hilflosen Opfern derjenigen Macht, durch die sie ihre Autorität beziehen. Es ist wohl kein Zufall, daß Meleun Temat kurz nach der militärischen Intervention der Europäer seine Macht niederlegt. Es übernimmt nun für kurze Zeit Chief Molsuta seine Position, gleichzeitig versucht der alte Meleun Temat seinen Titel an seinen Sohn Wamol weiterzugeben, so daß die tatsächlichen Machtverhältnisse unklar bleiben. Als rechte Hand von Meleun Temat mag Molsuta gute Arbeit geleistet haben, als Chief hingegen ist er offenbar überfordert und kann die Position nicht voll ausfüllen. Mit einer der Gründe dafür mag sein, daß auch Molsuta, als „Chief der ersten Stunde", noch unter dem Stigma einer geliehenen Macht zu leiden hat. Einer Macht, die nicht in erster Linie auf seine eigene Leistung zurückgeht, wie es traditionell der Fall gewesen wäre, sondern auf die Autorität der Kolonialherren. Molsuta ist nur etwa zwei Jahre lang ein schwacher Chief, der sich von der Autorität des immer noch lebenden Meleun Temat offenbar nie wirklich emanzipieren kann. Als Meleun Temat stirbt, ereilt Molsuta unmittelbar nach ihm das gleiche Schicksal. Die mündlichen Überlieferungen berichten, daß nur fünf Tage zwischen Meleuns Tod und demjenigen Molsutas vergehen. Bis heute geht das Gerücht um, der

Stellvertreter sei vergiftet worden, weil er wiederum Meleun Temat vergiftet habe um endlich selbst Chief sein zu können. Nun scheint der Weg für Meleun Temats Sohn Wamol freigewesen zu sein, der Vater des heutigen Chief Bebe Malegel, der jedoch ebenfalls nicht lange im Amt bleibt. Robert Lane beschreibt den Mann, der Mitte der 50er Jahre Chief von Bunlap ist, als schwachen Mann, der sich kaum Gehör verschaffen kann:

„The government chief at Bunlap is a man with neither the temperament nor the inclination to exert the authority that the government might desire of him. He suffers the jibes of his fellow villagers who are mildly annoyed and amused by his position and he is much embarrassed when he is referred to as 'the chief'. (Lane 1956:170)

Auch Jolly bezieht sich auf Lanes Text, aber weder Lane noch Jolly können offenbar den Namen des Mannes nennen, um den es hier geht. Ich vermute, daß es Wamol gewesen ist. Aufgrund einer Beinverletzung muss er am Stock gehen, was ihn physisch unbeweglich und angreifbar macht und vielleicht auch ein Minderwertigkeitsgefühl in ihm nährt. Sicher ist lediglich, daß der Titel bald an den jungen Bong Bumangari Kaon weitergegeben wird, einer der Söhne von Chief Meleun Temat. Bong bleibt dann für mehr als 20 Jahre lang Chief von Bunlap bleibt. Der jetzige Chief Warisul beschreibt aus seiner Sicht die historischen Abläufe wie folgt:

„Mein Vater konnte ein bißchen Bislama, deswegen wurde er der Assistent vom alten Meleun. Immer wenn die Regierungsleute kamen, um mit Chief Meleun Temat zu sprechen, hat mein Vater ins Bislama übersetzt. Daher kommt es, daß, als Meleun Temat gestorben war, mein Vater seinen Platz einnahm. Als mein Vater dann gestorben war, nahm Wamol seinen Platz ein und wurde Chief. Später folgte Chief Bong. Als Bong dann starb, begann sein Bruder Telkon diese Arbeit zu machen. So war es also. Telkon hat viel mit den Leuten hier gemacht, aber er war nicht stark genug, weil er ganz allein war. Und weil er viel zuviel unterwegs war. Daher machte er Chief Molbua Meleun Bangbang zu seinem Assistenten, während der kurzen Zeit, in der Molbua hier lebte. Als Telkon aber feststellte, daß Chief Molbua nicht gut genug Bislama sprach und Telkon nach Vila ging, fragte er sich, wer jetzt wohl seinen Platz in Bunlap einnehmen sollte. Und dann übergab er einen Teil seiner Macht an mich, so daß ich jetzt unsere Leute hier führe. Das geht bis heute so."
(Chief Warisul, Bunlap, November 2004)

Mitte oder Ende der 50er Jahre, das genaue Datum läßt sich nicht mehr rekonstruieren, übernimmt also Bong die Führung Bunlaps. Jolly berichtet, er habe schon zur Amtszeit Wamols nach seiner Macht gegriffen, indem er dessen rituell bedeutsames Schneckenhorn gestohlen habe und öffentlich erklingen ließ (Jolly 1994b:49). Meine Nachfragen konnten diese Version hingegen nicht bestätigen. Vielmehr sei Bong, so wurde mir stets übereinstimmend berichtet, auf dem Tanzplatz von der Mehrzahl der anwesenden *warsangul* zum Chief gewählt worden. Bong war zweifellos eine außergewöhnliche Persönlichkeit. Er hatte während des 2. Weltkrieges als einer der ersten *kastom* Männer überhaupt einige Jahre lang in Espiritu Santo für die amerikanische Armee gearbeitet, wo er aus nächster Nähe den Lebensstil und die beeindruckenden Güter der Amerikaner kennenlernte. Das allein hätte wahrscheinlich in erster Linie die Bewunderung des jungen Mannes hervorgerufen, vielleicht sogar die Vorstellung, am Cargo der Fremden durch Imitation ihrer Riten teilhaben zu können (vgl. Worsley 1968). Zusätzlich zu den verlockenden Gütern kommt er jedoch auch in Berührung mit der anderen Seite dieser fremden Kultur: mit der furchterregenden Kriegsmaschinerie, dem militärischen Drill, unbarmherziger Bestrafung, Verwundung und Tod von hier im Lazarett stationierten Soldaten. Das Ausmaß an technischer Kontrolle dieser Zivilisation über den Einzelnen, ihr kalter Eingriff in alle Bereiche des Lebens, die Machtfülle der Vorgesetzten – all das ist für den *kastom* Mann Bong, der aus einer Kultur stammt, in der man kaum stabile Hierarchien kennt und wo die Würde und Individualität des Einzelnen über alles geschätzt wird, kaum nachahmenswert. Sicher wird er verstanden haben, daß es sich hier um die Ausnahmesituation während eines Krieges handelt. Allein, es ändert nichts daran, daß der aufgeweckte junge Mann die grundlegende Skepsis gegenüber dem „Weg des weißen Mannes", die in seiner Kultur ohnehin bereits eine entscheidende Rolle spielt, weiter verinnerlicht. Schon frühzeitig haben die *kastom* Anhänger eindeutige Widersprüche zwischen dem, was durch *skul* propagiert wird und dem tatsächlichen Handeln der *skul* Anhänger festgestellt. Es kommt vor, daß Lehrer oder Pastoren Ehebruch begehen, sich mehrere Frauen nehmen oder ihre Stellung mißbrauchen, um sich materielle Vorteile zu verschaffen. So scheitern in den 1950er Jahren sowohl in Lonbwe als auch in Bunlap Konvertierungsbestrebungen durch protestantische Prediger daran, daß diese versuchen, mit einheimischen Frauen anzubandeln. Dazu kommen noch die dauernden Auseinandersetzungen der einzelnen Konfessionen untereinander, auch sie nähren die Skepsis am Wert der fremden Ideologien. In der Armee macht Bong außerdem eine andere, folgenschwere Beobachtung: er kommt in Kontakt mit schwarzen Offizieren, die weißen Soldaten vorgesetzt sind und offenkundig über eine große Machtfülle verfügen. Da kann es nicht ausbleiben, daß Bong die vermeintlich unantastbare Überlegenheit von weiß gegenüber schwarz relativiert. Weiße, so lernt er, müssen mitunter Schwarzen gehorchen, auch sie sind also nicht allmächtig oder unfehlbar, ihr „Weg" nur einer von vielen möglichen. Bei seiner Rückkehr nach Bunlap wird er nach und nach zum eifrigsten Bewahrer von *kastom*. Seine Autorität ist groß, gerade weil er die fremde Welt aus nächster Näher kennengelernt hat. Überdies ist zu vermuten, daß er sich beim Militär auch Techniken für den Erhalt seiner Macht sowie zur Menschenführung abgeschaut hat. Dazu kommt noch sein politisches Geschick und ein unbedingter persönlicher Wille zur Macht, der viele Männer aus seiner Familie übrigens bis heute auszeichnet, wie wir noch sehen werden. Bong gilt unter seinen Leuten als derjenige Führer, dem es am nachhaltigsten gelungen ist, *kastom* zu bewahren bzw. noch zu festigen. Dabei ist seine Leistung nicht gänzlich unumstritten. Vor allem diejenigen, die nicht aus seiner *buluim,*der *ta remli-*

li[45], stammen, sehen seinen Einfluß auf die *kastom* Bewegung differenzierter, etwa Chief Warisul:

„Es stimmt schon, daß manche Leute sagen, daß Chief Bong *kastom* verteidigt hat. Aber ich muss hinzufügen, daß auch mein Vater und der Vater von Chief Bong und der Vater von Chief Molsmok und auch einige andere alte Männer verhindert haben, daß *kastom* geschwächt wurde. Bong war ja 20 Jahre nicht hier, weil er im Krieg gearbeitet hatte. Als er zurückkam, hatten die anderen Männer viele Jahre lang *kastom* gehütet, wäre das nicht der Fall gewesen, wäre die Kirche längst nach Bunlap gekommen. Es stimmt schon. Bong hat *kastom* hochgehalten. Aber vor ihm haben das auch viele andere schon gemacht. Meleun Temat, mein Vater Molsuta und noch andere. Ich denke schon, daß Bong ein wichtiger Mann war. Weil er nach Santo gegangen ist, für die Regierung, Schon als er noch klein war, ist er mit einem Mann von Bunlap nach Santo gegangen. Das war Meleun Temat. Er arbeitete dort und man hat gesehen, daß er gut arbeiten konnte. Damals sind auch die Amerikaner nach Santo gekommen und sie fragten die Leute aus Bunlap, ob sie nicht den Jungen mitnehmen könnten, damit er für sie arbeitet. Wir wissen auch nicht, warum sie gerade ihn ausgewählt hatten. War es, weil er so fleißig war oder warum sonst? Und so arbeitete er auf dem Truck, er konnte Trucks fahren. Dann arbeitete er als Bulldozerfahrer. Die Hauptstrasse in Santo hat Chief Bong gebaut. Als er so arbeitete, sah er so einiges vom weißen Mann, aber auch so manches vom schwarzen Mann und er dachte bei sich – oh, das hier ist nicht so gut, und dieses hier auch nicht. Als er dann zurückgekommen war, sah er, daß *kastom* noch lebendig war. Er war glücklich darüber. Glücklich, daß *kastom* so stark war und er dachte, unser *kastom* ist gut. Wir sollten ihn nicht verlieren, sondern behalten und pflegen. So sagte er es den Alten. Als dann die ganzen Missionare gekommen waren, etwa die Church of Christ und andere, versuchten sie, die Alten für die Kirche zu gewinnen. Aber die wollten nicht. Auch die Katholiken kamen und versuchten, die Alten zu gewinnen, aber die wollten nicht weil Chief Bong ihnen gesagt hatte: Nein, wir werden *kastom* nicht verlieren. Wir bleiben einfach dabei. Die Alten haben *kastom* gepflegt bis Chief Bong ein Mann geworden war, der etwas wußte. Er wollte den Alten doch vor allem helfen, damit sie den anderen predigen sollten, daß wir *kastom* bewahren müßten: ‚Ihr dürft ihn nicht verlieren, ihr sollt ihn einfach behalten.' Als er gekommen war, hatte sich Paul aus Lonbwe aber schon für *skul* entschieden. Weil aber Bong so einflußreich war, gelang es ihm, die Leute aus Lonbwe zu überzeugen, doch wieder zu *kastom* zurückzukehren. Und weil ihm das auch gelang, wuchs unsere Bevölkerung wieder. Das führte dazu, dass wir jetzt so viele sind, die zu *kastom* gehören."
(Chief Warisul. Bunlap, November 2004)

Margaret Jolly beschreibt Bong als überaus intelligenten, zunächst jedoch mißtrauischen und abweisenden Mann, der in ihr anfangs eine Art Glücksritterin vermutet bzw. sie für eine Art Spionin der Regierung hält. Aber es gibt noch einen Grund, weshalb Bong nicht will, daß die junge Ethnologin sich stationär in

---

[45] *{Sa}* Verwandtschaftskategorie, wörtl.: Loch im Haus. *Bulu* (Loch) und *im* (Haus, genauer: Schlafhaus im Vergleich zu *mal* – Männerhaus.) Begriff für „erweiterte Hausgemeinschaft". Ein verbindendes Element für alle Mitglieder einer *buluim* ist die mythische Herleitung eines gemeinsamen Ursprunges aus, oder einer besonderen Verbindung zu, bestimmten Pflanzen (z.B. Taro, Yams, Liane etc.), Tieren (z.B. Schwein, Fisch, Schlange etc.) Naturelementen (z.B. Sonne, Meer, bestimmte Felsenformationen etc.) oder ausnahmsweise auch einem mythischen Gründer. Diese besondere Verbundenheit geht in der Regel mit Tötungs-, Speise- und Berührungsverboten einher. Die gleichzeitige Zugehörigkeit zu verschiedenen *buluim*, etwa durch Adoption, ist prinzipiell möglich (vgl. Kap 11.1)

Bunlap niederläßt. Bong vermute nämlich, daß auch sie einen Film über *kastom* und speziell über das Turmspringen produzieren möchte. Da die Leute von Bunlap aber erst wenige Monate zuvor einen solchen Film mit dem amerikanischen Filmemacher Kal Muller gedreht hatten und vereinbart war, daß man den Gewinn dieses Filmes teilen würde, war jedwede Konkurrenz unerwünscht und es gelang Jolly ein ganzes Jahr lang nicht, Chief Bong Bumangari Kaon davon zu überzeugen, daß sie eine gänzlich andere Mission verfolgte. Erst während ihres zweiten Aufenthaltes 1972/73 besserte sich das Verhältnis zwischen den beiden: „*...Bumangari Kaon, my original opponent, had become my friend and confident.*" (Jolly 1994b:5). Jolly verschweigt dabei übrigens, daß sie von Anfang an hohe Geldsummen zahlen mußte, um in Bunlap überhaupt geduldet zu werden.[46] Geld, das nicht etwa unter der Bevölkerung aufgeteilt wurde, sondern das zum Großteil bei Bong selbst bzw. seiner engeren Familie verblieb.[47] Chief Bong, der nur etwas über sechzig Jahre alt wird, führt Bunlap bis zu seinem frühen Tod Ende der siebziger Jahre. Er wird von Telkon beerbt, seinem etwa zwanzig Jahre jüngeren Bruder, der bis heute die Geschicke der *kastom* Leute maßgeblich mitbestimmt, dabei jedoch von einigen anderen Männern, darunter seinem älterem Bruder, Chief Meleun Bena, dem bereits mehrfach erwähnten Chief Warisul, Chief Molbua, Chief Molsmok und Chief Bebe Malegel unterstützt wird. In den letzten Jahren hat Telkon hartnäckig versucht, zwei seiner Söhne zu seinen direkten Nachfolgern zu machen. Die letzten dreißig Jahre in der Geschichte der *kastom* Bewegung sind, in politischer und kultureller Hinsicht, von Veränderungen geprägt, die zu einem großen Teil mit der Revitalisierung und Kommerzialisierung des *gol* zu tun haben. Da uns aber zum jetzigen Zeitpunkt noch manche Grundlagen zum Verständnis sowohl der Kultur der *kastom* Sa generell, als auch des Phänomens *gol* im Speziellen fehlen, werden wir auf diese Periode am Ende dieser Arbeit nochmals gesondert eingehen. Ich wollte hier lediglich im Ansatz zeigen, daß die Entstehung von *kastom* Bewegung in Südpentecost nicht zuletzt einigen weitsichtigen Führern geschuldet ist.

Nachdem wir uns bislang mit einigen wichtigen historischen Bedingungen beschäftigt haben, die zur Entstehung von *kastom* beigetragen haben, richte ich nun das Augenmerk auf das Hier und Jetzt. Im folgenden will ich die Lebenswelt der *kastom* Sa, ihre Annahmen darüber, wie die Welt beschaffen ist, sowie ihre wichtigsten Institutionen beschreiben.

---

[46] Diese Information stammt aus einem persönlichen Gespräch mit der australischen Ethnologin Mary Patterson, die in den siebziger Jahren, also zur selben Zeit wie Jolly, eine Feldforschung im benachbarten Nordambrym durchführte. Sie hat sich stets gewundert, so sagte sie mir, daß Jolly sich finanziell so „ausnehmen" ließ.

[47] Das erste Jahr ihres Bunlap Aufenthaltes verbrachte Jolly bei dem damals etwa 25-jährigen Warisus und seiner Frau in Pohurur. Ich habe Warisus Jahre 2004 in Ranliai getroffen. Er beklagte sich darüber, daß Jolly ihn, im Vergleich zu ihren späteren Zahlungen an Chief Bong, finanziell nur sehr unzureichend unterstützt habe.

ZWEITER TEIL

Ethnographische Daten

If it is our serious purpose to understand the thoughts of a people
the whole analysis of experience must be based on their concepts, not ours.
Franz Boas (1858 – 1942)

7. Bunlap zwischen Tradition, Adaption und Vision

Indigene Völker „[…] desintegrieren schneller, als radioaktive Körper" stellte Claude Lévi-Strauss in seinen „Traurigen Tropen" klagend fest (Lévi-Strauss 1978). Seine pessimistische Prophezeiung hat sich seither hundertfach bewahrheitet.[48] Es verwundert nicht, daß Besucher der *kastom* Dörfer Südpentecosts davon überzeugt waren, und teils auch heute noch sind, es mit einer in den kommenden Jahren schnell dahinsiechenden, und letzten Endes aussterbenden Kultur zu tun zu haben. So schrieb etwa der amerikanische Ethnologe Robert Lane im Jahr 1956 von dem in seinen Augen unmittelbar bevorstehenden Ende der von ihm teils bewunderten, teils bedauerten „Heiden" von Bunlap:

„The present state of affairs can not continue indefinitely… These people are survivors of a lost world… The pressures for final destruction of the culture are strong; overt and recognized in the outer world, and convert and partially recognized within. The heathens live each day with the tacit realization that that which they value and seek to maintain has little chance of long surviving." (Lane 1956:180f)

Inzwischen, wir schreiben das Jahr 2006, sind genau fünfzig Jahre vergangen. Es ist keine Übertreibung, zu sagen, daß in den *kastom* Dörfern seither vieles beim Alten geblieben ist – ohne daß man allerdings von einem Stillstand sprechen könnte. Wie jede lebendige Kultur oszilliert auch *kastom* in einem stetigen Spannungsfeld zwischen Traditionsbewußtsein, Adaptionszwängen und utopischen Visionen. Es kann zwar kein Zweifel daran bestehen, daß es die Bewohner der *kastom* Dörfer bis heute in erstaunlich hohem Maße verstanden haben, sich dem Anpassungsdruck der modernen Zivilisation zu entziehen, aber auch sie können eine sich verändernde Umwelt nicht gänzlich ignorieren. *Kastom,* das soll hier nochmals in Erinnerung gerufen werden, beschränkt sich keineswegs auf ein bloßes Festhalten an bestimmten traditionellen, oder für traditionell gehaltenen, Formen, sondern stellt vielmehr ebenso eine bewußte Weiterentwicklung dieser Formen dar. Wir werden uns damit, was *kastom* in Bunlap heute im Einzelnen bedeutet, in den nächsten Kapiteln ausführlich beschäftigen. Dabei soll keineswegs in Vergessenheit geraten, daß das Thema dieser Arbeit das Turmspringen ist, das einen bedeutenden Bestandteil der *kastom* Ideologie darstellt. Um besser verstehen zu können, welches die Rahmenbedingungen für das *gol*, dieses „totale soziale Phänomen" sind, ist es jedoch unerläßlich, die Grundlagen der Kultur der *kastom* Sa hier in ihren Grundzügen darzustellen. Ihre Vor-

---

[48] Hier soll durchaus nicht in Abrede gestellt werden, daß nicht selten Elemente indigener Kulturen überlebt haben, wiederbelebt wurden oder eben als Synkretismen zu neuem, altem Leben erwachen (vgl. Berner 1982). Ich behaupte jedoch, daß eine Entwicklung hin zu einem modernen, durch die cartesianische Trennung von res cogitans und res extensa bestimmten Weltbild, eine nicht mehr zu schließende Lücke zum Zustand der „Urproduktion" schafft (zum Begriff „Urproduktion" vgl. Bargatzky 1997b). Die zentralen Probleme, die der Ethnologie daraus entstanden sind – v.a. der Verlust ihres Gegenstandes – betrachte ich als immer noch ungelöst.

stellungen von Kosmologie und Zeit, von der Ordnung des Raumes und der Ordnung menschlicher Beziehungen werden genauso behandelt wie ihr Konzept von symbolischer, magischer, wirtschaftlicher und charismatischer Potenz. Im Folgenden versuche ich also, unter Heranziehung sämtlicher mir verfügbarer Quellen sowie meiner eigenen Daten, eine Zustandsbeschreibung der Kultur der *kastom* Sa, so, wie ich sie mir zwischen den Jahren 1997 und 2004 erschlossen habe. Ich muß hier vorausschicken, daß Bunlap, wenn man es ganz genau nimmt, nicht nur ein Dorf, sondern einen ganzen Landstrich bezeichnet, der sich über viele Quadratkilometer an der Südostküste von Pentecost erstreckt. Das größte Dorf innerhalb dieses Landstriches heißt eigentlich Bena, was soviel bedeutet wie „große Siedlung". Die anderen Dörfer in den Grenzen Bunlaps sind Tanmili und Pohurur. Dazu kommen noch eine Reihe von Siedlungen, die nicht ständig bewohnt sind, sondern nur einige Monate im Jahr, etwa zu Ernte- oder Pflanzzeiten. Im Einzelnen sind dies Lonau, Randowa, Lonisis, Lonbwegan, Panlimsi (bzw. Ranmalinli) und Ratap. Die Menschen, die ständig in den kleineren Siedlungen leben, fühlen sich zweifelsohne als Einwohner von Bunlap, nicht aber als Bewohner von Bena. Dazu muß jedoch gesagt werden, daß die Unterscheidung zwischen Bunlap und Bena auch von den Einheimischen nicht konsequent gehandhabt wird. In der Regel sprechen nämlich auch sie von Bunlap, wenn sie eigentlich Bena meinen. Um den Sachverhalt für den Leser jedoch zu vereinfachen, werde ich immer dann, wenn Bena gemeint ist, von Bunlap-Bena sprechen. So gerät nicht in Vergessenheit, daß Bunlap zugleich die gesamte Gegend um Bena herum bezeichnet.

8. Körper und Kleidung: *bi pis* und *rahis* als Fanal für *kastom*

Tradition ist nicht das Anbeten der Asche,
sondern das Weitergeben des Feuers.
Gustav Mahler (1860 – 1911)

Vielleicht erstaunt es, daß ich diesen Teil der Arbeit mit dem vielleicht zunächst nebensächlich scheinenden Thema „Körper und Kleidung" beginne. Doch geschieht dies in voller Absicht, denn das Tragen von *bi pis* und *rahis* (Penisbinde und Grasrock) ist heute das am deutlichsten sichtbare Fanal der Andersartigkeit von *kastom* und *skul*. *Bi pis* und *rahis,* die nach wie vor von einem Großteil der *kastom* Bevölkerung innerhalb der Grenzen des *kastom* Gebietes alltäglich getragen werden, symbolisieren vor allem anderen die ungebrochene Kontinuität mit der Tradition.

Der Leser darf an dieser Stelle keine umfassende Behandlung von Konzepten des Körpers bei den Sa erwarten, auch wird nur in Auszügen auf die umfangreiche Literatur zur Anthropologie des Körpers verwiesen werden können. Interessant ist hier vielmehr die herausragende Bedeutung von *bi pis* und *rahis* für die *kastom* Ideologie. Die Anhänger von *kastom* sind, wie man auf Bislama sagen würde, *men ples.* Leute (*men*), die „von jeher" mit dem Ort (*ples*) und seiner „ursprünglichen" Kultur verwurzelt sind, und dazu gehört an vorderster Stelle das weithin sichtbare Bekenntnis zur traditionellen Bekleidung. Demgegenüber steht die erst vor kurzer Zeit von den Weißen importierte *skul* Ideologie, die unter anderem das Tragen von Kleidung aus importierten gewebten Stoffen beinhaltet, die in Sa und in Bislama unter dem Namen *kaliko*[49] bekannt sind. Auch die sprachliche Bedeutung von *skul*[50] liegt auf der Hand: *skul* Leute gehen zur Schule bzw. in die Kirche.[51] Jedermann, der *skul* ist, hat in den Augen der *kastom* Anhänger seine Identität als *„man ples"* in vielerlei Hinsicht verloren und versucht statt dessen, den „Weg des weißen Mannes" (auf *Bislama: fasin blong waet men*) zu gehen.[52] Die Mehrheit der intellektuellen Männer unter den *kastom* Sa findet letzteres auch nach über hundert Jahren Missionierung immer noch sehr fragwürdig. Was kann schon dabei herauskommen, so fragen sie, wenn man das Eigene aufgibt und statt dessen versucht, eine fremde Ideologie zu befolgen, die man niemals so ganz verstehen, geschweige denn beherrschen kann. Ihre Haltung rührt aus der Beobachtung, daß die Weißen in der technischen Beherrschung der Natur anscheinend uneinholbar vorne liegen. Die *Sa* sind zweifellos fasziniert von Maschinen wie Bulldozern, Schiffen oder Flugzeugen, technischen Geräten wie Kameras oder Telefonen, sie sind beeindruckt von mehrstöckigen Häusern aus Beton und natürlich von der als magisch empfundenen, weil in ihren Augen „logisch" nicht nachvollziehbaren Macht des Geldes. Wenn sich im Alltag ein rechter Platz dafür findet, leuchtet ihnen der Wert dieser Dinge durchaus ein, es hindert sie jedoch nicht daran, anderes strikt abzulehnen. Ihr Festhalten an den Eckpfeilern des traditionellen Gefüges, mit Schwesterntausch und Kreuzcousinenheirat, Brautpreis, Titelkäufen durch Akkumulation von Schweinen, Befolgen des rituellen Jahreskalenders, Tradierung wichtiger Mythen etc. unterstreicht ihre erfolgreichen Bemühungen um kulturelle Autonomie. Da mag es umso verwunderlicher klingen, daß der entscheidende Unterschied zwischen *kastom* und *skul* zunächst der ist, daß die *kastom* Leute *alle* diejenigen, die nicht jeden Tag *bi pis* und *rahis* tragen, zu *skul* rechnen. Es spielt dabei überhaupt keine Rolle, ob sich jemand die *skul* Ideologie tatsächlich zu eigen gemacht hat, also Christ ist und regelmäßig zur Kirche geht oder lesen und schreiben kann. Entscheidend ist vielmehr, daß jedermann, der aus Stoff *(kaliko)* hergestellte westliche Kleidung trägt, zu *skul* gerechnet wird.

---

[49] (von frz. *calicot*)

[50] (von engl. *school*)

[51] Schule und Kirche wird von den Sa, da die Schulen in aller Regel von den Missionen unterhalten werden, als identisch betrachtet.

[52] Hier ist interessant, zu sehen, wie die Sa uns Weiße bezeichnen, nämlich *„ai salsal"*, was soviel bedeutet wie, „Leute, die kommen und gehen" oder „Leute, die immer unterwegs sind" und daher schon dem Namen nach in einem fundamentalen Gegensatz zu den *„men ples"* stehen.

Umgekehrt signalisiert das ständige Tragen von *bi pis* und *rahis* zweifelsohne den Respekt für und somit auch die Zugehörigkeit zu *kastom*. Dabei handhaben die *kastom* Leute dieses unausgesprochene Gesetz in mehrfacher Hinsicht durchaus pragmatisch – ohne es jedoch nachhaltig zu relativieren. Sie legen es nämlich nicht darauf an, ihre *skul* Nachbarn zu provozieren. Begibt sich ein *kastom* Mann in eines der *skul* Dörfer der Nachbarschaft, oder fährt er gar nach Santo oder in die Hauptstadt Port Vila, legt er seinen *bi pis* in aller Regel ab und zieht, wie jedermann sonst auch, Shorts und T-Shirt an. Wenn hingegen europäische Besucher von außerhalb in ein *kastom* Dorf kommen, achten Männer wie Frauen sehr bewußt darauf, sich traditionell gekleidet zu zeigen und solcherart photographieren oder filmen zu lassen. Hin und wieder bedecken einige Mädchen und jüngere Frauen ihren Oberkörper mit zerschlissenen T-Shirts, Stoffbahnen oder Handtüchern, um sich warmzuhalten.

Aber auch Schamgefühle, die vor allem durch den Kontakt mit den stets bekleideten *skul*-Leuten aus den Nachbardörfern entstehen, spielen dabei eine Rolle. Im Regelfall wird niemand etwas dabei finden. Wenn aber die „Vorderbühne" betreten wird, ändert das die Situation grundlegend (vgl. Goffmann 1969). Sind Fremde anwesend, sehen es die Chiefs des Dorfes nicht gern, daß ihre Frauen gegen die *kastom* Etikette verstoßen und sich in zerschlissene T-Shirts und Tücher gehüllt zeigen, die auch die Sa durchaus nicht „herzeigbar", geschweige denn „schön" finden. Was manche Männer hingegen durchaus „schön" finden, ist ein – in ihren Augen – zwangloses symbiotisches Zusammenspiel zwischen traditioneller und westlicher Kleidung, bei dem das dominante Zeigen des *bi pis* jedoch eine zentrale Rolle spielt. Wenn es kalt ist, tragen auch viele Männer alte T-Shirts oder Pullover – und dazu, wie stets, den *bi pis*. Manche Alten gehen sogar, weil sie mit den Jahren kälteempfindlicher geworden sind, beinahe ständig so herum. Mitunter treibt die Mischung zwischen alt und neu besonders bunte Blüten, wie die folgende kleine Anekdote zeigt: Während meines Feldaufenthaltes im Jahre 2004 erschien der etwa achtunddreißigjährige Betu Oska, ein fleißiger, stolzer und mitunter auch ein bißchen eitler Mann, hin und wieder in besonders ausgefallener Kleidung auf dem Tanzplatz, um mit seinen Freunden die abendliche Kava zu trinken. Zusätzlich zum *bi pis* trug er manchmal eine rote Windjacke mit blauen Ornamenten und weißen Streifen, blauweiß gekringelte Fußballsocken und farblich passende Turnschuhe, die ihn als einen der besten Fußballspieler von Südpentecost ausweisen sollten. Abgerundet wurde diese außergewöhnliche Erscheinung durch ein handgeflochtenes Täschchen aus Pandanus, das jeder Mann besitzt, um Tabak, Streichhölzer, ein kleines Messer oder Geld griffbereit zu haben. Betu Oska war sichtlich stolz auf seine Kreation, die er selbst einerseits als schick und andererseits als ganz und gar der *kastom* Etikette entsprechend empfand. Das Bild läßt das Zusammenfallen der vermeintlichen Gegensätze „Tradition" und „Adaption" augenfällig werden und unterstreicht eindrucksvoll die Lebendigkeit von *kastom*. Der heuristische Wert des weiter oben beschriebenen Transdifferenz Konzeptes (vgl. Bargatzky 2007) wird hier ganz konkret und unmittelbar augenfällig deutlich.

Abb. 12: Kastom lebt! Betu Oska auf dem Tanzplatz in Bunlap-Bena.
(November 2004)

Es ist also, das können wir als vorläufiges Fazit festhalten, nicht zuletzt das ständige Tragen von *bi pis* und *rahis,* das einen entscheidenden Unterschied zwischen *kastom* und *skul* macht. Chief Warisul, der wohl bedeutendste Philosoph und Visionär von Bunlap, beschreibt die Bedeutung der traditionellen Kleidung, die Adaptionszwänge, mit denen sich vor allem die jungen Leute auseinandersetzen müssen und einige Elemente seiner persönliche Utopie, die eng mit Fragen der Kleiderordnung zusammenhängt, mit den folgenden Worten:

Auszug aus einem Gespräch mit Chief Warisul über Nacktheit und Scham:
„Als Gott uns geschaffen hat, waren wir nackt. Lange, lange Zeit ist das her. Nach einiger Zeit, als wir dann etwas mehr wussten, wurde uns klar, daß Nacktheit nicht in Ordnung ist. Das führte dann dazu, daß auf der Seite von *kastom* Barkulkul den Frauen den Grasrock gegeben hat und dem Mann ein Blatt. So lange waren wir also nackt, bis dann Gott uns etwas gegeben hat, mit dem wir uns ein klein wenig bekleiden. Aber wir dürfen nicht den ganzen Körper verhüllen. Das wäre viel zuviel Arbeit, weil man dazu ja sehr viele Blätter bräuchte. Wir müssen daher nur ein wenig arbeiten, um uns anzukleiden. Die Frauen die eine Hälfte, die Männer die andere Hälfte. So ist es dann ganz einfach für uns alle. Heute wissen wir, daß das gerade richtig ist. Das ist *kastom:* wir müssen nichts bezahlen, für Seife oder für Faden um unsere Kleidung zu reparieren. Wenn wir beim *kastom* bleiben, dann sehen wir, daß es gut ist. *Barkulkul* sagte uns: wenn ihr *kastom* befolgt, dann müßt ihr es so machen. Das ist *kastom.* Er hat uns *kastom* gegeben. Uns allen. Uns allen in Pentecost. Aber auch uns allen in der Welt. Auch Euch Weißen! Der *kastom* gehört der ganzen Welt – aber nur wir hier, wir in Bunlap, wir folgen ihm heute noch! Ich versuche, *kastom* aufrechtzuerhalten. Aber jetzt, in diesem Jahr – ich habe es satt. Ich sehe, dass es nichts bringt. Chief Telkon – unser „großer" Chief, auch er hat vieles nicht ernst genommen und die Leute nicht angehalten. Heute tragen viele junge Leute Hosen und T-Shirts. Aber ich habe es ihnen jetzt verboten. Während der Zeit der Zeremonien und Tänze, bilbilan, taltabwean – ich verbiete es. Wenn die jungen Leute Rock oder Hose während der Zeit der Zeremonien tragen, müssen sie Strafe zahlen. Jetzt respektieren sie es. Sie wissen: wenn wir jetzt zu einer Zeremonie gehen dann müssen die Hosen weg, wir müssen uns ganz und gar nach *kastom* richten. Neulich gab es ein großes Fest – Du warst nicht da, das war ein sehr gutes Fest, das hättest Du filmen sollen. Niemand hatte Hosen an. Genauso wie beim letzten *gol.* Da gab es auch keine Stoffe *(kaliko).* Wenn ein Junge starrköpfig ist, dann muß er Strafe zahlen. Mit einer Matte. Oder, wenn er keine Matte hat, muß er eben 500 Vatu bezahlen[53]. Jetzt, gestern und vorgestern auch, habe ich meinen Töchtern und meiner Frau gepredigt, daß sie keinen Stoffe an ihrem Körper haben sollen. Als Gott uns geschaffen hatte, waren wir selbst wie Gott. Wir waren nackt. Wir sind selbst Gott. Du und ich. Wir hier in Bunlap hören auf keinen Mann der sagt, er kenne den Weg zu Gott. Nein. Wir selbst und sonst nichts, wir sind Gott. Wir suchen keinen anderen Gott mehr. Als Gott dich geschaffen hat, so wie du eben bist, so habe ich meiner Frau gesagt, da wurdest Du selbst zum Gott. Deswegen predige ich meinen Mädchen und meiner Frau wenn ich mit ihnen zu einem Tanz gehe, daß sie kein Stück Stoff tragen sollen. Nichts! Alle anderen haben vielleicht ein kleines Stück Stoff an, irgendwo, aber wir zwei, meine Frau und ich, wir machen das nicht. Wir sagen: nein – wir zwei sind Gott *(yumitu god finis*[54]*).* Wir tragen keinen Stoff während irgendeiner Zeremonie. Bilbilan, Taltabwean oder irgendeine Zeremonie. Wir zwei ma-

---

[53] Der Wechselkurs am 27. März 2002 war 1€ = 140 VT

[54] Chief Warisul gebraucht in diesem Kontext den Bislama Begriff „god". Es scheint evident, daß hier die Vorstellung eines mächtigen christlichen Schöpfergottes eine Symbiose mit der Figur des Barkulkul eingegangen ist, der traditionell eher einen „primus inter pares" Kulturheros darstellt.

chen das nicht. Wir sind schon selbst längst Gott. Wenn wir selbst Gott sind, wenn wir Gott achten, dann wird er sich uns zu erkennen geben. Deswegen trage ich ausschließlich *kastom* Kleidung. Ich kann mit *bi pis* überallhin gehen. Überall. Ob ich mit dem Flugzeug nach Vila fahre oder nach Santo – ich kann mit *bi pis* gehen. Heute! Aber es gibt inzwischen viele junge Leute, die reden schlecht darüber. Aber ich sage allen – vergesst das. Ihr seid schon Gott! Welchen anderen Gott braucht ihr noch? (*Yufella i god finis. Oli lukautem wanem god mo?*) Und die Mädchen folgen mir. Ich will, dass es so bleibt, in Bunlap. Aber ich weiß nicht was sein wird, wenn ich eines Tages sterben werde. Was werden die Jungen dann machen? Aber so lange ich da bin wirst Du sehen, dass wir so weitermachen wie bisher.

Ich weiß nicht, warum die jungen Leute heute Hosen anziehen wollen. Warum wollen sie Dinge aus der Welt des weißen Mannes kaufen? Was zieht die Jungen so stark an? Warum wollen sie das alles? Früher war es so: wir sind in eine der beiden Städte gegangen, nach Vila oder nach Santo und haben versucht, ein bißchen Geld zu verdienen. Wenn wir ein bißchen Geld verdient hatten, haben wir Hosen kaufen können. Es war damals schon hart, sich die Hosen zu leisten. Damals kosteten die Hosen 10 oder 20 Vatu. Aber heute ist es noch viel teurer. Die Jungen und sogar manche Mädchen gehen in den „Nachtclub" nach Baie Barrier,[55] dort sprechen sie natürlich auch mit den Mädchen. Wenn sie *bi pis* anziehen, dann schämen sie sich. Das ist jetzt neu. Weil, wenn ein Junge *bi pis* anzieht, dann lacht seine Freundin, weil sein Hintern zu sehen ist und er nackt ist. Wenn ein Mädchen den Grasrock anzieht und ihr Körper unbedeckt ist, ihre Brüste rausgucken, dann sieht ihr Freund – ah, sie ist nackt. So ist die Scham hergekommen. Das hat es vorher nicht gegeben. Ein Mädchen, die Tochter eines meiner Brüder, hat diese Scham hierhergebracht.[56] (Wano, die Tochter von Chief Molbua, T.L.) Das hat es vorher nicht gegeben. Jetzt ziehen die jungen Mädchen und Männer immer häufiger Kleidung an. Die Scham hat Einzug gehalten. Hosen hat es ja immerhin vorher auch schon gegeben. Aber was genau dazu führt, dass die Scham aufkommt? Das weiß ich auch nicht genau. Vielleicht, weil wir oft die Krätze haben? Weil wir nicht so häufig baden? Warum tragen sie jetzt immer öfter Kleider? Vor allem die Frauen tragen jetzt Kleider. Aber ich weiß auch nicht – warum schämen sie sich. Weil sie nicht wollen, dass ihr Körper unverhüllt bleibt? Ich weiß nicht. Oder weil ihr Mann sagt, daß er nicht will, dass der Körper seiner Frau sichtbar ist? Ist es das, was sie denken? Ich weiß es nicht."
(Chief Warisul. Bunlap, November 2004)

Wie wichtig das Tragen von *bi pis* und *rahis* für das Selbstverständnis von *kastom* tatsächlich ist, zeigen auch viele andere Geschichten. Lassen wir zunächst Chief Telkon zu Wort kommen, der mir in einem Gespräch von einer Auseinandersetzung berichtete, die sich Mitte der 70er Jahre zugetragen hat:

---

[55] Nahe der katholischen Mission in Baie Barrier findet seit einigen Jahren alle paar Wochen eine Art privat organisierter Tanzveranstaltung statt, an der Jungen und Mädchen aus ganz Südostpentecost, einschließlich der Jugend der *kastom* Dörfer, teilnehmen. Dabei trifft man sich bei lauter Musik aus dem Kassettenrecorder in irgendeinem privaten Haus und trinkt Kava und Alkohol. Bebe Telkon ist als Spirituosenverkäufer einer der Hauptprofiteure der Tanzabende. Häufig entspannen sich Konflikte zwischen Jungen der *kastom* und der *skul* Dörfer. Nicht selten ist die zerrissene Kleidung der *kastom* Jungen, und der Umstand, daß sie meist keine Schuhe haben Grund für Hänseleien, die dann fast immer mit Schlägereien einiger schwer betrunkener Jungen und Männer enden.
[56] Gemeint ist Wano, die Tochter von Chief Molbua. Wano hat einige Jahre in der Schule verbracht und Lesen und Schreiben gelernt. Als sie nach Bunlap-Bena zurückkam, hatte sie große Schwierigkeiten, sich wieder in den *kastom* Alltag einzufügen. Bis heute ist sie, trotz ihrer schon beinahe dreißig Jahre, unverheiratet geblieben

Gespräch mit Chief Telkon über *bi pis* als Symbol für *kastom*:

„Es ist schon lange her, ich war damals ein junger Mann, so wie Du heute. Wir bekamen über das Radiotelefon die Nachricht, daß eine Gruppe weißer Männer zu uns kommen wollte, um das Turmspringen zu sehen. Und ein Mann war dabei, der Schmetterlinge fangen wollte. Im Hotel (nicht näher bezeichnet, T.L.) hatte man den Männern gesagt, sie sollten nach Bunlap kommen. Hier gebe es noch echten *kastom. Kastom* ist noch stark in Bunlap. Also wollte das Hotel, daß wir die Leute am Flughafen abholten. Aber wir durften nichts anderes tragen als *bi pis*, weil die Manager vom Hotel das so wollten, damit die Weißen sehen könnten, wie stark *kastom* bei uns noch ist. Das war zu dieser Zeit aber eine ziemlich gefährliche Sache. Die *skul* Leute haßten uns, weil sie glaubten, daß wir Wilde waren und keinen Gott kannten. Aber wir waren stark und gingen in *bi pis* zum Flugplatz nach Lonoror, um die weißen Männer dort abzuholen. Wir waren zehn Männer, um das Gepäck der Weißen tragen zu können. Als wir nach Wali kamen (Church of Christ. T.L.), stand das halbe Dorf da, um uns den Weg zu versperren. Sie sagten, sie würden uns erschießen, wenn wir die Insel Pentecost und die Ehre ihres christlichen Dorfes beflecken würden, indem wir hier nackt herumliefen. Aber wir haben ihnen gesagt, daß wir vor ihnen hier waren, daß wir die wahren Hüter von Pentecost sind. Nach einiger Zeit haben sie uns dann doch durchgelassen. Es hat keinen Kampf gegeben, aber wir hatten Angst. Wir hatten keine Gewehre. Aber wir waren stark und sind nicht zurückgewichen. Wir sind bis nach Lonoror gegangen, um die Weißen abzuholen. Die sind dann in unser Dorf gekommen und haben uns Geld dafür bezahlt, *kastom* sehen zu dürfen. Die Weißen müssen dafür bezahlen. Es sind nicht die Weißen, die gegen *kastom* sind, gegen *bi pis*. Es sind unsere eigenen Leute. Sie haben damals nichts verstanden! Und heute? Heute ziehen sie selbst *bi pis* an. Aber nur deswegen, um den Touristen beim *gol* mehr Geld abnehmen zu können. Sie zeigen etwas, das ihnen nicht mehr gehört, denn sie haben nicht für das Recht bezahlt, *bi pis* oder Grassröcke zu tragen! Man muß dafür bezahlen. *Kastom* ist nicht umsonst. Aber auf der Westküste zahlen sie nicht dafür. Sie stehlen unseren *kastom*! "
(Chief Telkon. Bunlap, August 2004)

Schließlich unterstreicht auch das folgende Beispiel die herausragende Bedeutung von *bi pis* und *rahis* für das *kastom* Selbstverständnis. Während meines Feldaufenthaltes im Jahre 2002 kam ein Filmteam der französischen Firma ZED[57] ins Dorf, um mit großem personellem und technischem Aufwand eine TV-Dokumentation über das *gol* zu drehen. An einem der vielen verregneten Nachmittage saßen meine Partnerin Martina und ich mit einigen unserer Freunde aus Bunlap in unserer Hütte und scherzten über den immensen Aufwand, den

---

[57] ZED steht für „Zoo Ethnological Documentary". Der Name ist Programm, ZED produziert teure, stereotype „Doku"-Stangenware. Die Filme von ZED handeln, so könnte man auf den ersten Blick meinen, von „wilden Tieren" oder von „primitiven Völkern". Das eigentliche Erfolgsgeheimnis der Firma besteht jedoch darin, beides miteinander zu kombinieren: wilde Tiere und archaische Mystik, eine überaus telegene Mischung, weshalb sich ZED Programme international sehr gut verkaufen lassen. Die Produzenten sind, anders als der Anspruch der Filme vielleicht vermuten ließe, keine Ethnologen sondern geschäftstüchtige Abenteurer bzw. Journalisten, die den stereotypen Vorstellungen ihrer Auftraggeber in den Redaktionen bestens zu entsprechen wissen. Typische Titel von ZED Produktionen sind „Becoming a Man in Melanesia"; „Becoming a Man in Africa"; „The Reindeer People"; „Jungle Nomads"; „The Sahara's Secret Gardens"; "Messengers of Sulawesi"; "Te Master of the Spirits" usw. (http://www.zed.fr/movie.html, Stand: 14.10.2006).

die Franzosen betrieben. Dazu gehörte unter anderem, daß sie jedem Mann und jeder Frau in Bunlap strikt untersagt hatten, westliche Kleidung zu tragen. Statt dessen legten die „Dokumentaristen" größten Wert darauf, daß die Bilder aus dem vermeintlich letzten wirklich „wilden" Dorf Melanesiens auch den Vorstellungen der Redakteure entsprechen mußten, die den Film für sehr viel Geld in Auftrag gegeben hatten. Konkret bedeutete dies, daß als Kleidungsstücke ausschließlich Penisbinde und Grasrock im Bild zu sehen sein durften, die wenigen Blechdächer mit *natagora* oder alten Palmwedeln verdeckt werden mußten und überhaupt so gut wie alles nicht „authentisch ursprüngliche" aus dem Blickfeld zu verschwinden hatte. Da ich selbst, um meinen Respekt vor *kastom* sichtbar zum Ausdruck zu bringen, stets *bi pis* trug und Martina meist mit Grasrock he-

rumging, stellte Bong, einer unserer wichtigsten Partner in Bunlap, an diesem verregneten Nachmittag die völlig ernstgemeinte Frage, ob wir nicht beim *gol* mittanzen wollten, da wir ja schließlich auch *kastom* seien. Auf meine Frage, was uns denn zu *kastom* Leuten mache, entgegnete Bong wie selbstverständlich, daß wir ja stets *bi pis* und *rahis* tragen würden und daß die Franzosen ja genau das filmen wollten. Daß die Filmleute jegliche Art von westlicher Kleidung „verboten" hatten, deckte sich durchaus mit dem Selbstverständnis der Bewohner von Bunlap, die daher auch kein Problem darin sahen, in der Gegenwart der Fernsehkameras Tragetücher aus Stoff, wärmende Pullover, T-Shirts oder Shorts abzulegen. Da auch wir in „Tracht" gingen, konnte Bong überhaupt nicht verstehen, warum wir uns nicht

Abb. 13: Die Gleichzeitigkeit des Ungleichzeitigen. Der Autor am Telefon mit Warisus Telkon. (Bunlap-Bena, Okt. 2004)

ohne weiteres in die Riege der *kastom* Tänzer einreihen sollten. Unsere weiße Hautfarbe und der Umstand, daß wir die *Sa* Kultur noch kaum kannten, spielten in diesem Moment eine nur untergeordnete Rolle. Zieht man den Umstand, daß Bong uns ehrlich wohlgesonnen war und wohl auch eine Freude machen wollte, sowie die Eigendynamik ab, die ein solcher freundschaftlicher Moment gewinnen kann, so bleibt doch seine spontan geäußerte Überzeugung, daß wir aufgrund unserer Bereitschaft, täglich *bi pis* und *rahis* zu tragen, irgendwie zu ka-

stom dazugehörten. In seinen Augen hatten wir dadurch sogar eine größere Berechtigung am Tanz teilzunehmen als seine *skul* Genossen auf der Westseite der Insel. Denn diese tragen die traditionelle Kleidung ausschließlich zu den wenigen besonderen Gelegenheiten, an denen zahlende Touristen anwesend sind – in der Regel das Zurschaustellen eines *gol*. Dabei hilft ihnen, wie in Bunlap jedermann weiß, der Umstand, daß die Touristen für *bi pis* tragende Turmspringer einen höheren Preis zu zahlen gewillt sind, über ihre Scham wirkungsvoller hinweg als eine abstrakte „Rückbesinnung" auf die „Traditionen". Die *kastom* Sa empört das Verhalten ihrer Vettern auf der Westseite, da diese nicht mehr am traditionellen Titelsystem teilnehmen und daher auch nicht berechtigt sind, Grasrock und Penisbinde *überhaupt* noch zu tragen. Wir hingegen hatten das Recht *bi pis* und *rahis* anlegen zu dürfen durch das ordnungsgemäße Schlachten eines Hahnes (*tokon mal* – der erste Titel für Jungen) bzw. eines Schweins (*masus* – unverzichtbarer Titel für heiratsfähige Mädchen, impliziert das Recht den *rahis* zu tragen) gekauft, und damit den ersten Schritt auf der langen Stufenleiter des Titelsystems erklommen, so wie es sich für jedes *kastom* Mädchen und jeden *kastom* Jungen gehört.[58]

Der Umgang mit der traditionellen Kleidung läßt deutlich erkennen, wie flexibel und doch beständig die Kultur der *kastom* Sa mit den zweifellos bestehenden Herausforderungen durch die moderne Welt umgeht. Betrachten wir noch an einigen anderen Beispielen, daß *kastom* nichts mit Weltabgewandtheit aus Unwissenheit zu tun hat, sondern vielmehr mit dem Versuch der selbstbestimmten Weltbeherrschung durch bewußtes Ablehnen oder vorsichtiges Integrieren: Westlicher Technologie steht man grundsätzlich ambivalent gegenüber. So hat man dem Bau einer von der EU finanzierten Schotterstrasse bis nach Bunlap nicht zugestimmt, die Strasse führt lediglich ins benachbarte Ranwas und endet dort. Andererseits gibt es in Bunlap durchaus Zugeständnisse an die moderne Welt, die auf den ersten Blick so gar nicht zu *bi pis* und *rahis* passen wollen: Stahlmesser und Äxte sind ebenso im ständigen Einsatz wie Plastikgefäße, Betttücher und Blechteller. Zwar gart man Wurzeln, Knollen, Gemüse und Fleisch nach wie vor häufig im Erdofen – *lok*, eine Art Pudding aus gestampfter Taro, Yams oder Bananen, läßt sich ohnehin nur so herstellen – aber die in jedem Haushalt vorhandenen Aluminiumtöpfe haben die Lebensgewohnheiten wahrscheinlich nachhaltiger verändert als etwa die allgegenwärtigen Petroleum- oder Taschenlampen. Auch ein paar Radios gibt es im Dorf und oft hören die Männer während der allabendlichen Kavarunde die neuesten Nachrichten aus Vanuatu und aller Welt. Weder existieren Missionsstationen oder Schulen im *kastom* Gebiet, noch gewähren die *kastom* Leute der modernen Bürokratie einen substantiellen Eingriff in ihr Leben. Manche technologischen Neuerungen hingegen, die durchaus nicht als Gegensatz zu *kastom* empfunden werden, haben hingegen definitiv Eingang in das Leben der *kastom* Sa gefunden: Erst um das Jahr 2000

---

[58] Auf das *warsangul* Titelsystem wird in Kap. 12.1 genauer eingegangen.

wurde in einer winzigen Hütte etwas oberhalb des Dorfes eine kleine Kranken-station errichtet. Hier verteilt Wano, eine Tochter von Chief Molbua, die einige Jahre in Point Cross zur Schule gegangen ist, an zwei Tagen in der Woche staat-lich subventionierte Medikamente an die Dorfbewohner und verbindet kleinere Wunden. Diese Einrichtung traf allerdings auf den heftigen Widerstand einiger einflußreicher älterer Männer, die befürchteten, die traditionellen Heilmethoden und ihre ganz persönlichen Kenntnisse und Kompetenzen könnten so in Verges-senheit geraten und würden in Zukunft auch nicht mehr honoriert. Der kleine Kramladen, gleich unterhalb des Tanzplatzes, ist zu einem der wichtigsten Treffpunkte im Dorf geworden. Dies nicht zuletzt deswegen, da man im Jahre 2002 direkt neben dem Eingang ein Telefon installiert hat. Unter einem Vor-dach, auf der groben Bank aus armdicken ausgebleichten Baumstämmen, sitzt fast immer irgend jemand und telefoniert, wartet auf einen Anruf oder hält ein Schwätzchen mit Umstehenden. Die Anschaffung des Telefons geht auf den dringenden Wunsch einiger einflußreicher Männer zurück. Während vieler Abende in den Männerhäusern stand das Thema immer wieder auf der Agenda. Vor allem die beiden Söhne von Chief Telkon Watas, Warisus und Bebe, ver-suchten, die Anschaffung eines Telefons durchzusetzen. Beide agieren als eine Art verlängerter Arm ihres Vaters, dem in Vila lebenden Chief Telkon. Während der letzten fünfzehn Jahre erforderte jede Kontaktaufnahme mit Telkon, daß ei-ner seiner Söhne den mehrstündigen und beschwerlichen Fußmarsch nach Pangi auf der anderen Seite der Insel unternehmen mußte, wo sich das nächstgelegene Telefon befindet. Weil sie hofften, daß diese zeit- und kräfteraubenden Fußmär-sche durch die Installation eines Telefons endgültig entfallen würden, gelang es Bebe und Warisus schließlich, zusammen mit einigen anderen einflußreichen Männern, den Rest des Dorfes von der Notwendigkeit der Anschaffung eines Telefons zu überzeugen. Daraufhin kontaktierte man die nationale Telefonge-sellschaft, die für die Errichtung der Anlage ein annehmbares Angebot machte.

Der Teil der Kosten, den die Dorfgemeinschaft zu übernehmen hatte, und der sich auf etwa 30% der Gesamtsumme belief, betrug allerdings immer noch meh-rere hunderttausend Vatu. Da dieses Geld aufgrund eines Besuches des französi-schen Filmteams ZED im Jahr 2001 zur Verfügung stand, entschied man sich schließlich für das Telefon.[59] Bebe und Warisus, weil sie sich schneller und öfter mit ihrem Vater austauschen wollen, Moses Watas, Betu Oska, Wariat Warisul, Sali Warara und einige andere, weil sie versuchen, mit Kava zu handeln oder sonstige geschäftliche oder politische Ziele verfolgen. Wieder andere erhofften

---

[59] Herzstück des Telefons ist ein solarbetriebener Funkmast, den die „Telekom Vanuatu Ltd." mit einem Hubschrauber auf die höchste Erhebung in der Inselmitte von Pentecost transpor-tieren ließ. Von hier aus führt ein mehrere Kilometer langes dünnes Kabel direkt ins Dorf wo jedermann, der Zahlen lesen kann und eine Pre-paid Telefonkarte besitzt, das Telefon benut-zen kann.

sich, hin und wieder mit Freunden oder Bekannten sprechen zu können, die in anderen Teilen Pentecosts oder auf anderen Inseln des Archipels zuhause sind.

Zusammenfassend können wir sagen, daß die kulturelle Selbstbehauptung der *kastom* Leute auch auf den zweiten Blick noch beeindruckend ist, allerdings ergibt sich bei genauerem Hinsehen doch ein differenzierteres Bild und man stellt fest, daß auch das Leben in einem abgelegenen *kastom* Dorf vielfältigen Einflüssen von außen unterworfen war und ist. Was die Bewältigung der täglichen Existenzsicherung anbelangt, sind die Unterschiede zwischen *skul* und *kastom* Leuten also durchaus nicht groß. Tagsüber verbringen Männer wie Frauen hier wie dort viel Zeit in ihren Gärten und leisten die gleichen Arbeiten mit mehr oder weniger den gleichen Werkzeugen und Methoden. Hier wie dort bleiben die Frauen mit den Kindern abends in den Hütten, während die Männer sich im Männerhaus treffen, um Kava zu trinken oder Politik zu machen, auf der Bambusflöte zu spielen, zu singen oder Radio zu hören. *Kastom* in Bunlap bedeutet, bei aller zweifellos vorhandenen Bedeutung der traditionellen Kleidung, weder ausschließlich das Tragen von *bi pis* und *rahis*, noch das kategorische Ablehnen der Möglichkeiten moderner Technik. Im Effekt viel weitreichender ist die Verbannung von westlichen Schulen und Kirchen und die Betonung und Tradierung der eigenen Kosmologie. Aber auch hier wird sowohl Kontinuität als auch Wandel sichtbar. Es wird gleich deutlich werden, daß manches in Vergessenheit geraten ist, anderes dafür sich neu entwickelt hat. Mythen sind eben nicht unveränderlich, sondern geben, ganz wie es ihrer Aufgabe entspricht, eine stets aktualisierte Fassung auf die drängenden Fragen, die eine Kultur in einem sich ändernden Umfeld zu beantworten hat. Der Umstand, daß Mythen sich ändern, sich neuen Umständen anpassen, spricht insofern für die Lebendigkeit von *kastom* und nicht für den „Verfall von Tradition".

9. Die wichtigsten Mythen der Sa

In diesem Kapitel wollen wir uns mit einigen wichtigen Gründungsmythen näher vertraut machen, um die Grundlagen des Weltbildes der *kastom* Sa besser verstehen zu lernen. Ich meine, daß erst auf der Grundlage einer Zusammenschau der wichtigsten Eckpfeiler des mythischen Weltbildes die spätere Analyse des *gol* gelingen kann, weil in den Mythen immer wieder einige ähnliche Bilder entfaltet werden. Daß Mythen nicht „logisch" sind, daß in ihnen ansonsten unvereinbare Gegensätze zusammenfallen können, sie aber dennoch, wenn man vielleicht einmal von den großen kosmogonischen Mythen absieht, in aller Regel einen „historischen Kern" haben und, was das Wichtigste ist, tatsächlich wirkungsmächtig sind, also nicht nur „geglaubt" werden, sondern eine reale

„Wirklichkeit" darstellen, darauf sei jetzt nur am Rande verwiesen.[60] Die entsprechenden Diskurse möchte ich an dieser Stelle nicht ausbreiten, wir werden uns erst im dritten Teil dieser Arbeit etwas ausführlicher damit beschäftigen.

Es ist kein Zufall, daß die umfassendste Sammlung von Sa Mythen von Elie Tattevin stammt. Wahrscheinlich war für ihn der Zugang zu den Mythen leichter möglich als für die Forscher, die nach ihm kamen. Immerhin war der Marist ein beliebter und einflußreicher Mann, der fast 20 Jahre lang unter den Sa lebte und, nach Lage der Quellen, deren Respekt genoß. Zum anderen konnte er sich aber wohl auch deswegen einen beträchtlichen Teil ihres Wissens aneignen, weil er als Priester über einige Autorität verfügte. Obwohl bereits seit 1907 konvertiert, lösten sich seine Schützlinge in Baie Barrier und Umgebung doch nur langsam vom vorchristlichen Weltbild. Zu Tattevins Zeit dürfte das Tradieren der Mythen, auch in den missionierten Dörfern, noch an der Tagesordnung gewesen sein. Das Zusammenspiel dieser glücklichen Umstände hat wohl dazu geführt, daß Tattevin Zugang zu einem großen Teil des Wissens hatte, das noch aus der Zeit vor Ankunft der Europäer stammte. Zu Beginn des 21. Jahrhunderts, also drei Generationen später, hat sich das Bild in mehrfacher Hinsicht gewandelt. Es ergibt sich nämlich die Schwierigkeit, daß zumindest ein Teil der Mythen, die von Tattevin zwischen 1910 und 1929 aufgezeichnet wurden, heute offenbar in Vergessenheit geraten sind. Dies muß allerdings mit einiger Vorsicht gesagt werden: Erstens konnte es nicht Ziel meiner Forschung sein, die Mythen der Sa insgesamt so vollständig wie möglich zu erfassen und zweitens muß man immer bedenken, daß die *kastom* Sa manches Wissen geheim halten und nicht ohne weiteres preisgeben. Die zunehmende Diskriminierung der *kastom* Bevölkerung durch ihre christlichen Nachbarn seit etwa den vierziger Jahren des 20. Jahrhunderts könnte diese Tendenz zur Abschottung und Geheimhaltung, die in den melanesischen Gesellschaften ja ohnehin eine bedeutende Rolle spielt, noch verstärkt haben. Mit Sicherheit läßt sich dies jedoch nicht sagen. Zweifelsohne hatte auch Margaret Jolly mit diesen beiden Problemen, der Geheimhaltung einerseits und dem Vergessen andererseits, zu tun, denn so gut wie alle Mythen die sie erwähnt, sind wörtliche Übersetzungen von Tattevins französischen Originalfassungen ins Englische(Jolly 1994b).[61]

Tattevin selbst spricht übrigens stets von „légendes", macht also keine explizite Unterscheidung zwischen Märchen, Sagen, Legenden oder Mythen. Ich selbst

---

[60] Vgl.f.a. Assmann 1991; Bargatzky 1992; 1997b; 2003; Bell 1997; Blumenberg 1986; Eliade 1966; 1990; Fischer 2006; Garanger 1972; Guiart 1951; Hübner 1985; Lévi-Strauss 1976; Malinowski 1925; 1926.

[61] Daß Jolly diese Quelle nicht ausdrücklich nennt, sondern vielmehr so tut, als habe sie selbst die Mythen aufgenommen, ist insofern schade, als nun nicht mehr nachvollzogen werden kann, welche der von ihr angeführten Mythen zu ihrer Zeit überhaupt noch erinnert wurden. Selbst dort, wo sie explizit behauptet, einen Mythos auf Band aufgenommen zu haben, finden sich *wörtliche* Übersetzungen von Tattevins Material (vgl. Jolly 1994b:141 mit Tattevin 1929:984; Jolly 1994b:163 mit Tattevin 1929:987; Jolly 1994b:69 mit Tattevin 1931:489 usw.)

halte die von ihm zur Publikation ausgewählten Geschichten dennoch für Mythen. Alle Texte begründen nämlich – oder begründeten noch zu Tattevins Zeit – warum die Welt so und nicht anders beschaffen ist. Ein geradezu archetypischer Kanon an Geschichten begegnet uns da: von der Schöpfung der ersten (männlichen) Menschen die Rede, von der Erschaffung der Frau durch Kastration eines Mannes, davon, wie der Tod in die Welt kam, wie Yams und Schweine, Sterne, Fische, Bäume oder Sonne und Mond entstanden sind. Die Geschichten begründen, allgemein gesprochen, warum die Welt ist, wie sie ist. Natürlich kennen die Sa auch andere Arten von Geschichten, eben Legenden, Sagen oder Märchen. Zwar sind die Grenzen fließend, entscheidend aber ist, daß die Menschen anders auf sie reagieren, nämlich indem sie Sagen, Legenden und Märchen in immer geringerem Maße für wahr halten.[62] Zu Tattevins Zeit war das wissenschaftliche Wissen um das Wesen des Mythos in keiner Weise vergleichbar mit dem breiten Fundament, das wir heute haben. Da erstaunt es umsomehr, wie treffend er in einem kurzen Vorwort Charakter und „Funktion" dieser Geschichten beschreibt. Diese, so sagt er, seien überall in Südpentecost mehr oder weniger dieselben, oft würden sie sogar mit den gleichen Worten erzählt. Die beste Zeit für das Geschichtenerzählen sei die „stille Zeit" nach den anstrengenden Wochen des Yamspflanzens. Damit die Yams nicht beim Wachsen gestört würde, dürfe niemand mehr Lärm machen und ohne Grund in den Gärten herumgehen. Daher bliebe man im Dorf und in den Hütten und erzähle Geschichten, die von den Babys, so meint er, bereits mit der Muttermilch aufgesaugt würden. Oft, so heißt es weiter, hätten die Geschichten nichts miteinander zu tun, ja sie widersprächen sich sogar – jedenfalls in den Augen von uns Europäern. Aber die Einheimischen störe das nicht. Sie seien insofern wie Kinder, als daß logische Zusammenhänge ihnen unwichtig seien. Entscheidend sei vielmehr, daß diese „légendes" überhaupt in abendlicher Runde erzählt würden und daß jedermann mit dem klassischen Kanon dieser Geschichten mehr oder weniger vertraut sei (Tattevin 1929: 983f). Ob es die von Tattevin geschilderten „typischen Erzählsituationen" auch heute noch gibt – oder überhaupt jemals so gegeben hat – ist eine schwer zu beantwortende Frage. Ich selbst kann nur sagen, daß sie mir in vielen Monaten Feldforschung so praktisch nicht begegnet sind.[63] Das soll nun sicher nicht heißen, daß es sie niemals gegeben hat, ja noch nicht einmal, daß es sie heute nicht mehr gibt. Die Erfahrung meiner Feldforschung ist jedoch eindeutig die, daß derartig wichtige Mythen nicht beiläufig und öffentlich im Männerhaus

---

[62] Vgl. auch Kerenyi 1976 u. Malinowski 1926. Wir werden im Dritten Teil noch darauf zurückkommen, was den Mythos von anderen Erzählgattungen unterscheidet.

[63] Diese Beobachtung deckt sich mit derjenigen der australischen Ethnologin Mary Patterson, die in den 70er Jahren zeitgleich mit Margaret Jolly eine Feldforschung im benachbarten Ambrym durchgeführt hat. In einem Gespräch bestätigte sie mir, daß sie die „typischen" Erzählsituationen, so, wie sie etwa Tattevin (1929), aber auch Malinowski (1926:11-45) und andere schildern, nicht erlebt hat.

erzählt werden[64]. Aus sehr intimen Gesprächen mit einigen meiner wichtigsten Partner unter den *kastom* Sa, vor allem mit Bebe Malegel, Chief Warisul, Moses Watas und Sali Warara weiß ich jedoch, *daß* sie erzählt werden: im Geheimen, für ausgesuchte Zuhörer, die wirklich ein ernsthaftes Interesse daran haben und sich für die Weitergabe dieses Wissens erkenntlich zeigen. Viele Mythen werden als absolutes Spezialwissen behandelt. Oft ist unklar, wer überhaupt das Recht hat, diese oder jene Geschichte zu erzählen. Häufig wurde mir unter vorgehaltener Hand gesagt, daß es sich um sehr „starke" (*i ma pris* – es ist stark) Geschichten handele, die man nicht einfach so erzählen könne. Wenn sich einer meiner Informanten nach einigem Zögern dann doch ausnahmsweise bereit erklärte, mir zumindest einige Anhaltspunkte zu geben, oder sogar den ein oder anderen Mythos ganz zu erzählen, so geschah dies praktisch immer nur dann, wenn ich mit ihm gänzlich alleine war und er mit meiner Verschwiegenheit rechnen konnte. Daß das, was man mir erzählte, irgendwann einmal in das Buch kommen würde an dem ich arbeitete, das war hingegen völlig in Ordnung. Es wollte nur niemand in Verdacht geraten, Wissen weiterzugeben, das ihm möglicherweise gar nicht gehörte. Welches Wissen wem gehört ist aber, wie gesagt, häufig unklar und bietet stetigen Anlaß für Auseinandersetzungen. Sobald sich also während eines derartigen Gespräches zwischen einem Informanten und mir irgend jemand näherte, brach dieser regelmäßig das Gespräch ab bzw. änderte das Thema und begann über das sprichwörtliche Wetter zu schwadronieren. Unbedingt wichtig ist überdies die Feststellung, daß es, wie überall, auch in Bunlap manche Männer gibt, die ein größeres Interesse für derlei Wissen aufbringen als andere. Der Großteil der Jungen und jüngeren Männer bis Mitte 30 setzt sich heute kaum oder gar nicht mit dem klassischen Mythenkanon auseinander. Ihr Wissen beschränkt sich häufig auf die vage Kenntnis einiger Namen und Orte, reicht aber nicht viel weiter. Ob das „immer" schon so war kann ich ebensowenig sagen wie über die die Rolle der Frauen bei der Weitergabe dieses Wissens. Es war schon schwierig, mit den Männern über derartige Dinge ins Gespräch zu kommen, mit den Frauen gelang es mir, aus verschiedenen Gründen, praktisch gar nicht. Während ich mit den Männern Bislama sprach, war eine Verständigung mit fast allen Frauen nur auf Sa möglich. Es liegt auf der Hand, daß sich diese Sprachbarriere noch weit stärker bemerkbar macht, wenn man die Ebene der Alltagskommunikation verläßt und sich mit komplexen Geschichten befaßt, die noch dazu häufig in stark „verdichteter" Form vorliegen, so daß noch nicht einmal die Sa selbst sie ohne weiteres verstehen. Hinzu kommt, daß einige, mir näher stehende Frauen ausdrücklich instruiert wurden, nicht mit mir über derartige Dinge zu sprechen. Darunter war etwa Sè, die Frau meines zeitweiligen Gastgebers Chief Warisus, dem Sohn von Chief Telkon. Während meiner zwei-

---

[64] An dieser Stelle muß ich freimütig einräumen, daß die in meinem Film „Vom Ursprung" gezeigte Szene, in der im Männerhaus ein Mythos erzählt wird, auf meine Bitte hin zustande kam. Eine derartige Szene mag sich in der Tat im Männerhaus so oder ähnlich abspielen, erlebt habe ich etwas Derartiges in zehn Monaten Feldforschung allerdings nicht.

ten Feldforschung im Jahre 2002 waren Martina und ich für etwa einen Monat in Warisus' Haus einquartiert. Die Beziehung zwischen Warisus und mir war angespannt, weil sein Vater in Vila fast das gesamte Geld eingesteckt hatte, das wir für unseren Aufenthalt und das Filmen des *gol* entrichtet hatten, während er sich um uns kümmern mußte, ohne dafür in größerem Umfang bezahlt zu werden. Mit seiner Frau Sé und den vier Kindern, Telkon, Jibe, Jurop und Wari, kamen wir hingegen ausgezeichnet zurecht. Aber so gut wie immer, wenn das Gespräch beim Frühstück oder beim Abendessen auf für mich wirklich spannende Punkte kam, blockte Sè ab. Später wurde mir unter vorgehaltener Hand berichtet, daß Warisus viele Männer und Frauen im Dorf instruiert hatte, mir so lange nichts zu erzählen, bis ich ihm bzw. dem Dorf mehr Geld bezahlen würde. Als mein Gastgeber konnte er mich mit seiner Forderung nicht direkt konfrontieren, also versuchte er, meine Arbeit zu blockieren und hoffte darauf, daß ich seine Ansprüche durch diesen indirekten Druck schon spüren würde. Bei meinem dritten Feldaufenthalt im Jahre 2004 versuchte ich dann, zu Wano, der knapp 30-jährigen Tochter von Chief Molbua, die einige Jahre die Schule besucht hatte und daher fließend Bislama sprach, eine freundschaftliche Beziehung aufzubauen. Diesmal war es Kal, der Sohn von Chief Meleun Bena, dem älteren Bruder von Chief Telkon, der ihr jeden weiteren Umgang mit mir verbot. Es dauerte eine ganze Zeit, bis ich dahinterkam, was hinter diesen Manövern steckte und warum diese „Störfeuer" immer von Mitgliedern der Familie Chief Telkons aus der *ta remlili buluim* kamen, obwohl diese finanziell ohnehin am meisten von mir profitiert hatte. Ich will diesen Punkt hier nicht weiter vertiefen, da wir später noch ausführlicher darauf zu sprechen kommen werden. Ich wollte hier vielmehr darlegen, von wem ich einen Großteil meiner Informationen zu den Mythen erhalten habe und unter welchen Umständen. Betrachten wir nun zunächst den wohl wichtigsten Gründungsmythos der Sa, in der Fassung, die Tattevin 1929 veröffentlicht hat.

9.1 Mythen vom Ursprung, von Fruchtbarkeit, Zeit und Tod.

Bei der nun folgenden Darstellung einer Auswahl an wichtigen Mythen wird vor allem eines deutlich: neben den Fragen nach der Entstehung einiger grundlegender Dinge wie Pflanzen oder Tiere geht es immer wieder an vordringlicher Stelle um die Frage, wie das Verhältnis der Männer zu den Frauen beschaffen ist.

I. Der Mythos von Barkulkul und der Erschaffung der ersten Frau[65]

„Au commencement, la terre seule existait d'elle-même; les arbres existaient aussi; mais il n'y avait aucun homme sur la terre. Un cocotier se trouvait là, un seul pied, dans un endroit appelé *Rébréon*; il est desséché aujourd'hui. Ce cocotier fleurit et donna son spathe d'une grosseur prodigieuse. Barkulkul se trouvait à l'intérieur. Ce spathe s'entrouvrit et six homes se trouvaient dedans. Le premier était Barkulkul. Ils descendirent tous sur la terre et reposèrent sur

---

[65] Alle Mythen sind hier, in der Reihenfolge, in der sie in dieser Arbeit erscheinen, mit fortlaufenden römischen Ziffern versehen, um ein späteres Wiederfinden zu erleichtern.

une feuille de latanier, laquelle se trouvait sous ce cocotier. Un jeune coco à noix à peine for-
mée se trouva là à point, restant attaché au spathe; le jus coulait leur servait de lait. Ils se mirent à construire la maison commune d'abord, puis des maisons particulières. Ils demeuraient
tous dans la maison commune. Celui d'entre eux qui s'appelait Barkulkul dit: nous mourrons
tous et nous disparaîtrons et aucun home ne demeurera sur la terre. Je vais faire un être d'une
certaine manière: ainsi nous resterons sur la terre. Donc il leur dit: allons tous 'monter' des
châtaignes et reversent avec leur charge. Et Barkulkul dit: Faisons les rôtir sur la braise. Lors-
que les châtaignes furent cuites, Barkulkul dit: Mangeons-les. Et ils les mangèrent. Barkulkul
prit alors une châtaigne et la lança sur le 'sixième' de ses frères, et elle se colla sur les 'par-
ties'. Cet home se mit à pleurer et esseya de décoller la châtaigne; elle résista d'abord, puis se
détecha avec les ,parties': il était devenu une femme. Tous alors lui dirent: va-t-en dans une
maison particulière, et la nouvelle femme s'en alla dans une maison particulière. Et les homes
dirent à la femme: prends cette feuille de bananier; et elle l'effilocha en se servant de la ner-
vire de la feuille d 'palmier d'ivoire', et s'en fit une ceinture. Les homes habitaient dans la
maison commune. Barkulkul leur dit: Dites donc, ce n'est pas tout. Que mangerons-nous avec
notre nourriture? allons chercher quelques condiments. Il envoya alors le 'sixième' d'entre
eux chercher du feu pour faire la cuisine dans la maison commune. Il partit donc vers la
femme et lui dit (cette femme s'appelait *Sermop* = *la* châtaigne fendue): Je vais prendre un
peu de feu. *Sermop* lui dit: 'mon frère" (*waiwinik*, T.L.), prends du feu. Et il prit du feu et
retourna dans la maison commune. Les cinq autres lui demandèrent: tu as pri du feu, et comment t'a-t-elle appelé? L'homme répondit: elle m'a appelé son 'frère'- Et ils firent la cuisine.
Barkulkul envoya le 'cinquième': va chercher des valves de coquillage. Il partit et demanda à
Sermop: Je viens chercher des valves de coquillage. Et Sermop lui dit: ,mon père' (*tsat*, T.L.)
prends des valves de coquillage. Et cet homme prit des valves de coquillage et revint dans la
maison commune. Et tous l'interrogèrent. Tu es allé et comment t'a-t-elle appelé? Il répondit:
elle m'a appelé 'son père'. Et ils envoyèrent le 'quatrième': va chercher des légumes de la
part de cette femme. Et il alla, et *Sermop* lui dit: 'mon cousin' (*utnak*, T.L.), que viens-tu me
demander? Je viens chercher des légumes. Et il prit des légumes, et retourna dans la maison
commune. Et ils interrogèrent: Tu es allé et quelle nom t'a-t-elle donné? Je suis allé, et elle
m'a appelé son 'cousin germain'. Ils envoyent le 'troisième' chercher une bambou. – Mon
grand-père' (*bibi*, T.L.) prend un bambou. Il prit un bambou et revint dans la maison commune. Et tous l'interrogèrent, et il répondit: elle m'appelé son 'grand père'. Quand les légumes furent cuits, ils envoyèrent l'avant-dernier (le second): va chercher un peu d'eau de mer;
et Sermop lui dit: 'mon fils' (*wantsuk, T.L.),* prends de l'eau de mer. Il prit de l'eau de mer,
revint vers ceux qui se trouvaient dans la maison commune et ils arrosèrent leurs légumes
avec de l'eau de mer, et ils lui demandèrent: Tu es allé et que t'a-t-elle dit, à toi? – Elle m'a
appelé 'son fils'. Quand ils eurent mangé, Barkulkul alla en dernier lieu, et dit à *Sermop*: Ser-
mop, je vais prendre un peu d'eau. Et elle dit à Barkulkul: prends de l' eau, ,mon très cher';
mais quel eau prendras-tu, ,mon ami', ,mon sorcier chérie' (*tarit, loas, T.L.)* ? Et Barkulkul se
mit à sourire; il prit de l'eau, et retourna dans la maison commune. Ils lui dirent: Tu es allé et
que t'a-t-elle dit? Il répondit: elle m'a appelé son ami, son sorcier chérie. Ils dirent. C'est
bien, c'est toi qui l' épouseras. Le soir venu, les cinq homes demeurent dans la maison commune; et Barkulkul se rendit près de la femme et l'épousa. Et ainsi les homes demeurent sur la
terre, et se multiplièrent. "
(Tattevin 1929: 984 f.)

Den Namen Barkulkul kann man mit „Gott" übersetzen. Zumindest tun das die
Sa selbst, denn wenn in ihrer Sprache von Barkulkul die Rede ist, wird im Bis-

lama „god" daraus.[66] Dieser wohl wichtigste Gründungsmythos ist, vielleicht nicht in allen Einzelheiten und nicht jedermann in gleichem Masse, aber immerhin bis heute der großen Mehrzahl der erwachsenen Männer in Bunlap bekannt. Ich will mich hier einstweilen noch nicht mit möglichen Analysen dieser Gründungsgeschichte befassen, das wird die Aufgabe des dritten Teils dieser Arbeit sein. Im Gedächtnis behalten sollten wir aber den Umstand, daß die erste Frau, Sermop, nicht nur eine männliche Schöpfung ist, sondern selbst zunächst ein Mann war. Das männliche „Prinzip" oder „Selbst" ist also, das jedenfalls vermittelt der Mythos auf der obersten Ebene der erzählten Geschichte, zuerst dagewesen. Ein ganz ähnlicher Mythos berichtet von der Erschaffung des ersten Schweins. Auch hier tritt uns der Topos der Männergeburt deutlich gegenüber:

II. Der Mythos von Wagher und der Erschaffung der ersten Schweine

« Un homme s'appelait Wahger, il habitait sur la terre. Un jour il monta sur un arbre, appelé *li-mara*, les nœuds lui déchirèrent les testicules, lesquels enflèrent, enflèrent beaucoup, et à cause de cela il restait dans sa maison. Il dit à ses compagnons: tressez des cordes. Ils dirent: Nous tresserons des cordes, mais à quoi serviront-elles ? Il dit: Tressez des cordes. Et ils tressèrent des cordes. Autrefois ils ne possédaient comme cochons que des *psipsi* (espèces de crabes), il n'existait pas de cochons. Cet homme, appelé Wahger, dit: Faites une barrière; qu'elle soit solide. Et ils firent une barrière autour de sa maison. Wahger aperçut que ses testicules remuaient, c'était à cause des cochons, et il dit aux hommes: Prenez les cordes, et tenez vous près de la porte. Et Wahger dit: C'est bien, veillez bien, les cochons aux oreilles longues et rabattues vont sortir. Et ces cochons – *bungbung*- sortirent; ils les saisirent et les attachèrent. IL y avait un mâle et une femelle. Ces cochons avaient les oreilles longues et rabattues, ils étaient énormes. Et Wahger dit à nouveau: le cochon noir et blanc va sortir, et ils sortit; ils l'attrapèrent et l'attachèrent. Et Wahger dit: chose, le roux, va sortir; et le cochon roux sortit, mais ils ne furent assez forts, ils ne le saisirent pas, et il s'enfuit. Il n'y en a pas toujours ici à cause de cela. Il se trouve au delà de la mer, dans la terre des Malekula. Et Wahger dit: le blanc va sortir. Et le blanc sortit, et il s'enfuit, parce qu'ils ne le saisirent pas. Et Wahger dit: Qu'est ce que cela! Voilà deux cochons perdus. Le noir va venir, soyez forts, et vous le saisirez. Et le noir sortit, et ils le saisirent, et l'attachèrent. Et Wahger dit: le cochon gris va venir, et ils l'attachèrent. Et Wahger dit: l'hermaphrodite va sortir, saisissez le. Mais ils ne le saisirent pas, et il s'enfuit. Trois cochons s'étaient enfuis. Et Wahger dit: tuez les psipsi (crabes) maintenant; ce ne sont pas des cochons; ils ne seront plus que des poissons. Voici nos cochons. Et ils élevèrent leurs cochons
(Tattevin 1931:489)

Wenn Schweine die mit Abstand wichtigsten Tiere für die Sa sind, so ist Yams die bedeutsamste Wurzelknolle. Wenngleich insgesamt mehr Taro verzehrt wird, wird der Yams als Nahrungspflanze aufgrund seiner langen Haltbarkeit hochgeschätzt und ist außerdem der Taktgeber des Jahres. Nach seinen Wachstumsphasen benennt man die Monate und richtet den rituellen Jahreskalender

---

[66] Daß diese Übersetzung u.a. wohl auch auf Tattevins Bemühungen zurückgeht, der so versuchte, eine Verständnisbrücke zum christlichen Gott zu errichten, wurde weiter oben bereits erwähnt.

aus. Die Geschichte von der Entstehung der Yams ist ein typischer „Hainuwele-Mythos", wie er in allen Teilen der Welt angetroffen werden kann.[67]

III. Der Mythos vom Entstehen der ersten Yams

Au commencement il n'y avait pas de nourriture. IL y avait un homme vieux, il restait chez lui, parce qu'il était très vieux. Il ne sortait pas. Un jour, il coupa les ongles de ses mains, et les ongles de ses pieds, et les jeta dehors. Il vit qu'ils germaient. Il dit: qu'est cela ? Il se souvint d'avoir coupé les ongles de ses mains et de ses pieds. Il en arracha, goûta et trouva que c'était bon. Et il appela ses enfants, et il leur dit: allez débrousser un endroit. Ils dirent: Nous irons débrousser et qu'y mettrons nous ? Le vieux dit: allez débrousser et je vous le dirai. Et ils allèrent débrousser et brûlèrent les herbes. Et ils vinrent trouver le vieux, et lui dirent : l'endroit est prêt. Et le vieux dit: C'est bien ! Tuez-moi, et vous me couperez en morceaux, et vous les planterez. Et ils le tuèrent, et le découpèrent, et plantèrent ces morceaux dans l'endroit débroussé. Il leur donna un os de sa jambe, comme talisman, afin qu'ils l'enfouissent avec les ignames; et de cette facon les ignames deviendraient énormes. Et les tiges sortirent, et ils les échalassèrent au moyen de roseaux; les nettoyèrent. Lorsqu'elles furent mûres, ils les arrachèrent, et les mangèrent. Le vieux leur avait dit que le pieu dont ils se serviraient pour arracher les ignames ne blesserait pas les ignames. Mais un homme ne fit pas attention et son pieu écorcha une igname. Et aujourd'hui le pieu abîme les ignames dans un endroit que nous appelons *Bulu-dam*: lieu des ignames, sur le territoire de la tribu *Bunglap*.
(Tattevin 1931:494)

Von einigen der vielen verschiedenen in Bunlap bekannten Yamsarten ist der Ursprung noch ganz genau bekannt. So soll aus den Beinen des Alten der lange Yams *dam bi* oder *dam aralis* entstanden sein, aus seinem Herz der runde Yams *bu dam*, aus seinen Knochen der dünne, harten Yams, *dam tsiri*, aus der Leber entstand der runde Yams *dam bowat*, aus den Gedärmen der schlangenartig gedrehte Yams *dam taltil,* aus seinem Blut der rote Yams *dam rangal*. Allerdings fehlt bei dieser Überlieferung des Mythos eine entscheidende Information, die mir bei meinen Nachfragen stets angegeben wurde und die ich daher ergänzen möchte. So soll nämlich der Alte, dessen Name *Singit* (Jolly 1994a:66) bzw. *Lingus* (Muller 1975:216) gelautet haben soll, seinen Kindern den Auftrag gegeben haben, sein Ebenbild in Form einer hölzernen Maske festzuhalten. Die Erinnerung an sein Opfer und den damit verbundenen, so überaus bedeutsamen Schöpfungsvorgang, würde so niemals in Vergessenheit geraten. Diese Masken *(juban)* werden, nach einer Pause von mehreren Jahrzehnten, seit dem Jahr 2001 im Rahmen des *juban* Festes wieder regelmäßig hervorgeholt und man tanzt mit ihnen. Der *juban* Tanzb ist, wie später noch ausführlich gezeigt werden wird, ein Fruchtbarkeitsritual, das den Beginn der Yamsernte anzeigt.[68] Bereits vor ca. 20 Jahren setzte eine Renaissance des *juban* Schnitzens ein, das heute von einer Handvoll Männer in Bunlap betrieben wird, darunter v.a. Moses Watas, Telkon Betu, Chief Warisul, Bebe Malegel und Meleun Bena (vgl. Abb. 3: Moses Wa-

---

[67] Vgl. Ad. E. Jensen 1966.

[68] Auch bei Margaret Jolly (1979; 1994a) findet sich an der entsprechenden Stelle kein Verweis auf die *juban* Masken. Jolly ergänzt im Vergleich zu Tattevins Version lediglich, daß der Name des Alten *Singit* gewesen sein soll.

tas mit zwei besonders großen *juban* Masken.) Betrachten wir nun einen Mythos, der uns eine Antwort auf die Frage gibt, wie bzw. warum der Tod in die
Welt kam und wie die Menschen damit umgehen:

IV. Der Mythos von Marelul

Un jour, Barkulkul vit que la mer était belle; il se creusa une pirogue et partit à Ambrin.
Avant de partir, il dit à sa femme: tu resteras dans la maison *wahmat*. Et la femme rentra dans
la maison et Barkulkul ferma la porte, en faisant, au moyen d'une liane, un dessin semblable à
une toile d'araignée. Puis, il lui dit: Je reviendrai, et je verrai la porte, si ce dessin est dérangé,
défait, c'est que quelqu'un sera venu te voir. Un des frères de Barkulkul s'appelait *Marrelül*
(*Marrélül*= le devenu blanc (*ma*, *rre* ou *dre*= clair; et *lül*= blanc). Barkulkul se dirigea vers
Ambrin et y séjourna quelque temps. Et Marrélül alla à la chasse; il visa un oiseau, sa flèche
partit, revint et tomba avec bruit sur la maison de Barkulkul: « *Wahmat* », c'est toi qui à pris
ma flèche avec laquelle j'ai tiré sur un oiseau. Et « *Wahmat* » répondit: Non, non. Je ne l'ai
point prise. - Si, tu t'en es emparée. C'est vrai ! Je mens, ta flèche est ici. Marrélül lui dit:
Jette la moi dehors. *Wahmat* répondit: Viens dans la maison. Et Marrélül ouvrit la porte, entra
et prit sa flèche, après avoir violé la femme; puis, il sortit, et referma la porte, mais ne la ferma pas bien. Barkulkul revint d'Ambrin, et il dit à *Wahmat*: Qui a ouvert la porte ? La femme
dit: Personne n'est venu dans la maison. Elle ne dévoila pas Marrélül, ne dit rien de son acte.
Barkulkul dit: Si, si, quelqu'un est entré dans la maison; il n'a pas bien refermé la porte. La
femme nia tout, ne dit rien. Barkulkul alla alors dans la maison commune, et interrogea les
hommes: Qui est allé dans ma maison? Et il dirent: Mais personne n'est entré dans ta maison.
Et Marrélül cacha tout, et ne dit rien. Mais Marrélül se dit: Je connaîtrais bien l'homme: Faisons des dessins. Et il firent des dessins semblables à des toiles d'araignées, et leurs dessins
étaient bien faits. Barkulkul les examina, mais aucun ne ressemblait à celui qu'il avait fait sur
sa porte, et il se dit en lui-même: Tiens, c'est Marrélül qui est entré chez moi. Le lendemain,
Barkulkul leur dit: Allons tous à la chasse, deux par deux. Et il dit à Marrélül: Allons tous les
deux ensemble. Et ils partirent tous les deux ensemble et ils arrivèrent dans un champ
d'ignames. Barkulkul dit: Creuse cette igname. Et Marrélül creusa l'igname qui était longue,
et fit un grand trou pour cela, et en enleva la terre. Barkulkul dit: Encore, le trou n'est pas
assez grand, tu ne vois pas le bout de l'igname, creuse encore. Et Marrélül creusa de nouveau.
Et il descendit dans le trou et enleva l'igname qui était longue. Alors Barkulkul tua Marrélül
dans le trou de l'igname, puis il alla couper un régime de bananes et le déposa dans le trou. Et
ils revinrent au village, et tous demandèrent où était Marrélül. Et Barkulkul dit: Je ne sais pas,
je ne l'ai pas vu, il est allé dans un endroit, et moi dans un autre: il reviendra. Au bout de trois
jours, les bananes étaient mûres. Et le quatrième jour, Barkulkul appela sa femme et ils partirent tous les deux vers le champ d'ignames. Et Barkulkul dit à la femme: Gratte la terre. Et
elle gratta la terre et sentit une mauvaise odeur. Et Barkulkul dit: Prends ces bananes et mange
les. Et la femme dit: Non, non, elles sentent mauvais, qui pourrait les manger ? Elles sentent
mauvais. Et Barkulkul dit: Mange ces bananes, je le veux, parce que Marrélül est allé te voir
dans ma maison, et tu me l'as caché; c'est pourquoi tu mangeras ces bananes. Et elle les mangea. Et tous les deux revinrent chez eux. Et la femme dit: Barkulkul a tué Marrélül. Et tous
s'écrièrent: Pourquoi l'as-tu tué ? Barkulkul dit: Il est entré dans ma maison, je le lui ai de-
mandé, et il n'a pas avoué, et la femme aussi. Au bout de cinq jours, il ressuscitera, je le lui ai
dit. Et Marrélül ressuscita le cinquième jour, et ils le virent, mais il sentait mauvais. Et quelqu'un dit: Tu sens mauvais, va-t-en. Et Marrélül pleura, et dit: Barkulkul m'a dit de revenir.
Et Barkulkul arriva et aperçut Marrélül qui lui dit: ils me méprisent tous et disent que je sens
mauvais. Barkulkul dit: C'est vrai, va-t-en; pars, mais ne reviens plus; pars pour rester. Et
nous mourrons tous, et nous irons tous dans ton village, qui s'appelle *Lon Wé*. Il ne ressuscita
plus. Et les hommes meurent. Mais Barkulkul ne voulait pas mourir. Il emporta ses affaires,
prit des ignames, des taros, des fruits à pain, des cocos, des amendes, des pommes de cythère

etc. etc. et partit; sa femme et quelques autres le suivirent. Ils partirent et prirent le chemin du bord de mer et ils disparurent au delà de l'horizon. Quand Barkulkul arriva au bord de mer, il prit une feuille d'un arbre appelé *muila*, en frappa la mer, et la mer s'ouvrit. Et les hommes qui se trouvaient dans la brousse apprirent que Barkulkul était parti. Ils allèrent à sa recherche, mais ne le trouvèrent pas. Ils suivirent le chemin qu'il prit, mais ne l'aperçurent point. Et ils pleurèrent, et demeurèrent. Et ils moururent et allèrent dans l'endroit où habite Marrélül: *Lon Wé*. Quand Barkulkul était encore au milieu d'eux, ils avaient de la nourriture en abondance. Barkulkul disait qu'une chose fût, et elle était. Sa parole donnait la nourriture. Et aujourd'hui qu'il est parti, la nourriture fait défaut, et il faut travailler dur pour s'en procurer. (Tattevin 1929:987)

Auch hier steht die Beziehung zwischen Männern und Frauen im Mittelpunkt der Geschichte. Eine Frau ist der Grund für den Tod Mareluls. Sie hat ihn verführt und er muß für sein Verlangen mit dem Tode bezahlen. Dieses Bild ist kein Einzelfall, der Topos wiederholt sich vielmehr mehrfach, Frauen sind also auch in anderen Mythen für den Einbruch des Todes in die Welt verantwortlich. Mélésia, einer der wichtigen Kulturheroen der Sa, kennt als letzter noch das Geheimnis des ewigen Lebens. Es besteht darin, daß er seine Eingeweide gesondert von seinem Körper in mit magischer Kokosmilch getränkten Blättern der wilden Taro aufbewahrt. Seine Frau, die (wie es auch heute noch sein sollte) aus einer anderen, und daher potentiell feindseligen Familie (*buluim*) stammt, findet es heraus und tötet ihn:

V. Tod von Mélésia.
Et Mélésia vivait, et il se récréait, et les hommes vivaient tous en amis; mais ils vivaient en amis trompeurs près de Mélésia, afin de connaître son secret. Et, dans ce but ils lui donnèrent une femme. Un homme lui donna sa fille, et Mélésia l'épousa. Cet homme avait dit à sa fille: va et regarde bien ses façons. Et un jour, ils se dirent que la femme savait maintenant. Et les gens de la tribu Kautas firent la guerre et vinrent trouver Mélésia. Mélésia râpait un gâteau de taros et il aperçut les Kautas, et dit: Tiens! Mes ennemis! Et il laissa là son gâteau de taros et prit son bâton sans son arc; et sa femme le regardait et le suivait des yeux, et elle vit qu'il déposait ses boyaux dans de l'eau contenue dans des feuilles du taro sauvage, et il sortit, s'en alla et fit la guerre aux « Kautas », et il en tua un « cent ». Les Kautas tirèrent sur lui, mais il ne fut pas atteint. Mélésia une fois parti, sa femme alla voir l'endroit où il avait déposé ses entrailles dans les feuilles, et toute l'eau s'écoula, et les entrailles de Mélésia se desséchèrent. Mélésia déposait ses entrailles dans l'eau, et l'eau les faisait vivre. Mélésia revint, et il vit que toute l'eau s'était écoulé des feuilles; et il ne put avaler de nouveau ses entrailles. Et il dit: Je vais mourir; qui est allé dans le lieu où je les déposais? Et la femme dit: He! je ne sais pas. Et Mélésia dit: He! Toi seul es allé; j'ai reconnu les traces de tes pieds; toi seule es la cause de ma mort, et je vais mourir. Et il se coucha, et il mourut. (Tattevin 1929:1003)

Frauen sind eine ständige potentielle Gefahr, man kann ihnen selbst dann nicht trauen, so suggeriert der Mythos, wenn sie nahe Verwandte sind. Denn auch dann, so könnte man meinen, bleiben sie Fremde, da sie ja ursprünglich aus einer fremden *buluim* gekommen sind. Im Übrigen könnten sie verhext sein, ohne daß man es merken würde.

VI. Mythos von Mélésia und Barkulkul

Barkulkul dit à Mélésia : Dans deux jours viens me voir, et nous râperons un gâteau de taros. Et Mélésia alla voir Barkulkul, et Barkulkul avait rempli dix bouts de bambous de mousse de mer. Et Mélésia arriva, et tous les deux râpèrent un gâteau de taros, le mirent au four, et une fois cuit, le retirèrent du four, et Barkulkul l'arrosa de la mousse de mer qu'il avait recueillie dans les dix bouts de bambou, et ils le mangèrent, mais Mélésia le trouva amer. Et il dit à Barkulkul : Dans deux jours, viens me voir et nous râperons un gâteau de taros. Et Mélésia gratta des noix de coco, lui seul possédait un pied de cocotier, lequel avait poussé de lui même, dans le fruit d'un pied de cyca. Et il gratta, gratta dix noix de cocos, et en remplit dix bouts de bambou. Et Barkulkul arriva, et ils râpèrent un gâteau de taros, et Mélésia l'arrosa du lait de coco contenu dans les dix bambous ; et Barkulkul mangea du gâteau et le trouva délicieux, et il demanda à Mélésia quel était ce liquide blanc qu'il avait répandu sur le gâteau. Et Mélésia ne dit rien, et Barkulkul l'interrogea, l'interrogea, et Mélésia ne dit rien. Et Barkulkul partit ; mais, près du village, il prit la figure de sa mère, qui était la sœur de Mélésia, et elle demanda ce qu'il avait répandu sur le gâteau et qu'il l'avait rendu délicieux, et Mélésia dit que c'était du coco qu'il avait râpé et il avait répandu le jus sur le gâteau, et elle demanda un coco germé pour le planter. Et Mélésia refusa ; elle demanda, demanda, et Mélésia donna un coco germé. Et elle partit, c'était Barkulkul sous les traits de sa mère, et une fois arrivé sur le sable, il tira sa pirogue et souffla de la conque marine et Mélésia comprit que Barkulkul l'avait joué.
(Tattevin 1929:1002)

Ohne Frauen, andererseits, ist ein Leben nicht möglich. Allerdings muß man für ihre geheimnisvollen Reproduktionsfähigkeiten zeitlebens bezahlen, wovon der folgende Mythos handelt:

VII. Mythos von Mélésia in Sili

Une femme demeurait à un endroit dit Chilli; elle était forte et belle, ses seins était tombants, et les hommes la demandaient en mariage: c'était une vierge. Elle était chez ses parents qui répondaient invariablement aux prétendants : Bientôt. Elle avait de la crasse sur elle.
Mélésia la vit et dit : je vais en faire ma femme. Et un jour que la marrée était basse, il alla à la pêche, il aperçut un « bénitier » ; il le charma, en chantant le chant suivant:

> Nous tirons, tirons dans quoi ?
> Nous tirons, tirons dans la mer.
> (bis)
> Que son corps aille là, que son corps aille à Chilli,
> Je sens de l'amour pour elle, pour ses seins, reluisants de beauté,
> Qu'il aille le chant sur ses bras, qu'elle aille là,
> La mer s'en va, elle est sauvée.
> Nous tirons, tirons dans quoi ?
> Nous tirons, tirons dans la mer.

Puis il partit, en disant : demain cette femme ira à la pêche, et ses pieds seront pris par le bénitier, alors j'accourrai vite. De fait, le lendemain, les femmes de Chilli descendirent au bord de mer, et allèrent à la pêche, et le bénitier prit les pieds de cette femme. Quand la mer monta, toutes les femmes s'en retournèrent, ainsi que le père et la mère de la jeune fille ; le bénitier tenait prisonnière la jeune fille, et son père et sa mère se lamentaient sur le rivage, et la mer montait, montait. Elle arriva aux épaules, puis atteignit le cou : la tête seule émergeait. Le père envoya chercher Mélésia. L'envoyé dit: Le père et la mère m'envoient te chercher, Mélésia, viens arracher leur fille qu'un bénitier tient prise par les pieds et Mélésia partit. Arrivé au lieu dit, il entra dans la mer en entonnant le chant suivant:

> Je viens, viens, viens pourquoi ?

Je viens, viens, viens pour la mer,
(bis)
Qu'il s'ouvre le bénitier d'elle,
Qu'elle revienne au rivage, Qu'elle aille voir son enfant.

Et la mer se retira et n'arriva plus qu'à ses talons et le bénitier laissa la jeune fille, et Mélésia et la jeune fille revinrent au rivage, et il dit qu'il l'emmenait dans sa maison. Et les parents dirent: C'est bien, épouse la, et paie le prix. Et Mélésia dit: Je la paierai combien de cochons? Et les parents dirent: Tu nous donneras comme prix de notre fille dix cochons. Et Mélésia emmena cette femme dans sa maison, et le lendemain donna les dix cochons comme prix: 1 cochon de couleur cendré; 2 cochons coupés; 1 cochon entier, 6 truies mères; et il donna en outre 20 nattes rouges.
(Aus Tattevin 1929:997)

Betrachten wir nun noch einen Mythos, der, in dieser und anderen Varianten in Bunlap, aber auch in anderen Teilen des Sa Gebietes erzählt wird

VIII. Mythos vom Turmspringen

„In einer längst vergangenen Zeit lebte ein Mann mit dem Namen Tamalié. Seine Frau war von seiner sexuellen Energie überfordert und hatte bereits mehrfach versucht, ihm davonzulaufen. Einmal flüchtete sie sich in die Krone eines riesigen Banyan-Baums, aber ihr eifersüchtiger Ehemann folgte ihr auch dort hinauf. Oben angekommen rief sie ihm zu, wenn er sie wirklich liebe, müsse er es ihr beweisen, und wie sie selbst auch, vom Baum springen. Als sie tatsächlich sprang, tat ihr Mann es ihr ohne zu Zögern nach. Dabei bemerkte er zu spät, daß sie sich eine Liane um die Füße gebunden hatte, die ihren Fall kurz vor dem Aufschlagen auf dem Erdboden abbremste. Während Tamalié bei dem Sturz zu Tode kam, überlebte sie unverletzt."
(Feldnotiz Thorolf Lipp 1997/2002/2004; vgl.a. Jolly 1994a)

Manchmal ergänzen die Männer die Geschichte mit dem Zusatz, daß sie jetzt schlauer geworden seien und selber springen würden, während die Frauen unter dem Turm tanzen müßten. Für die Sa Männer ist es vollkommen unzweifelhaft, daß Frauen keine aktive Rolle beim Springen übernehmen dürfen. Des öfteren war zu hören, die Frauen sollten nicht selber springen, weil durch das Umstülpen des Grasrockes beim Sprung ihr Geschlecht für jedermann sichtbar würde. Auch der folgende Mythos thematisiert grundsätzlich das Verhältnis zwischen Mann und Frau und begründet konkret, warum die Beschneidung in die Welt gelangte.

IX. Mythos von der Beschneidung

„Eine Frau war mit dem Mann Wahbo verheiratet. Die Frau fürchtete sich vor ihm, weil er einen sehr langen Penis hatte. Sie sagte ihm: wenn du mit mir Liebe machst, fühle ich mich nicht wohl. Deswegen flüchtete sie vor ihm und lief tief in den Wald hinein. Dort dachte sie sich einen Trick aus, um den Penis ihres Ehemanns kürzer zu machen. Sie nahm ein Stück Bambus und schärfte es. Dann stieg sie auf einen Nußbaum und setzte sich in die Äste. Ihr Ehemann suchte im Wald nach ihr und fand sie endlich. Er sagte zu ihr: ‚Jetzt komme ich, um Dich zu holen.' Er dachte: ‚wie gelingt es mir nur, mit ihr Liebe zu machen'. Er dachte nach und faßte einen Entschluß: ich werde meinen Penis bis zu ihr in die Höhe treiben und dann dort oben mit ihr Liebe machen. Als seine Frau den Penis kommen sah, beschnitt sie ihn mit

dem Bambus-Messer, und ein Teil des Penis fiel auf den Boden. Wahbo schrie vor Schmerz, aber seine Ehefrau sagte zu ihm: ‚Schrei nicht, ich mag es lieber so. Wenn es zu lang ist, fürchte ich mich davor.'"
(Feldnotiz Thorolf Lipp 2002; 2004; Jolly 1994a:150)

Es sollte deutlich geworden sein, daß die Beziehungen zwischen Männern und Frauen ein, wenn nicht sogar das beherrschende Thema der Sa Mythen darstellt und sogar dann explizit eine Rolle spielt, wenn, zumindest vordergründig, von ganz anderen Dingen die Rede ist, etwa der Erschaffung von Yams und Schweinen, der Erfindung des Turmspringens oder der Beschneidung. Wir werden später noch ausführlich mit dem Mythenmaterial arbeiten, und eine Analyse sowohl der „obersten Ebene" (s.u.) einiger ausgewählter Mythen, als auch der möglicherweise zugrundeliegenden Strukturen versuchen.

9.2 Herkunftsmythen der in Bunlap-Bena ansässigen *buluim*

Eines Nachts, im September 2004, wurde ich indirekt Zeuge eines merkwürdigen Ereignisses. Auf dem Tanzplatz hatten sich einige Männer zu einer Zecherei eingefunden, wie sie in diesen Monaten häufig abgehalten wurde.[69] Kal, einer der Söhne von Chief Meleun Bena, dem älteren Bruder von Chief Telkon (alle *ta remlili*), rief von Mitternacht bis in die frühen Morgenstunden des nächsten Tages immer wieder laut den Namen von Moses Watas aus der *bwelamorp buluim*. Dabei rief er, daß Moses ja eigentlich ein *remlili* Mann sei, daß die *remlili* Moses „gegeben" habe. Dieser merkwürdige Zwischenfall machte mich hellhörig, weil er ein weiteres Indiz dafür darstellte, daß den Leuten der *ta remlili* irgend etwas Besonderes anhaftete.

Um zu verstehen, warum diese Begebenheit einen Schlüssel zum tieferen Verständnis des sozialen Gefüges in Bunlap darstellt, müssen wir uns ausführlicher mit den *buluim* beschäftigen. Das Wort setzt sich aus zwei Begriffen zusammen: *bulu* (Loch) und *im* (Haus, genauer: Schlafhaus im Vergleich zu *mal* – Männerhaus.) Ein verbindendes Element für alle Mitglieder einer *buluim* ist die mythische Herleitung eines gemeinsamen Ursprunges aus, oder einer besonderen Verbindung zu, bestimmten Pflanzen (z.B. Taro, Yams, Liane etc.), Tieren (z.B. Schwein, Fisch, Schlange etc.) Naturelementen (z.B. Sonne, Meer, bestimmte Felsenformationen etc.) oder ausnahmsweise auch einem mythischen Gründer.[70] Diese besondere Verbundenheit geht in der Regel mit Tötungs-, Speise- und Berührungsverboten einher. In der Ethnologie hat sich für dieses institutionalisierte

---

[69] Über die Gründe für diese ansonsten unüblichen Trinkgelage werden wir in Kap. 12.3 noch sprechen.

[70] Tattevin beschreibt als *tomtem* der *ta delah buluim* in Lah einen Mann mit Namen *wamalmal*. *Wamalmal* bedeutet soviel wie „kleiner beschnittener Junge" und bezeichnet eben die gerade beschnittenen Jungen, die nun offiziell das Recht haben im Männerhaus zu verkehren. Dieser Verweis auf einen mythischen Gründer scheint die einzige Ausnahme der oben geschilderten Ordnung zu sein.

Gefühl der gegenseitigen Gebundenheit an einen gemeinsamen Urahnen, Be-
schützer oder Verbündeten, die Bezeichnung „Totem" eingebürgert (vgl. f.a.
Frazer 1910; Tattevin 1917; Lévi-Strauss 1962). An dieser Stelle ist nicht der
Platz für eine ausführlichere Einordnung des Begriffes in verwandtschaftsethnologische Kategorien, dazu verweise ich auf Kap.11.1. Statt dessen interessieren
uns hier die teils mythischen Herleitungen bestimmter Rechte – in erster Linie
erbliche religiöse Titel und Landbesitz – die in der Regel an die Mitgliedschaft
in einer *buluim* geknüpft sind und bis heute nichts an Bedeutung verloren haben,
im Gegenteil. Gerade weil es permanent Streitigkeiten um Land gibt, die teils in
Gewalt münden, bekam ich während meines Aufenthaltes in Bunlap im Jahre
2004 ständig zu hören, daß ein Treffen aller wichtigen Chiefs von Südpentecost
dringend notwendig sei, um anhand der überlieferten Geschichten die Landrechte ein für allemal zu klären.[71] Ganz allgemein bezeichnet die *buluim* so etwas
wie eine erweiterte Hausgemeinschaft.[72] Durch das Loch im Haus, so könnte
man sagen, kommen und gehen nur bestimmte Menschen, nämlich diejenigen,
mit denen man vertraut ist, weil man durch Heirat *oder* ein gemeinsames Totem
eine verbindende Geschichte teilt. Aber auch andere Erklärungen sind denkbar.
Margaret Jolly erwähnt die emische Perspektive von Luke aus Ranwas, der ihr
einmal drastisch geschildert habe, daß einstmals alle Mitglieder einer *buluim* in
einem einzigen Haus zusammengelebt hätten. Da das Heraus- und Hereinklet-
tern am Morgen bzw. am Abend bei der großen Zahl der Bewohner des Hauses
aber viel zu lange gedauert habe, würden heutzutage Angehörige der gleichen
buluim in verschiedenen Häusern wohnen. Wichtig ist die Feststellung, daß die
Vorstellung einer *buluim* anzugehören immer auch damit zusammenhängt, von
einem ganz speziellen Ort zu stammen. Geschichten, die von der Genese einer
buluim handeln, thematisieren daher stets sowohl den Ort, an dem sich diese
Genese zugetragen hat, als auch den oder die Gründe dafür, warum eine *buluim*
heute an einem (oder mehreren) anderen Ort(en) siedelt. Ganz allgemein kann
man sagen, daß in Bunlap eine *buluim* aus 2 bis 23 Haushalten besteht und entsprechend zwischen ca. 10 und ca. 150 Mitglieder umfaßt. Manche *buluim* spielen, was sich auch bei der späteren Betrachtung des *gol* als überaus bedeutsam
herausstellen wird, eine wichtigere Rolle als andere, indem ihre Mitglieder versuchen, bestimmte gesellschaftliche Schlüsselpositionen für sich zu reklamieren.[73] Die Gründe dafür können vielfältig sein und die Betrachtung der Mythen
ist einer der Schlüssel zum besseren Verständnis dieser Gründe. Daß die Existenz der *buluim* keine statische Angelegenheit ist, daß, auch in jüngster Zeit,
manche *buluim* sich neu gebildet haben, geht aus einem Blick auf Elie Tattevins

---

[71] Das in diesen Geschichten gespeicherte Wissen wird also zweifellos ernst genommen und
dient als Grundlage für handfeste politische Entscheidungen – gerade deswegen ist es berechtigt hier tatsächlich von *Mythen* zu sprechen, nicht aber von Legenden, Sagen oder Märchen
(vgl. auch Kerenyi 1976; Jolles 1976; Malinowski 1976).

[72] Vgl. auch das Konzept der „house society" von Patrick Kirch (2001).

[73] Ob dies bewußt oder unbewußt geschieht, vermag ich an dieser Stelle noch nicht zu disku-
tieren, dies wird uns im Schlußkapitel noch beschäftigen.

Daten aus den zwanziger Jahren hervor. Tattevin unterteilt die Sa in Südpentecost in 7 Stämme (tribu) und 31 Klane (clan), wobei der Begriff „Klan" bei ihm
für diejenige Kategorie steht, die wir *buluim* nennen. Für Bunlap beschreibt er
vier *buluim*:

Die *buluim* der Yams...............	*ta lon bwela mwil*	(kurz: *bwela mwil*)
Die *buluim* des Schweins...........	*ta torni*	(kurz: *torni*)
Die *buluim* des *li-amli* Baums......	*ta lon sie*	(kurz: *lon sie*)
Die *buluim* der *psi-psi* Krabbe......	*ta tobol*	(kurz: *tobol*)

Heute leben Mitglieder zweier weiterer *buluim* im Dorf Bunlap, die der sonst so
genaue Ethnograph Tattevin aber mit keinem Wort erwähnt, weder für Bunlap
noch für einen anderen Ort in Südpentecost. Es spricht viel dafür, daß es diese
buluim zu seiner Zeit in Bunlap noch nicht gab:

Die *buluim* des Haies...............	*ta ran bwelamorp*	(kurz : *bwelamorp*)
Die *buluim* des Bodens bei Lonau..	*ta remlili*	(kurz : *remlili*)

Tafel 3: Liste der *buluim* von Bunlap

Das mir vorliegende Mythenmaterial, das sich teils aus Quellen (Tattevin 1915;
1917; 1926 ; 1927a; 1927b ; 1927c; 1928; 1929; 1931; Lane 1956; Jolly 1994a;)
teils aus meinen eigenen Aufzeichnungen speist, läßt eine Analyse, welche *buluim* wann bzw. wie nach Bunlap kam, mitunter ganz direkt, mitunter auch nur
über Umwege zu. Bevor wir eine solche Rekonstruktion versuchen, will ich zunächst jedoch versuchen, den Zeitpunkt der tatsächlichen historischen Ortsgrün-
dung zu bestimmen.

Das Alter von Bunlap-Bena ist aller Wahrscheinlichkeit nach mit nicht viel
mehr als hundert Jahren anzusetzen, exakt läßt es sich allerdings nicht rekonstruieren. Wir erinnern uns, daß Bunlap im Grunde einen ganzen Landstrich bezeichnet, während die größte Siedlung in diesem Landstrich streng genommen
den Namen *Bena* trägt. Diesem Umstand wird auch in einigen frühen Mythen
Rechnung getragen, in denen bereits von einem Landstrich namens Bunlap die
Rede ist, nicht jedoch vom Dorf Bunlap selbst. Einige Alte können sich bis heute an die Erzählungen ihrer Eltern erinnern, die von einer Zeit berichteten, in der
die Siedlung noch nicht gegründet war. Die ältesten vorliegenden schriftlichen
Quellen hingegen verzeichnen bereits ein Dorf mit dem Namen Bunlap. Tattevin, der den Großteil seiner Zeit bei dem von ihm missionierten „tribu Ponorwol" in unmittelbarer Nachbarschaft der Mission in Baie Barrier geforscht hat,
erwähnt das Dorf „Bunglap" in einem Aufsatz aus dem Jahre 1927, in dem er
unter anderem davon spricht, daß der *juban* Tanz besonders eindrucksvoll in
„Bunglap" aufgeführt werde (Tattevin 1927:415). Das Dorf Bunlap existierte

also zweifelsfrei bereits zu Tattevins Zeit (1910 – 1929). Die mythischen Verweise auf Bunlap hingegen sind alles andere als einheitlich. In einer 1931 von Tattevin veröffentlichten Sammlung von Sa Mythen taucht in einer Geschichte, die Tattevin „Légende de la mer" genannt hat, ein Landstrich auf, der „Bunglap" genannt wird (Tattevin 1931:496). Ein weiterer Verweis auf Bunlap findet sich in einem anderen Mythos, den Tattevin 1929 unter dem Namen „Mélésia et Bunglap" veröffentlichte. Mélésia, einer der sechs ersten Menschen, trifft hier einen furchtlosen Krieger mit Namen „Bunglap" (Tattevin 1929:996). Dieser Mythos korrespondiert mit den Aussagen einiger meiner Informanten, die immer wieder bestätigt haben, daß es tatsächlich einen Mann mit Namen „Bunlap" gegeben habe, der das Dorf vor nicht allzulanger Zeit gründete. Weitere Details allerdings gab keiner meiner Informanten preis. Sei es, weil sie diese nicht (mehr?) kennen, oder, weil sie kein geheimes Wissen verraten wollen bzw. dürfen. Es gibt darüber hinaus einen von Tattevin aufgenommenen Mythos, der von einer Begebenheit spricht, die eigentlich mit der Gründung von Bunlap nichts zu tun hat. Zwar wird hier ein Männerhaus zerstört, es wird aber nicht vom Bau eines neuen gesprochen, weshalb der Mythos keine ausgesprochene Gründungsgeschichte ist. Dennoch wird dieser Mythos in späteren Geschichten wieder aufgegriffen, diesmal aber wird das gezielte Bemühen bestimmter Gruppen sichtbar, Ansprüche, z.B. Vorrechte an Land, zu legitimieren. Es ist ausgesprochen interessant, das ältere Material mit den heutigen Versionen zu vergleichen, weil dadurch sehr verschiedene Legitimationsstrategien unterschiedlicher *buluim* sichtbar werden, Land für sich zu reklamieren. Betrachten wir zunächst die älteste überlieferte Fassung der Geschichte:

X. Mythos von der Schlange

Un homme s'appelait «Serpent». Son corps était le corps d'un serpent, la tête étai celle d'un homme. Ce serpent enfanta un fils. Et il était allongé sur un arbre (appelé *liaolas*), et sa tête reposait sur une des branches. Et cet arbre se trouvait près de la maison commune. Et le serpent conversait avec les hommes. Et un jour les vrais hommes firent la cuisine au four canaque, puis ils descendirent au bord de mer et se baignèrent dans la mer. Le fils du Serpent avait des plaies. Et le serpent dit aux hommes : Portez mon fils au bord de mer, parce qu'il a beaucoup de plaies et vous l'a baignerez. Mais ils avaient horreur de ces plaies et dirent : qui le portera ? nous ne le voulons pas ; ses plaies nous font horreur. Celui qui partit le denier porta le fils du Serpent et descendit et déposa le fils de Serpent sur le sable ; il ne voulait pas le laver lui-même, tellement ses plaies lui faisaient horreur. Et il dit : Je ne veux pas le laver, je vais le jeter à la mer. Et il prit une écorce d'un arbre appelé *wah-iép*, avec le fils du Serpent dessus, et jeta le tout dans la mer qui l'emporta au loin.

Lorsqu'ils remontèrent au village, le serpent leur demanda : Où est mon fils ? Et les hommes lui répondirent : il est encore au bord de mer, ceux qui y sont encore le porteront ce soir. Et le serpent d'approuver et dire : C'est bien ! – D'autres remontèrent vers le soir, et il leur demanda ; Où est mon fils ? C'est toi le dernier, tu me le conduis ? Il répondit : Non je ne sais où est ton enfant, j'ai aperçu quelqu'un qui le jetait dans la mer, et la mer l'a emporté. Et le serpent se mit à pleurer son enfant, il pleura, pleura, es ses pleurs coulèrent sur la maison commune. Et le soir venu, les hommes prirent leurs repas dans la maison commune ; et le serpent monta sur un arbre qui dominait la maison commune et parla aux hommes : Vous mangez, mais vous ne sortirez pas d'ici. Et le serpent se mit à quatre pattes sur la maison commune. Et ils

s'écrièrent : Oh ! le chemin est fermé, le serpent pleure son fils et ses pleurs nous a tous en-
fermés. Mais l'un d'eux dit : C'est bien, qu'il reste là, pour nous, creusons la terre ; et ils
creusèrent la terre, et sortirent ainsi de la maison commune. Le serpent ne s'aperçut pas de
leur départ et restait accroupi sur la maison commune. Ils se dirent : emportons toutes nos
affaires. Et ils les emportèrent et allèrent les déposer à l'endroit ou ils sortirent. Puis ils ame-
nèrent de feuilles de cocotier, les disposèrent dans la maison commune et y mirent le feu. Et
le feu dévora la maison commune et le serpent. Et ils vinrent, et virent le feu dévorer la maison commune avec le serpent. Et le serpent leur cria : Pourquoi avez-vous mis le feu à la maison commune ? Ils répondirent : Parce que tu es mauvais. Quand le feu eut consumé le serpent, ils s'approchèrent et s'emparèrent des ossements qui devinrent leurs amulettes. Et le
serpent alla rejoindre Marrélül, dans le *We*, dont Marrélül est le chef. Et le serpent est dans
une grande rage pour avoir été brûlé, et quand quelqu'un meurt il le jette dans le feu
(Tattevin 1929:991)

Von diesem Mythos existieren heute, wie gesagt, weiterentwickelte Versionen,
die begründen sollen, welche *buluim* welche Landrechte besitzt. Allerdings
merkt man diesen Geschichten ihre Absicht an: sie stammen von Menschen, die
bestrebt sind, einen Sachverhalt zu erklären, die vielschichtige, unverständliche
Wirklichkeit einer „logischen" Schlußfolgerung zuzuführen, wodurch der „eigentliche" Charakter des Mythos verlorengeht. Betrachten wir zunächst eine
Version, die mir ganz am Ende meines dritten Feldaufenthaltes im November
2004 von meinem Freund Bebe Malegel berichtet wurde. Bebe sagte mir, er habe die Geschichte von seinem Vater gehört, Chief Wamol (vgl. Kap. 4.3). Diesem Mythos zufolge beginnt die Geschichte von Bunlap in Rebrion, einem
Platz, den es auch heute noch gibt und der immer noch so heißt. Rebrion liegt
knapp zwei Kilometer Luftlinie von Bunlap entfernt in südsüdöstlicher Richtung
auf einer Anhöhe, die heute „tabu" ist und nicht ohne weiteres betreten werden
darf. Die Leute von Bunlap sprechen nicht gerne über Rebrion, denn mehrere
buluim reklamieren ihre Teilnahme an der ursprünglichen Gründung für sich
und leiten daraus bestimmte Privilegien ab, die später noch näher bezeichnet
werden. Insofern ist die mythische Erklärung für die Gründung von Bunlap ein
ständiger Anlaß für Streit. Interessant ist, wie gesagt, daß sich die mythische
Ableitung der Erstbesiedlung von Bunlap in der älteren Fassung des Mythos, die
Tattevin in den zwanziger Jahren aufgezeichnet hat, *nicht* wiederfindet. Schon
deswegen halte ich diese hier aufgeführte Geschichte für den bewußten Versuch
bestimmter Gruppen bestimmte Rechte nachträglich zu legitimicren bzw. logisch zu begründen.

XI. Der Mythos von der Vertreibung aus Rebrion

„Nahe des Männerhauses mit Namen *Bongmal* saß eine Schlange auf einem Baum. Die
Schlange hatte ein Kind, das über und über mit schmerzhaften Wunden übersät war. Die
Schlange bat die Männer des Dorfes, die im *mal* versammelt waren, ihr Kind zu waschen. Die
Männer taten, um was die Schlange sie gebeten hatte und trugen die kleine Schlange zum
Meer. Da aber niemand das eitrige Schlangenkind anfassen wollte, warfen sie es einfach ins
Wasser woraufhin es verlorenging. Den Männern blieb nichts anderes übrig, als ins Dorf zu-
rückzukehren. Die Schlangenmutter fing nun fürchterlich an zu weinen, weil sie um ihr Kind
trauerte. Ihre Tränen verwandelten sich in Sturzbäche, die das *mal* vollständig einschlossen.

Aus diesem Grund begann nun einer der Männer einen Tunnel zu graben, der aus dem *mal* ins Freie führen sollte und so entkamen schließlich drei der sieben Männer, während die anderen vier in den Fluten umkamen. Einer der drei Männer ging zunächst nach Watsun, an die Mündung des Flusses bei Ranon, zog dann weiter nach Lonau und kehrte schließlich ganz in die Nähe von Rebrion zurück, an einen Ort, der Tobol heißt. Die beiden anderen Männer waren direkt dorthin gegangen. Die Männer gründeten die Ortschaften *Tobol* und *Lon Sie.* Die Dörfer Pohurur und Torni waren schon vorher da. Es gab Familien dort und sie lebten in Häusern zusammen. Einige Zeit verging, bis ein Mann aus der *tobol buluim* alle Feuer in den anderen Ortschaften vergiftete, sodaß diese, mit Ausnahme von Pohurur, aufgegeben werden mußten. Deswegen ging der *tobol* Mann nach Bunlap und gründete hier ein Dorf. Später folgten ihm die anderen."
(Erzählt von Chief Bebe Malegel. Bunlap-Bena, November 2004)

Gegen Ende der Geschichte zögert Bebe Malegel lange, da er sich seiner Sache nicht ganz sicher ist. Sie berührt hier nämlich zentrale Fragen, vor allem die nach Rechten am Land und an religiösen Titeln. Auszusprechen, daß die *tobol* Leute Bunlap gegründet haben sollen, fällt ihm nicht ganz leicht, da er selbst aus der *ta remlili* stammt, die heute unzweifelhaft die einflußreichste *buluim* ist und mit verschiedensten Mitteln versucht diese offensichtliche, wenngleich unausgesprochene Vormachtstellung zu behaupten. Um mir den verzwickten Vorgang der Gründung des Dorfes Bunlap besser zu erläutern, läßt mich Bebe Malegel eine Zeichnung anfertigen, aus der hervorgehen soll, wie sich dieser Gründungsvorgang abgespielt hat. Seine Erklärung beweise, so meint er, daß die Männer seiner eigenen *buluim (ta remlili)* an der Gründung deswegen am maßgeblichsten beteiligt waren, weil der Boden von *rebrion* der *ta remlili* gehört haben soll. Daß der Weg des *ta remlili* Mannes über Watsun führt, der Name einer Flußmündung bei Ranon, ist, aus einem Grund, den wir später noch näher betrachten wollen, für das Selbstverständnis der *ta remlili* Leute besonders wichtig. Nebenbei unterstreicht der Verlauf der mythischen Wanderung den Besitzanspruch der *ta remlili* Leute auf Lonau, ein (momentan noch) nicht ständig bewohntes Dorf im Busch, das bei den *ta remlili* Leuten überaus beliebt ist, weil es hier, anders als in Bunlap, Wasser in Hülle und Fülle gibt und der Weg zu den Gärten nicht annähernd so weit ist wie in Bunlap. Möglicherweise war die Gegend um Lonau früher schon einmal Siedlungsgebiet der *ta remlili.*

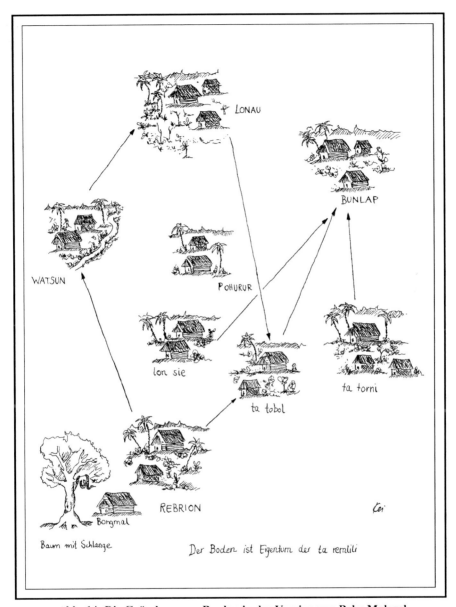

Baum mit Schlange   Der Boden ist Eigentum der ta remlili

Abb: 14: Die Gründung von Bunlap in der Version von Bebe Malegel.
Demzufolge ist der Boden des mythischen Ursprungsortes „Rebrion" das Eigentum der *ta rem-lili*. Die *remlili* Männer gehen nach der Zerstörung von Rebrion zunächst zum Fluß Watsun, ziehen dann weiter nach Lonau und stoßen schließlich zu den *tobol* Leuten, die aus Rebrion direkt zu einem Ort mit Namen Tobol (Mitte) gezogen sind. Von hier aus ziehen *remlili* und *tobol* Leute weiter und gründen gemeinsam ein neues Dorf, Bunlap. Später kommen Männer und Frauen aus der *ta torni buluim* und der *lon sie buluim* hinzu. Diese Version behandelt hingegen nicht die Frage nach dem Ursprung der anderen in Bunlap angesiedelten *buluim, ta lon bwela mwil* und *ta ran bwelamworp*. Dies ist insofern verwunderlich, als die *ta ran bwela mwil* nachweislich älter als die *ta remlili* ist, da diese nämlich von Tattevin zu Anfang des 20. Jahrhunderts noch nicht erwähnt wird.

Es wäre in jedem Fall ein Irrtum zu glauben, daß nur diese beiden Versionen des Schlangenmythos existierten. Dieser und andere Mythen nehmen vielmehr, abhängig von Zeit und Raum, eine durchaus andere Form an, ohne daß jedoch die grundlegenden Elemente bis zur Unkenntlichkeit verändert würden. Ich werde später noch einmal abschließend auf die Besiedlungsgeschichte zurückkommen, will nun jedoch zunächst zu der überaus wichtigen – und daher stets heftig umstrittenen Frage – überleiten, wer zu welcher *buluim* gehört und wo diese *buluim* ihren mythischen Ursprung haben. Dies verstanden zu haben, bildet eine entscheidende Grundlage für unsere spätere Betrachtung des *gol,* denn genauso wie das Land, stellt heute auch das *gol* eine entscheidende und umkämpfte Ressource dar. Im Umstand nämlich, *wer* die Ressource *gol wie* nutzt, lassen sich erstaunliche Parallelen zu den Landrechten feststellen.

XII. Der Mythos vom sprechenden Kanu und den *ta torni* Leuten

„Eines Tages kamen Männer aus Chilli/Baramwel nach Longogos, wo sie aus *li auwelas* (eine Baumart) ein Kanu bauten. Als der Rumpf des Kanus fertig war, wollten die Männer es ins Meer ziehen, aber sie hatten ein Seil in der Mitte des Kanus befestigt und zogen von beiden Seiten daran, so daß sich das Kanu keinen Zentimeter bewegte. Schließlich kam ein Mann aus Rebrion und sah sich die vergeblichen Versuche der Männer an. Er kam näher und fragte die Anwesenden, was sie denn vorhätten. "Wir wollen das Kanu ins Meer ziehen" antworteten diese. "So wird nichts draus" antwortete der Mann aus Rebrion, "Ihr müßt es so machen" und er zeigte ihnen, wie sie das Kanu ziehen sollten. Und so geschah es. Die Männer sangen und tanzten und brachten das Kanu zum Meer an einen Ort, der Panbwele heisst. Dort vollendeten sie das Kanu und fügten den Ausleger hinzu. Danach gingen die Männer weg und nur zwei Knaben blieben zurück. Sie zogen das Kanu in die Sonne, damit es trocknen sollte. Auf einmal begann das Kanu zu sprechen: "Ihr müßt euren Vätern sagen, dass sie nicht mit mir aufs Meer hinausfahren sollen, was immer auch geschieht."

Da liefen die beiden Jungen in die Gärten um ihren Vätern zu sagen, dass das Kanu zu ihnen gesprochen hatte und sie gewarnt habe, ihre Väter sollten nicht mit ihm hinausfahren. Aber die Väter antworteten, das sei dummes Zeug, Holz könne nicht sprechen. Und so geschah es, dass die Väter eines Tages trotz der Warnung mit dem neuen Kanu aufs Meer hinausfuhren. Dann geschah etwas Merkwürdiges: Das Kanu ergriff die Initiative und fuhr hierhin und dorthin, so wie es ihm gerade paßte. So sehr die Männer auch versuchten, mit ihren Paddeln dagegen anzugehen, es wollte ihnen nicht gelingen. Schließlich versank das Kanu und die beiden Männer mit ihm und wurden zu Stein. So sind die Riffe vor der nördlichen Einfahrt nach Baie Barrier entstanden. Die anderen Männer aus Baramwel aber siedelten, nachdem sie das Kanu gebaut hatten, an einem Ort mit Namen Torni, nahe bei Bunlap. So entstand die *ta torni buluim."*

(Erzählt von Chief Bebe Malegel. Bunlap-Bena, Oktober 2004)

Diese Geschichte handelt von zweierlei: einmal leistet sie einen Beitrag zur mythischen Topographie, indem sie erklärt, wie eine bestimmte Landschaftsformation, hier zwei Riffe im Meer, entstanden ist.[74] Außerdem thematisiert sie, daß die Leute der *ta torni* aus dem Norden kamen, aus der Gegend um Baramwel.

---

[74] Übrigens ist diese „Erklärung" – typisch für den „Mythos" nicht exklusiv. Eine andere Geschichte, die im Zusammenhang mit den *juban* Masken steht, bietet eine gänzlich andere Erklärung für das Vorhandensein der gleichen Riffe.

Wenn wir uns an den Mythos von der Gründung Bunlaps erinnern, stellen wir fest, daß die Leute der *ta torni* tatsächlich schon vor Ankunft der von der weinenden Schlange aus Rebrion vertriebenen Männer in der Nähe des heutigen Dorfes Bunlap wohnten (vgl. Abb 13.). Beide Geschichten korrespondieren also erstaunlich gut miteinander und geben manche Anhaltspunkte für den Ort und die Entstehung der *ta torni, der ta tobol* und der *ta lon sie*. Bislang haben wir jedoch noch nichts von der Entstehungsgeschichte der *ta bwela mwil* erfahren, die den Yams als Totem für sich reklamiert. Das verwundert angesichts der Tatsache, daß Yams ein in jeder Hinsucht zentrales Element in der Sa Kultur darstellt. Nur indirekt, über die folgende Geschichte, erfahren wir, daß *bwela mwil* zu den ersten *buluim* in Bunlap gezählt werden muß:

XIII. Der Mythos von der Ankunft des ersten *ta remlili* Mannes

„One man of *ta remlili*, who had been defeated in a fierce fight, wandered off to the east. He walked a long way for he did not want to encounter his enemies again, and become involved in a new conflict. Eventually he came to a spot called *Ran po* where a man from the *ta lon bwela mwil* was planting taro. First of all, he was wary to approach him for fear of being attacked. However, as he approached they exchanged signs of friendship not enmity. The man of *ta lon bwela mwil* asked him, 'Where have you come from?' The man from *ta remlili* answered 'I come from that place up there but I have lost my territory in a fight.' 'And where are you going now?' ' I don't know for I can't return home'. The other suggested, 'Come with me and live at my village?' But what will I call you *tarit* (ZH/WB) or *selak* (B). They agreed to be 'brothers'. The man of *ta lon bwela mwil* then took him back to his village. All the men of *ta lon bwela mwil* lived in one house, on one side, while all the men of *ta lon sie,* their *tarits (ZH, T.L.)* lived in one house on the other side (of the village pathway? T.L.). The man introduced the refugee to his mates. They decided not to fight but to call him 'brother'. "
(Jolly 1994a: 99)

Aus dieser Geschichte werden mehrere Umstände deutlich. Erstens, daß die *ta lon bwela mwil* sowie die *ta lon sie* bereits vor Ort sind und die landlosen *ta remlili* Flüchtlinge aufnehmen, um sie in ihre Gemeinschaft zu integrieren. Zweitens wird hier an den bereits geschilderten Umstand erinnert, daß das Wesen der *buluim* darin besteht, daß die Mitglieder in einem einzigen Haus zusammenleben. Zwischen den Häusern gibt es Fluktuationen aufgrund von Frauentausch. Die Männer der *ta lon bwela mwil* bezeichnen die Männer der *ta lon sie* als *tarit,* also als die Männer ihrer Schwestern (ZH), was wiederum zu gegenseitigen Verpflichtungen führt, die das Zusammenleben auch über die Grenzen der eigenen *buluim* hinaus ordnen. Was die Position der *bwela mwil* Leute anbelangt so ist meine Vermutung, daß es Angehörige der *bwela mwil* waren, die als erste in der Gegend um Bunlap siedelten. Indizien dafür gibt es mehrere: immer wieder bedeuteten mir meine *bwela mwil* Informanten unter der Hand, daß sie die eigentlichen *warsangul na rebrion* seien, also die ersten Herren (Besiedler) des mythischen Ortes *Rebrion*. Zum anderen muß man sich vor Augen halten, daß das Totem der *bwela mwil* die Yams ist, die in ritueller Hinsicht wichtigste Nahrungspflanze der Sa. Darüber hinaus reklamieren die *bwela mwil* Leute aber auch eine Verwandtschaft zu einer anderen Pflanze, einer Farnart, die auf Bislama *namwele* und auf Sa *mwil* genannt wird. Dieser Pflanze werden besondere Kräfte zugeschrieben, manche halten sie sogar für einen verwandelten Menschen. Für andere ist lediglich entscheidend, daß sie eine überaus bedeutsame Rolle bei fast allen rituellen Handlungen spielt. Zu guter Letzt behaupten die *ta lon bwela mwil* Leute, direkt aus der *ta pantayal* abzustammen, derjenigen *buluim,* die direkt „aus dem Auge der Sonne" gekommen ist und, wie jedermann in Pentecost weiß, die älteste *buluim* der Welt darstellt. Ein weiterer Umstand der mich in meiner Annahme bestärkt, es bei den *bwela mwil* Leuten mit frühen, vielleicht den ersten Siedlern dieser Gegend zu tun zu haben, ist ihre Art des Umgangs miteinander und mit Fremden. Ohne es quantitativ belegen zu können hatte ich stets das Gefühl, als seien die *bwela mwil* Leute ruhiger, besonnener, zurückhaltender und auch höflicher als die Angehörigen anderer *buluim,* als repräsentierten sie eine Art „alten Adels". Andere Hinweise, auf die wir in späteren Kapiteln noch zu sprechen kommen werden, sprechen ebenfalls sehr eindeutig für diese Annahme. Kehren wir jetzt jedoch nochmals für einen Moment zum oben geschilderten Mythos von der Ankunft des ersten *remlili* Mannes zurück. Indirekt wird in diesem Mythos nämlich ein Umstand thematisiert, der erstaunlicherweise bis heute nichts an Aktualität verloren hat: es ist davon die Rede, daß der Mann der *ta remlili* in einem Kampf sein Land verlor und fliehen muß. Bis heute sind die *remlili* Leute in weitaus größerem Ausmaß als alle anderen *buluim* in Südpentecost in gewalttätige Landstreitigkeiten verwickelt, was in den Augen der alteingesessenen Familien ein untrügliches Zeichen für eine „späte Ankunft" darstellt, bei der ein Großteil des Landes bereits vergeben war. In vielen Gesprächen – immer unter vorgehaltener Hand – wurde mir bedeutet, daß nur der um Land kämpfen müsse, der nicht sicher sei, es wirklich zu besitzen. Der wahre Landeigentümer hingegen wisse um seine Rechte und stelle Neuankömmlingen, gerade weil er über so etwas wie eine über lange Generationen entstandene gefühlte Sicherheit seiner Landrechte verfüge, klaglos und ohne großes Aufhebens Land zur Verfügung, gerade so, wie es im gerade gehörten Mythos die *bwela mwil* Leute getan hatten. Einige einflußreiche und kluge Männer bedeuteten mir, daß das Problem mit den *remlili* Leuten darin bestehe, daß diese vor nicht allzulanger Zeit aus Ambrym geflohen seien und daher in Pentecost bis heute insgeheim als landlose Vertriebene betrachtet würden. Auch die aggressive Art der *ta remlili* identifizierte man mit der Art der Leute aus Ambrym, die man kennt, weil zwischen beiden Inseln seit jeher engste Kontakte bestehen.[75] Die Behauptung, jemand sei landlos, sei gar ein „Angeschwemmter" ist eine üble Beleidigung, die, will man Gewalt vermeiden, nur unter vorgehaltener Hand vorgebracht werden kann. Aus diesen Gründen tun sich viele ältere Mitglieder der *ta remlili* bis zum heutigen Tag schwer mit der Entscheidung,

---

[75] Ich beziehe mich hier auf Gespräche mit Männern außerhalb von Bunlap, die den Landrechtsforderungen der *remlili* Leute sämtlich ablehnend gegenüberstehen. Unter ihnenauch Pere Ceprien, der Priester der katholischen Mission in Baie Barrier, der selbst aus Südpentecost stammt.

welcher *buluim* sie denn eigentlich angehören, der *ta lon bwela mwil* oder der *ta remlili*. So gut wie immer, wenn ich einen der älteren *remlili* Männer fragte, wollte dieser zuerst wissen, was denn die anderen Männer aus seiner *buluim* geantwortet hätten. Die politisch korrekte Antwort der heute 60- bis 80-jährigen war, daß sie zur *ta lon bwela mwil* zu zählen waren. Chief Telkon, Chief Molbua und Chief Meleun Benkat etwa antworteten so. Hierin spiegelt sich ganz zweifellos das noch wache Bewußtsein, vor nicht allzulanger Zeit (wenige Generationen zurück) von den *bwela mwil* Leuten aufgenommen und mit Land versorgt worden zu sein. Das würde auch erklären, warum Tattevin die *ta remlili* Leute nicht erwähnt – diese hatten sich zu dieser Zeit gänzlich „im Haus" der *ta lon bwelamwil* eingerichtet und ihre *remlili* Identität zeitweise ruhen lassen. Das Bewußtsein um die eigene Herkunft ist den *remlili* Leuten allerdings niemals ganz verlorengegangen, sondern wurde, zunächst vermutlich unter vorgehaltener Hand, einige Generationan lang an die Jungen weitergegeben. Heute stellt sich eine andere Situation dar, man „ist wieder wer" und bekennt sich freimütig zur *remlili buluim*. Die nicht allzulange zurückliegende Aufnahme durch die *ta lon bwela mwil* hat man hingegen verdrängt, hält sie für nicht mehr so wichtig oder verschweigt sie, im Bewußtsein der inzwischen wieder größer gewordenen Macht. Die *ta lon bwela mwil* Leute hingegen sind, wie ich in vielen Gesprächen erfahren habe, verbittert darüber, daß die *remlili* Männer die ihnen einst erwiesene Gunst nicht durch endgültige Integration in die *ta lon bwela mwil* gedankt haben, sondern vielmehr quasi durch diese hindurchdiffundiert sind, um zu neuer, eigener Stärke zu gelangen. Insofern könnte man sagen, daß den *remlili* Leuten einerseits immer noch eine Art Kuckucksei–Stigma anhaftet, das diese jedoch durch übermäßige Aktivität in so gut wie allen gesellschaftlichen Bereichen, und hierzu zählt gerade auch die Organisation bzw. die aktive Teilnahme am *gol*, zu kompensieren versuchen, was ihnen de facto eine überdurchschnittliche Anzahl und politische wie wirtschaftliche Potenz beschert hat.

Betrachten wir abschließend noch die zweite, nach Bunlap neu hinzugekommene *buluim*, die *ran bwelamorp*. Margaret Jolly berichtet von einem Mythos, demzufolge die Vorfahren der *ran bwelamorp* Leute früher im Süden lebten, nahe Sarop bei Baie Martelli.

XIV. Mythos der ta ran bwelamorp

„These ancestors constantly heard the sound of a conch shell being blown, and had no idea what it was. One day a man was working in his gardens, when he heard the noise and decided to investigate where it was coming from. He listened carefully and decided that the sound was emanating from the sea. So he dived into the ocean close to the village, and then he saw a remarkable sight. There was an enormous shark resting its head on a conch shell *(pupu)* as made to protect itself. The shark was sleeping soundly and as it was breathing and snoring loudly, it was causing the conch to blow. The man decided to steal the conch shell and the spear, and so he carefully wriggled the conch shell out from beneath the shark's head, and replaced it with a stone pillow. Then he seized the spear and fled. The man realized that the conch shell would have magical powers for raising tusked boars. He rubbed it on the tusks of his pigs, and they quickly grew to be enormous. His herd was so large and his tuskers so many that he was able to hold a grade taking ritual. At dawn, on the day of the ceremony, the conch shell was blown. Then, the shark awoke, and hearing the noise knew that his conch had been stolen. He then realized that his spear was also missing. So, enraged, he created a swirling hurricane and turbulent seas. Tidal waves swept over the peninsular at a point called *ta loas* (meaning forbidden food; i.e. shark), where the men were dancing. They were thus cut off from the rest of the island. They fled in three directions; one group paddled their canoes north to join the men of *ta lon sie* (close to the present site of Pohurur); they took the spear. The second swam to Wanur, they took the conch. The rest remained at Sarop without either." (Jolly 1994a: 99).

In dieser Geschichte erfahren wir, daß der „ursprüngliche" Siedlungsort der *ta ran bwelamorp* Leute Sarop war und daß eine, von einem mythischen Hai erzeugte Welle einen Teil der Bevölkerung vertrieben hat. Tatsächlich wird die relativ schmal sich ins Landesinnere erstreckende Baie Martelli immer wieder von zerstörerischen Flutwellen heimgesucht. Zuletzt ergoß sich im Jahre 2000 eine solche, mehrere Meter hohe Welle, die nach einem unterirdischen Vulkanausbruch bei Ambrym entstand, in die Bay. Sieben Menschen starben, über hundert konnten sich durch Flucht in das höher gelegene Landesinnere in letzter Sekunde retten. Das Dorf Sarop wurde völlig zerstört, lediglich die Betonmauern der kleinen anglikanischen Kirche blieben stehen. Heute ist die ursprüngliche Siedlung nahe am Ozean endgültig aufgegeben, die übriggebliebenen Bewohner haben, mehrere hundert Meter im Landesinneren, eine neue Siedlung errichtet. In der Tat siedeln *ta ran bwelamorp* Leute heute zu je etwa einem Drittel in Bunlap und an der südlichen Westküste (auch in Wanur). Ein anderes Drittel lebt in Rantealing, einer Siedlung oberhalb von Baie Martelli. Auch hier finden wir also erstaunliche Parallelen zwischen Mythos und Geschichte (vgl. Kirch & Green 2001; Bargatzky 2003). Der Mythos besagt, daß die *bwelamorp* Leute noch vor der Gründung Bunlaps nach Norden gewandert sind, da die Siedlung Torni nahe bei Pohurur mit der Gründung von Bunlap aufgegeben wurde (vgl. den Mythos von der Gründung Bunlaps). Einige *bwelamorp* Familien jedoch blieben offenbar in Pohurur, wo sie bis heute leben. Als ich mich während meiner Feldforschung im Jahre 2004 auf die Suche nach den im Mythos bezeichneten Orten machte und so auch nach Baie Martelli gelangte, legte mir einer meiner wichtigsten Informanten und besten Freunde, Moses Watas aus der *ran bwelamorp*, sehr ans Herz, ich möge mir das Meer vor der Baie Martelli ganz genau betrachten, da man dort immer noch an den hellen Flecken die seichten Stellen erkennen könne, wo einst das Ursprungsland der *bwelamorp* Leute gewesen sei. In der Tat gibt es diese seichten Stellen, die ich zunächst für ein Riff hielt. Andererseits kann ich nicht ausschließen, daß durch eine frühere Flutwelle genau an diesem Punkt tatsächlich Land zerstört wurde. In jedem Fall aber sind, dem Mythos zufolge, die *bwelamorp* Leute „Angeschwemmte", die in Bunlap keine allzulange zurückreichenden Landrechte besitzen.

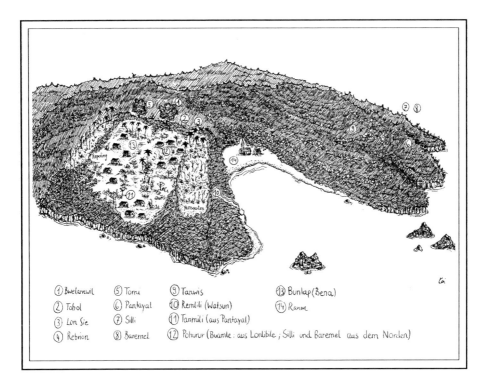

Abb. 15: Karte von Bunlap und Umgebung, in der die mythischen Ursprungsorte der heute noch hier lebenden *buluim* bezeichnet sind.

Die Herkunftsmythen so vollständig wie möglich zu erfassen und zu analysieren war nicht das Ziel dieser Arbeit. Aber obwohl wir hier nur einen Ausschnitt des Materials betrachtet haben, zeichnen sich doch gewisse Muster ab. Ins Auge fällt eine mitunter erstaunlich exakte Übereinstimmung zwischen mythischen Herleitungen und verbrieften historischen Ereignissen. Teils sehen wir aber auch sehr deutlich, wie einige Mythen durch konkrete politische Interessen instrumentalisiert werden oder überhaupt erst deswegen entstehen. Vielleicht könnte man sagen, daß sie Ausdruck eines offenbar dringenden Bedürfnisses sind, eine komplexe, vielleicht gar unliebsame oder bedrohliche Situation zu „erklären", die „tatsächliche" Ursache dabei aber, bewußt oder unbewußt, zu verschleiern. Manche Forscher meinen, es handele sich dann nicht mehr um einen „echten" Mythos, sondern lediglich um ein „Analogon", das zwar den Zweck des Mythos erfüllt, aber nicht mehr wahr, sondern nur noch wahr-scheinlich ist, weil sich eine einfache Erklärung zwingend „logisch" ergibt (vgl.f.a.: Jolles 1976:209). Betrachten wir eine weitere Geschichte, die ich ebenfalls für ein solches Analogon halte. Ich habe schon erwähnt, daß die *ta remlili* Leute in mancherlei Hinsicht eine Sonderstellung in Bunlap einnehmen. Aus bestimmten Gründen, die wir in Kap. 11 noch genauer betrachten werden, haben sich die Angehörigen der *ta remlili* zahlenmäßig sehr schnell vermehrt. Dieser Anstieg der Bevölkerung erhöht zusätzlich den Druck, der auf den *remlili* Männern ohnehin schon lastet, da sie als „Neuankömmlinge" bereits ein gravierendes Problem mit der Landverteilung haben, das sich in Zukunft noch weiter verstärken wird. Hier erklärt sich auch der merkwürdige Zwischenfall auf dem Tanzplatz in Bunlap. Wir erinnern uns, daß Kal stundenlang den Namen von Moses ausgerufen und behauptet hatte, dieser stamme eigentlich aus der *ta remlili*. Während eines langen Gespräches am Strand von Ranon, einen zweistündigen Spaziergang von Bunlap entfernt, versuchte mein Freund Bebe Malegel mir sowohl zu erklären, was es mit diesem Zwischenfall auf sich hatte, als auch, warum es so viele *remlili* Leute gebe: Es hänge alles damit zusammen, so meinte er, daß es einen besonderen Baum gebe, den *burau,* der die besondere Fähigkeit besitze, Frauen befruchten zu können.[76] Wenn eine Frau sich auf diesen Baum setze, dann würde sich dieser unter ihr bewegen und ihr ein Kind machen. Diese Kinder gehörten dann zu den *remlili* Leuten, weil der Baum eigentlich ein Mann sei, und zwar einer, der zur *remlili buluim* gehöre.

XV. Die Geschichte vom Burau
"Eines Tages ging ein Mädchen an den Strand bei Watsun und setzte sich auf einen angeschwemmten Baumstamm. Da fing dieser auf einmal an, sich zu bewegen. Er bewegte sich unter ihr und er bewegte sich und bewegte sich. Nur mit Mühe konnte sie wieder von ihm herunterklettern. Sie lief zu ihrem Dorf und erzählte ihrem Vater, was mit ihr passiert sei. Doch ihr Vater meinte, das sei Unsinn, ein Baum könne sich nicht derartig bewegen. Aber das Mädchen ließ sich nicht beirren und meinte zu ihrem Vater, sie wolle es ihm beweisen. Gemeinsam gingen die beiden wieder zum Strand und das Mädchen setzte sich auf den Baumstamm. Da fing dieser wiederum an, sich zu bewegen. Und er bewegte sich und bewegte sich unter ihr und in ihr. Da sagte der Vater: ‚es ist wahr, dieser Baum ist ein Mann.' Eines Tages machte ein Mann einen großen Regen. Er schwemmte den Burau Baum mitsamt seiner Familie nach Laselap (in der Nähe von Point Cross). Danach wohnte die Familie für kurze Zeit in Rangusunanbwisie bis sie eine große Welle nach Baie Martelli trug, wo die *bwelamorp* Leute herkommen. An all diesen Orten ließ der Burau Blätter zurück, weswegen er heute noch dort wächst." (Erzählt von Chief Bebe Malegel. Bunlap-Bena, Oktober 2004).

Der *burau* sei also der Grund dafür, dass die Männer der *remlili buluim* so zahlreich seien und einige Männer gleichzeitig zwei *buluim* angehörten. Manchmal setze sich eine Frau auf einen *burau* Baum und aus dieser Begegnung entstehe ein Kind, das dann, genauso wie sein zukünftiger Landbesitz, der *ta remlili* angehöre. Dies sei auch der Grund für die Streitereien, die es bezüglich von Grund und Boden gebe. *Remlili* Männer seien nur deswegen häufig darin verwickelt, weil die Männer aus anderen *buluim* meistens nicht wüßten, daß manche ihrer Kinder vom *burau* abstammten, der vom Fluß Watsun ins Meer gespült wurde und später, ganz wo anders, wieder an Land geschwemmt würden. Die *bwelamorp* Leute zum Beispiel, so fährt Bebe Malegel fort, stammten zum Teil von dem *burau*, den einst eine große Welle von Watsun nach Baie Martelli getragen

---

[76] *Burau* ist ein Bislama Wort, der Sa Name für diesen Baum ist *liai ermet.*

habe. Wenn nun ein *bwelamorp* Mann auf einen *remlili* Mann träfe, wüßte der *bwelamorp* Mann meist gar nicht, daß er selbst, und sein Land, in Wirklichkeit zur *remlili buluim* gehöre. Soweit Bebe Malegels Theorie.

In der Tat gibt es zahlreiche *burau* Bäume in Pentecost und es ist Frauen streng verboten, sich auf ihnen niederzulassen oder sie auch nur zu berühren. Bebe Malegel meinte abschließend, es gäbe noch einen weiteren Grund für die besondere, und mitunter umstrittene Beziehung der *remlili* Angehörigen zum Landbesitz. Ich kann seine, teils bewußt verklausuliert vorgetragenen Gedanken hier nur in sehr loser, metaphorischer Form wiedergeben. Aus bestimmten Gründen, die wir später noch genauer kennenlernen werden, lohnt es aber doch, diese Geschichte wenigstens zu erwähnen: Bebe sagte mir, dass die *remlili* Männer, überall wo sie hingegangen seien, eine besondere, magische Erde an den verschiedenen Stationen ihrer Wanderung zurückgelassen hätten, um den Boden dadurch in Besitz zu nehmen. Ich folgere daraus, daß es sich hier um ein geheimes Ritual handeln muß, das Bebe als das Zeichnen eines Kreises in die Erde beschreibt, in den ein zweiter, etwas kleinerer Kreis hineingeritzt wird. Seine Erklärungen ließen mich instinktiv an ein Kind in einer symbolischen Gebärmutter, oder an ein Eigelb im Eidotter denken. Bebe Malegel wollte jedoch nicht weiter darüber sprechen, da dies streng geheimes Wissen sei. Wir werden zu einem viel späteren Zeitpunkt noch sehen, wie überaus wichtig dieses Motiv, und die damit verknüpften Vorstellungen, tatsächlich sind (vgl. Kap. 17.2).

Als Fazit dieses Abschnitts soll zusammenfassend festgehalten werden, daß wir bei der Besiedlung von Bunlap, so, wie diese sich anhand des Mythenmaterials präsentiert, eine besondere Rolle der *ta remlili* Leute feststellen konnten. Diese haben offenkundig außergewöhnliche Strategien entwickelt, um mit der ihnen widerfahrenen Situation der Vertreibung besser fertigwerden zu können. Tatsächlich versuchen sie sogar, einen Vorteil daraus zu ziehen, in dem sie Strategien entwickelten, die ihnen einen privilegierten Zugang zu Ressourcen, z.B. Land, ermöglichen. Ich will abschließend die Herkunftsgeschichte der verschiedenen *buluim* von Bunlap mit einer weiteren Zeichnung beenden. Hier wird die oben aufgeführte Fassung von Bebe Malegel (vgl. Abb. 14) anhand verschiedener Gespräche mit Informanten aus allen übrigen *buluim* korrigiert bzw. ergänzt. Ich halte dies für die wahrscheinlichste Rekonstruktion der Gründungsgeschichte von Bunlap, jedenfalls sind alle mir zur Verfügung stehenden Daten in dieses Modell eingeflossen.

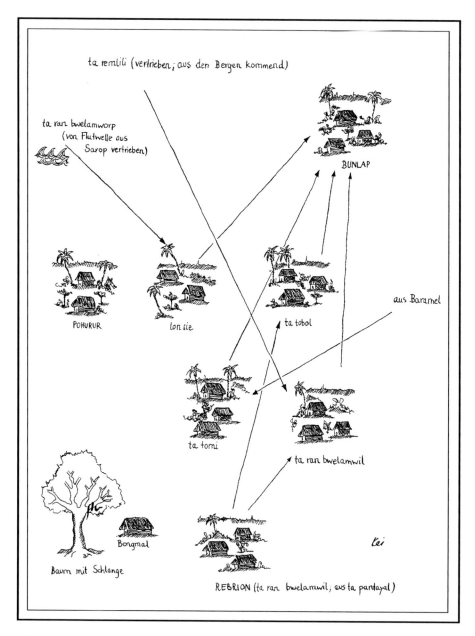

Abb. 16: Gründung von Bunlap anhand einer Zusammenstellung aller verfügbaren Daten.
Demnach gab es tatsächlich ein Dorf mit Namen Rebrion, in dem Mitglieder der *ta lon bwela mwil* und der *ta tobol* lebten. Nach der Zerstörung des Männerhauses gründeten diese zunächst eigene Siedlungen, um sich dann anschließend mit Leuten aus der *ta torni* und der *lon sie* zusammenzutun. So entstand Bunlap. Erst später stießen *ta remlili* Leute hinzu, die, aus den Bergen, und ursprünglich vielleicht sogar aus Ambrym kommend, in die *bwela mwil buluim* aufgenommen wurden. Zuletzt trafen *bwelamworp* Männer ein, die bis heute die zahlenmäßig kleinste Gruppe geblieben sind und inzwischen auch wieder im Süden der Insel eigenes Land besitzen.

10. Ordnung von Raum und Zeit

Die Beschäftigung mit „Ordnung" hat in der Ethnologie eine lange Tradition, nicht nur weil Kultur ohne „Ordnung" nicht denkbar ist, Kultur selbst ist, könnte man sagen, nichts anderes als „Ordnung". Andererseits stellt sich von vornherein die Frage, ob und wie, anhand welcher Kategorien also, man „Ordnung" beschreiben kann. Schließlich kann man sogar bezweifeln, ob es „Ordnung" „als solche" überhaupt gibt oder sie nicht vielmehr etwas ist, das sich lediglich in den Gedanken von Menschen formiert, weil diese der, eigentlich chaotischen Welt, sonst gänzlich hilflos gegenüberstehen müßten.[77] Ich will dieses erkenntnistheoretische Problem hier keinesfalls vertiefen, sondern lediglich einige Phänomene schildern, anhand derer die Ordnungsvorstellungen der Sa selbst sichtbar werden sollen. Allerdings kann man, es liegt auf der Hand, bestenfalls wie durch eine Milchglasscheibe auf die Ordnungsvorstellungen der Sa blicken. Das, was zutage tritt wird einerseits durch das Erkenntnisinteresse des Beobachters und andererseits durch die ihm zur Verfügung stehenden Kategorien und Begriffe gefiltert.

10.1 Ordnung im Haus

In Bunlap trifft man auf Männerhäuser, auf Sa *mal* genannt, Kochhütten, die aber auch zum Schlafen dienen, *im,* sowie, seit ein paar Jahrzehnten, auch auf kleine Schlafhäuser ohne Feuerstelle, die ebenfalls *im* genannt werden. Die großen, fensterlosen Kochhütten bestimmen, zusammen mit den drei großen Männerhäusern, das Dorfbild. Beim Hausbau orientiert man sich überall noch weitgehend an den traditionellen Vorbildern. Häuser werden beinahe ausschließlich mit den Materialien errichtet, die der Wald kostenlos bereitstellt. Die Wände von Kochhütten und Männerhäusern bestehen aus zwischen Stützpfeilern übereinandergeschichteten Bambusrohren. Der Dachfirst wird von zwei oder drei frei im Raum stehenden Hartholzpfosten gestützt. Das Dach selbst muß alle paar Jahre aufs Neue mit *natagora* gedeckt werden, langen Blättern, die in Konsistenz und Form ein wenig den Pandanusblättern ähneln. Dort, wo es kein traditionelles Funktionsäquivalent gibt, fühlt man sich offenbar weniger an die traditionellen Vorbilder gebunden. So gibt es seit einigen Jahrzehnten kleinere Schlafhäuser, deren Wände und Böden, im Gegensatz zu denjenigen der Kochhütten und Männerhäuser, aus geflochtenem Bambus bestehen (vgl. z.B. Abb. 13 & 24). Auch die kleinen Verkaufsstände die einige Männer nebenher betreiben, sind mitunter aus geflochtenem Bambus gebaut oder aus alten Sperrholzbrettern roh zusammengezimmert. Sie haben verschließbare Türen und in aller Regel ein Dach aus Wellblech, das zwar Geld kostet, aber weniger arbeitsintensiv im Bau und Unterhalt ist und als besonders modern gilt. Bunlap-Bena be-

---

[77] Vgl. dazu den sog. Naturalismusstreit zwischen R. Radcliffe-Brown und Lévi-Strauss (Oppitz:1975)

steht aus mehreren Dutzend traditioneller Kochhütten, etwa der gleichen Anzahl moderner Schlafhäuser, mehreren kleinen Läden und drei Männerhäusern. Im folgenden wollen wir einen genaueren Blick auf das Zusammenfallen von physischer und sozialer Ordnung im Männerhaus bzw. der Kochhütte werfen. Die Kochhütte dient heutzutage einem Mann mit seiner Frau und ihren gemeinsamen Kindern als Unterkunft. In früheren Zeiten, als es noch Männer gab, die zwei oder mehr Frauen hatten, konnte es vorkommen, daß mehrere Frauen mit ihrem Mann in einem einzigen *im* zusammenlebten. Dies jedoch stellte offenbar auch früher keine befriedigende Situation dar und jeder Mann war in so einem Fall bestrebt, beiden Frauen eine eigene Kochhütte zu bauen.[78] Das *im* ist in zwei

Abb.17: In der Kochhütte von Chief Warisul und seiner Frau Belaku.
In der Mitte des linken Bildes ist der transversale Baumstamm, der den männlichen vom weiblichen Bereich trennt, deutlich zu erkennen. Rechts sieht man typische Vorratskörbe, in denen Nahrung und Wertgegenstände vor Ratten geschützt werden.
(Bunlap-Bena, Oktober 2004)

Sphären unterteilt, eine für Frau und Kinder, und eine für den Mann. Diese Trennung wird durch einen kleinen Baumstamm symbolisch verdeutlicht, der das Haus der Breite nach durchtrennt. Der Bereich von Frauen und Kindern liegt am Fußende des Hauses, nahe beim Eingang, der durch ein tief heruntergezoge-

---

[78] Diese Information beruht auf der Aussage meines Informanten Betu Malsalus, der zum Zeitpunkt meines Feldaufenthaltes im Jahre 2004 ca. 80 Jahre alt war und sich noch gut an polygyne Familien erinnern konnte.

nes Vordach vor Wind und Regen geschützt ist. Dem Mann hingegen gebührt der Platz am Kopfende des Hauses.

Mittelpunkt sowohl des männlichen als auch des weiblichen Bereiches sind die jeweiligen Feuerstellen. Hier wird gekocht, geredet und gestritten, werden Handarbeiten verrichtet, Spiele gespielt oder gesungen. Das Essen wird im Erdofen zubereitet oder aber in schweren Aluminiumtöpfen, die auf Steinen oder alten Dosen direkt über dem Feuer stehen. Selten bringt man mehr als eine oder zwei Tagesrationen an Bananen, Früchten, Gemüse oder Taro aus den Gärten. Andernfalls würden die Vorräte schlecht und zögen in zu großem Masse Ratten und Mäuse an, die ohnehin schon eine ständige Plage darstellen. Aus diesem Grunde finden sich in jedem Haus geflochtene Körbe, die von der Decke herabhängen und in denen aufbewahrt wird, was eßbar oder sonstwie wertvoll ist. Die einzige Ausnahme bildet der Yams. Anders als die leicht verderbliche Taro, die man zu jeder Jahreszeit pflanzen und ernten kann, wird Yams nur einmal im Jahr geerntet und kann für mehrere Monate eingelagert werden. Vor allem in den ersten Wochen direkt nach der Yamsernte sind die dunklen hinteren Ecken der Kochhütten daher häufig angefüllt mit den begehrten Knollen, denn nicht jeder kann es sich leisten, dem Yams eine eigene Vorratshütte zu bauen. Nahe bei den Feuerstellen ist stets ein Steinhaufen aufgeschlichtet, unverzichtbares Hilfsmittel bei der Zubereitung von Mahlzeiten im Erdofen. Um die glühenden Steine bewegen zu können, benötigt man etwa anderthalb bis zwei Meter lange, kräftige Stöcke, die auf etwa der Hälfte der Länge in der Mitte gespalten werden. Sie dienen als eine Art Zange, mit der Steine wie mit einer überdimensionalen Pinzette gegriffen und bewegt werden können. Auch alte Palmwedel finden sich in jeder Hütte, auf Ihnen kann man sich nahe beim warmen Feuer ausruhen und muß so nicht auf dem nackten, aus gestampfter Erde bestehenden Boden liegen. Überdies sind getrocknete Palmblätter ausgezeichneter Zunder, während die verholzten Stiele langbrennende Fackeln abgeben, die notwendig sind, will man nach dem nachbarschaftlichen abendlichen Schwatz in mondloser, stockdunkler Nacht den Weg zurück ins eigene Haus finden, ohne sich auf den spitzen Felsen, auf denen Bunlap-Bena errichtet ist, das Genick zu brechen. Unverzichtbar in jeder Hütte ist schließlich das Feuerholz, das alle paar Tage aus dem Wald geholt wird. Oft lagert man es links und rechts neben dem Eingang, unter dem Vordach oder aber in einer Ecke des Hauses, nahe beim Feuer. Mitunter finden sich in den Häusern wassergefüllte Bambusrohre dessen Öffnungen mit Blättern verschlossen werden, oder Fischernetz-Bojen aus Hartplastik. Diese unverwüstlichen Plastikkugeln von ca. 45 cm Durchmesser werden immer wieder einmal angeschwemmt und stellen überaus begehrte, wertvolle Fundstücke dar. Entweder bohrt man ein Loch hinein und erhält dann ein verschließbares Gefäß, oder man zerteilt sie in zwei gleichgroße Hälften, um zwei extrem stabile Schüsseln zu bekommen. Beides dient zum Transport oder zur Aufbewahrung von Wasser. Außerdem finden sich ein, zwei Plastikeimer, ein paar roh zusammengezimmerte Hocker oder kleine Baumstümpfe als Sitzgelegenheiten. In der

Regel erstrecken sich einfache Liegen aus Bambusrohren über eine der Seiten des Hauses, die der Familie als Schlafstatt dienen. Vorne, beim Hauseingang, schläft die Frau mit den Kindern. Hinten, am Kopfende, der Mann.

Für unsere Betrachtung ist in erster Linie wichtig zu bemerken, daß die Bereiche von Männern und Frauen im Haus in räumlicher Hinsicht deutlich voneinander getrennt sind. Ist man sehr streng beim Beachten der Etikette, müßte sich die Sitzordnung dem Alter bzw. dem Geschlecht entsprechend staffeln. Die kleinsten Kinder säßen demnach ausschließlich am Fußende des Hauses, nahe beim Eingang. Kommen erwachsene Frauen oder junge, titellose Männer zu Besuch, gebührte ihnen eigentlich ein Platz nahe beim oder gar *auf* dem das Haus durchtrennenden Baumstamm. In Wirklichkeit werden die unausgesprochenen Vorschriften sehr viel lockerer gehandhabt und es kommt nicht selten vor, daß die kleinen Kinder nahe beim transversalen Stamm spielen oder gar in den Bereich des Vaters hinüberlaufen. In der Regel wird sich die Mutter mit einer kleinen Ermahnung begnügen und sich dann wieder ihren Tätigkeiten zuwenden. Was hingegen äußerst streng gehandhabt wird, ist die Trennung der Feuer. Es ist Frauen und titeltragenden Männern nämlich strengstens verboten, Speisen zu sich zu nehmen, die auf ein- und demselben Feuer zubereitet worden sind. Aus diesem Grund muss das Essen für Frauen, Mädchen und titellose Jungen auf dem Feuer nahe beim Eingang zubereitet werden. Dieses Feuer trägt den Namen *ap tun*, das „Feuer ganz hinten". Die Mahlzeit der titeltragenden Männer hingegen wird auf dem Feuer am Kopfende des Hauses gegart, das den Namen *ap kon* trägt, das „heilige Feuer". Das bedeutet allerdings nicht, daß eine Frau oder ihre Kinder nicht für Ihren Mann bzw. Vater kochen dürften. Manchmal kommt es vor, daß eine Frau für sich bzw. die Kinder einerseits und für ihren Mann andererseits je eine Mahlzeit zubereitet. Einmal auf ihrem eigenen Feuer und parallel dazu auf dem Feuer ihres Mannes. Ihr eigenes Feuer darf sie selbst entzünden, das Feuer ihres Mannes hingegen darf sie zwar nähren oder auf ihm kochen, es aber nicht entzünden. Ist ihr Mann abwesend, wird sie einen ihrer Söhne ins Männerhaus schicken um von dort ein von Männern entzündetes Feuer zu holen. In aller Regel jedoch kocht der Mann für sich selbst und erwartet nur in Ausnahmefällen, daß seine Frau ihm diese Arbeit abnimmt. Die bei den *kastom* Sa vorherrschende Überzeugung der Notwendigkeit einer Trennung der Geschlechter wird hier sehr deutlich und unterscheidet sie wesentlich von ihren *skul* Nachbarn, die diese Form der hierarchischen Aufteilung längst aufgegeben haben.

Die Männerhäuser sind ausschließlich den bereits beschnittenen Jungen und den Männern vorbehalten. Wir finden hier einen ganz ähnlichen physischen Aufbau wie in den Kochhütten, nur werden hier nicht Männer von Frauen getrennt, sondern die Männer untereinander – abhängig von der Anzahl ihrer erworbenen Titel. Auch das Innere der Männerhäuser ist durch transversale Baumstämme in drei bzw. vier Bereiche unterteilt, in deren Mittelpunkt sich je eine Feuerstelle befindet. Im Unterschied zu den Kochhütten haben die Männerhäuser je einen Eingang am Fuß- und am Kopfende. Am minderprivilegierten Fußende des Männerhauses sitzen die noch titellosen Jungen. Sie dürfen ausschließlich vom hier brennenden Feuer essen, das *ap tun* genannt wird, das „Feuer ganz hinten". Das zweite, nächsthöhere Feuer ist für alle Männer reserviert, die den ersten bzw. zweiten Titel *(teul* bzw. *brang)* erfolgreich absolviert haben. Es wird *ap lon tobol* genannt, das „Feuer in der Mitte". Wichtig ist es, zu bemerken, daß ein Junge der bereits den ersten oder zweiten Titel trägt *(teul* oder *brang)*, am heimischen Feuer mit seinem Vater zusammen essen darf. Im Männerhaus hingegen muß er sich mit dem *ap lon tobol* begnügen. Am dritten Feuer *ap kon*, dem „heiligen Feuer", kochen und essen alle Männer die drei oder mehr Titel tragen *(mwil* und höher). Diese drei Feuer sind ständig in Gebrauch. Das vierte, privilegierteste Feuer, direkt am Kopfende des Männerhauses wird nur in Ausnahmefällen entzündet. Sein Name ist *ap tor,* was soviel bedeutet wie das „heilige Feuer, das durch Reiben zweier Hölzer erzeugt wird". Wenn ein Initiand einen sehr hohen Titel *(abwal* und höher) erworben hat, ist er so voller *konan,* daß er für eine begrenzte Zeit nicht mehr mit den anderen gemeinsam am dritten Feuer essen darf, sondern sich am vierten Feuer allein versorgen muß. Erst nach einer zehntägigen Periode der „Abkühlung" kehrt er zurück ans dritte Feuer. Und noch eine weitere Ausnahme gibt es: am Abend nach der erfolgreichen Initiation in die beiden niederen Grade *abwu pola* sowie *wot* darf der Initiand ein Feuer zwischen dem untersten Feuer *ap tun* und dem zweiten Feuer *ap kon* machen. Hier darf er, und zusammen mit all denjenigen, die ebenfalls in letzter Zeit diesen Titel erworben haben, mit ihm essen. Zu einigen wenigen Gelegenheiten kann also der Fall eintreten, daß gleichzeitig fünf Feuer im Männerhaus entzündet werden.

Nun könnte man meinen, daß angesichts dieser deutlichen Stratifizierung der Sa Gesellschaft eine strenge Ordnung zwischen den Männern herrscht, die sich im alltäglichen Umgang in einem sehr formalen Verhalten zwischen Angehörigen unterschiedlicher Rangstufen äußert, so wie es etwa aus Polynesien bekannt ist. Dies ist aber keinesfalls der Fall. Der Umgang zwischen jung und alt, zwischen Männern mit vielen und Männern mit wenigen Titeln, ist ungezwungen, und, abgesehen von den soeben gezeigten physischen Grenzen durch die Position des Feuers im Raum, kaum ritualisiert, sondern eher zwanglos. Kaum jemand betritt das *mal* so, wie es sich eigentlich gehören würde, durch den „Hintereingang" am Fußende. Tatsächlich laufen die kleinen Jungen bedenkenlos zu ihren Großvätern, Onkeln oder „Sponsoren", die am Kopfende des Hauses sitzen und ihre Yams oder Taro am Feuer rösten, oder sie ziehen sich in eine dunkle Ecke in der Mitte des Hauses zurück, um den Gesprächen der Männer zu lauschen. Die Männer gehen zunächst einmal davon aus, daß jeder in der kleinen Gemeinschaft die wichtigsten Regeln kennt und respektiert. Geringfügige Überschreitungen der Etikette, solche, die nicht an die Substanz des Systems gehen, werden praktisch nicht geahndet. Ganz anders allerdings verhält es sich auch hier, analog zur Situation in den *im*, mit der Beachtung derjenigen Tabus, die mit dem Feuer bzw. der Zubereitung von Speisen zu tun haben. Niemand würde es wagen, von einem Feuer zu essen, das für ihn tabu ist. Gravierende Konsequenzen, wie rituelle Reinigung und materielle Entschädigung in Form von Schweinen, die der Regelübertreter an die Verwandten seiner Frau bezahlen müßte, wären die Folge.

Die Gegenstände, die in den Männerhäusern zu finden sind, unterscheiden sich nicht wesentlich von denen in den Kochhütten. Auch in den *mal* finden sich die üblichen Kochutensilien, Wasserbehältnisse, Palmwedel zum Feuermachen bzw. als Liegefläche, Feuerholz, Steine für den Erdofen, Holzgabeln zum Bewegen der Steine für den Erdofen etc. Als Sitzgelegenheiten dienen auch hier kleine, roh zusammengezimmerte Holzhöckerchen oder Baumstümpfe. In der Regel finden sich auf beiden Längsseiten niedrige Bänke aus zwei oder drei grob zusammengeflochtenen Bambusrohren. Da die Männerhäuser der Ort sind, an dem die Kava getrunken wird, benötigt man eine Vorrichtung, um die rohen Wurzeln so zerkleinern zu können, daß sich der Wurzelsaft anschließend gut auspressen läßt. Ursprünglich dienten wohl Korallenstücke mit rauher Oberfläche als eine Art Raspel.[79] In Bunlap hat man diese sehr zeitaufwendige Prozedur beschleunigt und hilft sich, indem man lange, hohle Gegenständen als Mörser benutzt. Das können hohle Baumstämme oder Rohre aus PVC bzw. Metall sein. In jedem Männerhaus findet sich mindestens ein solcher Mörser, der, zusammen mit dem dazugehörigen Stößel aus schwerem Hartholz, immer am Fußende des Hauses steht. Das geräuschvolle Stampfen der Kava wird nämlich als profane Tätigkeit betrachtet, die in den privilegierteren Bereichen des *mal* unangebracht wäre. Mitunter kann es vorkommen, daß sich eine Schlange von drei oder vier Männern um den Mörser herum bildet, die alle darauf warten, ihre gewaschenen und zerkleinerten Wurzelteile zerstampfen zu dürfen. Danach begeben sie sich mit dem Wurzelbrei zu ihren mit kleinen Füßchen versehenen Holzbrettern, auf denen die Kava zubereitet wird. Die meisten erwachsenen Männer besitzen so ein Kava-Brett (auf Bislama: *natanbea*), das in der Regel aus einem Stück geschnitzt wird und dann viele Jahre in Gebrauch bleibt. Die *natanbea* werden, anders als der Mörser, nahe beim mittleren Feuer aufbewahrt bzw. benutzt, denn die Zubereitung des spirituellen Getränkes verlangt nach einer privilegierten Position im Raum. Beim Trinken der Kava verlangt die Etikette, daß der Empfänger sich nach dem Empfang seiner Kokosnußschale voll des leicht bitter schmeckenden Trankes in den Bereich des Hauses begibt, der seinem Status entspricht. Erst hier sollte er die Kava auf einmal austrinken. Ein titelloser Junge übertritt den transversalen Baumstamm und geht ganz nach hinten, zum *ap tun*, ein junger Mann mit *brang* Titel bleibt in der Nähe des *ap lon tobol*, ein Träger des hohen *meleun* Titels wird sich zum *ap kon* begeben. Nach dem Trinken wird

---

[79] Diese Art der Kavazubereitung findet sich bis heute in den weiter nördlich gelegenen Dörfern des *Sa* Gebietes, Santari (St. Henri) oder Ponof (St. Therese).

geräuschvoll ausgespuckt und die Schale zum *natanbea* zurückgetragen. Am Kopfende des Hauses werden diejenigen Gegenstände aufbewahrt, die einen besonderen rituellen Wert besitzen. Dazu zählen insbesondere diejenigen *juban* Masken, die bereits bei einem *juban* Tanz zum Einsatz gekommen sind und daher auch besonders viel *konan,* männliche Kraft besitzen. Sie ruhen, zusammen mit verschiedenen anderen rituellen Gegenständen, auf einer Plattform aus Bambusrohren, die in einer Höhe von etwas mehr als zwei Metern als eine Art Zwischendecke eingezogen wurde. Auch die *tamt tam* (Slit Gong) befindet sich am Kopfende des *mal.* Diese Trommel besteht aus einem hohlen Baumstamm und erklingt nur bei besonders wichtigen Anlässen, zu denen sie auf den Vorplatz vor dem *mal* oder den Tanzplatz hinausgetragen wird.

Zusammenfassend läßt sich sagen, daß die symbolische Ordnung des Raumes in Kochhütten *(im)* und Männerhäusern *(mal)* ein Abbild der Sozialstruktur ist, da die soziale Hierarchie hier ihren deutlich sichtbaren Niederschlag findet. Ganz unten, am Fußende des Hauses, stehen Frauen und Kinder. Ganz oben, am Kopfende, diejenigen Männer, die die größte Zahl an Titeln auf sich vereinen können. Profane Gegenstände werden am Fußende des Hauses aufbewahrt, wichtige rituelle Gegenstände am Kopfende.

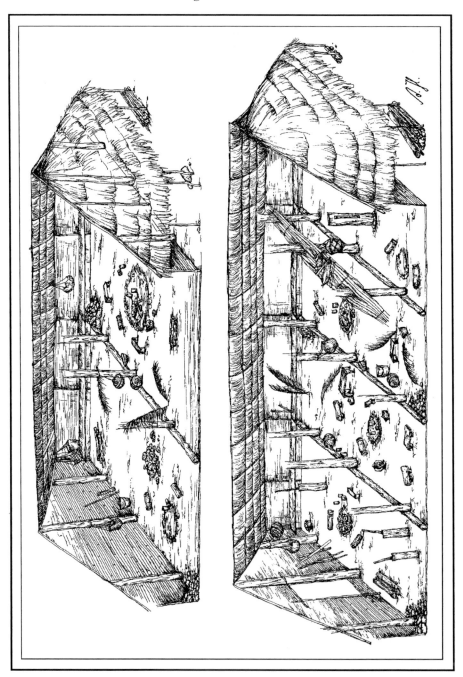

Abb. 18: Oben ein *im* , eine Kochhütte. Darunter ein *mal,* ein Männerhaus.
Deutlich zu erkennen sind die beiden Feuerstellen und wichtige Gegenstände des täglichen Be-
darfs. Der Eingang ist hier rechts dargestellt, das Feuer für Frau und Kinder ist daher ebenfalls
rechts. Darunter ein Männerhaus, *mal,* mit drei bzw. vier Feuerstellen. Der linke Eingang führt
zum Fußende des Hauses, wo die Jungen die Kava zubereiten. Am Kopfende des Hauses werden
rituell bedeutsame Gegenstände aufbewahrt, z.B. die *tam tam* (Slit Gong) oder *juban* Masken.

10.2 Ordnung des Dorfes

Unterschiede zwischen profanen und sakralen Bereichen, zwischen Peripherie und Zentrum, finden wir auch bei der Anlage des Dorfes selbst. Bunlap-Bena wurde an einem steinigen Hang gebaut, der zum Meer hin steil abfällt. Das soziale Zentrum des Dorfes ist der Tanzplatz *sara,* der von drei Männerhäusern umgeben ist und wie ein Kopf, oberhalb der anderen Gebäude, auf deren Schultern ruht (vgl. Abb.21). Der *sara* ist nämlich der höchstgelegene Ort im Dorf,[80] wodurch seine sakrale Bedeutung eindrucksvoll unterstrichen wird: hier treffen sich die Männer zum abendlichen Kavatrinken, hier finden die wichtigsten Feste und Rituale statt, wird Politik gemacht, werden Besucher empfangen. Frauen und Mädchen meiden den Tanzplatz. Sie wissen, daß die Männer ihre Anwesenheit als ungehöriges Eindringen in ihren ureigenen Bereich betrachten würden. Nur zu besonderen Gelegenheiten, zu bestimmte Festen oder Ritualen oder bei gemeinsamen öffentlichen Arbeiten, etwa dem Herstellen neuer Hausdächer aus *natagora,* betreten auch die Frauen den Platz, halten

Abb. 19: Bunlap-Bena wurde an einem steilen, steinigen Hang gebaut. (Bunlap-Bena, November 2004)

sich dann aber in der Regel am Rand auf, und vermeiden es, das Zentrum zu betreten. Selbst bei den großen Titelritualen *bilbilan* halten sich die Frauen eher an der Peripherie des *sara* auf. Bei Mädchen vor dem Erreichen der Pubertät macht man hingegen eine Ausnahme, weil sie noch keine vollwertigen Frauen sind. Wenn die Erwachsenen in den Gärten arbeiten, spielen die kleinen Jungen und Mädchen hier mitunter ungestört ihre Spiele: Fangen, Ringelreihen, Faden- oder Klatschspiele.

---

[80] Allerdings sind in den letzten zehn Jahren, aufgrund des hohen Bevölkerungsdruckes, mehrere Hütten auf einer Anhöhe hinter dem Tanzplatz entstanden. Bei meinem ersten Besuch im Jahre 1997 existierte noch kein Haus, das den Tanzplatz überragt hätte. Auch ein Siedlungsplan von Margaret Jolly, der in ihrer Dissertation aus dem Jahre 1979 aufgeführt ist und während einer ihrer Forschungen in den 70er Jahren entstand, bestätigt, daß diese Häuser oberhalb des Tanzplatzes eine rezente Erscheinung sind (Jolly 1979:64)

Am Rand des Tanzplatzes stehen die drei Männerhäuser des Dorfes, die den verschiedenen in Bunlap ansässigen *buluim* gehören. Die ältern beiden Männerhäuser, *moltoro* und *tumpot,* stehen auf einem etwa einen Meter hohen steinernen Podest und überragen dementsprechend den *sara.* Dieser leicht erhöhte Bereich ist für die Frauen und alle Mädchen zu jeder Zeit streng verboten. Das jüngste und größte Männerhaus, *lonlimworp,* befindet sich hingegen auf einer Ebene mit dem Tanzplatz. Die Männerhäuser gehören den verschiedenen *buluim* des Dorfes, weil diese sie gegründet bzw. gebaut haben und unterhalten. Eine *buluim* kann beim Bau eines *mal* die Federführung übernehmen, aber nicht jede *buluim* in jedem Dorf muss zwingend ein Männerhaus besitzen. So ist es also durchaus möglich ja sogar wahrscheinlich, dass es in einem kleinen Weiler mit wenigen Bewohnern nur ein *mal* gibt, das von mehreren *buluim* gleichzeitig genutzt wird. Im bevölkerungsreichen Bunlap mit seinen fünf *buluim* gibt es deswegen nur drei *mal,* weil auf dem *sara* nicht genug Platz für weitere Männerhäuser zur Verfügung stand. *Tumpot* ist das älteste Männerhaus. Der Name bedeutet soviel wie „aus der Erde gekommen" und verweist auf eine, allerdings in Vergessenheit geratene, mythische Gründung. *Tumpot* ist Eigentum der *ta lon bwela mwil* Leute, wird aber auch mit der *ta remlili* in Verbindung gebracht, weil diese ja von den *bwela mwil* Leuten adoptiert wurden. Heute sind die *ta remlili* Angehörigen nur noch indirekt Miteigentümer von *tumpot,* da der weiter oben geschilderte „Adoptionsvorgang" ja letztlich scheiterte. Daß dieses, der Überlieferung zufolge älteste Männerhaus in Bunlap der *ta ran bwela mwil* zugeschrieben wird, ist m.E. ein weiteres deutliches Indiz dafür, daß die *bwela mwil* Leute die eigentlichen Gründer von Bunlap sind. Das zweitälteste Männerhaus *moltoro,* ist Treffpunkt der *ta tobol, ta lon sie, ta nwis,* und *ta ran bwela-morp* Leute. Die Mitglieder der *ta nwis* verließen vor mehreren Jahrzehnten Bunlap-Bena und gründeten Tanmili, ein neues Dorf mit eigenem *mal,* einige hundert Meter unterhalb von Bunlap-Bena. Dennoch hat man nicht vergessen, daß die *ta nwis* bei der Errichtung von *moltoro* beteiligt waren, weshalb man sie nach wie vor als Miteigentümer nennt, auch wenn sie als solche praktisch nicht mehr in Erscheinung treten. Das mit Abstand größte *mal* ist *lonlimworp,* was soviel bedeutet wie „im Baum *worp".* Der Name bezieht sich auf einen riesigen Banyanbaum am Kopfende des Hauses. *Lonlimworp* wurde deutlich später gegründet als die anderen *mal,* steht etwas abseits der anderen Männerhäuser und gehört der *ta remlili buluim,* die damit sehr deutlich und unübersehbar ihre Eigenständigkeit und Machtfülle demonstriert, was die in Kap. 9.3 gemachten Beobachtungen über die besonderen Strategien der *remlili* Leute bezüglich Machterhalt und –ausbau weiter erhärtet.

Zwar gehören die *mal* den einzelnen *buluim,* in der Regel jedoch herrscht ein ständiges Kommen und Gehen der Männer zwischen den Männerhäusern. Trinkt man heute hier seine Kava, kann man morgen durchaus einen Freund aus einer anderen *buluim* in dessen *mal* besuchen. Lediglich bei bestimmten Ritualen sind es dann in der Regel ausschließlich die Angehörigen der Eigentümer-*buluim*, die ihr eigenes *mal* nutzen.[81]

Name des Männerhauses:	Eigentümer - *buluim*:
tumpot	*ta lon bwela mwil*
(zuerst gegründet)	*ta remlili*
	ta tobol
moltoro	*ta lon sie*
(als zweites gegründet)	*ta nwis*
	ta ran bwelamorp
lonlimworp	*ta remlili*
(zuletzt gegründet)	

Tafel 4: Männerhäuser von Bunlap-Bena und deren Eigentümer in der Reihenfolge ihrer Gründung

Lenken wir nun unseren Blick auf die Siedlungsstruktur in Bunlap, so wie ich sie im Jahre 2004 vorgefunden habe. Es gibt sicher sehr unterschiedliche Gründe für die heutige Anordnung der Häuser in Bunlap: nicht mehr nachvollziehbare historische Entwicklungen und Zufälle, Zersiedlung durch den hohen Bevölkerungsdruck oder vielfältige persönliche Entschlüsse einzelner Familien, den Wohnort zu verlegen. Oft jedoch übernimmt der älteste Sohn die Hütte des Vaters, so daß Familien mehrere Generationen lang am gleichen Ort bzw. in der gleichen Hütte bleiben. Diese Patrilokalität ist die Regel, aber aus verschiedenen Gründen, auf die wir später noch näher eingehen werden, nicht bindend, und es kann hin und wieder passieren, daß ein Mann das Haus seines Schwiegervaters übernimmt, der ja in aller Regel aus einer anderen *buluim* stammt, so daß es im Laufe der Jahrzehnte zu kaum noch rekonstruierbaren Veränderungen kommt.[82] Dennoch, so meine ich, ist in der physischen Anordnung der Häuser ein Muster erkennbar geblieben, das auch Rückschlüsse auf die Sozialstruktur zuläßt.

Daß die Männerhäuser im Zentrum des Dorfes, bzw. an dessen zentralster und vormals höchstgelegenster Stelle positioniert sind, ist kein Zufall, sondern Ausdruck für die besondere männliche Potenz bzw. spirutuelle Stärke *(konan)* dieses Ortes. Mit großer Wahrscheinlichkeit sind die direkt unterhalb der Männerhäuser liegenden Gebäude die ältesten im Dorf. Es ist in den Augen der Bewohner von Bunlap unbestreitbar richtig zu sagen, daß die Hütten in unmittelbarer Nähe

---

[81] Dazu zählen die *bilbilan* Rituale, bestimmte Yamsfeste, etwa *koran,* oder die Beschneidung *taltabwean.* Auf Bedeutung und Zeitpunkt diese Feste wird weiter unten genauer eingegangen.

[82] Dieser Fall ist mir z.B. im kleinen Weiler *Sankar* begegnet, eine kleine *kastom* Siedlung im Hinterland von Baie Barrier.

des zentralen Tanzplatzes einen deutlich geschätzteren Wohnort darstellen als diejenigen, die weit davon entfernt unten am Hang, in der Nähe des Meeres situiert sind. Zum einen hat man so mehr Anteil am *konan* des Tanzplatzes, zum anderen ist man ständig über das Geschehen im Dorf informiert und schließlich ist es für kaum jemanden erstrebenswert, nach einem langen Abend im Männerhaus mit ausgiebigem Kavagenuß noch einen langen Weg in ein weit abgelegenes Haus irgendwo am Dorfrand vor sich zu haben. Ich leite aus dem Siedlungsplan einen bereits zu Zeiten der Dorfgründung bestehenden Zusammenhang zwischen Entfernung des Wohnortes vom Tanzplatz und sozialem Status seiner Bewohner ab. Vielleicht wurde manch ein „Außenseiter" bereits zum Zeitpunkt der Dorfgründung an die Peripherie gedrängt, ganz sicher mußten sich aber die erst später zugezogenen „Neuankömmlinge" mit den noch verfügbaren, vom Tanzplatz weiter entfernten, und somit unattraktiveren Bauplätzen zufriedengeben.

Diese Behauptung sollte allerdings mit der gebotenen Vorsicht, bzw. als Modell betrachtet werden, das zwar einerseits einen realen Kern hat, aber dennoch durch vielfältige Überlagerungen nicht immer unbedingte Gültigkeit besitzt. Ähnlich wie bei uns, kann man einem Haus an der Peripherie einer Ortschaft einen niedrigen Vorortstatus zuweisen oder aber, wenn es sich um die Villa in Grünwald am Rande Münchens handelt, kann auch das genaue Gegenteil der Fall sein. Auch bewußte Rückzüge an den Rand des Dorfes sind möglich, so hat sich z. B. der alte Meleun Bena ganz bewußt an den physischen Rand des Dorfes zurückgezogen, weil er als Zauberer psychisch und auch physisch am Rand der Gesellschaft und der diesseitigen Welt überhaupt stehen will bzw. muss. Schließlich kann es durchaus sein, daß ein unbedeutender Mann durch Zuzug oder Heirat ein Haus nahe beim Tanzplatz sein eigen nennt, während ein wichtiger Chief des Dorfes ein Haus irgendwo in der Mitte des Dorfes bewohnt.

Abb. 20: Der Tanzplatz, *sara*, mit zwei von drei Männerhäusern.
Männer und Frauen sind mit der Herstellung von *natagora*-Dächern beschäftigt.
Die Frauen halten sich an der Peripherie auf. (Bunlap-Bena, Mai 2002)

Damit sich der Leser selbst ein Urteil über die Ordnung des Raumes in Bunlap-Bena bilden kann, habe ich im folgenden ein Schema des Siedlungsplanes erstellt, aus dem hervorgeht, wo die Vertreter der einzelnen *buluim* im Jahre 2004 gesiedelt haben (vgl. Abb. 21). Die „Höfe" einer jeden Familie sind, so sie denn mehr als ein Gebäude umfassen, im Plan mit einer kleinen symbolischen Steinmauer umgeben, um dem Leser eine übersichtlichere Zuordnung zu ermöglichen. Tatsächlich verfügen manche „Höfe" über so eine, einfriedende Mauer, andere jedoch nicht, weshalb diese Mauern und der Begriff „Hof" symbolisch zu verstehen ist. Manche Familie besitzt lediglich eine Kochhütte (K), andere verfügen über eine Kochhütte (K) und ein Schlafhaus (S). Es gibt einige kleine Läden (L). Manche Familienverbände verfügen über mehrere Kochhütten und Schlafhäuser, etwa dann, wenn ein oder mehrere Söhne bereits geheiratet haben und mit ihrer Frau im gleichen Hof wie ihr Vater wohnen, sich jedoch eine eigene Kochhütte oder sogar eine Kochhütte und ein zusätzliches Schlafhaus gebaut haben. In der Regel wurde ein Hof nach dem Namen des Mannes benannt. Manchmal wurde allerdings auch der Name der Frau des Hauses aufgeführt, z. B. dann, wenn Ihr Mann bereits verstorben war oder sich seit längerer Zeit anderswo aufhält, etwa zum Arbeiten. Auch solche alleinstehenden Frauen gaben jedoch die *buluim* ihres Mannes bzw. ihrer Kinder an, der sie ja durch ihre Heirat ebenfalls angehören.[83]

---

[83] Tatsächlich ist die Sache komplizierter, da eine Frau immer auch zu ihrer eigenen *buluim* gezählt wird. Mitunter kann es sogar vorkommen, daß der Boden eines Mannes über seine Tochter an deren Kinder verebt wird, was eigentlich einem matrilinealen Verständnis von Verwandtschaft entspricht. Auf diesen Sonderfall werden wir später noch gesondert eingehen.

Legende zum Siedlungsplan von Bunlap Bena:

Nummer des Hofes:	Name des Besitzers:	aus der *buluim*:
1	Bumangari Kaon	*ta remlili*
2	Bebeul	*ta lon bwela mwil*
3	Molbua	*ta lon bwela mwil / ta remlili[84]*
4	Joe Melsul	*ta remlili*
5	Temakon	*ta lon bwela mwil / remlili*
6	Tate	*ta remlili*
7	Manikon	*ta lon bwela mwil*
8	Sali	*ta remlili*
9	Jibelau	*ta lon bwela mwil*
10	Tolak Molbua	*ta lon bwela mwil*
11	Telkon Betu	*ta lon sie*
12	Meleun Tola	*ta lon sie*
13	Warimul Betu	*ta lon sie*
14	Bebeul Stringban	*ta remlili*
15	Warimul Mwilwara	*ta lon bwela mwil*
16	Watas Molmiri	*ta lon bwela mwil*
17	Lala Mwilsus (Hof mit **Laden**)	*ta remlili*
18	Lala Mwilgela (Hof mit **Laden**)	*ta remlili*
19	Sali Warara	*ta remlili*
20	Melsul Toka	*ta remlili*
21	Sali Mwilwela	*ta remlili*
22	Bong Lala Mwilnawa	*ta remlili*

---

[84] Die zweimal vorkommende Nennung der Zugehörigkeit sowohl zur *ta remlil* als auch zur *ta ran bwela mwil* resultiert aus dem weiter oben geschilderten Adoptionsvorgang, der einigen Älteren noch im Gedächtnis ist. Ich habe in beiden Fällen (es handelt sich dabei übrigens um Vater und Sohn) zugunsten der *ta remlili* entschieden, was auch auf das Einverständnis der Befragten stieß.

Nummer des Hofes:	Name des Besitzers:	aus der *buluim*:
23	Tomro Mwillialkon	*ta remlili*
24	Meleun Bena	*ta remlili*
25	Kal Benkat	*ta remlili*
26	Warisus Telkon (Hof mit **Laden**)	*ta remlili*
27	Betu Mwilman	*ta remlili*
28	Betu Oska	*ta lon bwela mwil*
29	Melsul Betu	*ta lon sie*
30	Chief Telkon Watas	*ta remlili*
31	Watas Telkon	*ta remlili*
32	Bong Aya	*ta lon bwela mwil*
33	Sali Molkat	*ta lon bwela mwil*
34	Watas Teulsing	*ta lon bwela mwil*
35	Jurop Betlap	*ta lon bwela mwil*
36	Chief Bebe Malegel	*ta remlili*
37	Mumum	*ta remlili*
38	Warimul Melsus	*ta lon bwela mwil*
39	Chief Bong Molsmok	*ta lon sie*
40	Ulsus Wamu	*ta lon sie*
41	Betu Malsalus (Hof und **Laden**)	*ta lon sie / ta nwis*[85]
42	Bebe Malegel (Hof und **Laden**)	*ta remlili*
43	Watabu Mwilnamsai	*ta lon bwela mwil*
44	Tho Melsul **(loas na dam)**	*ta tobol*

---

[85] Der zum Zeitpunkt meiner letzten Forschung im Jahre 2004 etwa 75-jährige Betu gab stets an, er gehöre der *lon sie buluim* an. Alle anderen Anwesenden jedoch verneinten dies heftig und meinten, er gehöre eigentlich zu den *tan wis* Leuten. Es ist mir nicht gelungen, hier eine Klärung herbeizuführen. Da seine Söhne sich jedoch auch zu *lon sie* zählen und es hier keinen Widerspruch von anderen Dorfbewohnern dazu gab, folge ich letztlich Betus Überzeugung und zähle ihn zu den *lon sie* Leuten. Ich halte es dabei mit Johan Gottfried Herder (Herder 1935), der meint, die einizige Möglichkeit festzustellen, wer zu welchem Volk etc. gezählt werden könne, bestehe darin, ihn selbst zu fragen.

Nummer des Hofes:	Name des Besitzers:	aus der *buluim*:
45	Melsul	*ta tobol*
46	Bebe Presin	*ta tobol*
47	**Laden von Wariat**	
48	Moses Watas	*ta ran bwelamorp*
	(loas na mbwet)	
49	Chief Warisul	*ta lon bwela mwil*
50	Sali Melsul	*ta lon bwela mwil*
51	Molwela	*ta lon bwela mwil*
52	**Laden von Sali Melsul**	
53	Wamu Watas	*ta ran bwelamorp*

Tafel 5: Legende zum Siedlungsplan von Bunlap Bena

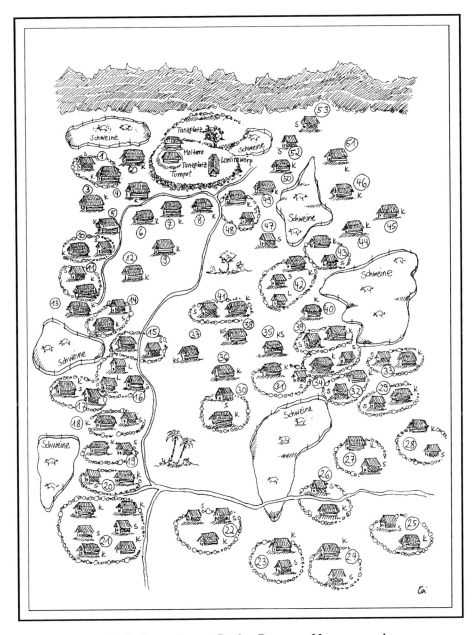

Abb. 21: Siedlungsplan von Bunlap-Bena vom Meer aus gesehen.
Gut zu erkennen die erhöhte Lage des Tanzplatzes mit den drei Männerhäusern. Mehrere
Pfade ziehen sich durch das Dorf und verbinden die einzelnen Dorfteile miteinander. Zu
erkennen sind außerdem sieben abgetrennte Areale, in denen, innerhalb der Grenzen des
Dorfes, Schweine halbwild gehalten werden. Der besseren Übersichtlichkeit halber,
sind Bäume und Sträucher hier nicht eingezeichnet.

Bei der genaueren Betrachtung des Planes fällt die relative Geschlossenheit einzelner Familienverbände auf. Mehrere Kernfamilien einer *buluim* siedeln häufig in unmittelbarer Nähe zueinander, es gibt mehrere *buluim* „Cluster" von mindestens zwei und maximal elf Höfen.[86] Wo wohnen die wichtigsten Männer von Bunlap? Das Haus von Chief Warisul aus der *ta lon bwela mwil* befindet sich in unmittelbarer Nähe zum *sara* (Hof 49). Auch die Wohnhäuser von wichtigen erblichen Priesterämtern sind fast alle in unmittelbarer Nähe der Männerhäuser angesiedelt, im Einzelnen sind das: der Yamspriester oder *loas na dam*, Tho Melsul aus der *ta tobol* (Hof 45), der Priester der Brotfrucht oder *loas na beta*, Moses Watas aus der *ta ran bwelamworp* (Hof 48), der gleichzeitig auch das Amt des Priesters der Koksnuß oder *loas na ul* bekleidet. Außerdem der Priester der Taro, der *loas na bwet*, Chief Bong Mol smok aus der *ta lon sie* (Hof 39). Es gibt mehrere *loas na bwet* in Bunlap, denn Taro wird an ganz verschiedenen Orten angepflanzt, die aufgrund des mehrere Jahre dauernden Anbauzyklus häufig brach liegen. Je nachdem, in welcher Gegend gerade neue Gärten angelegt werden, ist ein bestimmter Priester für diese zuständig. Dies waren im Jahr 2004 neben Chief Bong Molsmok noch Meleun Bena aus der *ta remlili* (Hof 24), sein Bruder Chief Telkon Watas, ebenfalls aus der *ta remlili* (Hof 30). Es fällt auf, daß alle *buluim* von Bunlap, mit Ausnahme der *ta lon bwela mwil*, einen *loas* stellen. Lediglich die *ta remlili* stellt zwei. Um es nochmals deutlich zu sagen: Die Häuser der erblichen Priesterämter befinden sich nahe beim Tanzplatz (45; 48; 39;). Lediglich die Höfe der *loas* aus der *ta remlili* sind weiter davon entfernt (24; 30). Dieser Befund wird erhärtet, wenn man den Siedlungsort aller Bewohner von Bunlap mit ihrer *buluim* in Beziehung setzt. Allgemein kann man nämlich sagen, daß Vertreter von *ta lon bwela mwil, ta lon sie, ta tobol* und *ta ran bwelamorp* eher in Häusern wohnen, die dem *sara* näher liegen. Die zahlenmäßig überlegenen *remlili* Leute hingegen, die seit ca. 60 Jahren die wichtigsten politischen Führer stellen, siedeln tendenziell etwas weiter vom *sara* entfernt (z.B. Höfe 17 – 27). Wenn wir nun noch die Anzahl der sich zu einer *buluim* rechnenden Haushalte miteinander vergleichen, ergibt sich folgendes Bild:

Buluim:	Anzahl der Haushalte:
ta remlili	23
ta lon bwela mwil	16
ta lon sie	7
ta tobol	3
ta ran bwelamorp	2
Gesamt	51

Tafel 6: Anzahl der Haushalte in Bunlap-Bena

---

[86] Diese Daten decken sich übrigens mit Jollys Beschreibung aus den siebziger Jahren, hier heißt es nämlich: „In the composition of villages, there is a strong tendency for clustering of male agnates." (Jolly 1994a:101)

Aus dieser Tabelle geht die zahlenmäßige Dominanz der *ta remlili* Leute deutlich hervor, die mit 23 Höfen den mit einigem Abstand größten Bevölkerungsanteil von Bunlap-Bena stellen. Im Jahre 1970 zählte Kal Muller 27 Höfe, die von durchschnittlich 4,8 Personen bewohnt waren (Muller 1975:213). Überträgt man die damalige Personenzahl eines Hofes auf die heutigen Verhältnisse, ergäbe dies eine Gesamtpopulation von etwa 250. Ich halte diesen Wert aufgrund der hohen Geburtenrate, acht Kinder pro Familie sind keine Seltenheit, für tendenziell etwas zu niedrig und würde die Einwohnerzahl eher auf etwas über 300 Personen schätzen.[87]

10.3 Ordnung des Landes

Die Vorstellung, daß Menschen auf einer in Form und Größe überschaubaren Insel leben, ist für das Weltbild der *kastom* Sa von entscheidender Bedeutung, denn etwas anderes kennen sie nicht. Besucher werden stets gefragt, von welcher „Insel" sie kommen. Zwischen Inseln, Ländern oder gar Kontinenten machen die *kastom* Leute dabei keinen Unterschied. Land, das nicht innerhalb von ein oder zwei Tagesmärschen vom Meer begrenzt wird, ist für sie kaum vorstellbar. Der Ozean spielt daher bei geographischen Angaben bzw. als natürliche Grenze immer eine wichtige Rolle und ist eine feste Größe im Denken der Menschen. So spricht man z.B. davon, auf die „andere Seite" der Insel zu gehen, die ihrerseits wieder vom Meer begrenzt wird. Diese natürliche Begrenzung des nutzbaren Lebensraumes durch das Meer bedeutet für die gartenbautreibenden *kastom* Sa, daß sich alle wesentlichen subsistenzsichernden Aktivitäten im höher gelegenen Inland abspielen müssen. Es gibt jedoch, neben der natürlichen Begrenzung durch den Ozean, noch einen anderen Grund für die Landknappheit: Pentecost ist vulkanischen Ursprungs, erst vor etwa 140 Millionen Jahren erhoben sich die melanesischen Inseln aus dem Meer, viele sind sogar bedeutend jünger. Sanft geschwungene Hügelketten, die durch viele hundert Millionen Jahre Erosion ihre Form erhalten haben, gibt es hier nicht. Statt dessen ist das Land durch das unmittelbare Nebeneinander von steilen Höhenzügen und tiefen, schmalen Schluchten gekennzeichnet, die den Gartenbau erheblich erschweren (vgl. Kap. 10.4). Da Bunlap-Bena an einem steilen Hang oberhalb des Meeres errichtet wurde, befinden sich fast alle Gärten oberhalb des Dorfes. In etwa drei Kilometer Entfernung zur Siedlung findet sich außerdem die einzige, ständig verfügbare Quelle *(buluwa)*. Von hier muß praktisch das gesamte Trinkwasser in mühsamer Arbeit herangeschafft werden, wozu man entweder die bereits er-

---

[87] Eine genaue Volkszählung habe ich jedoch nicht durchgeführt, da mir dies für meine Fragestellung nicht notwendig erschien. Überdies wird eine solche Zählung durch den Umstand erschwert, daß viele Familien, aufgrund der durch Landknappheit schwierigen Nahrungsmittelversorgung in Bunlap, mehrere Monate im Jahr in einem der kleinen zu Bunlap gehörenden Weiler verbringen (z.B. Lonau oder Ratap) und nur noch zu bestimmten Festen in ihre Hütten in Bunlap-Bena zurückkehren.

wähnten hohlen Bambusstämme oder präparierten Fischnetzbojen heranzieht. Unterhalb der tiefstgelegenen Hütten fällt der Boden so steil und felsig zum Meer hin ab, daß eine Nutzung nicht mehr sinnvoll ist. Es würde an dieser Stelle zu weit führen, das Umland von Bunlap mit allen seinen benannten und namenlosen Bergen, Tälern, Wäldern und Bächen vorstellen zu wollen, erwähnt werden soll hier lediglich, daß ein Großteil der Tarogärten sich in einem oberhalb des Dorfes gelegenen, ins Hinterland erstreckenden Oval von etwa acht Kilometern Durchmesser befindet. Der etwa fünf- bis zehnjährige Kultivierungszyklus beginnt südöstlich vom Dorf und endet nordwestlich davon, bevor er dann von neuem beginnt. Die Yamsgärten sind in der Regel näher beim Dorf, was unter anderem an der kürzeren Brachezeit, aber auch daran liegt, daß der Yams auf den braunen, trockeneren Böden der tiefer gelegenen Küstenregionen angebaut werden muß. Da ein Großteil der Gartenarbeit, vor allem aber der Yamsanbau, Gemeinschaftsarbeit ist, nehmen praktisch alle Familien an diesem Zyklus teil und wandern so in etwa fünf Jahren einmal im Uhrzeigersinn um das Dorf herum. Nach erfolgreicher Kultivierung liegt das Land dann anschließend bis zur nächsten Bestellung brach. Margaret Jolly hatte in den siebziger Jahren noch eine etwa 10-15jährige Bracheperiode beschrieben (Jolly 1994a:67), diese hat sich inzwischen jedoch, vermutlich aufgrund des Bevölkerungsdruckes bzw. der daraus resultierenden Landknappheit, um mindestens fünf Jahre verkürzt. Will man nicht hungern, kann man es sich offenbar nicht mehr leisten, dem knapper gewordenen Land 15 Jahre Regenerationszeit einzuräumen, sondern muß sich im Jahre 2004, also 30 Jahre nach Jollys Forschung, mit fünf bis zehn Jahren begnügen. Ob diese kürzere Brachezeit die Fruchtbarkeit der Böden nachhaltig schädigt und die Nahrungsmittelversorgung auf lange Sicht vielleicht sogar gefährdet, müßte anhand der speziellen Bedingungen in Pentecost gesondert untersucht werden.

Es verwundert also nicht, daß Land eine potentiell knappe Ressource ist und infolgedessen Landbesitzfragen ständiger Anhaltspunkt für Streitereien sind. In Bunlap erstrecken sich Auseinandersetzungen über die Rechte an Land auf praktisch alle Grenzregionen zu den anderen *skul* Dörfern. Heftigen Streit gibt es seit Jahrzehnten mit dem benachbarten Dorf Ranwas (Church of Christ), Auseinandersetzungen aber auch mit Lonlibilie (*kastom*) und Point Cross (Melanesian Mission) im Süden. Im Norden gibt es hin und wieder Meinungsverschiedenheiten mit Ranon (katholisch). In allen Fällen haben die Auseinandersetzungen mit den umstrittenen Landansprüchen der *ta remlili* Leute zu tun, die in der Regel mit dem um die Landaneignung kreisenden *burau* Mythos gerechtfertigt werden (vgl. Kap. 9.3). Keine Konflikte hingegen gab es im Jahre 2004 mit den benachbarten *kastom* Dörfern Lonbwe, Pohurur und Sankar.

Ich kann an dieser Stelle nicht in allen Einzelheiten auf Landrechtsfragen eingehen, da dieses Thema an sich schon Stoff für eine ausführliche Untersuchung birgt. Hinweisen möchte ich jedoch auf die Zusammenhänge zwischen Landrecht und Verwandtschaftsordnung, die auch für unsere spätere Betrachtung des *gol* bedeutsam sind. Die *kastom* Sa sind an sich patrilinear und patrilokal organi-siert, Land wird daher vom Vater auf dessen Kinder vererbt, meist ausschließ-lich an die Söhne. Mädchen bringen bei ihrer Heirat meist kein Land mit in die Ehe ein, sondern „nur" ihre Arbeitskraft, für die jedoch ihr Ehemann der Familie seiner Frau gegenüber zeitlebens in einer Bringschuld-Situation steht, die durch regelmäßige Zahlungen beglichen wird (vgl. Kap. 11.2).

10.4 Geordnete Versorgung: Gartenbau, Sammeln, Jagen, Schweinezucht

Bei der folgenden Beschreibung der wichtigsten in Bunlap erzeugten Nah-rungsmittel und deren Erzeugung orientiere ich mich weitgehend an den Beob-achtungen von Barrau (1956) bzw. Muller (1975), die ich jedoch, wo nötig, mit meinen eigenen Daten ergänze. Wir werden später sehen, daß es notwendig ist, hier teilweise durchaus detailliert auf einzelne Kultivierungstechniken einzuge-hen, weil in Mythen und Symbolen häufig Bezug darauf genommen wird.

Der weiter oben schon kurz geschilderte, fünf- bis zehnjährige Kultivierungszy-klus erstreckt sich v.a. auf die wichtigsten Nahrungsknollen Yams und Taro, wobei die Brachezeit für Yamsgärten mit drei bis fünf Jahren kürzer ist als die fünf- bis zehnjährige für die Tarogärten. Der, absolut gesehen, wichtigste Kalo-rienlieferant in Bunlap ist Taro *(Colocasia esculenta),* von den Sa *bwet* genannt. Diese Nutzpflanze aus der Familie der Aronstabgewächse *(Araceae)*, wird seit mehr als 2000 Jahren als Nahrungspflanze kultiviert. Jacques Barrau beschrieb im Jahre 1956 mehr als 74 verschiedene in Bunlap kultivierte Taroarten (Barrau 1956:181f; Jolly 1994b:63). Taro kann, im Gegensatz zur Yams, das ganze Jahr über gepflanzt bzw. geerntet werden. Die Anlage von Tarogärten ist in aller Re-gel Sache der Kernfamilie, also des Mannes, seiner Frau und den arbeitsfähigen Kindern ab ca. zehn Jahren. Viele Männer und Frauen haben jedoch auch eigene Gärten, die sie mitunter völlig allein bewirtschaften. Ein durchschnittlicher Ta-rogarten ist in Bunlap etwa 300m^2 groß (vgl. Muller 1975:214), die Größe vari-iert jedoch erheblich und hängt von der Zahl der im Garten mitarbeitenden Fa-milienmitglieder bzw. von der Lebenssituation bzw. dem Ehrgeiz des Familien-vorstandes ab. Ein Mann braucht nämlich zu bestimmten Gelegenheiten große Mengen an Taro und Yams, etwa anläßlich der Beschneidungsfeierlichkeiten *(taltabwean)* seiner Söhne, beim Kauf eines Titels *(warsangul)*, bei der Organi-sation eines *gol* für die Bezahlung der Helfer oder bei einer *mas* Feier, die aus einer rituellen Zurschaustellung seiner gartenbauerischen Fähigkeiten und einer Verteilung von großen Mengen Knollen an befreundete Familien besteht. Die Arbeit in den Gärten ist immer wieder gleich: zunächst wird der Boden mit Ma-cheten von Gras, Unkraut und kleineren Büschen bzw. mit Äxten von Sträu-chern und kleinen Bäumen befreit. Das dabei entstehende Pflanzenmaterial wird dann getrocknet und anschließend zu Füßen größerer Bäume verbrannt, falls solche vorhanden sind. Diese Prozedur soll die Bäume abtöten und verhindern, daß diese den jungen Taropflanzen zu viele Nährstoffe entziehen. Die Bäume selbst läßt man stehen, denn sie spenden später den jungen Pflanzen schützenden

Schatten. Abhängig von der Steilheit des Geländes werden nun alle drei bis zehn Meter Terrassen angelegt, die man mit Hilfe von quer eingezogenen Ästen oder kleinen Baumstämmen, die durch senkrecht ins Erdreich geschlagene Pflöcke gehalten werden, stabilisiert. Anschließend kann man den so vorbereiteten Boden bepflanzen. Dazu wird der feuchte, lockere Boden mit drei oder vier kräftigen Stößen des Pflanzstocks aufgegraben, so daß ein Loch von ca. vierzig Zentimetern Tiefe entsteht. Nun werden die Blätter einer kürzlich geernteten Taroknolle samt Blattstiel hineingesteckt und das Loch anschließend wieder mit Erde gefüllt, wobei der obere Teil des Stils und die Blätter unbedeckt bleiben. Das Blatt bildet nun neue Wurzeln aus, die sich zu einer neuen Taroknolle entwickeln. Alle paar Wochen wird Unkraut gejätet und zwischen die in Reih und Glied gepflanzten Taro ausgebracht. So will man einerseits verhindern, daß Nahrungskonkurrenten das Wachstum der Knollen behindern, und andererseits den Boden düngen. Je nach Sorte muß die Taro zwischen mindestens vier Monaten und maximal drei Jahren wachsen, bevor sie reif für die Ernte ist. Dazu wird der Boden um die Pflanze mit der Machete gelockert und diese dann im ganzen, also mit Blättern und Stengel, aus der Erde gezogen. Taro ist, einmal geerntet, nur wenige Tage haltbar und muß daher schnell verzehrt werden.

Die verschiedenen Yamsarten (*Dioscorea*) sind eine Gattung von Nutzpflanzen aus der Familie der Yamswurzelgewächse *(Dioscoreaceae)*. Sowohl Muller als auch Jolly beschreiben, daß der Yams, die Sa nennen ihn *dam,* eher die der See zugewandten, trockenen Flächen mit braunem, hartem Boden zum Gedeihen benötigt (Muller 1975:214; Jolly 1994a: 66), eine Beobachtung, die sich mit meinen eigenen Daten deckt. Die Prozedur der Bodenvorbereitung unterscheidet sich nicht wesentlich von derjenigen für den Taroanbau. Allerdings geht man beim Roden insgesamt sorgsamer vor und entfernt gründlich alle anderen Pflanzen, einschließlich der Bäume und Sträucher. Diese werden abgebrannt und, so irgend möglich, vollständig ausgegraben. Daß der trockene Boden in Küstennähe härter und die Kultivierung der Yams an die Jahreszeit gebunden ist, erklärt in den Augen meiner Informanten die Notwendigkeit von organisierter Gemeinschaftsarbeit. Außerdem drängen sich hier, anders als in den Tarogärten, in denen zu jeder Jahreszeit gearbeitet werden kann, die wichtigen anfallenden Tätigkeiten auf wenige Wochen, ja Tage, zusammen. Im Unterschied zur Anlage und Pflege der Tarogärten ist der Yamsanbau also eine kommunale Angelegenheit, bei der mehrere Familien innerhalb ihrer einzelnen *buluim* zusammenarbeiten.[88] Auch in den Yamsgärten wird, nach der sorgfältigen Vorbereitung des Bodens, mit dem Grabstock ein Pflanzloch von zwischen 30 Zentimetern und über einem Meter Tiefe ausgehoben, allerdings benötigt man dafür in den härteren, braunen und eher trockenen Böden ein Vielfaches an Kraft und Ausdauer als in den wei-

---

[88] Verheiratete Frauen arbeiten beim Yamsanbau in der *buluim* ihre Mannes mit, nicht in derjenigen ihres Vaters. was die Identifikation der Frauen mit der Familie bzw. *buluim* zeigt, in die sie eingeheiratet haben.

chen, schwarzen, feuchten Böden des Hochlandes. Dies ist auch der Grund, weswegen diese Arbeit häufiger von Männern als von Frauen ausgeführt wird. Wenn das Loch bereitet ist, werden, je nach Sorte, eine oder mehrere kleine Yamswurzeln hineingelegt, die dann mit fein zerbröselter Erde bedeckt werden. Nach vier bis sechs Wochen, wenn die Wurzeln begonnen haben, Schößlinge auszubilden, steckt man den etwa zwei Meter langen Stil des wilden Zuckerrohrs, *lat,* neben das Pflanzloch, an dem sich die jungen Schößlinge dann emporranken können. Nach zwei, drei weiteren Wochen, wenn sich erste Ranken um den *lat* gewunden haben, steckt man auch dessen anderes Ende in die Erde, die somit einen stabilen Bogen bilden. Wieder zwei bis drei Wochen später jätet man das Unkraut, das sich seit der Rodung gebildet hat. Im Gegensatz zu den Tarogärten wird jedoch nur ein einziges Mal gejätet. Es gibt mehrere verschiedene Yamsarten, deren Anbau sich teilweise erheblich voneinander unterscheidet (vgl. Kap 9.1). Für bestimmte Feste benötigen die Männer große, lange Yams, etwa *dam bi* oder *dam aralis,* die aufgrund ihrer Größe und ihres ästhetischen Wuchses besonders prestigeträchtig sind. Um ein ungehemmtes Wachstum dieser Wurzeln zu erzielen, muß ein besonderes, etwa anderthalb Meter tiefes Loch ausgehoben werden. Der Aushub wird dann sorgfältig mit den Händen zerbröselt und anschließend wieder vorsichtig in das Pflanzloch gefüllt. Steine oder andere harte Gegenstände werden entfernt. Am oberen Ende dieses Loches wird schließlich der Yams gepflanzt, der sich nun ungehindert seinen Weg in die Tiefe suchen kann. Eine andere Technik ist noch raffinierter: hier wird ein schmales, tiefes Loch ausgehoben und nicht wieder mit Erde aufgefüllt. Vielmehr pflanzt man die Knolle zwischen Holzstäben, die man mit Erde bedeckt. Sie kann nun rasch und widerstandslos nach unten wachsen und wird nicht selten einen Meter lang oder noch länger.

Männer wie Frauen stehen im ständigen Wettbewerb darum, wer die schönsten langen Yams produzieren kann, die umso gelungener sind, wenn sie möglichst lang und gerade sind, dabei aber nicht zu dünn ausfallen, sondern dick und schwer werden.

Natürlich darf bei dieser Aufzählung, die neben Taro und Yams wohl wichtigsten Nutzpflanze nicht fehlen: die Kokosnuß (*Cocos nucifera*). Ihr Fleisch wird einerseits roh gegessen, und schmeckt, je nach Reife der Nuß, sehr unterschiedlich. Vielleicht noch wichtiger als das Fleisch aber ist die daraus gewonnene fetthaltige Milch, die man zum Kochen der meisten Gerichte benötigt. Neben Yams, Taro und Kokosnuß stellen Maniok (*Manihot esculenta*) und Süßkartoffeln (*Ipomea batatas*) wertvolle Proteinquellen dar. Die Sa nennen diese beiden Wurzeln *dambouta* (Sa für ‚holzige Yams' - Maniok) bzw. *koumala* (Bislama für Süßkartoffel). Beide sind unkompliziert und anspruchslos im Anbau und können das ganze Jahr über gepflanzt werden. Hinzu kommt noch die Brotfrucht (*Artocarpus altilis*), die von den Sa mit dem Bislama Wort *pressfrut* oder *presswud* bezeichnet wird. Verschiedene Arten von Gemüse, etwa ein grünes Blattgemüse (*Brassica oleracea*), das die Sa *chinere* nennen, oder auch eine Art

Frühlingszwiebel *(Allium fistulosum)*, die erst vor einigen Jahren eingeführt wurde, sich inzwischen aber großer Beliebtheit erfreut und mit dem Bislama Begriff *salat* bezeichnet wird, bereichern den Speisezettel. Auch mehrere Bananenarten *(Musaceae)* sind bekannt, Jacques Barrau beschreibt sechs verschiedene. Sie werden von den Sa ausnahmslos *iss* genannt. Darunter sind kleine süße Bananen, die roh verzehrt werden, sowie größere, grüne und rote Kochbananen, die man kochen, rösten oder im Erdofen garen kann. Andere Früchte wurden erst in den letzten Jahrzehnten eingeführt, was sich unter anderem daran bemerkbar macht, daß es auf *Sa* keine Bezeichnungen dafür gibt, sondern Begriffe aus dem Bislama herangezogen werden. Angebaut werden Mangos *(Magnifera indica)*, Ananas *(Ananas comosos)* in Bislama *paenapol* oder auch *ananas* genannt. Außerdem Papaya *(Carica)* bzw. *betani*. Barrau beschreibt das Vorkommen von Orangen *(Citrus aurantifolia)*, meines Erachtens handelt es sich hier jedoch eher um eine Art Grapefruit *(Citruus paradisi)*. Die Sa nennen diese aromatischen, leicht säuerlichen Früchte *wamul*. Die süßen, gelblichen Drachenpflaumen *(Dracontomelon vitiense* bzw. *Dracontomelon sylvestre)*, *liarbol* genannt, werden ebenso gegessen wie die grünen, sehr Vitamin-C reichen *menmen*, die man auf Bislama *narabika* nennt. Seit einiger Zeit werden auch Tomaten *(Solanum lycopersicum)*, Wassermelonen *(Citrullus lanatus)*, Gurken *(Cucumis sativus)*, Kürbis *(Cucurbitaceae)*, Mais *(Zea mays)* und Zuckerrohr *(Saccharum officinarum)* angebaut. Das Innere des Stengels eines besonderen Zukkerrohrs *(Saccharum edule)* ergibt, über dem Feuer geröstet, ein spargelartiges Gemüse, das die Sa *iss* nennen. Auch eine widerstandsfähige Tabaksorte *(Nicotiana tabacum)* wird angebaut. Einige der hier aufgeführten Kulturpflanzen können notfalls mehrere Jahre lang in den gleichen Gärten kultviert werden, dabei ist es jedoch ratsam, jedes Jahr einen Fruchtwechsel zu betreiben. Manche Gärten in der unmittelbaren Umgebung des Dorfes werden dementsprechend mehrere Jahre hintereinander bewirtschaftet und müssen daher auch intensiver gepflegt bzw. mit Pflanzenresten oder Asche gedüngt werden. Die Erträge der intensiven Bewirtschaftung in diesen besonderen Gärten stellen oft eine Art Notfallration dar, die den Vorteil hat, daß man in besonderen Situationen wie Krankheit oder langanhaltender Regen, keine viele Kilometer langen Strecken zurücklegen muß, um sich für ein, zwei Tage mit dem Notwendigsten zu versorgen. Eine Sonderrolle unter den angebauten Kulturpflanzen nimmt die Kava *(Piper Methysticum)* ein, die auf Sa *mele* genannt wird. Muller beschreibt in einem Artikel aus dem Jahre 1975, daß zur Zeit seiner Feldforschung 1969/70 nur eine handvoll Männer Kava angebaut hätten. Seither hat sich Kava zum wichtigsten „cash crop" entwickelt, der nicht nur von so gut wie allen Männern und Frauen in Bunlap angebaut wird, sondern deren Konsum sich in Bunlap inzwischen allgemeiner Beliebtheit erfreut, was allerdings nur für die Männer gilt, denn den Frauen ist das Trinken der Kava verboten. Das gesteigerte Interesse an der Kava geht auf den Kava Boom zurück, der nach der Unabhängigkeit Vanuatus 1980 einsetzte. Die leicht berauschende Kava wurde im Zuge der Selbstfindungsbestrebungen Vanuatus zu einer Art Nationalgetränk erhoben und viele

Kava Bars öffneten ihre Pforten. Aber auch die zeitweilig sehr hohe Nachfrage der internationalen Pharmaindustrie, die aus Kava in der Regel Sedativa herstellt, hat zu einer erhöhten Nachfrage nach Kava geführt und ihren Marktwert erheblich gesteigert.

Alle hier aufgeführten Pflanzen werden in extra dafür angelegten Gärten kultiviert. Die Nahrungsmittelversorgung wird jedoch durch verschiedene andere Gewächse ergänzt, die man nicht selber kultiviert, sondern im Wald sammelt. Dazu gehören mehrere Arten wilden Farns *(Pteridophytes)* – auf Sa etwa *liulu* oder, eine andere Art, *rut* genannt. Die wohlschmeckenden Farne können im Erdofen gegart oder in Töpfen gekocht werden. Farne gehören ebenso zu beliebten Gemüsebeilagen wie die Blätter eines Strauches *(Thiegemopanax excelsa),* welche die Sa *bis* nennen. Auch verschiedene Nüsse gehören zur Diät, darunter die des Elemi Baumes *(Canarium), ni* genannt, oder die „Tahitian Chestnut" *(Inocarpus edulis),* mit einheimischem Namen *mop.* Die Samen des Brotfruchtbaumes werden über dem Feuer geröstet und ebenso gerne gegessen wie *tobu* Nüsse *(Barringtonia exelsa)* oder *oke* Nüsse, die auf Bislama *nataboa* genannt werden.[89] Die besonders vitaminreichen rote Früchte, *(Tricosanthea)* bzw. *wamil,* essen die Sa mit Vorliebe.[90] Gesammelt werden außerdem verschiedene Pilzarten, *bwere* und *nambnuerro,* die Algenarten *lum, tatao* und *sheve.* Die Sa sammeln mehrere Dutzend verschiedener Heilpflanzen, aus denen gesundheitsfördernde Kräutertees hergestellt werden, unter anderem gehören die Blätter des Orangen- bzw. Grapefruitbaumes dazu, aus denen ein Tee mit Namen *aumrara* bereitet wird. Manche Pflanzen zerreibt man mit den Händen und verteilt sie auf wunden Stellen, Zerrungen oder Knochenbrüchen.[91] Gesammelt werden außerdem verschiedenste Insekten, meist Larven. Die dicken weißen *Coleoptera larva* nennen die Sa z.B. *rongrong asiel,* eine andere Larve die man in Kokosnüssen findet, wird *bwil tot* genannt. Die kleineren Kinder lieben es ganz besonders, grüne oder gelbe Grillen (aus der Familie der *Ensifera)* zu fangen und zu zehn oder fünfzehn Stück auf kleine Spießchen zu stecken, die dann im Feuer geröstet werden. Mitunter werden auch die bis zu zwanzig Zentimeter langen Gottesanbeterinnen gefangen, geröstet und gegessen *(mantis religiosa),* von denen die Sa zwei Arten kennen, die grünen *teh malmal tarao* sowie die schwarzen *teh malmal wumet.* Obwohl die Sa wie die meisten Melanesier keinen allzugroßen Bezug zur See haben, veranstalten die Männer doch hin und wieder gemeinsame Fischzüge. Dann zieht man, meist bei Nacht, gemeinsam los, um bei Niedrigwasser die Fische mit Fackeln anzulocken bzw. aufzuspüren. Manche Männer besitzen ein Kanu und fahren bei gutem Wetter hinaus, um mit Schnur und Haken zu fischen, andere begnügen sich mit der Suche nach Kru-

---

[89] Lateinische Bezeichnung nicht bekannt.
[90] Erstaunlicherweise verschmähen die sonst nicht wählerischen Schweine diese süßlichen Früchte.
[91] Zum Wissen der *Sa* über Heilpflanzen existieren bislang noch keine Untersuchungen.

stentieren, neugierigen Aalen oder Muscheln. Mitunter taucht man nachts mit langen Speeren nach Riffischen und manche mutigen jungen Männer versuchen, Haie mit den blutigen Gedärmen gerade geschlachteter Schweine oder Rinder anzulocke, in denen große Haken versteckt sind, die der Hai verschluckt, worauf er gefangen werden kann. Immer wieder einmal gelingt so ein Fang tatsächlich und der Junge kehrt als „Held" ins Dorf zurück, denn ein Weiß-, oder Schwarz-spitzenriffhai *(Carcharhinus melanopterus* bzw. *Triaenodon obesus)* von anderthalb oder zwei Metern Länge ergibt fast soviel Fleisch wie ein mittelgroßes Schwein. Gefangen werden darüberhinaus gelegentlich auch Meeresschildkröten *(Cheloniidae)*, die, zusammen mit ihren Eiern, als ganz besondere Delikatesse gelten. Gejagt werden aber auch Säugetiere oder Reptilien: Flughunde *(Acerodon jubatus)* und Wildtauben erlegt man mit der Steinschleuder oder mit Pfeil und Bogen,[92] auch Wildschweinen oder Wildkatzen und den einheimischen Pythons *(Boinae)* stellt man manchmal mit Pfeil und Bogen oder langen Speeren nach.

Ein gutes Essen besteht in Bunlap vorzugsweise in einer ordentlichen Portion Knollenfrüchte, die auf die verschiedensten Weisen zubereitet werden können, wozu man wiederum meistens die Kokosmilch benötigt. Meist kommt Gemüse hinzu, selten verfügt man über Fleisch oder Fisch. Häufig werden Taro, Yams, Bananen oder Maniok zu *lok* verarbeitet, das im Bislama auch unter *laplap* bekannt ist. Dazu werden die rohen Knollen bzw. Bananen geschält und mit Hilfe eines dornigen Farnstammes zu Brei zerrieben, mit Kokosmilch vermischt und dann, evtl. unter Zugabe von Fisch oder Fleisch, in Bananen- oder andere passende Blätter eingewickelt. Diese Pakete, deren Größe variabel ist, werden im Erdofen einige Stunden lang gegart. Danach werden die Blätter entfernt und man erhält *lok,* eine Art zähen Kuchen, der für die Sa etwa dieselbe Rolle spielt, wie für uns das Brot. Es gibt unzählige Varianten, *lok* zuzubereiten, manchmal macht man nur handflächengroße Pakete, die in *chinere* oder Taroblätter gewickelt, und dann in Kokosmilch gekocht werden, manchmal entstehen besonders große *lok* von zwei oder mehr Quadratmetern Größe, die man für bestimmte Feste und Rituale benötigt. Eine andere Art der verfeinerten Essenszubereitung nennen die *Sa nalot.* Im Erdofen oder im Topf gekochte Wurzeln, Brotfrucht oder Bananen werden auf einem *natanbea,* also einem kleinen Tischchen, wie man sie auch zur Kavazubereitung heranzieht, so lange mit einer stetig mit Kokosmilch benetzten grünen Kokosnuß bearbeitet, bis ein homogener Brei entstanden ist. Diesen breitet man auf dem *natanbea* aus und beträufelt ihn mit frischer oder dick eingekochter Kokosmilch. Am häufigsten jedoch röstet man frische Yams, Taro, Brotfrucht oder Bananen einfach über dem offenen Feuer. Im

---

[92] Muller hatte 1975 noch davon gesprochen, daß man in Bunlap mit dem Gehwehr auf die Jagd gegangen sei (Muller 1975:220). Feuerwaffen sind jedoch seit der Unabhängigkeit im Jahre 1980 überall in Vanuatu verboten und wurden vom Staat konfisziert. Mir ist während meiner vielen Monate in Pentecost nie ein Mann mit Feuerwaffen begegnet noch hätte ich auch nur gehört, daß irgend jemand solche besäße.

Fall von Yams oder Taro schabt man alle paar Minuten die äußere, verbrannte Schicht ab und dreht dann die Knolle beim Zurücklegen ein wenig, damit sie nach und nach von allen Seiten gar wird. Vor allem die Männer, die im *mal* kochen, essen nach ausgiebigem Kavagenuß eine oder zwei solcherart geröstete Knollen, bevor sie schlafen gehen. Obwohl weniger aufwendig in der Zubereitung, gilt dieses einfache Essen bei vielen als besonders wohlschmeckend. Fleisch kocht man heutzutage im Topf, oder man gart es im Erdofen bzw. in 30 – 60 Zentimeter langen, grünen Bambusrohren, die man wie einen Topf ins Feuer legen kann. Auf diese Art gedünstetes Fleisch wird bedeutend zarter als im Topf und entfaltet, da im eigenen Saft gekocht, ein besonders intensives Aroma. Den Eigengeschmack der einzelnen Speisen bereichern die Sa lediglich mit zwei Würzmitteln: süßer Kokosmilch und salzigem Meerwasser. Schon seit vielen Jahrzehnten wird die Diät der Sa hin und wieder durch importierte Nahrungsmittel ergänzt, wozu in erster Linie Reis zu zählen ist, der, wenn man ihn sich leisten kann, viel und gerne gegessen wird. Auch Mehl gibt es manchmal zu kaufen. Kocht man Reis, wird dieser gerne mit einer Dose Thunfisch in Öl oder Makrelen in Tomatensauce ergänzt.

Neben dem bereits angesprochenen Wissen über eine Reihe verschiedener Heilpflanzen verfügen die *Sa* auch über umfangreiche Kenntnisse über die sie umgebenden Bäume, Sträucher und Gräser. Sie wissen, welches Holz für den Hausbau verwendet werden kann, welches für den Bau des *gol* oder zum *juban* Schnitzen heranzuziehen ist. Besonders wichtig ist die Pandanus *(Pandanus tectorius),* eine Palmenart aus der Familie der Schraubenpalmengewächse. Pandanus oder *wu* wird an geeigneten Stellen bewußt kultiviert, um stets reichlich von den eßbaren Früchten bzw. den langen, widerstandsfähigen Blättern zur Verfügung zu haben. Aus Pandanusfasern werden die äußeren, weißen Grasröcke, *rahis,* hergestellt, man webt daraus Taschen, Penisbinden oder Matten. Wichtig sind auch spezielle, lange, grünen Blätter, die ziemlich reißfest sind und sich, entfernt man zuerst den Stiel in der Mitte des Blattes, hervorragend als Penisbinde eignen, aber auch für alle möglichen anderen Belange herangezogen werden können: man schlägt Nahrungsmittel darin ein, um sie vor Schmutz und Insekten zu schützen und legt sie als „Tischtuch" auf den Boden oder auf die kleinen *natanbea* Tischchen usw..

Zuletzt soll hier von der zweiten, großen Sphäre der Nahrungsmittelproduktion gesprochen werden, der Schweinezucht. Vor der Einführung von Pferden und Rindern waren Schweine in Pentecost, wie überall in Melanesien, die größten, und daher am höchsten wertgeschätzten Nutztiere. Obwohl heute auch in Pentecost Rinderzucht betrieben wird, die eine vergleichsweise unkomplizierte und weniger arbeitsintensive Kalorienproduktion ermöglicht, hat sich am hohen symbolischen, aber auch materiellen Wert der Schweine bislang nichts Wesentliches geändert. Vor allem in den *kastom* Dörfern besitzen Schweine nach wie vor herausragende Bedeutung, nicht so sehr als Proteinressource, aber als das bedeutendste Objekt sozialen Austausches sind sie geradewegs eine Art Währung. Anläßlich aller dramatisch verdichteten, rituell begangenen Eckpunkte der menschlichen Existenz, also etwa Geburt, Heirat, Tod, Initiation, Sühne, Friedensschlüsse etc. werden Schweine als Opfertiere benötigt. Der Wert der Tiere könnte in früheren Zeiten sogar noch höher gewesen sein als er heute ist, denn Lane (1956) zählte in den 50er Jahren mehr Menschen als Schweine in Bunlap,

das zahlenmäßige Verhältnis betrug damals 1:0,66. Jolly verzeichnete in den 70er Jahren einen Anstieg der absoluten und auch relativen Schweinepopulation, die sich mit einem Verhältnis zwischen Mensch und Tier von 1:1,4 mehr als verdoppelt hat.[93] In der Regel werden die Tiere von der Kernfamilie gezüchtet und aufgezogen, wobei es deutliche Unterschiede in der Herdengröße der Haushalte gibt. Jolly zählte in den 70er Jahren Herdengrößen zwischen drei und vierundzwanzig Tieren. Allerdings muß man auch hier berücksichtigen, daß diese Zahlen sich aufgrund der Fluktuation der Schweine im Rahmen der Titelrituale sehr schnell ändern können. Mit Ausnahme der kleineren Ferkel, die man nicht selten in den Kochhütten hält und die mitunter sogar

Abb. 22: Schweine sind, neben Geld, der wichtigste Besitz eines Mannes. Chief Warisul besitzt mehrere Tusker, deren Zähne beinahe schon rundgewachsen sind. (Bunlap-Bena, April 2002)

---

[93] Vgl. Jolly 1994a:70. Andererseits läßt sich der Unterschied zwischen beiden Werten vielleicht wie folgt erklären: Wenn es in einem Jahr eine besonders hohe Zahl an *warsangul* Titelritualen gibt, kann es leicht sein, daß die Schweinepopulation innerhalb weniger Woche halbiert wird. Da sich an Lebens- und Wirtschaftsform seit den fünfziger Jahren im Großen und Ganzen kaum etwas geändert hat, halte ich es für berechtigt, eine zwischen diesen beiden Werten oszillierende Zahl als Durchschnitt anzunehmen.

von den Frauen gesäugt werden, bewegen sich die Schweineherden halbwild entweder in den abgetrennten, *pone* genannten Bereichen zwischen Dorf und Gärten, oder sie sind in kleinen Koben nahe des „Hofes" eingesperrt. Die Tiere werden mit Essensabfällen (Schalen von Taro, Yams, Süßkartoffeln, Bananen, etc., Grünzeug, Papayas, trockene Flocken ausgepreßter Kokosnüsse oder Überresten von Mahlzeiten) oder mit extra für sie gekochten, minderwertigen Knollen, Bananen oder wilden Wurzeln gefüttert. Man achtet sehr darauf, nur die Tiere der eigenen Herde zu füttern, die ihre Besitzer schon an der Stimme erkennen, und sogleich angetrabt kommen, wenn sie deren lauten, schmatzenden Lockruf vernehmen. Fremde Tiere hingegen werden mit einem langen Stock vertrieben. Meiner Beobachtung nach kümmern sich sowohl Männer als auch Frauen um die Tiere, ja nicht selten ist es der Fall, daß Männer zu ihren wertvollen Keilern eine enge Beziehung eingehen, sie bevorzugt füttern und mitunter auch sanft am Bauch und Nacken kraulen (vgl. Abb. 22).[94] Die Produktion von Keilern mit kreisförmig wachsenden unteren Eckzähnen ist Männersache und eine Besonderheit, die es in dieser Form ausschließlich in Vanuatu gibt, weswegen der „Tusker"[95] sogar Eingang in die Nationalflagge Vanuatus gefunden hat. Keiler mit besonders ausgeprägten, symmetrischen Hauern, sind die am höchsten wertgeschätzten Schweine. Je runder die Tusker wachsen, um so wertvoller sind sie später als Statussymbole bzw. Rangabzeichen, wie wir in Kap. 12.1 noch sehen werden. Um das ungehinderte Wachstum der Eckzähne zu erreichen, werden dem Tier im Alter von etwa anderthalb Jahren die oberen Eckzähne ausgeschlagen. Nun können die unteren Eckzähne ungehindert wachsen, sie runden sich, beginnen nach etwa fünf Jahren und dem Beschreiben eines Dreiviertelkreises die Backen zu berühren, in die sie nach und nach einwachsen. Schließlich dringen sie erneut in den Knochen des Unterkiefers ein, den sie nach weiteren etwa zwei Jahren durchbohrt haben, worauf ihre Spitze erneut erscheint. Nicht allzulange darauf haben die Tusker ihre bestmögliche Form erreicht, und der Keiler wird in einem großen *warsangul* Titelritual, und zwar ausschließlich hier, denn für alles andere wäre er viel zu kostbar, geschlachtet.[96] Bedenkt man, wieviel Arbeit und Aufmerksamkeit man der Vermehrung und Veredelung seiner Schweine zuwenden muß, wird deutlich, welchen Wert sie tatsächlich besitzen, ja daß sie eben viel mehr als nur Nutztiere sind. Vielmehr gelten die Keiler als eine Art Kunstwerk von hoher ästhetischer und symbolischer Bedeutung,

---

[94] Jolly meint, daß Schweine das ausschließliche Eigentum der Männer seien (1994a:72). Alle meine Informanten wiesen diese Sicht zurück und wollten bei der Frage nach Besitzrechten keinen Unterschied zwischen Männern und Frauen machen.

[95] engl. für den fast kreisrund gewachsenen Zahn des Keilers, aber auch für den Keiler selbst.

[96] In anderen Teilen Vanuatus, etwa in Malekula, läßt man den Tusker zwei, ja sogar drei Rundungen beschreiben. Da die Gefahr eines Abbrechens des Zahnes und der damit verbundene Wertverlust jedoch immer größer wird, und durch die offenen Wunden im Kiefer im Übrigen auch die Gefahr von Infektionen und Abmagerung besteht, begnügt man sich in Pentecost mit dem oben beschriebenen Verfahren (vgl. auch Jolly 1994a:73).

deren Wert sich nur symbolisch, nämlich in den mit diesen Tieren erworbenen Titeln, adäquat niederschlagen kann.

10.5 Ordnung der Zeit – der jährliche Yamszyklus

Die *kastom* Sa ordnen die Zeit mit Hilfe des Mondes sowie der Wachstumsphasen der Yams. Es ist also das Zusammenspiel dieser beiden Parameter, das den Ablauf des Jahres anzeigt. Die Monde ermöglichen die Einteilung des Jahres in 30-tägige Mondmonate. Während der Tage kurz vor und nach Neumond ist der Mond „im Meer versunken". Mit seinem Wiederauftauchen beginnt dann der nächste Mondmonat. Dieser Mondkalender ist jedoch ungenau und wird stets mit den im folgenden beschriebenen Abschnitten der Yamsproduktion abgeglichen, die sich wiederum an den verschiedenen Reifephasen der Yamspflanze orientieren.[97] Die folgende Beschreibung ist eine Zusammenfassung meiner Daten im kritischen Vergleich mit Tattevin (1927b), Muller (1975), Jolly (1994a; 1997), wobei sich im Effekt eine leichte Verschiebung nach hinten ergibt. Hatte z.B. Tattevin noch geschrieben, der *ul li tsingtsingan* (*ul* – Sa für: Mond) entspreche unserem Februar (Tattevin 1927b:410), verorte ich ihn etwa zwei Wochen später und plaziere ihn zwischen Februar und März.

I. *Ul li gom da man* (April / Mai)
Dieser Monat ist nach der Yamsernte *(gom da man)* benannt und eröffnet den rituellen Jahreskalender der Sa. Der Yamspriester *loas na dam* geht in seinen Garten und erntet den ersten Yams des Jahres. Er bringt ihn ins Männerhaus und ißt ihn dort vor den Augen der anderen Männer um den Erfolg seiner Arbeit zu demonstrieren. Von nun an darf offiziell jedermann seinen eigenen Yams ernten.

II. *Ul li lus* (Mai / Juni)
Dies ist der Monat, den Yams zu prüfen. Bestimmte Yamsarten, nämlich diejenigen, die besonders große, lange Knollen ausbilden, werden auf überflüssige Schößlinge überprüft, die der Hauptfrucht Kraft wegnehmen könnten und daher möglicherweise entfernt werden müssen (*lus* – abschlagen). Diese, und ein paar andere Yamsarten sind noch nicht reif und müssen noch einige Wochen weiter wachsen.

III. *Ul li tauri* (Juni / Juli)
Der Mond der Ernte *(tauri)*. Der Yams wird jetzt endgültig geerntet. Diese fröhliche Zeit der Ernte ist auch die Zeit, das Beschneidungsritual *taltabwean* zu feiern. Nicht nur der Yams ist reif geworden, auch die kleinen Jungen kommen zur ersten Reifeprüfung und dürfen von nun an das Männerhaus betreten.

---

[97] Der Mond braucht 27.3 Tage (der "siderische" Mondmonat) für einen Umlauf von 360 Grad. Diese Zeit ist eine andere als die des „synodischen" Monats, da eben die Zeit einer Umdrehung von 360 Grad eine andere ist als die Zeit, die der Mond braucht, um erneut auf die von der Sonne weggerichteten Seite der Erde zu kommen, da die Erde sich in der Zeit auch fortbewegt hat. Dies hat dann natürlich auch zur Folge, daß die Mondaufgangs- bzw. – untergangszeiten, und damit auch Ebbe und Flut, sich ständig ändern

IV. *Ul li lo im* oder *Ul li redred* (Juli / August)
Der Yams wird jetzt ins Haus getragen *(lo im* – im Haus*)* und liegt überall herum, weil man sie nicht übereinander stapeln darf *(perere* – etwas liegt überall herum).

V. *Ul bale* (August / September)
In diesem Monat passiert nichts, was den Yamszyklus unmittelbar betrifft, daher heißt er *bale* (unbedeutend, nichts).

VI. *Ul gelget* (September / Oktober)
Dieser Monat eröffnet das Yamsjahr, denn er bezeichnet den Mond *(ul)* des Rodens und Schneidens *(elgalgat bzw. elgelget)* unliebsamer Bäume und Sträucher in den brachliegenden Yamsgärten. Zuerst geht der Yamspriester *loas na dam* alleine und unbemerkt in den Garten, um seine Yamspflanzung vorzubereiten. Anschließend ist der Weg frei für die anderen Dorfbewohner. Wenn sie nun in den Garten zu gehen, um zu roden, heißt es: *"Kit metea elgalgat"* – „Wir gehen schneiden".

VII. *Ul li tuntunan* (Oktober / November)
Dieser Monat ist nach dem Mond des Aufgrabens des Bodens *(tuntun)* und Pflanzens benannt. Um eine gute Ernte zu erzielen, muß der Boden bis zu einer Tiefe von dreißig Zentimetern umgegraben werden, bevor man dann die mit vierzig bis 120 Zentimetern nochmals deutlich tieferen Pflanzlöcher aushebt. Vor allem die langen, tief nach unten wachsenden Yamsarten *(z.B. tsere, aralis, tairau, dambis)* benötigen spezielle, sehr tiefe Pflanzlöcher.

VIII. *Ul li koran* (November / Dezember)
Der größte Anteil der Yamsgärten ist bestellt, die Knollen sind gepflanzt *(kor)*. Danach wird das Pflanzfest *koran* gefeiert.

IX. *Ul li latlatan* (Dezember / Januar)
Die Yamsranken *(lat)* werden um extra dafür gezogene Schößlinge wilden Zuckerrohrs *(au)* gewunden. Diese langen, dünnen, bambusartigen Stäbe werden tief in den Boden gesteckt und dienen dem Yams von nun an als Wuchshilfe, an der er sich emporranken kann.

X. *Ul li toan* (Januar / Februar)
Dies ist der Monat des Unkrautjätens *(toan* - jäten).

XI. *Ul li tsingtsingan* (Februar / März)
Der Monat des Respektes *(tsingtsingan)*. In diesem Monat darf kein Lärm gemacht werden, um das Wachstum der Yams nicht zu gefährden. Alle Tänze werden eingestellt. In den Gärten wird nicht mehr gekocht oder mit Feuer gerodet. Der Yamspriester *loas na dam* hängt ein Stück verbranntes Holz *(buaringis)* an den Zaun zwischen Dorfgebiet *(pane)* und dem Areal der Schweine *(pone)*, so daß jedermann das Feuertabu sehen kann. Es darf zwar außerhalb des Dorfes gekocht werden, aber nur in alten Gärten, die momentan nicht bestellt sind. Es ist verboten, Feuer aus dem Dorf über die Schwelle in die Gärten zu tragen. Allerhöchstens darf man ein wenig Glut in ein spezielles Blatt eingewickelt über die Schwelle tragen. Streichhölzer sind allerdings erlaubt. Feuerholz muss außerhalb des Dorfes in kleinere Stücke zerteilt und in eine Tasche gepackt werden, die auf dem Rücken und nicht über der Schulter getragen wird. In diesem Monat darf der Yamspriester *loas na dam* keinen Fisch essen und keine Kokossoße kochen. Jeder darf und soll fasten und sich selbst ein Tabu auferlegen.

XII. *Ul li muruburuban* (März / April)

Dic Tage des Fastens (*muruburuban* – Ende des Tabus) sind nun beendet, der „Weg des Fleisches" wieder geöffnet. Das verkohlte Stück Holz *(buaringis)* wird entfernt, der Yamspriester *loas na dam* verbrennt es in seinem Haus. In den Gärten darf wieder Feuer gemacht werden. Aber Lärm in den Gärten ist nach wie vor verboten, genauso wie alle rituellen Tänze. Feuerholz darf nun unter keinen Umständen mehr ins Dorf getragen werden ohne die o.g. Tabus zu beachten. Man sucht und findet Fleisch (Fisch, Flughund, Schwein etc.) und freut sich am Essen.

In den letzten Jahrzehnten ist der gregorianische Kalender mit seiner praktisch weltumspannend gültigen Einteilung in Monate und Jahre jedoch mindestens ebenso wichtig geworden wie der oben geschilderte Yamszyklus, allerdings hat er den traditionellen Kalender nicht abgelöst, sondern er ergänzt ihn, da andernfalls eine verläßliche Kommunikation mit der Außenwelt nicht möglich wäre. Wenn die Männer von Bunlap z.B. beim Bau eines *gol* an der Westküste der Insel teilnehmen, müssen selbstverständlich auch sie Termine einhalten, die sich nach dem gregorianischen Kalender richten. Entscheidend ist allerdings, daß der Ablauf des rituellen Jahreskalenders bis heute weitgehend unverändert befolgt wird, also der Reifegrad der Yams Zeitpunkt und Reihenfolge der wichtigsten Feste diktiert. Da sich das Jahr nach dem Yamszyklus richtet, beginnt es mit der Ernte der Yams. Diese läutet eine „Zeit der Feste" ein, die es nur deswegen geben kann, weil eine ausreichende Menge an haltbarer Yams die ökonomische Grundlage dafür darstellt, daß man sich mit der zeitraubenden Vorbereitung und Durchführung der verschiedenen Feste überhaupt beschäftigen kann.

Die wichtigsten Feste im rituellen Jahreskalender der *kastom* Sa:

Name:	Zeitraum	Beschreibung
Juban	*Ul li gomda-man* (März / April)	Der *juban* Tanz ist ein geradezu „archetypisches" Fruchtbarkeitsritual. Es eröffnet nach der „Zeit der Stille", die nach dem Pflanzen der Yams beginnt und für deren ungestörtes Wachstum notwendig ist, die „Zeit der Feste". Weiter oben haben wir uns ja bereits mit dem das *juban* Ritual begleitenden bzw. begründeten Mythos auseinandergesetzt, der einen typischen „Hainuwele" Stoff darstellt (vgl. Jensen 1966). In Südpentecost heißt die getötete Gottheit „Singit". Ihr hat man die vielen verschiedenen Yamsarten zu verdanken, weswegen man durch den *juban* Maskentanz an sie erinnert.
		Wenn der *loas na* dam die erste Yams des Jahres geerntet und gegessen hat, gehen auch alle anderen Männer und Frauen in ihre Yamsgärten und bringen einige reife Yams ins Dorf. Am selben Tag, an dem die Yams geerntet wird, muß man allerdings zusätzlich noch in die Tarogärten gehen, um Taro zu holen, mit denen man ein Taro-Laplap zubereitet. Beides zusammen, Yams und Taro, wird dann am nächsten Tag in den Männerhäusern und Kochhütten gegessen. Am fünften Tag nach der Yamsernte gehen Männer, Frauen und Kinder zum

Meer hinunter, um den „ganzen Dreck der Yamsernte" abzu-
waschen und ins Meer zu spülen. „Denn Yams", so sagen die
Leute in Bunlap, „ist eine starke Kraft. Eine lebendige Kraft,
die wir hier in Bunlap immer noch sehr respektieren." Am Tag
nach dieser rituellen Waschung findet dann der *juban* Tanz
statt. Die teilnehmenden Tänzer, acht an der Zahl, haben sich
eine Zeit lang mit der Hilfe von bestimmten, mir allerdings
nicht genau bekannten, magischen Praktiken auf den Tanz
vorbereitet. Die in ein spezielles Blätterkostüm gekleideten
Maskenträger kommen plötzlich und unvermutet aus dem
Busch und erscheinen auf dem Tanzplatz. Zuerst stecken sie
wildes Zuckerrohr auf den Tanzplatz, dann beginnen sie mit
dem Tanz. Inzwischen sind viele Männer, Frauen und Kinder
aus Bunlap-Bena und sogar aus der näheren Umgebung ebenfalls auf dem Tanzplatz eingetroffen, um die Masken zu sehen.
Diese tanzen zuerst mit dem Hintern aneinander, je vier Mann
auf einer Seite des Tanzplatzes. Wenn dann die Slit Gong aus
dem Männerhaus getragen wird und man sie zu schlagen beginnt, drehen sie sich um und stehen einander Gesicht zu Gesicht gegenüber. Manchmal gehen die Maskenträger auf die
Umstehenden los und schlagen sie mit ihren langen Ruten aus
wildem Zuckerrohr. Diese Wildheit, sowie die teils grimmig
dreinschauenden Masken erinnern daran, daß es ohne den Tod
kein Leben geben kann. Dennoch ist es im Großen und Ganzen
ein fröhliches Treiben, bei dem die Umstehenden lachen und
über die verschiedenen Masken scherzen.
Überaus bemerkenswert ist der Umstand, daß das *juban* Ritual
nach einer Pause von etwa fünf Jahrzehnten im Jahr 2001
erstmals wieder aufgeführt wurde. Es ist m.E. berechtigt, von
einer ungebrochenen Tradition des Rituals zu sprechen, da es
noch einige ältere Männer gab, die das Wissen über die Vorbereitungen und die Durchführung besaßen. Das Schnitzen der
juban Masken hingegen, ebenfalls mehrere Jahrzehnte nicht
mehr praktiziert, wurde schon vor etwa zwanzig Jahren wieder
aufgenommen. Der wohl bedeutendste *juban* Schnitzer Moses
Watas, beschreibt das Ritual mit den folgenden Worten:
„Juban ist die Säule, die alle kastom *Tänze eröffnet, die wir*
kastom *Leute von Bunlap überhaupt kennen und bis heute*
verwenden. Juban eröffnet das Jahr und die Zeit der Tänze.
Wenn die Zeit der Tänze beendet ist und dann wieder die Zeit
kommt, wo wir Yams essen, dann öffnet juban wieder alle an-
deren kastom *Tänze des Jahres. Wenn die juban (-Masken,*
T.L.) getanzt hat, gehen bald darauf die Männer in den Wald,
um das Holz für das gol zu schlagen. Nach dem gol sind alle
anderen Tänze offen. Taltabwean ist offen, wenn Taltabwean
getanzt wurde kommt Bilbilan. Nach dem Taltabwean kann
auch Bata getanzt werden."
(Moses Watas. Bunlap. Oktober 2004.)

Gol	Zwischen *Ul li gomdaman* und *Ul li tauri* (zwischen März und Juli)	Das *gol* folgt auf das Fruchtbarkeitsritual *juban*. Traditionell lagen nur wenige Tage oder Wochen zwischen den beiden Festen. Muller will noch in den 70er Jahren beobachtet haben, daß eine Frist von genau fünf Tagen zwischen dem Ernten der ersten Yams und dem *gol* eingehalten wurde (Muller 1971:220). Heute werden, allerdings ausschließlich aufgrund der touristischen Nachfrage, teils noch im Juni, ja sogar bis in den frühen Juli hinein Turmspringen veranstaltet. Eine genaue Beschreibung der verschiedenen Aspekte des *gol* findet sich in Kap. 13
Taltab-wean	*Ul li lus* (Mai / Juni)	Das Beschneidungsfest *taltabwean* ist eines der zentralen Rituale der Sa Kultur. Da das Veranstalten eines *taltabwean* eine mühevolle, zeit- und kostspielige Angelegenheit ist, findet das Ritual in der Regel nur alle zwei Jahre statt, so daß die etwa zwanzig oder dreißig Jungen zweier Jahrgänge gleichzeitig beschnitten werden. Die eigentliche Beschneidung, bei der den etwa sechsjährigen Knaben die Vorhaut des Penis mit einem scharfen Messer aus Bambus abgetrennt wird, vollzieht sich in einer formlosen Zeremonie vor den Männerhäusern, jedoch außerhalb des Blickfeldes der Frauen. Diese warten am Rand des Tanzplatzes und brechen in lautes Weinen aus, wenn sie die Schreie ihrer Kinder vernehmen. Nach der Beschneidung wickelt man den Penis der Knaben in die Blätter wilder Taro. Anschließend werden die Neophyten, die man nun *wahbo* nennt, auf dem Rücken der letztjährigen Initianden auf den Tanzplatz getragen. Inzwischen haben die Väter der Initianden vier grüne Kokosnüsse auf den Platz gebracht, die die *wahbo* nun viermal umrunden und mit den Füßen berühren müssen. Dies ist eine Aufforderung an die Väter, nach dem Ausheilen der Wunden ein *taltabwean* Ritual auszurichten. Nun kommen die Mütter der Initianden nach vorne und überreichen ihren Männern aus Kokoswedeln geflochtene Schlafmatten, wie man sie braucht, um Säuglinge zu betten. Außerdem bringen sie Wasser und Nahrung. Die Väter packen alles zusammen und gehen mit ihren Söhnen, nach ihrer *buluim* getrennt, in die jeweiligen Männerhäuser. So lange die Wunden heilen, dürfen die Neophyten das schützende Männerhaus nur bei Nacht verlassen, wenn ihre Mütter schlafen. Die heranwachsende, männliche Kraft darf keinesfalls durch weiblichen Einfluß gefährdet werden. Jolly meint, die Initianden dürften während der Zeit der Seklusion ausschließlich Yams, oder ausnahmsweise Brotfrucht, aber keinesfalls Taro essen (Jolly 1994a:155) Ich kann diese Version nicht bestätigen. Vielmehr wurde mir bedeutet, daß alles, was nahrhaft sei, auch gegessen werden dürfe, heutzutage auch Reis oder Dosennahrung. Im übrigen, so meinten meine Informanten, gebe es in den Dörfern des Hochlandes, etwa Lonbwe oder Lonlibilie, ohnehin keine, oder nur wenig Yams, also müßte man dort sowieso Taro, Brotfrucht und Reis

essen. Die Zeit im Männerhaus ist dazu gedacht, die Jungen von ihren Müttern zu trennen und langsam an ihre eigentliche Welt, das Männerhaus, das man als eine Art künstlicher Gebärmutter betrachten kann, heranzuführen. Hier im Männerhaus sollen die Knaben möglichst viel männliche Energie in sich aufnehmen. Im Gegensatz zu vielen anderen Gebieten Melanesiens, gibt es bei den *kastom* Sa keine Prüfungen oder ein rituelles Erschrecken der Jungen, jedenfalls wurde mir nichts davon berichtet und auch Jolly erwähnt nichts Entsprechendes (Jolly 1994a:156).

Zwei bis vier Wochen nach der Beschneidung, wenn die Wunden abgeheilt sind, findet dann das *taltabwean* Fest statt, das, neben Tänzen, im Wesentlichen aus einer großen Präsentation von Yams und Taro besteht, wobei die Familien der beschnittenen Jungen versuchen, sich in Quantität und Qualität der präsentierten Knollen gegenseitig zu übertreffen. Während Jolly meint, daß dies der Moment sei, herzhaft über die Länge einzelner, besonders großer Yamswurzeln zu scherzen, und sie mit dem (großen) Penis ihrer Erzeuger in Verbindung zu bringen (1994a:157), wurde mir gegenüber), nichts dergleichen erwähnt. Neben verschiedenen Tänzen besteht das Ritual vor allem aus einer großen Umverteilung von Gütern, vor allem Taro und Yams, Schweinen,[98] Rindern und Geld. Die Geber sind die Väter der Jungen, die Empfänger zunächst die *loas* Priester, denen man für ihre gelungene Arbeit dankt. Darüber hinaus beschenken die Väter ihre *lo sal* Berechtigten, in diesem Fall die Verwandten der Mütter der Neophyten.[99]

Beschneidung und *taltabwean* Ritual sind typische Initiationsriten, in denen die Knaben des Dorfes von den Männern im Männerhaus „neu geboren" werden. Die Symbole von Geburt, Tod und daher Übergang, sind unübersehbar: Die Kokoswedel und –matten, in die man die Knaben im Männerhaus bettet, erinnern an die Zeit des Säuglingsalters. Daß die Neophyten von den letztjährigen Initianden auf dem Rücken getragen werden, erinnert ebenfalls an die Zeit, als sie von ihren Müttern so herumgetragen wurden, deren Rolle jetzt jedoch *von den Männern selbst* übernommen werden kann. Die Zeit im dunklen Männerhaus kann man als Reifezeit in der männlichen Sphäre betrachten, die so betrachtet, eine große künstliche Gebärmutter darstellt. Andererseits sind auch Symbole des Todes unübersehbar. Die wilden Schreie der Mütter, die zu hören sind, wenn die Knaben beschnitten und ins Männerhaus gebracht werden, erinnern an die Schreie, mit denen man die

---

[98] Jolly zählte bei einem *taltabwean* in Bunlap Mitte der 70er Jahre 4500 Taro, 2500 Yams, 400 Kokosnüsse, zwei Rinder, mehrere Schweine, *batsi* Matten und Geld.

[99] Was Jolly m.E. nicht verstanden hat, ist der Umstand, daß die *lo sal* Zahlungen in Form von Schweinen, Matten etc. nicht mehr Teil des eigentlichen *taltabwean* Rituales sind, sondern eigene Rituale darstellen bzw. bereits Teil des *warsangul*-Systems sind, hier *Wahbo* und *Pas mbuian;* vgl. Kap. 12.1.

Toten betrauert (vgl. Jolly1994a:161). Klar ist: hier findet ein Übergang von einer Sphäre, der der weiblich dominierten Kindheit, in eine andere, die der männlich dominierten *warsangul* Zeit statt.

Warsan-gul	zwischen *Ul li tauri* und *Ul li koran* (also zwischen Juni und Dezember)	Die *warsangul* genannten Titelrituale können flexibel während etwa sechs Monaten im Jahr abgehalten werden. Mitunter werden *warsangul* Rituale von den Sa auch *bilbilan* genannt, da der erste Tanz der Veranstaltung so heißt. Eine genauere Beschreibung des *warsangul* Systems findet sich in Kap. 12.1
Bata	zwischen *Ul li tauri* und *Ul li koran* (also zwischen Juni und Dezember)	Der Begriff *bata* leitet sich ab von *barbat* (Muttersau) und bezeichnet daher einen Tanz, anläßlich dessen eine Muttersau geopfert wird. *Bata* bildet den rituellen Rahmen für verschiedene Feste, etwa die Einweihung eines neuen Männerhauses.
Koran	*Ul li koran* (zwischen November und Dezember)	*Koran* wird gefeiert, wenn die Yamsgärten bestellt und die Knollen gepflanzt sind. Dies ist das letzte „Fest", mit ihm wird die „Zeit der Stille" eingeleitet. Jetzt macht man aus den letzten, noch in den Wohnhäusern verbliebenen Yamsknollen ein großes Festessen. Einen Teil trägt man in die Männerhäuser, wo daraus unter der Anleitung des *loas na dam* ein großes Mahl aus gerösteten oder zu *lok* verarbeiteten Yams zubereitet wird. Auch die Frauen und Kinder feiern ein großes Yamsfest in den Familienhäusern. Inoffiziell werden zwar auch jetzt noch einige Wurzeln aufbewahrt bzw. gepflanzt, aber der Hauptteil der Arbeit ist nun offiziell getan.

Tafel 7: Ritueller Jahreskalender der *kastom* Sa von Bunlap

11. Verwandtschaft

Ich kann hier weder in aller Ausführlichkeit die Bandbreite verwandtschaftsethnologischer Theorie ausbreiten, noch auf die Konzeption von Verwandtschaft bei den Sa erschöpfend eingehen, dies müßte im Rahmen einer anderen Fragestellung erfolgen. Dennoch ist es angebracht, in diesem Kapitel wenigstens einige grundlegende Bemerkungen über die allgemeine Konzeption und die konkrete Organisation von Verwandtschaft bei den Sa zu machen. Andernfalls können wir nicht verstehen, welche Partner für die Heirat besonders in Frage kommen und wo bzw. wie die Sa ihre Ehegatten finden – Fragen, die im Hinblick auf das *gol* von besonderer Bedeutung sind. Es geht aber auch darum, wie man Landrechte an die nächste Generation vererbt oder warum in wichtigen Ritualen der *kastom* Sa bestimmte Symbole so und nicht anders entfaltet werden. Auch hier könnten Hinweise darauf zu finden sein, wie das *gol* in den gesamtgesellschaftlichen Kontext eingebettet ist.[100] Margaret Jolly versucht, ihre verwandtschaftsethnologischen Daten aus Südpentecost in einen größeren regionalen Zusammenhang zu stellen. Das macht insofern Sinn, als die sehr ähnliche Situation im benachbarten Nordambrym aufgrund der dort beobachteten doppelten Deszendenz seit vielen Jahrzehnten das Interesse der Ethnologie gefunden hat und deshalb in ihrer Arbeit nicht einfach ausgespart werden konnte. Die zeitgleich mit Jolly in Nord-Ambrym forschende Mary Patterson hat 1976 eine Dissertation vorgelegt, die auch für die Situation in Südpentecost aufschlußreich ist und von Jolly häufig vergleichend herangezogen wird. Da es jedoch nicht das Anliegen der vorliegenden Arbeit ist, zu dieser hoch differenzierten Debatte beizutragen,[101] bleibe ich hier weitgehend auf der Ebene der ethnographischen Beschreibung und beschränke mich hier auf eine gestraffte Darstellung des aktuellen Forschungsstandes.

11.1 Das Konzept von Verwandtschaft als *buluim* – „in einem Haus" sein

Die wohl wichtigste verwandtschaftliche Kategorie der *kastom* Sa ist, wie wir bereits gehört haben, die *buluim,* was übersetzt soviel bedeutet wie Loch *(bulu)* im Haus *(im).* Die Vorstellung von verwandtschaftlicher Bindung korrespondiert also mit dem Bild eines Hauses, in das man hinein-, aus dem man aber auch wieder herauskommen kann, und deutet bereits die grundsätzliche Flexibilität des Systems an. Verwandt im Sinne der *buluim* ist, wer eine gemeinsame Geschichte teilt, und zwar (a) durch Abstammung vom selben Vater *oder* (b) aufgrund einer vorausgegangenen Adoption, durch die man in eine *buluim* aufgenommen wurde (z.B. die *ta remlili* in die *ta lon bwela mwil*); Aus (a) und (b) folgt ein gemeinsames Totem (c), das in der Regel mit Tötungs-, Speise- und Berührungsverboten einhergeht; aus (c) folgt (d) die mythische Herleitung eines gemeinsamen Ursprunges, weshalb in den Genesegeschichten stets sowohl der Ort als auch die Gründe dafür, warum eine *buluim* an diesem Ort siedelt, eine Rolle spielt; oder (e) im Falle der Frau, die durch Heirat meistens mit der *buluim* ihres Mannes identifiziert wird. All diese Faktoren (a – e) können die Zugehörigkeit zu einer *buluim* konstituieren. Ganz allgemein bezeichnet die *buluim* also

---

[100] Ich beziehe mich bei dieser Zusammenfassung weitgehend auf die Untersuchungen meiner Vorgänger Tattevin (1926; 1927a-c; 1928), Layard (1942), Lane (1960; 1965) und Jolly (1997; 1987; 1994a), die ich jedoch, wo meine Daten es nahelegen, ergänze.
[101] Für den Verlauf der Debatte verweise ich auf: Barnard 1928a, 1928b; Deacon 1927; Dumont 1966; Fortes 1959; Guiart 1928a; Josselin de Jong 1966; R. Lane & B. Lane 1956, 1958; Layard 1942; Löffler 1960; Patterson 1976; Radcliffe Brown 1927, 1929; Rivers 1914, 1915; Scheffler 1966, 1970, 1984; Seligman 1927, 1928; Strathern 1969a, 1972;

so etwas wie eine „erweiterte Hausgemeinschaft" und nicht einen rein auf Abstammung bezogenen „Clan" oder eine „Sippe". Der Weg „ins Haus" führt z.B. über die Heirat, ist jedoch nicht zwingend (vgl. Kap.11.3). Auch Adoption stellt eine Möglichkeit dar, diese kann jedoch ggf. wieder rückgängig gemacht werden. Kann man diese Form der Verwandtschaft als „Lineage" bezeichnen? Hierzu ist es notwendig, eine grundsätzliche Unterscheidung zwischen einem eher engen und einem eher offen gefaßten Verständnis von „Abstammung" zu treffen. Ein enges Konzept sieht die Konstitution von Verwandtschaft ausschließlich in der direkten, unilinealen Deszendenz vor. In offenen Konzepten stellt unilineale Deszendenz hingegen lediglich eines von mehreren Kriterien dar. Die Schwierigkeit eines Verortens des Deszendenztypes besteht für den Fall der *kastom* Sa nun darin, daß sich die Deszendenz in der großen Mehrzahl der Fälle nur über die oben genannten Punkte (a) und (c) ableitet, also auf den ersten Blick genommen einem engen Konzept von Verwandtschaft entspricht, was auch erklärt, warum die *buluim* von meinen Vorgängern lange mit Klan oder Sippe gleichgesetzt wurde (vgl. Lane 1956:268; Tattevin 1926-1928). Dazu kommt noch die weitgehend durchgehaltene patri-virilokale Siedlungsstruktur.[102] Jedoch sind diese Muster eben nicht durchgängig, sondern werden durch die Punkte b, d und e aufgelockert, weshalb es, insgesamt betrachtet, höchstens noch Sinn macht, von einer „erweiterten Lineage" zu sprechen. Dies auch deswegen, weil es aufgrund der gleich noch zu behandelnden *lo sal* Verpflichtungen eine bestimmte Form der Konkurrenz zwischen Vätern und Söhnen gibt, die untypisch für unilineare patrilineale Deszendenz ist und eine starke matrilineale Komponente erkennen läßt (vgl. Jolly 1994a:103).

Eine zweite, Verwandtschaft konstituierende Vorstellung der Sa begegnet uns in dem Begriff *batatun* der bei der späteren Behandlung der *warsangul* Rituale wichtig wird. Damit sind zunächst alle Geschwister und Halbgeschwister gemeint, die einen gemeinsamen Vater haben. Darüber hinaus fallen aber auch alle anderen Verwandten, die klassifikatorische „Brüder" oder „Schwestern" sind, unter diese Kategorie: also ich und meine Geschwister, die Väter des Vaters, sowie deren Schwestern, die Söhne meines Sohnes oder die Töchter meines Sohnes. Außerdem sind mein Vater und seine Schwester sowie meine Söhne und Töchter (real und auch klassifikatorisch) *batatun*. Jolly beschreibt, wie einer ihrer Informanten die Bedeutung von *batatun* mit den Worten erklärt habe: „Wir sind Geschwister nicht deswegen, weil wir zusammen geboren wurden, sondern weil wir an einem Ort zusammen leben"[103], womit tatsächlich allerdings weder

---

[102] Vgl. auch Kap. 11.2 in dieser Arbeit. Jolly beschreibt für die siebziger Jahre einen Prozentsatz von 85,19% patri-virilokaler, 9,25 % neolokaler, 3,75% matrilokaler und 40,74% patri-virilokaler und uxorilokaler Residenz. Die Gesamtzahl ergibt aufrund des letztgenannten Wertes nicht 100%, denn einige Männer heiraten im eigenen Dorf und residieren daher sowohl patri-virilokal als auch uxorilokal (Jolly 1994a:102).

[103] vgl. Jolly 1994a:103, meine Übersetzung. Hier wird wiederum die Bedeutung der (flexiblen) Hausgemeinschaft deutlich.

Blutsverwandtschaft noch der geographische Ort gemeint ist, sondern auch die verwandtschaftskategorische Gemeinsamkeit zu all denjenigen, die ihre potentiellen Heiratspartner aus den in Frage kommenden anderen *batatun* auswählen.

Betrachten wir nun die entscheidenden Begriffe der Sa Verwandtschaftsterminologie. Ich beziehe mich hier wiederum auf eine entsprechende Tabelle von Margaret Jolly (1994a:104), die ich hier, von einigen, hervorgehobenen Änderungen abgesehen, bestätige.

Temak (tsat)	alle	F, FB, FFF, FFFB, FFBS, MH, MZH
	Ms.	S, BS, FBSS
	Fs.	BS, SDS, FBSS
Wantsuk	alle	S, D, SSS
	Ms.	BS, BD, FBSS, FBSD, ZSDS, ZSDD, MZSS, MZSD
	Fs.	ZS, ZD, SSD, FMF, HF, HFB
Selak	Ms.	B, FBS, MZ, FF, FFB, SS, BSS
	Fs.	Z, FBD, MZD, FFZ
Watok	nur Ms.	B, FBS, MZS, (wenn älter als ego) FF, FFB
Waisisik	nur Fs.	B, FBS, MZS, (wenn jünger als ego) SS, BSS
Wainik	nur Ms.	Z, MZD, FBD, FFZ, SD, BSD, FZSDD, MBSDD
Waiwinik	nur Fs.	B, MZS, FBS, FF, FZSDS, MBSDS
Itnik	alle	FZ, BD, MFM, FBSD, MZSD, FFFZ, BSSD, MBW
	Ms.	D, SSD
	Fs.	SDD
Dasik (asi)	alle	M, MZ, FFM, FFMZ, BDSD, FW, FBW, BSW
	Ms.	SW, SSSW, ZDD, DSD
	Fs.	DD, DSW
Tsik	alle	MB, ZDS, FFMB, FZH, BDH
Utnak	alle	MBS, MBD, MFZ, MFB, MFZ

Alak	nur Ms.	ZS, ZD, FBDS, FBDD, MZDS, MZDD, SDS, SDD, BSDS, BSDD, FFZS, WBS, WBD, ZHS, ZHD
Tsibik / Tsien tsat[104] *(bibi)*	alle	FF, FFB, FFZ, FM, FMB, FMZ, MF, MFB, MFZ, MM, MMB, MMZ
	Ms.	W, BW, FBSW, MZSW, SSW, BSSW, FZSW, FZDH, MBSW, MBDH
Mabik[105]		SS, SD, DS, DD, BSS, BSD, ZSS, ZSD, FZSS, FZSD, FZDB, FZDD, FBSSS, FBSSD, FBDSS, FBDSD, MZSSS, MZSSD, MBSS, MBSD, MBDS, MBDD
Tarit / taiwin	nur Ms.	~~WB~~[106], DH[107], ZH, FMB, SDH, FBDH, MZDH, SSWB
Ingik/ ~~yik~~ (yak)[108]	alle	WB[109], WF, WFB
Nag isin	nur Fs.	W, BW, FBSW, MZSW, FM, FMZ, SSW, BSSW
Nak adumwan	nur Fs.	H, HB, SS, ZSS
Warik	nur Fs.	BW, HZ

Tafel 8: Die wichtigsten Begriffe der Sa Verwandtschaftsterminologie

Anmerkungen:

1. Die genannte Form ist jeweils Substantiv Singular possesiv. Alle Formen, die auf ‚k' enden, erhalten das Suffix ‚m' für die Verwendung als Genitiv oder das Suffix ‚n' für die Verwendung als Dativ. Alle Formen sind referentiell. Der Vokativ steht, falls existent, in Klammern.
2. Ein Schrägstrich zwischen zwei Formen zeigt unterschiedliche Bezeichnungsmöglichkeit bei gleicher Bedeutung an.
3. Das Kürzel „alle" steht für ‚Männer und Frauen können so adressieren' ‚Ms.' steht für ‚nur Männer können so adressieren' bzw. ‚Fs.' steht für ‚nur Frauen können so adressieren'.

---

[104] *Tsien Tsat* kommt bei Jolly nicht vor und muß daher hier ergänzt werden. Der Begriff wird, da eine eher unspezifische Bezeichnung, in verschiedensten Fällen und sehr häufig gebraucht.

[105] Mabik und Tsibik (Tsien Tsat) werden eher unspezifisch bzw. für einen sehr großen Personenkreis verwendet (vgl. Jolly 1994a:105).

[106] Meinen Daten zufolge bezeichnet *tarit* nicht den WB sondern den DH.

[107] DH fehlt bei Jolly (1994a:105)

[108] Hier muß eine Lautverschiebung stattgefunden haben, der *yik* wird korrekt *yak* ausgesprochen, außerdem wurde die verwandtschaftliche Zuordnung um den WB erweitert, den Jolly dem *tarit* zugeordnet hatte.

[109] WB fehlt bei Jolly (1994a:105)

11.2 Verwandtschaft als Verpflichtung und chancenreicher Weg: *lo sal*

Die *kastom* Sa stehen mit den Verwandten der eigenen Mutter (Männer wie Frauen), sowie mit denen der eigenen Ehefrau (nur Männer) über eine bestimmte Form des lebenslangen Austausches, die *lo sal* genannt wird, in einer speziellen, unauflösbaren Verbindung. *Lo sal* bedeutet soviel wie „auf" bzw. „im" *(lo)* „Weg" bzw. „Pfad" oder „Strasse" *(sal)*. Gemeint ist, daß Frauen (Mütter und Ehefrauen), metaphorisch gesprochen, einen „Weg" oder „Pfad" zu anderen (nämlich den Verwandten der Mütter bzw. Ehefrauen) darstellen (vgl. Jolly 1994a:109). *Lo sal* ist eine typische *do ut des* Einrichtung, mit der eine langfristige Reziprozität von Gaben zwischen den Akteuren sichergestellt werden soll (vgl. f.a. Mauss 1968). Konkret verpflichtet *lo sal* den Geber, sich für die Arbeits- und Reproduktionskraft der Mutter oder Ehefrau bei deren Verwandten zu bedanken und mit seinen Gaben das vergossene Blut zu sühnen, das beim ersten Geschlechtsverkehr bzw. bei der Geburt von Kindern fließt. Die *lo sal* Riten bestehen, je nach Kategorie, aus einer Gabe von Schweinen und roten *batsi* Matten, oder aber aus der Präsentation von Yams- oder Taroknollen. Diese Verpflichtungen begleiten alle wesentlichen dramatischen Zuspitzungen bzw. Übergangsrituale des Lebens, also Geburt, Beschneidung, Heirat, Tod sowie alle *warsangul* Rituale. Wer seinen *lo sal* Obligationen nicht nachkommt gefährdet die Ordnung und läuft Gefahr, sich bösen Verwünschungen und auch Zauberei der zu kurz gekommenen potentiellen Empfänger auszusetzen. Jolly beschreibt drei verschiedene Arten von *lo sal* Konstellationen (1994a:109ff):

1. Die erste Kategorie von *lo sal* Verpflichtungen hat man (Mann und Frau) gegenüber den Verwandten der Mutter, etwa dem tatsächlichen und klassifikatorischen Vater der Mutter *tsibin* (MF)*;* den Brüdern der Mutter *tsin* (MB) sowie deren Kindern *utnan*. Abhängig vom Alter der *lo sal* pflichtigen Kinder, werden jedoch in der Regel der Vater, oder dessen Verwandte, die *lo sal* Schulden begleichen, die anläßlich Geburt, Beschneidung, Heirat oder Tod fällig werden.. Das Ritual wird in der Regel einer bestimmten „Mutter" (tatsächlich oder klassifikatorisch) gewidmet, die auch namentlich genannt wird, diese ist aber tatsächlich nur Stellvertreterin für alle anderen Frauen in dieser Kategorie. Wird z.B. ein Schwein geschlachtet, übergibt es der Initiand (oder dessen Vertreter) einem bestimmten *tsik* (MB) der es jedoch unter allen *lo sal* Empfängern aufteilen muß. Die Empfänger selbst sind offiziell übrigens nicht die namentlich genannten Frauen, sondern lediglich die Männer und die noch unverheirateten Frauen aus der betreffenden Gruppe. Inoffiziell wird das Fleisch jedoch, meinen eigenen Beobachtungen zufolge, gleichmäßig unter den entsprechenden Familien, Männern, Frauen und Kindern, aufgeteilt.

2. Die zweite Kategorie betrifft die Schulden, die ein Mann gegenüber den Verwandten seiner Frau hat, in erster Linie an den *ingik* (WB, WF, WFB). Der WF wird dafür entschädigt, daß er seine Tochter dem Ehemann über-

lassen hat und so nicht mehr über ihre Arbeitskraft und Unterstützung verfügen kann. Der WB wird für die Geburtsfähigkeit seiner Schwester und deren Mühe bei der Erziehung der Kinder bedacht. Wenn man weiterdenkt ergibt sich der Umstand, daß die Kinder des Mannes im Rahmen ihrer *lo sal* Verpflichtungen der gleichen Gruppe gegenüber verpflichtet sind (hier *tsibin, tsin, utnan)* wie ihr Vater. Beide müssen also den Angehörigen der gleichen Frau (Ehefrau bzw. Mutter) lebenslangen Ausgleich zahlen, ein Muster, das sich häufig über viele Generationen fortsetzt, da die Gruppe der *lo sal* Empfänger dem Geber, der für das „Blut seiner Mutter" bezahlt, idealerweise auch wieder die nächste Ehefrau geben soll.

3. In einer dritten Kategorie von *lo sal* Verpflichtungen wird die Richtung des Gabenflusses umgedreht, diesmal sind es nämlich die *tsin* (MB), die den *alan* (ZS, BSDS etc.) im Rahmen eines *mah mas* Rituals, das z.B. im Rahmen einer *warsangul* Zeremonie abgehalten werden kann, Geschenke machen, die hier jedoch nicht aus Matten und Schweinen, sondern aus einer größeren Menge Taro- oder Yamsknollen bestehen. Diese Schenkungen der eigentlichen *lo sal* Empfänger an die eigentlichen *lo sal* Geber stellen einen Dank dar und sollen den Geber gleichzeitig zu zukünftigen Zahlungen ermutigen.

Was sind die unmittelbaren Folgen dieser Konstruktion? Zunächst verbindet alle Männer ausnahmslos die Bürde der *lo sal* Zahlungen, die eine psychologische und materielle, Beschränkung männlicher Dominanz bedeuten. Zwar sind die Empfänger der *lo sal* Zahlungen auch wieder Männer, dennoch ist den Beteiligten bewußt, daß es die geheimnisvollen Reproduktionsfähigkeiten der Frauen sind, die entgolten werden müssen, um das Überleben der Gruppe insgesamt zu sichern. Auf der anderen Seite verhindert *lo sal* eine allzustarke Kollektivbildung der Männer insgesamt, weil diese untereinander immer auch in gebenden bzw. nehmenden *lo sal* Abhängigkeiten stehen – ein Umstand, den sie wiederum den Frauen zu verdanken haben, deren materieller „Wert" dadurch nachhaltig gestärkt wird. Layard sieht in der *lo sal* Konstruktion ein starkes Indiz für eine nur oberflächliche Patrilinearität der Sa, der in Wirklichkeit ein älteres, matrilineares Muster zugrunde liegt. Neben den hier genannten Gründen sieht er auch in dem Umstand einen Hinweis auf seine These, daß der *tsin* (MB) das ihm geopferte Schwein nicht selbst nachhause tragen darf. Diese besondere Arbeit muß vom MB des MB *(utnan)* verrichtet werden.

„It is clear, then, that the original intention of the rite was the indemnification not of the mother's patrilineal clan, but of her matrilineal line of descent, extending through the sacrificer's brother, through his mother's brother's own mother's brother, and so backwards, always on the mother's side. What has happened is that with existing emphasis on overt patrilineal descent, the mother's patrilineal clan has, except in certain instances, ursuped the position formerly belonging to the matrilineal element only, and it is this that accounts for the inclusion of the mother's brother's son among those to whom this sacrifice is made." (Layard 1942:724)

Jolly bezweifelt Layards These, da nicht nur der MS am Festmahl teilnehmen kann, sondern auch der MF. Ich meine hingegen, daß dies doch ein weiteres Indiz dafür sein könnte, daß die *lo sal* Riten eine frühere Schicht der Sa Kultur darstellt, die heute auf praktisch allen Ebenen von den dominanten *warsangul* Riten durchdrungen ist bzw. überlagert wird, ohne jedoch gänzlich verschwunden zu sein. Das vielleicht stichhaltigste Argument für diese Annahme liefert Marry Patterson (1976), die anhand von linguistischen und verwandtschaftsethnologischen Daten sowie historischer Berichte den Nachweis erbracht hat, daß die „Graded Society", wie wir sie heute als das dominante Ritualsystem für diesen Teil Vanuatus kennen, erst im 17. Jh. hierher gelangt ist.[110] Weitere Indizien für eine ursprünglich matrilineares Organisation finden wir, wenn wir uns die Lösung von Landrechtsfragen betrachten: In der Regel besitzen Männer das Land. Mitunter jedoch können auch Frauen zu Landbesitzern werden. Dieser Fall tritt z.B. dann ein, wenn eine Frau keine erbberechtigten Brüder hat oder wenn sie selbst keine Söhne hat und das Land ihres Gatten nach dessen Tod an sie fällt. Es kann sogar vorkommen, daß eine Frau mehr Land besitzt als ihr Ehemann, eben dann, wenn sie Land ihres Vaters geerbt hat. In der Regel können Frauen dieses Land jedoch *nicht* an ihre eigenen Kinder weitervererben, sondern es fällt an die Familie ihres Vaters zurück, bleibt also in der *buluim* des Vaters. Aber auch von dieser Regel gibt es Ausnahmen, ein solcher Fall ist mir aus dem kleinen Weiler Sankar bekannt geworden. Sankar wurde vor ca. 45 Jahren von einem Mann aus Lonbwe mit Namen Joe Bebe aus der *buluim lon sing* gegründet. Eine seiner Töchter, Kaleng, heiratete später Bebe, ein Mann aus Ranon der aus der *pan bagroh buluim* stammt. Für unsere Betrachtung ist nun wichtig, daß Bebe bei seiner Heirat nach Sankar zog, also ins Dorf seiner Frau, was ein gutes Beispiel für die hin und wieder vorkommende Uxorilokalität bei den ansonsten patrilokalen Sa darstellt. Margaret Jolly beschreibt, daß in Bunlap alle Männer patri-virilokal leben, während dies bei den vier Männern in Sankar nur in einem Fall so ist (Jolly 1994a:101f, zur Uxorilokalität generell vgl. Pannof & Perrin 1982:312, Lévi-Strauss1949). Kaleng hat nach dem Tod ihres Vaters Joe Bebe dessen gesamten Grundbesitz geerbt und ihr Mann Bebe meinte daher wie selbstverständlich, dass seine Frau, und nicht er selbst, die Eigentümerin des Bodens sei. Er selbst besitze überhaupt kein Land. Wenn Kaleng eines Tages stirbt, so erklärten mir die beiden weiter, wird sie eine Hälfte des Landes

---

[110] Ich hatte Gelegenheit, Mary Patterson im September 2004 in Port Vila kennenzulernen. In einem langen Gespräch sprach ich mit ihr u.a. über ihre eigenen Forschungen und konnte ihr außerdem auch meine eigenen Daten und Überlegungen bezüglich des *gol* präsentieren. Bei aller Faszination für den Gedanken, daß sich manche „Ungereimtheiten" in der Sa Gesellschaft aus dem Umstand erklären lassen könnten, diese sei vor nicht allzulanger Zeit noch matrilinear organisiert gewesen, meinte sie einschränkend, der letztgültige Beweis dafür könne, trotz mancher Indizien, nicht erbracht werden.

an Wabak vererben, ihren einzigen Sohn. Die andere Hälfte erhält Wari, der älteste Sohn ihres einzigen Bruders Lala. Interessant ist eine weitere überraschende Wendung, denn nach ihrer *buluim* gefragt gab Kaleng sogleich die *buluim* ihres Vaters, *lon sing* an und nicht diejenige ihres Mannes, *ta pan bagroh*. Dies steht im Gegensatz zu den Verhältnissen in Bunlap-Bena, wo Frauen in aller Regel die *buluim* ihres Mannes auch als ihre eigene betrachten bzw. zumindest an erster Stelle nennen würden. Allerdings wird auch in Sankas Wabak, der einzige gemeinsame Sohn, zur *buluim* seines Vaters *ta pan bagroh* gerechnet. Wichtig war mir hier, festzuhalten, daß wir in Sankas bei der Lösung der Landbesitz- bzw. Erbfragen starke matrilineale Elemente vorfinden, die Merkmale einer doppelten Deszendenz beinhalten und hier noch deutlicher sichtbar werden als die bei den Sa ohnehin vorhandenen, matrilineale Komponenten enthaltenden *lo sal* Regelungen. Deutlich wird hier zumindest eines, nämlich die Flexibilität des Verwandtschaftsystems, das auf veränderte Rahmenbedingungen offenbar sehr rasch reagieren kann. Aus Londar (Rantealing) ganz im Süden der Insel ist mir, über Pere Ceprien, den von dort stammenden Missionar der Missionsstation in Baie Barrier, z.B. der Fall bekannt geworden, daß der MB seinem *wantsun* verbieten kann, sein Land zu bestellen, wenn der Junge noch nicht genügend Titel erworben hat. Genauso kann der MB seinem *wantsun* aber auch sein eigenes Land überlassen. Allerdings nur dann, wenn er selbst keine oder nur wenige Nachkommen hat.

Hat Layard also doch Recht, wenn er meint, es deute alles darauf hin, daß die Sa vor nicht allzulanger Zeit noch matrilineal organisiert gewesen seien? Ich kann hier noch nicht zu einer abschließenden Bewertung kommen, gebe aber immerhin zu bedenken, daß Layards Überlegungen auch durch andere Hinweise gestützt werden, die ich im Rahmen meiner späteren Analyse noch genauer ausführe.

11.3 Werbung, Liebe, Heirat, Trennung – individuelle Wege

Margaret Jolly hat hinreichend beschrieben, welches Konzept die Sa von der Ehe besitzen, wie diese organisiert ist und was Ehepartner voneinander erwarten dürfen. Ich will dies hier nur insoweit referieren, als notwendig ist, um einen einigermaßen vollständigen Überblick zu erlangen, ohne zu weit ins Detail gehen zu müssen und verweise im Übrigen auf die ausführlichere Darstellung bei Jolly (1994a). Ausklammern dürfen wir das Thema hier allerdings auch nicht, denn wir werden später noch sehen, welche Verbindungen zwischen Werbung, Liebe und Heirat und dem *gol* existieren.

Grundsätzlich läßt sich sagen, daß die Vorstellung, als erwachsener Mensch ohne Ehepartner bleiben zu müssen, den Sa Männern überhaupt nicht behagt. Eine wesentliche Rolle spielt dabei die Überlegung, daß ein Mann mit Frau und Kindern über ein deutliches Mehr an Arbeitskraft verfügt, als ein unverheiratet bleibender Junggeselle, der sich alleine durchschlagen muß und nur wenig Überschuß erwirtschaften kann. Wie wichtig dieser ökonomische Vorteil tatsächlich ist, werde ich im nächsten Kapitel noch ausführlich behandeln, hier genügt die Feststellung, daß es unter den Sa praktisch keine unverheirateten Männer und Frauen gibt, es sei denn, diese sind mit einem schweren gesundheitlichen Makel behaftet oder bereits alt und verwitwet. Wie in allen Gesellschaften gibt es auch bei den Sa bestimmte Vorstellungen darüber, welche Verbindungen besonders schicklich sind, welche noch toleriert werden können und welche man, obwohl sie vielleicht gar nicht so selten vorkommen, für ungebührlich hält.[111] Allerdings unterscheidet sich, wie überall, auch hier die soziale Praxis von dem, was sich eigentlich gehört. Mich interessiert hier besonders die Bandbreite an individuell verschiedenen Möglichkeiten, Partnerschaften einzugehen und Hochzeiten in die Wege zu leiten. Dabei werden wir feststellen, wie flexibel die gleich zu beschreibenden Regeln tatsächlich gehandhabt werden.

Betrachten wir zuerst eine Situation, die von allen Beteiligten für sehr wünschenswert erachtet wird. Idealerweise sollte ein Junge ein Mädchen aus derjenigen *buluim* zur Frau nehmen, aus der die Mutter des Vaters *(tsibik)* stammt. Parallel dazu sollte ein Mädchen einen Jungen aus derjenigen *buluim* zum Mann nehmen, aus der die Mutter seines Vaters *(tsibik)* kommt. Solche Allianzen von (auch klassifikatorischen) Kreuzcousins nennt man *imaraga,* was soviel bedeutet wie „es kommt und geht", eine Anspielung auf die zwischen den Generationen alternierenden, stetig wiederkehrenden Allianzen.[112] Wenn wir uns das Konzept der *batatun* ins Gedächtnis rufen, wird deutlich, daß es bei *imaraga* nicht um blutsverwandtschaftliche Allianzen geht, sondern daß alle klassifikatorischen Verwandten gemeint sind, die von einem gemeinsamen Ort stammen. In der Tat ist das *imaraga* Konzept jedoch noch weiter gefaßt, und beschränkt sich weder auf eine bestimmte *batatun* noch auf eine bestimmte *buluim,* wie Jolly zutreffend beschreibt:

„As I discovered in the process of collecting statistics on marriage it embraces all appropriate women from the *buluim* of the fathers mother, and also such women from *buluims* seen to be identified or associated with the father's mother's *buluim.*" (Jolly 1994a:120)

Obwohl ohnehin schon relativ flexibel, betrug der Anteil an wünschenswerten *imaraga* Verbindungen in den *kastom* Dörfern in den 70er Jahren *aus Sicht der Männer* lediglich 25.33%. Der absolute Wert liegt vermutlich noch niedriger, denn der Fall ist wahrscheinlich, daß ein Mann eine aus seiner Sicht passende *imaraga* Verbindung eingeht, während für seine Frau ein anderer Partner im Sinne des *imaraga* Ideals womöglich besser gepaßt hätte. In diesem Fall würde zwar der Mann angeben, im Sinne des *imaraga* Ideals geheiratet zu haben, seine Frau jedoch nicht. Daß *beide* eine besonders wünschenswerte *imaraga* Verbindung eingegangen sind, ist also mit Sicherheit noch seltener. Anderseits könn-

---

[111] Ich gehe hier nicht explizit auf das universelle Inzesttabu ein, das bei den Sa genauso streng gehandhabt wird, wie überall sonst auch (vgl. f.a. Fox 2003:54ff).

[112] Jolly bedient sich mit „*imadaga*" einer anderen Schreibweise, hier hat wohl seit den 70er Jahren eine Lautverschiebung stattgefunden.

te der Wert, wenn man die Situation aus Sicht der Männer *oder* der Frauen zählt, auch höher sein, Zählungen aus dem benachbarten Ambrym, wo die Dinge ähnlich gelagert sind, legen einen prozentualen Anteil von um die 50% nahe, wenn man alle Frauen hinzuzählt, die aus ihrer Sicht ebenfalls eine passende *imaraga* Verbindung eingegangen sind.[113] Eine große Zahl an Ehen der *kastom* Sa, mindestens die Hälfte, entsprechen also nicht dem Ideal, sondern sind Verbindungen, die eben noch toleriert werden. Dazu gehört die Wahl eines Partners z.B. aus der Kategorie *utnan* oder *alan*. Abgelehnt hingegen werden Verbindungen, die eine zu enge verwandtschaftliche (auch klassifikatorische) Komponente aufweisen, etwa mit Frauen, die ein Mann *wantsun* oder *wainin* nennt. Abgelehnt werden aber auch Verbindungen, die innerhalb der eigenen *buluim* vollzogen werden. Es liegt auf der Hand, daß unter diesen Bedingungen die eigentliche Bedeutung von *lo sal* pervertiert wird, da es so nicht mehr zu einem Ausgleich zwischen den einzelnen *buluim* kommt, und durch gegenseitige Reziprozität mögliche Konflikte entschärft bzw. Spannungen abgebaut werden. Statt dessen führen derartige unerlaubte Bindungen zum ökonomischen Vorteil derjenigen *buluim* aus der beide Partner stammen. Diese wird dadurch nach innen hin gefestigt und grenzt sich nach außen ab. Die große Mehrzahl der Sa, so beschreibt Jolly in den 70er Jahren, betrachtet diese beiden Arten von Verbindungen als obszön, weil sie, neben dem Beischlaf mit der (klassifikatorischen) „Schwester" oder „Tochter" auch zur Folge hat, daß der Initiand als Verwandter seiner eigenen Frau auch seine eigenen *lo sal* Opferschweine selbst essen darf, sich selbst bzw. seine *buluim* durch seine Heirat also bereichert, anstatt sich anderen gegenüber zu verpflichten. Dennoch finden wir im Bunlap der 70er Jahre einen prozentualen Anteil von mehr als 10% derartiger Ehen. Besonders bemerkenswert ist dabei der Umstand, daß solche Verbindungen fast ausnahmslos von Männern der *ta remlili* eingegangen worden sind, die so möglicherweise sehr gezielt ihre eigenen Ressourcen geschont bzw. vermehrt haben (vgl. Jolly 1994a:120f). Was wiederum die bereits weiter oben gemachten Beobachtungen stützt, daß die *remlili* Leute althergebrachte Konventionen übergehen bzw. eine Sonderrolle spielen, die möglicherweise auf die kollektive Erfahrung der Vertreibung zurückgeführt werden kann.

Eine andere Form der präferierten, wenngleich aus den oben geschilderten Gründen nicht unproblematischen Heirat, zielt auf eine andere Form der Reziprozität ab. Die Rede ist vom Schwesterntausch, der in den 70er Jahren in Bunlap genau ein Drittel der Ehen (33,33%) ausmachte (Jolly 1994a:121). Auch hier spielt nicht die Blutsverwandtschaft, sondern die klassifikatorische Verwandtschaft die entscheidende Rolle, es geht also um tatsächliche und um klassifikatorische Schwestern *(wainin)*, die zwischen zwei Familien ausgetauscht werden.

---

[113] Jolly hat das *imaraga* System lediglich aus der Perspektive der Männer betrachtet und gelungene Verbindungen aus Frauenperspektive übergangen, während Patterson beide Seiten, Männer wie Frauen, befragt hat (Jolly 1994a:120)

Durch einen derartigen Tausch entstehen wünschenswerte Allianzen, wenn die zukünftigen Partner aus unterschiedlichen *buluim* kommen, und so ihren *lo sal* Verpflichtungen nachkommen können und abzulehnende Allianzen, die das soziale Gefüge stören, wenn es sich um Kandidaten aus der gleichen *buluim* handelt.

Ein zentrales Element aller Verbindungen ist der Brautpreis oder *kot*.[114] Er besteht bei den Sa aus roten *batsi* Matten, Haushaltsgegenständen wie Aluminiumtöpfen, Geschirr, Seife oder Stoffe sowie der Gabe von Schweinen, Knollen und vor allem Geld. In den Jahren 2002 und 2004 konnte ich an mehreren Hochzeiten teilnehmen, bei denen der Brautpreis zwischen 33.000 (ca. € 200,-) und 51.000 Vatu (ca. € 300,-) betrug. Er wird von der Familie des Bräutigams sowie deren Verwandten bezahlt, aber auch von Freunden der Familie oder all denjenigen, die, z.B. aus politischen Gründen, „gutes Wetter" machen wollen, denn jeder, der dem jungen Mann geholfen hat, seine, wie die Sa selbst sagen „Frau zu bezahlen", bleibt lange in positiver Erinnerung. Umgekehrt sind die Empfänger des Brautpreises in der Familie der Braut zu suchen, wobei ihr Vater als Familienvorstand in der Regel den größten Anteil einbehalten wird. Allerdings muß er sehr genau darauf achten, daß er einen guten Teil des Geldes an andere Verwandte des Mädchens weitergibt, vor allem an solche, die sie auf ihrem bisherigen Lebensweg materiell unterstützt oder anderweitig begleitet haben. Die Höhe des Brautpreises ist abhängig von verschiedenen Faktoren. Je gesünder, jünger und sexuell attraktiver das Mädchen ist, desto höher wird der Brautpreis ausfallen. Auch Jungfräulichkeit, mindestens aber eine möglichst unbescholtene sexuelle Vergangenheit, spielen eine positive Rolle. Ist eine Frau schon älter, oder krank, ist sie durch mehrfache Scheidungen oder Affären aufgefallen, hat sie vielleicht schon Kinder auf die Welt gebracht oder ist gar bereits unfruchtbar, wird der Brautpreis entsprechend niedriger ausfallen. Der Brautpreis entschädigt die Familie der Braut für den Verlust einer wertvollen Arbeitskraft und honoriert ihre Fruchtbarkeit sowie ihre sexuelle Attraktivität. Bei einem Schwesterntausch ist der Brautpreis in der Regel um etwa ein Drittel niedriger, da die Frauen ja zeitgleich ausgetauscht werden und es daher zu keinem Verlust an Arbeitskraft für die beteiligten Familien kommt (vgl. Jolly 1994a:132f).
Scheidung ist bei den Sa nicht unbekannt, wenngleich sie nicht allzuhäufig vorkommt. Der Grund für eine Scheidung ist meist Ehebruch, wobei Jolly in den 70er Jahren eine prozentual höhere Zahl von geschiedenen Ehen aufgrund eines Ehebruches der Frau beobachtet hat, was sie allerdings, wie sie einschränkend hinzufügt, auf einen „double standard" zurückführt, wonach Frauen außereheliche Eskapaden ihrer Männer viel eher zu akzeptieren hätten als es umgekehrt der Fall war. Eine Ehe kann aber auch dann geschieden werden, wenn die Ehe kinderlos bleibt oder die jungvermählte Braut sich überhaupt weigert, mit dem Ehepartner zu schlafen oder umgekehrt. In diesen Fällen wird der Brautpreis in

---

[114] Vgl. Tattevin 1926:270, 396; Jolly 1994a:132; Singer 1973; Meillassoux 1978.

der Regel in voller Höhe zurückbezahlt. Polygynie wurde und wird von den *kastom* Sa grundsätzlich toleriert, allerdings kommt sie heutzutage so gut wie nicht mehr vor. Während es noch in den 50er Jahren mehrere Männer mit vier und mehr Frauen gab und Jolly in den 70er Jahren noch insgesamt ein Dutzend polygyner Ehen beobachten konnte, darunter einen Mann, der mit vier Frauen verheiratet war, lebt heute lediglich noch ein Mann in Bunlap, der nach dem Tode seines Bruders zusätzlich zu seiner eigenen, auch dessen Frau geehelicht hat (Lane 1956; Jolly 1994a:122f). Woran der Rückgang der Polygamie liegt, vermag ich nicht genau zu sagen. Wenngleich auch heute viele junge Männer selbstbewußt behaupten, sie würden sicher einmal drei oder vier Frauen ehelichen, spielt tatsächlich doch der dauernde Kontakt mit den benachbarten christlichen Dörfern eine nicht zu unterschätzende Rolle, wo ein Menschenbild propagiert wird, in dem für Polygynie kein Platz ist.

Nachdem wir nun eine ungefähre Vorstellung davon haben, wie die Ehe bei den Sa geregelt ist, wollen wir uns nun mit der mindestens ebenso wichtigen Frage beschäftigen, aus welchen Gründen Ehen geschlossen werden. Es bietet sich dem Betrachter hier nämlich ein erstaunlich inhomogenes Bild und man kann zwei Kategorien von Eheschließungen finden. Manche Paare sind völlig passiv und scheinen der Wahl ihrer zukünftigen Ehepartner gegenüber völlig gleichgültig zu sein. In diese Kategorie fallen *imaraga* Vernuftehen aber auch der, unter rationalen, aber eben nicht unbedingt auch emotionalen, Gesichtspunkten sinnvolle Schwesterntausch. In der zweiten Kategorie finden wir Akteure, sowohl Männer wie Frauen, die stark gefühlsorientiert handeln, und aktiv Liebesheiraten durchzusetzen versuchen. Bleiben wir zunächst bei der ersten Kategorie: viele Ehen zwischen passenden Partnern wurden, und werden auch heute noch, von den Eltern gestiftet, wenn die späteren Eheleute noch im Kindesalter sind. In diesem Fall senden die Eltern des Jungen ein *kumilini* Geschenk, eine Art Anzahlung auf den Brautpreis, in Form von ein paar Schweinen und *batsi* Matten an die Eltern des Mädchens. Sollten diese es sich anders überlegen und ihre Tochter doch noch an einen anderen Mann verheiraten, ist die *kumilini* Gabe zurückzuzahlen. Entscheiden die Eltern des Jungen anders, verfällt die Heiratsanzahlung und muß nicht zurückgegeben werden. Über die Anzahl dieser frühen Verlobungen gibt es keine genauen Daten, ich weiß aber aus eigener Anschauung, daß es auch heute noch solche Verbindungen gibt. Beim heutzutage üblicheren Fall der Eheanbahnung sucht der Vater des bereits erwachsenen Jungen nach einer passenden Frau und trifft, meist ohne sich mit seinem Sohn darüber zu besprechen, Arrangements mit den Eltern eines in Frage kommenden Mädchens. Mitunter kommt es in beiden Fällen während der Hochzeit oder kurz danach zu Konflikten zwischen den zukünftigen Ehepartnern. In der Regel deswegen, weil diese sich nicht sympathisch sind und die Ehe nicht vollzogen wird. Es kann aber auch Konflikte zwischen den Eltern geben, z.B. wenn der Brautpreis nicht ausreichend hoch bemessen ist. In der Regel jedoch lassen sich die jungen

Leute auf die von ihren Eltern vermittelten Ehen ein und „versuchen es miteinander".

Wariats Weg in die Ehe

Chief Warisul aus der *ta ran bwela mwil* hatte für seinen etwa 25-jährigen erstgeborenen Sohn Wariat ein im Sinne von *imaraga* passendes Mädchen aus der *pan bagroh buluim* in Lonbwe ausfindig gemacht. Wariat kannte das Mädchen nicht, ließ die Dinge aber auf sich zukommen. Am Tag der Hochzeit kamen die Verwandten des Mädchens von Lonbwe nach Bunlap, die Hochzeit wurde gefeiert und der Brautpreis bezahlt. Allerdings kam es mit den Verwandten des Mädchens, die auf einmal einen höheren Brautpreis forderten zum Konflikt, der derart eskalierte, daß Wariat sich weigerte, die Ehe zu vollziehen. Nach mehreren Wochen kehrte das Mädchen nach Lonbwe zurück, die Ehe wurde annulliert. Der Brautpreis allerdings konnte nur noch in Teilen zurückgegeben werden. Um diesen nicht gänzlich abschreiben zu müssen, unternahm Chief Warisul drei Jahre später einen zweiten Versuch und bahnte diesmal eine Ehe mit Tubu an, wiederum ein Mädchen aus der *pan bagroh* in Lonbwe. Diese Verbindung hatte in erster Linie den Vorteil, daß der bereits gezahlte Brautpreis auf diese zweite Ehe angerechnet werden konnte. Wariat und Tubu verstanden sich nach einigen anfänglichen Schwierigkeiten gut und die Ehe hat seither Bestand.
(Feldnotiz Lipp, November 2004)

Eine andere Form der Heiratsanbahnung ist das „Stehlen" von Frauen aus Liebe, das in diametralem Gegensatz zu den von langer Hand angebahnten Verbindungen steht. Im Gegensatz zum „Raub der Sabinerinnen" hat das „Stehlen" einer Frau bei den *kastom* Sa nichts mit gemeinschaftlichem Frauenraub zu tun. Vielmehr „stiehlt" ein Mann eine Frau, wenn er sie durch seine Schönheit und Liebe betört, mit der Hilfe von Liebeszauber für sich gewinnt, oder auch gewalttätig zu sich holt. Sobald er mit ihr geschlafen hat, ohne dafür vorher einen Brautpreis zu bezahlen, hat er sie „gestohlen". Körperliche Gewalt ist in diesen Dingen allerdings die absolute Ausnahme und keinesfalls die Regel. Ist die Frau erst einmal „gestohlen", hat sie die Wahl und kann entweder eine Beziehung zu ihrem „Dieb" eingehen und zu ihm gehen oder ihn verlassen und, so vorhanden, zu ihrem eigenen Mann zurückkehren. Wenn ihr Liebhaber aus einem weiter entfernten Dorf kommt, vereinfacht das die Sache, da sich die Akteure beruhigen können und direkte körperliche Auseinandersetzungen zwischen Liebhaber und Ehemann vermieden werden. Statt dessen wird man sich zu Gerichtsverhandlungen treffen und versuchen, eine Lösung auf der Grundlage einer materiellen Entschädigung zu treffen. Der Liebhaber wird, mit anderen Worten, einige Monate oder Jahre später versuchen, seine „gestohlene" Frau nachträglich zu legitimieren, es „richtig zu machen" und einen Brautpreis an die Verwandten der Frau sowie an ihren Mann bezahlen. Handelt es sich um Unverheiratete, wird der Junge seinen Vater um Vermittlung bitten und nicht selten kommt dann eine Hochzeit zustande, die den sozialen Friede wieder herstellt.

Mani und Sali

Die etwa 14-jährige Mani aus der *ta ran bwelamorp*, ein hübsches, etwas scheues junges Mädchen mit blonden Haaren, Tochter meines Freundes Moses Watas, hatte sich in den etwa 18-jährigen Sali aus der *ta ran bwela mwil* verliebt. Beide hatten bereits miteinander geschla-

fen, was, wie die Dinge bei den Sa nun einmal liegen, bedeutete, daß er sie „gestohlen" hatte. Moses war, weil es die Etikette so vorsicht, äußerlich durchaus erregt. Andererseits wußte er aber auch, daß die Situation ihm aus zweierlei Gründen eine gute Position für die Brautpreisverhandlungen bescherte. Ein Junge, der ein Mädchen stiehlt, noch dazu eines, das eigentlich zu jung für die Ehe ist, hat in der Regel mit Konsequenzen zu rechnen. In diesem Fall einigte man sich nach einigen Verhandlungen zwischen Moses und dem Vater von Sali, Melsul Tokon, allerdings darauf, daß das Alter von Mani zwar grenzwertig sei, man die Heirat aber trotzdem tolerieren werde. Allerdings müsse sich der voreheliche Verkehr in einem höheren Brautpreis niederschlagen, was dann auch der Fall war.
(Feldnotiz Thorolf Lipp, August 2004)

Manis Geschichte korrespondiert mit einem von Jolly aufgezeichneten Satz der jungen, unverheirateten Jibewano aus Pohurur: „If a woman desires a man, she tells her father and he arranges a marriage for her" (aus Jolly 1994a:115). Hier wird angedeutet, daß eine Heirat aus Liebe, möglicherweise auch gegen den Willen der Eltern, für die Sa keinesfalls eine abwegige Vorstellung darstellt. Daß es allerdings, vor allem für sehr junge Liebende, mitunter unmöglich ist, sich gegen den Willen der Eltern zu vermählen, zeigt folgende Geschichte. Dieser, durchaus vergleichbare Fall eines „gestohlenen Mädchens", trug sich vor etwa 30 Jahren zu. Da es hier jedoch zu keiner Einigung zwischen den Eltern kam, ging die Sache für den Jungen nicht so glimpflich ab, sondern hat vielmehr deutliche Spuren hinterlassen (vgl. auch Kap. 18.8):

Bebe Melsul (Presin) und Maju

Der etwa 16-jährige Bebe Melsul aus der *ta tobol* hatte Maju, ein etwa 14-jähriges Mädchen aus der *ta remlili* verführt. Da sich jedoch zwischen den Eltern der beiden jungen Leute keine Einigung ergeben wollte, wie nun weiter zu verfahren sei, informierte Majus Vater schließlich von Pangi aus die Polizei in Lakator auf Malakula und zeigte an, daß Bebe seine Tochter „gestohlen" hatte. Die mobile Eingreiftruppe kam einige Tage später nach Bunlap und Bebe wurde nach einem kurzen Gerichtsverfahren zu drei Monaten Haft verurteilt. Er wurde nach Malakula überführt, wo er seine Strafe absitzen mußte. Obwohl er später Jibe aus der *ta ran bwela mwil* heiratete und sieben Kinder hat, ist er das Stigma des ehemaligen Gefängnisinsassen nicht mehr ganz losgeworden und trägt seither den Namen Bebe Presin (prison).
(Feldnotiz Thorolf Lipp, März 2002)

Zusammenfassend läßt sich sagen, daß Ehen bei den Sa aus sehr unterschiedlichen Gründen geschlossen werden, die jedoch offenbar komfortabel nebeneinander existieren können: Wahrung der Familientradition und wirtschaftliches Kalkül (*imaraga* und Schwesterntausch) einerseits, sowie Ehen aus Liebe und Leidenschaft andererseits scheinen für sich genommen jeweils triftige Gründe zu sein, eine Ehe einzugehen. Es fällt beinahe schwer, zu verstehen, daß die Bandbreite an Empfindungen, die persönliche Haltung zur Liebe und Ehe in einer kleinen, überschaubaren Gemeinschaft, in der alle mehr oder weniger das Gleiche tun, so weit auseinanderliegen können.[115] Während es Wariat weitge-

---

[115] Vgl. dazu Bengt Danielssons Überlegungen aus Ostpolynesien die da lauten, eine Ehe könne gar nicht schief gehen, da ohnehin alle Jungen oder Mädchen einer zahlenmäßig klei-

hend egal zu sein scheint, mit wem er vermählt wird, sind Mani und Sali vor Liebe entbrannt und setzen alles daran, ihre Verbindung zu legalisieren. Diese Spannbreite an Möglichkeiten aufzuzeigen, war mir hier wichtig. Wir werden später noch sehen, daß unter den spezifischen kulturellen Rahmenbedingungen, die wir in Südpentecost vorfinden, diese Flexibilität notwendig ist, um langfristig den Frieden und damit das Überleben der Gruppe zu sichern.

---

nen und geographisch isolierten Inselkultur dasselbe denken, sagen und tun würden. (Danielsson 1953).

12. Titel, Magie, Geld, Rhetorik, Mut: Bemerkungen zum Ethos der Sa

Einer meiner besten Freunde in Bunlap, Moses Watas, entgegnete mir einmal auf eine Frage, warum er etwas so und nicht anders mache, andere Männer wiederum in derselben Angelegenheit ganz anders handelten als er, die einfache Parole: *„I stap long evri man, from man hemi master long life blong hem"* – „Es hängt von jedem selbst ab, denn ein Mann ist der Herr seines Lebens". Dieser Satz hat sich mir tief eingeprägt, weil er in der Tat einen treffenden Einblick in das „Ethos" der Sa gewährt.[116]

Ich meine, zwei Bedeutungen in Moses Feststellung erkennen zu können. Nur eine davon wird explizit deutlich, die andere bleibt implizit, weswegen ich sie hier noch nicht behandeln möchte. Explizit wird hier die Betonung von persönlicher Selbstbestimmung deutlich: Wie ein Mann sein Leben gestaltet, was er daraus macht, geht nur ihn alleine etwas an. Ein Mann, so suggeriert Moses, ist nur sich selbst gegenüber verantwortlich, er kann tun und lassen, was er für richtig hält. Ganz so einfach liegen die Dinge in Wirklichkeit jedoch nicht, denn natürlich steckt im Begriff „master" auch die Vorstellung, daß man bestimmte Herausforderungen, vor die einen Gesellschaft und Umwelt stellen, auch zu *meistern* in der Lage ist. Ich meine, daß es für einen Mann verschiedene, teils entkoppelte Möglichkeiten gibt, ein vollwertiges Mitglied der *kastom* Sa Gemeinschaft zu werden. Besondere Macht jedoch erlangt man nur, wenn man möglichst viele der im folgenden geschilderten Wege der persönlichen Entfaltung kennt und auch beherrscht. Der bloße Erwerb von *warsangul* Titeln allein reicht dazu keineswegs aus. Daneben gibt es noch weitere Möglichkeiten, sich zu bewähren, andere für sich zu gewinnen, *Macht* zu erlangen: erbliche religiöse Titel, Heilkräfte und Magie, wirtschaftliche Potenz, rhetorische Fähigkeiten und politisches Geschick oder auch Mut, etwa im Krieg oder beim *gol*. Stellen wir uns also im folgenden Kapitel die Frage, was einen Mann zum *master long life blong hem* macht, welche Fähigkeiten das in seiner Gesamtheit unausgesprochene, aber doch implizit allgemein anerkannte Ethos der Sa voraussetzt, damit sich ein Mann zu einer ausgereiften Persönlichkeit und vielleicht sogar zu einem *mächtigen warsangul* entwickeln kann.[117]

---

[116] Wenn ich hier den Begriff „Ethos" verwende, beziehe ich mich dabei zunächst auf Foster (1965) und Geertz (1973). Ich kann an dieser Stelle nicht genauer auf die Diskurse eingehen sondern verweise dazu vielmehr auf den dritten Teil dieser Arbeit.

[117] Aus Gründen, die ich weiter oben schon teilweise geschildert habe, muß ich die Frauen hier fast vollkommen beiseite lassen. Meine Kenntnis ihrer Lebenswelt ist nicht ausreichend um ihre emische Perspektive auf die Dinge darzulegen. Ich gebe überdies zu bedenken, daß auch Jolly, obwohl sie ja ausdrücklich ein Buch über die Frauen in der *kastom* Gesellschaft geschrieben hat, fast ausschließlich auf männliche Informanten zurückgreift und männliche Lebenswelten schildert bzw. analysiert.

12.1 Symbolische Titel

Das komplexe *warsangul* Titelsystem stellt in der Kultur des *kastom* Sa ein wichtiges, aber keineswegs das einzige soziale Regulativ dar. Um später verstehen zu können, ob *gol* und *warsangul* überhaupt ineinandergreifen ist es notwendig, zumindest über eine einigermaßen genaue Vorstellung vom Titelsystem zu verfügen.

Das *warsangul* System der Männer mit seinen 27 Stufen ist ein integraler Bestandteil der *kastom* Ideologie und hat sich, seit es schriftliche Quellen gibt, in seinen Grundzügen nicht wesentlich verändert (vgl. Tattevin 1917; 1928; Lane 1956; Jolly 1979; 1994a). Umgangssprachlich ist *warsangul* eine Form der Anrede und besagt zunächst nichts anderes als „geachteter Mann" oder „geehrter Herr", wobei sich die „Achtung" oder „Ehrung" auf die Erfolge im allseits anerkannten und daher legitimen Titelsystem bezieht. Die Dinge werden jedoch dadurch kompliziert, daß *warsangul* außerdem gleichbedeutend ist mit „politischer Führer" und darüber hinaus auch noch das Titelsystem als solches bezeichnet. Margaret Jolly übersetzt den Begriff *warsangul* wörtlich mit „zehn Mal" bzw. „zehn Kräfte" (Jolly 1994a:179).[118] Das *warsangul* System besteht, vereinfacht gesagt, im Sammeln (Züchten, Tauschen, Kaufen) von Schweinen, die dann zu einem vom Titelanwärter festgelegten Zeitpunkt im Rahmen eines Rituals auf dem Tanzplatz teils öffentlich gekeult, teils lebend verschenkt werden. Die Schweine bzw. ihr Fleisch dienen, zusammen mit anderen wertvollen Dingen wie Taro bzw. Yams, roten *batsi* Matten und Geld, als Bezahlung für den Titel und die damit verbundenen Privilegien. Die getöteten Schweine bedeuten eine Anerkennung der weiblichen Fertilität und Arbeitskraft, daher muß sie der Initiand an den *lo sal* Empfänger aus der Familie seiner Mutter und/oder seiner Frau entrichten, denn ohne seine Mutter wäre der Initiand nicht geboren worden und ohne die Hilfe seiner eigenen Frau könnte er nicht über ihre bzw. über die Arbeitskraft seiner Kinder verfügen, die ihm beim Erwerb von Titeln wesentlich unterstützen. Die lebenden Schweine gehen an den Mentor, von dem er den Titel erwirbt. Im *warsangul* System wird also durch den Erwerb der Titel stets dem männlichen Kulturträger und der weiblichen Reproduktionskraft Tribut gezollt. Der Neophyt erhält im Gegenzug einen neuen Namen, der in der Regel mit bestimmten, permanenten und/oder temporären Privilegien verknüpft ist. Erhalten kann man einen Titel nur von jemandem, der diesen bereits selbst erworben hat. In sehr seltenen Fällen werden hohe und seltene Titel allerdings auch vererbt. Damit nämlich das System als solches intakt bzw. vollständig bleibt, können Kinder den Titel ihres Vaters „in Verwahrung nehmen" und an andere, die dafür zu zahlen bereit sind, weitergeben. Sie selbst sind dann allerdings nicht Träger dieses Titels, sondern lediglich eine Art Verwalter dieses symbolischen Besit-

---

[118] Daß darin eine Anspielung auf die Zahl von zehn Schweinen enthalten sein könnte, so wie es aus anderen Teilen Vanuatus berichtet wird, wo bei Titelritualen zehn, oder ein mehrfaches von zehn Schweinen geopfert werden, will Jolly nicht bestätigen.

zes.[119] Im Grunde ermöglicht das Titelsystem zweierlei: einmal formalisiert es individuelle Machtbestrebungen und zum anderen ist es, aufgrund seiner allgemeinen Akzeptanz, ein wichtiger Garant für den sozialen Frieden.[120] Der Titelanwärter muss seine Fähigkeiten als Diplomat, Politiker, Händler, Gärtner, Schweinezüchter, Ehemann und Familienvater unter Beweis stellen, um die jeweils nächste Stufe zu erreichen. Alle diese Ressourcen sind nötig und müssen möglichst optimal genutzt werden, um eine Art „ökonomischen Test" zu bestehen. Dieser Test besteht zum einen darin, die Unterstützung von einem oder mehreren Mentoren zu gewinnen. Diese müssen den Wunsch des Anwärters, einen Titel zu erringen, unterstützen, ihm mit Rat, Tat und möglicherweise auch mit ökonomischen Mitteln zur Seite stehen und das Ritual selbst für ihn organisieren. Väter, Onkel, Brüder, sonstige wohlwollende Verwandte oder Freunde, die bereits weiter oben auf der Stufenleiter der Titelhierarchie angekommen sind, und deswegen den Titel weitergeben können, ähnlich wie bei uns ein Universitätsprofessor akademische Grade verleihen kann, treten dabei als Mentoren auf. Alle anderen Ressourcen muß der Anwärter selbst mobilisieren um möglichst viele materielle Güter in Form von Schweinen, Matten und Nahrungsmitteln zu erzeugen, die für das Ritual selbst, aber auch als Gewogenheitsgeschenke vorab, vonnöten sind. Die verschiedenen Titel bauen nach einem festgelegten Schema sukzessive aufeinander auf, allerdings ist wichtig, festzuhalten, daß es zwar eine Übereinkunft über die Abfolge der einzelnen Titel gibt, diese aber nicht von allen Initianden streng eingehalten wird. Ich widerspreche mit dieser Feststellung Margaret Jolly, die meint, Anzahl, Name und Reihenfolge der Grade sei generell umstritten (Jolly 1994a: 178ff). Dies trifft höchstens dann zu, wenn man zu einem alle *kastom* Gemeinden von Südpentecost umfassenden Schema kommen wollte. In Bunlap selbst gab es zwar, vor allem bei den jüngeren Männern, mitunter Wissenslücken bezüglich der Abfolge. Diese jedoch konnten in der Regel mit Hilfe der Älteren – allerdings mitunter erst nach längeren Diskussionen – geklärt werden.[121] Im Übrigen, so meine ich, könnte dieses anspruchsvolle System einer regulierten Reziprozität überhaupt nicht funktionieren, wenn nicht eine größtmögliche Übereinkunft über seine Regeln, also Legitimität, bestehen würde. Meine Daten ergeben daher auch in der Zusammenschau eine Abfolge von Titeln, dessen Anzahl und Reihenfolge von allen Befragten als die eigentlich Richtige bezeichnet wurde. Allerdings wird man an-

---

[119] Gäbe es diese Regelung nicht, würden einige seltene Titel, die vielleicht nur alle 30 oder 50 Jahre einmal vergeben werden, mit dem Tode ihres letzten Trägers unwiderruflich verlorengehen.

[120] Dem Berliner Ethnosoziologen Richard Thurnwald (1927; 1965) schreibt man zu, bei seinen melanesischen Feldstudien als Erster auf das Prinzip der „regulierten Reziprozität" gestoßen zu sein, das dann später von einer langen Reihe anderer Ethnologen aufgegriffen, weitergedacht und ins Zentrum ihrer ökonomischen Analysen gestellt wurde wurde, darunter Marcel Mauss (1984), Bronislaw Malinowski (1985); Radcliffe Brown (1952).

[121] Das meist profunde Wissen über die technischen Abläufe von Ritualen steht fast immer im Gegensatz zur mangelnden Fähigkeit bezüglich deren Exegese.

nehmen können, daß es erstens Ausnahmen von der Regel gibt, und daß zweitens diese Übereinkunft eine temporäre ist und man, innerhalb der Grenzen des Systems, flexibel auf äußere oder innere Veränderungen reagiert. Diese Flexibilität zeichnet sich heute schon beim Erwerb derjenigen Grade ab, die auf den ersten *mol* Titel folgen. Danach konzentrieren sich nämlich manche Männer auf die besonders prestigeträchtigen *abwal* und *ban* Titel während sie die übrigen *mol* Titel mit dem Hinweis übergehen, diese könnten sie ja später noch nachholen. Andere Männer hingegen halten sich streng an die überlieferte Reihenfolge und sind sehr stolz darauf, zwar möglicherweise langsamer, dafür aber vollständiger als andere im Titelsystem aufgestiegen zu sein (vgl. Kap. 18.8). Margaret Jolly führt neben den *warsangul* Titeln eine Reihe anderer Titel auf, die sie aber nicht zum eigentlichen *warsangul* System dazuzählt, sondern als „preliminary titles" bezeichnet, die in vorkolonialer Zeit jedoch weit verbreitet gewesen seien (Jolly 1994a:183ff). Da ein großer Teil dieser Titel heute jedoch praktisch nicht mehr bekannt ist, geschweige denn, daß sie noch erworben würden, will ich hier nicht mehr näher darauf eingehen. Statt dessen meine ich, daß die noch existenten Titel dieser Kategorie, die heutzutage von jedermann erworben werden, zum eigentlichen *warsangul* System hinzugezählt werden müssen. Der einzige Unterschied zwischen den in der Kindheit erworbenen und den späteren Titeln besteht darin, daß bei den Kindheitstiteln keine aufwendige Zeremonialkonstruktion errichtet wird und das Ritual insgesamt, so wie es dem sozialen Status der Initianden entspricht, weniger eindrucksvoll ausfällt. Ich halte dies jedoch für einen graduellen und nicht für einen substantiellen Unterschied. Dies geschieht in Übereinkunft mit meinen Informanten, denen es nicht einleuchten wollte, warum diese Titel nicht Teil von *warsangul* sein sollten. Schließlich bestehen diese, wie alle anderen Titel auch, aus der Tötung von Opfertieren sowie der Überreichung von Geschenken an den Mentor bzw. die Familie der Mutter des Initianden.

Betrachten wir nun zunächst eine Übersicht aller momentan in Bunlap gebräuchlichen Titel. Ich setze dabei meine Daten mit denen von Margaret Jolly in Beziehung, die seit ihrer Erhebung zu Beginn der siebziger Jahre nicht mehr überprüft worden sind. Im folgenden werden alle 27 Titel in der Reihenfolge vorgestellt, die die von mir erhobenen Daten nahelegen. Ob bzw. wie in der Praxis davon abgewichen wird, läßt sich in Kap. 18.8 sehen, wenn wir die Lebens- und Titelgeschichten einzelner Männer genauer betrachten.

Nr.	Name des Titels:	→ *Übersetzung*
1.	*Tokon mal* oder *Tokon mbu*	→ Weg ins Männerhaus ist offen → Weg der Schweine steht offen
2.	*Wahbo* und *Pas mbuian*	→ Beschnittener Junge → Gespeertes Schwein
3.	*Gom tutuan*	→ Gebrochener Gürtel
4.	*Ambu pola*	→ Steht auf einem Schwein
5.	*Wot*	→ Stein
6.	*Atolmis malegel* oder *Atolmis ba lon mol*	→ Zeremonialkonstruktion des kleinen Jungen → Zeremonialkonstruktion mit *mol* Blättern
7.	*Teul*	→ Grüne Kokosnuß
8.	*Brang*	→ Farnblatt
9.	*Mwil*	→ Palmfarnblatt
10.	*Bosis*	→ Ferkel
11.	*Mol tadrimolan*	→ Beginn des *mol* Zyklus
12.	*Mol emberu* auch *Mol langlangan*	→ Zwei (kleine) Palmfarnblätter
13.	*Mol embetil* auch *Mol seremwilan*	→ Drei zerschnittene Palmfarnblätter
14.	*Mol sabrimwilan*	→ Gefaltete Palmfarnblätter
15.	*Mol merere* auch *Mol saraputan*	→ Fünf vollständige Palmfarnblätter
16.	*Mol melemle* auch *Mol entekan*	→ Schlaffes Palmfarnblatt
17.	*Mol enbalon atolmis* auch *Mol Gau bing*	→ Palmfarnblatt, weiß von Asche

Nr.	Name des Titels:	➜ Übersetzung
18.	*Abwal bumangari*	➜ Der gut mit Schweinen umgehen kann
19.	*Abwal arkon*	➜ Heiliges Feuer
20.	*Abwal meleun su(takuru)*	➜ Auf dem Männerhaus
21.	*Abwal meleun beru (takuru)*	➜ Zweimal auf dem Männerhaus
22.	*Abwal nahim su*	➜ Auf der Kochhütte
23.	*Abwal nahim beru*	➜ Zweimal auf der Kochhütte
24.	*Abwal Mwilguruguru*	➜ Besonderes Palmfarnblatt
25.	*Ban lusban*	➜ Besonderes Armband
26.	*Ban molban*	➜ Armband mit *walu mol*
27.	*Biri* auch *Sidabagan* oder *Molbua*	➜ Sie bringen Schweine (mit *walu mol* geschmückt?) ➜ Unter dem weit ausladenden Baum

Tafel 9: Liste aller *warsangul* Titel

Bevor wir nun genauer auf die einzelnen Titelrituale eingehen, lohnt ein Blick auf die Symbolik der in diesen Ritualen entfalteten Bilder sowie auf mögliche Zusammenhänge zwischen diesen Bildern und bestimmten *Sa* Begriffen bzw. deren Etymologie. Für die elaborierteren Titelrituale wird eine Zeremonialkonstruktion aus verschiedenen Stöcken, Blumen und Blättern errichtet. In der Regel ergibt sich dabei eine Art abgeschlossener Bereich im Inneren, weshalb die Konstruktion auch *awawas* heißt, „heilige Bucht". Das Betreten dieses inneren Bereiches durch eine schmale Öffnung, signalisiert einen Höhepunkt des Rituals. Hier werden die Schweine gekeult und der Initiand ruft mehrfach seinen neuen Namen aus. Wenn der Initiand danach die *awawas* durch die schmale Öffnung wieder verläßt, zwängt er sich, wie durch einen Geburtskanal, seinem neuen Leben entgegen. Seine Initiation stellt also eine, mit Hilfe eines eindrücklichen Bildes inszenierte, symbolische Geburt dar. Diese Symbolik wird, so meine ich mit Margaret Jolly, auch auf einer anderen Ebene ersichtlich. Bei einem der ersten Titelrituale, *wot,* wird die gerade beschriebene *awawas* Konstruktion durch einen ovalen Stein ersetzt, auf dem das Schwein gekeult wird.[122] Auch hier finden wir einige linguistische Hinweise auf das Moment der „zwei-

---

[122] Patterson beschreibt, daß im benachbarten Nordambrym *wot* nicht aus einem, sondern aus mehreren Steinen besteht, die in Kreisform gelegt werden. (Patterson 1976:90ff)

ten Geburt". Jolly vermutet, daß die Sa Begriffe *wot* bzw. *at* (runder Stein), möglicherweise mit den im benachbarten Nordambrym gebräuchlichen Begriffen *wur* (Riff, Durchfahrt in die Bucht[123], Hafen) bzw. *wuru* (die mütterlichen Verwandten, die uns beschützen, umarmen,[124] am Leben erhalten) verwandt sein könnten (vgl. Jolly 1994a:107). Layard sieht eine Verwandtschaft zwischen diesem Ensemble von Begriffen und dem indonesischen *batu*, was soviel bedeutet wie „neugeboren werden" bzw. „wiedererscheinen" und erkennt daher in den in

verschiedenen austronesischen Sprachen erscheinenden Begriffen dieses Wortstammes, etwa *wor, wuru, wot, ot, at* bzw. *batu* eine explizite oder mindestens implizite Anspielung auf Fruchtbarkeit im Allgemeinen und die weibliche Gebärmutter im Speziellen (Layard 1947:705). Das Opfern von Schweinen auf dem *wot* Stein bzw. in der *awawas* Zeremonialkonstruktion könnte man daher als den Versuch von Männern auffassen, mit Hilfe einer künstlichen Gebärmutter verwandtschaftliche Beziehungen untereinander zu kreieren. Jolly argumentiert weiter, daß man auf dieser Grundlage das Indonesische *wor bataton* als Brüder (*batu* – Neugeborene) des *wor* (Neugeborene der künstlichen Gebärmutter) verstehen könnte (vgl. Jolly 1994a:107). Eine zweite Geburt also, die durch eine von bestimmten Männern konstruierte, symbolische Gebärmutter vollzogen wird. Im Sa selbst, lautet eine Bedeutung des Begriffes *or* soviel wie „blowhole" und unterscheidet sich dadurch nicht grundsätzlich vom nordambrymesischen *wur*. Ein „blowhole" ist eine schmale, meist rundliche Öffnung im felsigen Meeresufer, durch die die

**Abb. 23: Das *mal* tumpot.
Davor der *wot* Opfer-Stein.
(Bunlap-Bena, Oktober 2004)**

hereinströmenden Wellen das Meerwasser gewaltsam nach oben drücken, so daß es durch das Loch, einer Fontäne gleich gen Himmel spritzt. Jolly vermutet, daß dieser im Vergleich kraftvollere Begriff mit der abwehrenden Haltung zu tun haben könnte, die man bei den Sa gegen-

---

[123] vgl. das Bild des Geburtskanals
[124] vgl. das Englische „to harbour"

über den mütterlichen Verwandten einnimmt, denen man ja, aufgrund der *lo sal* Bindungen, ein Leben lang zu Ausgleichszahlungen verpflichtet ist (Jolly 1994a:108). Ich kann diese Überlegung hier nicht vertiefen, will aber noch einen weiteren, wie ich meine sehr stimmigen Hinweis, über die unzweifelhaft vorhandene Beziehung zwischen dem zu dem Begriff *wot* gehörenden linguistischen Ensemble und deren Beziehung zu Aspekten der Fruchtbarkeit im Allgemeinen bzw. der Gebärmutter im Besonderen verdeutlichen. Es gibt bei den *Sa* die Vorstellung, daß der *tsik*, also der Mutterbruder, eine besondere Fähigkeit hat, die Fruchtbarkeit der Töchter seiner Schwester *(alak)* zu kontrollieren. In dem Moment, in dem der MB diese Verpflichtung ausübt, nennt man ihn *uot,* die linguistische Verbindung zum oben bezeichneten Ensemble liegt dabei auf der Hand. Zur Verdeutlichung dieser These möchte ich nochmals an die bereits erwähnte Geschichte der Heirat von Mani und Sali erinnern, die gestattet wurde, obwohl das Mädchen an sich noch zu jung für eine Schwangerschaft schien. Hier nun verfügen die Sa über eine Institution, die sich in das gerade erwähnte Bild des besonderen Verhältnisses von Männern und Fruchtbarkeitssymbolik sowohl linguistisch als auch symbolisch nahtlos einfügt. Im Fall von Mani trat der *tsik* ins Spiel, es hendelts sich um Lala Watas, der in dieser speziellen Funktion *uot*[125] genannt wird. Er legt seine Hand auf den Bauch seiner *alak* (ZD), spricht leise ein Verbot aus und verhindert damit, daß sie schwanger wird. Ein oder zwei Jahre später, wenn man meint, daß das Mädchen nun im richtigen Alter ist und Kinder bekommen kann, wiederholt er das Ritual. Wiederum berührt er ihren Bauch oder auch ihre Schulter und hebt das Verbot mit ein paar leise ausgesprochenen Worten auf. Noch deutlicher wird die besondere Stellung des *uot,* wenn man weiß, daß er seiner Nichte auch Land überlassen kann. Ein in meinen Augen weiterer, deutlicher Hinweis auf nach wie vor starke matrilineale Elemente bei der Konstruktion von Verwandtschaft. Wir werden später noch darauf zurückkommen.

Die Titelrituale bestehen, neben dem Keulen der Schweine, das den eigentlichen Höhepunkt darstellt, aus einer Reihe von vorbereitenden bzw. begleitenden Tänzen. Weil auch hier Bilder entfaltet werden, die für eine vollständige Betrachtung des Titelsystems bzw. zum Verständnis der *Sa* Gesellschaft insgesamt, unverzichtbar sind, möchte ich hier, vor der genauen Beschreibung der Titel selbst, kurz darauf eingehen.[126] Das von mir zur Analyse herangezogene Material be-

---

[125] Es wäre zu überprüfen, ob man hierin auch linguistisch einen Veweis auf die Gebärmutter ableiten kann.

[126] Allerdings werden nicht bei jedem Titelerwerb alle hier genannten Tänze aufgeführt, Manche niedrigen Titel können sogar ganz ohne die begleitende Tanzsequenz erworben werden. Diese einfacheren Verfahren werden *tasni* genannt und sind mir für die Titel *teul tasni* und *brang tasni* bestätigt worden. Häufig werden innerhalb einer einzigen Tanzsequenz zwei oder mehr Initianden gleichzeitig gefeiert, vor allem, aber nicht ausschließlich dann, wenn es sich um niedere Titel handelt. Tattevin spricht ebenfalls von „abgekürzten Ritualen", erwähnt jedoch den Begriff *tasni* nicht (Tattevin 1927c:566)

steht zum einen aus mehreren Stunden Videoaufnahmen einer vollständigen Tanzsequenz anläßlich des *meleun* Rituals von Chief Telkon Watas. Ich beziehe mich bei dieser sehr verkürzten und unvollständigen Darstellung außerdem auf Jolly (1979; 1994a), Tattevin (1917; 1926; 1927a; 1928) und Layard (1947) und versuche eine Zusammenfassung, die sich auf die wesentlichen Elemente beschränkt.

Name des Tanzes:	Beschreibung:
Bilbilan (dt. Zusammensein)	An diesem Tanz nehmen alle Beteiligten teil und ehren damit die zu schlachtenden Schweine. Männer und Jungen umkreisen stetig die in der Mitte des Tanzplatzes aufgestellte Trommel. Der Tanz beginnt mit einem langsamen Gehen, das sich jedoch, sobald die Trommel geschlagen wird, mit einem Schrei in ein lockeres Laufen verwandelt. Der Initiand tanzt an der Peripherie – er hat sich, könnte man sagen, bereits von der Gemeinschaft entfernt und erwartet seine Transformation. Die Frauen hingegen stehen an einer Ecke des Tanzplatzes im Kreis und haben sich gegenseitig ihre Vorderseite, und damit den anderen ihre Rückseite zugedreht. Sie umkreisen nicht den Tanzplatz, sondern treten von einem Bein auf das andere und wedeln dabei mit Armen und Händen über ihren Köpfen. Manche halten in ihren ausgestreckten Armen kleine Stoffbündel, die sie gleich Säuglingen behandeln und stetig hin und her bzw. auf und ab wiegen.
Tairan[127]	Dieser Tanz ähnelt *bilbilan*. Einige hochrangige Frauen *(wahmat)* nehmen jedoch am Tanz der Männer teil.
Rorlonsowan (Name eines Dorfes, in dem dieser Tanz erfunden wurde)	Mit diesem Tanz, der so beginnt wie *bilbilan*, werden die Keiler geehrt. Während des Tanzes verlassen die wichtigsten Teilnehmer – Initiand, Mentor und Empfänger der *lo sal* Verpflichtungen – den Tanzplatz und werden an einer etwas abseits gelegenen Stelle von ihren Frauen oder Müttern geschmückt. Anschließend betreten sie erneut, einer nach dem anderen, den Tanzplatz. Alle diejenigen, die bereits einen Keiler getötet haben, tragen, als Zeichen ihrer Würde, *lali*[128] Blätter wie Schirme über ihren Köpfen. Anschließend betreten (klassifikatorische) Mütter und Schwestern des Initianden den Tanzplatz, bleiben jedoch an der Peripherie. In den Händen halten sie eine oder mehrere *batsi* Matten, die dem Initianden später übergeben werden. Im Inneren der Matten befinden sich *nangaria* Blätter (rotes Kroton[129]) in einer Anzahl, die mit der Zahl der Schweine identisch ist, die getötet werden müssen, um den weiblichen Titel der Frau des Initianden zu bezahlen. Der Initiand hat inzwischen einen Tanz im „Habicht-Stil" begonnen. Er breitet seine Arme wie ein Vogel aus und „schwebt" in Schlangenlinien über den *sara*. In der rechten Hand hält er dabei ein Schneckenhorn. Wird seine Frau ebenfalls einen

---

[127] Für manche Tänze konnte keine Übersetzung gefunden werden. Auch Margaret Jolly bietet hier keinen Übersetzungsversuch an.

[128] Nicht identifiziert.

[129] Eine nicht näher erfaßte Krotonart *(Codiaeum)*.

Titel erhalten, hält er in der linken Hand ein zweites Schneckenhorn. Hinter ihm tanzen seine (klassifikatorischen) Mütter und Schwestern, jedoch nicht im „Habicht-Stil". Seine Frau tanzt allein auf der entgegengesetzten Seite des Tanzplatzes. Zum Schluß tanzen auch die *lo sal* Empfänger den Tanz im „Habicht-Stil".

Wetwatan[130]

Wetwatan ähnelt dem vorherigen Tanz, allerdings können jetzt auch die übrigen Frauen teilnehmen. Dieser Tanz hat so viele Strophen, wie Schweine getötet werden.

Mah mas
(dt. Viel)

Eine rituelle Präsentation von viel *(mas)* Yams und/oder Taro, die an die *lo sal* Empfänger zu bezahlen sind.

Tsik
(Brandung)

Nach der rituellen Präsentation der Knollen wird die Slit Gong an den Rand des Tanzplatzes verbracht und es beginnt ein, je nach dem zu erwerbenden Titel, leicht unterschiedlicher Tanz, der die Intensität und Bedeutung des zu erwerbenden Titels widerspiegelt und an Ernsthaftigkeit und Würde zunimmt. Im Zentrum steht immer eine spielerische rituelle Auseinandersetzung zwischen Männern und Frauen. Beide nähern sich einander an – die Männer werden dann jedoch von den Frauen zurückgewiesen. Jolly beschreibt die Bewegung der Frauen mit deren Worten so: „We are flirting and then shooing them away." (Jolly 1994a:199)

Kan
(dt. Ruf)

Dieser Tanz stellt die Aufforderung des Mentors an den Initianden dar. Der Mentor legt ein *mwil* Palmfarnblatt in die Mitte des Tanzplatzes und legt den gebogenen Tusker des Keilers darauf, der beim letztmaligen gleichen Titelritual sein Leben lassen mußte. Anschließend beginnt der Mentor, der nun allen Insignien trägt, die seinen Titeln entsprechen, sowie einen Kriegsstab oder Pfeil und Bogen, einen Tanz um das Zentrum des *sara* herum. Der Initiand, nun ebenfalls vollständig geschmückt, beginnt nach einiger Zeit, ihm zu folgen.

Wilan na isin
(dt. Tanz der Frauen)

Nach einer Pause um die Mittagszeit beginnen die Tänze mit einer Darbietung der Frauen. Zuerst werden einige Stämmchen des Drachenbaumes *li ri* in einer Ecke des Tanzplatzes in die Erde gesteckt. Ihre Anzahl korrespondiert mit der Anzahl an Schweinen, mit der Initiand in vorherigen Ritualen seinen *lo sal* Obligationen nachgekommen ist. Die *li ri* sind mit Kiefern und Tuskern der geopferten Schweine geschmückt. Die (klassifikatorischen) Mütter, Schwestern und Töchter des Initianden tanzen in der Nähe dieser Zeremonialkonstruktion zu einem langsamen Rhythmus der Slit Gongs.

Saranwaton
(dt. *saran:* über etwas reden, tuscheln; *waton:* älterer Bruder)

Der Tanz, mit dem die zu keulenden Schweine geehrt werden. Der Name rührt angeblich daher, daß man über einen Mann zu tuscheln beginnt, der seinen *lo sal* Verpflichtungen zu langsam nachkommt. Der Initiand und seine Verwandten tanzen auf der einen Seite des *sara*, die *lo sal* Empfänger auf der anderen.Jolly berichtet, daß die *lo sal* Empfänger vor dem eigentlichen Tanz den Initianden an seine lebenslangen Verpflichtungen erinnern: „Remember you may be acquitting your debt today, but as long as you live it continues." (Jolly 1994a:201.)

---

[130] nicht übersetzt

Olmis (Zeremonial- struktur)	Wieder werden Drachenbaumstämmchen in den Boden des Tanzplatzes gesteckt. Ihre Zahl entspricht der Anzahl der Schweine, die während des Rituals gekeult werden. Anschließend führt man die Tiere auf den *sara* und bindet sie an den *li ri* an. Die für einen Keiler vorgesehenen Drachenbaumstämmchen sind zusätzlich mit einem Kroton Blatt geschmückt. Sollten bereits in der Vorbereitungsphase Schweine geschlachtet worden sein (etwa bei *mwil)* werden symbolisch die Tusker des Keilers angebunden. Jetzt betritt der Initiand, gefolgt von (klassifikatorischen) Müttern, Schwestern und Töchtern den Tanzplatz und beginnt, um die Schweine herumzutanzen, denen er hin und wieder einen leichten Schlag auf die Hinterbacken versetzt. Dies soll die Freude ausdrücken, die er bei der Aufzucht der Tiere erlebt hat. Schweine, die der Initiand selbst groß gezogen hat, sind zusätzlich durch eine *rahtiltil*[131] Blüte gekennzeichnet. Wird eines der Schweine für die Frau des Initianden geopfert, weil sie selbst einen Titel erhält, gibt sie diesem ein Stück *lok* zu essen, das sie selbst zubereitet hat. Diese *Kommunion* soll eine symbolische Verbindung zwischen beiden herstellen, deutet aber auch das Opfer an, daß die Frauen leisten, wenn sie die mühevolle Aufzucht der Schweine übernehmen.
Wilan ran ot (Tanz beim heiligen Stein*)*	Der Höhepunkt des Rituals – die Schweine werden gekeult. Jolly meint, es sei bedeutsam, mit welcher Hand ein Schwein erschlagen werde. Sie vermutet eine Assoziation zwischen rechter Hand und *lo sal* Empfängern auf der Seite der Mutter bzw. linker Hand und denjenigen auf der Seite der Ehefrau (Jolly 1994a:202). Mir scheint diese Annahme übertrieben. Meine Daten bestätigen diese Systematik nicht.[132]
Wilan na balas (Tanz des Dankes bzw. Abschlusses)	Der männliche Empfänger der *lo sal* Gaben beschließt das Ritual. Er hat den Unterkiefer eines Opfertieres abgetrennt, tanzt damit und reicht ihn schließlich weiter an den Initianden, der ebenfalls damit tanzt. Dies ist ein Moment größter Genugtuung für den Initianden. Die Tänze, und mit ihnen das Ritual, ist nun beendet.

Tafel 10: Wichtige Tänze der Sa

Im folgenden stelle ich nun alle Titel im Einzelnen vor. Mein Schema baut auf Tattevins Beobachtungen (1927b;1927c;) und Jollys weiterentwickeltem Modell (1994a) auf, versucht aber, die Arbeit meiner Vorgänger zu ergänzen bzw. zu erweitern. Die ausführliche Beschreibung der Titel ist deshalb wichtig, da sie in symbolischer, aber auch in ästhtisch-performativer Hinsicht die Folie bilden, auf der wir später das *gol* betrachten bzw. einordnen und verstehen wollen.

---

[131] wilde Kava *(Piper wichmannii).*

[132] Ob das möglicherweise auch an einer „Degeneration" des Rituals liegt, vermag ich nicht zu sagen. Wo und wie die Opfertiere gekeult werden, wird bei der Beschreibung der einzelnen Titel und ihrer Bedeutung ausführlich dargestellt.

Nr.	Name des Titels:	Beschreibung:
1.	*Tokon mal* oder *Tokon mbu*	Diesen Titel, den Jolly nicht zum eigentlichen *warsangul* System rechnet, erwirbt ein Junge mit ca. ein bis drei Jahren, wenn er offiziell ins Männerhaus eingeführt wird. Er muss einen Hahn *(tokon mal)* oder ein Schwein *(tokon mbu)* opfern, eine spezielle Yamswurzel essen und seinem Mentor, hier in aller Regel dem Mutterbruder *tsik,* eine kleine symbolische Zahlung für seine Unterstützung leisten.[133] Die Zeremonie ist kurz und relativ formlos. Der Junge schlägt mit einem kleinen Stock auf den Kopf des Hahns oder des Schweins und ruft dabei zwei oder dreimal seinen neuen Namen *tokon mal.* Danach wird sein Onkel das nur symbolisch getötete Tier tatsächlich töten. Jetzt gibt der Junge dem *tsik* eine kleine Geldsumme von etwa 100 Vatu oder eine rote *batsi* Matte. Anschließend darf er ins *mal* eintreten, wo sein Onkel eine Yams für ihn geröstet hat, die er nun ißt. Ab jetzt hat er Zutritt zu den Männerhäusern *(tokon mal:* Weg ins Männerhaus ist offen; *tokon mbu:* Weg der Schweine steht offen). In den Männerhäusern darf der Initiand jedoch ausschließlich Speisen zu sich nehmen, die am ersten Feuer *ap tun* zubereitet worden sind. Hier wird deutlich, daß der erste Schritt auf dem Weg zur entwickelten Persönlichkeit zwar getan ist, die weitaus größere Wegstrecke aber noch vor ihm liegt. Diese führt immer über die Gemeinschaft der Männer im Männerhaus und über das Akkumulieren bzw. Töten und Weggeben von Schweinen. Von beidem, seiner Geschicklichkeit im Umgang mit den Männern im Männerhaus und bei der Vermehrung der Schweine, hängt sein Fortkommen ab. Daher rührt auch die Bezugnahme dieses ersten wichtigen Titels entweder auf das Männerhaus *tokon mal* oder das Schwein *tokon mbu,* denn beides stellt unumstößliche Größen dar, die einen Mann sein ganzes Leben lang begleiten werden. → **Erworbenes Privileg: Eintritt ins Männerhaus & neuer Name**
2.	*Wahbo* und *Pas mbuian*	Diese beiden Titel bilden eine Einheit, die eng mit der Beschneidung in Zusammenhang steht. Mit dem Moment der Bescheidung wird der nun etwa sechs bis achtjährige Initiand zum *Wahbo,* er bleibt bis zum Beschneidungsfest *taltabwean,* das einige Wochen nach der Beschneidung stattfindet, im Männerhaus. Am Tag des *taltabwean* tötet der Junge ein Schwein *(mbu)* mit einem Speer *(pas)* und ruft dabei laut seinen neuen Namen aus, wodurch er zum *pas mbuian* wird. Jolly erwähnt diesen Titel nicht. Vielmehr geht sie wohl davon aus, daß der Akt der Beschneidung als solcher bzw. das sich daran anschließende *taltabwean* Ritual bereits das Recht, den *bi pis* zu tragen, beinhaltet. Meine Informanten bestanden

---

[133] Natürlich kann sich ein Junge im Alter von wenigen Jahren nicht selbst um Organisation und Bezahlung der ersten Titelkäufe kümmern, sondern sein Vater wird dies für ihn tun. Es gibt aber für den Jungen dennoch einen Weg, um seinen Teil beizutragen: seine Mutter flicht, mit seiner Hilfe, eine Matte die er dann, mit der Hilfe seines Vaters, färbt. Diese Matte bezahlt der Junge dann an seinen Vater, um das Schwein zu begleichen.

hingegen darauf, daß dieses Privileg erst durch das erfolgreiche Ablegen des *pas mbuian* Titels erlangt werde. Sollte ein Vater vorher noch keinen Jungen zur Beschneidung gebracht haben, darf er von einem speziellen Festessen, das etwa zur Hälfte der Seklusionszeit abgehalten wird, nichts essen, muß es aber dennoch ausrichten. Dazu schlachtet er ein Schwein für denjenigen seiner Söhne, der zu dieser Zeit im *mal* seine Wunden heilt. Ein zweites Schwein muß er am Tag des *taltabwean* töten.

→ **Erworbenes Privileg: Beschneidung, Tragen des *bi pis* & neuer Name**

3.	*Gom tutuan*	Am Tag nach den *taltabwean* Beschneidungsfeierlichkeiten soll der Initiand für das Privileg bezahlen, seinen Gürtel *tutu* tragen zu dürfen. Wieder ist es ein Onkel aus der mütterlichen Linie (*utnak* oder *tsik*), der ihm den Titel verkauft, der diesmal ein kleines Schwein kostet, das allerdings nicht getötet wird, sondern lebend von der Familie des Jungen an die Familie seines Onkels übergeht. Der Titel kann auch mit Geld bezahlt werden, der Gegenwert eines Ferkels beträgt dann etwa 1000 Vatu. Der Onkel legt den Gürtel *(tutu)* um die Hüfte des Neophyten und bricht *(gom)* das aufgrund der kindlichen Statur viel zu lang abstehende Endstück des Gürtels ab, weshalb dieser Titel auch *gom tutuan* (Gürtel brechen) heißt. Auch diesen Titel beschreibt Jolly mit keinem Wort.

→ **Erworbenes Privileg: Tragen des Hüftgürtels & neuer Name**

4.	*Ambu pola*	Der sechs- bis zehnjährige Initiand tötet ein Schwein, das er vorher symbolisch bestiegen hat, mit einem Stein. (*Ambu pola:* steht auf einem Schwein). Der *tsik* des Neophyten erhält das Fleisch des Schweins und eine rote Matte als Bezahlung. Der Initiand erwirbt mit *ambu pola* das Recht, ein Band aus einer bestimmten Liane um den Fuß zu binden. Dieses Bändchen wird nur einmal getragen und danach im Haus aufbewahrt. Der Junge darf, allerdings nur am Abend seiner Initiation, ein Feuer zwischen dem untersten Feuer *ap tun* und dem zweiten Feuer *ap lon tobol* machen. Hier darf er, zusammen mit all denjenigen, die ebenfalls in letzter Zeit diesen Titel erworben haben, kochen und essen. Manche Informanten meinen, es genüge, wenn der erstgeborene Sohn eines Mannes diesen Titel kaufe, die später Geborenen seien davon befreit.

→ **Erworbenes Privileg: Essen an einem besonderen Feuer zwischen *ap tun* und *ap lon tobol* & neuer Name**

5.	*Wot*	Dieser Titel sollte noch vor dem Alter von etwa zehn Jahren erworben werden. Der Initiand tanzt auf dem *wot*, einem speziellen Stein, der in seiner leicht ovalen Form an eine Gebärmutter erinnert. Vater und Mutter des Initianden tanzen darunter. Dann tötet der Junge einen Keiler, dessen Kopf auf dem *wot* liegen muß, mit einem Stein.[134] Das Fleisch des Schweins erhält ein Onkel aus der Familie der Mutter oder des Vaters *(tsit* oder *tarit)*. In diesem besonderen Fall werden keine anderen Wertgegenstände wie Geld, *batsi* Matten oder lebende Schweine ausgetauscht, son-

---

[134] Diese Tötung ist nur symbolisch. Das Schwein wird anschließend vom Vater des Jungen gekeult.

dern dieser besondere Titel wird, wie mir meine Informanten übereinstimmend berichteten „direkt von Gott" gekauft. Er stellt daher eine Besonderheit dar, auf die wir weiter unten noch eingehen werden. Der Initi-
and erhält den Namen *bras ngarangara* (*bras*: eine Baumart; *ngarangara*:
weinen). Wie dieser Titel mit dem Namen in Verbindung steht, konnte ich
nicht herausfinden. Manche Informanten meinen auch hier, es genüge,
wenn der erstgeborene Sohn eines Mannes diesen Titel kaufe, die später
Geborenen seien davon befreit.

→ **Erworbenes Privileg: neuer Name**

6.	*Atolmis Malegel* oder *Atolmis ba lon mol*	

Dieser Titel ist fakultativ. Jollys Einschätzung dieses Grades ist unklar:
einerseits meint sie, *atolmis* folge erst nach den *mol* Graden (Jolly
1994a:184). An anderer Stelle finden wir jedoch die Behauptung daß es,
zusätzlich zu einem *at olmis ba lon mol* auch einen *at olmis Malegel* Titel
gebe, den man bereits als Jüngling erwerben könne (Jolly 1994a:191).
Diese Beurteilung deckt sich mit meinen Daten, die ergeben, daß der
atolmis Titel bereits vor dem Erwerb von *teul* abgelegt werden kann –
allerdings verwundert diese Angabe, da der Preis für diesen Titel hoch ist.
Für *at olmis Malegel* muß der Mentor auf dem Tanzplatz eine Zeremonialkonstruktion errichten *(olmis)*, die aus einem kleinen Palmfarnblatt
(mwil) besteht, das mit einem Korallenblock bedeckt wird. Links und
rechts davon werden zwei Stämmchen des Drachebaumes *(li airiri)* in die
Erde gesteckt und am oberen Ende zusammengebunden, so daß sich ein
Bogen ergibt. Dieser wird durch Ingwerblüten und die Blätter der wilden
Kava geschmückt. Dann legt der *tsik* des Initianden eine rote *batsi* Matte
über den Korallenblock. Sobald die Tänze vorüber sind, wird der Initiand
hier Platz nehmen und das Schwein töten. Anschließend muß er, je nachdem um welchen *atolmis* Titel es sich handelt, zwei bis vier Schweine
lebend an seinen Mentor bezahlen. Danach darf er fünf Tage lang am
zweiten Feuer im *mal* essen, allerdings nur ungekochte Speisen, die ihm
von seinem Onkel *(tsik)* gebracht werden. Dann kehrt er, so er noch nicht
seinen *teul* Titel abgelegt hat, ans erste Feuer zurück. Die Zeremonialkonstruktion für *at olmis ba lon mol* ähnelt der oben genannten, allerdings
wird sie (vgl. Jolly 1994a:191) im Inneren der für die *mol* Titel zu errich-
tenden *bwelamol* Struktur aufgebaut. Auch hier meinen manche Informanten, es genüge, wenn der erstgeborene Sohn eines Mannes diesen Titel kaufe.

→ **Erworbenes Privileg für** *at olmis Malegel*: **Recht, fünf Tage lang
am zweiten Feuer zu sitzen & neuer Name**

→ **Erworbenes Privileg für** *at olmis ba lon mol*: **Recht, für die Dauer
des Rituals ein Cycas Blatt am** *tutu* **zu befestigen & neuer Name**

7. **Teul** Der Erwerb dieses Titels wird von den etwa zwanzigjährigen Männern mit einiger Ungeduld erwartet. Er ermöglicht ihnen, endlich am zweiten Feuer des Männerhauses, dem *ap lon tobol,* zu kochen und zu essen und führt sie aus der Altersgruppe der Jungen hinüber in die Gruppe der jungen Männer. Der Tag beginnt mit dem Schlagen der *tamtam* bzw. einem *bilbilan* Tanz, zu dem sich die große Mehrzahl der Bewohner auf dem *sara* einfindet. Der titelgebende Mentor hat unterdessen im mittleren Teil des Männerhauses, nahe des *ap lon tobol,* eine Zeremonialkonstruktion errichtet *(bun teul),* die die Kraft des *teul* Titels verdeutlichen soll. Es handelt sich dabei um zwei Stöcke des Drachenbaumes *li airiri,* die mit *li adi* Rindenstreifen zu einem Kreuz gebunden und in den Boden gesteckt werden. Verziert wird diese Struktur mit *sas na teul,* rot weiß gestreiften Blättern die bei uns als Kroton[135] bekannt sind, sowie Ingwerblüten. Nach den ersten Tänzen entfernt der titelgebende Mentor eines der Holzstücke und geht damit nach draußen auf den Tanzplatz. Dort gibt er es dem Initianden, der nun ein Schwein damit erschlägt, das an einem Pflock auf dem Tanzplatz angebunden ist. Dabei ruft er laut seinen neuen Namen *teul* aus. Neben dem Schwein befindet sich eine der *olmis* ähnelnde Zeremonialkonstruktion. Im Falle eines *teul* Titelerwerbs befinden sich jedoch zusätzlich grüne Kokosnüsse *(ul)* an dieser Konstruktion, die der Initiand nach dem Keulen des Schweins mit seiner Machete öffnet. Einige Tropfen der Kokosmilch verschüttet er auf die zum Verschenken an seinen *tsik* vorbereiteten *batsi* Matten. Anschließend klatscht er viermal in die Hände, trinkt von der Kokosmilch und reicht diese dann an die Umstehenden weiter. Nun steckt der Mentor dem Initianden das Kroton Blatt hinten in dessen Rindengürtel, wo er es von nun an zu festlichen Anlässen tragen darf. Das Fleisch des geschlachteten Schweins wird jetzt unter die Familie eines mütterlichen Verwandten, in der Regel dem MB *(tsik)* aufgeteilt und später gegessen. Auch der Initiand darf ein wenig davon essen, aber nur er und nicht seine ganze Familie. Zwei oder drei lebende Schweine gehen an seinen Mentor, der in diesem Fall nicht selten ein sehr naher Verwandter ist, also Vater, Bruder oder sonstige Verwandten aus der Linie des Vaters *(temak* bzw. *tsat, selak* bzw. *waiwinik, watok).* Nachdem das Schwein getötet ist, wird dem Initianden das *sas na teul* Blatt wieder entfernt und er muss nun im Männerhaus ein spezielles *lok* herrichten. Dieses wird in einem Feuer gegart, das mit der *bun teul* Holzkonstruktion vom Vormittag entzündet wurde. Alle jungen Männer aus seiner Altersgruppe, die den *teul* Titel ebenfalls bereits besitzen, essen dann von diesem *lok.* Anschließend muß der Initiand zwei bis fünf Tage im Männerhaus schlafen, um langsam sein überschüssiges *konan* abzubauen.

→ **Erworbenes Privileg: Recht, von nun am zweiten Feuer, *ap lon tobol,* zu kochen und zu essen. Erlaubnis *sas na teul* Blätter in seinem Gürtel zu tragen & neuer Name**

---

[135] Ein Kroton aus der Gattung der *Codiaeum.* Die genaue botanische Bezeichnung der Art konnte nicht zweifelsfrei festgestellt werden, es könnte sich jedoch um *Codiaeum variegatum* handeln.

| 8. | *Brang* | Da der *brang* Titel nicht zu einer ähnlich dramatischen Statusänderung führt wie *teul*, (auch nach dem Erwerb von *brang* muß man noch am zweiten Feuer essen) mißt man ihm keine ganz so hohe Bedeutung zu. Wie beim Ritual zur Erlangung des *teul* Titels beginnt der Tag mit Tänzen auf dem *sara*. Tattevin hatte für diesen Titel noch die Konstruktion einer dem *mwil* Grad vergleichbaren *awawas* Konstruktion beschrieben (Tattevin 1928) von der aber bereits Margaret Jolly berichtet, sie werde nicht mehr gebaut. Vielmehr muß der Initiand nach den Tänzen ein Schwein keulen, das an einer *olmis* Konstruktion auf dem Tanzplatz angebunden ist. Es wiederholt sich auch das bereits beim Erwerb von *teul* praktizierte Öffnen und Trinken einer grünen Kokosnuß. Das Fleisch des Schweins erhält ein Onkel aus der mütterlichen Linie *(tsik, utnak, alak, tsibik bzw. bibi)*. Jolly erwähnt, dem Initiand würde ein *lulu* Blatt (Palmyrapalme bzw. *Borassus flabellifer*) ins Haar gesteckt (Jolly 1994a:189). Ich kann diese Version nicht bestätigen und es erscheint mir auch verwunderlich, daß das *walu brang*, nach dem der Titel ja immerhin benannt ist, in diesem Ritual keine Rolle spielen soll. Meine Daten besagen, daß der titelgebende Mentor ein besonders Farnblatt *(walu brang)* am Rücken des Jungen anbringt, wofür er zwei oder drei lebende Schweine als Gegenleistung erhält. Nach der eigentlichen Zeremonie muß der Onkel mütterlicherseits am *ap lon tobol* ein *lok* im Männerhaus zubereiten, das der Initiand dann ißt. Auch nach diesem Ritual übernachtet der Initiand für fünf Tage im Männerhaus, um sein überschüssiges *konan* abzubauen.
→ **Erworbenes Privileg: Recht, von nun an *brang* Blätter im Gürtel zu tragen & neuer Name** |
| 9. | *Mwil* | Der Erwerb dieses Titels wird von den nun etwa fünfundzwanzig bis dreißigjährigen Männern mit ähnlicher Ungeduld angestrebt wie *teul*, denn *mwil* führt den Initianden vollständig hinüber in die Gruppe der Erwachsenen. Als *mwil* darf er mit ihnen am dritten Feuer kochen und essen und gilt als, zwar noch junges, aber dennoch vollwertiges Mitglied der Männerrunde. Der Initiand muß am Vorabend des eigentlichen Tanzes auf dem Tanzplatz ein Schwein töten, darf dabei aber noch nicht seinen neuen *mwil* Namen ausrufen. Das Fleisch des Schweins wird zerteilt und ins *mal* gebracht, wo die am kommenden Ritual beteiligten Männer nun die Nacht verbringen. Ab dem ersten Morgenlicht darf der Initiand nichts mehr essen. Unterdessen entzünden die älteren Männer ein *ap kon* Feuer, in dem das am Vorabend geschlachtete Schwein gegart wird. Auf dem Tanzplatz beginnt jetzt auch die Vorbereitungen für die Tänze: man trägt die Slit Gong hinaus und der Mentor bereitet eine rituelle *awawas* Holzkonstruktion vor, an die dann die für das Ritual ausgewählten Schweine angebunden werden. Diese Konstruktion besteht aus in den Boden des Tanzplatzes gerammten dicken Ästen des Drachenbaumes *li airiri*. Für jedes während dieses Rituals auszutauschenden oder zu schlachtenden Schwein ist ein Pflock vorgesehen. Diese sind zusätzlich verziert durch *mwil*, Palmfarnblätter bzw. Wurzeln des *shiri beta*, „Broom Tree".[136] Die ganze Konstruktion wird durch Bambusstäbe zusätzlich zusammengehalten, wodurch sich eine Art abgeschlossener Bereich im Inneren ergibt, weshalb |

---

[136] Aus der Familie der *Carmichaelia*.

die Konstruktion auch *awawas* heißt, „heilige Bucht".[137] Gegen Mittag, wenn das Schwein im Erdofen gar geworden ist, wird es aus dem Männerhaus hinaus auf den Tanzplatz getragen und alle Männer ab *mwil* Graden dürfen davon essen. Dann wählen alle anwesenden hohen Titelträger *(abwal* und höher) einen Mann aus ihrer Mitte aus, dessen Vater bereits einen *meleun* Titel besessen haben muss. Dieser Mann wird nun die Zunge des gerösteten Schweins aus dem Maul des Tieres schneiden. Der Initiand wartet inzwischen auf dem Tanzplatz, wo er an einer Hand einen Keiler an einem Seil hält, das er sich über den Rücken gelegt hat. Über seiner anderen Schulter liegt eine *batsi* Matte die er mit der anderen Hand festhält, so daß keine Hand mehr frei ist. Nun kommt der Alte mit der Zunge in der Hand und begrüßt alle anderen hohen Würdenträger mit Namen. Dann geht er zum wartenden Initianden hinüber und hält ihm, in foppender Manier, die Zunge des Schweins vor die Nase. Dies wird er drei oder viermal wiederholen, bis er schließlich selbst einmal kurz von der Schweinezunge abbeißt. Jetzt erst darf auch der Initiand von der Zunge essen. Da er ja keine Hand freihat, wird er vom Alten wie ein Kind damit gefüttert. Ein symbolischer Neuanfang, den unter den erwachsenen Männern nimmt er nun wieder den Status eines Säuglings an, der noch gefüttert werden muß. Dennoch ist er ab diesem Moment initiiert, darf also Nahrung zu sich nehmen, die am dritten Feuer, dem *ap kon*, zubereitet wurde und gehört damit zur Kategorie der Alten. In der *awawas* Zeremonialkonstruktion sind noch mehrere weitere Schweine festgebunden, eines davon in der Mitte. Dieses muß der Initiand nun keulen und auf ein Palmfarnblatt *mwil* legen. Dann setzt er seinen Fuß auf das tote Tier und ruft laut seinen neuen Namen *mwil* aus. Man könnte argumentieren, daß das Hervortreten des Initianden durch eine schmale Öffnung in der ansonsten abgeschlossenen *awawas* Zeremonialkonstruktion eine symbolische Geburt darstellt. Das Ritual ist damit beendet. Das Schwein, das er getötet hat, wird an die Familie seiner Mutter oder seiner Frau gehen. Der Initiand muss nun etwa vier weitere Schweine an seinen Mentor zahlen, der ihm den Titel verkauft hat. Wie bei allen anderen Initiationsritualen muß der Initiand nach dem Ritual fünf Tage im Männerhaus essen und schlafen.

→ **Erworbenes Privileg: Recht, von nun am dritten Feuer, *ap kon*, zu kochen und zu essen & neuer Name**

10.	***Bosis***	Der *bosis* Titel ist, ähnlich wie *brang*, ein eher wenig geschätzter Übergangstitel, den der Initiand in der Regel irgendwann ab seinem dreißigsten Lebensjahr erwirbt. Bereits Jolly kommentiert, daß nicht ganz klar sei, woher der Name *bosis* eigentlich rühre (Jolly 1994a:181f). Auch meine Informanten sind sich nicht ganz sicher, was der Name *bosis* bedeuten

---

[137] Umgangssprachlich heißt die beim *mwil* Titel errichtete magische Konstruktion *bwelamwil*, was soviel bedeutet wie „die Rinde des Palmfarnbaumes". Jolly berichtet jedoch, daß ihre ritualkundigen Informanten dies nicht für die richtige Bezeichnung hielten. Anders als bei den *mol* Titeln würden hier nämlich die Schweine, die an den äußeren Pflöcken des Drachenbaumes angebunden seien, nicht getötet. Dies sei nur bei der *bwelamol* Konstruktion der *mol* Titel der Fall, weshalb man zwischen *awawas* und *bwelamol* Konstruktionen unterscheiden müsse, während es eine *bwemalwil* Konstruktion strenggenommen überhaupt nicht gebe (vgl. Jolly 1994a:189).

könnte. Jolly vermutet, dass der Name von den synonym verwendeten Begriffen *bwenabosis* oder *papasan* stammen könnte, was soviel bedeutet wie „etwas Öliges". Evtl. ist gemeint, dass der Initiand, bevor die Tänze beginnen, sich mit Kokosöl einreiben muss (Jolly 1994a:190). An anderer Stelle erwähnt sie, allerdings ohne es näher zu begründen, daß die Bedeutung von *bosis* auch Ferkel lauten könnte (Jolly 1994a:181). Ich stimme dieser Einschätzung zu und meine, daß man *bosis* von *mbu* (Schwein*) sus* (saugen) ableiten könnte, was eine Umschreibung für Ferkel darstellt. Allerdings wird nicht ersichtlich, wie dieser Begriff in Zusammenhang mit der Zeremonialkonstruktion stehen sollte, da ja in praktisch allen anderen Fällen ein Bestandteil der Struktur als Namensgeber für den entsprechenden Titel fungiert. Die magische Konstruktion für *bosis* ähnelt derjenigen, die auch bei *mwil* zum Einsatz kommt, wird aber noch durch Kokosnußblätter sowie *mwil* Palmfarnblätter ergänzt. Der Initiand trägt außerdem ein kleingefaltetes *mwil* Blatt in seinem Rindengürtel. Einige Männer aus dem Männerhaus des Initianden haben ein *lok* vorbereitet, das am Morgen der Zeremonie gegessen wird. Danach wird getanzt, bevor das Schlachten bzw. Verschenken der Schweine beginnt, wobei der Neophyt auch seinen neuen Namen erhält. Der Preis für *bosis* beträgt zwischen drei und fünf Schweinen, wovon der Initiand eines oder zwei keult und an einen Vertreter aus der Familie seiner Frau übergibt *(ingik, tarit, bibi usw.).* Die übrigen Schweine erhält der titelgebende Mentor lebend. Nach dem Ritual muß der Initiand fünf Tage im Männerhaus essen und schlafen.

→ **Erworbenes Privileg: Tragen eines abgeschnittenen und gefalteten mwil Blattes am Gürtel & neuer Name**

11.	*Mol tadrimolan*	*Mol* bezeichnet, anders als alle bisherigen Grade, nicht lediglich einen einzigen Titel, sondern ein Ensemble von insgesamt sieben Titeln. Der *Mol*-Zyklus beginnt mit *Mol tadrimolan (tadri*: Beginn). In der Regel ist ein Mann, wenn er den Erwerb seines ersten *mol* Titels in Erwägung zieht, ein verheirateter Familienvater im mittleren Alter von Ende dreißig oder Anfang vierzig. Margaret Jolly übersetzt den Begriff *mol* mit *wamul* (Orange). Diese Auslegung deckt sich nicht mit meinen Daten. Orangen wurden erst vor wenigen Jahrzehnten überhaupt in Pentecost eingeführt und es ist unwahrscheinlich, daß ein Ensemble so wichtiger Titel nach einer erst in jüngerer Zeit eingeführten Pflanze benannt worden sein soll. Meine Informanten konnten die Frage nach dem Ursprung der Bedeutung jedoch auch nicht ganz eindeutig klären, verwiesen aber auf die folgenden drei Möglichkeiten, die ich für die linguistisch und logisch plausibleren halte. Auf der Spitze der zu errichtenden *bwelamol* Struktur, an der die Schweine angebunden sind, wird um die Wedel der Kokospalme ein langes *walu mol* Blatt gewickelt.[138] Zieht man die Namen der übrigen Titel vergleichend in Betracht, die, mit Ausnahme von *bosis,* jeweils auf dem Namen einer Pflanze, oder doch, etwa bei *abwal,* mindestens auf der Form der Zeremonialkonstruktion basieren, ist diese Herleitung einleuchtend. Eine andere Möglichkeit, den Begriff *mol* zu übersetzen, lautet „unter". Während des *mol* Rituals bzw. des langen *mol* Zyklus verbringen die Festgäste viele Stunden auf dem *sara* und da ist es angenehm, wenn man „unter" großen, schattenspendenden Bäumen tanzt und nicht der prallen

---

[138] Wahrscheinlich *Cordyline fruticosa.*

Sonne ausgesetzt ist. In der Tat sind Tanzplätze meist von großen, weit ausladenden Bäumen umstanden, so daß diese Herleitung durchaus sinnvoll erscheint. Eine weitere, nicht minder einleuchtende Erklärung besagt, daß die *mol* Titel noch „unterhalb" der letzten und am höchsten geschätzten *abwal* bzw. *ban* Titel rangieren. Die für *mol* errichtete Zeremonialkonstruktion heißt *bwelamol* und ist für alle sieben *mol* Titel identisch. Sie besteht aus mehreren, etwa einen Meter hohen Stämmchen des Drachenbaumes, die in viereckiger Anordnung in den Boden des Tanzplatzes gerammt werden, so daß sich wieder eine Art „heiliger, innerer Bereich" ergibt. Zusammen mit den Drachenbaumstämmchen werden *sas mol*[139] gepflanzt, rot weiß gestreifte Kroton Blätter, die auch als *sas na teul* (Blätter der Jungen) oder *sas na isiniri* (Blätter der Frauen) bekannt sind. Die Drachenbaumstämmchen werden mit der Länge nach gefalteten Kokoswedeln zusammengebunden, deren Blattspitzen nach oben zeigen. Zusätzlich wird diese Konstruktion noch mit kleinen braunen, gebogenen *magmag* Blättern verziert.[140] In einer Ecke finden sich zusätzlich Wurzeln des *shiri beta*, oder „Broom Tree".[141] Die *mol* Rituale unterscheiden sich im Wesentlichen nur durch die Anzahl der zu tötenden bzw. bezahlenden Schweine bzw. durch das erreichte Privileg voneinander, das in diesem Fall in der Größe bzw. Anzahl an Palmfarnblättern besteht, mit der sich der Initiand während der Zeremonie schmücken darf. Abends vor dem Ritual wird im Männerhaus des Initianden ein *lok* vorbereitet. Am nächsten Morgen beginnen die Tänze und wenn diese beendet sind, essen die beteiligten Männer das zuvor zubereitete *lok*. Danach wird die Zeremonialkonstruktion vorbereitet und die Schweine daran angebunden. Mindestens zwei Schweine werden getötet. Drei oder vier weitere Schweine werden lebend an den Titelgeber bezahlt, je höher der angestrebte *mol* Grad, desto mehr Schweine werden als Bezahlung fällig. Weil der *mol* Zyklus so langwierig ist, gehen einige Männer nach dem Erreichen des ersten *mol* Grades direkt zum ersten *abwal* Titel *bumangari* weiter und lassen die übrigen *mol* Grade zunächst aus. Es herrscht jedoch keine Einigkeit darüber, ob dann zunächst alle *mol* Titel nachgeholt werden müssen, bevor man zum nächsten *abwal* Titel *meleun* fortschreitet und manche Männer lassen zwei oder mehr *mol* Grade offenbar gänzlich aus. Nach dem Ritual muß der Initiand fünf Tage im Männerhaus essen und schlafen.

➔ **Erworbenes Privileg: Recht, ein *mwil* Blatt zu tragen, das auf weniger als die Hälfte seiner Größe abgeschnitten wird & neuer Name**

---

[139] Ein Kroton *(Codiaeum)*. Die genaue botanische Bezeichnung der Art konnte nicht festgestellt werden, es handelt sich aber keinesfalls um das Blatt eines Orangen bzw. Grapefruitbaumes, sondern um ein rotgelbes Blatt. der Krotonpflanze.
[140] Nicht identifiziert (Jolly 1994a:190).
[141] *Carmichaelia*

12.	*Mol emberu* auch *Mol langlangan*	Der zweite *mol* Titel. Benannt nach der Anzahl (*beru:* zwei; bzw. *langlangan:* zweimal) der zu erwerbenden *mwil* Blätter. → **Erworbenes Privileg: Recht, zwei *mwil* Blätter zu tragen, die auf etwa die Hälfte ihrer Größe abgeschnitten werden & neuer Name**
13.	*Mol embetil* auch *Mol seremwilan*	Der dritte *mol* Titel. Benannt nach der Anzahl (*betil:* drei) bzw. Form (*sere:*zerschnitten) der zu erwerbenden *mwil* Blätter. → **Erworbenes Privileg: Recht, drei *mwil* Blätter zu tragen *(betil:* drei), die auf etwa zwei Drittel ihrer Größe abgeschnitten werden & neuer Name**
14.	*Mol sabrimwilan*	Der vierte *mol* Titel. Benannt nach der Form (*sabri:*gefaltet) der zu erwerbenden *mwil* Blätter. → **Erworbenes Privileg: Recht, vier *mwil* Blätter zu tragen, deren oberes Ende abgeknickt ist & neuer Name**
15.	*Mol merere* auch *Mol saraputan*	Der fünfte *mol* Titel. Benannt nach der Form *(saraputan:* vollständig*)* der zu erwerbenden *mwil* Blätter. → **Erworbenes Privileg: Recht, fünf *mwil* Blätter zu tragen, die allesamt in voller Größe aufrecht stehen & neuer Name**
16.	*Molmelemle* auch *Mol entekan*	Der sechste *mol* Titel. So genannt, weil er nur selten erworben wird und keinen besonders hohen Wert hat (*melemle:* schlaff, nicht stark). Nur eine Handvoll Männer in Bunlap sind Träger dieses Titels. → **Erworbenes Privileg: Das Tragen von *mwil* Blättern (Anzahl und Form stehen nicht genau fest) & neuer Name**
17.	*Mol enbalon atolmis* auch *Mol gau bing*	Der siebte und letzte mol Titel. Ironisch so genannt, weil der Initiand inzwischen so alt geworden ist, daß er friert und daher immer nahe *(gau)* beim Feuer schlafen muß, weshalb er voller weißer Asche ist *(bing)*. → **Erworbenes Privileg: Das Tragen von *mwil* Blättern (Anzahl und Form stehen nicht genau fest) & neuer Name**
18.	*Abwal bumangari*	Ähnlich wie *mol* bestehen auch die *abwal* Titel aus einem Zyklus von sieben Titeln, deren Reihenfolge nicht beliebig ist, sondern in der hier beschriebenen Ordnung vor sich gehen soll. Je nachdem, wie viele *mol* Titel der Initiand zuvor bereits erworben hat, schwankt sein Alter zwischen Mitte vierzig und Ende fünfzig. *Abwal* bedeutet zunächst soviel wie „Plattform", die Zeremonialkonstruktion besteht nämlich aus zwei etwa fünf bis sechs Meter langen Stämmen, die durch Querverbindungen in Form von armdicken Stöcken zusammengehalten werden, wodurch sich eine Art Leiter ergibt. Die Anzahl der Querverbindungen entspricht der Gesamtzahl an Schweinen, mit denen der Initiand im Laufe seines bishe-

rigen Lebens seinen *lo sal* Verpflichtungen nachgekommen ist.[142] Die symbolische Bedeutung der Sprossen wird noch durch verschiedene Blüten bzw. Blätter unterstrichen: *li adamwi*[143], *li asil*[144] und *wah barbart*[145]. Zusätzlich werden getrocknete *mwil* Blätter um jede einzelne Leitersprosse gewunden und zwei frische *mwil* Blätter, zusammen mit einigen grünen Kokosnüssen, am oberen Ende der Leiter angebracht. Zusätzlich werden bei den *meleun* und den *nahim* Titeln noch *waringi sors*, rote Hibiskusblüten[146] sowie *li aemlael*[147] appliziert. Der erste Titel in der *abwal* Serie ist *bumangari*, was soviel bedeutet wie „Ein Mann, der gut mit Schweinen umgehen kann" (*Mbu*: Schwein; *mangari*: füttern). Wie bei den *mol* Ritualen wird am Vortag ein *lok* vorbereitet, das am Tag des Rituals, nach den Tänzen, gegessen wird. Im Unterschied zu anderen Titelritualen trägt der Initiand bei *abwal* Ritualen keinen symbolisch bedeutsamen Blätterschmuck in seinem *tutu*. Der eigentliche Höhepunkt besteht bei allen *abwal* Ritualen vielmehr darin, daß die Zeremonialkonstruktion auf dem Tanzplatz aufgestellt wird und der Initiand sie Stufe für Stufe erklimmt. Der entscheidende Unterschied zwischen den *abwal* Ritualen besteht in der symbolisch bedeutsamen Position der Leiter im Raum. Bei *bumangari* steht die Leiter am Rande des Tanzplatzes. Sie ist mit Hilfe einer Holzkonstruktion aufgerichtet, ihr oberes Ende zeigt vom *sara* weg in den umgebenden Wald hinter dem Dorf. Nach dem vollständigen Erklimmen der Leiter klettert der Titelnehmer zurück und bleibt auf der untersten Stufe sitzen, von wo er jetzt die Schweine tötet, mit denen er seinen *lo sal* Verpflichtungen nachkommt. Es sollten mindestens vier Schweine geopfert werden, darunter zwei Keiler. Mindestens fünf, eher mehr Schweine gehen lebend an den Titelgeber. Bei allen *abwal* und *ban* Titelritualen ist der Initiand so voller *konan*, spiritueller Potenz, daß er zehn Tage im *mal* bleibt, wo er ganz alleine an einem besonderen, vierten Feuer *(ap tor)* ganz am Kopfende des Hauses kocht und ißt.

→ **Erworbenes Privileg: Das Besteigen der rituellen Leiter, die in den Busch zeigt & neuer Name**

19.	*Abwal*	Der zweite *abwal* Titel, *arkon,* ist abgeleitet von der Bezeichnung des
	arkon	heiligen Feuers *(ap kon)*. Vorbereitung, Ablauf und Anzahl der getöteten und weggegebenen Schweine entsprechen den anderen *abwal* Ritualen. Allerdings zeigt Spitze der zeremoniellen Leiter diesmal nicht mehr vom Dorf weg, sondern in die Mitte des Tanzplatzes.

→ **Erworbenes Privileg: Das Besteigen der rituellen Leiter, die ins Dorf zeigt & neuer Name**

---

[142] Jolly beschreibt allerdings, daß tatsächlich die Anzahl der Sprossen häufig nicht der Gesamtanzahl der geschlachteten Schweine entspricht, was wohl auch als eine Art bewußter Untertreibung zu verstehen ist. (Jolly 1994a:190)

[143] Nicht identifiziert

[144] Nicht identifiziert

[145] Ingwer *(Zingiberaceae)*

[146] *Hibiscus*

[147] Nicht identifiziert

20. *Abwal*   Der dritte *abwal* Titel, *meleun,* ist möglicherweise abgeleitet von den Be-
   meleun   griffen *mal* (Männerhaus) und *ran* (oben drauf). Vorbereitung, Ablauf und
   su   Anzahl der getöteten und weggegebenen Schweine entsprechen weitge-
   (takuru) hend den anderen *abwal* Ritualen. Die zeremonielle Leiter wird diesmal
            an das Dach der rechten Seite des Männerhauses angelegt, das der Initiand
            dann während des Rituals auch tatsächlich besteigt.
   → **Erworbenes Privileg: Das Besteigen der rituellen Leiter, die auf
   der rechten Seite des Männerhauses liegt & neuer Name**

21. *Abwal*   Der vierte *abwal* Titel komplettiert den *meleun* Titel. Der Initiand muß die
   meleun   zeremonielle Leiter diesmal an das Dach der linken Seite seines Männer-
   beru   hauses anlegen. Zwar ändert sich der Name des Initianden hierdurch nicht
   (takuru) und der zweite *meleun* Titel gilt als weniger bedeutsam als der erste, ein
            rituell vollständiger *meleun* Titel scheint aber, obwohl extrem aufwendig,
            doch anstrebenswert zu sein. Es gibt für beide *meleun* Titel noch eine
            Steigerung, *takuru.* Wenn ein Mann für seinen *meleun* Titel besonders
            viele Schweine investiert (etwa 15 oder mehr) verleiht man seinem Titel
            die zusätzliche Verstärkung *takuru* (sehr viel, sehr groß).[148]
   → **Erworbenes Privileg: Das Besteigen der rituellen Leiter, die auf
   der linken Seite des Männerhauses liegt & neuer Name**

22. *Abwal*   Für den fünften *abwal* Titel wird die zeremonielle Leiter an das Dach der
   nahim   rechten Seite einer auf dem Tanzplatz symbolisch errichteten Kochhütte
   su   *im* angelegt werden, die der Initiand während des Rituals erklimmt (*na:*
            vom; *im*: Haus; *su*: eins). Der Preis für diesen Titel entspricht dem für
            meleun.
   → **Erworbenes Privileg: Das Besteigen der Leiter, die auf der rechten
   Seite der Kochhütte liegt & neuer Name**

23. *Abwal*   Für den sechsten und letzten *abwal* Titel gilt das gleiche wie für den zwei-
   nahim   ten meleun Titel, die Leiter wird diesmal auf die linke Seite einer auf dem
   beru   Tanzplatz symbolischen errichteten Kochhütte gelegt. (*nah*: auf; *im*:
            Haus; *beru*: zwei). Auch hier unterscheidet sich die Anzahl der investier-
            ten Schweine nicht wesentlich von den *meleun* Titeln.
   → **Erworbenes Privileg: Das Besteigen der Leiter, die auf der linken
   Seite der Kochhütte liegt & neuer Name**

---

[148] Jolly hält *takuru* für einen eigenen Titel (Jolly 1994a:191), was jedoch von meinen Informanten einhellig zurückgewiesen wurde. *Takuru* sei lediglich ein nur selten verliehener Bei-
name und keineswegs ein eigener Titel.

24.	*Abwal* *Mwilguru-* *guru*	Dieser Titel scheint, ähnlich wie die hohen *mol* Grade, fakultativ zu sein. In der Tat hat nur einer der von mir befragten Informanten, der etwa siebzigjährige Molbua diesen Titel erworben. Obwohl eine Abfolge und Zeremonialkonstruktion beschrieben wird, die eher den nachfolgenden *ban* Titeln entspricht, bestanden meine Informanten darauf, daß dieser Titel zu den *abwal* Graden zähle. Jolly, die diesen Grad ebenfalls für fakultativ hält und daher auch nicht näher darauf eingeht, bestätigt diese Version, spricht allerdings von der Konstruktion einer symbolischen Leiter (Jolly 1994a:192). Der Preis für den Titel ist mit etwa 4 zu tötenden und 5 lebend verschenkten Schweinen relativ hoch.

→ **Erworbenes Privileg: Das Besteigen der Leiter (?) & neuer Name**

25.	*Ban* *lusban*	Wie die *mol* und *abwal* Grade besteht auch *ban* aus einer Abfolge von mehreren, diesmal zwei einzelnen Titeln. In den Augen vieler Männer sind die *ban* Grade, obwohl sie eine Steigerung der *meleun* Grade darstellen, weniger prestigeträchtig als die *abwal* Grade, die ihren Wert in erster Linie aufgrund des aufwendigen Rituals besitzen. Wer schon „die Leiter erklettert hat", gehört zu den wichtigsten Titelträgern im Dorf. Wer gar „auf dem Dach des Männerhauses" gesessen ist, hat im Grunde erreicht, was nach allgemeinem Ermessen überhaupt möglich ist. Entsprechend selten, und dann erst in hohem Alter, werden die *ban* Titel überhaupt erworben. *Ban* bedeutet soviel wie „Band", da der Initiand in früheren Zeiten eine Art Fußband in Form einer besonders fein gewebten Matte, *riri mat*, trug. Diese Matten werden heute nicht mehr hergestellt, da ihre Anfertigung extrem zeitaufwendig ist (vgl. Jolly 1994a:191). Die Zeremonialkonstruktion entspricht derjenigen, die bei den *mol* Titeln errichtet wird, nur daß man hier zusätzlich ein kleines, etwa hüfthohes Gerüst im Inneren aufstellt, das von einem aus Zweigen geflochtenen Gitter bedeckt ist. Darauf wird ein gefaltetes und in zwei Hälften geteiltes, zusammengefaltetes *mwil* Blatt gelegt. Für den ersten *ban* Titel, *lus ban* kommt zusätzlich noch eine besondere Schlingpflanze zum Einsatz *(lus)[149]*, jedoch schmückt sich nicht der Initiand damit, sondern die Pflanze wird um das *mwil* Palmfarnblatt gewickelt, mit dem man zuvor das kleine Podest geschmückt hat. Der Preis für *ban lusban* ist hoch, vier Schweine werden getötet und an die Verwandten der Mutter bzw. der Frau des Initianden aufgeteilt. Der eigentliche Titelgeber erhält zwischen sechs und zehn lebenden Schweinen.

→ **Erworbenes Privileg: neuer Name**

---

[149] Nicht identifiziert

26.	*Ban molban*	Die Zeremonialkonstruktion für *ban molban* ähnelt derjenigen für *ban lusban*, allerdings darf sich der Initiand diesmal nach den ersten Tänzen an den Armen und an den Beinen, mit einem *ban* Band schmücken, das in diesem Fall aus *walu mol* besteht, woher der Titel auch seinen Namen hat. Die Anzahl der zu opfernden Schweine entspricht *ban lusban*. → **Erworbenes Privileg: Tragen eines besonderen Bandes & neuer Name**
27.	*Biri* auch *Sidaba-gan* oder *Molbua*	Dieser Titel stellt Abschluß des *warsangul* Systems dar. Es gibt heute niemanden mehr, der ihn trägt. Er ist in der Tat so selten, daß sich nicht einmal die Alten daran erinnern können, daß irgendwer einmal diesen Titel erworben hätte. Auch der Name ist unklar. Jolly meint, *biri* beziehe sich auf *bir* die Blüte des Apfelbaumes (Jolly 1994a: 191). Ich halte folgende Herleitung für wahrscheinlicher: *sidabagan* ist die Bezeichnung für einen alten, weitverzweigten Baum mit vielen Ästen und Blüten. Dies könnte eine symbolische Anspielung darauf sein, dass dieser Mann alle anderen Männer übertrifft, daß alle anderen in seinem Schatten stehen. Seine Nachkommen sind so zahlreich wie die Äste des Baumes. Sie alle kommen, um ihm Schweine zu bringen *(ma biri ma:* alle kommen mit Schweinen, alle kommen*)*, was eine Anspielung darauf ist, daß von Kindern erwartet wird, daß sie ihre Väter mit der Gabe von Schweinen unterstützen, wenn diese einen wichtigen Titel erwerben wollen. Der Preis für diesen Titel ist astronomisch hoch, der Initiand muß einhundert Schweine auf dem Tanzplatz keulen und deren Fleisch verteilen. Lebende Schweine werden hingegen nicht gegeben, da dieser Titel, ähnlich wie *wot,* nicht von einem lebenden Menschen, sondern von *Barkulkul* (Gott) gekauft wird. Es liegt auf der Hand, daß es einem einzelnen Mann nicht gelingen kann, einhundert Schweine aus eigener Kraft zu erwirtschaften. Vielmehr ist er darauf angewiesen, daß ihm Familienmitglieder, Verwandte und Freunde in einem Ausmaß helfen, das eigentlich über die allgemeine Vorstellungskraft hinausgeht. Über das Ritual selbst, und die notwendige Ritualstruktur, herrscht allgemeine Unklarheit, wenngleich Jolly behauptet, die Struktur ähnele derjenigen für *takuru*.[150] Da, meinen Daten, zufolge *takuru* aber kein eigener Grad ist, darf diese Auslegung bezweifelt werden. Da es seit vielen Jahrzehnten kein *biri* Ritual mehr gegeben hat wird man bei einer zukünftigen Durchführung wohl auf Bestandteile anderer Titelrituale zurückgreifen, die im Kern ja ohnehin immer aus den gleichen Elementen bestehen. Chief Telkon meint, im Gegensatz zu den hier vorgestellten Überlegungen, der Name dieses letzten Titels sei *molbua* (Schwein mit *walu mol*), ich teile diese Ansicht nicht, *molbua* ist vielmehr ein gebräuchlicher *warsangul* Name für einen Mann mit *mol* Titel (s.u.). → **Erworbenes Privileg: neuer Name & Neubeginn des Zyklus!**

Tafel 11: Beschreibung der männlichen *warsangul*-Titel

---

[150] Tatsächlich beschreibt Jolly mit *butumwil* noch einen weiteren Titel, der *takuru* ähnlich sein soll, jedoch gänzlich in Vergessenheit geraten ist.

Wie bereits mehrfach erwähnt, ist das Annehmen eines neuen Namens unverzichtbarer Bestandteil aller Titelrituale. Dabei ist jedoch zu bemerken, daß sich manche Namen im Alltag nicht recht durchsetzen, während andere lange Bestand haben. Häufig behalten die Männer ihre *teul, mwil, mol,* oder *meleun* Namen viele Jahre lang, obwohl sie längst höhere Titel erworben haben, deren Name man zwar kennt, aber kaum bzw. gar nicht benutzt, was eine sofortige, zweifelsfreie Zuordnung des eigentlichen Ranges eines Mannes schwierig macht. Manche weniger geschätzten Titel, etwa *brang, atolmis, bosis,* sind auch als Namen offenbar weniger beliebt und werden daher meinen Beobachtungen zufolge seltener getragen. Immer werden die eigentlichen Titel durch einen Zusatznamen bereichert, der etwas über die Persönlichkeit des Initianden aussagt. Manchmal nehmen die Neophyten aber auch den Namen ihres Vaters oder eines anderen nahestehenden Verwandten an, damit dieser nicht in Vergessenheit gerät. Im folgenden daher eine unvollständige Namensliste, die allerdings zeigt, welcher Einfallsreichtum mit der Namensgebung immer wieder verbunden ist:

Teul Namen:	**Bedeutung:**
Teul Malegel	Einer, der schon als Junge *teul* wird, jugendlich ist
Simen Teul	Einer, der einmal auf einem Fischerboot gearbeitet hat
Teul Molos	Einer, der schon christlich, mit Wasser, getauft wurde
	Einer, der gerne im Wasser schwimmt
Teul Sus	Einer, der noch saugt (wörtlich)
	Einer, dessen Mutter noch am Leben ist
	Einer, der noch recht unselbständig ist
	Einer, der noch nicht verheiratet ist
	Einer, der eher feige bzw. übervorsichtig ist
Teul Mbangbang	Einer, der friedlich, gutherzig und großzügig ist
Unun Teul	Einer, der hitzköpfig ist und laut spricht
Teul Taut	Einer, dessen Land sehr weit oben in den Bergen liegt, von wo man das Meer nicht sehen kann. (In der Regel wird dieser Name von Jungen gewählt, die aus der *remlili buluim* stammen, da der Landbesitz der *remlili* Leute meist oben in den Bergen liegt
Teul Tamat	Einer, den man sehr häufig fragen mußte, ob er nicht endlich seinen *teul* Titel erwerben möchte
Teul Sal	Einer, der kommt und geht, immer auf der Reise ist
Gusun Teul	Einer, mit einer dicken Nase

Brang Namen:	**Bedeutung:**
Brang Tola	Einer, der immer wieder woanders wohnt, dauernd umzieht
Brang Makonon	Einer, der stark und aufrecht ist
Brang Dal	Einer, der gerne kämpft
Brang Matle	Einer, der nirgendwo lange verweilt, immer beschäftigt ist

Mwil Namen:	**Bedeutung:**
Mansi Mwil	Einer, der viel lacht
Mwil Matsuru	Einer, bei dem es durch das Dach hineinregnet
Mwil namsa	Einer, der auf der höchsten Stufe des *gol* steht, ohne sich irgendwo festhalten zu müssen

Bosis Namen:	**Bedeutung:**
Bosis Mat	Einer, dessen Vater bereits tot ist
Bosis Nisa	Einer, der schön singen kann

Mol Namen:	**Bedeutung:**
Mol Bung	Einer, der seinen *Mol* Titel während hellen Sonnenlichtes gemacht hat
Mol Kat	Einer, der während des Titelkaufes ein Schwein tötet, das immer aus seiner Umzäunung ausgebrochen ist und die Gärten verwüstet hat
Mol Taman	Einer, der andere ständig um irgend etwas bittet
Mol Tewelap	Einer, der ständig an seine Gärten denken muß, weil der Boden durch den vielen Regen so aufgeweicht ist
Mol Mbua	Einer, dem seine Schweine über alles gehen
Mol Bwalu	Einer, der gerne an den Tänzen teilnimmt
Mol Sere	Einer, der seinen Keiler tötet, weil er sich mit seinen runden Hauer immer die Backe wundscheuert
Mol Suta	Einer, der alle seine Schweine gezeigt hat. (Ein Initiand hat seinem Mentor alle Schweine gezeigt, die er ihm zu geben beabsichtigt: *suta* – dieses hier)
Wa Mol	Einer, der immer viele Früchte aus dem Wald mitbringt

Mol Mas	Einer, der immer sehr viel von allem erntet, ein guter Bauer ist
Mol Pa	Einer, der seine Kinder immer auf dem Rücken mit sich herumträgt.

Bumangari Namen:	**Bedeutung:**
Bumangari Bena	Ein Bumangari aus Bunlap-Bena
Bumangari Salsal	Einer, der anläßlich seiner Titelzeremonie einen Keiler getötet hat, dessen Zähne noch nicht ganz rund waren und daher erst halbfertig bzw. noch „unterwegs" waren *(salsal)*
Bumangari Pontas	Einer, der seine Schweine nahe beim Meer gehalten hat
Bumangari Reme	Einer, der beim Essen sehr wählerisch ist, nur das Beste zu sich nimmt
Bumangari Kaon	Einer, der kein Geld hat und sich von anderen immer etwas ausleihen muß
Bumangari Konkon	Einer, den niemand so recht mag, weil er sich immer abschottet (Selbstironie!)

Meleun Namen:	**Bedeutung:**
Meleun Magana	Einer, der vor Alter zittert
Meleun Bena	Ein Meleun aus Bunlap-Bena
Meleun Temat	Ein Mann des Friedens

Tafel 12: mögliche männliche *warsangul*-Namen

Es gibt keine Regel, daß ein Mann mit dem Namen des letzten Titels, den er erworben hat, angesprochen werden muß, er kann entweder mit seinem Geburts- oder aber mit irgendeinem seiner *warsangul* Namen angesprochen werden. Manche *kastom* Männer tragen christliche Namen, dann nämlich, wenn etwa ihre Eltern oder sie selbst einmal für eine gewisse Zeit zum Christentum übergetreten waren. Auch die Geburtsnamen besitzen bestimmte Bedeutungen, sie bezeichnen verschiedene Tiere, sind Anspielungen auf die Elemente oder bestimmte Orte etc.

Die Behandlung des Titelsystems wäre unvollständig, wenn man nicht erwähnen würde, daß es parallel ein ähnliches System für Frauen bzw. Mädchen gibt, das die Sa *warsangul na isiniri*, „die zehn Kräfte der Frauen" nennen.[151] Trotz einiger Ähnlichkeiten unterscheidet sich das weibliche Titelsystem in vieler Hinsicht von dem der Männer. Zum einen ist es wesentlich weniger elaboriert, insgesamt existiert nur ein Set von sechs Titeln. Zum anderen kann eine Frau ihrem Wunsch nach dem Erwerb eines Titels nicht selbst Ausdruck verleihen, sondern sie ist stets abhängig von ihren männlichen Verwandten bzw. ihrem Mann. Auch veranstaltet man für Frauen keine eigenen Titelrituale, sondern diese sind lediglich ein Teil der männlichen *warsangul* Zeremonien, anläßlich derer man sie durchführen kann, aber nicht muß. Mit anderen Worten können Männer Titel erwerben, ohne daß ihre Frauen dies mit ihnen tun. Der umgekehrte Fall hingegen ist nur bei den ersten, weniger bedeutsamen weiblichen Titeln möglich. Dies hat auch damit zu tun, daß für die ersten drei Titel die Verwandtschaft des Vaters das Fest ausrichtet, also je ein Schwein bereitstellt. Die letzten drei Titel darf eine Frau hingegen erst dann erwerben, wenn sie bereits verheiratet ist, da diese Titel, quasi als schmückendes Beiwerk des männlichen *pendants*, unmittelbar an ihren Mann geknüpft sind. Die Heirat ist einer der Gründe dafür, daß nun in der Regel nicht mehr die väterlichen Verwandten , sondern der Ehemann oder dessen Familie der Initiandin einen oder mehrere Keiler opfern. Es gibt aber auch den Fall von Wettbewerb dieser beiden Gruppen im „Sponsoring" der weiblichen Titel. Ein Faktor, der das schmerzhaft gefühlte Moment der lebenslangen Verpflichtung, die man als Mann den Frauen gegenüber hat, noch verstärkt. Im Gegensatz zu den Männern, erhalten die Frauen nach ihrer Initiation, von der Verleihung eines neuen Namens einmal abgesehen, keine ausgesprochenen Insignien oder Privilegien. Jolly beschreibt lediglich die Übergabe eines einfachen Muschelarmbandes an die Initiandin, ungeachtet des erreichten Ranges. Dennoch geht man davon aus, daß auch die spirituelle Potenz der Frau mit zunehmender Zahl der Titel ansteigt, was einen Grund dafür darstellt, weshalb Männer nicht mit älteren, höherrangigen Frauen verheiratet sein sollten. (vgl. Jolly 1994a:187)

Nr	Name des Titels:	Beschreibung:
1.	*Masus* (dt: Komm und sauge!) auch: *Massuskon*	Dieser Titel wird einem Mädchen verliehen, wenn es etwa drei oder vier Jahre alt ist. Es kommt nun in das Alter, einen kleinen Grasrock tragen zu können. Es sind die Verwandten des Vaters, die dem Mädchen ein mittelgroßes Schwein schenken, das *mbui na rahis* (dt. „das Schwein des Grasrocks") genannt wird. Im Rahmen einer kleinen, formlosen Zeremonie wird

---

[151] Ich beziehe mich bei der Betrachtung des *warsangul na isiniri* ausschließlich auf Margaret Jolly (1994a:187ff) da ich selbst keine entsprechenden Untersuchungen durchführen konnte.

dann eine (klassifikatorische) Schwester das Tier für die Initiandin keulen. Das Fleisch erhalten die Verwandten mütterlicherseits. Dieser Titel ist das weibliche Equivalent für den *tokon mal* Grad der Buben.

→ **Erworbenes Privileg: Tragen des *rahis* & neuer Name (*Massuskon*)**

2.	***Lonmwil*** (dt. im Palmfarnblatt)	*Lonmwil* folgt auf *massuskon*, und kann zu jeder Zeit erworben werden. Bezahlt wird er mit einem Keiler, den wiederum Verwandte des Vaters vorhalten müssen. → **Erworbenes Privileg: neuer Name**
3.	***Lukon*** (dt. der heilige Zahn)	Dieser Titel folgt auf *Lonmwil* und kann ebenfalls zu jeder Zeit erworben werden. Bezahlt wird auch hier mit einem Keiler, den wiederum Verwandte des Vaters vorhalten müssen. → **Erworbenes Privileg: neuer Name**
4.	***Isin kon*** (dt. heilige Frau)	Diesen Titel erwirbt eine Frau zusammen mit dem *mwil* oder *bosis* Titel ihres Mannes. Der Titel kann zweimal erworben werden. → **Erworbenes Privileg: neuer Name**
5.	***Wohmat*** (dt. tote Stärke/Macht/Kraft?)	Diesen Titel erwirbt eine Frau zusammen mit einem der verschiedenen *mol* oder dem *arkon* Titel ihres Mannes. Dieser muß mindestens einen Keiler für sie keulen, der dann unter den Verwandten der Mutter seiner Frau aufgeteilt wird. → **Erworbenes Privileg: neuer Name, der sich nach der Anzahl der für die Initianden geschlachteten Keiler bemißt.**
6.	***Iamat*** (dt. totes Ungeheuer)	Diesen Titel erwirbt eine Frau zusammen mit einem *meleun* bzw. allen höheren Graden. → **Erworbenes Privileg: neuer Name, der sich nach der Anzahl der für die Initianden geschlachteten Keiler bemißt.**

Tafel 13: Beschreibung der weiblichen *warsangul*-Titel

Im Gegensatz zu den Männern, werden Frauen nur selten mit ihren Titelnamen angesprochen. Darüber hinaus fehlt auch die phantasievolle, sehr individuelle Namensgebung, die bei den Männern gebräuchlich ist.

Abschließen will ich hier einen Punkt betonen, den bereits John Layard 1942 beschrieben hat: Das *warsangul* System als allseits anerkannte, legitime Form der sozialen Organisation macht sehr deutlich, daß es in erster Linie das Moment der Reziprozität, das *do ut des* ist, das die Gesellschaft im Kern zusammenhält. Es baut dabei auf verwandtschaftlichen Beziehungen auf, die es gleichzeitig, durch die Art und Weise, wie die einzelnen Rituale strukturiert sind, reflektiert. Jolly meint, die Sa hielten dabei die verwandtschaftlichen *lo sal* Bindungen für die älteren Verpflichtungen und *warsangul* für eine neuere Entwicklung (Jolly 1994a:205). Sie setzt ihre Daten dabei u.a. auch mit denen von Mary Patterson in Beziehung, die in ihrer Dissertation für Nordambrym zu ähnlichen Ergebnissen kommt (Patterson 1976,1981). Dort allerdings scheint die rituelle Ausdifferenzierung bereits weiter fortgeschritten, da man den verwandtschaftlichen Verpflichtungen im Rahmen des dem *warsangul* ähnlichen *mage* Systems nur noch eingeschränkt nachkommt. Statt eines beide Aspekte verbindenden Rituals, haben sich hier zwei Rituale herausgebildet, wohl ein weiterer Hinweis darauf, daß das *warsangul* System in Pentecost eine rezente Erscheinung darstellt.

12.2 Magischer Einfluß

Nach wie vor zielt ein großer Teil der wirtschaftlichen und politischen Aktivitäten der Sa Männer auf den Erwerb von möglichst vielen Titeln, weshalb das *warsangul* System hier auch an erster Stelle genannt worden ist. Dennoch stellt es keineswegs die einzige Möglichkeit dar, sich zu profilieren und im Ansehen der Gemeinschaft zu steigen.

Das Weiterkommen im *warsangul* System beruht, wie wir gerade gesehen haben, auf der Leistung des Einzelnen. Damit steht es im Gegensatz zu den *loas* Titeln, die auf einige wenige Familien verteilt sind und in der großen Mehrzahl der Fälle innerhalb dieser vom Vater auf den Sohn vererbt werden. Wir haben bereits gesehen, daß es im Jahre 2004 in Bunlap einen Yamspriester *(loas na dam* – Tho Melsul aus der *ta tobol)*, einen Priester für die Brotfrucht *(loas na beta* – Moses Watas aus der *ta ran bwelamworp)*, einen Priester der Kokosnuß *(loas na ul* –Watas Tola aus Pohurur*)* sowie mehrere Priester der Taro gab *(loas na bwet* – Chief Bong Molsmok aus der *ta lon sie;* Chief Meleun Bena aus *der ta remlili* sowie dessen Bruder, Chief Telkon Watas, ebenfalls aus der *ta remlili)*. Ihre Aufgabe ist es, die Erntesaison zu eröffnen sowie die Gärten zu bewachen und vor bösen Einflüssen zu beschützen. Die Mühen des *loas* werden während verschiedener Rituale honoriert, z. B. während der Feiern zur Knabenbeschneidung *taltabwean*. Hier dankt man ihm für seine gelungene Arbeit, die allen eine reiche Ernte beschert hat. Je nachdem, wie üppig die Ernte tatsächlich ausgefallen ist, erhalten die *loas* von den am Ritual beteiligten Männern Geld-

spenden, im günstigsten Fall bis zu mehreren tausend Vatu. Zwar ist diese Entschädigung eine willkommene finanzielle Zuwendung, einen wirklich entscheidenden materiellen Vorteil stellt sie jedoch nicht dar. Denkbar ist aber der Fall,
daß ein *loas* aufgrund seiner lebenssichernden Aufgaben leichter einen wohlge-
sonnenen, potenten Mentor findet, der ihm bei seinen Schritten im *warsangul*
System zur Seite zu steht. Tatsächlich waren im Jahre 2004 alle *loas* in Bunlap
gestandene Männer mit überdurchschnittlich vielen Titeln. Die einzige Ausnahme stellte ausgerechnet der *loas na dam* dar. Dieses so wichtige Amt wurde im
Jahr 2004 von dem 24-jährigen Tho Melsul ausgeübt, der es gerade erst von seinem Vater übernommen hatte. Die Verantwortung der neuen Aufgabe lastete
sichtbar auf dem stillen und ernsthaften jungen Mann, der zudem gerade erstmals Vater geworden war. Ob ihm sein wichtiges Amt tatsächlich, zumindest
indirekte, Vorteile im *warsangul* System verschaffen kann, muß sich in den
nächsten Jahren noch zeigen.

Jolly meint, *loas* Titel könnten in besonderen Fällen auch ge- bzw. verkauft
werden. Mir ist zumindest ein solcher Fall bekannt geworden, der schon sehr
lange zurückliegt, von dem aber immer wieder gesprochen wird. Demzufolge
befand sich nämlich das *loas na dam* Amt ursprünglich in den Händen der *lon
bwela mwil.*[152] Eine Erzählung besagt jedoch, daß der Yams unter der Aufsicht
eines *loas* aus der *bwela mwil buluim* nicht gut gewachsen sei, ja sogar eine bestimmte Krankheit entwickelt habe, die dazu führte, daß Gesicht und Hände an-
schwollen und der Yams ungenießbar wurde.[153] Deswegen habe man sich ent-
schlossen, das Amt des *loas na dam* an einen Mann aus der *ta tobol buluim* zu
verkaufen, wo es bis heute verblieben ist. Einige *loas* verfügen, so sagt man,
auch über die besondere Fähigkeit, die Fruchtbarkeit nicht nur des Bodens, sondern auch der Menschen zu befördern, indem sie etwa bestimmte Liebeszauber
kennen, oder aber den Frauen die Entbindung erleichtern können (vgl. auch Jolly 1994a:214).
Zusätzlich zu den erblichen *loas* Priesterämtern gibt es noch eine zweite Art
magischen Wissens. Wer solches Wissen kennt und anwendet, Mann oder Frau,
ist ein *abile,* ein Zauberer.[154] Zauberer kennen böse Geister und wissen, welche
Heilpflanzen gegen sie helfen. Sie können Regen machen, Erdbeben und Flut-

---

[152] Ich werte diese ursprüngliche Verbindung zwischen dem *loas na dam* Titel und den *bwela
mwil* Leuten als weiteres Indiz für meine These, daß Vertreter dieser *buluim* die eigentlichen
Gründer von Bunlap waren.
[153] Diese Krankheit wird dargestellt in der *juban ene bwelantan sumsum* Maske, die anläßlich
des *juban* Rituals getanzt wird.
[154] Tattevin beschreibt die Aufgaben der *loas* detailliert beschreibt und nennt sie *magicien*
(z.B. 1927b:412). Zwar wendet der *loas* zweifellos magische Techniken an, ich halte jedoch
in diesem Falle den Begriff Priester für angemessener. Seine Amt ist institutionalisiert, seine
Aufgaben klar umrissen und werden ausschließlich zum Wohle des *bonum commune* eingesetzt. Die *abile* hingegen, richten ihre Kräfte nicht selten aus sehr persönlichen Gründen gegen Andere, weswegen ich, der besseren Unterscheidung halber, den Begriff Zauberer verwende.

wellen verursachen mit Tieren und Pflanzen sprechen und vieles andere mehr. Die Fähigkeit zur Zauberei ist, im Gegensatz zu den *loas* Titeln, nicht erblich, sondern kann von jedem talentierten Novizen erlernt werden, sofern dieser bereit ist, seinem Lehrmeister das entsprechende Wissen abzukaufen. Stellen wir uns die Frage, welche Vorteile es haben könnte, ein *abile* zu sein? Zunächst ruft man den *abile,* wenn man fürchtet, von bösen Geistern besessen zu sein, was sich in der Regel in Krankheit äußert.[155] Man erwartet von einem *abile* in der Regel auch, daß er Heilkräuter kennt, die gegen übliche Beschwerden helfen. Die Leistungen des *abile* müssen in so einem Fall mit Geld oder Naturalien bezahlt werden (vgl. Lane 1965:259ff.). Denkbar sind aber auch andere, symbolische Vorteile, etwa, daß man es nicht wagt, einem gefürchteten Zauberer den Aufstieg im Titelsystem zu erschweren, und er so relativ schnell eine Reihe von Titeln erwerben kann. Oder es könnte vorkommen, daß ein Titelaspirant nicht wagt, einen *abile* als Mentor zu übergehen, obwohl dieser möglicherweise einen höheren Preis für den gewünschten Titel verlangt als andere.

Meleun Bena, der mächtigste Zauberer von Bunlap

Der mächtigste *abile* in Bunlap ist Meleun Bena, jünger als sein verstorbener Bruder Chief Bumangari Kaon und älter als sein Bruder Chief Telkon. Meleun Bena ist zwar einer der *loas na bwet*, umgekehrt ist es jedoch durchaus nicht so, daß jeder *loas* gleichzeitig auch *abile* sein müßte. Der etwa fünfundsechzigjährige Meleun Bena genießt den zweifelhaften Ruf eines sehr mächtigen Zauberers und tut, obwohl die Macht des *abile* eigentlich darin besteht, andere über sein Wirken im Unklaren zu belassen, alles dazu, diesem Ruf gerecht zu werden. Nicht nur ist er ein Außenseiter, der sich seine Hütte ganz am Rande des Dorfes, in der Nähe des gefährlichen Meeres gebaut hat.[156] Man weiß auch von ihm, und spricht offen aus, daß er im Jahre 2000 ein Erdbeben und eine daraus resultierende Flutwelle verursacht hat, die in Sarop mehrere Menschenleben kostete.[157] Meleun bezeichnet sich selbst als „Hüter von *kastom*" und wird als solcher auch weithin respektiert. Er wird zu Rate gezogen, wenn definiert werden muss, was *kastom* ist, wie ein Ritual aufgeführt wird, wer welche Titel erhalten soll und dergleichen mehr. Allerdings ist er nicht beliebt, sondern wird gefürchtet. Er gilt als knauserig,

---

[155] Eine genaue Erforschung der *abile* konnte im Rahmen meines Feldaufenthaltes nicht geleistet werden. Ich vermute jedoch, daß es sich hier nicht um typischen Schamanismus handelt. Es fehlt sowohl das Schamanenkostüm als auch die heilige Trommel. Allerdings muß man sicher davon ausgehen, daß mir schon deswegen vieles verborgen geblieben ist, weil es sich hier um kostbares, im wahrsten Sinne des Wortes geldwertes Wissen handelt, über das kaum gesprochen wird.

[156] Vgl. Abb 19. Der Hof von Meleun Bena (No.24) ist der am weitesten vom *sara* entfernteste in ganz Bunlap-Bena.

[157] Tatsächlich wurde Sarop, ein Dorf von etwa siebzig Bewohnern, Ende des Jahres 2000 von einer mehrere Meter hohen Flutwelle vollständig zerstört. Sechs Menschen kamen dabei ums Leben, zwei Dutzend wurden verletzt. Es kursiert die Geschichte, daß Chief Meleun Bena Freunden und Bekannten, die sich zu dieser Zeit dort aufhielten, den Rat gegeben hatte, in dieser Nacht nicht im Dorf zu bleiben, weil etwas Furchtbares passieren werde. Diese Geschichte wurde so ernst genommen, daß die Zentralregierung sogar eine mobile Polizeitruppe nach Bunlap schickte, um Meleun Bena zu verhören und ggf. als mehrfachen Mörder festzunehmen. Dazu kam es zwar nicht, seither begegnet man ihm aber dennoch mit größerer Vorsicht als zuvor.

eigenbrötlerisch und allzu ehrgeizig. Seine Herrschaft beruht nicht auf Konsens , sondern auf der nicht in Frage zu stellenden Kompetenz des religiösen Spezialisten. Obwohl er ähnlich weitgereist ist wie sein jüngerer Bruder, Chief Telkon, und über eine hervorragende Redebegabung verfügt, ist er niemals zu Geld gekommen, was unter anderem daran liegt, daß er sich zunächst nicht an der Vermarktung des *gol* beteiligen wollte. Meleun Bena hat sich insgesamt betrachtet keinen nachhaltigen politischen Einfluß verschaffen können. Das hat bei ihm zu einiger Verbitterung geführt, die sich in Eifersucht und Mißgunst äußert, denen er nicht zuletzt mit seinen Zauberkünsten Ausdruck verleiht. Meleun Bena ist auch dafür bekannt, für seine Mentorenschaft im *warsangul* System eine sehr hohe Gegenleistung zu verlangen, was ihm einen gewissen ökonomischen Vorteil und verhältnismäßig raschen Aufstieg im *warsangul* System ermöglicht hat.[158]

Ich kann an dieser Stelle nicht ausführlicher auf *loas* und *abile* eingehen, meine aber, daß sowohl das *loas* Amt als auch die *abile* Fertigkeiten ihren Trägern symbolische Vorteile beim Aufstieg im *warsangul* System sowie bei der Akkumulation von Macht verschaffen können, daß dies aber keineswegs der Fall sein *muß*. Auch hier haben wir es also mit weitestgehend voneinander entkoppelten Systemen zu tun.

12.3 Wirtschaftlicher Erfolg

Wir haben gesehen, daß das Titelsystem der Sa einerseits sehr formal ist, andererseits aber die Chance einer relativ hohen sozialen Flexibilität in sich birgt, denn im Prinzip hat jedermann die gleichen Möglichkeiten, oder kann sie sich schaffen, in der *warsangul* Hierarchie aufzusteigen. Allerdings müssen dazu einige Voraussetzungen gegeben sein, darunter nicht zuletzt Geschick in wirtschaftlichen Dingen. Das Akkumulieren und Weitergeben von lokal hergestellten Gütern und anderen Werten im Rahmen von *lo sal* bzw. *warsangul* ist, wie gesagt, unverzichtbarer Bestandteil von *kastom*. Blicken wir einen Moment auf das Titelsystem zurück. Wir haben gehört, daß der Initiand einen Mentor benötigt, der den ersehnten Titel bereits besitzt und daher auch weitergeben kann. Nun hängt es entscheidend vom rhetorischen Geschick und der Persönlichkeit sowohl des Mentors, als auch des Initianden ab, wie hoch der Preis für den Titel *tatsächlich* ist. Es ist nämlich keineswegs so, daß die Anzahl der Schweine für den Kauf eines bestimmten Titels unverrückbar feststeht. Vielmehr besteht, vor allem bei den höheren Graden, ständig Raum für, ja sogar die Notwendigkeit von Verhandlungen. Wenn sich der Initiand als schlechter Verhandlungspartner erweist, hat er nicht selten das Gefühl, von seinem Mentor „ausgeraubt"[159] wor-

---

[158] Zwar habe ich mit Meleun Bena häufig gesprochen, für ein Interview *en detail* verlangte er jedoch eine sehr hohe Geldsumme, die ich nicht zu zahlen bereit war. Daher kann ich die hier genannten Behauptungen nur aus Beobachtungen und den Äußerungen anderer Informanten ableiten.

[159] Wörtliche Übersetzung des entsprechenden Begriffs aus dem *Bislama*. Besonders bekannt dafür, Titelaspiranten „auszurauben", ist der weiter oben bereits mehrfach erwähnte Meleun Bena.

den zu sein. Für den Mentor wiederum kann es ein sehr einträgliches Geschäft sein, z. B. für einen *mol* Titel statt vier Schweinen, sechs zu erhalten. Tatsächlich liegen die Dinge jedoch noch komplizierter. Der Initiand kann nämlich, mit etwas Geschick, den Mentor auch dazu überreden, ihm eine bestimmte Anzahl Schweine für das Titelritual lediglich zu *leihen*. Wenn der Initiand seinem Mentor z.B. fünf Schweine für den Erwerb eines *bumangari* Titels bezahlen muß, selbst aber nur drei Schweine besitzt, kann er seinen Mentor bitten, ihm die anderen beiden Tiere für die Dauer des Rituals zu borgen, bei dem er sie dann zurückgibt. So ergibt sich offiziell eine Anzahl von fünf Schweinen als Bezahlung, während es ja tatsächlich nur drei sind, die in realiter vom Initianden auf den Mentor übergehen. Im Prinzip können alle Parteien von diesem System profitieren: für den Mentor ist es in der Regel von Vorteil, im Austausch für sein symbolisches Kapital wenigstens drei Schweine zu erhalten anstatt gar keines, weil der Titelkauf ansonsten nicht zustande kommen würde. Der Initiand hingegen wird in die Lage versetzt, den ersehnten Titel zu erwerben, auf den er ansonsten noch einige Zeit hätte warten müssen und wird so seinerseits für andere potentielle Titelanwärter als Mentor interessant. Es liegt also auf der Hand, daß ein klug taktierender Händler und geschickter Redner in einem derart flexiblen System besser und schneller aufsteigt als einer, der nur in geringem Maße die Initiative ergreift und geschickte Strategien für sein Fortkommen entwickeln kann.

Wenden wir uns nun einem weiteren Weg zur Macht zu, dem Geld. Die *kastom* Sa leben unter Bedingungen einer vollständigen Subsistenzwirtschaft. Die Selbstversorgung mit allem Lebensnotwendigem wird lediglich in sehr beschränktem Masse durch den gelegentlichen Zukauf von Gütern ergänzt, die außerhalb von Pentecost hergestellt werden, so daß die *kastom* Sa sich insgesamt einer mehr oder weniger vollständigen ökonomischen Autonomie erfreuen. Man könnte daher argumentieren, daß sich in einer Gesellschaft, in der alle mehr oder weniger das Gleiche tun und besitzen, fundamentale materielle Unterschiede nicht herausbilden können. Ein solches Gleichgewicht mag, innerhalb des oben beschriebenen, teils durchaus flexiblen Rahmens, früher einmal bestanden haben, ist jedoch in den letzten Jahrzehnten ins Wanken geraten. Einige Männer in Bunlap haben nämlich Strategien entwickelt, die ihnen, jenseits des traditionellen Akkumulierens und Weitergebens von *lokal hergestellten* Gütern, einen besonders guten Zugang zu *Geld* ermöglicht haben. Betrachten wir einmal, welche Möglichkeiten es für die *kastom* Sa von Bunlap überhaupt gibt, zu Geld zu kommen: seit weiße Siedler bzw. Missionare vor etwa hundert Jahren begonnen haben, Kopraplantagen einzurichten, gibt es bezahlte Lohnarbeit auf der Insel. Auch im Jahre 2004 gab es noch Kopraplantagen, etwa unter der Leitung von Harry Wabak, einem einheimischen Geschäftsmann, der in Pangi lebt. Da die Kopraherstellung kaum noch lukrativ ist, sind die Löhne entsprechend schlecht: ein Tag Arbeit auf der Plantage bringt kaum mehr als ein paar hundert Vatu ein. Da es auf der unzugänglichen Ostküste keine Kopraplantagen gibt, versuchen die Bewohner der *kastom* Dörfer, mit dem Verkauf von frischen oder getrockne-

ten Kavawurzeln etwas Geld zu verdienen. Die Wurzeln werden an die Westküste nach Pangi getragen, von dort nach Port Vila verschifft und an die vielen
Kava Bars weiterverkauft.[160] Im Jahr 2004 erhielt man für einen Sack frischer
Kava von ca. 50 Kilogramm Gewicht etwa 4000 Vatu, was dem Gegenwert eines mittelgroßen Kochtopfes aus massivem Aluminium entspricht. Die getrocknete Kava wird meist in Port Vila von Zwischenhändlern auf- bzw. weiterverkauft und ist in der Regel für den Export nach Übersee bestimmt, wo man sie zu
Arzneimitteln weiterverarbeitet. Dabei liegt es auf der Hand, daß nicht jedermann wegen ein oder zwei Kavasäcken die teure Reise nach Port Vila selbst antreten kann. Deshalb gibt man die Säcke einem Vertrauensmann, der jedoch
nicht selten aufgrund fehlender Rechenkenntnisse übers Ohr gehauen wird, oder
aber das verdiente Geld an Ort und Stelle ausgibt. Da derartige Pannen an der
Tagesordnung sind, wird niemand mit dem Anbau bzw. dem Verkauf von Kava
wirklich „reich", allerdings zahlt sich auf lange Sicht doch aus, ob man ein tüch-
tiger Kavagärtner ist oder nicht: sechs Sack frischer Kava stellen, nach Abzug
aller Kosten, immerhin den Gegenwert von drei mittelgroßen Schweinen dar.
Eine andere Möglichkeit zu Geld zu kommen besteht im Verkauf von handwerklichen Arbeiten an Touristen. Viele Frauen sind sehr geschickt im Flechten
von Taschen, Penisbinden, Matten oder Körben und verkaufen diese an die zwei
handvoll Touristen, die jedes Jahr nach Bunlap kommen oder geben ein paar
Taschen oder Matten ihrem Mann oder Vater, sollte dieser einmal eine Reise in
die Hauptstadt oder nach Santo unternehmen, wo er sie vielleicht verkaufen
kann. Wenn man in Betracht zieht, daß es zwischen drei und fünf Abenden dauert, z.B. eine Tasche herzustellen, die dann etwa 400 bis 700 Vatu kosten, so
wird deutlich, daß auch mit dieser Arbeit lediglich ein geringer Gewinn zu erzielen ist, dennoch für Frauen praktisch die einzige Möglichkeit, an Bargeld zu
kommen. Ein bißchen besser bestellt ist es um den Verkauf der *juban* Masken,
die seit etwa zwei Jahrzehnten wieder regelmäßig in Bunlap geschnitzt werden.
Eine Maske herzustellen nimmt etwa drei bis sechs volle Tage in Anspruch und
bringt, je nach Größe und Form, zwischen 2000 und 7000 Vatu ein. Mitunter
können die Schnitzer ein, zwei Masken an europäische Besucher, etwa die Mit-
arbeiter eines Fernsehteams, verkaufen, oder man verfährt wie mit Kava und
anderen handwerklichen Erzeugnissen und vertraut einem Freund oder Vertrauten seine Masken an. Dieser kann dann versuchen, sie an einen der vielen Souve-
nirläden in Port Vila zu verkaufen. Schließlich muß hier noch die Möglichkeit
erwähnt werden, Geld mit dem Bau oder der Teilnahme an den vielen *gol* zu
verdienen, die regelmäßig auf der Westseite der Insel für Touristen veranstaltet
werden. Aber auch hier fällt der Lohn für den Einzelnen in der Regel bescheiden
aus, zwischen 500 und 1000 Vatu läßt sich pro Veranstaltung verdienen, ledig-

---

[160] Einige hundert kleiner Kava Bars in Port Vila schenken den bitter schmeckenden, leicht
berauschenden Trank aus. Nachdem Kava viele Jahre lang von Missionaren und Kolonialregierung verboten war, setzte mit der Unabhängigkeit eine Renaissance der Kava ein, die heute, ähnlich wie in anderen Ländern Ozeaniens, zu einer Art Nationalgetränk geworden ist (vgl.
LIPP 1998).

lich die Springer von den oberen Plattformen können, wir werden es später noch genauer sehen, etwas mehr verdienen. Mit all diesen Tätigkeiten läßt sich keinesfalls soviel Geld machen, daß es sich lohnen würde, die Selbstversorgung aufzugeben. Andererseits ist doch genug im Umlauf, um in den wenigen kleinen Läden die es in Bunlap gibt, hin und wieder eine Kleinigkeit einkaufen zu können. Das Betreiben eines Ladens wiederum, stellt ebenfalls eine Möglichkeit dar, Geld zu verdienen. Allerdings sind auch die Ladenbesitzer in Bunlap allesamt Selbstversorger, niemand ist auf den geringen Gewinn, den der Laden abwirft, zum Überleben angewiesen.

Wariats Laden
Gleich unterhalb des Tanzplatzes, direkt neben der Kochhütte von Chief Warisul, hat dessen ältester Sohn Wariat ein kleines Geschäft eröffnet. Wariats Laden verfügt über einen Boden aus geflochtenem Bambus, der Staub und Ratten fernhalten soll, was jedoch nicht gelingt. Ratten sind immer und überall eine alltägliche Plage. Nichts, was eßbar ist, kann ungeschützt

aufbewahrt werden. Wariat lagert Reis, Zucker, Mehl, Pflanzenöl oder Kekse deshalb in Aluminiumtöpfen mit schweren Deckeln oder aber in großen Blechtonnen. Die „Breakfast Crackers" aus Fidschi sind ohnehin in rattensicheren Blechdosen verpackt, Süßigkeiten und Reissnacks sind in großen, stabilen Plastikgefäßen halbwegs sicher. Seit es in Bunlap ein Telefon gibt, hat sich auch das Angebot in Wariats Laden stetig erweitert, da er seine Waren telefonisch bei

Abb.24: Wariat in seinem Laden.
(Bunlap-Bena, November 2004)

einem Zwischenhändler in Santo ordert und etwaige „Bestellungen" seiner Kunden direkt weitergibt, um die bestellten Waren dann mit einem Aufpreis von etwa 15% bis 30% weiterzuverkaufen. In der Regel trifft alle vier bis acht Wochen ein Schiff in Baie Barrier ein, wo die bestellten Güter dann mit einem kleinen Beiboot an Land gebracht werden. Wann das Schiff kommt, läßt sich nie ganz genau vorhersagen. Da man aber vom *sara* aus einen guten Blick auf das vorgelagerte Meer hat, kann kein Schiff die Küste passieren ohne gesehen bzw., nachts, gehört zu werden. Fährt das Schiff dicht unter Land vorbei, kann das nächste Ziel nur lauten: Baie Barrier. Egal ob stechende Sonne oder tiefschwarze Nacht, sogleich setzt sich nun ein Troß junger Leute in Bewegung. Sie machen sich auf den etwa einstündigen Weg hinunter nach Ranon, dem Sandstrand von Baie Barrier, wo die Waren ausgebootet werden. Von hier tragen sie, unter der strengen Aufsicht der paar Ladenbesitzer, deren Ware auf dem Rücken den schwierigen, steilen Weg den Berg hinauf nach Bunlap. Jedes Kilo Zucker, Reis oder Mehl, Stoffe, Decken, Angelhaken, Kerosin usw. wird so unter großen körperlichen Anstrengungen ins Dorf gebracht und auf die einzelnen Läden verteilt. Auf den ersten Blick wirkt das auf den roh zusammengezimmerten Regalen aus Bambusstäben und billigem Sperrholz ausgebreitete Angebot kärglich. Auf den zweiten Blick zeigt sich aber, daß es im *kastom* Dorf Bunlap eine durchaus reichhaltige Auswahl an Gütern aus verschiedenen Teilen der Welt zu kaufen gibt.

Im November 2004 konnte man bei Wariat Warisul, dem Inhaber des größten Ladens von Bunlap folgende Waren erstehen, die ich hier auch deswegen einmal aufführe, um dem Leser die Möglichkeit zu geben, Relationen zwischen Geld, Dingen und Arbeit herzustellen.[161]

Lebensmittel:

- Runde, buntgefärbte Kaugummis „Bubble Gum Rasa Buah" der indonesichen Firma Babaloon. Die in großen Plastikbechern abgepackten Kaugummis kosten 10 Vatu das Stück. (1 großer Plastikbecher vorrätig).

- Lutscher mit Colageschmack: „The Chocolate". Die in großen Plastikbechern abgepackten Lutscher kosten 5 Vatu das Stück. (1 großer Plastikbecher vorrätig).

- P.K. Kaugummis, Pfefferminzgeschmack. Je 2 Kaugummis in einer kleinen, orangenen Papierverpackung kosten 10 Vatu. (Mehrere Dutzend vorrätig).

- Reissnack „Bongo" in kleinen Plastikbeuteln zu je 50 Gramm. 40 Vatu. (11 vorrätig).

- Lipton Tee. 20 Vatu per Beutel. (1 halboffene Pappschachtel vorrätig).

- „Sinsin" Tomato Sauce. Made in Indonesia. 150 Vatu. (1 vorrätig).

- „Azi No Moto" Vetsin (Geschmacksverstärker Monosodium Glutamat) im Plastikbeutelchen. Made in Indonesia. (4 vorrätig).

- Mauripan Yeast (Backhefe). Papiertüte in Plastik eingeschweißt. 500 Gramm. Made in Australia. 450 Vatu. (2 vorrätig).

- Instant Kaffe. Made in Indonesia. Glasbecher zu 150 Gramm. 250 Vatu. (2 vorrätig).

- Tafelsalz „Saxa". Made in Australia. In Plastikflaschen zu 250 Gramm. 220 Vatu. (4 vorrätig).

- Tafelsalz. Made in Thailand. In Pappkartons zu 250 Gramm. 150 Vatu. (2 vorrätig).

- Curry Powder. In Plastikdose zu 80 Gramm. Made in Indonesia. 180 Vatu. (2 vorrätig).

- Zwiebeln. 20 Vatu pro Stück. (9 vorrätig).

- Zucker. Made in Australia. 1 Kilo zu 160 vatu. (12 vorrätig).

- Reis „Sunrice". Made in Australia. In Plastikbeuteln zu je 1kg. abgepackt. 160 Vatu. (13 vorrätig).

- Reis „Sunrice". Made in Australia. In Säcken zu je 25 kg abgepackt. 2850 Vatu. (3 vorrätig).

- Cabin Bread (Hartkekse) FMF Brand (Flour Mill of Fiji). 10 Vatu pro Stück. (1 große, halbvolle Blechdose mit ca. 5 kg. vorrätig).

- Cordial (Fruchtsirup) Made in Fiji. 220 Vatu für 500 ml. (1 vorrätig).

---

[161] Nochmals zum Vergleich: 150 Vatu entsprechen im Jahre 2004 ca. 1,00 €

- Makrele in Tomatensauce „Star" Made in Fiji. Dose mit 325 Gramm. 180 Vato. (13 vorrätig).
- Gepökeltes Schweinefleisch „Ma Ling Pork" Made in China. Dose zu 200 Gramm. 140 Vatu. (8 vorrätig).
- Corned Beef „Santo Meat". Made in Vanuatu. Dose zu 200 Gramm. 180 Vatu. (16 vorrätig).
- Thunfisch „Diana". Made in PNG. Dose zu 200 Gramm. 140 Vatu. (9 vorrätig).
- Fleischkonserve „Oxford Corned Meat". Made in Fiji. Dose zu 250 Gramm. 180 Vatu. (11 vorrätig).
- Fleischkonserve „Goose". Made in China. Dose zu 200 Gramm. 200 Vatu. (3 vorrätig).
- Instant Nudeln (3 minute noodles), Made in China. 50 Vatu. (21 vorrätig).
- Pflanzenöl zum Kochen. In Plastikflaschen zu je 1 Liter. 300 Vatu. (3 vorrätig).
- Filterzigaretten. 30 Vatu pro Stück. (Mehrere Dutzend vorrätig).
- Einheimischer Tabak, geflochten. Ca. 25 Gramm. 20 Vatu. (18 vorrätig).
- Einheimischer Tabak, geflochten. Ca. 200 Gramm. 150 Vatu. (6 vorrätig).

Haushaltswaren:

- Plastikwäscheklammern. Zu je 4 x rot, 3 x grün, 3 x rosa Klammern in Plastikfolie eingeschweißt. Made in China. (9 vorrätig).
- Glühbirnen für Taschenlampen. Je nach Größe kostet eine „CK – Pre Focussing Special Brightness and Long Life Bulb" zwischen 30 und 50 Vatu. Made in China. (mehrere Dutzend vorrätig).
- "Cool Charm Sunsational" perfumed Body Spray. Made in Australia. Gelbes Glasfläschchen, 200ml, 280 Vatu. (1 vorrätig).
- "Cool Charm Glamazonie" perfumed Body Spray. Made in Australia Rotes Glasfläschchen, 200ml, 280 Vatu. (1 vorrätig).
- "Cool Charm Passionfruit Pie" perfumed Body Spray aus Australien. Rosa Glasfläschchen, 200ml, 280 Vatu. (1 vorrätig).
- „Maxem Bodyoil" Shanghai, China. Glasfläschchen, 300ml, 280 Vatu. (1 vorrätig).
- „Johnson Baby Oil", kleine Plastikfläschchen zu je 100ml, 260 Vatu. Made in Australia. (2 vorrätig).
- Colgate Zahnpasta. Made in Australia. 120 Vatu. (3 vorrätig).
- Weißer Zwirn zum Nähen. Made in China. 120 Vatu. (1 Rolle vorrätig).
- Eßlöffel aus Blech. Made in China, 100 Vatu (5 vorrätig).
- Bettuch für Doppelbett. Rosa Baumwolle mit dicken gelben Goldfischen. In Plastikfolie und Pappe verpackt. Made in Liouzhou Sheets Factory, China. 850 Vatu. (2 vorrätig).
- Bettuch für Einzelbett. Weiße Baumwolle mit Frangipani Motiven verziert. Made in Liouzhou Sheets Factory, China. 650 Vatu. (2 vorrätig).

- Baumwollstoff mit verschiedenen Blümchenmotiven. 4 Yards für 550 Vatu. (5 vorrätig).
- Filzartige Kunststoffdecken, bunt. Made in China. 1000 Vatu, (3 vorrätig).
- Unterhosen aus Baumwolle für Kinder. 150 Vatu. (1 vorrätig).
- Rasierklingen BIC. Papiertütchen mit 5 Klingen kostet 100 Vatu. (40 vorrätig).
- Plastikkamm mit großem Griff, braun. 80 Vatu. (4 vorrätig).
- Kerosinlampe aus rotem Blech, kleine Größe. Made in China. 750 Vatu. (3 vorrätig).
- Kerosinlampe aus blauem Blech, mittlere Größe. Made in China. 850 Vatu. (2 vorrätig).
- Kleines Küchenmesser mit Sägeklinge. Made in China. 250 Vatu. (1 vorrätig).
- Großes gerades Buschmesser mit Holzgriff, gute Qualität. Made in France. 1700 Vatu. (1 vorrätig).
- Spiritus zum Vorheizen von Coleman Licht. Glasflasche mit 250 ml. 300 Vatu. (1 vorrätig).
- Kerosin im Blechfaß zum Befüllen von Kerosinlampen. Das Kerosin wird mit einer kleinen Plastikpumpe in vom Kunden mitzubringende Gefäße abgefüllt. 500 ml kosten 100 Vatu. (1 Faß vorrätig, halbvoll).
- Taschenlampe „Tiger Head Brand" für Batterien Größe D. 400 Vatu. (4 vorrätig).
- Taschenlampe „Tiger Head Brand" für Batterien Größe B. 300 Vatu. (3 vorrätig).
- Taschenlampe „Tiger Head Brand" für Batterien Größe AA. 250 Vatu. (2 vorrätig).
- ABC Batterie blau. Größe D (für Taschenlampen). Made in China. In Pappschachteln zu je 2 Batterien eingeschweißt. 120 Vatu. (32 vorrätig).
- ABC Batterie schwarz (Premium Quality). Größe D (für Taschenlampen). Made in China. In Pappschachteln zu je 2 Batterien eingeschweißt. 120 Vatu. (13 vorrätig).
- „Cleanex" Personal Soap. Made in China. 50 Vatu. (15 vorrätig).
- Büstenhalter, schwarz. 300 Vatu. (2 vorrätig).
- Büstenhalter, blau & silber. 400 Vatu. (2 vorrätig).
- Handtuch. Baumwolle, vierfarbig. 250 Vatu. (1 vorrätig).
- Wassereimer aus Plastik. 10 Liter, blau. 600 Vatu. (2 vorrätig).
- Wassereimer aus Plastik. 7 Liter, rot. 500 Vatu. (2 vorrätig).
- Pfanne aus Blech mit schwarzem Plastikgriff. Made in China. 500 Vatu. (1 vorrätig).
- Großer Teller aus Aluminium. 500 Vatu. (3 vorrätig).
- Kleiner Telle aus Aluminium. 250 Vatu. (4 vorrätig).
- Regenschirm, in Plastikfolie eingeschweißt. 750 Vatu. (2 vorrätig).
- Seife „Anita" in aufwendiger Papierverpackung. Made in Australia. 100 Vatu. (4 vorrätig).
- Moskito Spirale. 10 Spiralen pro Packung. Made in China. 200 Vatu. (2 vorrätig).
- Kaffeetasse, Motiv schwedische Winterlandschaft. 150 Vatu. (6 vorrätig).
- Fußballhose aus Nylon, blau. 600 Vatu. (1 vorrätig).

- Nylonfaden auf Papprolle, sehr stabil (beliebt als „Grundschnur" bei der Herstellung der traditionellen Grasröcke). 200 Vatu. (4 vorrätig).
- Vorhängeschloß. Made in China. 250 Vatu. (12 vorrätig).
- Teller aus Aluminium, braun. 150 Vatu. (6 vorrätig).
- Teller aus Glas. 200 Vatu. (6 vorrätig).
- Wasserkessel aus Aluminium. 1000 Vatu. (2 vorrätig).
- Geschirrbürste aus Plastik, klein. 150 Vatu. (2 vorrätig).
- Geschirrbürste aus Plastik, groß. 200 vatu. (2 vorrätig).
- Babypuder von „Johnsons". Plastikfläschchen mit 150 ml. 150 Vatu. (2 vorrätig).
- Naßrasierer aus Plastik. In einer Pappschachtel verpackt, inclusive Taschenspiegel. 150 Vatu. (1 vorrätig).
- Schleifstein zum Messerschärfen. 300 Vatu. (4 vorrätig).
- Docht für Kerosinlampe. 20 Vatu. (64 vorrätig).
- Einfache Eisennägel, verschiedene Größen in der Pappschachtel. 250 Vatu. (1 vorrätig).
- Nägel aus Aluminum mit breitem Kopf zum wasserdichten Annageln von Blechdächern. In Pappschachteln zu je ca. 50 Stck. 400 Vatu. (8 vorrätig).
- Chinesische Angelhaken in zwei Größen: für 10 oder 20 Vatu. (Mehrere Dutzend vorrätig).
- Chinesische Angelschnur aus Nylon. Marke: „Two Fishes". 40 Yards für 50 Vatu. (Ca. ein Dutzend vorrätig).
- Windeln aus Stoff. 120 Vatu pro Stück. (1 vorrätig).
- Hose aus Synthetikfasern für Jungen. 300 Vatu. (2 vorrätig).
- Rattenfalle aus Holz. Made in China. 200 Vatu. (4 vorrätig).
- Feuerzeuge aus Plastik. Made in China. 100 Vatu. (6 vorrätig).
- Telefonkarten mit 20 Einheiten. 500 Vatu. (22 vorrätig).
- Flip Flops aus Gummi. Made in China. 550 Vatu. (6 Paar vorrätig).
- Luftballons. 20 Vatu pro Stück (34 vorrätig).
- „Bee" Playing Cards Standard: „No. 99 Club Special". Hergestellt in den USA von "The U.S. Playing Cards Co. Cincinatti, Ohio. 100 Vatu für ein Spiel. (2 vorrätig).
- Gitarrensaiten „Skylark Brand" Made in China. Verschiedene Tonhöhen: B-2 für 80 Vatu; D-4 für 80 Vatu; A-5 für 100 Vatu; E-1 für 80 Vatu. (9 vorrätig).

(Feldnotizen Thorolf Lipp. Bunlap-Bena, November 2004)

Wariat mußte in der Vergangenheit einige Rückschläge hinnehmen: mitunter war bestellte und bezahlte Ware verdorben oder kam gar nicht an. Nicht selten schreibt man bei ihm an, bezahlt aber erst sehr viel später oder gar nicht, so daß es nicht immer leicht für ihn ist, genügend Geld zur Verfügung zu haben, um neue Waren zu besorgen. Dennoch ist Wariat der erfolgreichste Händler, auch deswegen weil er von allen Ladenbesitzern, mit Ausnahme des gleich noch zu erwähnenden Bebe Telkon, die meiste Zeit in seinen Laden investiert und einen guten Teil der Gartenarbeit seiner jungen Frau bzw. seinen Eltern überläßt. In den übrigen fünf Läden gibt es eine nicht annähernd ähnlich umfangreiche Auswahl. Der alte Betu Malsalus verkauft lediglich Reis, Streichhölzer, Thunfisch- und Corned Beef Dosen sowie Telefonkarten. Auch das Sortiment von Bebe Malegel, Sali Warara, Sali Melsul oder Lala Mwilgela ist kaum größer. Eine Ausnahme stellt lediglich Bebe Telkon dar, der jüngste Sohn von Chief Telkon. Er hat während einer seiner zahlreichen Besuche bei seinem Vater in Port Vila gelernt, daß mit dem Verkauf von Schnaps und Bier am schnellsten und einfachsten Geld zu verdienen ist. Das Startkapital für dieses jüngste, jedoch wirtschaftlich extrem erfolgreiche Unternehmen erhielt der erst 21-jährige Bebe Telkon von seinem Vater Chief Telkon Watas, der es durch die Organisation und Vermarktung des *gol* beschafft hatte.

Bebe Telkons Geschäft mit dem Alkohol

Um Alkohol verkaufen zu können, mußte Bebe eine staatliche Lizenz erwerben, die je vier Monate gültig ist und 10.000 Vatu kostet. Bebe kauft billigen Rum, Rum Cola und Whiskey, die übrigens, im Unterschied zu fast allen anderen Waren die in Bunlap zu haben sind, in Vanuatu selbst hergestellt werden. Allerdings handelt es sich nicht um „echte" Spirituosen, sondern um billigen Industriealkohol, dem Farb- und Geschmacksstoffe zugesetzt sind. Hin und wieder verkauft Bebe auch Wein und Bier, die allerdings, weil weniger stark, nicht so beliebt sind. Bebe macht von allen Händlern in Bunlap den mit Abstand höchsten Gewinn, etwa 30 000 Vatu im Monat. Alle paar Wochen kauft er für ca. 70.000 Vatu Alkoholika ein, um sie dann innerhalb weniger Tage für knapp den doppelten Preis wieder zu verkaufen. Es sind in erster Linie die jungen Männer die Schnaps von ihm kaufen und dabei nicht selten einen Großteil des wenigen Geldes ausgeben, das sie durch den Verkauf ihrer Kava in mehreren Monaten erlöst haben. Während meiner Aufenthalte in Bunlap in den Jahren 1997 und 2002 gab es nie irgendwelche Probleme mit betrunkenen Männern. Im Jahre 2004, kurz nachdem Bebe Telkon erstmals eine Lizenz zum Alkoholverkauf erworben hatte, waren schwere Besäufnisse hingegen an der Tagesordnung. Von allen Händlern in Bunlap verdient Bebe Telkon mit Abstand am besten, und hat keine Hemmungen, auch im Beisein derer offen über seinen vergleichsweise astronomischen Gewinn zu sprechen, die von ihm zu überteuerten Preisen den Schnaps kaufen. Im Gegenteil halten diese ihn noch für besonders gewitzt und bewundern ihn für seinen Geschäftssinn. Da die Männer oft ihre Schulden nicht gleich oder gar nicht bezahlen können, schuf Bebe Abhängigkeiten, die ihm bei seiner späteren Wahl ins Provinzparlament, in das er mit insgesamt knapp unter 300 Stimmen gewählt wurde, sehr nützlich waren.

Wirtschaftlicher Erfolg ist also nicht nur notwendig zum bloßen Überleben, von jeher ein entscheidender Faktor auf dem Weg zu Macht und Einfluß in der *kastom* Sa Gesellschaft. Erzielen kann man ihn über harte körperliche Arbeit oder geschicktes Verhandeln, etwa über den Preis von *warsangul* Titeln. In jüngerer Zeit kam der Handel mit importierten Gütern und cleveres Geschäftemachen hinzu, v.a. die Vermarktung des Turmspringens, die beide einen vergleichsweise wesentlich höheren Gewinn ermöglichen, jedoch nur von einigen wenigen Männern beherrscht werden. Gewiß ist, daß ohne die Akkumulation von Gütern weder ein Aufstieg im Titelsystem möglich ist, noch Verbündete gefunden werden können.

12.4 Rhetorische Potenz

Wenn es darum geht, konkret Politik zu machen, also Verhandlungen mit benachbarten Dörfern, fremden Besuchern oder Regierungsvertretern zu führen, internen Streit zu schlichten oder aber nach außen eine Position der Stärke zu demonstrieren, sind wiederum andere Fähigkeiten gefragt als ausschließlich die des symbolischen Titelträgers, Priesters, Zauberers oder Händlers. Vielmehr sind hier Männer notwendig, die möglichst viele der gerade genannten Eigenschaften, und noch ein paar andere mehr, auf sich vereinen. Wir haben weiter oben bereits erörtert, daß es die Kolonialverwaltung war, die in den 1940er Jahren das Amt des „Chiefs" einführte, um einen zumindest indirekten Einfluß auf die nach ihren Maßstäben führerlose *kastom* Bevölkerung ausüben zu können (vgl. Kap. 6.3). Anfangs wählte man stets alte, bewährte Männer aus, die bereits hochrangige *warsangul* waren. Im weiteren Verlauf der Entwicklung begegnet uns dann jedoch ein uneinheitliches Bild, denn einige dieser Männer brachten, trotz ihrer vielen Titel, nicht die nötigen Fähigkeiten mit, um auf dem Feld der Politik bestehen zu können. Im Gegensatz zu Chief Meleun Temat waren Chief Molsuta und Chief Wamol, obwohl bedeutende *warsangul,* aufgrund mangelnder rednerischer Begabung politisch nur Übergangskandidaten, die bald abgelöst wurden. Jolly hat für die siebziger Jahren sehr anschaulich beschrieben, daß der wohl einflußreichste *kastom* Führer dieser Zeit, der bereits erwähnte erst etwa fünfzigjährige Bumangari Kaon, mit *bumangari* lediglich den ersten *abwal* Grad erreicht hatte. Dennoch war er, vor allem aufgrund seiner herausragenden rednerischen Begabung, aber auch wegen seiner ökonomischen Fähigkeiten und Reiserfahrungen, mehr als zwanzig Jahre lang der unumstrittene politische Führer von Bunlap (Jolly 1994a: 49). Auch ein Mann aus Lonbwe (dessen Namen Jolly jedoch nicht nennt), besaß lediglich einen *bosis* Titel, was ihn jedoch nicht davon abhielt, bei den informellen Treffen in den Männerhäusern oder aber bei den dorfübergreifenden Treffen der *kastom* Führer von Südpentecost seine einflußreiche Stimme machtvoll zu erheben. Andererseits beschreibt sie, daß der zu ihrer Zeit hochrangigste *warsangul,* ein Mann mit Namen *Tho,* in politischen Dingen inkonsequent und daher auf dieser Ebene wenig respektiert war.[162] Zwar galt er als Ritualexperte und wurde als solcher auch mit Respekt behandelt, unter den sich jedoch eine gute Portion Ironie mischte, denn insgeheim machten sich andere hochrangige Männer über sein mangelndes politisches bzw. rednerisches Talent lustig, während die Kinder sich über seine Inkontinenz und ulkigen Tanzbewegungen mockierten (vgl. Jolly 1994a: 231). Keineswegs ist es also so,

---

[162] Jolly meint, *Tho* habe einen *takuru* Titel besessen. Ich folgere aus meinen Daten jedoch daß es sich um einen *meleun takkuru* Titel gehandelt haben muß, der, wie wir gesehen haben, keinen eigenen Titel, sondern lediglich eine Verstärkung von *meleun* darstellt.

daß die führenden Politiker ausschließlich diejenigen Männer sind, die besonders hohe Ränge im *warsangul* System innehaben. Eine große Anzahl von Titeln ist daher keineswegs automatisch gleichbedeutend mit faktischer politischer Macht, schon deshalb nicht, da die meisten Männer mit sehr vielen Titeln auch entsprechend alt sind und daher kaum noch eine aktive und kraftvolle politische Rolle spielen können.

12.5 Kraft und Mut

Die Ausgangsfrage dieses Kapitels war, was einen *kastom* Mann zum „Meister seines Lebens" macht. Bisher haben wir Eigenschaften wie Fleiß, Durchhaltevermögen, taktisches Geschick, ökonomischen Verstand und Redebegabung kennengelernt. Was hier jedoch noch fehlt, ist die Betonung von Mut und physischer Stärke. Beides wird in der Gesellschaft der *kastom* Sa sehr hoch geschätzt und dauernd werden untereinander Vergleiche angestellt, wer körperlich stark *(i ma pris* – es ist stark, hart) und wer schwach ist *(i ma mlim* –es ist schwach, weich). Zumindest was ihre körperliche Konstitution anbelangt halten die Sa Europäer für verweichlicht, was sie, im Vergleich zu den durch dauernde physische Arbeit durchtrainierten Sa, in der Regel auch sind. Körperliche Kraft ist in einer Gesellschaft, in der es keinerlei arbeitserleichternden Maschinen, keine Trag-, oder Zugtiere, keine Strassen, ja noch nicht einmal das Rad gibt, zum bloßen Überleben eine unabdingbare Notwendigkeit. Männer wie Frauen gelten daher auch dann als schön, wenn sie körperliche Kraft besitzen. Bei Männern zeigt sie sich in Form von Muskeln, bei Frauen eher in einer gesunden, rundlichen, jedoch nicht fetten Erscheinung. Auch eine überdurchschnittliche Körpergröße ist, bei den im Durchschnitt nur ca. 165cm großen Sa, ein wichtiges Schönheitsmerkmal. Wer hingegen zu dick, und dadurch unbeweglich ist, wird mit den Worten *um betlap* – du bist dick (viel, reichlich, übermäßig), gehänselt.[163]

Auch Mut ist eine geschätzte Eigenschaft, die zunächst vor allem im Krieg eine bedeutende Rolle spielte. Die früher häufig vorkommenden, institutionalisierten Kriege, die Tattevin etwa noch in den 20er Jahren beschreibt, mußten aufgrund von Interventionen des Staates praktisch ganz aufgegeben werden. Nach der Indigenisierung der Staatsgewalt im Jahre 1980 wurden sämtliche im Umlauf befindlichen privaten Feuerwaffen konfisziert, so daß es heute praktisch keine bewaffneten Fehden mehr in Vanuatu gibt. Was allerdings durchaus häufig vorkommt, sind Streitereien auf dörflicher oder lokaler Ebene, die entweder mit den

---

[163] Bei meinem Aufenthalt in Bunlap 2002 wog ich deutlich unter 80 Kilo, war also ziemlich schlank und körperlich fit. Bei meiner Rückkehr im Jahre 2004 hatte ich, aufgrund einer vorausgehenden, lang andauernden Büroarbeitsphase, fast 20 Kilo zugenommen, was von meinen Sa Freunden immer wieder, fast ungläubig zur Sprache gebracht wurde. Wir „einigten" uns schließlich darauf, daß ich nicht „dick" sei, sondern lediglich eine „starke Haut" bekommen hätte – die sich jedoch im Laufe der Feldforschung rasch zurückzubilden begann.

Fäusten, oder aber, was gravierendere Konsequenzen nach sich zieht, mit den überall im Einsatz befindlichen langen Buschmessern ausgetragen werden. Auch heute noch kann man also, etwa im Streit mit Männern des Nachbardorfes, seinen Mut beweisen. Ein Ventil für überschüssige Kräfte und Energien könnte auch das *gol* darstellen, denn selbstverständlich bedarf es einer gehörigen Portion Mutes, aus zwanzig oder mehr Metern nur mit Lianen gesichert in die Tiefe zu springen. Die Sa schätzen diese Art Mut, bewerten ihn jedoch nicht über. Ein Mann, der „über"-mutig den Gegner angreift, der bei mehreren *gol* mehrfach hintereinander von möglichst weit oben springt oder unüberlegt und maßlos unvorsichtige Dinge tut, qualifiziert sich dadurch nicht unbedingt für eine ansehnliche Position innerhalb der Gemeinschaft, wird nicht automatisch ein „Chief".

Zusammenfassend läßt sich sagen, daß es sehr unterschiedliche, institutionell teils völlig voneinander entkoppelte Wege sind, die ein Mann beschreiten muß, um ein im Sinne des Ethos der *kastom* Sa erfülltes, ansehnliches Leben zu führen. Unterschieden wird dabei zwischen „kühler", friedensbringender sowie „heißer", aggressiver Kraft. Nur wer über beides verfügt, kann die volle Bandbreite des Ethos entfalten und empfiehlt sich vielleicht für eine machtvolle Führungsposition. Zur kühlen Kraft gehört an erster Stelle die Akkumulation von *konan* im *warsangul* System sowie das Verfügen über *temat*, friedensbringender spiritueller Potenz, wie sie beispielsweise beim Auftreten als öffentlicher Redner vor großen Versammlungen unentbehrlich ist. Notwendig sind weiterhin kluges Geschick in ökonomischen Dingen und das genau überlegte, verläßliche Handeln des *loas* Priesters bzw. Ritualexperten. Zu den heißen Kräften zählt man überbordenden Mut, Übermut, der vor allem in Kriegsdingen, aber auch beim *gol* erforderlich ist, ferner etwa den Zorn des *abile*. Es liegt auf der Hand, daß ein Zuviel hiervon das Zusammenleben innerhalb der Gemeinschaft und darüber hinaus schnell gefährden kann.

13. *Gol* – ein *kastom* der Sa: Das Mitteilbare

In den nächsten Kapiteln wende ich mich nun konkret der Betrachtung des *gol* zu. Zunächst möchte ich feststellen, daß es bei der Untersuchung des Phänomens m.E. zwei Ebenen gibt, die unterschieden werden müssen. Die erste Ebene setzt sich aus expliziten Mitteilungen meiner Informanten und verifizierbaren Tatsachen zusammen, weshalb ich sie „das Mitteilbare" nennen möchte. Behandeln werde ich im einzelnen: Daten zur Bautechnik, Organisation und Ablauf der Veranstaltung, begleitende Lieder und Tänze, verbriefte historische Veränderungen und Wandlungen. Ich beziehe mich dabei in erster Linie auf meine eigenen Daten aus den Jahren 1997, 2002 und 2004, greife aber zu Vergleichszwecken auch auf das gesamte veröffentlichte wissenschaftliche Material zurück.[164] Vor allem der Text von Muller (1971) läßt hier einige aufschlußreiche Vergleiche zum *gol* Anfang der 70er Jahre zu. Der zweiten Ebene, die ich das „Nicht-Mitteilbare" nenne, werde ich mich erst später, im dritten Teil dieser Arbeit widmen, wo es der Entschlüsselung, Exegese, Analyse bzw. „Erfindung" von Kultur (vgl.Clifford 1983:121) bedarf. Bleiben wir nun jedoch auf der Ebene der ethnographischen Beschreibung und betrachten „das Mitteilbare".

Zunächst eine grundsätzliche Anmerkung: bei Jolly hören wir, daß *gol* soviel bedeutet wie „Körper" (Jolly 1994a:237f; 1994b:134). Da der Turm tatsächlich nach den einzelnen Teilen des Körpers benannt ist (s. Abb. 28; vgl. auch Muller 1971:226), habe ich dieser Interpretation lange Zeit zugestimmt. Erst bei meinem dritten Forschungsaufenthalt in Bunlap im Jahre 2004 stellte sich heraus, daß *gol* zumindest kein direktes Äquivalent des Begriffes „Körper" darstellt. Die Sa kennen vielmehr keinen speziellen Begriff für einen abstrakten „Körper". Vielmehr wird der Begriff *tarbe-* (Körper), immer mit einem Possessivpronomen versehen, also z.B. *tarbe-k,* „mein-Körper", *tarbe-m,* „Dein Körper", tarbe-n „sein Körper" etc. *Tarbe-k ma-karat* „mein Körper schmerzt".[165] Hingegen fiel es meinen Sa-Informanten durchaus schwer, die Bedeutung des Wortes *gol* anzugeben oder gar etymologisch zu begründen. Manche Männer meinten, dass *gol* bzw. *golgol* sich indirekt auf die *warsangul* Rituale beziehe. „*Kit metea ebalsi ngane warsangul mere golgol*" bedeutet übersetzt soviel wie „Wir gehen und schauen, ob der Initiand seinen *warsangul* Titel auch ordentlich bezahlen wird." *Golgol* bezeichnet hier die in einer Reihe angepflockten Opferschweine. Um sie zu sehen, kommen viele Männer. Chief Warisul und andere wiederum meinen, dass *kol* oder auch *kolkol* ursprünglich aus dem Norden des Sa Gebietes stamme, also aus Rantas/Santari, und soviel bedeute wie „spielen". Es gibt zwar eine Unterscheidung im Sa zwischen *g* und *k*, aber auch die Sa selbst scheinen sich (soweit ich das beurteilen kann) bezüglich der Aussprache mitunter nicht ganz sicher zu sein. Heute ist das Wort *kol* auch in Bunlap gebräuchlich. *Ir kol*

---

[164] vgl. Tattevin 1915-1931; Johnson & Johnson 1955; Guiart 1956b; Muller 1971; Jolly 1979; 1994a; 1994b; de Burlo 1996, Ryman 1998.

[165] Mitunter erhält man bei Fragen nach einem Wort für „Körper" auch das Sa Wort für Mensch, *antun,* zur Antwort.

bulbol bedeutet wie "Ihr spielt Fußball". *Kolan* ist „das Spiel". Oft verwenden die Sa den Bislama Begriff „*pleple"*, spielen, wenn vom Turmspringen die Rede ist (vgl. auch das Interview mit Chief Warisul in Kap. 14.8). Da mir, neben der linguistischen Evidenz, die Vorstellung vom *gol* als einer Art Spiel sehr häufig begegnete, tendiere ich dazu, diese Herleitung für die naheliegendste zu halten, kann es jedoch nicht mit Sicherheit behaupten. Betrachtet man aber, wie in manchen Sa Begriffen zugrundeliegende Worte teils bis zur Unkenntlichkeit verändert werden, so ist zumindest vorstellbar, daß eine Lautverschiebung zwischen *kol(an)* und *gol* stattgefunden hat.[166] Zuletzt noch eine weitere Anmerkung, die möglicherweise ebenfalls aufschlußreich ist: im Bislama nennen die *Sa* den Turm nicht selten auch *stamba,* was in diesem Zusammenhang soviel bedeutet wie „Baumstamm" oder „Baumstumpf". Diese Herleitung bezieht sich einerseits natürlich auf die hölzerne Beschaffenheit des Turmes, andererseits könnte sie aber auch ein Hinweis darauf sein, daß es sich beim *gol* ursprünglich um nichts weiter als einen zurechtgemachten Baum handelte. Ich werde weiter unten noch genauer darauf eingehen.

Im Jahr 2002 konnte ich den Bau eines Turmes zweimal nicht nur beobachten, sondern hatte auch Gelegenheit, jeweils tatkräftig daran mitzuarbeiten. Das Problem, das sich daraus für die hier zu leistende Beschreibung ergibt, ist bekannt. Der Ethnologe verändert, ja zerstört das zu Erforschende schon durch seine bloße Anwesenheit (vgl.f.a. Rouch in Friedrich 1984:64). Die „Tradition" wurde also schon dadurch außer Kraft gesetzt, daß ich selbst der Anlaß für das erste von zwei Turmspringen des Jahres 2002 war und als Beobachter die zu beobachtende Situation mitgestaltete. Ich würde in diesem Falle nicht soweit gehen, zu sagen, ich hätte die Situation als solche entscheidend verändert, denn wir haben ja bereits gehört, daß die Durchführung von Turmspringen für Besucher und Filmcrews seit vielen Jahren nicht die Ausnahme, sondern eher die Regel darstellt. Ich versuche daher im Folgenden eine Schilderung des Beobachteten, bemühe mich jedoch auch um den Versuch der Rekonstruktion dessen, wie die Situation – der Literatur bzw. den Berichten meiner Informanten zufolge – sich möglicherweise gestaltet hätte, wenn ich nicht zugegen gewesen wäre und kein Geld bezahlt hätte.

13.1 Baumeister, Organisator, Veranstalter

Wir haben weiter oben bereits gehört, daß das Turmspringen, befolgt man den rituellen Jahreskalender, stets nach dem Fruchtbarkeitsritual *juban* stattfindet, also irgendwann im April oder Mai. Wann genau es abgehalten wird, bestimmt traditionell nicht ein Einzelner, sondern man wird, wenn die Zeit gekommen ist, im Männerhaus darüber zu sprechen beginnen, ob man in diesem Jahr ein *gol*

---

[166] Das Wort *mbui* (Schwein) z.B. taucht im *warsangul* Titel *ambu pola* auf („steht auf einem Schwein"), wird aber mitunter eher „*apopola"* ausgesprochen.

veranstalten soll, oder nicht.[167] Über die Gründe dafür will ich hier einstweilen noch nicht spekulieren, dies wird uns im dritten Teil der Arbeit noch ausführlich beschäftigen. Offenbar ist es jedoch nicht unbedingt vorgesehen, in jedem Jahr ein Turmspringen durchzuführen. Mehrere Informanten bestätigten, daß es immer wieder Jahre gegeben hat, in denen man weder in Bunlap noch in den umliegenden *kastom* Dörfern oder anderswo im Sa Gebiet Turmspringen veranstaltete. Es hängt ganz davon ab, so meinen sie, ob die Jungen und Männer des Dorfes „Lust" dazu haben, oder nicht. Auch Muller berichtete, daß es Jahre gebe, in denen kein Turmspringen stattfinde.[168] Muller führt den Umstand darauf zurück, daß mitunter schlicht zuviel Arbeit in den Gärten bewältigt werden müsse, oder es an Arbeitskräften fehle, weil viele Männer sich auf anderen Inseln aufhielten, um Geld zu verdienen (Muller 1971:219). Seit einigen Jahrzehnten, so muß man ergänzen, spielt in mindestens ebenso hohem Masse eine Rolle, ob zahlende Kundschaft das *gol* zu sehen bzw. zu filmen wünscht.

Betrachten wir nun, wie ein Turmbau in Bunlap gehandhabt wird: Ist die Entscheidung für den Bau eines *gol* gefallen, sieht die „Tradition" folgendes vor: der Mann, der den ersten Schlag tut, mit dem der erste Baum für das Bauwerk gefällt wird, soll auch vom Kopf des Turmes springen.[169] Es sollte sich dabei stets um einen erfahrenen Turmbauer und -springer handeln, andernfalls würde er sich diese schwierige Aufgabe ohnehin nicht zutrauen und die übrigen Männer ihn nicht unterstützen. Hier wird deutlich, daß die Entscheidung, einen Turm zu bauen, zwar kollektiv getroffen wird, es aber doch in der Regel der entschlossenen Tatkraft eines Einzelnen bedarf, die Sache entschieden voranzubringen, Arbeitskraft und Material zu organisieren, für die Einhaltung bestimmter Tabus zu sorgen und teilweise sogar Verpflegung bereitzustellen. Aus den genannten Gründen halte ich es für angemessen, einen Mann, der diese verantwortungsvolle Aufgabe übernimmt, „Organisator" zu nennen.[170] Die Sa selbst haben keinen speziellen Begriff dafür, vielmehr wird man einfach den Turm nach ihm benen-

---

[167] Da *juban,* nach einer Pause von mehreren Jahrzehnten, erst seit dem Jahr 2001 wieder aufgeführt wird, muß diese Beobachtung um die Feststellung ergänzt werden, daß die Vorbereitungen für das *gol* in den Jahren ohne *juban* einige Tage nach der ersten Yamsernte des Jahres begann.

[168] Zuletzt war dies in Bunlap übrigens im Jahre 2001 der Fall.

[169] Wie weit diese „Tradition" zurückreicht, bzw. wie wenig eng sie möglicherweise ausgelegt wird, zeigt eine Beobachtung von Kal Muller. Der meint nämlich, daß es sich nicht unbedingt um den ersten Axthieb handeln müsse, sondern daß der „Organisator" lediglich einen von mehreren Bäumen fällt, die später als Hauptpfeiler des Turmes fungieren (Muller 1971:223). Eine Notiz von mir aus dem Jahre 2002 besagt daß, obwohl Warisus den ersten Baum für den Turm gefällt hatte, nicht er, sondern der etwa 30-jährige Bong Aya aus Bunlap, einer der besten Springer in Pentecost, von der Spitze des *gol* sprang.

[170] Den Mann, den ich „Organisator" genannt habe, nennt Muller *„maitre'* (1971:223). Auch er hat also beobachtet, daß ein einzelner Mann eine herausgehobene Position einnimmt, ohne daß die *Sa* ein spezielle Bezeichnung für ihn hätten.

nen: *gol na Warisus* bedeutet soviel wie „Der Turm von Warisus". Niemand er-
nennt einen anderen Mann zum Organisator. Vielmehr wird dieser, wenn er über
die notwendige Erfahrung und das gebotene Ansehen verfügt, eines Tages seinen Wunsch im Männerhaus mitteilen und man wird ihm folgen, oder eben auch
nicht. Entscheidet man sich für ein *gol* unter seiner „Führung", ist es seine Aufgabe, dafür zu sorgen, daß die für den Bau des Turmes notwendigen Ressourcen
- Holz, Rindenstreifen, Nahrungsmittel und Arbeitskraft - zur Verfügung stehen,
daß alle Sprungbretter sauber gebaut und sicher sind, die Lianen der einzelnen
Springer nicht zu dick und nicht zu dünn ausfallen und am Tag des Sprunges
genügend Tänzer und Sänger anwesend sind. Nicht selten kommt es vor, daß
Jungen und Männer aus anderen Teilen des Sa Gebietes erst kurz vorher in das
Dorf kommen, in dem ein *gol* veranstaltet wird, weil sie davon gehört haben und
nun selbst ebenfalls am *gol* teilnehmen wollen. Hier wird der Organisator prüfen, ob noch Platz für ein zusätzliches Sprungbrett ist und vielleicht auch ein
Verbot aussprechen.

Der Organisator muß die angesprochenen Ressourcen allerdings keineswegs alle
selbst bereitstellen, vielmehr wird er sich darauf verlassen können bzw. müssen,
daß eine größere Anzahl anderer Männer seinen Plan, ein *gol* zu veranstalten,
aufgreifen und ihm mit ihren Möglichkeiten beistehen. Es liegt jedoch auf der
Hand, daß es nur dann tatsächlich zum Turmbau kommt, wenn mindestens zwei
Dutzend Jungen und Männer davon ausgehen, daß der Organisator über soviel
Macht und Ansehen verfügt, daß er das einmal begonnene Projekt auch sicher
zu Ende zu bringen wird. Der Organisator hat in der Regel mehrere Helfer, die
ihm mit ihrer Erfahrung unter die Arme greifen und die ich hier „Baumeister"
nennen will. Auch hier gilt: niemand bestimmt einen anderen zum Baumeister.
Vielmehr handelt es sich um erfahrene Männer, die seit vielen Jahrzehnten eine
allseits anerkannte Erfahrung im Bau des *gol* haben. Ihre Aufgabe besteht darin,
beim Setzen des Fundamentes an einer geeigneten Stelle beratend mitzuhelfen,
passende Baumaterialien auszuwählen, den Baufortschritt zu überwachen und
für Ästhetik und Sicherheit des Turmes zu sorgen. Organisator und Baumeister
unterstützen sich gegenseitig und mitunter ist es schwierig, genau auszumachen,
wer welche Rolle spielt, die Kompetenzen sind nämlich nicht ganz klar verteilt.
Der Organisator ist zwar treibende Kraft, aber doch mehr „primus inter pares"
als „Boss", obwohl er in Bislama mitunter auch *„boss blong nanggol"* genannt
wird. Die „Bauleute" wiederum sind Jungen und Männer, die selbst vom Turm
springen wollen, oder sich einfach aus freien Stücken und Solidarität mit Angehörigen oder Freunden am Bau beteiligen. Sie arbeiten mit den Baumeistern zusammen, agieren aber teilweise auch sehr selbständig, etwa wenn es darum geht,
Rindenstreifen anzufertigen, mit denen später die Bestandteile des Turmes zu-
sammengehalten werden. Auch unter den Bauleuten können sehr erfahrene
Männer sein, die vielleicht nur einen Nachmittag oder zwei mithelfen und sich
ansonsten nicht weiter einmischen, weil sie keine Zeit oder Lust haben.

Im Prinzip gilt das hier Gesagte sowohl für Turmspringen, die ohne zahlende Touristen aufgeführt werden, als auch für solche, die man für zahlende Gäste ausrichtet. Ist jedoch letzteres der Fall, kommt nicht selten eine weitere Person ins Spiel, der „Veranstalter". Er stellt Verbindungen zwischen zahlenden Besuchern und dem Organisator und Baumeister im Dorf her und sorgt für den Geldfluß zwischen Besuchern und Organisator. Mitunter sind die Organisatoren gleichzeitig auch Veranstalter. Wie sich diese Konstellationen gestalten können, daß z.B. ein Veranstalter wiederum meist mit einer Reiseagentur zusammenarbeitet, die als Bindeglied zwischen ihm und den Touristen fungiert etc., werden wir in Kap. 14 noch genauer betrachten. Klar ist jedoch: handelt es sich um ein bezahltes Turmspringen, ändert sich die Arbeit des Turmbaus als solche für Baumeister und Bauleute nicht. Der Organisator hingegen verfügt nun über Geld und kann für die nötigen Ressourcen, in erster Linie die Arbeitskraft seiner Männer, bezahlen. Seine Autorität bezieht er so nicht mehr ausschließlich aus einer informellen, traditionellen Legitimität, sondern sie wird um die Komponente des finanziellen Anreizes ergänzt. Geld schafft allerdings auch Probleme. Es muß so verteilt werden, daß alle Beteiligten, also Baumeister, Bauleute, Springer, Tänzer, Sänger und vielleicht auch Landbesitzer, sich adäquat entschädigt fühlen. In der Regel ein unmögliches Unterfangen.

Tagebuchnotizen zu Organisator und Baumeister beim *Gol na Tho* im Jahre 2002

Das erste von zwei Turmspringen des Jahres 2002 in Bunlap wird, da ich es ja erforschen und filmen will und dafür bezahlt habe, in den Augen der Sa „für mich" veranstaltet und erhält deswegen auch den Namen *Gol na Tho*.[171] Obwohl ich mit 300.000 Vatu eine erkleckliche Summe für die Forschungs- und Dreherlaubnis an Chief Telkon in Port Vila bezahlt hatte, der insofern als „Veranstalter" auftrat, gelangte nur ein sehr geringer Teil davon auch nach Bunlap, die Rede war von 20.000 Vatu. Es liegt auf der Hand, daß die meisten Männer in Bunlap nicht sonderlich begeistert sind, für eine in ihren Augen derart geringe Summe ein *gol* veranstalten zu sollen. Später fand ich heraus, daß es viele Männer sogar ausgesprochen abgelehnt hatten, einen Turm „für mich" zu bauen, während das dafür bezahlte Geld von Chief Telkon in Port Vila ausgegeben wurde. Es bedurfte, auch das erfuhr ich erst später, der besonderen Überredungskunst von Warisus und Bebe Telkon, den beiden Söhnen von Chief Telkon, damit überhaupt ein Turmbau zustande kam. Es gelang ihnen schließlich, die Fußballmannschaft von Bunlap zu überzeugen, „für mich" einen Turm zu bauen. Die Mehrzahl der Männer von Bunlap-Bena jedoch beteiligte sich nicht an den Bauarbeiten. Andererseits nahmen einige ältere Jungen aus dem benachbarten Pohurur gänzlich unbezahlt am Bau teil, weil sie, wie sie sagten, einfach Lust auf einen Turmsprung hatten.

Warisus Telkon ist schon bei anderen *gol* als Organisator in Erscheinung getreten und übernimmt auch hier diese Rolle. Als Baumeister treten, neben Warisus selbst, auch der etwa 65-jährige Sali Molkat sowie der ebenfalls sehr *gol*-erfahrene ca. 63jährige Watas, der etwa 50jährige Bong Lala und der ca. 48jährige Melsul Toka in Erscheinung. Die Stimmung während des Turmbaues ist fröhlich, ja ausgelassen, man macht Witze, scherzt, lacht und ist locker und ungezwungen, ganz so, wie es dem egalitären Charakter der Sa-Gesellschaft entspricht. Andererseits liegt auch eine gewisse Spannung in der Luft, deren zukünftige Entla-

---

[171] Es ist ein angenehmer Zufall, daß eine Kurzform meines Namens Thorolf, „Tho" lautet, der wiederum ein häufig gebrauchter Sa-Name ist.

dung bereits erahnt werden kann. Zwar ist der Turmbau eine körperlich anstrengende Tätigkeit, aber zweifellos gibt es schwerere Arbeiten in Bunlap, als diese. Die Baumeister nehmen kaum eine irgendwie übergeordnete Position ein, jedenfalls ist eine solche auf den ersten Blick nicht zu erkennen. Warisus übernimmt als Organisator auch einen guten Teil der praktischen Bauleitung. Er gibt beim Hochziehen und Befestigen einzelner Stämme lautstarke Kommandos und bringt auch selbst vollsten körperlichen Einsatz. Die übrigen Baumeister helfen an anderen Stellen des Turmes oder begutachten den Baufortschritt, indem sie am abschüssigen Fußende des *gol* stehen und Anweisungen geben, wie neue Stämme in das bereits bestehende Gerüst eingefügt werden sollen, damit dieses die richtige Form erhält.

Der Turmbau selbst begann am 23.04. und war bereits am 29.04. beendet, wurde also, trotz schlechten, regnerisch kalten Wetters, in nur einer Woche bewerkstelligt. Während der ersten Phase des Baues, nämlich der Errichtung des Turmes selbst, aber vor dem Anbringen der Plattformen bzw. Lianen, sind insgesamt nur etwa zwischen fünfzehn und zwanzig Jungen und Männer beteiligt gewesen. Teilweise waren auch die kleineren Kinder dieser Männer zugegen und spielten am Fuße des Turmes, wo sie hin und wieder von älteren Jungs, die bereits aktiv am Turmbau teilnahmen, gehänselt wurden und dann weinend zu ihren Vätern im Turm aufblickten. Die Aufgabe des Organisators Warisus besteht, neben den oben beschriebenen Tätigkeiten, außerdem in der Bereitstellung von mehreren Sack Reis und manchmal auch von Makrelen mit Tomatensoße in Dosen. Beides wird mit dem kleinen Rest meines Geldes bezahlt, das den Weg nach Bunlap doch noch gefunden hat. In der Regel treffen sich die am Bau Beteiligten am späteren Nachmittag nach getaner Arbeit in den Männerhäusern, um dort gemeinsam Kava zu trinken und dann zu Abend essen.
(Thorolf Lipp. Bunlap, Juni 2002)

13.2 Auswahl des Bauplatzes und Durchführung des Turmbaus

Weder in der Literatur noch bei meinen eigenen Beobachtungen konnte ich feststellen, daß irgendwelche anderen Materialien zum Turmbau herangezogen werden, als das, was der Wald bereithält: Holz, Lianen und Rindenstreifen. Die Bearbeitung der Baustoffe wird mit den auch sonst täglich im Einsatz befindlichen Buschmessern aus Stahl bewerkstelligt, die seit etwa drei Generationen die früher üblichen Steinwerkzeuge verdrängt haben (vgl. Muller 1971: 222).

Frauen und Mädchen sind vom Bauprozess gänzlich ausgeschlossen und dürfen sich dem Turm nicht nähern. Beim Bau der beiden Türme im Jahr 2002 wurde mit gekreuzten *mwil* Palmfarnwedeln ein Tabu über den jeweiligen Weg zum Bauplatz verhängt, so dass Frauen einen Abstand von ca. zweihundert Metern einhalten mußten. Meines Wissens gab es keine Überschreitung dieses Tabus. Das Verbot, dem Turm zu nahe zu kommen, gilt nicht nur für einheimische Frauen, auch meine Partnerin Martina durfte während des Turmbaus nicht zugegen sein. Margaret Jolly hatte ebenfalls berichtet, daß man ihr bei einem Turmspringen verboten hatte, sich dem Turm zu nähern (1994b). Allerdings will Muller beobachtet haben, daß einheimische Frauen bis auf etwa 18 Meter an den Turm herankommen durften, während er andererseits berichtet, daß es ihnen verboten wurde, das Waldstück zu betreten, in denen die Männer das Holz für den Turmbau fällten (Muller 1971:226). Ein anderes Tabu besteht darin, so Muller, daß die am Turmbau beteiligten Männer sich jeglicher sexuellen Handlung zu enthalten hätten, da es ansonsten zu Unfällen bei den Sprüngen kommen würde. Mir selbst wurde dieses Verbot von einigen älteren Männern bestätigt, während andererseits viele jüngere Männer vielfach nichts davon gehört hatten (oder nicht gehört haben wollten). Über die Einhaltung dieser Auflagen vermag ich nichts zu sagen.

Ein *gol* Bauplatz muß bestimmte Kriterien erfüllen: er sollte abschüssig sein, damit die Wucht des Aufpralls bei einem mißlungenen Sprung, etwa wenn die Lianen reißen oder fälschlicherweise zu lang bemessen wurden, etwas gemildert wird. Andererseits sollte unter, neben oder hinter dem Turm soviel Platz sein, daß Männer und Frauen dort während des *gol*, getrennt voneinander, tanzen können. Ich konnte insgesamt ein knappes Dutzend Orte in der näheren Umgebung von Bunlap-Bena lokalisieren, an denen in der Vergangenheit ein *gol* abgehalten worden war. Die meisten davon sucht man, weil sie sich bewährt haben, im Wechsel von einigen Jahren immer wieder auf. Die beiden Bauplätze für die *gol* im Jahre 2004 lagen mehrere hundert Meter oberhalb des Dorfes und waren von dort nicht einzusehen. Während man in den *skul* Siedlungen an der Westküste mehrfach von ein und demselben Turm springt, der von Mal zu Mal, falls nötig, ausgebessert wird, suchte man in Bunlap für das zweite *gol* des Jahres 2002 einen neuen Bauplatz und baute einen zweiten Turm, der jedoch zu einem guten Teil aus Materialien seines Vorgängers bestand. Auf die hier zugrundeliegende symbolische Bedeutung von Bau und Abriß des Turmes, werde ich später noch ausführlicher zu sprechen kommen.

Wenn der Platz feststeht, säubert man ihn zunächst von Büschen und Sträuchern, und fällt alle umstehenden Bäume. Lediglich ein Baum bleibt stehen, auch seinetwegen hat man den Ort ausgewählt. Anschließend beginnt man damit, mehrere hundert, möglichst gerade Baumstämme und Stöcke zwischen fünf und zehn Metern Länge aus dem umliegenden Wald herbeizuschaffen.[172] Die dazu benötigten Bäume werden, abhängig von ihrem Umfang, teils mit der Axt gefällt, teils mit wenigen Hieben der stählernen Buschmesser abgehauen. Für den Bau des Turmes benötigt man aber außerdem Material zum Verbinden der einzelnen Elemente. Einige Männer und Jungen sind daher stets damit beschäftigt, die Rinde von bestimmten, besonders dicken *airi* (Lianen) abzuziehen und anschließend zwischen zwei Hölzern weichzuklopfen. So entstehen erstaunlich flexible und reißfeste, ein bis zwei Finger dicke und bis zu einem Meter lange „Rindenschnüre", mit denen man die Stämme nun mit doppelten „Haushaltsknoten" aneinanderbindet. Alternativ können auch kleinere, dünne Lianen verwendet werden, die keiner besonderen Behandlung mehr bedürfen. Wenn der Großteil des Baumaterials herbeigeschafft ist und genügend Verbindungsschnüre zur Verfügung stehen, kann mit dem eigentlichen Turmbau begonnen werden. Bei beiden von mir im Jahre 2002 beobachteten *gol* diente eine Kokospalme, deren Wedel vollständig entfernt wurden, als „Rückgrat" des Turmes. Vor der Palme

---

[172] Der erste *gol* des Jahres 2002 bestand aus etwa 600 Stämmen und Ästen.

wurden, in gleichmäßigen Abständen, acht etwa neun bis zehn Meter hohe Baumstämme von dreißig bis fünfunddreißig Zentimetern Durchmesser aufgerichtet, je drei in einer Reihe, so daß sich, mit der Palme als zentraler Stütze in der hintersten Reihe, ziemlich genau ein Quadrat von drei Metern Seitenlänge ergab.[173] Das Aufrichten ging mit Hilfe von Lianen vonstatten, die an die oberen Enden der Stämme gebunden wurden. Während zwei Männer die Palme erkletterten, agierten die übrigen vom Boden aus, und beförderten die Stämme in die Vertikale. Dabei rutschen die unteren Enden langsam in ein bereits vorher mit dem Spaten ausgehobenes Loch, das dann, sobald der Stamm aufrecht darin steht, rasch von allen Seiten mit Erde zugeschüttet wird, die man sorgfältig festtritt. Jolly meint, die Stämme würden drei bis vier Meter tief in die Erde versenkt (Jolly 1994a:239). Tatsächlich sind die Löcher höchstens einen bis anderthalb Meter tief.[174]

Die von mir beobachtete Technik das Fundament anzulegen unterscheidet sich geringfügig von derjenigen, die Muller 1971 beschrieben hat. Hier ist nämlich von einem Baum die Rede, der in der Mitte des Turmes steht. Um diesen Baum herum wurden, so Muller, in unregelmäßigen Abständen insgesamt dreizehn größere Baumstämme von etwas über zehn Metern Länge aufgestellt, die ebenfalls in einem etwa einem bis anderthalb Meter tiefen Loch im Boden ruhten. Dabei beobachtete auch Muller eine mehr oder weniger quadratische Anordnung mit einer Seitenlänge von etwas über vier Metern. Im Vergleich zur astlosen Palme dienten die nicht entfernten größeren Äste des Baumes hier außerdem dazu, einigen der zuvor errichteten Stämmen Halt zu verleihen, indem man sie daran festband. Muller beschreibt, ohne es allerdings näher auszuführen, daß die Art und Weise, mit der die Löcher in den Boden gegraben wurden, ganz und gar mit der Technik übereinstimme, die man anwende, wenn „zeremonielle Yams" gepflanzt würde. Ich kann diese Behauptung nicht bestätigen. Während man für lange Yams, etwa *dam aralis*, ein langes schmales Loch mit dem Grabstock aushebt, das man anschließend wieder mit gelockerter Erde füllt, oder aber freiläßt, und nur den oberen Teil bepflanzt (vgl. Kap. 10.4), verwendete man bei den von mir beobachteten Turmbauten moderne Spaten aus Metall, mit denen, schlicht und ergreifend, passende Löcher gegraben wurden. Selbst wenn zu Mullers Zeit, Anfang der 1970er Jahre, möglicherweise noch Grabstöcke verwendet wurden, sehe ich nicht, warum das bloße Ausheben eines Loches sofort den, allerdings von Muller auch nicht näher kommentierten, Vergleich mit dem Pflan-

---

[173] Diese relativ geringe Größe erstaunt, da der optische Eindruck ein anderer ist. Blickt man jedoch genauer hin so sieht man, daß die Querverstrebungen nach allen Seiten weit über die (Grund-) Linie hinausreichen, die sich ergeben würde, wenn man eine Schnur um die äußeren Stützpfeiler legte.

[174] Jolly bezieht sie sich dabei auf eine Passage in Mullers französischem Text, in der es heißt, die Stämme würden in ein drei bis vier Fuß (also nicht Meter) tiefes Loch versenkt. Ihre Schilderung beruht also auf einem flüchtigen Übersetzungsfehler.

zen der „zeremoniellen Yams" rechtfertigen sollte. Wenn die Grundkonstruktion aus „Rückgrat" und zentralen Stützpfeilern steht, wird der Turmbau fortgesetzt. Allerdings kann man ungefähr ab diesem Zeitpunkt zwei unterschiedliche Techniken beobachten, *gol abwal* und *gol abri,* die ich im folgenden getrennt voneinander beschreiben möchte.

13.3 Die Bautechnik im Nordosten– *gol abwal*

Im Nordosten und Nordwesten des Sa Gebietes, in den Dörfern Farsari, Rantas, Ponof und Rangusuksu, läßt sich eine Methode des Turmbaues beobachten, die ich für die ältere Technik halte. Betrachten wir die wichtigsten Details: wenn die oben geschilderte Grundkonstruktion steht, kann man daran gehen, dieses „Skelett" aus Stützpfeilern nach und nach innen und außen durch horizontal angebrachte Stämme zu ergänzen, die weitgehend im 90° Winkel zu den vertikalen Grundpfosten befestigt werden und der Konstruktion erst ihre Stabilität verleihen. Der Turm wird so nach und nach erweitert und wächst langsam in die Höhe, während seine Breite und Tiefe vom Fundament bis in die Spitze nur unwesentlich abnimmt. Die vertikalen Pfeiler werden mit schmaler werdenden Stämmen, die man auf einer Länge von etwa einem halben bis einem Meter aneinanderlegt und dann mit Lianen fest umwickelt, so lange nach oben verlängert, bis die gewünschte Turmhöhe erreicht ist. So ergibt sich ein Turm, der mehr oder weniger aus einer 90° Gitterkonstruktion besteht und dessen Breite oben nur geringfügig schmaler ist als das Fundament (vgl. Abb. 29). Der letzte Schritt der Bauarbeiten besteht in der Konstruktion der Plattformen und der Sprungbretter, auf der die Springer stehen oder – ausschließlich beim *gol abwal* – auch sitzen.

Im Gegensatz zur kollektiven Arbeit des Turmbaus errichtet jeder einzelne Springer seine Plattform und sein Sprungbrett selbst und übernimmt so auch die Verantwortung für seine eigene Sicherheit. Die besondere Technik der Plattformherstellung hat dieser Turmbautechnik auch den Namen gegeben haben. *Abwal* bezeichnet zunächst nichts weiter als eine leiter- oder bettähnliche Konstruktion und bezieht sich auf die Art und Weise, wie Plattform und Sprungbrett konstruiert sind.[175] Das etwa ein bis anderthalb Meter lange Sprungbrett besteht aus mehreren Längsstreben und zwei kleinen Querstreben, einer vorne und einer hinten. Zunächst werden Längs- und Querstreben nur mit einer kleinen Liane oder mit Rindenstreifen zusammengebunden. Wenn der Erbauer nun weiß, wie groß es werden wird, kann er sich der Herstellung der Plattform zuwenden, auf der das Sprungbrett später befestigt wird. Es handelt sich dabei eben um das „Bett" *(abwal)*, das wiederum aus zwei etwa anderthalb bis zwei Meter langen Längsstreben besteht, einer rechts und einer links. Auch diese Längsstreben werden mit insgesamt vier, etwa vierzig Zentimeter breiten Querstreben zusam-

---

[175] Die Männer aus Bunlap nennen den *gol abwal* mitunter auch *gol isin* (Frau) da manche Springer nicht auf ihren Plattformen stehen, sondern – wie Frauen beim urinieren - hocken oder sitzen.

mengehalten, auf denen das eigentliche Sprungbrett später zu liegen kommt. Nun wird die *abwal* Konstruktion (noch nicht das Sprungbrett) fest im Turm verankert, so daß sie etwa einen Meter aus dem Turm herausragt. Inzwischen muß der Turmspringer passende Lianen *(airi)* für seinen Sprung ausgewählt haben, diese werden nämlich benötigt, um das eigentliche Sprungbrett mehrfach zu umwickeln, wodurch die lebenswichtige Verbindung zwischen Sprungbrett und Liane praktisch unauflösbar wird.[176] Sobald die Liane zur lebenswichtigen Verbindung zwischen Turm und Springer geworden ist, nennt man sie *tal.* Anschließend wird das Sprungbrett in die *abwal* Konstruktion eingepaßt, wobei die

Abb. 25: Jedermann ist für die Auswahl seiner Liane selbst verantwortlich. (Bunlap, April 2002)

beiden überstehenden Enden der Lianen nach vorne aus dem Turm heraushängen und unten knapp den Erdboden berühren. Der mittlere und der hintere Teil des Sprungbrettes wird mit kleinen Lianen *(airi)* oder Rindenstreifen fest mit der Plattform verbunden. Das Sprungbrett bleibt jetzt einerseits in der Waagerechten, weil es auf den vier Querstreben der *abwal* Konstruktion aufliegt, andererseits aber auch durch eine Liane, die vom vordersten Ende der Plattform zu einem stabilen Punkt im Turm oberhalb verspannt ist (vgl. Abb. 31). Andernfalls würden die nicht allzu dicken vorderen Querstreben womöglich unter der Last des Springers, wenn dieser die Konstruktion betritt, wegbrechen. Wenn der Springer den Turm betritt, spannt sich die Liane und hilft entscheidend mit, sein Gewicht zu tragen. Wenn er gesprungen ist, kappt ein dabeistehender Helfer (dies kann ein Freund, der Vater, Bruder Onkel oder auch nur ein gerade dabeistehender anderer Springer sein) diese Liane, so daß das Sprungbrett nun nur noch auf den Querstreben der Plattform aufliegt. Kurz bevor der Springer den

---

[176] Muller meint, daß die *airi* Lianen ausschließlich zum Zweck des Turmspringens herangezogen werden dürften, als Sprungliane oder zum Befestigen der Plattform im Turm (Muller 1971:228). Ich konnte ein entsprechendes Tabu zwar nicht beobachten, es stimmt jedoch, daß diese Lianen aufgrund der zunehmenden Zahl an *gol* Veranstaltungen immer seltener werden und daher sorgsam mit dieser Ressource umgegangen wird.

Erdboden erreicht hat, strafft sich seine Sprungliane und belastet die vorderen beiden Querverbindungen, die nun durchbrechen, so daß das Sprungbrett zwischen den beiden Längsstreben der Plattform nach unten wegklappt. Diese Sollbruchstelle federt den Aufprall entscheidend ab und verhindert Verletzungen.

13.4 Bautechniken in Bunlap – *gol* abri

Im Gegensatz zum *gol abwal* werden beim *gol abri* die Stützpfeiler der Grundkonstruktion meist nicht mit Querstreben im 90° Winkel verbunden. Vielmehr weisen diejenigen Streben, die von hinten nach vorne zeigen, einen Winkel von ca. 115° bis 150° schräg nach oben auf. Die seitlichen Querverstrebungen hingegen werden, wie beim *gol abwal*, im 90° Winkel angebracht. Ebenfalls im Gegensatz zum *gol abwal* steht der Umstand, daß die Türme ab etwa der Hälfte ihrer Endhöhe leicht nach hinten gebogen und schmaler werden. Ich vermute, daß beides einer Optimierung sowohl des Gleichgewichtes als auch der Elastizität des Turmes dient. Es liegt auf der Hand, daß ein leicht nach hinten gebogener Turm bei den nicht unerheblichen Belastungen, die entstehen, wenn der Aufprall, den ein Springer verursacht, abgefedert werden muß, nicht so leicht nach vorne umkippen bzw. in der Mitte durchbrechen kann, wie ein gerader Turm.[177] Im Übrigen geben die schräg nach oben weisenden Verbindungen eher etwas nach (ähnlich einer Ziehharmonika) als Elemente, die ausschließlich im 90° Winkel zusammengefügt werden und tragen so

Abb. 26: Die Anfertigung der Sprungbretter verlangt höchste Sorgfalt. (Bunlap, April 2002)

ebenfalls zur Elastizität der Konstruktion bei. Beim ersten Turmspringen in Bunlap-Bena im Jahr 2002 war ich sowohl beim Bau als auch während der Sprünge selbst mehrfach im Turm und habe die Beobachtung gemacht, daß dieser v.a. in der oberen Hälfte durch Windeinwirkung tatsächlich deutlich stärker schwankt, als man von unten sehen kann. Auch die Belastungen der Konstruktion durch das Springen selbst sind erheblich und ich war erstaunt zu sehen, wie biegsam der Turm ist. Wie beim *gol abwal* auch, ist die Konstruktion der Sprungbretter keine kollektive, sondern individuelle Arbeit. Allerdings besteht ein erheblicher Unterschied zwischen beiden Bauweisen nicht nur in Bezug auf

---

[177] Derartige Fälle sind verbürgt.

den Turm, sondern auch, was die Konstruktion der Sprungbretter anbelangt. Beim *gol abri* fehlt nämlich die Plattform der *abwal* Struktur, während die Konstruktion des Sprungbrettes selbst weitgehend gleich bleibt, dieses mit einer Länge von anderthalb bis zwei Metern allerdings um etwa ein Drittel länger ist. Dies aus gutem Grund, denn während beim *gol abwal* die Plattform in den Turm eingebaut wird, ist es hier das Sprungbrett selbst, da die Plattformkonstruktion ja fehlt. Statt dessen wird das Sprungbrett mittels der Hilfe dreier Stäbe, die von der Spitze des Sprungbrettes schräg nach unten weisen, wo sie fest mit dem Turm verbunden werden, in der Waagerechten gehalten. Die Abstrebungen wiederum fungieren, ähnlich wie die Querstreben der Plattform beim *gol abwal*, als Sollbruchstelle. Wenn sich die Liane des Springers nach dem Sprung strafft, werden sie belastet und brechen, so daß das Sprungbrett nach unten wegklappt und schließlich, da der hintere Teil ja fest mit dem Turm verbunden ist, in einem Winkel von ca. 30° bis 45° zum Turm hängenbleibt. Es liegt auf der Hand, daß die Wahl des Durchmessers dieser Sollbruchstellen sich nach dem Gewicht des Springers zu richten hat. Sind sie zu schwach, ist die den Aufprall abfedernde Wirkung zu gering. Sind sie zu stark oder brechen möglicherweise gar nicht, wird der Schock beim Straff-Kommen der Sprunglianen gefährlich stark spürbar. Es muß hier noch erwähnt werden, daß bei beiden Formen des *gol* auch die Auswahl und das Anpassen der Lianen einen besonders wichtigen Schritt darstellen, denn schließlich hängt davon ja die Sicherheit der einzelnen Springer maßgeblich ab. Ich konnte beobachten, daß immer ältere, erfahrene Springer die Jüngeren hierbei unterstützen. Oft sind es die Väter oder andere ältere Verwandte, nicht selten aber auch im *gol* erfahrenere Freunde. Feste Regeln scheint es hier nicht zu geben. Auch hier gilt, daß die Lianen weder zu dünn noch zu dick sein dürfen, da sie sonst entweder reißen, oder aber die Beine des Springenden gefährlich verdrehen. Lianen sind nicht gerade gewachsen, sondern, ähnlich wie ein Korkenzieher, in sich verdreht.[178] Ist eine Liane im Verhältnis zum Körpergewicht des Springers zu dick dimensioniert und weist überdies einen stark in sich verdrehten Wuchs auf, so kann es passieren, daß sie diese gespeicherte Energie bei der plötzlichen Belastung des Aufpralls schlagartig in Form von einer oder gar mehreren Drehungen abgibt, was im schlimmsten Fall dazu führt, daß der Springer sich die Beine bricht. Beim Bau sowohl von *gol abwal* als auch von *gol abri* befinden sich während der Bauphase stets zwischen fünf und zehn Männern im Turm, um die immer dünner und leichter werdenden Stämme und Äste nach oben durchzureichen, wo sie dann, unter dem kritischen Blick der am Fußende des Turmes stehenden, mitunter Korrekturen hinaufrufenden Baumeister, eingepaßt und befestigt werden. Wenn der Turm eine gewisse Höhe erreicht hat, beginnt man, ihn mit speziellen Lianen *(aulini)* an umstehenden Bäumen zu verspannen, um seine Standfestigkeit noch weiter zu erhöhen. Um

---

[178] Diese Drehung im Wuchs ist bei vielen Kletterpflanzen zu beobachten. Sie ermöglicht es ihnen, sich an anderen Pflanzen oder Gegenständen etc. hochzuziehen, um an lebensnotwendiges Sonnenlicht zu gelangen.

die mehrfach um einen benachbarten Baum gewickelten Lianen zu spannen, ist ein halbes bis ein Dutzend Männer notwendig. Bei den von mir im Jahre 2002 beobachteten Türmen waren sechs bzw. neun solcher Abspannungen zu verzeichnen. Die Größe der Türme, *gol abri* wie *gol abwal*, kann sowohl in der Höhe als auch in der Breite variieren. Zwei von mir im Jahr 2004 besichtigte *gol abri* auf der Westseite der Insel, in Lonauwepin und Panas, erreichten nur eine Höhe von etwas über zwölf Metern[179] bei einer Fundamentgröße von weniger als drei mal drei Metern. Der erste von mir im Jahr 2002 in Bunlap beobachtete Turm wies ein Fundament von etwa drei mal drei Metern auf und erreichte eine Höhe von geschätzten 18 Metern. Der zweite Turm war hingegen mit einem Fundament von deutlich über drei mal drei Metern und einer Höhe von geschätzten vierundzwanzig Metern deutlich breiter und höher. Da das französische Filmteam der Firma ZED von Beatrice Chaniel begleitet wurde, die als Begleiterin von Kal Muller 1969/70 mehrere Monate in Bunlap verbracht hatte, ergab sich die Möglichkeit, sie über Form und Größe der Turmes im Abstand von dreißig Jahren zu befragen. Dabei stellte sich heraus, daß die Höhe des Turmes in etwa der entsprach, die Chaniel, zusammen mit Muller bereits 1970 beobachtet hatte (vgl.a. Muller 1971:221). Allerdings, so meinte sie, sei der Turm des Jahres 2002 deutlich schmaler gewesen und auch die Sprungbretter seien mit geringerem Abstand voneinander errichtet worden, so daß die einzelnen Springer kaum noch aufrecht hätten stehen können. Ihre Beobachtung deckt sich mit den Angaben von Muller, der ja von vier mal vier Metern Fundamentgröße gesprochen hatte und könnte auch mit der folgenden Begebenheit korrespondieren, die sich beim zweiten Turmbau des Jahres 2002 zugetragen hat:

Tagebuchnotizen zum Bau des zweiten Turmes im Jahr 2002 in Bunlap
Der Bauplatz befindet sich nur knapp 600 Meter oberhalb des Dorfes, nahe den aktuell bepflanzten Yamsgärten. Da es ja bereits zuvor ein *gol* gegeben hat, beschließen die Männer, das Bauholz dieses Turmes erneut zu verwenden, so es noch brauchbar ist. Das ist in Bunlap zwar noch niemals vorgekommen, scheint aber auch nicht auf Widerstand zu stoßen. So hat man nach knapp zwei Tagen Arbeit den alten Turm abgerissen und mehrere hundert Stämme, Lianen und Rindenmaterial vom etwa 500 Meter entfernten ersten Bauplatz herangeschafft. Zusätzlich ist auch noch neues Holz geschlagen worden, denn dieser Turm soll höher werden als der erste. Nach drei Tagen Arbeit ist der Platz gerodet und das Baumaterial liegt bereit. Der „Organisator" des Turmes ist auch diesmal Warisus Telkon, der als solcher auch als einer der Hauptprotagonisten des Filmes in Erscheinung tritt. Während er noch damit beschäftigt ist, den „ersten" Baum des Turmes zu fällen, eine Begebenheit, die die französischen Filmemacher in ihren Film integrieren wollen, die aber, angesichts der Tatsache, daß ein großer Teil des Bauholzes von einem schon verwendeten Turm stammt, Makulatur ist, haben sich einige ältere Männer, erfahrene Turmspringer, darunter Betu Malsalus, Melsul Bumangari Atelu und Sali Molkat, bereits Gedanken über das Fundament des Turmes gemacht und die Positionen für die wichtigsten Grundpfeiler auf dem sauber gerodeten Boden angezeichnet. Als Warisus, gefolgt vom Kamerateam, den Bauplatz betritt, auf dem sich in diesem Moment so gut wie

---

[179] In Ermangelung eines entsprechend langen Maßbandes bin ich mehrfach auf die Türme hinaufgeklettert und habe so versucht, mit meiner Körpergröße als Maßstab, eine Messung der Höhe vorzunehmen.

alle Jungen und Männer des Dorfes in geschäftigem Hin und Her versammelt haben, ist seine erste Handlung, das angezeichnete Fundament um ctwa ein Drittel zu verkleinern. Niemand widerspricht ihm dabei, denn er ist der Organisator des Turmes und sein Vater hat das Filmteam geschickt, das eine Million Vatu bezahlen wird.[180]
(Thorolf Lipp. Bunlap, Juni 2002)

Entscheidend ist in diesem Zusammenhang nicht so sehr, daß Warisus damit vor aller Augen die Alten brüskiert, sondern daß der Turm heutzutage auch in Bunlap eher unter „zweckrationalen" Geschichtspunkten gebaut wird. Man kann, mit den Worten von Edward T. Hall, einen Wandel vom „Formalen" zum „Technischen" beobachten (Hall 1966). Warisus' Fundament ist gerade so breit wie nötig. So spart er als Organisator einerseits Arbeit beim Turmbau, geht aber andererseits ein höheres Risiko ein, weil der Turm, bei gleicher Höhe und geringerer Breite, natürlich auch instabiler ist und leichter umfallen kann.

Betrachten wir abschließend den nun fertig gebauten Turm aus einigem Abstand: die nicht selten über 20 Meter hohe Holzkonstruktion gibt fraglos ein überaus eindrucksvolles Bild ab. Wie anders, wenn nicht als eine Art Körper, sollte man die aufrecht stehende, sich in ihrer Künstlichkeit deutlich von der umgebenden, chaotischen Natur abhebende Konstruktion bezeichnen?[181] Tatsächlich sind die einzelnen Teile des Turmes in Analogie zum menschlichen Körper benannt, der Turm selbst jedoch wird nicht, wie oft fälschlicherweise behauptet, einfach „Körper" genannt. Vielmehr bezeichnet man den Turm mit *tarbe-gol* „der Körper des *gol*". Bleiben wir bei der Annahme, daß sich der Begriff *gol* von *kolan* – „Spiel"– ableitet, müßte man *tarbe-gol* wörtlich übersetzen mit „der Körper des Spiels" oder „der Körper des Spielzeugs". Die Bezeichnungen für die einzelnen Teilbereiche des Turmes orientieren sich dabei an Bezeichnungen, die man auch für den menschlichen Körper verwendet. Betrachtet man den Turm von vorne, so sieht man mehrere übereinandergestaffelte Ebenen von Sprungbrettern, denen entsprechende Körperbereiche zugewiesen sind: Fuß, Knie,[182] Unterleib, Brust, Brustwarze, obere Brust, unter den Armen, Kehle, Schulter, Kopf (vgl. Abb. 27. Die Seiten des Turmes nennt man *si gol* (die Seiten des Spiels), die vier Ecken *sin teban* (zusammengebundene Ecken), die Rückseite *alu gol* (der Rücken des Spiels), das Innere des Turmes *lon te gol* (im

---

[180] Dieser Vorgang des Anzeichnens und Aushebens des Fundamentes ist auch im Film „Mann braucht Mut" (ZED 2003) zu sehen. Allerdings wird die Korrektur durch Warisus hier nicht gezeigt oder gar kommentiert.

[181] Mary Douglas (2004) hat im Rahmen ihrer strukturalistischen Symboltheorie darauf hingewiesen, daß Symbole vielfach vom menschlichen Körper ausgehend gebildet werden. Es gibt dabei eine ungeheuer große Vielfalt von kulturellen Bedeutungsvarianzen, fast alles kann in Analogie zum Körper verstanden werden. Wie das konkret geschieht, ist allerdings abhängig von der Sozialstruktur einer Gesellschaft, so daß (Körper-) Symbole immer auch etwas über die innere Verfaßtheit, oder, um bei der von mir gewählten Terminologie zu bleiben, das Ethos einer Gesellschaft aussagen.

[182] *Ajibtal* bedeutet wörtlich übersetzt nicht „Knie" sondern „schubse die Liane" und könnte eine Anspielung darauf sein, daß man den zu lange zögernden Jungen auf den untersten Leveln mitunter einen beherzten Stoß gibt und sie so unfreiwillig „auf die Reise" schickt.

Inneren des Spiels). Das Sprungbrett wird *ba gol* genannt (Frucht des Spiels). Die mittlere, größte der das Sprungbrett stützenden drei Abstrebungen beim *gol abri* heißt *wichin* (Penis), die beiden äußeren nennt man *sinbwel ankennen* (Schamlippen).[183]

---

[183] Entsprechende Verweise auf die Bestandteile von Plattform und Sprungbrett des *gol abwal* fehlen in meinen Aufzeichnungen. Auf diesen expliziten Verweis auf Fruchtbarkeit und Reproduktion werde ich später noch genauer eingehen.

Abb. 27: *tarbe gol.* **Die Vorderansicht des auf Abb. 4 gezeigten Turmes.**
Gut zu erkennen sind die einzelnen Ebenen mit den in der oberen Hälfte noch waagerecht stehenden, unverbrauchten Sprungbrettern. In der Mitte des Turmes sieht
man einen Springer kurz nach seinem Absprung. (Bunlap, April 2002)

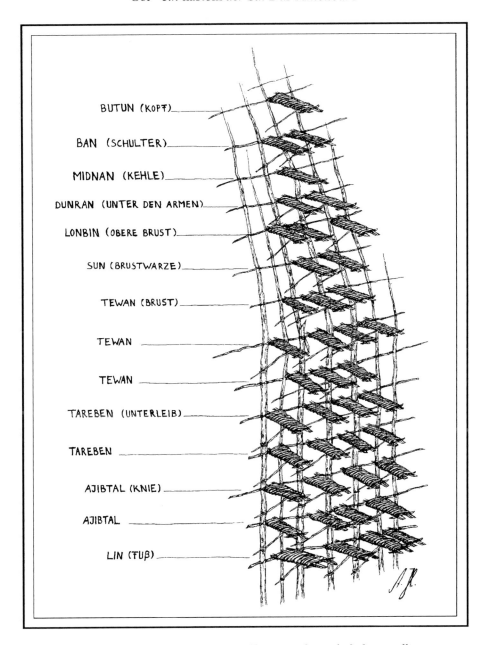

Abb. 28: Die einzelnen Ebenen des Turmes, schematisch dargestellt.
Tatsächlich können Anzahl von Sprungbrettern und Ebenen erheblich variieren.

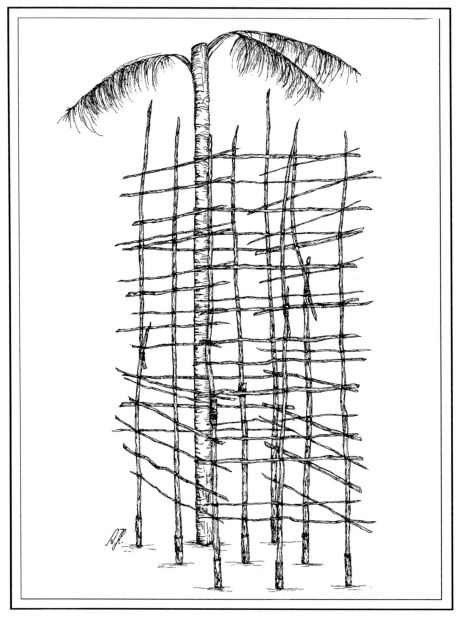

Abb. 29: Schematische Zeichnung eines *gol abwal*.
Gut zu erkennen sind die sich weder verjüngende noch nach hinten gebogene Form des
Turmes sowie die 90° Winkel der Konstruktion.

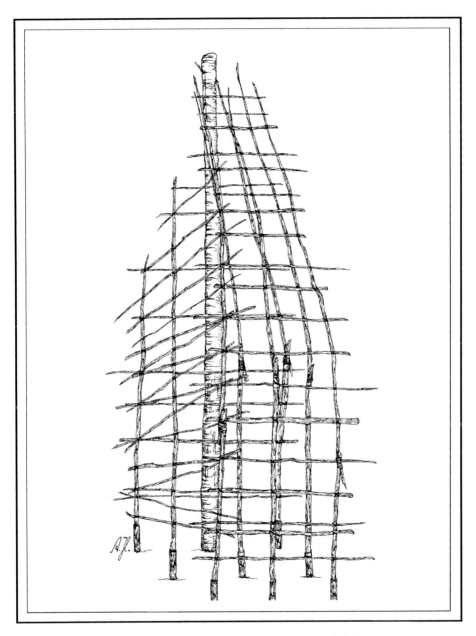

Abb. 30: Schematische Zeichnung eines *gol abri*.
Deutlich sichtbar die nach hinten gebogene Form und schräge Verstrebungen.

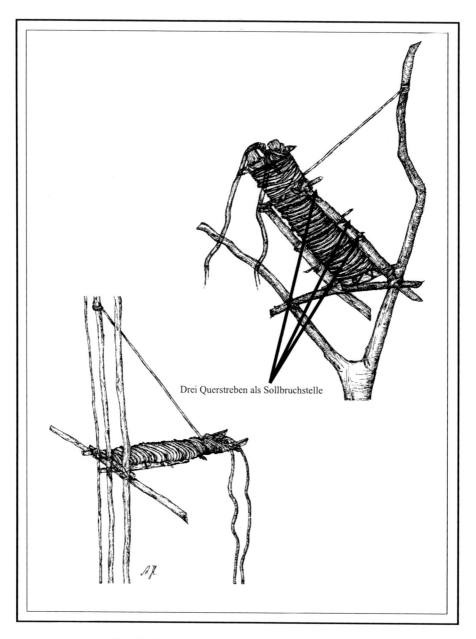

Drei Querstreben als Sollbruchstelle

Abb. 31: Plattform und Sprungbrett beim *gol* abwal.
Die drei vorderen Querstreben der Plattform bilden die Sollbruchstelle, die den Aufprall abfedern sollen. Bei Belastungen brechen sie durch, Sprungbrett klappt nach unten weg und ist dann nur noch ganz hinten mit der Plattform verbunden.

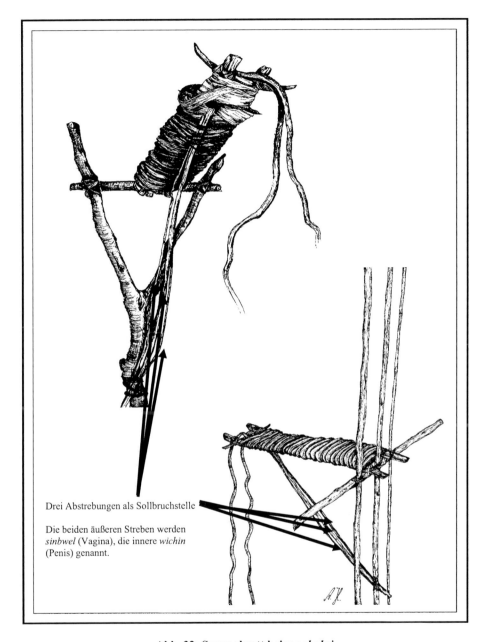

Drei Abstrebungen als Sollbruchstelle

Die beiden äußeren Streben werden
sinbwel (Vagina), die innere *wichin*
(Penis) genannt.

Abb. 32: Sprungbrett beim *gol abri.*
Hier besteht die Sollbruchstelle in den drei Abstrebungen, die das Sprungbrett in der Waagerechten halten. Beim Aufprall des Springers brechen sie. Das Sprungbrett klappt nach unten
weg und ist dann nur noch am hinteren Ende mit dem Turm verbunden.

Abb. 33: Details der Turmkonstruktion.
Der Turm besteht ausschließlich aus den Materialien, die der Wald bereitstellt. Hier wird kein Nagel, keine Schraube, keine Schnur verwendet. (Bunlap, Mai 2002)

13.5 Mögliche Entwicklungsphasen des *gol*

Eines muß klar gesagt werden: niemand kann heute die Entwicklung der *gol* Technologie mit Sicherheit nachvollziehen. Man kann lediglich versuchen, anhand der verbliebenen oralen Überlieferungen sowie aufgrund von technischen Vergleichen eine oder mehrere mögliche „Urformen" der Technologie zu rekonstruieren. Betrachten wir, auf welche Informationen und Überlegungen man dabei zurückgreifen kann:

Kal Muller schreibt, obwohl er selbst es nicht mehr beobachten konnte, daß „früher" ein großer Banyan Baum beim Bau des Turmes als zentraler Stützpfeiler diente, daß dieser aber inzwischen mehr und mehr an Bedeutung verloren habe (Muller 1971: 222). Leider findet sich bei ihm kein Hinweis auf den Urheber dieser Theorie, mir selbst sind jedoch ebenfalls mehrfach ähnliche Vorstellungen begegnet. Unter anderem vertritt Lorang Tho, ein *gol* Organisator aus dem katholischen Dorf Rangusuksu an der Nordwestküste des Sa Gebietes, diese Ansicht. Rangusuksu ist eine Dependance von Rantas an der Ostküste, wo es, wie wir später noch genauer sehen werden, ebenfalls eine ungebrochene *gol* Tradition gibt. Lorang meint, dass der Ursprung des Turmspringens *gol melala* geheißen habe und man sich darunter einen großen Banyan Baum vorstellen müsse, an den an allen Seiten Sprungbretter angebracht seien, die von nach oben gespannten Lianen in der Horizontalen gehalten würden.[184] Der schon vor vielen Jahren verstorbene Papiano aus Ponof an der Nordostküste habe, so sagt Lorang, noch mit eigenen Augen gesehen, dass man früher von solchermaßen präparierten Bäumen gesprungen sei, und zwar von allen Seiten, und nicht, wie heute, nur nach „vorne". Daß sich die Erinnerung an diese „urtümliche" Art des Turmspringens ausgerechnet an der Ostküste, in Rantas, erhalten hat, ist m.E. kein Zufall, ich werde in Kap. 17.2 noch genauer darauf eingehen.

Eine andere Interpretation des *gol melala,* die sich auf den ersten Blick von der soeben erwähnten unterscheidet, sie in der Tat jedoch lediglich um einen weiteren Aspekt bereichert, erfuhr ich später von Chief Willi Orian Bebe aus Panas. Demnach leitet sich der Begriff *melala* von *mela,* Zwilling, ab. Der Turm wird deswegen *gol melala* genannt, weil zwei oder mehr Springer zur gleichen Zeit von ihm springen können. Chief Willi betont, daß diese Form des Sprunges abzulehnen sei, weil es zu viele Unfälle damit gegeben habe.

Sali Warara und Watabu aus Bunlap haben wieder eine andere Interpretation des Begriffes *gol melala* zu bieten. Sie meinen, dass diese Bauweise so genannt wird, weil zwei nach oben gespannte Lianen die aus zwei Hauptstreben bestehende *abwal* Plattform sichern. Aus diesem Dualismus rühre der Verweis auf *mela,* Zwillinge. Beim Sprung würden dann beide Längsstreben der Plattform abbrechen und so die Wucht des Aufpralles abmildern. Bebe Malegel aus Bunlap ist der Begriff *gol melala* zwar unbekannt, auch er meint aber, daß die ur-

---

[184] Lorang hatte zum Zeitpunkt des Gespräches vor, diese "ursprüngliche" Form demnächst wiederzubeleben.

sprüngliche Form des *gol* nicht die des in Bunlap heute gebräuchlichen *gol abri* sei. Vielmehr beschreibt er einen großen (Banyan) Baum, an den ein zweidimensionales Gestell in Form einer überdimensionalen Leiter *(bereti),* die einer 90° Gitterkonstruktion gleiche angebracht werde, weshalb die Konstruktion auch *gol bereti* heisse. In dieses einfache Gestell seien dann die Plattformen eingebaut worden. Früher seien die Türme immer und überall so errichtet worden und auch heute noch würden die Kinder, wenn sie mit kleinen Modellen *gol* spielten, manchmal solche *gol bereti* bauen. Die Konstruktion gleicht, abgesehen davon, dass sie eben nur zweidimensional ist, dem *gol abwal,* weil ihre Querverbindungen, wie die Sprossen einer Leiter, waagerecht sind (vgl. Abb. 34). Allerdings meint auch Bebe Malegel, daß er von den Alten gehört habe, es seien zu viele Unfälle dabei passiert. Interessant ist auch ein Hinweis von Kiliman, einem sehr erfahrenen *gol* Baumeister aus Point Cross. Dieser glaubt zu wissen, daß früher die Technik der Sollbruchstelle, wie sie beim *gol abri* heute üblich ist, nicht gegeben hat, und daß es deswegen häufig zu Unfällen kam.

Versuchen wir eine Zusammenschau und Analyse dieser Daten, ohne dabei allerdings zu vergessen, daß alles hier Gesagte nur hypothetischen Charakter haben kann: möglicherweise begann die technische Entwicklung des *gol* mit großen (Banyan-) Bäumen, an die mehrere Plattformen angebracht wurden *(gol melala).* Vielleicht hat man diese ursprüngliche Bauweise nach und nach aufgegeben, weil große Bäume zwar sehr stabil sind, sich jedoch wohl nur selten an passenden, leicht abschüssigen Stellen befinden. Im übrigen wird es schwierig gewesen sein, überhaupt entsprechende Bäume zu finden und eine größere Anzahl von Sprungbrettern an diesen zu befestigen. Statt also ausschließlich einen stabilen Baum als „Turm" an sich zu verwenden, hat man diesen vielleicht in zunehmendem Maße durch eine einfache Holzkonstruktion in Form einer überdimensionalen Leiter zu erweitern versucht *(gol bereti).* So könnte man nach und nach zunächst bis zur heute auch noch gebräuchlichen Form des *gol abwal* übergegangen sein. Zwar ist auch dort ein Baum als Hauptpfeiler notwendig, aber dieser kann kleiner sein und muß nicht mehr den sehr spezifischen Ansprüchen entsprechen, die man an einen „Sprungbaum" stellen würde. Außerdem ergibt sich so der Vorteil, daß man mit dem Bau von derartigen Konstruktionen bezüglich der Ortswahl weitaus flexibler ist, sie mehr oder weniger überall an abschüssigen Stellen errichten kann. Andererseits dürften die so entstehenden Türme zunächst deutlich weniger stabil gewesen sein, als ein tief im Erdreich verwurzelter Baum. Dieser Umstand könnte erklären, warum sich in der oralen Überlieferung der Hinweis gehalten hat, daß diese Form des *gol* gefährlich ist, denn man kann sich gut vorstellen, daß es anfänglich häufig zu Unfällen kam, weil man die „neue Technik" des „Turm"- Springens im Vergleich zum „Baum"-Springen noch nicht beherrschte. Daß man andererseits nach und nach Erfahrungen mit der neuen Bauweise gemacht hat, zeigt deren zunehmende Perfektionierung. So weiß man heute, wie die Verhältnisse zwischen Höhe und Breite des Turmes beschaffen sein müssen, welches Holz sich besonders eignet und welches weniger gut ist, oder daß Abspannung dem Turm zusätzliche Stabilität verleiht.

Nach und nach könnte sich also aus der Urform des *gol melala* der *gol bereti* entwickelt haben, aus dem dann die beiden heute existierenden Techniken, *gol abwal* und *gol abri* hervorgegangen sind. Dabei nehme ich an, daß der *gol abri* die jüngste, technisch ausgereifteste Technik darstellt. Dafür gibt es m.E. mindestens zwei Gründe. Erstens liegt die Vermutung nahe, daß die Methode, die Plattformen durch nach oben gespannte Lianen in der Horizontalen zu halten *(gol abwal)*, die ursprüngliche Methode ist, die man auch bei den „Sprungbäumen" *(gol melala)* anwendete. Die zweite Methode, Abstrebung nach unten beim *gol abri*, setzt nämlich bereits eine entsprechende Unterkonstruktion voraus, in die man die stützenden Streben einbauen kann. Zweitens ist durch die leicht gebogene Form des *gol abri* sowie in der Abstützung durch schräg nach vorne geneigte Stämme sowohl eine höhere Flexibilität als auch eine höhere Gesamtfestigkeit des Turmes gegeben. Beides verhindert Unfälle, weil der Schock besser absorbiert wird als bei den *gol abwal* Türmen, bei denen die einzelnen Stämme weitgehend im 90° Winkel aneinander gebunden sind, wodurch der Turm insgesamt unflexibler erscheint. In beidem sehe ich Hinweise darauf, daß der *gol abri* mit seiner ausgeklügelten Federungstechnik und flexiblen Turmkonstruktion die am weitesten fortgeschrittene, jüngste Entwicklungsstufe der Technologie darstellt, während es sich beim *gol abwal* um die ältere Form darstellt. Daß sich diese ältere Form des *gol abwal* ausgerechnet im Norden des Sa Gebietes findet, ist dabei meines Erachtens kein Zufall, ich werde im Schlußkapitel nochmals darauf zurückkommen.

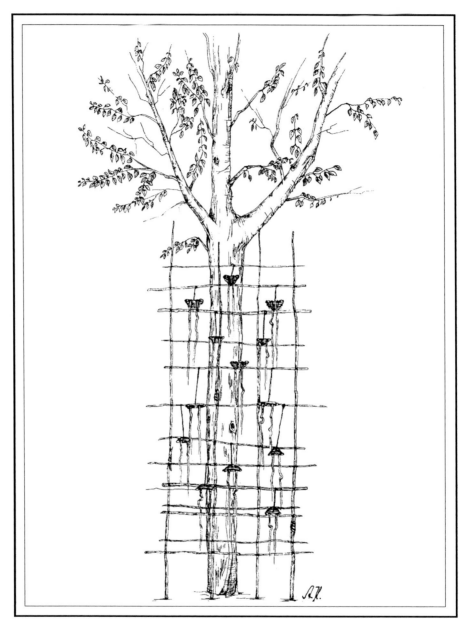

Abb. 34: *Gol bereti.*
Vielleicht sah so eine der ersten Entwicklungsphasen des *gol* aus?

Abb. 35: *Gol melala.*
Vielleicht stellt dies die Urform des *gol* dar? Hier konnte, der Überlieferung zufolge, von
allen Seiten gleichzeitig gesprungen werden, weswegen dieser Turm
auch „Zwillingsturm (*mela*) genannt wird.

13.6 Der Ablauf der Veranstaltung

Wenn der Turmbau beendet ist und alle Sprungbretter bzw. *tal* Lianen im Turm angebracht wurden, graben die Jungen und Männer den Boden zu Füßen des Turmes sorgfältig dreißig oder vierzig Zentimeter tief um und entfernen alle Steine, Wurzeln oder Äste. So wird das Risiko einer schweren Verletzung beim Sprung weiter minimiert. Nun kann das Turmspringen abgehalten werden. In aller Regel wird dies am nächsten Tag der Fall sein, es sei denn, das Wetter ist über die Massen schlecht, dann kann man notfalls auch einige Tage zuwarten, ohne daß der Turm oder die Lianen großen Schaden nehmen. Vor allem starker Wind stellt für die Springenden, wie auch für die Integrität der Turmkonstruktion, eine nicht zu unterschätzende Gefahrenquelle dar. Ist der Wind zu stark, wird daher ein Turmspringen vermieden.

Inzwischen hat sich auch in den umliegenden Dörfern herumgesprochen, daß ein Turm gebaut wurde und wann das Turmspringen abgehalten wird. Am Vorabend des zweiten *gol* des Jahres 2002 in Bunlap erschienen vielfach ganze Familien aus den umliegenden *kastom* und auch aus den *skul* Dörfern Ranwas, Murubak, Pangi, Wali, Wanur und Point Cross um die Sprünge anzusehen und Freunde und Verwandte zu treffen. Teils kamen sie am Abend vor dem Fest ins Dorf und übernachteten dort, teils erschienen sie erst am Morgen der Veranstaltung. In der Regel bringen die Besucher etwas zu essen als Gastgeschenk mit. Die Tradition sieht nämlich vor, daß am Vorabend eines *gol* ein besonders großes *lok* zubereitet wird, das man nach dem erfolgreichen Springen direkt unter dem Turm zu sich nimmt. Auch die Familien in Bunlap selbst bereiten große Mengen *lok* für den nächsten Tag vor. Hatte Muller noch beschrieben, daß die am Sprung beteiligten Jungen und Männer am Morgen des *gol* ein rituelles Bad im Meer nehmen würden (Muller 1971:230), konnte ich dergleichen nicht verzeichnen. Auch Mullers Beobachtung, daß Männer, Frauen und Kinder sich für das *gol* die Haare schneiden müßten, sich die Männer mit den wichtigsten, ihnen zustehenden *warsangul* Insignien schmückten und Gesichter rot bemalten, kann ich nur eingeschränkt bestätigen, der Grad der Adorierung hängt offenbar stark von der Größe und Wichtigkeit des Festes ab. Ein Vergleich von insgesamt sieben verschiedenen *gol* an Ost- und Westküste anhand von Videomaterial hat erbracht, daß sich Teilnehmer der Turmspringen mindestens, je nach individuellem *warsangul* Rang, mit Palmfarn, Kroton oder anderen Blättern, die sie in ihre Gürtel stecken, schmücken. Männer legen außerdem ihre besten geflochtenen *bi pis* und, schöne breite Gürtel aus bearbeiteter Baumrinde an. Von den erwachsenen Frauen und älteren Mädchen wird erwartet, daß sie neue, fast weiße Grasröcke tragen, die kleinen Mädchen machen sich hingegen ausschließlich neue Röckchen aus frischen Bananenblättern zurecht. Jungen, Mädchen und Frauen duften stark nach den wohlriechenden *sega* Blättern, mit denen sie sich vor den Sprüngen einreiben bzw. die sie sich um den Hals legen. Alles was darüber hinaus an Adorierung möglich ist, scheint eine Art besonderer Zugabe für besonders außergewöhnliche Veranstaltungen zu sein.

Am frühen Vormittag, vielleicht gegen 9:00 Uhr, begeben sich die ersten Männer zum Turm. Nach und nach werden ihnen weitere folgen, etwas später kommen auch Frauen und
Kinder hinzu. Bevor die
eigentlichen Sprünge beginnen, fasern die Springer die unteren Enden
ihrer vom Turm herunterhängenden Lianen auf
einer Länge von etwa
einem knappen Meter
auf. Nur so kann ein Vertrauter des Springenden
diesem kurz vor dem
Sprung die Lianenfasern
um die Knöchel knoten.[185] Auch der Boden
unter dem Turm wird
noch einmal sorgfältig

**Abb. 36: Auffasern der Lianen kurz vor dem Sprung.
Bunlap, April 2002.**

auf harte, spitze Gegenstände untersucht und diese ggf. entfernt. Jetzt ist auch
der Moment, mit einigen beherzten Hieben mit dem Buschmesser eine Art Terassierung in den weichen Boden unter dem Turm anzulegen, damit Männer und
Frauen dort, in mehreren Reihen hintereinander, tanzen können. Muller meint,
daß etwa dreißig Minuten vor dem eigentlichen Beginn des Turmspringens ein
Palmfarnblatt auf der Spitze des Turmes befestigt werden müsse (Muller
1971:230). Ich kann diese Behauptung nur teilweise bestätigen. Meine Informanten haben diese Möglichkeit zwar erwähnt, konnten aber nichts über ihre
Bedeutung sagen.

Das eigentliche Turmspringen beginnt erstaunlich formlos, niemand gibt dazu
ein spezielles Kommando. Wenn alle Vorbereitungen getroffen sind, springt der
erste kleine Junge von einer der Plattformen der untersten Ebene (*lin* – Fuß).
Dabei wird ihm ein älterer Bruder, sein Vater oder ein anderer Verwandter oder
guter Freund behilflich sein, genaue Regeln gibt es hier nicht.

---

[185] Dieser Arbeitsschritt kann auch am Tag vorher vollzogen werden, in diesem Fall muß man
die aufgefaserten Enden jedoch in bestimmte Blätter einwickeln, damit sie nicht austrocknen
sondern weich und biegsam bleiben.

Vielleicht sind die Vorbereitungen für diesen ersten Sprung gar nicht recht bemerkt worden, weil viele Teilnehmer noch im Kommen begriffen oder in einen Schwatz mit dem Nachbar oder Freunden aus anderen Dörfern vertieft sind. Auch die Tänzer haben sich wahrscheinlich noch nicht recht formiert. Nun aber, wenn das unverwechselbare Knacken der Sollbruchstelle den ersten Sprung angezeigt hat, kommt langsam Leben in die unter dem Turm versammelte Menge. Männer und Frauen beginnen zu johlen und zu pfeifen und vielleicht stimmt nun auch einer der älteren Männer das Lied *„Mele ai"* an, das, der Tradition zufolge, zuerst gesungen werden soll (vgl. Kap. 13.7). Das *gol* beginnt! Etwas seitlich vom Turm, oder auch dahinter, haben sich Männer und Frauen getrennt voneinander formiert und beginnen zu tanzen, die Männer vorne, näher beim Turm, die Frauen dahinter. Dabei treten sie mit energischen Schritten stets drei Tritte nach rechts und drei nach links. Einige Männer halten dabei ihren Kriegs-

Abb. 37: Tänzer während eines *gol*.
Männer tanzen direkt hinter bzw. neben dem Turm. Frauen müssen an der Peripherie bleiben. (Bunlap, April 2002)

stab in der rechten Hand. Die Frauen und Mädchen schwenken rote Kroton Blätter über ihren Köpfen oder wiegen diese, wie einen Säugling, theatralisch in den Armen hin und her.[186] Das Publikum hingegen hat im Abstand von etwa dreißig Metern unter oder neben dem Turm Stellung bezogen, von wo aus man den besten Blick auf die Springer und Tänzer hat. Hier von Publikum zu sprechen, ist voll und ganz berechtigt, denn der größte Teil der Anwesenden ist lediglich gekommen, um als unbeteiligter Zuschauer am Geschehen eben *nicht* teilzunehmen sondern dem Spektakel lediglich zuzusehen (lat. *specere* – zusehen). Keiner der Akteure wird die Zuseher zum Mitmachen, also zum Tanzen oder gar zum Springen auffordern, niemand erwartet von ihnen irgendein bestimmtes Verhal-

---

[186] Wir sind diesem „Bild" schon bei *warsangul-* und *taltabwean*-Ritualen begegnet und werden uns später noch ausführlich damit beschäftigen.

ten, Geschenke oder Geld. Die Zuschauer können zwar emotionalen Anteil nehmen, greifen jedoch ins aktuelle Geschehen nicht ein. Auf der Bühne der *gol* Performance ist für sie kein Platz.

Tagebuchnotizen zum Vergleich der beiden *gol* im Jahr 2002 in Bunlap

Muller beschreibt, daß die Teilnehmer am *gol* ein rituelles Bad im Meer zu nehmen hätten, und sich anschließend rasieren und bemalen sollen (Muller 1971:230). Für das erste *gol* im April des Jahres 2002 kann ich dergleichen praktisch gar nicht feststellen. Niemand hat sich Haare oder Bart geschnitten, lediglich Chief Warisul trägt als Zeichen seines Ansehens zwei *tusker* um den Hals. Auch haben lediglich zwei oder drei Männer ihre Kriegsstäbe mitgebracht, während die meisten anderen einfach grüne Stöcke im Busch abschlagen, mit denen sie statt dessen tanzen.

Für das zweite *gol* im Mai hingegen, treffen Mullers Beobachtungen weitgehend zu. Die Männer sind alle sauber rasiert und haben ihre Haare geschnitten. Jedermann trägt rituellen Blätterschmuck und, soweit es die erreichten Titel zulassen, Tusker und Kriegsstäbe. Auch die besonderen, rot-weißen Gürtel aus geflochtener Pandanus, die über den Rindengürteln getragen werden, haben diesmal so gut wie alle Männer angelegt. Lediglich die von Muller beschriebenen Gesichtsbemalungen und gemeinsamen rituellen Waschungen sind wieder nicht zu verzeichnen, wenngleich einige Männer mir nachträglich und jeder für sich berichteten, am Meer gewesen zu sein und gebadet zu haben. Am Kostüm der Frauen hingegen ist kein Unterschied im Vergleich zum ersten *gol* des Jahres zu beobachten, allerdings hat sich die Anzahl sowohl der Tänzerinnen als auch der Zuschauer vervielfacht. Sogar die beiden Töchter von Chief Molbua, Wano und Mani, die einige Jahre in Point Cross in die Schule gegangen sind und sich selbst zuhause in Bunlap-Bena nicht mehr mit entblößter Brust zeigen, sind diesmal ausnahmsweise in *kastom* Tracht erschienen. Dabei hat sich Wano derartig viele der duftenden *sega* Blätter so geschickt um den Hals gelegt, daß man von ihren Brüsten gar nichts sehen kann. Dazu trägt sie stets einen Kugelschreiber in den Händen oder hinter dem Ohr, damit auch ja jedermann zur Kenntnis nimmt, daß sie keine *kastom* Frau mehr ist, sondern die Schule besucht hat und lesen und schreiben kann.

Neben all diesen Details unterschied sich vor allem auch die Zahl der Teilnehmer erheblich zwischen den beiden *gol*. Während bei der ersten Veranstaltung einundzwanzig Springer, etwa sechzig Tänzer und vielleicht noch einmal so viele Zuschauer anwesend waren, konnte ich beim zweiten Turmspringen dreiundfünfzig Springer, weit über hundert Tänzer und geschätzte fünf- bis achthundert Zuschauer beobachten. Die Größe des Turmes, die Intensität der Vorbereitungen und die Zahl der Teilnehmer hängt also offenkundig davon ab, welchen Stellenwert man einem Turmspringen tatsächlich beimißt. Dabei spielt heutzutage, es läßt sich keinesfalls abstreiten, das Geld auch in Bunlap eine entscheidende Rolle. Je nachdem, was sich Besucher oder Filmteams ein Turmspringen kosten lassen (bzw. wieviel davon tatsächlich bei den Akteuren ankommt), macht man manch feinen (subtile Kleiderordnung) und manch offenkundigen (Größe des Turmes, Anzahl der Springer, Tänzer und Zuseher) Unterschied! (Thorolf Lipp. Bunlap, Juni 2002)

Wer von welcher Höhe springen darf, wird relativ flexibel gehandhabt, sieht man einmal von den kleinen Jungen bis etwa zehn oder zwölf Jahren ab, die aufgrund ihrer mangelnden Erfahrung von einer der untersten drei Ebenen springen sollten. Hier werden es die älteren, erfahrenen Männer skeptisch betrachten, wenn ein noch sehr unerfahrener Junge gleich von sehr weit oben im Turm springen möchte. Dabei spielen Überlegungen um die Gesundheit des Jungen ebenso eine Rolle, wie die Befürchtung, der Wunsch der Älteren nach guten Sprungpositionen könnte nicht ausreichend berücksichtigt werden. Die übrigen Springer verständigen sich durch informelle, interne Absprachen untereinander über die Sprunghöhe. So muß man sich z.B. irgendwie einigen, wenn zu viele Teilnehmer von gleicher Höhe springen wollen. Die obersten beiden Etagen sind bei erfahrenen Springern besonders begehrt, da alle Beteiligten den Sprüngen aus dieser Höhe besondere Aufmerksamkeit widmen werden. Beinahe alle anderen Positionen sind mehr oder weniger für alle übrigen Teilnehmer frei zugänglich und es kann durchaus sein, daß ein gestandener Mann von vierzig Jahren nur aus einer Höhe von zwölf Metern springt, während ein Junge von vierzehn sich eine Plattform in zwanzig Metern Höhe ausgesucht hat. Zuerst also springen die Allerkleinsten. Ihre Sprungbretter ragen drei oder vier Meter über dem Erdboden aus dem Turm und da sie noch ungeübt sind, werden ihre Sprünge meist nicht sonderlich elegant ausfallen. Ein Sprung gilt dann als unschön, wenn eine Flugphase nach vorne fehlt und der Springer statt dessen mit den Beinen voran nach unten plumpst. In diesem Fall wird er, wenn die Lianen straff kommen, abrupt um ca. 180° nach vorne-unten geworfen und schlägt vielleicht gar mit dem Kopf auf dem Erdboden auf. Dabei kann es geschehen, daß der Springer sich Kopf und Wirbelsäule verletzt, ein oder beide Beine bricht, mindestens aber Sehnen und Muskeln empfindlich überdehnt (vgl. Abb. 38). Um derlei zu verhindern, aber auch um Zeit zu sparen bzw. den jüngsten Springern ihre „Entscheidung" abzunehmen, geben die neben ihnen stehenden älteren Jungen oder Männer den zaudernden Eleven nicht selten nach einiger Zeit einen beherzten Stoß, so daß diese vornüber vom Sprungbrett fallen. So lernen sie, daß sie mit dem Kopf voran springen sollen und machen die Erfahrung, daß dies eine sichere Methode ist. Die Tradition sieht aus gutem Grund vor, die Arme beim Springen vor die Brust zu nehmen. Verabsäumt der Springer dies, versucht er gar, den Aufprall mit den Armen abzufangen, sind Verletzungen, Arm- oder Schulterbrüche, die Folge. Die Liane sollte so bemessen sein, daß der Oberkörper nicht mit dem Erdboden in Berührung kommt, ausgestreckte Arme hingegen schon.

Kommt niemand bei einem ungeschickten Sprung zu Schaden, wird herzlich darüber gelacht. Allerdings steigt die Gefahr, sich beim Springen ernsthaft zu verletzten, mit dem Gewicht des Springers und der Höhe des Sprunges stetig an. Deshalb nimmt auch die Anspannung der Tänzer und Zuschauer am Boden mit fortschreitender Zeit und Höhe zu. Ein gelungener Sprung zeichnet sich dadurch aus, daß der Springer mit beiden Beinen kräftig von seinem Sprungbrett abspringt und in einem eleganten Bogen, mit dem Kopf voran und den Armen an die Brust genommen, möglichst weit nach vorne vom Turm wegspringt (vgl. Abb. 39). Dadurch wird der Sprung überdies sicherer, auch wenn es auf den ersten Blick vielleicht nicht so scheint. Weil der Turm aber, wie bereits beschrieben, auf einem stark abschüssigen Hügel errichtet wird, kommen die Lianen eines Springers mit weit nach vorne gerichteter Flugphase in einem Moment straff, wo dieser noch etwa einen oder zwei Meter vom Erdboden entfernt ist.

Hier wird er nun, mit einiger Wucht zwar, aber doch bereits durch das Brechen der Sollbruchstellen im Sprungbrett weitgehend abgebremst, nach hinten in Richtung Turm zurückgeworfen. So läuft er weniger Gefahr, sich ernsthaft zu verletzen. Erst hier, direkt unter dem Turm, wo die nun voll belastete Liane ganz gerade nach unten hängt, wird sein Oberkörper möglicherweise mit dem Erdboden in Berührung kommen. Muller und Jolly meinen hingegen, daß die Springer am Ende ihres Fluges mit dem Kopf den Erdboden berühren sollten:

« Si la longueur des lianes avaient été correctement calculée, la tête du sauteur effleurait juste le sol. »
(Muller 1971 :233)

„Just as his head touches the ground, his lianas should snap tight."
(Jolly 1994a:242)

Mir kam bei unzähligen Gesprächen mit Informanten jeden Alters dergleichen niemals zu Gehör, weshalb ich diese Sichtweise nicht bestätigen kann. Vielmehr ist allen Beteiligten vollkommen bewußt, daß ein Berühren des Bodens mit Kopf oder Schultern lebensgefährlich sein kann und man wunderte sich vielmehr, wie ich auf die Idee kommen konnte, eine so dumme Frage zu stellen. Es sei daher nochmals in aller Deutlichkeit wiederholt: wenn der Springer, so wie es sein soll, weit nach vorne springt, läuft er keine Gefahr, den Boden zu berühren. Es sei denn, daß seine Lianen reißen. Unter dem Turm stehen immer drei oder vier erfahrene Männer bereit, die den Springer von den Lianen losschneiden und auch als eine Art Sanitäter fungieren. Wenn ein Sprung nämlich mißglückt, etwa weil eine oder beide Lianen gerissen sind und der Springer unsanft auf dem Erdboden aufgeschlagen ist, sind sie als Erste bei ihm und unterziehen ihn einer derben Prozedur: der Kopf des am Boden Liegenden wird am Schopf gepackt, mehrfach unsanft geschüttelt und nach hinten gerissen. So kann man den Verunglückten zwar möglicherweise aus einer durch den Schock des Aufpralls entstandenen Benommenheit oder gar Bewußtlosigkeit herausholen. Fraglos erhöht sich aber auch die Gefahr, eine mögliche Fraktur von Schädel oder Wirbelsäule noch zu verschlimmern. Es sollte sich bei den Helfern um große, kräftige Männer handeln, da die Springer ja in der Regel, mit den Füßen nach oben, halb in der Luft hängen, wo sie gehalten werden müssen, damit man sie losscheiden kann. Abgesehen davon, spielt es keine Rolle, wer diese Aufgabe übernimmt.

Abb. 38: Ein mißlungener Sprung, der gefährliche Verletzungen zur Folge haben kann. Kommt niemand zu Schaden dabei, wird herzlich darüber gelacht.

Abb. 39: Ein vorbildlicher Sprung, der sich durch seine gestreckte Körperhaltung und eine lange, nach vorne gerichtete Flugphase auszeichnet.

Abb. 40: „Wilde Gestalten" kommen aus dem Busch zu Besuch und werden sogleich von den Frauen in Empfang genommen. (Bunlap, April 2002)

Nach den ersten zehn oder fünfzehn Sprüngen gibt es plötzlich eine Unterbrechung. Etwa zwanzig oder dreißig eigentümliche Gestalten treten aus dem Wald hervor, um am Tanz teilzunehmen. Es sind Männer, die sich bislang versteckt gehalten haben und nun, über und über mit allem möglichen Blattwerk bedeckt, aus dem Busch hervorbrechen und sich mit kräftigen Tanzschritten, drei Schritte vor und drei zurück, sowie einem passenden Lied auf den Lippen (s.u.) dem Tanzplatz unter dem Turm nähern. Hier werden sie von einigen, ihnen entgegenkommenden Frauen begrüßt, die bereits auf die Gestalten aus dem Wald gewartet haben. Die Frauen schwenken zur Begrüßung der Neuankömmlinge rote Kroton-Blätter über ihren Köpfen und die Männer reihen sich so nach und nach in die Riege der Tänzer ein.[187]

Spätestens jetzt ist das *gol* in vollem Gange. Das Dorf ist unterdessen beinahe völlig ausgestorben. Nur wer krank oder zu alt ist, oder Frauen mit neugeborenen Säuglingen sind daheim geblieben. Auch die Gärten bleiben an diesem Tag verwaist. Mit der Ankunft der Männer aus dem Busch, die alle *buluim* des Dorfes vertreten sollen, hat das *gol* einen ersten Höhepunkt erreicht, wenngleich die Sprünge noch mehrere Stunden andauern können. Im Turm halten sich nun stets zwischen zehn und fünfzehn Jungen und Männer auf, darunter immer auch einige erfahrene Baumeister, die den Zustand des Turmes und der Plattformen kontrollieren. Zwei oder drei Männer stehen stets etwas unterhalb der Etage, von der gerade gesprungen wird, und halten die von den oberen Etagen herabhängenden Lianen von den Springern fern, so daß diese nicht Gefahr laufen, sich bei ihrem Sprung darin zu verheddern.

---

[187] Über die Symbolik, die sich hier möglicherweise zeigt, werde ich, wie gesagt, erst im dritten Teil der Arbeit, in Kap. 17.2 sprechen.

Abb. 41: Die einzelnen Phasen eines Turmsprunges.
In diesem Fall sind beide Lianen gerissen, dennoch blieb der Junge vollkommen unverletzt,
da die Sollbruchstellen die Wucht des Aufpralls zuverlässig abgefedert haben.
Das Auflockern des Bodens (u.r.) schützt vor Verletzungen. (Bunlap, April 2002)

So werden die einzelnen Ebenen nacheinander „abgesprungen". Die meisten
Springer stehen nur kurz auf der Plattform und die folgende Szene wiederholt
sich drei oder vier Mal: der Kandidat klatscht ein paarmal in die Hände, johlt
und streckt beide Arme im rechten Winkel vom Körper weg, wo er sie einige
Male um 180° vor- und wieder zurückdreht. Dabei wippt er leicht mit seinen
Füßen. Anschließend reckt er seine Arme mit geballten Fäusten und wendet seinen Blick gen Himmel und verharrt so für mehrere Sekunden. Jedermann weiß:
dies ist die Ausgangsposition für den Sprung. Der Springer kann sicher sein, daß
in diesem Moment alle Augenpaare auf ihn gerichtet sind – wenngleich das
Tanzen und Singen weitergeht. Wenn er dann aber langsam nach vorne fällt, die
Hände vor die Brust nimmt und sich im letzten Moment nochmals kräftig ab-
stößt, wird die Begleitung durch Pfeifen, Johlen und Singen schließlich doch
deutlich leiser: Tänzer, Sänger und Zuschauer, Männer, Frauen und Kinder be-

trachten gebannt seinen Flug. Kommt dieser zu einem guten Ende, geht ein er-
leichtertes Raunen durch die Menge und die akkustische Umrahmung nimmt
augenblicklich wieder zu und gilt nun für einige Sekunden ausschließlich ihm,
der, vielleicht noch während die Männer unter dem Turm ihn losschneiden, von
einigen Freunden umringt wird. Selbst Frauen, Mütter oder Schwestern, nicht
aber die Ehefrau, dürfen sich dem Springer nähern und diesem mit ihren Kroton-
Blättern huldigen. Sie tun dies, indem sie in gebückter Pose nach links und
rechts tanzen und vor der Brust des Jungen oder Mannes, mit ihrem Blätterbün-
del auf und niederwedeln. Aber auch zum jetzigen Zeitpunkt dürfen Frauen
nicht zu nah an den Turm herankommen, denn das Fest ist noch nicht vorbei und
Frauen stellen immer noch eine Gefahr für die sich hier entfaltende männliche
Kraft dar.

Während viele Springer nur wenige Momente auf dem Sprungbrett verharren,
lassen sich andere für diesen Moment sehr viel Zeit. Immer wieder klatschen sie
in die Hände, johlen und strecken die Fäuste in den Himmel, springen aber
nicht, sondern beginnen mit ihrer Performanz von vorne. Bis zu einem gewissen
Grad erhöht dieses Schauspiel die Spannung und ist durchaus gewollt, weil dann
das Überraschungsmoment höher ist, wenn der Sprung tatsächlich erfolgt. Allerdings ist ein viele Minuten dauerndes Zögern auf dem Sprungbrett genausowenig erwünscht, wie ein allzu rascher Sprung, da sich die Untenstehenden in
beiden Fällen nicht recht auf den Moment des Absprunges einstellen können.
Mitunter kommt es vor, daß ein Mann eine Handvoll größerer Blätter mit auf
sein Sprungbrett genommen hat, die er kurz vor seinem Sprung hinunterfallen
läßt. Der Baumeister Watas meint, daß ein Springer damit einer Angebeteten ein
Zeichen seiner Liebe geben kann, denn wenn sie ein Blatt auffängt darf sie, ohne
Konsequenzen fürchten zu müssen, mit ihm schlafen.

„Früher passierte manchmal folgendes: einem Mädchen gefiel ein Junge, der beim *gol* mit-
machte. Und während noch alle tanzten und sangen, versteckte sich das Mädchen im Busch.
Als das *gol* dann zu Ende und der Junge in seine Hütte gegangen war, kam kurz darauf das
Mädchen. Sie klopfte leise an: ‚Wer ist da?' und das Mädchen sagte ‚Ich bin es'. Und dann
ließ er sie herein. So war das früher, ob es heute noch so ist, ich weiß nicht."[188]
(Watas. Bunlap, April 2002)

Wenn ein Sprung erfolgt und das Sprungbrett „verbraucht" ist, hängt es, aufgrund der gebrochenen Sollbruchstelle, nach unten weggeklappt im Turm. Erst
jetzt können die Sprungbretter der nächsten Etage verwendet werden. Die Betrachtung dieses technischen Details erklärt auch, warum kein Sprung ausgelassen werden kann: das aus dem Turm herausragende Sprungbrett würde allen anderen weiter oberhalb gefährlich im Weg sein. Aus diesem Grund wird ein zu-
rückgetretener Springer stets sofort ersetzt. Auch wenn ein Junge oder Mann

---

[188] Nachfragen unter den Jungen und Mädchen zum tatsächlichen Gehalt dieser Interpretation
führten natürlich zu keinem Ergebnis.

seine Teilnahme am *gol* wochenlang vorbereitet hat, er also am Turmbau teil-
nahm, seine Plattform in der ihm angenehmen Höhe errichtete, seine Liane ausgesucht hat und am Tag des Sprunges absprungbereit auf seinem Sprungbrett
steht, selbst dann noch ist ein Rücktritt vom Sprung möglich, ohne daß der
Springer mit gravierenden Konsequenzen rechnen müßte. Ohne viel Aufhebens
wird man ihn von den Lianen losschneiden und ein anderer, vielleicht ein
Freund oder Bruder, oder auch ein Fremder aus dem Nachbardorf, wird an seine
Stelle treten. Dies geschieht spontan und ohne vorherigen Plan. Derjenige, der
sich zuerst meldet und bezüglich Größe und Gewicht in etwa seinem Vorgänger

entspricht, erhält den Zuschlag des
Baumeisters, der gerade am nächsten ist.
So kann es im Prinzip vorkommen, daß
einzelne Jungen oder Männer zwei oder
dreimal an einem einzigen Tag vom
gleichen Turm springen – sie ersetzen
dann solche, die im letzten Moment der
Mut verlassen hat. Da man nun bereits
einige Zeit verloren hat, wird vom Er-
satzmann erwartet, daß er den Sprung
rasch und ohne viel Federlesens absolviert. Es ist oft behauptet worden, ein
Springer könne ohne jeglichen Anse-
hensverlust vom Sprung zurücktreten
(vgl.f.a. Muller 1971; Jolly 1994b; Johnson & Johnson 1955). Diese Auffassung
muß relativiert werden. Zwar ist der Gesichtsverlust nicht gravierend, aber sein
Verhalten wird doch, etwa durch Lieder
(s.u.) kommentiert. Im übrigen soll der
MB *(tsik)* den Springer kurz vor seinem
Sprung mit *nangalatt* – Blättern *(Den-*

**Abb. 42: Eine vorbildliche Flugphase
(Bunlap, April 2002)**

drocnide latifolia) schlagen, um ihn so besonders zu motivieren.[189] Wenn der
Springer dann im letzten Moment doch noch zurückzieht, schuldet er seinem *tsik*
eine kleine Geldsumme von fünfzig oder hundert Vatu. Muller und Jolly erwähnen beides nicht. Im Folgenden beschreibt der etwa 22-jährige Olul Sali seine
Empfindungen vor und während eines Sprunges aus etwa zwanzig Metern Höhe:

Auszug aus einem Gespräch mit Olul Sali zu seinem Sprung vom *gol* in Bunlap 2002
Sie befestigen die Lianen an meinen Füßen, meine Onkel und Freunde, die das alles vorbereitet haben. Wenn ich da oben stehe, und sie mir die Liane an den Füßen befestigen, dann denke
ich: ‚Ja, jetzt springe ich'. Ich denke mir: ‚wenn ich jetzt nicht springe, dann muss ich dafür
Strafe bezahlen.' Aber dann merke ich, wie sich in meinem Bauch etwas zusammenzieht. Und

---

[189] Ich halte es für überaus bedeutsam, daß ausgerechnet dem MB *tsik* diese Aufgabe zu-
kommt und werde diesen Umstand später noch näher kommentieren.

das ist ganz schön stark. Ich stehe da oben und habe dieses starke Gefühl im Bauch. Und da dachte ich schon, ich könnte nicht springen. Aber dann denke ich mir: ‚Nein, jetzt springe ich einfach.' Und danach, nach ganz kurzer Zeit, bin ich gesprungen.' Wenn es aber jemanden gibt, der nicht springen will, dann redet auch keiner darüber. Wenn er springen will, dann springt er, wenn er nicht springen will, dann springt er nicht. Wenn er das Gefühl hat, dass in seinem Bauch etwas stark gegen den Sprung ist, dann wird er nicht springen.
(Olul Sali. Bunlap, April 2002)

An dieser Stelle soll nochmals explizit erwähnt werden, daß die Teilnahme am Turmspringen gänzlich freiwillig ist. Das *gol* unterscheidet sich damit deutlich von der Beschneidung und dem Erwerb der *warsangul* Titel, die beide unbedingt verpflichtend sind. Abgesehen vielleicht, von einem sanften Druck, den ältere Verwandte hin und wieder einmal ausüben können, der aber unverbindlich bleibt, kann niemand gezwungen werden, am *gol* als Springer teilzunehmen. Tatsächlich gibt es einige Männer, die niemals gesprungen sind (vgl. Kap. 18.8).

Auszug aus einem Gespräch mit Olul Sali zum *gol* allgemein
Es gibt eine Menge Jungs, die nicht springen wollen. Weil sie Angst haben. Aber einige Jungs, die springen. Die haben einfach keine Angst. Du mußt damit anfangen solange du noch jung bist. Wenn du jung bist, und dich zu springen traust, ist die Sache mit der Angst für dich erledigt. Es hängt von dir selber ab. Der Vater kann dem Sohn vielleicht einen Tipp geben, aber der Vater kennt nur seinen eigenen Körper. Er kann sich selbst auf den Sprung vorbereiten, aber nicht seinen Sohn. Vater und Sohn sind unterschiedliche Menschen. Der Vater bereitet sich selber vor, er kennt seinen Körper. Aber er kann den Körper seines Sohnes nicht vorbereiten – für den Himmel.
(Olul Sali. Bunlap, April 2002)

Auszug aus einem Gespräch mit Chief Warisul zum *gol* allgemein
Es hängt nur vom Jungen ab. Wenn er eines Tages springen will, dann kann er damit anfangen. Es ist nicht der Vater, der bestimmt „dieses Jahr mußt Du springen." Nein, so läuft das nicht, es liegt ganz am Jungen, wenn er springen will, springt er. Es gibt einige Männer, die gar nicht springen. Das ist ganz anders bei den Titeln, also mit dem Schlachten von Schweinen:, Jeder Mann muß Titel kaufen. Es ist nicht wie beim *gol*, wenn da einer nicht springen will, dann habe ich nichts dagegen. Aber ohne Titel kann er nicht mit den anderen Männern am Feuer essen. Das mit den Titeln ist sehr streng geregelt. Wenn ich einen Titel gekauft habe, dann muß ich mich für den nächsten noch etwas mehr anstrengen. Manchmal denke ich mir, laß gut sein. Aber dann, nach einiger Zeit, bemühe ich mich doch wieder, den nächsten Titel zu erwerben. Aber beim *gol*, wenn ich auf der ersten Stufe anfange, muß ich danach nicht unbedingt auf die zweite, sondern ich kann, wenn ich das will, gleich von viel weiter oben springen. Das alles ist bei den Titeln ganz anders. Viel strenger.
(Chief Warisul. Bunlap, April 2002)

Daß Rückzieher vom Sprungbrett in letzter Minute, seien sie freiwillig oder, seltener, unfreiwillig, tatsächlich an der Tagesordnung sind, zeigen die folgenden beiden Beobachtungen aus dem Jahre 2002:

Tagebuchnotizen zum zweiten *gol* im Jahre 2002 in Bunlap
Temakon, der Sohn von Molbua, dem Mann mit den meisten Titeln in Bunlap, hat sich vorgenommen, von einer relativ weit oben gelegenen Etage *(tewan)* zu springen. Temakon ist

kein geübter Turmspringer, lediglich zweimal ist er bislang gesprungen, immer nur von niedrigen Höhen. Mir gegenüber gibt er sehr offen zu, daß ihm nicht wohl bei dem Gedanken an das bevorstehende *gol* ist. Dennoch will er heute seine Angst überwinden. Lange steht er auf dem Sprungbrett und bereitet sich vor. Zweimal ist er kurz davor zu springen, zuletzt verliert er dabei fast das Gleichgewicht. Unten geht ein Raunen durch die Menge. Vielleicht hat dieses kleine Mißgeschick endgültig dazu beigetragen, daß ihn der Mut verläßt. Nach zehn oder fünfzehn quälend langen Minuten gibt er endlich auf und tritt vom Sprung zurück. Ein paar spöttische Stimmen werden laut, aber die meisten Anwesenden sind einfach nur froh, daß ein anderer Junge, Bebe Telkon, seinen Platz einnimmt und den Sprung rasch und souverän bewältigt. ... Als Tho Melsul, ein großer, sehr kräftiger Junge von etwa zwanzig Jahren, sein Sprungbrett betritt, kommt es unter dem Turm auf einmal zu Diskussionen. Chief Meleun Bena und der alte Sali Molkat rufen zu ihm hinauf, daß er nicht springen dürfe, da seine Lianen zu dünn für sein Körpergewicht bemessen sind. Tho Melsul ist ein geübter Turmspringer und will sich nicht beirren lassen. Er ignoriert die Warnung und bereitet sich weiter auf seinen Sprung vor. Die Proteste unter dem Turm werden jedoch nicht schwächer, im Gegnteil. Auch andere Männer (nicht die Frauen) erheben nun ihre Stimme. Schließlich rufen ihm einige weitere erfahrene Männer offen zu, daß sie seinen Sprung nicht wollen. Dabei zweifelt niemand an Tho's Mut, im Gegenteil. Aber offenbar haben die Alten doch soviel Erfahrung im *gol*, daß sie die nicht stimmenden Proportionen zwischen der Dicke der Liane und dem Körpergewicht auch auf die Distanz beurteilen können. Nach etwa fünf Minuten gibt Tho enttäuscht auf, wird von den Lianen losgebunden verläßt den Turm und mischt sich wieder unter die Tänzer. Ein anderer, kleinerer und leichterer Junge nimmt seinen Platz ein und absolviert einen fehlerfreien Sprung.[190]
(Thorolf Lipp. Bunlap, Juni 2002)

Abb. 43: Warisus Telkon nach seinem Sprung von der Schulter des *gol*. (Bunlap, April 2002)

So nimmt ein *gol* seinen Lauf. Mitunter gibt es kleine Unterbrechungen, etwa wenn es einen kleinen Unfall gab, oder der Boden unterhalb des Turmes neu aufgelockert wird. Die Zuschauer haben sich etwas zu essen und zu trinken mitgebracht und sind nicht selten zwischen den Sprüngen in Gespräche miteinander vertieft. Beim *gol* trifft man nämlich Leute, die man lange nicht gesehen hat und es gibt immer irgendwelche Neuigkeiten auszutauschen. Je nachdem, wie viele Sprung-

---

[190] Im Jahr 2004 habe ich dann gehört, daß man auf Tho deswegen besonders aufgepaßt hatte, weil er als zukünftiger *loas na dam* ein wichtiger, ja unersetzlicher Mann für Bunlap sein wird und man seinen Tod oder eine Verletzung keinesfalls riskieren wollte.

bretter im Turm sind, kann ein *gol* zwischen einer und bis zu sieben Stunden dauern. Sali Warara aus Bunlap hat mir von einem Turmspringen in Bunlap berichtet, das Morgens um 10:00 begonnen wurde aber nicht beendet werden konnte, weil es zu viele Springer gegeben hatte. Es war bereits dunkel geworden, als noch ein knappes halbes Dutzend Springer übrig waren, die aber aufgeben mußten, weil sie den Boden zu Füßen des Turmes nicht mehr sehen konnte. Sollte die Stimmung bei einer großen Anzahl Springer mit der Zeit etwas nachgelassen haben, wozu auch die zunehmende Erschöpfung der Tänzer ihren Beitrag leistet, nimmt die Aufmerksamkeit doch noch einmal merklich zu, wenn die letzten drei Sprünge abgehalten werden, zwei von der Schulter *(ban)* und einer, der letzte, vom Kopf des Turmes *(butun)*. Ihnen widmet man ganz besondere Aufmerksamkeit, denn sie stellen den absoluten Höhepunkt der Veranstaltung dar. Schon die beiden Vorletzten wird man mit besonderem Jubel feiern, tritt jedoch der letzte Springer auf die Plattform, wird eine ganz besondere Spannung spürbar, die sich auf alle Teilnehmer und Zuschauer überträgt, auch auf den Ethnologen.

Tagebuchnotizen zum zweiten *gol* im Jahre 2002 in Bunlap
Von der höchsten Plattform springt der etwa 43jährige Warisus, Sohn von Chief Telkon. Warisus, der in diesem Jahr schon zum zweiten Mal der Organisator eines Turmes ist, gilt als einer der Männer mit den stärksten politischen Ambitionen in Bunlap. Man hält ihn für durchsetzungsfähig, aber eigensinnig und, ganz im Gegensatz zu seinem jüngeren Bruder Bebe, für nicht übermäßig clever. Hin und wieder macht er sogar einen eher verschlossenen Eindruck. Warisus wird respektiert, von einigen sogar Männern gefürchtet, und obwohl er aufgrund seiner lauten und manchmal brutalen Art nicht zu den beliebtesten Männern im Dorf zählt, steht er aufgrund seines Ehrgeizes im Mittelpunkt vieler Aktivitäten. Man weiß um seinen Jähzorn, der ihn schon mehrfach in ernsthafte Probleme gebracht hat. Vor einigen Jahren verletzte er in einem Streit um Landrechte einen Mann aus dem benachbarten Ranwas so schwer mit seiner Machete, daß dieser beinahe einen Arm verloren hätte. Einige Männer in Bunlap meiden Warisus, soweit das in einer derart überschaubaren Gemeinschaft überhaupt möglich ist, und wollen lieber nicht mit ihm aneinandergeraten. Andere stellen sich nicht zuletzt deswegen auf seine Seite, weil er Zugriff auf die Ressourcen und Verbindungen seines Vaters Telkon hat. Wer mit Warisus zusammenarbeitet, findet Arbeit beim Turmspringen, so denken nicht Wenige. Sicher ist, daß Warisus durch seinen Sprung vom Kopf dieses großen Turmes vor den laufenden Fernsehkameras und Hunderten von Landsleuten aus ganz Südpentecost ein eindeutiges politisches Zeichen setzen will: „Seht her, mit mir müßt Ihr rechnen, ich kann das!" Nach seinem gelungenen Sprung aus 25 Metern Höhe wird er minutenlang gefeiert und genießt sichtbar seinen Triumph."
(Thorolf Lipp. Bunlap, Juni 2002)

Vom letzten Springer wird eine besonders gute Performanz erwartet. Er soll möglichst weit und elegant springen und das Fest so zu einem würdigen Abschluß bringen. Ist sein Sprung erfolgreich, wird er von allen Anwesenden stürmisch gefeiert. Minutenlang tragen ihn viele Dutzend Hände der eilig herbeigelaufenen Jungen und Männer über den Platz, während die Frauen zunächst an der Peripherie dieser Menschentraube verharren. Erst wenn man den Helden wieder auf den Boden gesetzt hat, kommen auch sie nahe an ihn heran und huldigen ihm mit ihren Kroton-Blättern. Auch Frauen dürfen sich dem Turm nun nähern, das Spektakel ist vorbei und Frauen stellen nun keine Gefahr mehr für ihn mehr dar. Nach dem Höhepunkt können bedeutende *warsangul* oder die Chiefs noch die Gelegenheit nutzen, zu den vielen Anwesenden zu sprechen. Es gibt kaum eine andere Gelegenheit, bei der ähnlich viele Sa zusammenkommen, wie anläßlich eines großen *gol*. Wer immer etwas zu sagen hat und sich Gehör verschaffen will, wird jetzt eine große Zuhörerschaft haben. Anschließend wird man noch etwas

Abb. 44: Bong Aya nach seinem Sprung vom Kopf des *gol*.
Niemand in Südpentecost ist jemals häufiger gesprungen.
(Bunlap, April 2002)

von dem extra zubereiteten *lok*, oder andere Speisen, direkt vor Ort zu sich nehmen um dann langsam ins Dorf zurückzukehren, wo schon bald die Kava-Mörser zu hören sein werden. Noch lange wird man an diesem Abend – die Männer im Männerhaus, die Frauen und Kinder in den Kochhütten – beisammensitzen und über die Ereignisse dieses großen freudigen Tages sprechen.

13.7 Lieder und Tänze

Man könnte meinen, daß die beim *gol* gesungenen Lieder etwas mit der Entstehungsgeschichte des Brauches zu tun haben, sich vielleicht auf den *gol* Mythos beziehen oder an vergangene Turmspringen erinnern. Dies alles ist zunächst nicht der Fall. Vielmehr handelt es sich bei den Liedtexten um Alltagsbeobachtungen, Geschichten von der Lohnarbeit auf fremden Inseln, Ereignisse während der Gartenarbeit oder beim Fischen etc. Die Lieder enden, gemessen an unserem eigenen dramaturgischem Empfinden, eher unvermittelt, ohne besonderen Höhepunkt, Pointe oder Moral. Einige Informanten meinten sogar, entscheidend sei lediglich, ob Melodie und Text dafür geeignet sind, in einer immer drei Schritte hin- und herwiegenden Bewegung zu tanzen. Wenn ein Lied zu Ende geht, beginnt einer der erfahreneren älteren Männer im richtigen Moment mit dem nächsten, so daß zwischen den einzelnen Gesängen in der Regel keine Pause entsteht. An dieser Stelle ist auch zu bemerken, daß die Lieder ausschließlich von den Männern gesungen werden, während die Frauen lediglich tanzen und pfeifen. Betrachtet man das soeben Gesagte, so könnte man meinen, daß es vollkommen unerheblich sei, welche Lieder gesungen werden. Bei genauerem Hinsehen erweist sich jedoch, daß dies nicht der Fall ist, da in den Liedtexten nämlich doch zwei Motive mit einer gewissen Häufung auftreten: die Beziehung zwischen Männern und Frauen, Liebe, Heirat, Ehebruch, sowie die Beschreibung von Konflikten. Ich meine, daß dies kein Zufall ist, werde diese These aber erst im Rahmen der späteren Analyse weiter entwickeln. In die erste Kategorie fällt auch der Text des Liedes, *Mele ai,* das ich hier zuallererst anführen muß, weil es auch zu Beginn eines jeden *gol* gesungen werden soll, wie mir praktisch alle Informanten bestätigten, ohne es allerdings näher begründen zu können.[191]

Das Lied erinnert, so wird gesagt, an die Anfänge des Turmspringens. Angeblich stammt es aus Rebrion, ist aber tatsächlich überall in Pentecost bekannt. Es soll sich dabei um eine Art geheimer Beschwörung handeln, um einen Liebeszauber, der an ein Mädchen gerichtet ist, freilich ohne daß das Mädchen wüßte, daß es der Adressat des Liedes ist. Die Transkription und Übersetzung des Textes nahm mehrere Tage in Anspruch, da dieser in einem verdichteten, altertümlichen Duktus verfaßt ist und voller schwer verständlicher Anspielungen auf bestimmte Orte und geheimes Wissen steckt. Da es hier nicht nur auf die sinngemäße Bedeutung ankommt, wird in diesem Fall die wörtliche Übersetzung direkt unter dem Sa-Original wiedergegeben. So soll auch späteren Forschern ermöglicht werden, diesen bedeutenden Text kritisch zu überprüfen. Andere Liedtexte hingegen sind weniger lyrisch verdichtet, bedienen sich aber, um besser dazu tanzen und singen zu können, bestimmter Verkürzungen und Lautmalereien. Diese habe ich freier übersetzt, um die sinngemäße Bedeutung besser erfassen zu können. Schließlich gab es einige Lieder, von denen ich den *Sa* Originaltext nicht aufnehmen konnte, weil meine Informanten ihn selbst nicht genau kannten. Sie würden sich an den genauen Wortlaut erst dann erinnern, so meinten sie, wenn sie dazu tanzen und singen würden. In solchen Fällen habe ich mich mit der Aufzeichnung der sinngemäßen Bedeutung begnügt.[192]

Mele ai

Mele ai iro mele eyo
(Kava, sie läuft ihm davon, eyo)

Mele ai iro mele eyo
(Kava, sie läuft ihm davon, eyo)

Isine ngaweni matwa isin esu ango sere nasera jamwop
(Er beschimpft seine Frau, diese Frau hiess Jamwop)

---

[191] Allerdings ergab die Auswertung des Videomaterials, daß dies keineswegs der Fall ist. Von fünf untersuchten Turmspringen wurden nur zwei mit dem Lied „*Mele ai*" eröffnet, was allerdings auch daran liegen könnte, daß der eigentliche Beginn eines *gol* nur schwer festgestellt werden kann (vgl. Kap.13.6).
[192] Mein Dank gilt hier insbesondere dem australischen Linguisten Murray Garde, der mir bei der Übersetzung und Schreibweise sehr geholfen hat.

Naba tsune junesu na mejun nangosere na sere sermop
(Sie gebar eine Tochter, ihre Tochter hiess Sermop)

Otela mendunbe
(Wohin hast du geheiratet?)

Ot au kiso bamere ranai
(Geh und hole das Steinmesser aus dem Bambusschrank unter dem Dach.)

Ranengereai kan kere ai reombut
(Nachdem sie hinaufgelangt hatte, verliess sie das Haus)

Palelaso ugoma lasso ungo la melel lamelele soletas
(Jetzt geht sie hinaus, dreht sich nochmals zu ihrer Mutter um
und geht dann hinunter zum Meer)

Soletas lon lior
(Am Meer beim tiefen Riff)

Lon lior ur kon
(Das Riff ist tabu)

Ur kon a lata
(Tabu ist Lata[193])

Ebandu balemat
(Sie geht zum Strand und wartet)

Balemat pinesa
(Sie wartet auf die Flut)

Balemat pine'at
(Sie wartet, es ist noch Ebbe)

Pine'at e atlul
(Sie wartet nahe beim braunschwarzen Stein am Riff [194])

Atlul e narasa
(Der Stein nahe beim Riff)

Salara ni banduran
(Sie wandert dort umher)

Bandurani banduras
(Ihre Wanderung ist nun zu Ende, sie steht, sie steht und scheuert ihren Fuss am Stein.)

---

[193] Der Strand unterhalb von Bunlap-Bena
[194] Ein magischer Stein, der, wenn man an ihm reibt, die Schweine schneller wachsen lässt.

Mau bweta bwetatele
(Sie bläst die geröstete Taro, um sie zu reinigen)

Mau bwetakutele
(Sie schneidet die Taro in kleine Stücke)

Telo mar ro kaneti
(Sie hört Stimmen und klettert den Hang hinauf)

Tataninga re limang re limang li-bwia te li-wolwol
(Sie schneidet die Wurzeln der wilden Pandanus)

Tataninga dangsa
(Jetzt ist sie oben angekommen)

Range sa ba range sam range sam le lonomwil
(Jetzt ist sie da wo sie zuhause ist)

Lonomwil mwilesul sule reberion
(Jetzt ist sie zuhause, bei der goldnen *namwele* in Reberion)

asi ran na sirasin
(Sie kommt und setzt sich neben ihre Mutter)

Lausi si dasin
(jetzt fragt sie die Tochter:)

Ut e peni ni deta
(Du wirst diesen Mann hier heiraten?)

Ni tata ba lonomwil lonomwil melsul melsul enga silo
(Sie gehen und bringen das Mädchen von Rebrion nach Silo zu Melsul)

Taba ni si Malegel
(Da sagt die Mutter: Dort heiratest Du einen Jungen!)

Malegel mendanga
(Darauf das Mädchen: Dort gibt es gar keine Männer!)

Tare su na mendure si eta guare enga e Warisul
(Und die Mutter: Doch, doch es gibt einen Jungen, er heisst Warisul)

Marengon ba lama
(Der Junge kommt sogleich)

La mandumbilan
(Und stellt sich neben sie)

Mokai ra kumbuis balonum
(Er kommt, nimmt sie und sie gehen in sein Haus)

Tambuere ribotun
(Sie schneiden ihr das Haar)

Tangomo rahis wa rahis sere nasere
(Sie geht ins Haus und bedeckt ihr Geschlecht mit dem Grasrock)

Na sere sermop
(So macht es Sermop)
(Feldnotiz Thorolf Lipp. Bunlap, Oktober 2004)

Wie gesagt, möchte mit einer Analyse noch warten, bis wir weitere Lieder betrachtet haben, etwa die beiden folgenden. Sie handeln vom Streit zwischen Mann und Frau. Chief Warisul, dem ich die Kenntnis der beiden Lieder verdanke, berichtete mir, daß früher bei einem Streit zwischen Eheleuten die Frau zu ihren Eltern lief und zunächst dort blieb. Der Ehemann habe sie weder besuchen noch irgendwelche Forderungen stellen dürfen. Einige Zeit später, wenn sich die Dinge beruhigt hätten, seien die Eltern mit ihrer Tochter in den Garten gegangen, um dort Taro zu ernten und ein *lok* zuzubereiten. Dann seien sie mit dem Mädchen und dem *lok* zum Haus des Ehemannes gegangen. Dort habe man gemeinsam gegessen und den Streit damit beendet. Heute, so sagt Chief Warisul, habe sich das geändert, die jungen Männer gingen noch am gleichen oder am nächsten Tag zum Haus des Schwiegervaters und forderten das Mädchen ungestüm zurück: "Hey, ich habe schließlich für sie bezahlt", würden sie dann sagen. Das ist nicht gut, so fügt er hinzu, der *kastom* Weg, Konflikte zu lösen, sei besser. Die folgenden Lieder zeichnen einen solchen Streit mit ganz einfachen Worten nach.[195]

Die ärgerliche Frau

Eine Frau mit Namen Mauwil
Mauwil stritt sich mit ihrem Mann
sie denkt bei sich: Ich gehe zurück zu meinen Eltern
sie nahm ihren Korb, tut all ihre Sachen hinein
und dann geht sie
sie verläßt Bineat,
sie trägt ihren schweren Korb auf dem Rücken

---

[195] Einige der hier folgenden Lieder sind von mir im Feld direkt aus dem Bislama ins Deutsche übertragen worden, ohne den Originaltext mitaufzuzeichnen. Leider ließ sich dieses Versäumnis im Nachhinein nicht mehr korrigieren. Vielleicht kann strengen Philologen entgegnet werden, daß Hans Fischer in seinem Vergleich von verschiedenen Fassungen des „Geist frißt Kind" Mythos der Wampar keine gravierenden Sinn-Unterschiede zwischen Pidgin- und Wampar-Versionen feststellen konnte (Fischer 2006).

sie überquert den Fluß Liplip
und sie geht immer weiter
und sie trägt ihren schweren Korb auf dem Rücken
sie geht und geht klettert auf arbwat (den Stein der Sau)
und sie trägt ihren schweren Korb auf dem Rücken
und sie kommt nach Tenginbul nimbul Panemobra
(Das Dorf in dem ihre Eltern zuhause sind)

(Feldnotiz Thorolf Lipp. Bunlap, November 2004)

Ein Lied vom Streit

Ein Mann hat Streit mit seiner Frau
die beiden streiten immer wieder
das alles war im Dorf Mi
die Frau geht ins Haus, holte ihren Korb
sie gibt ihr Hab und Gut hinein
Tsiren weinte und lief auf dem Weg davon
Man fragte sie: "Warum weinst Du denn?"
Sie antwortete: "der Zorn meines Mannes machte mich weglaufen"
Schließlich kam sie nach Ranworp
Man fragte sie: "Warum weinst Du denn?"
Sie antwortete: "der Zorn meines Mannes machte mich weglaufen"
Und sie ging weiter und kam nach Rabusis
Man fragte sie: "Warum weinst Du denn?"
Sie antwortete: "Ich weine wegen eures Verwandten (dessen Zorn mich weglaufen macht)."

(Feldnotiz Thorolf Lipp. Bunlap, November 2004)

Betrachten wir nun drei Lieder, die, implizit oder explizit, von Konflikten zwischen Dorfbewohnern handeln. Das Lied *„Benoe o ae"* kann der letzte Springer singen, kurz bevor er springt. Wenn er sich fertig gemacht hat, bereit zum Sprung ist, hören alle Männer und Frauen unter dem Turm mit ihrem Tanz auf, richten ihre Augen auf den Springer und hören ihm zu. Nun beginnt der Springer mit seinem Lied. Kurz nachdem das Lied zu Ende gegangen ist, wird er springen. Sollte es einen unausgesprochenen Konflikt gegeben haben, ist es nun zu spät, diesen mit Worten zu bereinigen.

Benoe o ae
Kit mere pe lelene sa e
ae butelone we-o
benoe o ae
benoe ae gongo
Ae benoe o ae
benoe o ae

Lied des Schluchzens

Wir sind alle hier um es zu sehen
alle meine Mütter sind hier um es zu sehen
wie ich springe, ob ich mich verletze
und ihr alle werdet sehen
ob ich gut springe, oder nicht

(Feldnotiz Thorolf Lipp. Ponof, September 2004)

Wenn ein Mann das Gefühl hat, daß heimlich über ihn gesprochen wird, vielleicht weil die anderen Männer des Dorfes meinen, daß er etwas Unrechtes getan hat, dann kann er, auf der Plattform stehend, das nun folgende Lied anstimmen. Wenn der Springer selbst nicht den Mut dazu hat, oder sich eines Konfliktes eventuell. gar nicht bewußt ist, dann kann auch ein Verwandter oder Freund, der unter dem Turm mittanzt, das Lied für ihn beginnen. Wenn es erklingt, wissen alle Anwesenden ganz explizit, daß nun ein Konflikt bereinigt werden soll.

Siniang	**Ein Lied, das Frieden stiften und Konflikte bereinigen soll.**
Siniang ae ee agnga humale lea e	Ich bin in meinem Dorf
Siniang, Siniang, Siniang, Siniang ae	und denke mir nichts Böses
e e e Agnga humale lea e	Die Leute sind freundlich zu mir und tun, als ob nichts wäre
Ne poseke seke gnak ae	Aber sie foppen mich nur, wenn sie freundlich tun
ba ware pagni pagno mane nie	Denn hinter vorgehaltener Hand sprechen sie über mich
gasu malse nie	Aber wer sagt es mir, damit ich Bescheid weiß?
Beren lon tebar po beto ne waran	Ich will nur eines: Wenn ich sterbe
mane nie	(beim Sprung – symbolisch - ums Leben komme)
Berete be pol nema-an ne nie	will ich nicht mehr hören, daß man über mich redet
Tepe mane nie	(muß das Gerede aufhören)
ne mete kele e	
ne margno beto reg na ne	
ne mete lal o	
be e aga amale le ae	

(Feldnotiz Thorolf Lipp. Ponof, September 2004)

Manchmal steht ein Springer bereits auf dem Turm und man hat seine Beine schon mit den Lianen umwickelt. Er zögert ein paar Minuten, setzt mehrfach zum Sprung an, im letzten Moment aber bekommt er Angst und überlegt es sich nun doch definitiv anders. Schließlich bittet er seine Freunde, die hinter ihm auf dem Turm warten, ihn von den Lianen loszumachen. Das folgende Lied wird in so einem Fall gesungen. Ein Mann soll mit diesem Lied an die harte Arbeit erinnert werden, die der Bau des Turmes und der Plattform auch für ihn persönlich bedeutet hat. Er soll gehänselt und gleichzeitig ermutigt werden, nächstes Mal doch wieder zu springen.

Tara ek a go	**Lied, mit dem ein Mann, der vom Sprung zurückgetreten ist, gehänselt wird.**
Tara ek a go „Bila"[196] ee	Was ist denn mit Dir los „Bila"
O masman Tsire ee	Kannst Du nicht springen,
O tem ra ne ba e	um Deine harte Arbeit vergessen zu machen?
Tara ek a go "Bila" ee	Was ist denn mit Dir los „Bila"
O masman Tsire ee	Kannst Du nicht springen,
O tem ra ne ba e	um Deine harte Arbeit (beim Bau des Turmes) vergessen zu machen?
Ho-Ho io o --- io Ho	

(Feldnotiz Thorolf Lipp. Ponof, September 2004)

---

[196] (Bila – Synonym für einen Namen)

Die nächsten Lieder sind keiner thematischen Ordnung unterworfen. Sie werden gesungen, wann immer ein Tänzer sie eben anstimmt, müssen aber zu den einfachen Tanzbewegungen passen.

Lied von der Herstellung eines Kanus

Kommt alle zusammen, wir machen ein Kanu
Und die Männer kamen und fällten einen Baum
der Baum stürzte herunter
Wir bearbeiten den Baum und machen ein Kanu
Dann sende ich die Nachricht überallhin
Alle kommen, um das Kanu zum Meer zu ziehen
Das Kanu erreicht wohlbehalten das Meer
(Feldnotiz Thorolf Lipp. Bunlap, Oktober 2004)

Das Lied des alten Mwilmos

Ein Weißer ist gekommen
sein Name ist Master Lengan
er ist mit seinem Schiff gekommen
und hat in Ranon geankert
er hat zu uns gesprochen
"Ihr Leute hier, kommt alle mit,
ich habe Arbeit für Euch
ihr müßt nur 6 Monate arbeiten"
Einige sind mit ihm gefahren
weit, weit weg nach Malakula
Sie mußten hart arbeiten, ein halbes Jahr ging vobei
der Master hat sie betrogen
und sie nicht zurückgeschickt
Ein ganzes Jahr mußten sie arbeiten
Erst jetzt hat er sie wieder zurückgebracht
(Feldnotiz Thorolf Lipp. Bunlap, Oktober 2004)

Lied von einem gefällten Baum

Vier Männer fällen einen gossen Nataboa
der große Baum fiel um und verrottete
nach langer, langer Zeit kam eine kleine Pflanze
aus seinem Stamm hervor.
das war in Malakula auf der Farm von Master Leru
(Feldnotiz Thorolf Lipp. Bunlap, Oktober 2004)

Lied vom starken Regen

Eines Tages gingen einige Männer aus Bunlap nach Epi
dort blieben sie erstmal
sie blieben und arbeiten für einen Master
sie arbeiteten und arbeiteten
als ein schlimmer Regen kam
der Regen war so stark, dass der Fluß anschwoll
und sie auf einer Insel festsaßen
Schließlich kam ein Mann aus Epi
und rettete sie mit einem Boot
auf die andere Seite des angeschwollenen Flusses
Wäre dieser Mann aus Epi nicht gekommen
was wäre dann wohl aus ihnen geworden?
(Feldnotiz Thorolf Lipp. Bunlap, Oktober 2004)

Lied über das Fischen im Fluß

Eines Tages gingen sie zum Fluß
dort angekommen sahen sie einen Fisch im Wasser
sie berieten sich, was zu tun sei
und beschlossen eine Tasche als Netz zu verwenden
Oh wie glücklich - der Fisch ging ins Netz
Als der Fisch aus dem Wasser kam,
staunten sie nicht schlecht
"Oh was für ein großer Fisch"
"Was machen wir mit ihm"
Sie beschlossen erst einmal ins Dorf zurückzugehen
Sie gingen zurück und überquerten einen Berg, Ranliawara
Sie gingen weiter und kamen zum Zaun, der das Dorf umgibt
So kamen sie nach Lonmalmal
Aber sie mußten noch weiter, den ihr Dorf hieß Ume
In Ume angekommen gingen sie ins mal
im mal schürten sie ein Feuer, Rauch stieg auf
Dann brieten sie den Fisch
(Feldnotiz Thorolf Lipp. Bunlap, Oktober 2004)

Ausnahmsweise kann auch ein Lied gesungen werden, daß eigentlich für ein *Bata* Ritual gedacht ist. So ist z. B. ein häufig gesungenes Lied über die Festnahme von Chief Bong eigentlich ein *Bata* Song.

Nim du lo
(Er war hier!)

Nim du lo (e)
(Er, Bong, war hier)

Nim du lo (e)
Nim du ran
(Er, Bong, weilte hier)

Eretemtu erenakit nimpe nimpu dudu nga loti
(Ein Ort den es schon immer gibt, der uns gehört)

Dalkipwilan wapudal gasu ne kimpelo mali elingi Bilaol
(Ein Gerede das nicht stimmt, das verdreht wurde, erreicht den alten Bilaol)

Te ror sengare dalere vailis natimba ni Oskar Newman
(Wenn das Gerede nicht weitergegeben worden wäre und in den Ohren des alten Ol verhallte wäre, wäre es gut gewesen, aber er gab das Gerede weiter an Oskar)

Niut emuba niut Santo
(Als das Gerede Oskar erreichte gab er es per Teleradio nach Santo weiter)

Governman raku mema wilin
(die beiden Regierungen kamen schliesslich deswegen her)

Emabwis ni erenlo
(sie suchten ihn, Bong, überall)

Kitea nga ni raon eba wara kiliba
(sie verhafteten einige Männer aus Bunlap, gingen nach Ranon und verhandelten)

Emilarus emipebanidasin
(diese Männer wurden von der Polizei als Geisel genommen)

Kemitenduloui kimitong nasion metetil
(Wenn das Gewehr dreimal feuert, wären die Geiseln getötet worden)

Telengibaranetan emulma ingibalonekap
(aber weil das Gewehr nicht dreimal feuerte, wurden die Geiseln abgeführt)

Ingilok koroui
(und die Geiseln wurden eingesperrt)

(Feldnotiz Thorolf Lipp. Bunlap, September 2004)

Ich möchte hier meine später folgenden Analyseversuche noch nicht vorwegnehmen. Vielmehr bitte ich den Leser darum, folgendes im Gedächtnis zu behalten: mir scheint, daß es, neben der Schilderung von Allerweltsbeobachtungen, vor allem die Themenkomplexe „Mann-Frau Dualismus" sowie „Konfliktbewältigung" sind, die in den hier genannten Liedern vermehrt zu beobachten sind. Beides läßt sich, wie später zu zeigen sein wird, in meine Interpretation des *gol* sinnvoll einfügen.

14. Die zweite Geschichte des *gol*: Revitalisierung durch Tourismus

In diesem Kapitel wollen wir auf die historische Entwicklung des *gol* in ganz Südpentecost blicken und uns fragen, wo heute noch bzw. wieder Turmspringen veranstaltet werden und wie es dazu kam. Wir haben in Kap. 6.2 gesehen, daß das *gol* in den protestantisch missionierten Sa Dörfern abgeschafft wurde, so daß das Wissen darüber hier nach und nach verlorenging. Ich erinnere daran, daß es über mehrere Jahrzehnte teils handfeste Auseinandersetzungen zwischen der *kastom* Gemeinschaft und dem Großteil der missionierten Dörfern gegeben hat, weswegen es in den Jahren von etwa 1935 bis 1980 praktisch zu keinem Wissenstransfer kommen konnte, der das Turmspringen hier hätte bewahren oder gar wiederbeleben können. Erst die Unabhängigkeit Vanuatus im Jahre 1980 führte, dann jedoch beinahe schlagartig, zu einer Aufwertung des indigenen Selbstwertgefühles. Die erste unabhängige Regierung unter Father Lini war einerseits um die Bewahrung der christlichen Werte bemüht, suchte andererseits aber nach nationaler Identität und griff dabei gerne auf den Fundus der Traditionen zurück (vgl. f.a. van Trease 1995). Die *kastom* Anhänger wurden so von „rückständigen Traditionalisten" zu den Avantgardisten einer neuen Epoche, zu wichtigen Vertretern einer sich bildendenden lokalen, nationalen und überregionalen melanesischen Identität (vgl. Lindstrom & White 1994). Die *kastom* Gruppen, allen voran die Leute von Bunlap, sahen sich auf einmal in die merkwürdige Lage versetzt, von einer Randerscheinung zu den Bewahrern nationaler Zeichen und Symbole geworden zu sein, was auch den zu dieser Zeit ohnehin bereits im Aufwind befindlichen Stellenwert des *gol* beförderte. Sie nutzten ihr neues Selbstverständnis umgehend, um im neubegründeten regionalen Council der Chiefs von Pentecost, *Mal Bangbang*, eine Regelung durchzusetzen, die für ganz Südpentecost Gültigkeit gewinnen sollte. Jedes Dorf, das Turmspringen veranstalten will, so heißt es darin, solle dafür sorgen, daß alle Teilnehmer *bi pis* und *rahis* trügen und müsse die entsprechenden Lieder und Tänze aufführen. Sollte das nicht der Fall sein, würden die *kastom* Männer die Bestrebungen der anderen Dörfer, nun auch Turmspringen zu veranstalten, nicht unterstützen.[197] Tatsächlich dauert es nicht lange, bis die Führer in den missionierten Dörfern

---

[197] Notiz anhand einer persönlichen Kommunikation mit Chief Telkon Watas im Nopvember 2004.

der Aufforderung der *kastom* Chiefs folgen und, was letztlich wohl den triftigeren Grund darstellt, dem Lockruf der potentiellen Einnahmen aus dem Geschäft mit den *gol*-Touristen nachgeben. Die Soziologin Ngaire Douglas hat überzeugend dargelegt, daß sich der Topos des „letzten nackten Wilden" im Melanesien Tourismus schon seit über hundert Jahren hartnäckig etabliert hat (Douglas 1996). Der Ende der 1970er Jahre beginnende, systematisch organisierte *gol*-Tourismus in Vanuatu, bildet hier keine Ausnahme. Die zahlenden Besucher erwarten vom *gol* das „Abenteuer ihres Lebens"[198] und wollen auf der abgelegenen Insel Pentecost unbekleidete, „ursprüngliche" Menschen sehen. Spätestens seitdem einige *gol*-Touristen moniert haben, daß die „letzten Wilden" in zerrissenen Shorts auftreten, respektieren auch die *skul* Leute den Wunsch ihrer zahlenden Kundschaft nach „archaischer Wildheit" und legen, nach einer Unterbrechung von mehr als fünfzig Jahren, für die Dauer des *gol* – und nur dafür – die traditionelle Tracht wieder an. Wenn man bedenkt, daß sie nur wenige Jahre zuvor ihre *kastom* Brüder noch mit Waffengewalt am Tragen des *bi pis* hindern wollten, eine durchaus erstaunliche Entwicklung. Heute bestehen weitgehend friedliche, wenn auch, aufgrund der in Kap. 9.3 geschilderten Landrechtsfragen, nicht immer freundschaftliche Beziehungen zwischen *kastom* und *skul* Gemeinschaften und es werden auch in den protestantischen Dörfern wieder Turmspringen veranstaltet, allerdings unter gänzlich neuen Vorzeichen, so daß die Veranstaltung zweifelsohne auch neue Bedeutungen für die Akteure erlangt hat. Unter anderem bildet sich, neben den bislang geschilderten Organisatoren und Baumeistern ein neuer Typus des *gol* Akteurs heraus, der „Veranstalter", der das Bindeglied zwischen den kommerziellen Reiseagenturen in Port Vila und den lokalen Organisatoren darstellt. Der Veranstalter verfügt, wie wir später noch sehen werden, über eine ausgezeichnete Machtposition, denn seine Kontakte sind es, die den Zustrom der Touristen generieren.

Wenn wir hier die zweite Geschichte des *gol* betrachten wird deutlich, daß keineswegs nur die Männer von Bunlap die Tradition bewahrt haben, auch wenn sie gerne so tun, als sei dies ausschließlich ihr Verdienst. Tatsächlich gibt es drei Zentren, in denen sich das Turmspringen über die Zeiten hinweg halten konnte und von wo es sich, nach einer Phase des Rückzuges bzw. der Stagnation, seit einiger Zeit auch wieder ausbreitete. Dies sind Farsari (Santari) im Nordosten, Bunlap im Südosten und Point Cross im Süden des Sa Gebietes. Wenn ich im Folgenden die erneute Verbreitung des Turmspringens in Südpentecost schildere, ordne ich diese nicht anhand der geographischen Lage einzelner Dörfer, sondern versuche zu zeigen, wie die Veranstaltung zwischen den Jahren 1955 und etwa 1990 durch das konkrete Handeln einiger Akteure, deren Einfluß auf das Geschehen besonders groß war und teilweise immer noch ist, wieder an Bedeu-

---

[198] Das *gol* wird im Buch „100 Things to Do Before You Die" neben dem Münchner Oktoberfest, der Verleihung der Academy Awards, der Ralley Paris – Dakar, dem Karneval in Venedig usw. als eine dieser 100 Welt-Attraktionen angepriesen (Freeman / Teplica 1999).

tung gewann. Es sind dies Chief Bong bzw. Chief Telkon aus Bunlap, Kiliman aus Point Cross, Luc Fago aus Wali, Chief Willi Orian Bebe aus Salap und in jüngster Zeit auch Lorang Tho Lala aus Rangusuksu und Lezard Asal aus Wanur. Bis in die späten 80er oder die frühen 90er Jahre hinein wurde in aller Regel pro Jahr und Ort ein *gol* durchgeführt. Im Verlauf der 90er Jahre kam es dann buchstäblich zu einer Inflation der Veranstaltung. Im Jahre 2004 führten einige Dörfer vier und mehr Turmsprünge durch, was zu einer unübersehbaren Anzahl an Sprungterminen und einer gewissen Unübersichtlichkeit im Hinblick auf organisatorische Strukturen geführt hat.

Mangels schriftlicher Quellen greife ich bei der folgenden Rekonstruktion der historischen Ereignisse auf ausführliche Interviews zurück, die ich in allen größeren Dörfern von Südpentecost geführt habe. Viele Ältere unter meinen Informanten haben die hier geschilderten Geschehnisse noch selbst miterlebt. Ich kann, wie die Dinge nun einmal liegen, bei der folgenden Darstellung keinen Anspruch auf absolute chronologische Genauigkeit oder inhaltliche Vollständigkeit erheben, darum geht es aber auch gar nicht. Vielmehr sollen die wichtigen Abschnitte und Personen dieser „zweiten Geschichte" des *gol,* sowie verschiedene Formen des *gol* Tourismus, in ihren Grundzügen erkennbar werden. Blicken wir nun zunächst auf den ersten verbrieften Fall, in dem ein *gol* für fremde Besucher aufgeführt wurde.

14.1 Bong: der Beginn des *gol* Tourismus

In Bunlap wurden und werden regelmäßig Turmspringen veranstaltet, die *gol* Tradition ist ungebrochen und fand von hier aus ihren Weg zurück in andere Teile des Sa Gebietes. Bei dieser Revitalisierung des Brauches außerhalb von Bunlap ging es von vornherein um eine Neuinterpretation der Veranstaltung als unterhaltsames Spektakel für zahlende Besucher. Eingeleitet wurde diese Entwicklung von einer Begebenheit, die den *gol* Tourismus, und mit ihm die kommerzielle Neuauflage der Veranstaltung, richtiggehend begründete. Im folgenden rekonstruiere ich dieses wichtige Ereignis aus verschiedenen Quellen. Als Grundlage dient ein Interview mit Chief Warisul aus dem Jahr 2004. Seine Interpretation wird durch frühere mündliche Überlieferungen ergänzt, die Margaret Jolly in den 70er Jahren aufgezeichnet hat. Außerdem erwähnt Jolly Regierungsunterlagen, aus denen sie zwar zitiert, die sie jedoch bibliographisch leider nicht näher erfaßt hat, weshalb eine Überprüfung nicht möglich war. Im Kern der Geschichte stehen sowohl der Antagonismus zwischen *kastom* und *skul* Dörfern als auch das wachsende Selbstvertrauen der *kastom* Gruppen.

Auszug aus einem Gespräch mit Chief Warisul über die Ereignisse 1952
Als der Gospel in die Neuen Hebriden kam, sollten alle Menschen in Pentecost bekehrt werden und zur Schule gehen. Auch in Bunlap wurde eine Kirche eröffnet und manche gingen hin, andere blieben aber zuhause. In dieser Zeit haben manche geglaubt, daß *kastom* nichts Gutes ist. Die Chiefs von Saltas, Rongrong und Ponwolwol, die sind alle zur *skul* gewechselt. Nur wir hier in Bunlap sind nicht hingegangen und das hat den anderen nicht gefallen. Ein

Mann aus Bunlap, mit Namen Warisul, ist dann nach Ranwas gegangen und wurde dort getauft. Er bekam den Namen Luke. Er wollte nicht, daß wir *kastom* Leute bleiben, er dachte sich, daß sei nicht gut. Wir sollten statt dessen alle in die Kirche kommen und der Bibel folgen. Aber unsere alten Männer wollten das nicht. Deswegen log Luke die Regierung an und behauptete, daß Bong, der Sohn von Chief Meleun Temat, ein Gewehr mit sich herumtrage um damit einige Leute zu erschießen. Und dann ist Luke losgezogen, um Bong auf der anderen Seite (der Westseite von Pentecost, T.L.) zu melden, bei einem Chief mit Namen Paul. Der hat bei der Regierung in Malakula angerufen, um Bong zu schaden und ihn zu verleugnen. Die Regierung hat viele Soldaten geschickt, hierher nach Bunlap. Es waren sehr viele, ich kann nicht sagen wie viele, aber es waren sehr viele. Sie hatten alle Gewehre bei sich und gerade als sie ankamen, feierten wir ein großes Fest. Das Dorf war voller Rauch, denn die Schweine sollten gerade gebraten werden. Und da kamen die ganzen Soldaten ins Dorf. Sie kamen in alle Häuser gestürzt, ins *mal*, überallhin. Sie nahmen alle älteren Männer gefangen, aber nicht Chief Bong, weil der noch rechtzeitig entkommen konnte. Bong war nach Lonbwe geflüchtet, wo er die Nacht verbrachte. Mein Vater Molsuta, der damals ebenfalls Chief war, hielt eine Rede. Die Soldaten aber suchten nach Bong. Da nahmen die Soldaten die alten Männer gefangen und brachten sie in ein Haus nach Baie Barrier. Dort warteten Sie, weil sie sagten, daß, wenn Chief Bong sich ergebe, würden sie die Männer aus Bunlap freilassen, so daß diese nachhause zurückkommen könnten. Alle alten Männer wurden so nach Baie Barrier gebracht. Dort gab es aber sofort einen Streit mit den Chiefs von Baie Barrier, weil die unsere Leute nicht bei sich haben wollten. Sie sagten dem Missionar, daß er ihnen nichts zu essen und zu trinken bringen dürfe, aber der Missionar sagte: ‚Nein! Sie sind hungrig. Ich muss ihnen zu essen und zu trinken geben und auch eine Matte für die Nacht.' So warteten sie zwei Nächte, aber Chief Bong kam nicht. Dann kam das Schiff der Regierung. Die Chiefs von Baie Barrier und unsere Leute aus Bunlap gingen an Bord und das Schiff fuhr auf die andere Seite (die Westseite von Pentecost, T.L.). Die Soldaten ließen die Nachricht verbreiten, daß die Männer aus Bunlap jetzt auf dem Schiff seien und auf die andere Seite gebracht würden. Als Bong das hörte, und auch hörte, daß sein eigener Vater an Bord sei, nahm er sein Gewehr und ging auch hinüber nach Baie Homo. Dort sagte er zu den Soldaten: Gut, hier bin ich, jetzt laßt meine Leute wieder in ihr Dorf nach Bunlap gehen! Als Bong sich ergab, durften die alten Männer zurückkommen. Als sie zurückkamen, mußte Bong ins Gefängnis gehen. Als sie in Santo angekommen waren, gab es eine Gerichtsverhandlung. Dort hatte Warisul, also Luke, zugegeben, daß er gelogen hatte, und daß Bong gar nicht mit einem Gewehr herumgeschossen hätte. Luke meinte, er habe Bong deswegen gemeldet, weil er gewollt habe, daß wir aus Bunlap in die Kirche eintreten sollten. Als Bong dann nach einigen Monaten wieder zurückkam, sagte ihm die Regierung, daß er ein *gol* für sie veranstalten solle. Ich weiß nicht genau, warum sie es nicht hier in Bunlap sehen wollten. Vielleicht war ihnen der Weg zu weit? Jedenfalls wollten sie es auf der anderen Seite (der Westseite Pentecosts, T.L.) ansehen. So hat die Geschichte des *gol* auf der anderen Seite angefangen. Ich weiß nicht, ob sie Geld bekommen haben und wieviel Geld das war. Ich weiß es nicht. Ich habe gehört, daß sie dieses *gol* nur für drei Block Stick Tobacco gemacht haben. Aber ich weiß nicht ob das stimmt oder nicht. Aber die Rede kommt immer wieder auf den Stick Tobacco.
(Chief Warisul. Bunlap, November 2004)

Versuchen wir, unter Bezugnahme auf Material von Margaret Jolly und Robert Lane, die Geschichte zu ergänzen und den Kontext noch besser zu verstehen. Der Ausgangspunkt scheint zunächst die Konvertierung des Bunlap benachbarten Dorfes Ranwas zur „Church of Christ" im Jahr 1949 gewesen zu sein. Warisul, ein Mann, der ursprünglich aus Bunlap kommt, und nun in Ranwas den christlichen Namen Luke angenommen hat, ist es ein Dorn im Auge, daß Bunlap sich nach wie vor zu *kastom* bekennt. Ob er tatsächlich das Gerücht gestreut hat, daß von Bunlap eine „general revolt" (Jolly 1994b:45) ausgehe, ist unklar. Er selbst, so Jolly, hat in den siebziger Jahren ihr gegenüber diesen Vorwurf bestritten. Vielmehr habe er lediglich dem Pastor von Ranbutor, einem Ni-Vanuatu mit Namen Bilaol, gemeldet, daß Bong ein Gewehr besitze und damit andere bedrohe (Jolly 1994b:45). Dieser Vorwurf klingt durchaus nicht überzogen, zieht man folgendes in Betracht: erstens gehörte Bong der *remlili buluim* an, die bis heute in dauernde Fehden mit vielen anderen *buluim* innerhalb *und* außerhalb Bunlaps verstrickt ist, wie ich schon früher gezeigt habe. Zweitens traut man Bong schon deswegen einiges zu, da er viele Jahre bei den amerikanischen Streitkräften in Santo zunächst als Laufbursche und später als Truck- und Bulldozerfahrer gearbeitet hat. Drittens kursieren zu dieser Zeit noch Dutzende, wenn nicht Hunderte von Feuerwaffen überall in Pentecost.[199] Aus all diesen Gründen scheint es nicht unwahrscheinlich, daß der damals etwa 35jährige Bong ein hitzköpfiger Unruhestifter ist. Bilaol leitet Lukes Beschwerde an den australischen Pastor Smith weiter, der sich, mit Hilfe des australischen Plantagenbesitzers Oskar Newman, unverzüglich per Radiotelefon mit den Regierungsbehörden in Santo (nicht in Malakula, wie Chief Warisul glaubt) in Verbindung setzt. Aus Hörensagen und vagen Vermutungen hat sich zwischenzeitlich eine richtiggehende Verschwörungstheorie entwickelt, denn Smith meldet den Behörden, daß im Sa Gebiet eine großer Aufstand im Gange sei. Die *kastom* Leute bereiteten Krieg vor, sie erwarteten das Ende der Welt, den Untergang der Weißen und wollten die christlichen Kirchen zerstören. Vielleicht wittert der Church of Christ Mann Smith eine Chance, den ungeliebten *kastom* Dörfern Schaden zuzufügen, anders ist seine völlig überzogene Darstellung kaum zu erklären (vgl.a. Jolly 1994b:44). Jedenfalls setzt seine Nachricht tatsächlich eine zwanzigköpfige Regierungstruppe in Bewegung, die bereits am nächsten Tag, Mittwoch den 3. Juni 1952 in Pentecost eintrifft. Das erste *kastom* Dorf, das die Soldaten nach einem anstrengenden Nachtmarsch erreichen, ist Lonlibilie. Von einer Verschwörung ist hier jedoch nichts zu sehen oder zu hören, die Bewohner schlafen vielmehr tief und fest, erst der Lärm der Militärs weckt sie auf. Der verärgerte Chief Samson kann glaubhaft versichern, daß es keine Verschwörung oder dergleichen gebe, so daß die Truppe unverrichteter Dinge weiterzieht. Am frühen Morgen erreicht sie dann Bunlap und in der Tat sind hier, so müssen die Europäer vermuten, Kriegsvorbereitungen in vollem Gange: Ein Dutzend geschlachteter Schweine liegt auf dem Tanzplatz in ihrem eigenen Blut, die Frauen sind grell geschminkt, rot und schwarz leuchten ihre Gesichter. Auf dem Dorfplatz wird die Slit Gong geschlagen. Tatsächlich aber wird in Bunlap lediglich ein großes *warsangul* Titelritual gefeiert. Das Dorf wird umstellt, jedes Haus durchsucht. Auch die sensibelsten Orte des Dorfes, die Männerhäuser, werden ungefragt betreten und durchstöbert, was in den Augen der Sa einem Sakrileg gleichkommt.

---

[199] Diese Waffen sind erst nach der Unabhängigkeit Vanuatus im Jahre 1980 von der Regierung beschlagnahmt worden.

Bong jedoch, den „Anführer" und „Aufrührer", findet man nicht. Auch die beschwichtigenden Worte von Chiefs Meleun Temat, ins Bislama übersetzt von Chief Molsuta, können die Situation nicht entschärfen, denn immerhin ist der alte Meleun der Vater des gesuchten Bong. Vielmehr nehmen die Truppen nun ihn, Molsuta und zwei andere ältere Männer gefangen und bringen sie nach Baie Barrier, wo man sie im Krankenzimmer der Mission einsperrt. Ob Bong wirklich „fischen" gegangen ist, wie Margaret Jolly meint (Jolly 1994b:45) oder beim Auftauchen der Europäer flieht läßt sich nachträglich nicht mehr Sicherheit sagen. Ich vermute jedoch, daß er beizeiten das Weite gesucht hat, denn immerhin ist ein *warsangul* Ritual eines der wichtigsten rituellen Feste der Sa, von dem man im Allgemeinen nicht ohne triftigen Grund fernbleibt. Chief Warisul meint daher auch unumwunden, Bong sei nach Lonbwe geflohen. Das kann jedoch ebenfalls nicht stimmen, da auch nach Lonbwe zwei Soldaten entsendet werden, um dort nach dem Rechten zu sehen. Ihnen wird die Order mit auf den Weg gegeben, zweimal zu feuern, sollten sie sich in Gefahr befinden. In diesem Fall würde man beginnen, die Geiseln aus Bunlap eine nach der anderen zu exekutieren. Beinahe kommt es zur Katastrophe als ein Gewehr beim Durchsuchen einer Hütte versehentlich losgeht. Gerade noch rechtzeitig schicken die Soldaten einen Botschafter zurück nach Baie Barrier, der das Versehen meldet. Wäre es tatsächlich zur Exekution der Geiseln gekommen – die Geschichte der *kastom* Bewegung, ja ganz Südpentecosts, wäre völlig anders verlaufen. Mit größter Wahrscheinlichkeit hätte es dann nämlich ein Massaker zwischen Regierungstruppen und den ebenfalls bewaffneten *kastom* Leuten gegeben.[200] Ob Bong sich wenig später tatsächlich ergeben hat oder ob nicht vielmehr er selbst es war, der seinen Austausch gegen die Freilassung seines Vaters und der anderen alten Männer vorschlug, wird man nicht mehr klären können. Übereinstimmend berichten alle Quellen lediglich davon, daß es zwei Tage später tatsächlich zu diesem Austausch kommt und Bong, zusammen mit seinen beiden jüngeren Brüdern Telkon Watas und Meleun Bena (und möglicherweise noch zwei anderen Männern) auf die Nachbarinsel Espiritu Santo gebracht wird. Mündliche Überlieferungen berichten, daß es in Santo eine Reihe von Verhören gibt, bis der französische Verwaltungschef, der sich schließlich mit der Angelegenheit befaßt, schließlich amüsiert anbietet, Bong und seine Leute ziehen zu lassen, wenn diese im Gegenzug für ihn und einige ausgewählte Gäste ein *gol* veranstalteten.[201] So wird es beschlossen und beide Parteien halten sich an die Vereinbarung. Im folgenden Jahr wird ein *gol* auf der Plantage des französischen Pflanzers Thevenin in Lonoror abgehalten, jeder Turmspringer erhält von der Kolonialregierung ein Päckchen Stick-Tobacco als Dankeschön. Margaret Jolly meint, daß diese Vorkommnisse zur Komposition eines Liedes geführt habe, das seither

---

[200] Bis heute wird dieser Punkt leidenschaftlich diskutiert und die meisten meiner *kastom* Gesprächspartner lassen keinen Zweifel daran, daß man Gewalt angewendet hätte, wenn den Geiseln etwas zugestoßen wäre.

[201] Unklar bleibt, was man Bong eigentlich zur Last gelegt hat. Welches ist das Vergehen, das mit einem *gol* als Strafmaßnahme gesühnt werden soll?

während vieler Turmspringen gesungen wurde: *„The memory of this incident –
the humiliations of this enforced performance – are still evoked in a bitter and
ironic song which is sung at many land diving rituals."* (Jolly 1994b:48). In der
Tat gibt es dieses Lied, ich konnte es während meiner Forschung im Jahre 2004
aufnehmen und habe es bereits in Kap. 13.7 erwähnt. Ganz so „bitter" wie Jolly
schreibt ist es nicht. Vielmehr zeichnet es einfach die Vorkommnisse des Jahres
1952 nach.

Ich schließe mich einer Bewertung Margaret Jollys an die meint, daß der Zwischenfall ganz deutlich zeigt, wie groß die Kluft zwischen *kastom* und manchen
skul Dörfern in den 50er Jahren tatsächlich war. In den Jahren zwischen etwa
1935 und 1980 begriffen die konvertierten *skul* Dörfer sich als Teil der überlegenen kolonialen Macht und betrachteten die *kastom* Anhänger als unterlegene
Außenseiter. Dazu beweist die Episode, daß die Führer der *skul* Gemeinden über
unmittelbaren Zugang zur militärischen Macht der Europäer verfügten. Den *kastom* Dörfern blieb, angesichts ihrer militärischen und zahlenmäßigen Unterle-
genheit, nichts übrig als der Rückzug in eine Art stillen, bitteren Widerstand, der
direkte, gewalttätige Konfrontation vermeidet, die kulturelle Eigenständigkeit
dafür aber dort um so vehementer betont, wo es möglich ist: im eigenen Territorium. Andererseits zogen die *kastom* Anhänger offenkundig die Neugier der
herrschenden Europäer auf sich, denn im deutlichen Gegensatz zu den Missionaren, vor allem den protestantischen, hatten die Kolonialherren offenbar zunehmend Spaß daran, diesen spektakulären Brauch der Sa öffentlich vorführen zu
lassen.[202] Hier zeigt sich, allerdings auch, wie pragmatisch manche *skul* Gruppen
mit dem vermeintlichen Widerspruch zwischen alter und neuer Ideologie umgehen. Nach dem erfolgreichen Turmspringen von Chief Bong für die Kolonialregierung reagieren z.B. die Katholiken von Murubak ganz undogmatisch. Sie bitten ihren Priester, den Elsässer Louis Schir, beim Bischof in Vila zu intervenie-
ren, damit auch sie kommerzielle Turmspringen veranstalten dürften (Lane
1956:70), wozu es kurz darauf tatsächlich auch kommen wird.

14.2 Kiliman: Kommerzialisierung des *gol* 1955 - 1990
Wenige Jahre nach diesem ersten „bezahlten" *gol* in Südpentecost 1952 wird
zum zweiten Mal ein bezahltes Turmspringen für Fremde veranstaltet, diesmal
in Point Cross an der Südspitze der Insel. Um zu klären, wie es dazu kam, ist
eine kurze Vorrede notwendig: Um das Jahr 1950 rodet eine Gruppe von Männern aus Bunlap ein Stück Busch oberhalb von Baie Martelli und gründet dort
eine Siedlung mit Namen Rantealing. Weil ungünstig im Wald gelegen, wird der

---

[202] Dies wiederum führt zu einer gewissen Verunsicherung, ja zu Neid der christianisierten
Sa, da diese glauben, sich „richtig" zu verhalten, weil sie tun, was von ihnen verlangt wird:
sie befolgen die neue Ideologie und haben die alten Sitten und Gebräuche weitgehend abgelegt. Die Anhänger der „Church of Christ", die besonders radikal gegen die alte Kultur vorge-
gangen sind, fühlen sich dabei besonders zurückgesetzt.

Ort relativ bald wieder aufgegeben und statt dessen am Strand von Baie Martelli
das Dorf Sarop gegründet. Nach und nach kommen einige andere Familien zu
den Leuten aus Bunlap hinzu, etwa die Bewohner aus Chilli bzw. Saltas, das
aufgegeben wurde. Unter ihnen ist ein Mann mit Namen Kiliman, der für die
weitere Verbreitung des *gol* im Süden der Insel die entscheidende Rolle spielen
wird. Der heute etwa 85jährige Kilimann gibt an, in Chilli noch *kastom* angehört
und *teul* geworden zu sein, sich danach aber *skul* zugewandt zu haben. Zunächst
bittet er Silwin, einen Katechisten aus dem katholischen Wanur, die Kinder des
Dorfes zu unterrichten. Weil Chilli aber zu klein ist, als daß es sich lohnen würde, dort eine Kirche oder Schule zu errichten, verläßt man den Ort und zieht,
zusammen mit den Bewohnern des heute aufgegebenen Talowa, ebenfalls nach
Sarop. Von hier aus wandert die Gruppe nur wenige Jahre später weiter an die
Südspitze der Insel, wo die Männer und Frauen aus Bunlap, Chilli, Saltas, Talowa und Sarop gemeinsam eine neue Siedlung gründen, die bis heute Bestand
hat: Point Cross. Alsbald entsendet die Melanesian Mission einen Lehrer, Lenat,
aus dem Süden sowie einen Pastor, David, der aus Badnbweni im Norden
kommt. Point Cross ist bis heute anglikanisch geblieben. Blicken wir nun, nach
dieser kurzen Vorrede, genauer auf die Geschichte des *gol* in Point Cross.
Kilimann meint, niemals in der Kunst des *gol* unterrichtet worden zu sein. Vielmehr hat er sich, so sagt er, in seiner Jugend in den 1930er und 1940er Jahren
die Bautechniken und Tänze in Bunlap, Saltas und Ranwas abgeschaut bevor er
dann begann, mit seinen Leuten selbst Turmspringen für zahlende Besucher abzuhalten. Diese Darstellung dürfte etwas verkürzt sein, denn meine Informanten
aus Bunlap berichteten mir, daß Watas Molpos und Tho Lak aus Bunlap *(*beide
ta ran bwela mwil), sich in dieser Zeit in Rantealing niederlassen, später jedoch
nach Sarop umziehen und den Männern dort das Singen und Tanzen beibringen.
Etwa im Jahr 1955 taucht der Australier Oskar Newmann, dessen Familie eine
Kokosplantage in Malakula besitzt, mit seiner Yacht in der Gegend auf.[203]
Newmann hat vom Turmspringen gehört und bittet die Männer von Point Cross
bzw. Sarop, ein *gol* für ihn und einige neuseeländische und australische Gäste zu
veranstalten, was diese gegen eine Bezahlung von £300,00[204] auch tun.[205] Die
Revitalisierung des Brauches geht hier also von Anfang an mit einem ökonomi-
schen Anreiz einher. Zwei Jahre später veranstaltet Kiliman erneut ein *gol* in
Sarop, diesmal für etwa vierzig Amerikaner, die wiederum von Oskar Newmann

---

[203] Oskar, der als sehr großer, kräftiger Mann beschrieben wird, diente einem kleinen Jungen
in Bunlap als Namensvetter. Oska aus Bunlap gab seinem zweitgeborenen Sohn Betu seinerseits auch wieder den Namen Oska als Zweitnamen (siehe auch Abb. 11 von Betu Oska)

[204] Über die damalige Kaufkraft dieser Summe in Pentecost selbst können heute keine ganz
verläßlichen Angaben mehr gemacht werden, sie muß jedoch beträchtlich und daher mithin
ein echter Anreiz für die Abhaltung eines *gol* gewesen sein.

[205] Ich vermute, daß es, aufgrund der zeitlichen Übereinstimmung, dieses *gol* war, das die
Johnsons in ihrem „National Geographic" Artikel beschreiben (Johnson & Johnson 1955).

vermittelt werden und £500,00 bezahlen.[206] Im nächsten Jahr wiederholt man das Schauspiel, allerdings sind diesmal lediglich zwei Engländer gekommen. Ursprünglich, sagt Kiliman, hätten einige Vertreter der Kolonialregierung erscheinen sollen, lediglich für zwei Touristen hätte man nämlich kein *gol* veranstaltet. Da die beiden Engländer aber schließlich immerhin £300,00 bezahlen, führt man das Springen doch noch durch. Einige Zeit später, im Jahre 1968, wird dann, diesmal auf dem Grund der ehemaligen Siedlung Rahara, ein grosses *gol* für einige hochrangige Vertreter der Kolonialregierung organisiert, die aus Malakula und Santo sowie mit einer großen Zahl Touristen aus Vila anreisen. Kiliman meint, dies sei der bislang größte und beste *gol* gewesen, der den stattlichen Betrag von £600,00 eingebracht habe. Bei diesem besonders aufwendigen Turmspringen in Point Cross nehmen Männer aus Point Cross, Sarop, Bunlap und Wanur teil. Obwohl die Kolonialbeamten sich offenbar wünschen, daß die Männer traditionelle Kleidung tragen sollten, lehnen die Männer aus den *skul* Dörfern dieses Ansinnen ab und springen statt dessen, wie bislang auch, in Hosen und T-Shirts. Anläßlich dieses *gol* ist auch der Ethnologe und Filmemacher Kal Muller anwesend, der sich von der Veranstaltung so beeindruckt zeigt, dass er mehr darüber wissen will und im nächsten Jahr nach Pentecost zurückkehrt. Diesmal allerdings geht er nach Bunlap. Dort, so hat er in Point Cross in Erfahrung gebracht, sei das Zentrum der *kastom* Bewegung zu finden. Wir werden gleich noch auf Muller zurückkommen. Kiliman veranstaltete 1969 ein weiteres *gol* in Sarop für Regierungsvertreter aus Santo und Malakula und deren Gäste, das wiederum mit £400,00 entlohnt wird.[207] Im Jahr 1970 führt Kiliman erstmals seit zwei Generationen wieder ein *gol* an der Westseite von Pentecost durch, im katholischen Wanur. Das Jahr 1971 sieht eine weitere Neuerung, denn die Männer aus Point Cross richten ein Turmspringen in Allego im Norden von Pentecost, also außerhalb des *Sa* Gebietes aus, das als Fundraising Veranstaltung für den Bau einer Kirche der Melanesian Mission gedacht ist. Dieses *gol* muß auch

---

[206] Der Vollständigkeit halber sei erwähnt, daß einige Informanten aus Bunlap angaben, dieses zweite *gol* sei nicht in Sarop sondern in Panmatmant veranstaltet worden, das damals gerade zu einem Zentrum der Church of Christ in Pentecost geworden war. Panmatmat ist kein richtiges Dorf, hier gibt es bis heute nur ein paar Häuser, eine Kirche und v.a. eine Art „Boarding School" für angehende Missionare und Missionshelfer. Angeblich veranstalteten Männer aus Bunlap, Point Cross und sogar aus dem gerade konvertierten Ranwas hier das besagte zweite *gol* für Oskar Newmann. Alle Angaben bestätigen, daß viele Dutzend Touristen anwesend gewesen sein müssen, die alle mit Newmanns Schiff gekommen waren. Auch mehrere hundert Sa seien anwesend gewesen, die nicht zuletzt auch deswegen gekommen waren, um einen Blick auf das Schiff von Newmann zu werfen. (Auch heute noch marschiert man von der Ost- an die Westküste, wenn dort ein besonderes Schiff ankommt, nur um dabeigewesen zu sein und es gesehen zu haben.) Seither gab es, aufgrund der ablehnenden Haltung der Church of Christ, in Panmatmat keine Turmspringen mehr.

[207] Kiliman kann sogar noch die Namen der wichtigsten Springer angeben: vom Kopf sprang Martin (Bunlap, Saltas), von der rechten Schulter Tema Bumangari Telel (Bunlap) und von der linen Schulter: Thoma (Sarop). Hier wird ersichtlich, wie durch das gemeinsame Ausrichten des *gol* die zu dieser Zeit ja teils heftigen Auseinandersetzungen zwischen *kastom* und *skul* Anhängern in den Hintergrund treten.

insofern hervorgehoben werden, als daß nicht Europäer als zahlendes Publikum, sondern die Einheimischen selbst angesprochen werden sollen, für die das Turmspringen ein genauso aufregendes, fremdes Spektakel darstellt, wie für ausländische Touristen. Inzwischen hat sich herumgesprochen, daß Kiliman ein erfolgreicher und verläßlicher Organisator des Turmspringens ist, weshalb ihn im Jahre 1973 zwei Regierungsvertreter aufsuchen, die ihn fragen, ob er nicht anläßlich des Besuches von Queen Elisabeth II. ein *gol* in Port Vila ausrichten könne. Kilimann lehnt mit der Begründung ab, das *gol* sei ein *kastom* von Pentecost und daher müsse die Queen nach Point Cross kommen, wenn sie es sehen wolle. Die beiden Regierungsleute ziehen unverrichteter Dinge wieder ab. Da man sich aber in Port Vila offenbar darauf versteift hat, der Queen anläßlich ihres Besuches in den Neuen Hebriden ein *gol* vorzuführen, kommen Vertreter der Regierung persönlich nach Point Cross, um erneut mit Kiliman zu verhandeln. Die Queen könne unmöglich nach Point Cross kommen, so meinen sie, weil die See dort viel zu rauh sei, um die Königin und ihre Gäste auszubooten.[208] So einigt man sich schließlich darauf, die Veranstaltung unter der Leitung Kilimans in der Baie Homo, auf der Leeseite der Insel, durchzuführen. Zweifellos gehört das Turmspringen anläßlich des Besuches der Queen zu den größten Ereignissen, die es auf der Insel Pentecost jemals gegeben hat. Die Erinnerungen daran sind bis heute sehr lebendig geblieben, obgleich sie keineswegs einstimmig vorgetragen werden.Ein Grund dafür besteht darin, daß dieses *gol* zu den seltenen Fällen zählt, bei denen ein Springer, ein junger Mann von der Westküste mit Namen Mark Sonmak, zu Tode kam, Es ist aufschlußreich hier zunächst einmal die von Jolly vorgetragene Kommentierung des Geschehens näher zu betrachten:

"Evaluations of external interest in the *gol* also related to a notorious incident in 1972 (sic!).[209] A group of Melanesian Mission men at Point Cross were persuaded to perform a land-dive ritual for the occasion of the visit by Queen Elisabeth of England. The *kastom* people were horrified at the prospect, since these people had had little experience of constructing and diving from the tower. Moreover, since this was performed in February, during the wet season and before the yam harvest, both material and spiritual bases for the timing of the rite were ignored. Finally it was alleged, that when the Point Cross people erected the tower, the taboos on associating with women were not completely followed. The most dire predictions came true. One young man who took a platform half way up the tower, fell to the ground when both his lianas broke. The Queen was witness to this accident. His spine was broken and he died in a hospital the next day. The *kastom* people suggested that the Europeans were at fault for persuading their Christian brothers to perform like 'animals' without correct precautions, just for the benefit of an alien woman, even one of such elevated rank." (Jolly 1994a:243)

Diese Version bedarf in mehrfacher Hinsicht der Korrektur. Zunächst sollte anhand der oben geschilderten Historie des Turmspringens unter der Ägide Kili-

---

[208] Vgl. Kap. 4.2 „la mer sauvage".

[209] Der Besuch der Queen in den Neuen Hebriden fand tatsächlich jedoch im Jahre 1974 statt!

mans deutlich geworden sein, daß er als Organisator und Baumeister keineswegs ein unerfahrener Eleve war, sondern sich bereits seit 1955 einen über die Grenzen Südpentecosts hinausgehenden Ruf als *gol* Baumeister und Organisator erworben hatte, weswegen man überhaupt auf ihn aufmerksam geworden war. Überdies arbeitete Kiliman seit dieser Zeit ständig mit denjenigen Männern aus Bunlap zusammen, die mit ihm vor zwanzig Jahren nach Point Cross gekommen waren und dort zur Melanesien Mission konvertierten. Trotzdem sie nun also *skul* sind, müssen diese Männer auch noch als *warsangul* betrachtet werden, wie z.B. aus dem *kastom* Namen Watas Molpos hervorgeht.[210] Auch andere Männer aus Bunlap beteiligten sich immer wieder an verschiedenen, von Kiliman in Point Cross organisierten Turmspringen. Zwischen den *kastom* Leuten in Bunlap und Kiliman im anglikanisch toleranten Point Cross hat also, ausnahmsweise, offenbar durchaus so etwas wie ein Technologietransfer stattgefunden. Was Jolly ebenfalls nicht erwähnt ist ein Umstand, den mir sowohl Chief Warisul als auch Kiliman selbst bestätigt haben. Dieser unterbreitete Chief Bong aus Bunlap nämlich das Angebot, er solle sich mit seinen Männern am Bau des Turmes beteiligen. Bong habe jedoch abgelehnt, da ihm die dafür angebotene Geldsumme zu gering erschienen war. Gebaut wurde der Turm letzten Endes dann von Männern aus verschiedenen Dörfern in ganz Südpentecost, darunter Sarop, Point Cross, Wanur und Pangi. Schließlich arbeiteten aber doch auch einige Männer aus Bunlap mit, indem sie, wie es sich gehört, ihre eigenen Sprungbretter errichteten. Es kann also keine Rede davon sein, daß die *kastom* Leute vom geplanten *gol* zu Ehren der Queen „geschockt" waren, oder gar die Ansicht vertreten hätten, ihre *skul* Brüder sollten wie „Tiere" vorgeführt werden. Eher schon könnte man, nach zehn oder fünfzehn von Kiliman veranstalteten kommerziellen Turmspringen, von „business as usual" sprechen, dies auch deswegen, weil mehrere Männer aus Bunlap als aktive Springer teilnahmen, darunter Warimul Moltagau, der sogar vom Kopf des Turmes sprang.[211] Richtig ist, daß es einen tödlichen Unfall gab, über den heute noch geredet wird. Kiliman selbst meint, Mark sei gestorben, weil die Holzstreben, die seine Plattform gehalten hätten, nicht wie vorgesehen als Sollbruchstelle fungierten und daher den Sturz nicht abfedern konnten. Wieder andere sagen, es sei grundsätzlich falsch gewesen, mit Hosen statt in *bi pis* zu springen. Der alte Betu Malsalus aus Bunlap hält dem allerdings entgegen, es würde überhaupt nichts ausmachen, ob man mit Hosen springe oder nicht, schließlich seien Hosen in den 50er, 60er und 70er Jahren eben üblich gewesen, jeder sei in Hosen gesprungen und Unfälle nicht vorgekommen. Einige Informanten sind der Überzeugung, dass Mark eine Art verbotenen Ta-

---

[210] Wer bis zu dem Erwerb eines *mol* Titels in einem *kastom* Dorf gelebt hat, wird mit einiger Sicherheit an einigen *gol* als Springer, zumindest aber als Baugehilfe oder gar Baumeister teilgenommen haben.
[211] Ursprünglich hatte Luke Warisul Mwilwayang, ein Mann aus Pohurur, der dann jedoch konvertierte und in Ranwas zur Schule gegangen war, von ganz oben springen sollen. Nach dem verunglückten Sprung von Mark Sonmak trat er jedoch zurück und überließ Warimul Moltagau den letzten Sprung.

lisman in seiner Hosentasche gehabt haben muss, ein speziell behandeltes besonderes Blatt, mit dem er ein Mädchen wiedergewinnen wollte, das ihn abgewiesen hatte. Das sei sehr dumm gewesen, sagten mir Zeitzeugen in Bunlap, Point Cross und Baie Homo unabhängig voneinander immer wieder, da doch jedes Kind wisse, daß man keinen Talisman nach Baie Homo bringen dürfe. Dort gebe es nämlich einen Teufel,[212] der so stark sei, daß man nur drei Tage überlebe, wenn man ihn durch die Übertretung eines Tabus herausfordere. Dieses magische Blatt und die Herausforderung des Teufels müssen für Marks Unfall zumindest mitverantwortlich gewesen sein, so die Meinung nicht weniger Befragter. Warum der Teufel dort ist, und was er genau tut – darüber gehen die Meinungen allerdings auseinander. Bebe Malegel und der alte Betu Malsalus vermuten, es sei nur deswegen zu so einem schweren Unfall gekommen, weil es sich beim Baugrund um einen von Harry Middle aus Baie Homo zum Tabu-Platz erklärten Ort gehandelt habe. Der Teufel mit Namen *mbwinginru* (dt.: nach drei Tagen bist du tot) stecke bis heute, so sagen sie, im *navanga*, einem mächtigen Baum, der dort immer noch steht. Der angesprochene Harry Middle, den ich in Pangi aufsuchte und der heute ein blinder alter Mann von etwa achtzig Jahren ist, behauptet, daß der eigentliche Ort des *gol* für die Queen nicht Pangi und auch nicht Salap gewesen sei, sondern Baklin, sein eigener Grund und Boden. Die Queen, so meint Harry Middle, habe aber nicht ihn, sondern Chief Charly Tho aus Pangi gefragt, ob das *gol* dort stattfinden könne. Er selbst habe erst von dem geplanten Turmbau erfahren, als man bereits damit begonnen hatte. Niemand habe ihn gefragt und deswegen sei es ein Tabubruch gewesen. Er, Harry Middle, habe dann geträumt, daß Chief Charly Tho die unrechtmäßige Beschlagnahmung seines Landes mit dem Opfer eines Keilers wiedergutmachen solle. Dies sei aber nicht geschehen, er selbst habe gar nichts für das Turmspringen auf seinem Land bekommen, während andere sich die Taschen mit Geld gefüllt hätten. Als das *gol* dann tatsächlich in Baklin veranstaltet wurde, seien die Teufel sehr ärgerlich geworden, weil man sie gestört habe. Deswegen sei Mark Sonmak gestorben, und überdies auch noch eines seiner Kinder. Seine Frau sei zur Zeit des *gol* nämlich hochschwanger gewesen und als das Kind zur Welt kam, starb es kurz darauf. Wegen der Teufel. Einschränkend meinte er jedoch, daß es den Teufel heute nicht mehr gebe, wegen der Rinder, die heute in Baklin grasten und dem Teufel jedes Versteck nehmen würden. Wie auch immer man zu Teufeln stehen mag, ernstzunehmen ist in jedem Fall ein anderer Umstand: der Monat Februar stellt, nach allem, was die Bewohner von Südpentecost über den Ablauf der Zeit und die damit verbundenen Naturerscheinungen wissen, eben tatsächlich *nicht* den korrekten Zeitpunkt für ein *gol* dar. Die Lianen haben im Februar nicht die richtige Beschaffenheit, es *kann* zu Unfällen kommen, die sonst erprobtermaßen selten sind bzw. wenigstens nicht tödlich enden. Abschließend will ich noch einen weiteren Punkt kurz ansprechen, den auch Jolly erwähnt, wenn sie davon spricht, daß einige geschlechtsspezifische Tabus nicht

---

[212] Teufel - *adumwat*

eingehalten wurden. Hier wurde mir in der Tat von vielen Seiten übereinstimmend berichtet, daß die Männer der anglikanischen Mission mehrere *batsi* Matten auf das Podest der Queen gelegt hätten, die sie und ihre Begleiter dann mit den Füßen betraten, was, zumindest in den Augen der *kastom* Leute, ein echtes Sakrileg darstellt und als ernstzunehmender Grund für den Unfall gelten kann. Das Geheimnis um Mark Sonmaks Tod kann heute nicht mehr gelöst, ja nicht einmal wenigstens die Vorgänge genau rekonstruiert werden. Vielleicht ist es mir aber gelungen, Jollys einseitigem Bild, zumindest ein paar neue Aspekte hinzugefügt zu haben.

Es dürfte deutlich geworden sein, daß sich das Wissen um das Turmspringen nicht nur in Bunlap allein gehalten hat. Allerdings ist das *gol,* das die Männer um Kiliman seit fünfzig Jahren veranstalten, ein gutes Beispiel dafür, wie eine so hochkomplexe Veranstaltung auf das rein technische Wissen über die Durchführbarkeit reduziert werden kann, während gleichzeitig ein „ursprünglicher" Sinnhorizont offenbar verlorengeht. Ich war mit der hohen Erwartung zu Kiliman nach Point Cross marschiert, ein paar neue Aspekte zum Ursprung der Veranstaltung, zu Mythen oder Liedern und Tänzen zu erfahren, wurde darin aber weitgehend enttäuscht. Kilimann konnte lediglich bestätigen, daß man nur ein einziges *gol* im Jahr durchführen solle. Er kannte zwar den in Kap. 9.1 beschriebenen Mythos und hatte von der besonderen Wichtigkeit des bereits in Kap. 13.7 beschriebenen Liedes „*Mele ai*" gehört. Warum genau dieses Lied allerdings so bedeutsam sein soll, vermochte er schon nicht mehr zu sagen. Auch über die vermeintlichen Zusammenhänge zwischen *gol* und Fruchtbarkeit der Yams wußte er nichts. Kiliman gab vielmehr sehr offen zu, dass er eigentlich nichts Genaues über Herkunft und Bedeutung des *gol* sagen könne. Er habe sich die Sache eben weitgehend selbst beigebracht und könne lediglich den Turm errichten, den Jungen zeigen wie man springe und ein paar Tänze aufführen. Sein offenes Eingeständnis korrespondiert mit Aussagen meiner Informanten aus Bunlap, denen zufolge in den letzten Jahren, nachdem die ursprünglich noch in *kastom* Dörfern aufgewachsenen Alten in Point Cross nach und nach gestorben waren, das Wissen um Mythen, Tänze und Gesänge wieder weitgehend verlorengegangen ist. Daher müssen die *kastom* Männer aus Bunlap heute aufs Neue einspringen und bei der Performanz der Tänze und Lieder, allerdings nicht beim Bau des Turmes, aushelfen.

Die kommerziellen Veranstaltungen der Anglikaner aus Point Cross finden seit 1985 im Verbund mit den katholischen Dörfern Wanur und Rantealing (Londar) in Wanur statt, weil die zahlenden Touristen dort besser mit dem Boot anlanden können, was in Point Cross aufgrund der rauhen See häufig schwierig ist. Zu der Zusammenarbeit kam es, weil die Katholiken in Wanur im Jahr 1985 mit dem Bau einer neuen Kirche beginnen wollten, und auf die Idee verfallen waren, einen Teil des dazu notwendigen Geldes mit der Veranstaltung eines Turmspringens einzunehmen. George Tatau, ein einflußreicher Mann aus Wanur, konnte sich mit Kilimann einigen und dieser organisierte in den Jahren 1985 bis 1987 in

Wanur zwei *gol* mit Helfern aus Point Cross, Sarop und Wanur. Weil Kiliman jedoch Ende der 80er Jahre zu alt für seine Aufgabe als *gol* Baumeister und Organisator wurde, fungierte für einige Jahre Chief Telkon aus Bunlap mit Luc Fago aus Wali als Organisator. In den 90er Jahren nahm dann Lazare Asal, ein Mann aus Ponof an der Ostküste, die Organisation des Turmspringens in seine Hände und gründete eine Organisation bislang ungekannten Typs mit dem Namen PonWaHa, die ausschließlich damit beschäftigt ist, Turmspringen auszurichten. Wir werden gleich noch darauf zu sprechen kommen.

14.3 Chief Telkon: *gol* in Bunlap 1970 - 1976

Kehren wir, nach diesem Ausflug an die Südspitze der Insel, nun aber zunächst nach Bunlap zurück. Die *kastom* Leute spielen bei dieser ersten Periode der aktiven Kommerzialisierung des *gol,* die wir gerade kennengelernt haben, und die ich für einen Zeitraum zwischen 1952 und 1972 ansetze, erstaunlicherweise praktisch keine Rolle. Lediglich eine Ausnahme gibt es, die auch von Muller (1971:219) erwähnt wird. Demzufolge richteten Männer aus Bunlap im August des Jahres 1956 ein *gol* nahe der Missionsstation in Ranon aus. Der italienische Missionar Clementi war offenbar von einer italienischen Filmcrew dazu gebeten worden, bei den Dreharbeiten zum Film „The last Paradise"[213] als Vermittler zu den *kastom* Leuten aufzutreten, was ein weiteres Mal die eher entspannte Haltung der Katholiken zum lokalen Brauchtum zeigt. Nach diesem Turmspringen im Jahr 1956 scheint es zunächst keine weiteren *gol* für Fremde mehr gegeben zu haben. Dies beginnt sich zu ändern als der Ethnologe und Filmemacher Kal Muller in den Jahren 1969/70 in Bunlap weilt und wiederum einen Film über das *gol* dreht, den er anschließend international verfügbar macht, was übrigens zur Popularität der Veranstaltung in den nächsten Jahren entscheidend beiträgt.[214] Muller schließt Freundschaft sowohl mit Chief Bong als auch mit dessen jüngeren Bruder, dem knapp 30-jährigen Telkon Watas. Mit Telkon bereist er im Anschluß an seinen Bunlap Aufenthalt während mehrerer Monate verschiedene Inseln des Archipels. Über Muller kommt Telkon in Kontakt mit dem damals gerade im Aufbau befindlichen Hotel „Le Meridien" in Port Vila und erhält den Auftrag, möglichst viele pittoreske Ethnographica zur Dekoration des Hauses aus allen Teilen der Inselgruppe aufzukaufen. Telkon erweist sich als cleverer Geschäftsmann und es dauert nicht lange, da hat er Kontakte zum Hotelmanagement aufgebaut, dem er vorschlägt, in Bunlap Turmspringen für Touristen zu veranstalten. Etwa um das Jahr 1972 wird dann, in Zusammenarbeit

---

[213] Genauere Quellenangaben konnten Mangels einheitlicher Filmdatenerfassung nicht ermittelt werden.

[214] Der Film wurde mit großzügiger Unterstützung durch die Harvard University finanziert. Ähnlich wie Mullers Artikel enthält auch der Film praktisch keine Analyse oder Exegese des *gol.* Diesen Umstand bedauerte auch der amerikanische Ethnologe John MacAloon, der sich seit vielen Jahren mit Fragen der Ritual- und Spieltheorie beschäftigt und mit dem ich Gelegenheit hatte, im Oktober 2006 persönlich zu sprechen (vgl. Mac Aloon 1984; 2006).

mit dem „Le Meridien", erstmals ein Turmspringen in Bunlap für zahlende Touristen veranstaltet, zu dem zwischen fünfzig und achtzig Gäste mit einem gecharterten Schiff kommen. Im darauffolgenden Jahr wiederholt man das erfolgreiche Experiment und Bunlap richtet, zusammen mit Lonbwe, ein weiteres *gol* aus. Da man sich in Lonbwe gegen einen Besuch der Fremden im eigenen Dorf entschieden hat, baut man den Turm in der Nähe des Strandes von Baie Barrier, an einem Platz, der Ranliwaiiep genannt wird. Auch hier erscheint eine ganz stattliche Anzahl Touristen per Schiff. Inzwischen haben die Leute von Bunlap zwei Bungalows am Strand bei Ranon errichtet, damit die Besucher unter sich bleiben können und nicht, wie im Jahr zuvor, in privaten Häusern im gut zwei Stunden Fußmarsch entfernten Bunlap übernachten müssen. Im Jahr 1974 wird dann das dritte *gol* veranstaltet, diesmal in Pangpanglap. Auch jetzt wieder übernachten einige Touristen in den beiden Bungalows, in denen insgesamt Platz für zwanzig Gäste ist. Im darauffolgenden Jahr gibt es wiederum ein Turmspringen in der Nähe von Lonbwe. Zwar liegen mir keine Zahlen vor, aber auch diese Veranstaltungen müssen, den Berichten meiner Informanten zufolge, leidlich erfolgreich bzw. gut besucht gewesen sein. Allerdings werden zu dieser Zeit zwei Probleme immer deutlicher. Erstens ist man zu sehr vom Wetter abhängig. Die See an der Südostküste von Pentecost ist, aus Gründen, die ich in Kap. 6.2 bereits geschildert habe, unberechenbar und an vielen Tagen im Jahr kann kein Schiff die Baie Barrier anlaufen. Zum anderen erweist sich die Unterbringung der Besucher, die auf einen gewissen Komfort nicht verzichten wollen, als problematisch. Die Bungalows sind nach mehreren Jahren schadhaft geworden und es rentiert sich nicht, sie für zwei bezahlte Nächte pro Jahr in bewohnbarem Zustand zu halten. Deswegen findet zu dieser Zeit, es muß im Jahr 1975 gewesen sein, ein großes öffentliches Treffen der *warsangul* auf dem Tanzplatz in Bunlap statt, bei dem diskutiert wird, ob man nicht besser in Zukunft *gol* für zahlende Touristen auf der Westseite der Insel veranstalten solle, statt im abgelegenen Bunlap selbst. Einige Männer sind streng dagegen, darunter Watas Molmas, der im Jahre 2000 verstorbene Vater meines Freundes Moses Watas. Molmas meint, die *skul* Leute auf der Westseite besäßen Kopra- und Kakaoplantagen, um Geld zu verdienen, die Männer aus Bunlap dagegen hätten ausschließlich das *gol*[215]. Es sei nicht klug, das Turmspringen auf die Westseite zurückzubringen, da es dann nicht lange dauern würde, bis die *skul* Dörfer sich die wesentlichen Techniken aufs Neue aneignen würden und dann selbständig Turmspringen veranstalteten. In das abgeschiedene Bunlap, das ansonsten über keinerlei Einnahmequellen verfüge, würden dann keine Touristen mehr kommen, weil der Weg viel zu weit bzw. die See zu rauh sei. Nach einer langen und hefti-

---

[215] Zu dieser Zeit gab es weder innerhalb der Neuen Hebriden, noch von außerhalb, durch die internationale Pharmaindustrie, einen substantiellen Bedarf an Kava, der „cash income" hätte generieren können. Auch der Tourismus war nicht annähernd so entwickelt wie heute, so daß der Verkauf von Handarbeiten ebenfalls wenig einträglich war. Da die *kastom* Dörfer keine Kopraplantagen hatten, blieb ihnen als Einkommensquelle in der Tat nur das *gol*, oder die Annahme von bezahlter Arbeit in Port Vila oder Santo.

gen Diskussion setzt sich aber der wortgewaltige Chief Telkon schließlich durch. Er verspricht allen Teilnehmern hohe Gewinne durch eine wesentlich größere Anzahl von Touristen und gleichzeitig weniger Belästigung durch die Fremden, die dann nicht mehr ins Dorf kommen würden, um in den Privathäusern zu übernachten.

14.4 Chief Telkon und Luc Fago: *gol* an der Westküste 1976 - 1990

Mit dieser historischen Entscheidung der *warsangul* von Bunlap wird die Revitalisierung des Brauches an der Westküste endgültig eingeleitet und das Turmspringen im Jahr 1976 erstmals in Panlimsi aufgeführt, ein Ort in der Baie Homo, der in den 50er Jahren von Männern aus Lonlibilie gegründet wurde, die *kastom* den Rücken gekehrt hatten und an die Westküste gegangen waren, um sich dort *skul* anzuschließen. Nur aufgrund dieser alten Verbundenheit kann Telkon hier in Panlimsi erstmals als *gol* Organisator außerhalb von Bunlap auftreten. Mit seinen *kastom* Männern baut er den Turm und führt ein erstes *gol* durch. Die Männer der Westküste sind dabei lediglich Zuschauer, leisten höchstens Handlangerdienste. Dieses *gol* ist, in einer Zeit teils offen ausgetragener Feindschaft zwischen *kastom* und *skul* überhaupt nur deswegen möglich, weil einige Bewohner von Panlimsi, darunter Maurice Moltabo und Samiol Bulel, der *bwela mwil buluim* angehören und über Landrechte verfügen. Wäre dies nicht der Fall, würden die Eiferer unter den *skul* Leuten ein heidnisches *gol* in ihrem eigenen Territorium nicht dulden. Allerdings trauen sich auch Telkon und seine Männer noch nicht, die Veranstaltung in der traditionellen Tracht durchzuführen, vielmehr tragen alle Beteiligten ständig westliche Kleidung. Es gibt in den darauffolgenden Jahren drei weitere *gol,* die alle von Telkon veranstaltet werden. Im Jahr 1979 kommt es allerdings, aufgrund von Landrechtsproblemen bzw. Streitigkeiten über die Verwendung der Einnahmen, zu einem Konflikt zwischen Telkon und den Leuten aus Panlimsi. Aus diesem Grund zieht Telkon weiter und veranstaltet im Jahre 1979, mit der Hilfe von Luc Fago, erstmals ein *gol* in Londot. Luc Fago, ein entfernter Verwandter von Telkon, bietet ihm seine Zusammenarbeit an und entwickelt sich in den nächsten Jahren zu einer Art Sekretär bzw. rechten Hand von Telkon, der ja weder lesen noch schreiben kann. Fago ist Anfang der siebziger Jahre einer der wenigen jungen Männer aus Südpentecost, die eine längere Schulausbildung genossen haben. Nach acht Jahren an englischsprachigen Schulen, zuletzt in Ambae, verbringt er weitere sechs Monate am Bibel College in Panmatmat, bevor er sich dann aber gegen eine Laufbahn als Missionar der Church of Christ entscheidet und statt dessen versucht, sich als Politiker und Geschäftsmann zu etablieren. Fago ist im Jahre 1983 maßgeblich an der Gründung des "Council blong Tourism blong Saot Pentikos" (Tourismusausschuß von Südpentecost), beteiligt, deren Vorsitzender er zunächst auch wird. Telkon, das zweite Mitglied, vertritt Bunlap. Später wird das Komitee schrittweise erweitert (s.u.). Telkon und Fago richten insgesamt vier *gol* in Londot aus, jeweils ausschließlich mit Männern aus Bunlap. Im Jahre

1980 wird, unter der Ägide des ersten Ministerpräsidenten von Vanuatu, Father Walter Lini, das nationale Reisebüro „Tour Vanuatu" gegründet und Telkon und Luc Fago entwickeln die Idee, die von ihnen veranstalteten Turmspringen weiter zu professionalisieren bzw. zu kommerzialisieren und „Tour Vanuatu" als nationalen und internationalen Kommunikator bzw. Multiplikator einzubeziehen, um die Turmspringen, unter Aufteilung der dann hoffentlich größeren Einnahmen, gemeinsam mit der nationalen Reiseagentur zu veranstalten. So geschieht es, und tatsächlich beginnen die Besucherzahlen langsam anzusteigen. Die Zusammenarbeit mit Londot dauert jedoch ebenfalls nur vier Jahre. Die Vorgänge, die auch hier zum Scheitern führen, lassen sich nicht mehr genau rekonstruieren. Offenbar gründet sich eine Art Sonderkomitee, an dem alle Männer teilnehmen, die an den Einnahmen aus den Turmspringen beteiligt sind, Grundbesitzer, Chiefs, Kirchenführer usw. Telkon kündigt, wie er sagt „nach unzähligen Gesprächsrunden", seine Mitarbeit. Seine Version der Geschichte ist die, daß die Leute aus Londot sich geweigert hätten, ein gemeinsames Konto einzurichten und jeweils einen Teil der Einkünfte in dieses Konto einzubezahlen, um Gemeinschaftsprojekte zu verwirklichen, die allen Beteiligten zugute kommen würden, wie z.B. den Ausbau des Flughafens. Die anderen Mitglieder des Komitees beharrten aber angeblich darauf, dass alle Gelder stets aufgeteilt werden sollten. Derartige Interessenskonflikte stellen sich, wie wir noch sehen werden, hier und anderswo immer wieder ein. Sie sind der Hauptgrund für ständig wechselnde Koalitionen bei der Organisation kommerzieller Turmspringen und haben bis heute eine einheitliche „Marketingstrategie" verhindert. Nachdem Telkon und Luc Fago in vier Jahren vier Turmspringen in Londot veranstaltet haben, ziehen sie 1983 nach Wali weiter, wo sie ein Stück Land pachten, das Luc Fago einige Jahre später dann auch kauft. Hier veranstalten sie bis 1985 weitere drei *gol*, bis Telkon wiederum abspringt, während Luc Fago hier bis heute Turmspringen veranstaltet. Ende der 80er Jahre organisieren Telkon und Luc Fago nochmals gemeinsam zwei oder drei Turmspringen in Wanur, mit Männern aus Point Cross, Londar und Wanur. Aber auch hier räumen sie nach wenigen *gol*, irgendwann Anfang der 90er Jahre, das Feld. In den Jahren danach tritt Telkon kaum noch als Organisator von Turmspringen für Touristen an der Westküste in Erscheinung, da er nach Port Vila umzieht und sich der Politik und anderen Geschäften zuwendet. Allerdings gibt er den *gol* Tourismus keineswegs ganz auf, vielmehr wendet er sich nun der Vermittlung von TV-Teams nach Bunlap zu, die dort das *gol* filmen wollen. Die Nachfrage der Fernsehleute nach dem „archaischen Ritual" nimmt Ende der 80er Jahre auf einmal sprunghaft zu und ist, im Vergleich zu den Veranstaltungen für privat reisende Touristen, das mit weitem Abstand einträglichere Geschäft. Wir werden gleich noch näher darauf eingehen. Luc Fago wiederum arbeitet nach wie vor mit verschiedenen Reiseagenturen in Port Vila zusammen. Nach dem Konkurs von „Tour Vanuatu" in den 1990er Jahren wendet er sich für kurze Zeit „Island Holidays" zu, heute wickelt er seine Geschäfte mit „Island Safaris" ab. Er richtet regelmäßig Turmspringen hinter seinem zwischen Wali und Panas gelegenen Haus, auf eigenem Grund

und Boden aus. Der Veranstaltungsort liegt direkt an der Strasse, nur eine knappe halbe Stunde vom Flugplatz entfernt, was Zeitverluste und Organisationsschwierigkeiten minimiert. Darüber hinaus mischt er sich, teils auch federführend, nach wie vor in andere *gol* Veranstaltungen ein und versucht, unliebsame Konkurrenz, in letzter Zeit vor allem den um Eigenständigkeit bemühten Lorang aus Rangusuksu, vom Markt zu verdrängen.

14.5 Chief Telkon: *gol* in Bunlap 1976 - 2004

Chief Telkon ist, wie wir gerade gesehen haben, seit den 70er Jahren einer der wichtigsten Akteure bei der Revitalisierung des *gol.* Zwischen 1976 und den frühen 1990er Jahren findet man ihn, mit wechselnden Partnern, in fast allen Orten von Südpentecost als Veranstalter, Organisator und Baumeister. Seit den 80er Jahren büßt er jedoch, offenbar aufgrund seiner nicht immer zuverlässigen Geschäftsmethoden, sukzessive an Vertrauen ein. In den 90er Jahren zieht er sich von der aktiven Mitarbeit an den Turmsprüngen als Organisator und Baumeister weitgehend zurück und kultiviert seine Fähigkeiten als Veranstalter. Spätestens seit Ende der 80er Jahre erkennt Telkon nämlich, daß es wesentlich einträglicher ist, mit der Vermittlung von TV-Teams statt mit der Organisation und Bauleitung für ein paar wenige Individualtouristen Geld zu verdienen. Er macht konkret die Erfahrung, daß Fernsehcrews, wenn sie schon nach Vanuatu kommen, sehr viel Geld für Bilder auszugeben bereit sind, in der die vermeintlich letzten „traditionell lebenden Wilden" ein „archaisches Ritual" aufführen. Wir haben ja bereits gesehen, daß der Versuch, „normale Touristen" nach Bunlap zu holen, aufgrund der entlegenen Lage sich als schwieriges und unsicheres Unterfangen herausgestellt hat. TV-Teams hingegen sind viel eher bereit, auch das lernt Telkon, manche Unannehmlichkeiten auf sich zu nehmen. Im Gegenteil reizt die Filmemacher der Gedanke, einen möglichst entlegenen Ort aufzusuchen, von dem man annehmen kann, dort noch „ursprüngliche" Kultur vorzufinden.[216] Seit der Unabhängigkeit kooperiert Chief Telkon mit dem Cultural Center das als eine Art inoffizielles Kultusministerium eine einflußreiche Institution in Vanuatu ist. Wann immer Anfragen von TV-Sendern kommen, ruft man Telkon, damit er, als politischer und traditioneller Vertreter der *kastom* Gemeinschaft von Südpentecost darüber entscheidet, ob ein Kontakt nach Bun-

---

[216] Ohne hier zu weit abschweifen zu wollen: diese Annahme ist schon seit mehreren Jahrzehnten überholt und inzwischen geradezu naiv. Meine Erfahrungen aus 10 Jahren ethnographischer Filmproduktion ist die, daß geographische Entlegenheit heutzutage keineswegs mehr zivilisatorische Unberührtheit bedeutet, wofür Bunlap ein gutes Beispiel ist. Hier gibt es zwar keine Individualtouristen, wohl aber geben sich die TV-Teams die sprichwörtliche Klinke des extra für sie eingerichteten Gästehauses in die Hand. Bei der Produktion unserer TV-Reihe „Mythen der Südsee" in teils wirklich extrem entlegenen Gegenden Ozeaniens, die nur per Schiff zu erreichen sind, waren wir niemals das erste Filmteam. Hingegen ist es uns mehrfach passiert (Bunlap in Vanuatu; Kontu in PNG, Yap in Mikronesien), daß zeitgleich mit uns ein oder zwei andere TV-Crews vor Ort drehten.

lap hergestellt werden soll oder nicht. Telkons Aufgabe besteht dann darin, mit den Teams zu verhandeln und eine möglichst hohe Drehgebühr herauszuverhandeln. Bis ins Jahr 2006 vermittelte er TV-Teams aus aller Welt nach Bunlap, darunter italienische, schwedische, australische, neuseeländische, deutsche, amerikanische, und japanische Crews. Die Gebühren, die Telkon für das Filmen im Dorf selbst bzw. das Filmen des *gol* verlangt, sind mit bis zu einer Million Vatu wesentlich höher als in den *skul* Dörfern.

14.6 Chief Willi Orian Bebe: *gol* an der Westküste 1978 - 2004

Nach dem Rückzug von Telkon in Panlimsi im Jahr 1978 tritt Chief Willi Orian Bebe aus Salap erstmals als Organisator des *gol* auf. Bis in die 90er Jahr hinein richtet er an verschiedenen Orten Turmspringen in Panlimsi, Londot und Salap aus, wobei er zwischen 1980 und 1993 teils mit Telkon, teils mit Luc Fago zusammenarbeitet, teils alleine tätig wird. Willi Orian Bebe greift stets auf Männer und Frauen aus den *kastom* Dörfern zurück, die ihm beim Bau des Turmes sowie bei der Durchführung der Veranstaltung helfen. Ab dem Jahr 1994 bemüht er sich zunehmend ernsthafter um das *gol* und veranstaltet mehrere weitere Turmsprünge in Salap. In diesem Jahr erbaut und betreibt er hier, mit tatkräftiger Hilfe seiner Familie, einen einzelnen kleinen Bungalow mit vier Betten, den er „Queens Memorial Resort" nennt. Auch beginnt er nun, seine Familie in die Veranstaltung des *gol* zu involvieren und versucht, sich so längerfristig von den Männern aus Bunlap unabhängig zu machen. Willis zweitgeborener Sohn Allen etwa beginnt Mitte der 90er Jahre selbst zu springen und ist heute einer der besseren Springer und Baumeister in Pentecost. Im Jahr 1995 veranstaltet Willi Orian Bebe erstmals zwei *gol* in Salap innerhalb eines einzigen Jahres. 1996 tritt er, zusammen mit dem Geschäftsmann Harry Wabak aus Pangi, als Veranstalter von zwei *gol* in Panlimsi in Erscheinung. Im Jahr 1997 erbaut er direkt am Strand von Baie Homo eine Bungalowanlage, die er „Nagol Bangolo" nennt. Zunächst entstehen drei kleine Bungalows mit je zwei Betten sowie eine kleine Küche. Schon 1999 erbaut er zusätzlich einen kleinen, in vier Doppelzimmer und fünf einzelne Betten unterteilten Schlafsaal und fügt so weitere dreizehn Betten zu seiner Anlage hinzu. 2003 erweitert er die Anlage um weitere drei große Bungalows, die je etwa drei Personen beherbergen, so daß nun insgesamt knapp 30 Personen gleichzeitig in seinem „Resort" übernachten können. Mit den Bungalows hat er den Geschmack der fast ausschließlich weißen Touristen aus Europa, den USA, Australien oder Neuseeland gut getroffen. Die Häuschen sind aus lokalen Materialien hergestellt, einfach aber nett und sauber. Die Preise für eine Übernachtung mit Verpflegung sind im Jahre 2002 mit zwischen 2000 und 3000 Vatu nicht billig, allerdings sind die Tarife bei längeren Aufenthalten verhandelbar. Willis Anlage ist bis heute die einzige dauernd bewirtschaftete Übernachtungsmöglichkeit für Besucher im Sa Gebiet. Der Ort ist gut gewählt, er liegt direkt an einem hübschen, langen Kieselstrand außerhalb der Rufweite des Dorfes Pangi. Nur wenige Meter von den Bungalows entfernt fließt ein Bach mit

frischem Wasser, in dem seine Besucher sich waschen können, denn fließendes Leitungswasser gibt es nicht. Da er auf künftige Zusammenarbeit mit Besuchern des Bible College in Panmatmat hofft, baut Willi in diesen Jahren sogar eine eigene Kirche im nahegelegenen Salap, das „Warngon Christian Center". Im Eröffnungsjahr des *gol bangolo,* 1998, veranstaltet Willi zwei Turmspringen direkt auf seinem eigenen Grund und Boden in Lonauwepin. Dabei arbeitet er von nun an mit dem zu dieser Zeit vom Australier Mark Hammond geleiteten Reisebüro „Island Safaris" in Port Vila zusammen. Die Agentur bewirbt Willis Turmspringen und sorgt für den Hin- und Rücktransport der Gäste per Flugzeug. Auch Willi Orian Bebe hat in Laufe der Jahre erkannt, daß den Besuchern ein langer, anstrengender Fußmarsch zu einem abgelegenen Platz irgendwo in den Bergen nicht zuzumuten ist und hat daher mit Lonliklat, ein Platz in der Nähe des kleinen Weilers Lonauwepin, einen idealen Ort gefunden, den er noch dazu sein Eigentum nennt. Der Weg von seiner Bungalowanlage bis nach Lonlilklat/Lonauwepin ist eben und dauert kaum 20 Minuten, so daß er auch von älteren oder körperlich ungeübten Touristen ohne weiteres bewältigt werden kann. In Lonlilkat wird der Turm jedes Jahr am selben Platz auf einer kleinen Anhöhe errichtet, die jedoch nur von den Springenden erklommen werden muß, während die Zuschauer bequem am Fuße des Turmes verweilen können. In den Jahren 1999 bis 2003 veranstaltet Willi im Schnitt jährlich zwei *gol* in Lonliklat und hat dabei zwischen fünf und fünfzig Gäste pro Veranstaltung. Unter den Besuchern sind auch einige TV-Crews, darunter National Geographic, sowie englische, australische und neuseeländische Filmteams. Im Jahre 2004 erreicht er mit der Veranstaltung von sieben *gol* einen zahlenmäßigen Rekord. Allerdings ist dieses Jahr insgesamt eher durch Mißerfolg gekennzeichnet, denn die Führungsspitze der Reiseagentur „Island Safaris" hat gewechselt, neuer General Manager wird Jimmy Tabase, der ein guter Freund von Luc Fago ist und seine Reisegruppen von nun an zu diesem schickt, weshalb für Willi Orian Bebe in diesem Jahr nur einige kleinere, für individuell ankommende Segler veranstaltete Turmsprünge übrigbleiben. Wie alle anderen Veranstalter auch fühlt sich Willi nämlich durchaus nicht an feste Termine gebunden. Wenn hin und wieder Individualreisende nach Pentecost kommen, meist Segler, die sich untereinander darauf verständigen, ein *gol* sehen zu wollen, dann prüft Willi ob es sich lohnt, Springer und Tänzer zu engagieren, oder nicht.[217]
Zusätzlich zu seinen eigenen Turmspringen in Lonliklat arbeitet Willi mit dem *kastom* Dorf Ratap zusammen, das etwa zwei Stunden Fußmarsch entfernt in nordöstlicher Richtung in den Bergen liegt. Ratap wird von Familien aus Bunlap bewohnt, die dort ihre Gärten haben und deswegen zeitweise dort wohnen.[218]

---

[217] Ob dann ein *gol* zustande kommt oder nicht ist für unsere Betrachtung im Prinzip unerheblich. Was hier zählt, ist der Umstand, daß es unter den Veranstaltern die Bereitschaft gibt, sich den Zeitpunkt des Turmspringens von zahlenden Kunden diktieren zu lassen.
[218] In Ratap werden, ähnlich wie z.B. in Lonau oder Randowa, Taro, Kava, Gemüse usw. gepflanzt und viele Sa meinen, dass das Leben in diesen Dependancen im Busch viel leichter und angenehmer ist, als in Bunlap selbst, weil es stets genug Wasser gibt und der Weg in die

Hier läßt Willi Orian Bebe „*kastom* Tänze" und Turmsprünge für diejenigen Touristen aufführen, die körperlich fitter und abenteuerlustiger sind, und den Fußweg ins Dorf nicht scheuen. Zwischen 1995 und 2004 hielt er hier sieben Turmspringen ab, sämtlich für zahlende Touristen.

14.7 Telkon, Fago, Lorang: *gol* der katholischen Dörfer 1985 - 2004

Wie wir bereits in Kap. 13.3 gehört haben, begegnet uns in den nördlichen Dörfern des Sa Gebietes, in Farsari (Santari), Rantas, Ponof und Ponra, mit dem *gol abwal* eine Variation der Veranstaltung. Diese, im Vergleich zum *gol abri* möglicherweise sogar ältere Form des *gol* kann im Grunde auf eine ungebrochene historische Kontinuität zurückblicken. In den 60er Jahren kommt Papiano aus Ponof auf die Idee, das *gol* wiederaufzunehmen. Da die alten Männer Bautechniken sowie Lieder und Tänze noch kennen, kann man nicht von einer Revitalisierung sprechen, der Begriff Wiederaufnahme trifft die Situation wohl besser. Das erste kommerziell veranstaltete Turmspringen in Santari findet im Jahre 1985 statt, als ein in Melsissi stationierter kanadischer Arzt, meine Informanten in Santari nennen ihn Patrick, das Dorf besucht und darum bittet, ihm das Turmspringen zu zeigen. In den folgenden Jahren versucht man dann noch mehrfach, in den Dörfern des Nordostens Turmspringen durchzuführen. Da der wirtschaftliche Erfolg aber nur mäßig ist, stellt man kommerzielle Versuche hier bald wieder ein. Allerdings werden in Farsari, Rantas und Ponof auch heute noch regelmäßig *gol abwal* abgehalten, um „die Jungen zu trainieren". Grund für den ökonomischen Mißerfolg ist, ähnlich wie in Bunlap, Murubak oder Point Cross, die physische Abgeschiedenheit, die hier freilich noch extremer ist, weshalb sich fremde Besucher bis heute nur alle paar Jahre hierher verirren. Die Dörfer auf der Nordostseite Südpentecosts sind praktisch nur zu Fuß erreichbar. Strassen, die den westlichen Teil der Insel mit dem Osten verbinden, existieren nicht und Schiffe können nur unter ausgezeichneten Wetterbedingungen unter der offenen Küste ankern, da eine schützende Bucht fehlt. Aus diesen Gründen entschließt man sich 1994, die Veranstaltung auf den Westteil der Insel nach Rangusuksu zu verlegen, ein katholisches Dorf, das kurz vor der Unabhängigkeit von Bewohnern aus Santari gegründet wurde. Es gab schon frühere Versuche, hier Turmspringen zu veranstalten. Um das Jahr 1980 führte Watas Molmas aus Bunlap ein *gol abri* in Rangusuksu durch. Obwohl er während des weiter oben erwähnten Treffens der *warsangul* in Bunlap der Hauptgegner eines Wissenstransfers nach Westen war, versuchte auch er einmal sein Glück mit dem Turmspringen. Später organisierten auch hier wieder Telkon und Luc Fago mehrere *gol abri* mit Hilfe von Männern aus Rangusuksu, Santari, Bunlap und Lonbwe.

Gärten wesentlich kürzer ist. Aus diesem Grund ziehen immer wieder ganze Familien endgültig aus Bunlap weg und gründen permanente, neue Siedlungen, etwa Ranliai. Ratap ist jedoch momentan noch kein ständig besiedeltes Dorf und überdies so klein, daß man dort noch keine *warsangul* Grade erwerben kann.

Seit einigen Jahren ist nun Lorang Tho Lala, ein Neffe von Luc Fago, der Organisator des *gol abwal* in Rangusuksu. Er hat viele Jahre lang beim Bau von Türmen mitgearbeitet und sich so alle wichtigen Techniken beigebracht. Lorang arbeitet zunächst einige Jahre mit Luc Fago und der Agentur „Tour Vanuatu" zusammen, meint aber, Fagos Geschäfte seien nicht mit rechten Dingen zugegangen. Oft habe das Geld gefehlt, mit dem er die Arbeiter und Springer hätte bezahlen müssen und Luc Fago und „Tour Vanuatu" hätten sich dann gegenseitig den Schwarzen Peter zugeschoben. Weil er und seine Leute aus Rangusuksu bzw. Santari und Rantas immer unzufriedener geworden seien beschließt er im Jahr 2002 die Organisation zur Gänze selbst zu übernehmen und mit "Island Holidays" zusammenzuarbeiten. Heute überwacht er den Bau des Turmes, heuert in Rangusuksu, Santari und Rantas die Springer und Bauleute an und verteilt dann die eingenommenen Gelder selbst, damit alle ihren Anteil erhalten. Allerdings ist auch er von den üblichen Auseinandersetzungen nicht gefeit. Als er im Jahr 2003 ein *gol* in Rangusuksu veranstalten will, gibt es vor den Augen der anwesenden Touristen eine schlimme Auseinandersetzung mit dem Landbesitzer, Phillip Tho. Dieser verlangt im letzten Moment eine wesentlich höhere Summe für das Bereitstellen des Bodens auf dem der Turm gebaut ist, als zunächst vereinbart. Von geplanten zwölf Sprüngen können daher nur zwei durchgeführt werden, dann muß Lorang seine Gäste notgedrungen zu einem parallel stattfindenden Sprung von Luc Fago verfrachten, um nicht alle Einnahmen zu verlieren. Natürlich muß er den größeren Teil seiner Einnahmen mit Fago teilen. Als er im darauffolgenden Jahr fünf Turmspringen veranstalten will, weiß Luc Fago dies erfolgreich zu verhindern, so daß Lorang lediglich einen Sprung organisieren kann. Seit 2004 kooperiert Lorang mit Chief Paul aus Lonoror, der in jüngster Zeit verstärkt ins *gol* Geschäft einzusteigen versucht. Im Jahr 2005 will Lorang zwischen April und Juni wöchentlich ein *gol* in Lonoror veranstalten. Dabei sind die Samstage die "offiziellen" Veranstaltungstermine, aber Lorang hält, auf Anfrage, auch an allen anderen Wochentagen Turmspringen ab.

14.8 Die Gründung der PonWaHa Association in Wanur

Betrachtet man die Geschichte der Kommerzialisierung des *gol,* so wird deutlich, daß stets einige wenige Veranstalter davon profitiert haben, die in der Regel ihre traditionelle Autorität ge- oder mißbraucht haben, um sich selbst zu bereichern, während der Großteil der Bauleute, Springer und Tänzer bestenfalls am Rande an den teilweise sehr hohen Einkünften der Veranstalter und Organisatoren beteiligt waren. In Wanur versuchte Chief Paul Sali sich Anfang der 90er Jahre von den bislang dominierenden Veranstaltern, Chief Telkon und Luc Fago zu emanzipieren und veranstaltete im Jahre 1992 ein *gol* mit „Frank King Tours" aus Port Vila. Erbitterter Widerstand von Telkon, so berichtet jedenfalls Chief Paul Sali, ließ jedoch eine Wiederholung in den Folgejahren nicht zu.

Die Einsicht in die ungerechte Verteilung der Einkünfte veranlaßte den ursprünglich aus dem Nordosten des Sa Gebietes stammenden Lazare Asal eine neuartige Organisationsform des *gol* Tourismus zu begründen. Zusammen mit Vertretern aus Point Cross, Wanur und S(H)arop gründete er im Juni des Jahres 2000 die „PonWaHa Association". Zentrales Anliegen der nach demokratischen Spielregeln operierenden Organisation, die über eine anwaltlich geprüfte Satzung verfügt ist es, die mit dem *gol*-Tourismus verdienten Gelder für jedermann transparent, langfristig und gewinnbringend einzusetzen. So werden die am *gol* Teilnehmenden im Gegensatz zu den Veranstaltungsformen in den anderen Dörfern überhaupt nicht bezahlt, sondern das gesamte Geld wird auf ein Gemeinschaftskonto gelegt, wo es vom „Managing Director" nach Maßgabe der Mitgliederversammlung treuhänderisch verwaltet wird. Lazare verfolgt z.B. die Idee ein Mietshaus in Vila zu erwerben, das dann langfristig Gewinne abwerfen soll. Auch an einen Ausbau kommerzieller Rinderzucht mit den Gewinnen aus dem *gol* ist geplant. In den letzten Jahren nahm die Gesellschaft durch jährlich zwei bis vier *gol* Veranstaltungen etwa eine Million Vatu pro Jahr ein. Zu den Kunden gehörten TV-Teams, das kleine Kreuzfahrtschiff MS World Discoverer und einige Touristengruppen, die momentan „Surato Tamaso Tours" vermittelt.

14.9 Zunehmende Inflation des *gol* in den 90er Jahren

Nachdem das *gol* in den 70er Jahren von den *skul* Gruppen langsam wiederentdeckt wurde, gelang es Vermittlern und Reiseveranstaltern, das *gol* im Verlauf der 80er Jahre nach und nach als regelmäßigen und planbaren touristischen Event zu etablieren. Ich habe bereits gezeigt, daß zu dieser Zeit in den zwei oder drei beteiligten Dörfern in der Regel je ein Turmspringen pro Jahr durchgeführt wurde. Seit Mitte der 90er Jahre kann man geradezu von einer Inflation der Veranstaltung sprechen, die sich außerdem zu einer stetig wichtiger werdenden „cash income" Ressource entwickelt hat. Zwischen 2002 und 2004 wurden in folgenden Dörfern ständig kommerzielle *gol* Veranstaltungen durchgeführt: Lonoror, Rangusuksu, Londot, Wali, Salap (Pangi), Lonauwepin, Wanur, Ratap und Bunlap. Mit Sicherheit kann man behaupten, daß sich, mit den Worten von Edward T. Hall, in zunehmenden Masse ein Übergang vom „Formalen" zum „Technischen" (Hall 1966) vollzogen hat: grundlegende Gebote und Verbote beim Bau des Turmes und der Veranstaltung selbst finden keine Beachtung mehr, die Bauphase des Turmes findet nicht mehr jedes Jahr aufs Neue statt. Der Bau selbst wird nicht mehr von den einst zahlreichen Tabus begleitet. Von einem einzigen Turm wird mehrfach gesprungen. Der Turm wird nach der Veranstaltung nicht mehr abgerissen. Springer, Baumeister, Organisatoren und Vermittler erhalten Geld für ihre Performanz. Zahlende Besucher können das Datum des Sprunges mitbestimmen oder die Sprünge finden an bestimmten, lange vorher bekannt gemachten Tagen statt, so dass sich die Touristen darauf einstellen können. Seit den späten 90er Jahren waren an den meisten Veranstaltungsorten regelmäßig vier und mehr Turmspringen pro Saison angekündigt, die allerdings, aufgrund der unsicheren Wetterbedingungen bzw. des Ausbleibens von Touristen, meist nicht alle abgehalten werden konnten. Geht man aber davon aus, daß, mit Ausnahme von Bunlap, jedes Dorf durchschnittlich zwischen drei und vier Turmspringen pro Saison durchführt, kommt man auf die Zahl von etwa 30 Veranstaltungen jährlich.[219] Im Vergleich zu 1980 entspricht dies einer Zunahme um den Faktor 10 bzw. von 1000%. Inzwischen hat sich zumindest in Teilen bewahrheitet, was Watas Molmas aus Bunlap schon in den 70er Jahren befürchtete: die *skul* Männer von der Westküste haben das Wissen der *kastom* Leute aufgegriffen und kommen in vielen Belangen ohne ihre Brüder von der Ostküste aus, zumindest die Türme bauen sie nun in fast allen Fällen selbst. Diese erfüllen zwar in der Regel nicht die strengen Anforderungen der Spezialisten aus Bunlap an Größe, Qualität und Ästhetik, aber den Besuchern fällt das nicht auf. Zwar ruft man die *kastom* Männer und Frauen zum Tanzen, Singen und manchmal auch für die Sprünge selbst, aber mit der zahlenmäßigen Inflation geht auch eine Degeneration der Veranstaltung einher, mit der die Weitsichtigen unter den *kastom* Leuten nicht einverstanden sind. Allerdings sind auch sie de facto bereits auf die gestiegene Nachfrage eingegangen, so wurden doch auch in Bunlap in den Jahren 2001 und 2002 erstmals zwei *gol* pro Jahr veranstaltet. Man steht dieser Entwicklung skeptisch, aber auch hilflos gegenüber, wie ein Gespräch mit Chief Warisul zeigt:

Auszug aus einem Gespräch mit Chief Warisul
Was das *gol* angeht – auf der anderen Seite (Westseite von Pentecost, T.L.) überschreitet man die Grenzen von *kastom*. Wenn man das *gol* wirklich respektiert, dann bedeutet das, daß es nur eines pro Jahr und Dorf geben kann - (zögert... T.L) oder höchstens zwei. Aber jetzt, da es mit Geld verbunden ist, kann man sehen, daß es viele *gol* auf der anderen Seite gibt. Das überschreitet seine Grenzen. Eine Sache, die wir immer wieder untereinander besprechen ist die, daß es nur ein oder zwei *gol* pro Jahr geben soll. Eines hier bei uns, und eines auf der anderen Seite. Das wäre viel besser. Und es ist auch deswegen nicht gut, weil es jetzt um Geld geht. Das *gol* wird jetzt nach den Touristen ausgerichtet, die von weit weg, von Übersee kommen. Einige kommen im April, andere kommen im Mai oder Juli, und das bedeutet, daß sich das *gol* danach richten muß. Wir sollten ein starkes Gesetz machen und sagen, daß ab jetzt nur noch drei *gol* veranstaltet werden. Zwei auf der anderen Seite und eines in Bunlap. Das wäre gut für uns. Manche Touristen sind nicht gut. Denn wenn wir das so machen würden (einen Termin setzen, T.L.), dann sagen sie, ich habe aber nur zu dieser oder jener Zeit Ferien. Und das führt dazu, daß der Weiße dafür verantwortlich ist, daß es so viele *gol* gibt. Aber wenn der weiße Mann sehen würde, daß wir *kastom* respektieren und nur zwei oder drei *gol* im Jahr veranstalten würden, dann würde er eben zu der von uns bestimmten Zeit kommen. Das wäre richtig. Aber jetzt sehen wir, daß es ganz viele *gol* auf der anderen Seite gibt. Das hat mit den „bookings" der Touristen zu tun. Sie richten sie sich nach ihren Ferienzeiten, nicht nach *kastom*. Wenn ein Tourist sagt: zu diesem Termin wollen wir kommen und ein *gol* sehen, dann sagt er es seinem Agenten und der sagt es uns, hier im Süden von Pentecost. Und die Agenten bestimmen dann, ich brauche noch ein *gol* am 1. April, und noch ein *gol* am

---

[219] Tatsächlich ist der Homepage der zentralen Tourismuskoordination von Vanuatu, dem „Vanuatu Tourism Office" http://www.vanuatutourism.com/vanuatu/cms/en/culture/nagol.html zu entnehmen, daß im Jahr 2006 mehr als 50 *gol* angeboten wurde. Zieht man in Betracht, daß, aufgrund von schlechtem Wetters oder mangelnden Buchungen, nicht alle Veranstaltungen auch wirklich abgehalten wurden, dürften die oben genannten Zahlen einen realistischen Mittelwert bilden.

15.April und wieder eins am 25.April und noch mal eins am 30. April. Und das führt dazu, daß es viele *gol* gibt, die sich alle nach den Buchungen richten müssen, weil Ihr Touristen kommt und das *gol* sehen wollt. Ich denke, es müßten jetzt 30 bis 35 *gol* im Jahr sein. Meiner Meinung nach sind es so viele. Das eine Dorf hat fünf, das andere hat auch fünf, das nächste wieder fünf....Und das bedeutet, daß es viele *gol* gibt. Aber sie richten sich nach dem Geld. Wir hier in Bunlap bemühen uns einzuhalten, daß es nur zwei gibt, es darf keine drei geben. Ein, zwei, in einem Jahr. Wenn es ein *gol* gibt, gibt es ein *gol*. Wenn es zwei gibt, gibt es zwei. Es darf keine drei geben. Es gibt nur zwei. Wenn Chief Telkon einmal tot ist, dann wird es dabei bleiben. Die Jungen werden es nicht wie auf der andern Seite machen. Es gibt ein oder zwei, und das genügt."
(Chief Warisul. Bunlap, November 2004)

Im Zuge der Kommerzialisierung gab es bereits mehrfach den Versuch, das *gol* auch außerhalb von Pentecost aufzuführen. So erhielt Chief Telkon von den Produzenten des australischen Spielfilmes „Till there was you" im Jahre 1989 eine hohe, mir gegenüber allerdings nicht näher bezifferte Summe, um mit seinen *kastom* Leuten als Statisten in diesem Film aufzutreten. Telkon verfrachtete kurzerhand mehrere Dutzend Männer, Frauen und Kinder aus Bunlap auf ein extra gechartertes Schiff und brachte sie an einen „Blacksand" genannten Strandabschnitt in der Nähe von Port Vila. Dort ließ er sie ein „traditionelles" Dorf errichteten und einen Turm bauen. Die Filmemacher hatten vorgesehen, das *gol* als visuellen Leckerbissen in den Film zu integrieren, wozu es dann aber aus verschiedenen Gründen doch nicht kam.

„Ja, einmal haben wir versucht, es in Vila zu machen, aber damals haben wir nur ein „Acting" gemacht. Wir haben zwar einen Turm gebaut, es gab aber keine Sprünge und kein Weißer hat den Turm gefilmt. Da haben wir sehr gut aufgepaßt. Wir haben den Turm wieder abgerissen, weil wir feststellen mußten, dass nicht der erforderliche Preis für den Turmbau bezahlt wurde. Für das Schauspielen haben sie uns bezahlt, aber nicht für den Turmbau. Daher haben wir verhindert, dass sie ihn filmen und haben den Turm dann wieder abgerissen. Inzwischen haben wir endgültig und für immer beschlossen, dass *gol* nur noch hier in Pentecost gespielt wird (*mifalla i pleim nanggol*) und nirgendwo anders. Wir geben niemandem anders dazu das Recht!"
(Chief Warisul. Bunlap, Mai 2002)

Im Jahr 1995 versuchte Luc Fago zusammen mit Vincent Bulekon, einem Politiker und Geschäftsmann aus dem Norden von Pentecost, das *gol* nach Santo zu exportieren. In der Nähe eines Ortes mit Namen Beleru hatte man bereits einen Turm gebaut, aber es gelang Chief Telkon und den übrigen Vertretern des "Council blong Tourism blong Saot Pentikos" im letzten Moment doch noch zu verhindern, dass vom Turm auch tatsächlich gesprungen wurde. In der Konsequenz wurden überhaupt alle weiteren *gol*, die in diesem Jahr noch hätten stattfinden sollen, abgesagt. Statt dessen traf man sich unter dem Vorsitz von Chief Willie Bongmatur aus Ambrym zu einer Gerichtsverhandlung im *Mal Fatumauri*, dem Supreme Court der Chiefs von Vanuatu, um zu klären, wie mit den „Intellectual Property Rights" der Veranstaltung umzugehen sei. Es wurde beschlossen, gegen Luc Fago für den Versuch der Aufführung des *gol* außerhalb von Pentecost eine Strafe von 100.000 Vatu und mehreren roten *batsi* Matten zu verhängen. Gleichzeitig wurde die Entscheidung gefällt, daß das *gol* jetzt und in Zukunft niemals außerhalb von Pentecost aufgeführt werden dürfe. Die Rolle von Chief Telkon bei diesem Versuch, eine neue Einnahmequelle zu erschließen, ist undurchsichtig. Chief Warisul beschreibt jedoch, daß Telkon sich letztlich gegen einen Export der Veranstaltung entscheidet:

„Einmal, als ich gerade in Vila war, hörte ich, daß einige von hier das *gol* nach Santo bringen wollten. Es gab ein Meeting mit Chief Telkon, Luc Fago und den Chiefs von der anderen Seite. Ich bin dann zu Telkon hingegangen und er hat gefragt: „Was gibt es?" Ich sagte: „Ich muß Dich etwas fragen. Ich habe gehört, daß darüber gesprochen wurde, daß das *gol* nach Santo gebracht werden soll." Er hat gesagt: „Ja, deswegen sind wir hier." Ich habe gesagt: „Nein, das werde ich nicht zulassen." Er sagte: „Warum?" „Nein" sagte ich, „ich will es einfach nicht." Ich bin dann zum *Mal Fatumauri* gegangen, zu Chief Willie Bongmatur, der damals der Vorsitzende im *Mal Fatumauri* war. Ich habe gesagt: „Ich möchte, daß Du mir hilfst, mit dem *gol*. Ich will nicht, daß das *gol* von Süd-Pentecost zu andern Inseln in Vanuatu gebracht wird." Und er hat gesagt: „Gut, ich helfe Dir dabei." Und er hat mir in dieser Sache geholfen. Am nächsten Morgen hat er mit Chief Telkon gesprochen und er hat ihm gesagt, dass er nicht will, daß das *gol* in Santo aufgeführt wird. Telkon hat ihm dann gesagt, er wolle es auch nicht. Die anderen würden das nur behaupten, es stimme aber nicht. Er, Chief Telkon, wolle es gar nicht. Telkon hat gesagt, dass Luc Fago und die Chiefs aus Zentralpentecost es gerne gesehen hätten, daß das *gol* in Santo aufgeführt wird. Sie hätten ihn sehr bedrängt, aber er habe es verboten. Später hat es sogar eine Gerichtsverhandlung gegeben und Telkon hat sie gewonnen. Noch nicht einmal die Chiefs von Santo wollten es haben, dass unser *kastom* von Pentecost nach Santo gebracht würde. Deswegen hat der Richter gesagt: „Chief Telkon, Du mußt mit deinem *kastom* auf deine Insel, nach Pentecost, zurückkehren. Im Pentecost dürft ihr das *gol* überall aufführen, aber nicht auf den anderen Inseln."
(Chief Warisul. Bunlap, Mai 2002)

Unübersehbar ist, daß man in den letzten Jahren immer stärker versucht, dem *gol* einen modernen „Eventcharakter" zu verleihen, was sich nicht nur in der steigenden Zahl der Veranstaltungen, sondern auch in dem Versuch zeigt, das ohnehin schon beeindruckende Geschehen noch weiter zu steigern: Im Jahre 2002 kam Jean Marc Buleban, ein Geschäftsmann aus Lonoror auf die Idee, nahe des Flugplatzes einen, offenbar an die alte Form des *gol melala* erinnernden, „Twin Jump" anzubieten, bei dem zwei Springer gleichzeitig von einem Turm springen sollten. Die Veranstaltung, die mit Lorang aus Rangusuksu als Organisator geplant war, kam dann allerdings nicht zustande, weil aufgrund wochenlangen schlechten Wetters keine Flugzeuge auf der völlig aufgeweichten Graspiste der Insel landen konnten und daher auch keine Touristen gekommen waren.
Im Jahr 2004 hat der *gol* Tourismus, wieder einmal unter maßgeblicher Einflußnahme von Luc Fago, eine neue quantitative Dimension angenommen. Über seine Verbindungen zur South Seas Shipping Association, deren Geschäftsführer ein Australier ist, den man in Vanuatu unter dem Namen „Captain Claus" kennt, gelang es Fago, Kontakte zur Reederei P&O des Kreuzfahrtschiffes „MS Pacific Sky" herzustellen. Er überzeugte die verantwortlichen Reiseveranstalter, zweimal jährlich ein Kreuzfahrtschiff in die Baie Homo zu schicken, wo er ein *gol*

für Passagiere veranstalten würde. Zunächst versuchte er, das Schiff direkt zu seinem eigenen *gol* Veranstaltungsplatz in Panas zu leiten, um das gesamte Geschäft alleine abwickeln zu können. Die Reederei schickte jedoch zunächst ein kleines Vermessungsschiff an die Westküste von Pentecost, um Topographie sowie Bodenbeschaffenheit möglicher Ankergründe zu untersuchen. Dabei erwiesen sich Wali und Panas als untauglich, während sich Salap, der am besten geschützte Ort nahe der tiefsten Einbuchtung der Baie Homo, als am ehesten geeignet herausstellte. So blieb Luc Fago nichts anderes übrig, als Salap zum Veranstaltungsort zu machen und sich mit den Grundbesitzern der Baie Homo sowie den Mitgliedern des "Council blong Tourism blong Saot Pentikos" abzusprechen. Obwohl er nun nicht mehr als Alleinverantwortlicher agieren konnte, gelang es ihm als Ideengeber doch, den maßgeblichen Einfluß zu behalten. Nach Verhandlungen mit der Reederei erklärte diese sich bereit, für jeden Besuch ein "Landing Fee" von 400.000 Vatu sowie einen Betrag von einer Million Vatu für das Abhalten des *gol* zu bezahlen. Nicht unerwähnt bleiben darf, daß besagter „Captain Claus" als Mittelmann zwischen Fago und der Reederei den Zuschlag erhielt, für acht

Abb. 45: Der Landungssteg für auszubootende Kreuzfahrttouristen in der Bay Homo.
Mit Baukosten von 8 Mill. Vatu (ca. € 60.000) war das Bauwerk völlig überteuert und füllte vor allem die Taschen des australischen Unternehmers „Captain Claus". (Bay Homo, Nov. 2004)

Millionen Vatu einen kleinen Steg zu errichten, an dem die Kreuzfahrttouristen mit Schlauchbooten ausgebootet werden sollen. Der Jetty wurde im Jahr 2003 gebaut, die Reederei beteiligte sich mit vier Millionen Vatu an den Kosten, die anderen vier Millionen sollte das "Council" beisteuern. Da hier eine derart hohe Geldsumme natürlich nicht verfügbar war, erklärte sich „Captain Claus" bereit, dieses Geld „vorzuschießen" wofür ihm während der nächsten zwanzig Jahre die Hälfte des jährlichen „Landing Fee", also 200.000 Vatu, automatisch zusteht und direkt an ihn abgeführt wird. Dieser völlig überteuerte Jetty erregt bis heute die Gemüter aller Beteiligten. Er besteht nämlich lediglich aus wenigen Drahtkörben, die mit den am Strand ohnehin in Hülle und Fülle vorhandenen Steinen befüllt und mit wenig Zement gesichert wurde. Auf dem Jetty sind nur ein paar billige Holzbohlen aus lokaler Produktion verlegt worden und man errichtete ein roh zusammengezimmertes Geländer (vgl. Abb 44).

Nachdem sich die erste Aufregung um den Bau der Anlegestelle gelegt hatte, sah man dann trotzdem in hoffnungsvoller Erwartung diesem größten *gol* seit dem Besuch von Queen Elisabeth II. im Jahre 1974 entgegen. Tatsächlich kam das Kreuzfahrtschiff "Pacific Sky" im Jahre 2004 zweimal in die Baie Homo und setzte jeweils an die tausend (!) Passagiere an Land, für die ein *gol* veranstaltet wurde.[220] Willkommen geheißen wurden das Schiff und seine Passagiere von Bewohnern aus allen Teilen des Sa Gebietes, wobei die *kastom* Leute wie selbstverständlich *bi-pis* und *rahis* trugen, was noch vor fünfundzwanzig Jahren undenkbar gewesen wäre. Zusätzlich zum Turmspringen, dem Höhepunkt der Veranstaltung, traten verschiedene Musikgruppen auf, darunter auch die *„Laef Kastom Stringban"* von Moses Watas aus Bunlap. Selbst der alte *abile* Meleun Bena aus Bunlap versuchte, als Gitarre spielender Sänger von alten Cowboyliedern, die er in den 50er und 60er Jahren in Santo gelernt hatte, ein paar Vatu zu verdienen. Außerdem hatten Abordnungen der einzelnen Dörfer mehrere kleine Verkaufsstände errichtet, an denen lokale Handarbeiten sowie Speisen und Getränke feilgeboten wurden. Vor allem letzteres hatte die geschäftlichen Erwartungen vieler, nicht am *gol* Beteiligter, geweckt, fand jedoch kaum Absatz. Die Besucher waren nämlich zuvor gewarnt worden waren, keine lokalen Produkte zu essen oder zu trinken, dies sei aus hygienischen Gründen nicht ratsam. Die Vorsicht der Reiseveranstalter ging sogar so weit, die Anordnung auszugeben, daß nur einige ausgewählte Chiefs die weißen Touristen persönlich begrüßen dürften, während alle übrigen Einheimischen sich von den Besuchern fernzuhalten hätten, damit sie keine Krankheiten übertrügen oder Ekelgefühle auslösten. An das Empfangskomitee, darunter Chief Telkon und Chief Warisul aus Bunlap, Chief Willi Orian Bebe und Harry Wabak aus Pangi, sowie an die etwa zwei handvoll einheimischer Tourguides, die als englischsprechende Ortskundige ebenfalls in Kontakt mit den Kreuzfahrtpassagieren kommen würden, teilte man weiße Einmalhandschuhe aus Latex aus, wie sie normalerweise bei chirurgischen Eingriffen getragen werden. So wollte man die vermeintliche Gefahr einer Übertragung von Infektionen minimieren.[221]
Die Rollen bei dieser bislang größten *gol* Veranstaltung waren wie folgt verteilt: Luc Fago übernahm die Außenvertretung, trat also für das „Council blong Tourism blong Saot Pentikos" als Sprachrohr und Vermittler der Sa gegenüber der Reederei auf. Chief Telkon veranlaßte kraft seiner, in Sachen *gol* immer noch bedeutenden Macht, seine *kastom* Leute zur Mitarbeit, trat aber auch als gewählter Vorsitzender des regionalen *Mal Bangbang* in Erscheinung. Sein Sohn Warisus übernahm die Bauleitung und trat zusätzlich als Schatzmeister des „Council" auf. Tatsächlich jedoch war der des Lesens und Schreibens kundige Bebe Tel-

---

[220] Die Geamtkapazität der MS Pacifik Sky beträgt 1550 Passagiere (http://www.kreuzfahrten-pool.de/pacific-sky-461-S.html. aktuell zuletzt: 01.12.06).
[221] Soweit mir bekannt wurde, gab es keinerlei Proteste gegenüber einer derartigen, geradezu grotesken Behandlung. Weder von den Touristen, noch von den Sa aus Südpentcost.

kon für die Verwaltung der Gelder zuständig und sorgte für die Bezahlung der Mitwirkenden. Den weitaus größeren Anteil aus den 1.2 Millionen Vatu, die für die Organisation des Turmspringens selbst zur Verfügung standen, erhielten die Vermittler (Luc Fago), die Organisatoren (Chief Telkon und seine Söhne Warisus und Bebe) die Landbesitzer (Chief Willi Orian Bebe, Harry Middle und weitere Chiefs aus Pangi), die übrigen Vertreter des "Council blong Tourism blong Saot Pentikos" sowie der Baumeister (Warisus). Luc Fago und Bebe Telkon gaben an, pro Tag und Arbeiter 500 Vatu „Baulohn" bezahlt zu haben. Chief Warisul hingegen meinte, daß viele Männer für zwei Wochen Bauzeit nur wenige hundert Vatu, andere sogar, trotz gegebener Versprechungen, überhaupt nichts bekommen hätten. Wenn man nun vergleichend in Betracht zieht, daß die Männer aus Bunlap in wochenlanger Arbeit praktisch im Alleingang den Turm errichteten, dafür aber nur mit insgesamt 300.000 Vatu entlohnt wurden, die überdies von Chief Telkon, Warisus und Bebe exklusiv verwaltet bzw. „verteilt" wurden, kann man den Unmut verstehen, der sich bei vielen beteiligten Bauleuten und Turmspringern breitmachte. Zieht man dann auch noch die tatsächlichen Baukosten des extra errichteten Stegs in Betracht, die, großzügig geschätzt, deutlich unter einer Million Vatu gelegen haben dürften, und vergleicht diese mit den Mühen des Turmbaus und der Gefahr des Turmspringens selbst, so wird sehr deutlich, wer hier ein erstklassiges Geschäft gemacht hat, wer noch vergleichsweise gut abschneidet und wem eine drittklassige Behandlung widerfahren ist. Chief Warisul gibt an, nach dem Ende des zweiten Turmspringens für die Pacific Sky im Jahre 2004 eine, an alle Beteiligten, insbesondere aber die Vertreter des "Council blong Tourism blong Saot Pentikos" gerichtete Rede gehalten zu haben, in der er eindrücklich darauf hinwies, dass es bei der Organisation nicht mit rechten Dingen zugegangen sei. Das *gol* für die „Pacific Sky" sei ursprünglich als eine gemeinsame Veranstaltung des gesamten Südens gedacht gewesen, weshalb ja auch alle Vertreter des "Council blong Tourism blong Saot Pentikos" für ihre Vermittlungsleistung Gelder kassiert hätten. Tatsächlich hätten aber fast nur die *kastom* Männer aus Bunlap an der Vorbereitung und Durchführung des Turmspringens mitgearbeitet, seien dafür aber nicht adäquat bezahlt worden. Das sei ungerecht und müsse sich ändern. Er forderte das Council auf, in Zukunft nicht wieder den Großteil des Geldes für sich zu verbrauchen, sondern, wie vereinbart, an diejenigen zu verteilen, die die tatsächliche Arbeit geleistet hätten. Sollte sich an der momentanen Situation nichts ändern, würde er, Chief Warisul, eine weitere derartige Veranstaltung nicht mehr erlauben, bzw. seine Leute aus Bunlap nächstes Jahr nicht mehr kommen lassen. Dann sollten die übrigen Dörfer selbst sehen, wie sie einen anständigen Turm zustandebringen und mutige Springer finden würden. Die Touristen kämen, um *kastom* zu sehen, also müßten die *kastom* Leute auch mehr vom *gol* profitieren als die *skul* Dörfer, oder deren Vertreter, die sich an den diversen kulturellen Aktivitäten praktisch nicht beteiligt hätten, aber den Großteil des Geldes einkassiert hätten.

Diese mutigen und in der Sache zutreffenden Worte richteten sich gegen Vermittler und Landbesitzer, sowie gegen die Mitglieder des Councils. Indirekt wandte sich Chief Warisul damit aber auch gegen Chief Telkon und seine Söhne Warisus und Bebe, weil diese den Löwenanteil der Gelder eingenommen hatten, die den *kastom* Leuten überhaupt übriggeblieben waren. Da Chief Warisul tatsächlich jedoch nur wenig Macht besitzt, verwundert es nicht, daß eine Antwort des Council ausgeblieben ist. Tatsächlich folgen die *kastom* Leute im Zweifelsfall auch heute noch eher den vagen finanziellen Versprechungen von Chief Telkon und seinen Söhnen, obwohl sie von diesem schon unzählige Male enttäuscht worden sind. Die Hoffnung, so besagt das alte Sprichwort nun einmal, stirbt zuletzt.

Abschließend muß jedoch erwähnt werden, daß in verschiedenen Dörfern von Südpentecost auch heute noch Turmspringen abgehalten werden, ohne daß zahlende Touristen anwesend sind. Zwischen 1998 und 2004 gab es, laut Auskunft von Kiliman, drei *gol* in Point Cross, weil die Jungen und jungen Männer des Dorfes eben „einfach nur springen" wollten. Im Jahr 2004 veranstaltete eine Gruppe halbwüchsiger Jungen ein *gol* in Farsari (Santari). Sie bauten einen kleinen Turm und 5 Jungen sprangen, „weil wir es wollten" wie mir der etwa 14jährige Melsul David mit leuchtenden Augen berichtete. In Bunlap fand letztmals 2001 ein *gol* ohne Besucher statt, in Murubak im Jahr 2000.

14.10 Zielgruppen und Veranstaltungsformen des *gol* Tourismus

Betrachten wir nun, wie die Turmspringen auf der Westseite von Pentecost heutzutage, im Jahr 2004, organisiert werden. Dabei beschäftigen uns im Einzelnen die Fragen, wie die Besucher sich voneinander unterscheiden, welche Preise für das bloße Zusehen, Photographieren oder Filmen der Veranstaltung zu bezahlen sind und wieviel sich für Bauleute, Springer, Organisatoren und Vermittler daran verdienen läßt. Vorgreifend läßt sich sagen, daß es im Wesentlichen vier Typen von *gol*-Touristen gibt: Kunden der nationalen Reiseagenturen, Kreuzfahrttouristen, Individualreisende und Filmteams.

Nehmen wir zunächst die mit einigem Abstand häufigste Veranstaltungsform in den Blick, nämlich diejenigen Turmspringen, bei denen Reiseagenturen in Port Vila als Schnittstelle zwischen lokalen Veranstaltern und Besuchern in Erscheinung treten. Im Jahr 2004 waren dies „Surato Tamaso Tours", „Island Safaris", „Frank King Tours", „Destination Pacific Islands" und „Horizon Group Tours". Damit die Agenturen ihre Kunden überhaupt nach Pentecost schicken können, ist ein langer organisatorischer Vorlauf nötig. Bereits Monate im Voraus teilen die lokalen Veranstalter den Agenturen in der Hauptstadt Port Vila die Termine mit, an denen sie ihre Turmspringen abhalten werden. Meist gibt man pro Dorf und Saison vier bis sechs Vormittage an immer gleichen Wochentagen zwischen April und Juni an, fast immer handelt es sich dabei um Samstage oder Sonntage. Die Agenturen unterbreiten potentiellen *gol*-Touristen dann eine Art Komplettangebot, das in der Regel auch den Flug und, falls nötig, die Unterkunft enthält.

Hier ergibt sich ein entscheidender Unterschied zwischen verschiedenen Offerten, denn viele Reisende empfinden es als zu unbequem, eine oder sogar mehrere Nächte in Pentecost verbringen zu müssen und entscheiden sich daher für einen Tagesausflug. Diesem Wunsch tragen die Dörfer nahe des Flugplatzes Rechnung, also Lonoror, Rangusuksu, Londot, Panas und Wali. Nach der Ankunft der Reisenden am frühen Vormittag gegen 9:00 Uhr werden diese von den lokalen Organisatoren in Empfang genommen und mit gecharterten Pick-Up Trucks zu den Veranstaltungsorten gebracht, von denen es in ganz Südpentecost noch nicht einmal ein Dutzend gibt. Andere Verkehrsmittel existieren hier nicht. Nach einer etwa 30- bis 45minütigen Fahrt auf einer Schotterpiste entlang der Küste, sind die jeweiligen Dörfer erreicht. Da man inzwischen weiß, daß Touristen keine längeren Strecken gehen wollen bzw. können, errichtet man die Türme schon seit vielen Jahren nur wenige Meter von der Schotterpiste entfernt auf kleinen Anhöhen, so daß das *gol* nach Ankunft der Besucher umgehend beginnen kann. Da meist nur zwischen fünf und zehn Männern springen, ist die gesamte Veranstaltung in der Regel in einer knappen Stunde „über die Bühne" gegangen. Mit Ausnahme des „Nagol Bangolo" in Salap fehlt jedwede touristische Infrastruktur, daher gibt es für die *gol* Kundschaft, außer vielleicht dem Versuch eines ungelenken Gespräches mit den Dorfbewohnern bzw. den Teilnehmern am *gol,* dem Photo- und Videographieren der „exotischen" Szenerie und einem kurzen Spaziergang am Strand oder durch das Dorf, nichts mehr zu tun. Darum werden die Besucher mehr oder weniger umgehend zum Flugplatz zurückgebracht, wo sie gegen 14:00 Uhr ihren Rückflug antreten. Für eine solchermaßen organisierte Besichtigung des *gol* müssen Eintrittspreise bezahlt werden, die sich, je nach dem Status des Besuchers, der sich an seiner Ausrüstung festmachen läßt, deutlich voneinander unterscheiden. Eine für ganz Pentecost einheitliche Preisregelung gibt es allerdings nicht, mangels Absprachen der Chiefs bzw. der Organisatoren untereinander. Wenn es eine Preisliste gäbe, die einen Mittelwert der verschiedenen, am *gol* Tourismus beteiligten Dörfer entlang der Westküste darstellte, würde deutlich, daß allein zwischen 2002 und 2004 eine nicht unerhebliche Preissteigerung zu verzeichnen war:

Zuschauer:	Jahr 2002	Jahr 2004
Tourist	5000 – 7500 Vatu[222]	7500 VT
Tourist mit Photoapparat	8000 VT	10.000 – 15.000 VT
Tourist mit Videokamera	30.000 VT	40.000 – 50.000 VT
TV-Team mit Profitechnik	Ab 300.000 VT	Ab 500.000 VT

Tafel 14: Preise für eine Teilnahme am *gol*[223]

---

[222] Der Wechselkurs am 27. März 2002 war 1€ = 140 VT
[223] Diese, an der Art und Weise der Bilderproduktion gemessene Preisstaffelung, stößt bei vielen Besuchern auf Unverständnis und wird oft als unverschämter Aufschlag auf eine in

Wenn man in Betracht zieht, daß zu manchen *gol*-Veranstaltungen nur drei oder vier Besucher kommen, wird klar, daß nicht alle Turmspringen finanziell erfolgreich sind, im Gegenteil. Erst wenn zehn oder mehr zahlende Gäste eintreffen, ändert sich das Verhältnis zwischen Einnahmen und den nicht unbeträchtlichen Ausgaben für Turmbau, Sänger, Tänzer, Springer, Organisator, Vermittler und Reiseagentur. Dazu ein Rechenbeispiel: im Jahre 2004 erhielten die Bauleute ca. 500 Vatu pro Tag.[224] Wenn man davon ausgeht, daß zehn Bauleute fünfzehn Tage brauchen, um einen mittelgroßen Turm zu errichten, ergeben sich jährliche Fixkosten alleine für den Turmbau von 75.000 Vatu. Zählt man dann pro Veranstaltung ein Minimum von zehn Tänzern hinzu, die alle jeweils 1000 Vatu erhalten, sowie die Springer die, je nach Höhe ihres Sprungbrettes, bis zu 5000 Vatu verdienen, ergeben sich bei je zehn Tänzern und Springern zusätzliche Kosten pro *gol* von etwa 30.000 Vatu. Da durchschnittlich vier Sprünge im Jahr abgehalten werden sollen, muß dieser Wert mit dem Faktor vier multipliziert werden. Rechnet man dann noch die Kosten für den Turmbau hinzu, ergibt sich ein jährlicher Fixkostenfaktor von ca. 195.000 Vatu. Hier sind noch nicht mitgerechnet: die Kosten für die Schnittstellenfunktion der Reiseagenturen, die Vermittlertätigkeit des lokalen Veranstalters sowie Kosten für Organisation und Bauleitung, was insgesamt nochmals mit mindestens 150.000 Vatu zu Buche schlägt. Insgesamt kommt ein *gol* Veranstalter also erst ab einem jährlichen Umsatz von ca. 350.000 Vatu in die Gewinnzone. Mit anderen Worten muß er mindestens fünfzig zahlende Gäste im Jahr haben, um seine beträchtlichen Ausgaben wettzumachen. Da die Zahl der Besucher aber nicht in gleichem Masse angestiegen ist, wie die Anzahl an Veranstaltungen, lassen sich beim *gol* Tourismus manche Elemente eines harten wirtschaftlichen Wettbewerbes beobachten. Nicht selten kommt es zu Zwischenfällen, in denen sich, neben einer gewissen Willkür bzw. Unverfrorenheit mancher Veranstalter, auch der finanzielle Druck zeigt, unter dem diese stehen. So ist es z.B. schon vorgekommen, daß konkurrierende *gol* Unternehmer Touristen noch am Flugplatz in Lonoror von einem bereits gebuchten Turmspringen abgeworben und, mitunter sogar ohne deren Wissen, zu ihren eigenen Sprüngen gebracht haben, wo die hilflosen Besucher dann bisweilen sogar ein zweites Mal abkassiert wurden. Ich habe auch von Fällen gehört, wo schon bezahlte Turmspringen aus diffusen Gründen gar nicht abgehalten wurden, ohne daß die Besucher entschädigt worden wären. Ein solcher Fall, der im letzten Moment dann doch noch gut ausging, ereignete sich z.B. im Jahr 2002. Ein deutscher Segler berichtete mir, daß er an einem Samstag im Mai zusammen mit seiner Schwester ein von Luc Fago angekündigtes *gol* in

---

ihren Augen ohnehin schon teure Veranstaltung betrachtet. Photographieren oder Filmen halten die Touristen nämlich in der Regel für ihr ausgesprochenes Recht. Die Sa hingegen betrachten das Anfertigen reproduzierbarer Bilder als eine potentielle Einkommensquelle, an der sie beteiligt werden wollen.

[224] Dieser Betrag entspricht, wie wir in Kap. 12.3 gesehen haben, in etwa dem Gegenwert von 15 Filterzigaretten. Das sollte man bedenken, bevor man als Besucher vorschnell über die vermeintlich so hohen Kosten der Veranstaltung zu lamentieren beginnt.

Wali ansehen wollte, wofür er pro Person mit 7500 Vatu zur Kasse gebeten wurde. Zur vereinbarten Zeit hatten sich etwa zehn Springer eingefunden, die von zwanzig Männern und vier Frauen durch Singen und Tanzen unterstützt werden sollten. Die wichtigsten Akteure an diesem Tag waren aber keineswegs die Springer selbst, sondern offenbar die Mitglieder eines deutschen Filmteams unter Leitung von Roland Garve, der nach 1997 ein zweites Mal das *gol* verfilmen wollte.[225] Da der TV-Crew das regnerische Wetter nicht paßte, wurde der Beginn der Sprünge ihrem Wunsch entsprechend und in der Hoffnung auf Besserung immer weiter hinausgezögert. Schließlich wurde die Veranstaltung ganz abgesagt. Das bereits bezahlte Geld hingegen wollte Luc Fagos Sohn Eston, der hier als Organisator auftrat, jedoch nicht wieder zurückzahlen, mit der Begründung, daß mit dem Moment, wo die Zuschauer den Zaun zum Grundstück überquerten, in dem das *gol* stattfinden sollte, die Leistung *gol* abgegolten sei. Der Segler wollte dies aber auf keinen Fall akzeptieren und es wäre beinahe zu einer handgreiflichen Auseinandersetzung zwischen ihm und Eston Fago gekommen. Zurück im Dorf beschwerte er sich be Luc Fago selbst, aber auch der verweigerte zunächst jede Rückerstattung. Auch auf den Hinweis des Seglers, dies sei schlechtes Geschäftsgebaren und er würde alle Yachten warnen, nicht mehr nach Wali zu kommen, lenkte er nicht ein. Schließlich wurde das Wetter besser und der Sprung fand doch noch statt, so daß eine schlimmere Auseinandersetzung abgewendet wurde. Derlei Beispiele gibt es inzwischen zur Genüge, sie zeigen, daß bei dieser Form des *gol* ökonomische Motive ganz eindeutig im Vordergrund steht.

Willi Orian Bebe hat eine andere Strategie entwickelt, um als *gol* Veranstalter langfristig seine ökonomische Existenz zu sichern. Seine Turmspringen in Lonauwepin finden stets am Donnerstag statt. Da es Donnerstags aber keine Flüge von bzw. nach Pentecost gibt, müssen seine Besucher schon am Mittwoch nachmittag mit dem Flugzeug aus Vila in Lonoror ankommen, am darauffolgenden Donnerstag die Sprünge besuchen und Freitag, mit dem nächsten Flugzeug, wieder abreisen. Es liegt auf der Hand, daß Willis Geschäftsmodell besonders einträglich ist: nicht nur, daß er seinen Besuchern die Teilnahme am Turmspringen berechnet, er beherbergt und verköstigt sie auch noch zwei Nächte lang in seinem „Resort", was ihm eine zusätzliche Einkommensquelle verschafft. Ein „full package deal" mit Chief Willi Orian Bebes "Nagol Bangolo" in Pangi kostete im Jahr 2002 incl. Hin- und Rückflug von Vila nach Lonoror, zwei Übernachtungen sowie einfachem Eintritt *ohne* Foto- oder Filmaufnahmen 33.900 Vatu. Im Jahr 2004 ist auch dieses Komplettpaket teurer geworden und kostete nun 38.900 Vatu. Im Jahre 2006 sind die Kosten gar auf 47.600 Vatu gestiegen (ca. € 350,-) Gleiches gilt auch für die bloßen Übernachtungspreise, die jetzt mit 5000 Vatu pro Nacht zu Buche schlagen.

---

[225] Ob dieser Film publiziert wurde, ist mir nicht bekanntgeworden.

Eine zweite Form des *gol* Geschäftes stellt der Kreuzfahrttourismus dar. Das weiter oben beschriebene, von allen Mitgliedern des "Council blong Tourism blong Saot Pentikos" unter Führung von Luc Fago ausgerichtete *gol* in Pangi wird seit 2004 direkt für die Reederei P&O der „MS Pacific Sky" veranstaltet. Auch das katholische Dorf Wanur im Süden der Insel wird mehrfach im Jahr von einem kleinen Kreuzfahrtschiff angelaufen, der „MS World Discoverer" der US-Reederei „Society Expeditions". Hier veranstaltet der mit dem "Council blong Tourism blong Saot Pentikos" konkurrierende Zusammenschluß der Dörfer Point Cross, Ponof, Wanur und Sarop „PonWaHa" jährlich mehrere Turmspringen. In beiden Fällen werden vorher mit den lokalen Organisatoren feste Preise ausgehandelt, die aufgrund der teilweise sehr hohen Passagierzahlen für den einzelnen Besucher deutlich niedriger ausfallen, wie das Beispiel der „MS Pacific Sky" zeigt: bei einer geschätzten Anzahl von 500 *gol* Besuchern und einem Festpreis von 1.4 Millionen Vatu, minimieren sich die Eintrittsgelder für den Einzelnen rein rechnerisch auf 2800 Vatu.

Die dritte Kategorie von *gol*-Touristen sind Individualreisende. Im Gegensatz zu den für Agenturtouristen und Kreuzfahrern veranstalteten Turmspringen sind die Preise für Individualreisende, vor allem Segler- oder Seglergruppen, die in der Baie Homo ankern, erfahrungsgemäß vor Ort verhandelbar. Anfang Juni 2002 wurde ich Zeuge eines solchen Falles: drei Yachten ankerten gleichzeitig in der Bay Homo und die Segler bekundeten Chief Willi gegenüber ihr Interesse, ein *gol* sehen zu wollen. Zunächst wurden sie, gegen eine Gebühr von 1500 Vatu pro Person, von Willi und seinem Sohn Allen zum Turm geführt. Dort sagte man ihnen, daß ein *gol* aufgrund der fortgeschrittenen Jahreszeit nicht mehr möglich sei. Am nächsten Tag hatten es sich Willi und seine Leute aber offenbar anders überlegt und teilten den Yachties mit, daß sie für einen Preis von 7500 Vatu pro Person, trotz der eigentlich abgelaufenen Saison, ein Turmspringen veranstalten würden. Diese Summe erschien den Yachtleuten zu hoch und nach einigem Hin und Her einigte man sich schließlich auf 7500 Vatu pro Yacht. Tatsächlich begannen die Männer daraufhin, den Boden unter dem Turm umzugraben, den Turm selbst zu renovieren und nach frischen Lianen zu suchen. Zwei oder drei Tage später jedoch, hatten sie ihre Meinung abermals geändert und verkündeten, daß ein Sprung nun doch nicht mehr möglich sei. Dabei blieb es dann auch endgültig, sei es, weil die vereinbarte Summe von insgesamt 22.500 Vatu Chief Willi nicht als angemessene Bezahlung erschien, oder, wie später entschuldigend gesagt wurde, weil zu dieser Jahreszeit keine elastischen Lianen mehr gefunden werden konnten.

TV-Teams stellen die vierte Kategorie von *gol* Touristen dar. Vanuatu ist sich des ideellen aber auch des kommerziellen Wertes seines kulturellen Erbes sehr bewußt, daher führt der offizielle Weg für alle TV-Teams über das „Vanuatu Cultural Centre", das in der Regel über alle *gol* Aktivitäten in Pentecost im Bilde ist und bei der Suche nach einem passenden Veranstalter hilfreich sein wird.[226] Im Gegenzug müssen Filmcrews eine Gebühr bezahlen, die der Arbeit des Cultural Centres und damit der Bewahrung des kulturellen Erbes zugute kommt. Von allen Formen des Tourismus ist den *gol*-Veranstaltern das Geschäft mit TV-Teams am liebsten. Diese sind nämlich bereit, die mit Abstand höchsten Summen zu bezahlen und es handelt sich bei den Crew-Mitgliedern in der Regel um eine überschaubare Anzahl an körperlich fitten Gästen, deren An- und Abreise bzw. Aufenthalt sich gut koordinieren läßt. Überdies läßt sich an TV-Teams, die meist mehrere Tage oder gar Wochen vor Ort zubringen wollen bzw. müssen, noch Unterbringung und Verpflegung teuer verkaufen. Auch hier sind die Preise im Prinzip verhandelbar, weil sie sich ohnehin immer weit in der Gewinnzone der Veranstalter bewegen, wie folgendes Beispiel zeigt: Als ich im Jahre 2002 im Rahmen meiner Feldforschung über das *gol* auch einen Film drehen wollte, kostete es mich zwei Tage zäher Verhandlungen mit Chief Telkon in Vila, einen für mich überhaupt bezahlbaren Preis herauszuhandeln. Mit der Hilfe von Jacob Sam und Ralph Regenvanu vom Vanuatu Cultural Center gelang es mir, für mich und meine Partnerin Martina für zwei mehrmonatige Forschungsaufenthalte einen Gesamtpreis von 600.000 Vatu zu vereinbaren (ca. € 4500,-). Dafür erhielten wir die Erlaubnis, in zwei Jahren zweimal ein *gol* zu filmen bzw. zu photographieren und die zur Untersuchung des Turmspringens notwendige Zeit in Bunlap zu verbringen. Das im gleichen Jahr ebenfalls in Bunlap filmende französische Filmteam bestand aus insgesamt sieben Mitgliedern und betrieb einen wesentlich höheren technischen Aufwand, was Chief Telkon zu der nicht unrichtigen Annahme veranlaßte, hartnäckig auf dem wesentlich höheren Preis von 1 Million Vatu bestehen zu können, der schließlich auch bezahlt wurde, obwohl sich das Team, im Gegensatz zu uns, nur etwa zwei Wochen in Bunlap aufhielt. Daß die Vermittler bzw. Veranstalter versuchen, bei dem Geschäft mit TV-Teams einen möglichst hohen Gewinn zu machen, liegt auf der Hand. Mitunter herrscht auch hier eine eher ruppige Geschäftspraxis, wie das folgende Beispiel zeigt: Da den Filmemachern von ZED beim Drehen des *gol* im Jahre 2002 einige Fehler unterlaufen waren, sahen sie sich gezwungen, im Jahre 2003 erneut nach Pentecost zu fahren, um ein weiteres *gol* zu filmen, in dem einige Szenen mit den Akteuren des Vorjahres wiederholt werden sollte. Da Chief Telkon wiederum eine Million Vatu für die Dreharbeiten verlangte, die diesmal jedoch nicht zwei Wochen, sondern nur einen Tag dauern sollten, trafen die Filmer ein Arrangement mit Chief Willi, der für den Preis von 500.000 Vatu mit der Hilfe einiger williger Männer aus Bunlap ein *gol* in Ratap organisierte. Warisus Telkon, der einer der Hauptdarsteller des vergangenen Jahres war, übernahm wiederum die Bauleitung und sollte, wie bereits im Jahr zuvor, vom Kopf des Turmes springen. Kurz vor dem Termin wandte sich ein englisches Fernsehteam an Chief Willi, das ebenfalls ein Turmspringen filmen wollte. Da sich die Franzosen Exklusivrechte an den Bildern gesichert hatten, gab es jedoch keine offizielle Möglichkeit mehr, das englische Team auch noch drehen zu lassen,

---

[226] Vgl. http://www.vanuatuculture.org/, Stand: 16. November 2006

und für eine weitere Veranstaltung fehlte allen Beteiligten die Zeit. Als guter Geschäftsmann fand Willi jedoch, wie er mir verschmitzt mitteilte, folgenden Ausweg: Er bot den Engländern an, kleine getarnte Unterstände für sie bauen zu lassen, aus denen sie, von den Franzosen unbemerkt, das *gol* ebenfalls drehen konnten. So wurde es gemacht, die Engländer bezogen frühmorgens in ihren Erdlöchern Stellung und konnten das *gol* so doch noch filmen. Allerdings flog der kleine Schwindel später auf und sorgt für einige Aufregung unter den Franzosen, während die Engländer unverzüglich abgereist waren.

Als Fazit der in den letzten Kapiteln besprochenen Geschichte der Kommerzialisierung des *gol* auf der Westküste von Pentecost bleibt festzuhalten, daß wir es mit Wiederaufnahme eines Brauches nach fünf Jahrzehnten Jahren zu tun haben, der heute kaum noch etwas mit der ursprünglichen Symbolik zu tun hat. Es ist nicht zu übersehen, daß es bei der Zurschaustellung des *gol* in erster Linie darum geht, die Erwartungen von zahlenden Gästen zu erfüllen: Diese wollen nach einem nicht allzu anstrengenden Fußmarsch in einer nicht allzu langen, aber möglichst „wilden", „dramatischen" und „authentischen" Zeremonie Männer mit Penisbinden und barbusige Frauen im Grasrock sehen, die von einem „mystischen" Turm springen bzw. unter diesem „archaisch" tanzen. Die Anpassung an neue Bedeutungshorizonte ist unübersehbar, zahlende Touristen sind zum „Eigentlichen" dieser Veranstaltung geworden, meines Wissens hat es in der „zweiten Geschichte" des Brauches in den *skul* Dörfern nicht ein einziges *gol* gegeben, das ohne Touristen stattgefunden hätte, vielmehr werden die Türme verbrannt, wenn die zahlenden Besucher ausblieben. Die Veranstaltung hat hier als bedeutsame Einkommensquelle und Gegenstand politischen Kalküls eine ganz neue Funktion erhalten, während ältere Bedeutungsschichten in den Hintergrund getreten sind. Dennoch wollen wir bei der nun folgenden ethnologischen Analyse des Turmspringens zunächst mythische Wurzeln, symbolische Bedeutungen und rituelle Dimensionen des Phänomens untersuchen, bevor wir dann bei der Betrachtung von möglichen funktionalen Aspekte auch wieder auf die in jüngerer zeit so wichtig gewordenen Zusammenhänge zwischen *gol,* Geld, Macht und Herrschaft zu sprechen kommen.

DRITTER TEIL
Ethnologische Analyse

Your data must of course be separate from your interpretation,
but you must have the guts to interpret.
Franz Boas (1858 – 1942)

15. Interpretationsversuche des Nicht-Mitteilbaren
Kunst bedeutet Weglassen.
Leonhard Frank (1882-1961)

Es sollte bereits deutlich geworden sein, daß ich das *gol* für ein vielschichtiges Phänomen halte, das sich nicht monokausal erklären läßt. Wir werden in diesem Teil der Arbeit nun genauer sehen, daß das Turmspringen auf unterschiedlichen, sich teils überlagernden Ebenen, Bedeutungen und Funktionen entfaltet, die man wie einen Palimpsestes Text entschlüsseln kann bzw. muß, will man deutend verstehen (vgl. Bargatzky 2006: 256ff). Ich gehe grundsätzlich davon aus, daß Kultur *auch* als das kumulative Ergebnis eines *historischen* Diffusionsprozesses betrachtet werden muß und greife damit das eingangs dieser Arbeit angeführte Wort von Hans von Keler wieder auf, demzufolge man Geschichte nicht nur als Geschehenes, sondern vor allem auch als Geschichtetes begreifen soll. Wenn also beispielsweise viele Sa das Turmspringen heute vielfach vor allem als ökonomische Ressource betrachten, hat das mit den geänderten historischen Rahmenbedingungen zu tun, die man zur Kenntnis nehmen und beschreiben muß, wenn man verstehen will, welche konkreten Auswirkungen sie auf das Handeln der Akteure haben.[227] Mit Clifford Geertz meine ich, daß eine vorrangige Aufgabe des Ethnologen darin besteht, dieses geschichtete „lokale Wissen" so „dicht" als möglich zu beschreiben und deutend zu verstehen. Georg Foster schließlich pflichte ich bei, wenn er meint, daß alle Mitglieder einer Gesellschaft eine allen gemeinsame geistige Grundhaltung teilen, die sie mit bestimmten, sehr ähnlichen Annahmen darüber ausstattet, wie die „Regeln des Spiels" denn nun beschaffen seien.

„The members of every society share a common cognitive orientation which is, in effect, an unverbalized, implicit expression of their understanding of the ‚rules of the game' of living imposed upon them by their social, natural and supernatural universes." (Foster 1965:293)

---

227 Allerdings schließe ich mit diesem Bekenntnis zur zweifellos vorhandenen Bedeutung der Diffusion keineswegs aus, daß alle Kulturen ohne Ausnahme zu eigenen schöpferischen Leistungen in der Lage sind. Eine solche schöpferische Leistung, die uns als Organisation von Wirklichkeit konkret z.B. in Mythen, Symbolen, kultischen Handlungen, Ordnungsvorstellungen etc. entgegentritt, halte ich für die je spezifische Antwort auf eine existentielle Frage, die in einer bestimmten Raum-Zeit-Konstellation aufkommt und unmittelbar nur auf dieser Grundlage verstanden werden kann. Ich schließe mich daher grundsätzlich Durkheim an, der meint, daß religiöses Bewußtsein kollektives Bewußtsein ist, das für eine spezifische soziale Realität steht (Durkheim:1912.) Ob sich das, was ich hier „schöpferische Leistung" genannt habe, und was durch eine spezifische soziale Realität gekennzeichnet scheint, im „Kern" letztlich doch als ein Wiedererkennen von „Urbildern" (vgl. Platon 1974; Jung 1984; Eliade 1990; 1994 etc.) beschreiben läßt (woher auch immer dies stammen mögen), vermag ich weder zu bestätigen, noch zu verneinen, halte das Problem m.a.W. nach wie vor für ungelöst.

Dabei sind aber, so meint Foster, die einzelnen Mitglieder in der Regel nicht in der Lage zu erkennen, welche Regeln sie eigentlich befolgen, geschweige denn, diese Regeln analytisch zu erfassen oder mitzuteilen. Vielmehr werden sie einfach angewandt, ähnlich wie grammatikalische Regeln im Normalfall auch dann befolgt werden, wenn man sie nicht explizit formulieren kann.[228] Ich betrachte es daher, neben der *Beschreibung* des „lokalen Wissens", als die zweite wesentliche Aufgabe des Ethnologen, die Beschaffenheit dieser Regeln, das „Ethos"[229] einer Gesellschaft, das eine reale psychologische Kraft darstellt, herauszufinden und zu analysieren.[230] In unserem Falle scheint mir eine Rekonstruktion dieses „Ethos" anhand der überlieferten Mythen, Symbole und Rituale durchaus möglich zu sein. Allerdings, so füge ich hinzu, hätten wir damit nur *eine* von mehreren Bedeutungsschichten entschlüsselt, und zwar eine, die möglicherweise nur noch als weit entfernter Schatten im Bewußtsein der Akteure verankert ist, während andere, jüngere Motive, die sich noch gar nicht in Mythen, Symbolen oder Ritualen, die ich für vergleichsweise träge Erscheinungen halte, die sich geänderten kulturellen Rahmenbedingungen nur sehr langsam anpassen, niedergeschlagen haben, inzwischen eine mindestens ebenso große Bedeutung gewonnen haben könnten. Ich denke dabei vor allem an die in jüngster Zeit so wichtig gewordene ökonomische Bedeutung des *gol*. Aus diesem Grund schließe ich mich auch den Empfehlungen von Raymond Firth, Maurice Godelier und anderen Vertretern einer neomarxistischen Ethnologie an, die meinen, daß der Ethnologe „mit wissenschaftlicher Strenge die ökonomische Basis einer Gesellschaft untersuchen müsse, weil die soziale Struktur eng von den spezifischen ökonomischen Verhältnissen abhängt" ohne daß, so füge ich hinzu, direkte Auswirkungen auf Mythen, Rituale und Symbole unmittelbar sichtbar würden (vgl. Godelier 1973: 45ff). Um es plastisch auszudrücken: Wenn bei uns der erhöhte Konsum in den letzten Wochen vor Weihnachten *de facto* eine entscheidende Bedeutung für

---

[228] Nicht umsonst hat sich z.B. Edwin Hutchins bei seiner Sequenzanalyse von Konversationen der von ihm untersuchten Trobriand Insulaner vor allem für das interessiert, was diese *nicht* gesagt haben, und konnte so auf deren unausgesprochene Übereinkünfte Rückschlüsse ziehen (Hutchins 1980).

[229] Laut Foster können "ethos", "cognitive view", "world view", "world view", "perspective", "basic assumptions", oder "implicit premises" synonym gebraucht warden (Foster 1965).

[230] Ich möchte nochmals betonen, daß ich die Frage für unbeantwortet halte, ob sich hinter den vordergründig so ungeheuer mannigfaltigen Ausprägungen von „spezifischer sozialer Realität" nicht auf einer tieferen Ebene doch stets universale „Urbilder" oder „Strukturen" finden lassen, die man erkennen und benennen kann. Ob man dabei das Modell des Strukturalismus bemüht (vgl. Lévi-Strauss 1977), kognitionswissenschaftlich argumentiert (vgl. f.a. Reimann 1998), Eliades „universelle Symbolik" heranzieht (Eliade 1990; 1994) oder Kultur dramatologisch betrachtet, also davon ausgeht, daß Menschen, weil sie immer und überall mit den gleichen Grundfragen konfrontiert sind, doch immer im Kern ähnliche kulturelle Bewältigungsstrategien entwickeln (vgl. W. Lipp 1994), spielt bei dem Versuch, zu einer grundsätzlichen Haltung zu gelangen, gar keine so große Rolle, da es zunächst um die grundsätzliche Abgrenzung gegenüber all denjenigen ginge, die die totale Flexibilität, um nicht zu sagen Beliebigeit, der kulturellen Formen postulieren.

eine positive Bilanz des Einzelhandels besitzt, und daher für die Existenz nicht weniger Menschen, derjenigen nämlich, die vom Handel leben, relevant ist, bedeutet das noch lange nicht, daß sich dieser Umstand in der Weihnachtsgeschichte oder der Christmette direkt niederschlagen müßte. Schon Malinowski hat gewußt, daß man als Ethnologe zwischen tatsächlichem Handeln und den zugrundeliegenden Regeln zu unterscheiden hat (Malinowski 1985: 89). Für unsere Betrachtung bedeutet dies vor allem eines: wir haben es mit unterschiedlichen Schichten zu tun, die sich gegenseitig überlagern, aber latent vorhanden bleiben und daher alle beachtenswert sind, will man zu einer möglichst umfassenden Sichtweise des Phänomens gelangen (vgl. Transdifferenz, Bargatzky 2006:256). So ist zu erklären, weshalb es Sinn macht, bei der Analyse eines Phänomens wie dem *gol* polyparadigmatisch vorzugehen: unterschiedlichen Bedeutungsschichten muß man aus unterschiedlichen Blickwinkeln entgegentreten, weil das *gol* eben auf verschiedensten Ebenen Bedeutungen entfaltet. Was bedeutet das konkret?

Wir werden die das *gol* umgebenden Mythen einer strukturalistischen Analyse unterziehen und fragen, ob wir dabei auf Motive stoßen, die sich auch in anderen Mythen der Sa finden lassen. Wir wollen versuchen, symbolische Dimensionen des *gol* zu erfassen und wiederum überprüfen, ob uns diese, oder ähnlich gelagerte Formen, auch anderswo begegnen. Wir werden die den Jahreszyklus begleitenden kultischen Handlungen eingehend betrachten, miteinander vergleichen und uns fragen, ob bzw. wie sich das Turmspringen in die Abfolge dieser Veranstaltungen einfügt. Schließlich wollen wir nach Funktionen der Veranstaltung suchen und danach fragen, ob bzw. wie sich diese sinnvoll in die vorangegangene Betrachtung eingliedern lassen, oder ob es sich hier möglicherweise um so etwas wie „Kultur ohne Funktion" handelt[231]. Zum Schluß wollen wir prüfen, ob die Veranstaltung heutzutage überhaupt noch mit den in den Mythen, Symbolen und Ritualen festgehaltenen Vorstellungen korrespondiert, oder ob sie nicht längst neue, davon unabhängige Bedeutungen angenommen hat.

---

[231] Ich schulde Markus Verne Dank, der im WS 2005/06 an der Universität Bayreuth eine Veranstaltung unter dem Titel ‚„Kultureller Unsinn"? Kultur jenseits von Sinn und Funktion' abhielt und mir einige wertvolle Hinweise zu diesem spannenden Thema vermittelt hat. Insbesondere verwies er auf Meads Arbeit bei den Mundugumor (Mead 1959); Turnbulls Ethnographie der Ik (Turnbull 1973) und Wassmanns Beitrag zu den Ypno (Wassmann 1993), die in der Tat einige bemerkenswerte Beispiele für „dysfunktionale", „unordentliche" oder gar „fehlende" Ordnungsvorstellungen bereithalten.

16. *Gol* und Mythos – Versuch einer Mythenanalyse

Ein Mythos (von altgr. μῦθος für: „Laut", „Wort", „Rede", „Erzählung") bezeichnet zunächst eine Geschichte, die ein oder mehrere Ereignisse beschreibt. Es ist unmöglich, und auch nicht das Anliegen dieser Arbeit, hier alle je zur Mythosforschung vorgebrachten Positionen vorzustellen. Ich will hier lediglich versuchen, einen möglichst klar umrissenen Mythosbegriff zu skizzieren, sowie ein Analysewerkzeug vorzuschlagen, das hier brauchbar erscheint.

16.1 Der Mythosbegriff

Eine knappe, aber den Kern der Beziehung zwischen Mensch und Mythos treffende Beschreibung hat Hans Blumenberg entworfen, wenn er den Menschen als „Homo Pictor" betrachtet, als ein mit der Projektion von Bildern den Verläßlichkeitsmangel der Welt überspielendes Wesen. Der Mensch schafft sich Bilder, weil er sie zur Weltdeutung braucht. Mythen sind ein Ausdruck des menschlichen Bedürfnisses nach Bildern, sie stellen die Welt, als *das* Weltdeutungsmodell traditionaler Gesellschaften, in Bildern dar (Blumenberg 1986). So zutreffend diese Deutung auch ist, so ungenau, weil nur hinreichend bleibt sie, denn schließlich gibt es viele unterschiedliche Möglichkeiten, „Bilder" in (mündlich tradierten) Geschichten zu transportieren. Versuchen wir daher, Blumenbergs Befund aus der Perspektive des feldforschenden Ethnologen zu verfeinern.

Bronislaw Malinowski fand auf den Trobriand Inseln im Wesentlichen drei verschiedene Gattungen an Geschichten, er unterschied zwischen Märchen, Legenden und den eigentlichen Mythen (Malinowski 1976). Die erste Gattung, Märchen, beschreibt er als öffentlich zur Unterhaltung vorgetragene Geschichten, die häufig eine an Jahreszeiten gebundene Vorstellung und einen Akt der Geselligkeit darstellen, letztlich jedoch nicht recht ernstgenommen werden. Nicht selten befinden sich Märchen im „Besitz" von einzelnen Eigentümern, die z.B. das Recht für sich reklamieren, dieses oder jenes Märchen öffentlich vortragen zu können. Von den Märchen unterscheidet er als zweite Gattung historische Berichte, Erzählungen vom Hörensagen und Legenden. Sie werden ernster genommen und für wichtiger erachtet als die erste Kategorie. Es sind die Alten, Krieger oder Reisende, die diese Geschichten oft auch „selbst erlebt" haben, zumindest aber jemanden kennen, der „tatsächlich" dabei gewesen ist. Allerdings gibt es in dieser Kategorie auch „phantastische Geschichten", die dennoch, so Malinowski, für wahr gehalten werden. Immer wird in den Geschichten dieser Gattung eine ungewöhnliche Realität präsentiert, eröffnen sich vergangene historische Augenblicke. Als letzte Kategorie schließlich benennt er die Mythen, „heilige" Geschichten, die nicht nur als wahr, sondern auch als verehrungswürdig betrachtet werden. Mythen spielen von allen Gattungen die wichtigste Rolle und kommen immer dann ins Spiel, wenn Riten, Zeremonien oder eine gesellschaftliche oder sittliche Regel betroffen ist. Mythen gelten als Bürgschaft für

Alter, Wahrheit und Heiligkeit. In ihnen soll durch etwas Konkretes und Einleuchtendes eine abstrakte Idee, oder aber vage und schwierige Begriffe gedeutet werden, wie Schöpfung, Tod, die Unterscheidung von Rassen und Tierarten, die Herkunft der verschiedenen Tätigkeiten und Lebensbereiche von Männern und Frauen, auffallende Naturformen, prähistorische Denkmäler oder Personen- und Ortsnamen (Malinowski 1976). Mircea Eliade vertritt einen ganz ähnlichen Mythosbegriff, der sich nach wie vor in vielen ethnologischen Hand- und Lehrbüchern findet (vgl. Lipp 2000).[232] Ihm zufolge sind Mythen „Einbrüche des Heiligen in die Welt", sogenannte *Hierophanien*. In ihnen wiederholt sich die „Weltgründung", sie sind „kosmogonische Ursprungserzählungen", die in *illo tempore* spielen, in der uranfänglichen Zeit. Insofern haben sie an der „eigentlichen" Zeit keinen Anteil, sondern sind vielmehr ein „Modell für die Ewigkeit". Anders gesagt: der Mythos erzählt, auf welche Weise dank der Taten der übernatürlichen Wesen – dies können Götter, Heroen oder mythische Ahnen sein – eine Realität zur Existenz gelangt ist. Sei es nun die totale Realität, der Kosmos oder nur ein Teil davon: eine Insel, eine Pflanzenart, ein menschliches Verhalten, eine Institution. Es handelt sich also immer um die Erzählung einer „Schöpfung": es wird berichtet, wie etwas erzeugt worden ist und begonnen hat, zu sein. Der Mythos spricht nur von dem, was wirklich geschehen ist, von dem, was sich voll und ganz manifestiert hat. Mythen sind insofern im Bewußtsein der Menschen immer „wahre Geschichten", in denen sich quasi die „Summe der Uroffenbarungen" spiegelt (vgl. Eliade 1988:15ff). Mythen werden in der Regel als ätiologische Geschichten bezeichnet. Dabei erklären Mythen nicht, sondern sie halten einen Präzedenzfall fest. Das Bedürfnis nach Erklärung, so meinte Malinowski, existiert nämlich gar nicht (Malinowski 1976). Hier würde sich wohl auch André Jolles anschließen, wenn er sagt, daß die mythische Antwort zum Erlöschen der Frage führe (Jolles 1976). Insofern steht, was wohl alle Mythenforscher unterstreichen würden, der Mythos im unüberwindbaren Gegensatz zur Erkenntnis. Diese ist gegenständlich gerichtet, sie sucht „logische" Einsicht in den Zusammenhang der Dinge, sie will eine Bestimmung des Seins und des So-Seins der Objekte und ihrer Beziehungen zueinander. Erkenntnis faßt sich in Urteilen, die Allgemeingültigkeit besitzen sollen. So besteht die eigentliche Leistung der Erkenntnis darin, daß sie ihren Gegenstand aus seinen Bedingungen heraus erst erzeugt. Während die Erkenntnis Allgemeingültigkeit beansprucht, beschwört der Mythos „Bündigkeit" oder „Ganzheit". Beide Weltdeutungsmodelle existieren stets nebeneinander. Erkenntnis löst den Mythos keineswegs als Resultat eines notwendigen bzw. evolutiven Prozesses ab, genausowenig wie die Religion die Magie ablöst (vgl. Evans-Pritchard 1978). Zwischen Mythos und Logos herrscht ewige Konkurrenz, wobei dem Mythos, wie Kurt Hübner über-

---

[232] Die ist eigentlich erstaunlich, weil die wesentlich weiterführende Theorie, die Eliade nicht zuletzt auf der Grundlage seines Mythosbegriffes entwickelt hat, in der Ethnologie heute weitgehend diskreditiert ist, da man sie, nicht ganz zu unrecht, eher für eine Ideologie denn für eine Theorie hält.

zeugend nachgewiesen hat, eine eigene *ratio* innewohnt, die jedoch unserem, aus der griechisch-römischen Philosophie entlehnten Begriff der Logik, nicht entspricht. Insofern steht Hübner mit Jolles, Kerényi und anderen dem Begriff der „Mytho-Logie" skeptisch gegenüber, weil sie den Versuch darstellt, zwei „widrige" Methoden der Weltdeutung miteinander in Einklang zu bringen, die nicht miteinander im Einklang stehen können (vgl. f.a. Hübner 1985; Jolles 1976:207)[233]. Überall dort, meint Jolles, wo das Gleichnishafte des Mythos als solches erkannt wird, wo logische Erkenntnis sich in die Form des Mythos kleidet, handelt es sich um ein „Analogon", um eine Geschichte, die zwar die Form eines Mythos besitzt, aber dennoch kein Mythos ist, sondern eine Kunstform. Schließlich sei abschließend noch ein Satz von Karl Kerényi erwähnt, der den Kern der Sache ähnlich umfassend und intuitiv trifft, wie Blumenbergs Skizze vom *homo pictor*. Kerényi meint nämlich, und jüngst hat Hartmut Böhme diese These mit seinem Blick auf die auch in unserer Zeit überall stets vorhandenen Elemente des Mythos eindrucksvoll belegen können, daß der Mythos letztlich eine immer gleich aktuell bleibende Lebens- und Handlungsform darstelle (Kerényi 1976; Böhme 2006). Menschen *verhalten* sich zum Mythos und wenn sie das tun, erübrigt sich jede weitere Frage nach dem *Grund* dafür. Diese besondere Dimension der im Mythos vorgetragenen Geschichten ist auch das treffendste Argument für die Behauptung, sagt Lévi-Strauss, daß der Mythos überall auf der ganzen Welt von Menschen – unabhängig von ihrem kulturellen Hintergrund – als Mythos erkannt wird (Lévi-Strauss 1977:231).[234]

16.2 Der *gol* Mythos und seine Varianten

Betrachten wir nun verschiedene Varianten des *gol* Mythos, die ich zwischen 1997 und 2004 im Sa Gebiet aufgezeichnet habe. Nachdem ich während meinen ersten beiden Aufenthalten in den Jahren 1997 und 2002 zunächst den Eindruck gewonnen hatte, es gebe keine nennenswerten Variationen des Mythos, stellte sich dann bei meiner Wanderung durch das Sa Gebiet im Oktober und November 2004 heraus, daß dies doch der Fall ist. Ich konnte insgesamt fünf solche Variationen erfassen.[235]

---

[233] Auch ich verwende aus den genannten Gründen den Begriff „Mythologie" in dieser Arbeit nicht.

[234] Diese These baut allerdings auf der Annahme auf, daß alle Kultur im Kern auf den immer gleichen Strukturen basiert.

[235] Die hier aufgeführten Mythen sind von mir im Feld direkt aus dem Bislama ins Deutsche übertragen worden, ohne den Originaltext aufzuzeichnen. Leider ließ sich dieses Versäumnis im Nachhinein nicht mehr korrigieren. Auch hier verweise ich aber auf Hans Fischer, der in seinem Vergleich von verschiedenen Fassungen des „Geist frißt Kind" Mythos der Wampar keine gravierenden Sinn-Unterschiede zwischen Pidgin- und Wampar-Versionen feststellen konnte (Fischer 2006).

VIII – 1. *Gol* Mythos aus Bunlap, Version 1
In einer längst vergangenen Zeit lebte ein Mann mit dem Namen Tamalié. Seine Frau war von seiner sexuellen Energie überfordert und hatte bereits mehrfach versucht, ihm davonzulaufen. Einmal flüchtete sie sich in die Krone eines riesigen Banyan-Baumes, aber ihr eifersüchtiger Ehemann folgte ihr auch dort hinauf. Oben angekommen rief sie ihm zu, wenn er sie wirklich liebe, müsse er es ihr beweisen, und, wie sie selbst auch, vom Baum springen. Als sie tatsächlich sprang tat ihr Mann es ihr ohne Zögern nach. Dabei bemerkte er zu spät, daß sie sich eine Liane um die Füße gebunden hatte, die ihren Fall kurz vor dem Aufschlagen auf dem Erdboden abbremste. Während Tamalié bei dem Sturz zu Tode kam, überlebte sie unverletzt."
(Feldnotiz Thorolf Lipp, Mythos erzählt von Bebe Malegel, Bunlap, 1997/2002/2004; Vgl. a. Jolly 1994a)

VIII – 2. *Gol* Mythos aus Bunlap, Version 2
Es gab einmal eine Frau, Sermop. Sie lief ihrem Mann davon und ging in den Busch. Sie kletterte auf eine Kokospalme. Dort befestigte sie eine Liane an ihren Füssen. Ihr Mann war ihr gefolgt und begann den Baum zu erklettern. Da sprang die Frau herunter, aber sie berührte den Boden nicht, sondern hing knapp darüber. Trotzdem war sie tot. Ihr Mann brachte ihr Kava zu trinken und da fuhr neues Leben in sie.
(Feldnotiz Thorolf Lipp, Mythos erzählt von Sali Molkat, Bunlap, September 2004.)

VIII – 3. *Gol* Mythos aus Farsari
Es war einmal eine Frau, die ihrem Mann immer wieder davonlief und sich zu ihren Eltern flüchtete. Aber ihr Vater brachte sie immer wieder zu ihrem Mann zurück. Da war die Frau müde geworden und wollte sich umbringen. Sie kletterte auf eine Kokospalme, band sich zwei Palmwedel um die FüsseFüße und sprang. Ihre Leute suchten sie überall und als sie sie schliesslichschließlich in der Palme hängen sahen, waren sie froh, sie wiedergefunden zu haben. Sie dachten sich, dass es nicht gut sei, dass sie sich umbringen wollte und entbanden sie von ihrer Pflicht, zu ihrem Mann zurückzukehren. Die Männer dachten bei sich, dass es gut wäre, diese Sache selbst einmal auszuprobieren und anstatt von einer Kokospalme zu springen, sprangen sie nun von einem selbstgebauten Turm, und anstatt Kokoswedel nehmen sie Lianen. Die Frauen springen nicht mehr. Wahrscheinlich haben sie Angst vor dem Tod.
(Feldnotiz Thorolf Lipp, Mythos erzählt von Mikhael, Farsari, August 2004)

VIII – 4. *Gol* Mythos aus Point Cross
Es gab einmal eine Frau, die war mit einem Mann verheiratet. Wie der Mann geheißen hat, das weiß man nicht mehr. Die Frau hieß Sermop. Sie mochte ihren Mann nicht, weil der manchmal streng mit ihr war. Immer wieder ging sie in den Wald und überlegte, wie sie ihn töten könnte. Eines Tages ging sie in den Busch und lockte ihren Mann, auch mitzukommen. Sie erkletterte einen Baum und band sich eine Liane an die Füße. Sie sagte zu ihrem Mann, daß er dasselbe tun sollte. Dann sprang sie vom Baum und er sprang ihr hinterher. Als ihr Mann unten aufschlug, war er tot. Aber seiner Frau tat es nun leid, daß sie ihn umgebracht hatte. Sie rüttelte an ihm und er wachte wieder auf. Dann gingen die beiden wieder ins Dorf und jetzt wollten auch die Männer das neue Spiel ausprobieren.
(Feldnotiz Thorolf Lipp, Mythos erzählt von Kiliman, Point Cross, September 2004)

VIII – 5. Mythos aus Londar (Rantealing)
Ein Mann mit Namen Panurkon aus der *buluim sangul* wohnte in der Nähe von Wanur. Eines Tage heiratete er ein Mädchen, das aus der Nähe von Point Cross kam. Die Familie kam, und

brachte das Mädchen zu ihrem Ehemann, aber es lief immer wieder weg[236]. Die Familie aber brachte sie stets zu ihrem Ehemann zurück. Eines Tages kletterte das Mädchen auf einen großen Banyan-Baum. Sie rief ihren Mann. Und weil der glaubte, daß sie sich in Gefahr befände, kam er, um sie zu retten. Aber das Mädchen hatte seine Beine mit zwei Lianen gesichert und sprang vom Baum herunter. Ihr Mann sah, dass sie sprang und konnte gerade noch ihre Füße erreichen. Er wollte sie festhalten und dachte dann bei sich: es ist besser, wenn wir beide tot sind, und sprang ebenfalls. Das Mädchen hing, als es unten ankam, sicher in der Liane, der Mann hingegen war tot. Das Mädchen war jetzt aber traurig weil sie sah, dass der Mann sie wirklich liebte und wollte ihn wieder lebendig machen. Sie holte ein besonderes Blatt *(walu brang)*, berührte ihren Mann damit, und der wurde wieder lebendig. Die beiden lebten nun friedlich bis an ihr Lebensende. Der Name der *buluim* existiert bis heute. Der Banyan Baum stand bis vor kurzer Zeit noch in der Nähe von Londar.
(Feldnotiz Thorolf Lipp, Mythos erzählt von Josef Gulgul und Pierre Tagere, Londar, November 2004)

Was rechtfertigt es, diese Geschichten überhaupt für Mythen zu halten? Zunächst wird man allgemein sagen können, daß es sich hier um *Ätiologien* handelt, in denen beschrieben wird, warum etwas ist, wie es eben ist. Dabei wird jedoch nichts erklärt, wird keine Einsicht in den Zusammenhang der Dinge vermittelt, sondern ein „bündiger" Präzedenzfall beschrieben, an den überdies keine weitergehenden Fragen gerichtet werden. Vielmehr *verhalten* sich die Sa zu diesen Geschichten, etwa, indem sie diese für so wichtig halten, daß sie bis heute bekannt sind und man sie z.B. dem Ethnologen (ernsthaft) vorträgt, der möglichst alles über das Turmspringen in Erfahrung bringen möchte. Ich habe bereits in Kap. 9 angedeutet, wie und zu welchen Gelegenheiten Mythen bei den Sa erzählt wurden bzw. auch heute noch erzählt werden und will hier nur noch einmal ergänzen, daß längst nicht alle Sa alle Mythen kennen, sondern man stets auf ein paar wenige Männer verweist, die sich besonders gut mit dem Mythenkanon auskennen.

Eingangs dieser Arbeit wurde die Frage gestellt, ob es eine „unverbrüchliche Einheit" zwischen dem geschilderten Mythos (bzw. seinen Varianten) und dem Turmspringen gibt, oder ob der Mythos bei der neuerlichen Verbreitung des Turmspringens in der Region überhaupt noch eine Rolle spielt. Dazu ist zu sagen, daß sich eine genauere Kenntnis des Mythos bzw. seiner Varianten auf diejenigen Gegenden bzw. Dörfer beschränkt, in denen das *gol* nach wie vor aktiv veranstaltet wird, also vor allem Farsari, Bunlap (und die anderen *kastom* Dörfer) und Point Cross. In den übrigen *skul* Dörfern ist der Mythos, wenn überhaupt, in der Regel nur in und *durch* die längst schriftlich fixierte Form bekannt, er wird also nicht mehr mündlich, sondern bestenfalls noch schriftlich tradiert. Hier wie dort beschränkt sich die Exegese des Vorgetragenen durch die Sa selbst, auch das muß gesagt werden, immer auf ein absolutes Minimum und war oft in einem Nachsatz enthalten wie: „Die Frauen springen nicht mehr. Wahrscheinlich haben sie Angst vor dem Tod" oder „Jetzt sind wir schlauer geworden

---

[236] Die Rede ist hier von einer *hin/issin roro* - einer Frau, die immer wieder wegläuft.

und springen selber, während die Frauen unter dem Turm tanzen müssen" (vgl. Jolly 1994a). Eine andere Frage, die zu Beginn dieser Arbeit gestellt wurde, lautete, ob sich im Verlaufe der Revitalisierung des Turmspringens andere Mythen bildeten, die u.U. mit dem ursprünglichen Mythos nichts mehr zu tun haben, was dann konkreten Anlaß gäbe, die immer wieder postulierte „unverbrüchliche Einheit zwischen Mythos und Ritual" kritisch zu betrachten. Das Problem kann, zunmindest für den Moment, dahingehend beantwortet werden, daß mir, trotz hartnäckigen Nachfragens, außer den oben genannten Varianten, niemals irgendwelche anderen Mythen bekannt geworden sind.[237]

16.3 Das Analysewerkzeug: strukturalistische Mythosdeutung

Die soeben vorgetragenen Mythen sollen nun einer Analyse unterzogen werden. Um einen Einblick in die Bandbreite der entsprechenden Ansätze zu ermöglichen, will ich hier kurz die von Kurt Hübner vorgeschlagene Kategorisierung verschiedener Mythosdeutungen vorstellen, demzufolge man neun maßgebliche Deutungsversuche isolieren kann: 1. allegorische oder euhemeristische Deutung; 2. Deutung als Krankheit der Sprache; 3. Deutung als Poesie und schöner Schein; 4. ritualistisch-soziologische Deutung;[238] 5. psychologische Deutung; 6. transzendentale Deutung; 7. strukturalistische Deutung; 8. symbolistische und romantische Deutung; 9. Deutung als Erfahrung des Numinosen (vgl. Hübner 1985:48ff). Es soll anhand dieser Auflistung vor allem deutlich werden, daß man Mythen aus so vielen unterschiedlichen Blickwinkeln begegnen kann, daß es notwendig scheint, sich für ein Analysewerkzeug zu entscheiden, das man möglichst klar definiert und dessen Stärken und Schwächen man billigend in Kauf nimmt. Bislang habe ich versucht, den Blick des Lesers auf das ethnographische Material nicht (allzusehr) zu verstellen. Wenn ich hier nun zunächst eine strukturalistische Analyse des Mythenmaterials versuche, die ich dann später mit den noch zu beschreibenden Symbolen und dem ethnographischen Befund allgemein in Beziehung setzen werde, so füge ich unmißverständlich hinzu, daß dies eben nur *eine* Möglichkeit darstellt, mit dem Material zu arbeiten.

Der Mythos gleicht, meint Lévi-Strauss, einem komplexen, mehrdimensionalen System das eine eigene Art der Rationalität entfaltet, die man mit Hilfe einer strukturalistischen Analyse erkennen kann. Während Lévi-Strauss vor allem nach den formalen Strukturen sucht, mit denen der Mythos die Wirklichkeit zu durchdringen versucht, und die konstitutiven Inhalte dabei hinter den Versuch

---

[237] Sollte sich jedoch die Kommerzialisierung des *gol* weiter fortsetzen wie bisher, und sich der Charakter der Veranstaltung weiter entsprechend verändern, würde es mich nicht wundern, wenn im Laufe der Zeit Mythen auftauchten, die ein dann möglicherweise sogar ein vollkommen anderes Bild entwerfen, als das, welches ich hier zu beschreiben und zu analysieren versuche.

[238] Aus der Perspektive des Ethnologen ist zu bemängeln, daß Hübner den Ansatz einer Symbolischen Anthropologie auf der Grundlage lokalen Wissens nur unzureichend behandelt.

der Isolierung von Strukturen der dem Mythos inhärenten Logik eher zurücktreten, bin ich hier eher am „Ethos" interessiert, das in der Analyse (möglicherweise) ersichtlich wird. Dies liegt u.a. daran, daß wir uns hier, anders als von Lévi-Strauss gefordert, nur mit den Mythen der Sa beschäftigen und diese nicht in einem größeren, überregionalen Zusammenhang mit den Mythen benachbarter Ethnien betrachten. Erstens lagen hierzu keine Daten vor und zweitens hätte ein solcher Versuch das Anliegen dieser Arbeit bei weitem gesprengt. Auch tritt in meiner Betrachtung das handelnde Subjekt nicht gänzlich in den Hintergrund. Ich vermute dennoch, und erweitere bzw. verenge damit Lévi-Strauss' Ansatz, daß es sinnvoll sein könnte, die Mythen *einer* Gesellschaft nicht nur in Hinblick auf universale Strukturen, sondern auch als Reflex einer in einem bestimmten Raum-Zeit Gefüge stehenden Sozialstruktur zu betrachten. Ich halte es also für möglich, daß sich im Mythenschatz einer Kultur neben universellen Formen – etwa der Bewußtmachung bestimmter Gegensätze und der Hinführung zu deren allmählicher Ausgleichung (vgl. Lévi-Strauss 1977:247) - sehr wohl auch deren spezifisches „Ethos" widerspiegelt (vgl. dagegen Lévi-Strauss 1977:227). In jedem Fall ist das Unterfangen wohl einen Versuch wert, zumindest dann, wenn man das Ergebnis kritisch mit dem Ertrag aus Symbol- und Ritualanalyse in Beziehung setzt. Ich stimme Lévi-Strauss grundsätzlich zu, wenn er den Mythos für einen universellen Code hält, der dechiffriert werden muß. Universell deswegen, weil Mythen mit ähnlichen Inhalten und oft sogar erstaunlich vergleichbaren Einzelheiten in den verschiedensten Regionen der Welt auftauchen. Dechiffrieren muß man den Mythos, da an der Zusammensetzung der einzelnen Mytheme und an den spezifischen Eigenschaften der mythischen Sprache spezifische Eigenschaften festgestellt werden können, die über dem üblichen Niveau des sprachlichen Ausdrucks liegen, weil sie komplexer sind als dieses (Lévi-Strauss 1977:228ff). Dies kann dann gelingen, wenn man in den zahllosen Varianten des Mythos gewisse, stets wiederkehrende Grundmuster entdeckt, die jedoch, anders als ein Mythos in seiner Ganzheit, „logischer" Natur sind. Wie stehen dann aber diese Mytheme, als logische Elemente, mit dem ganzen Mythos in Verbindung, der sich einer „logischen" Betrachtung ja entzieht? Im Mythos werden, wie wir bereits gehört haben, Bilder entworfen, die den Begriff ersetzen. Nicht selten stehen diese Bilder in Opposition zueinander, wodurch sie vor allem eines leisten: sie werden dem dialektischen Charakter der uns umgebenden Welt gerecht, denn die Erfahrung des „in der Welt seins" wird im Mythos (auch im Ritual, dort aber auf andere Weise, s.u.) als „coincidentia oppositorum" dargestellt.[239] Die im Mythos erzählte Geschichte als solche bezeichne ich hier als die „oberste Ebene" des mythischen Textes. Lévi-Strauss hat nun vorgeschlagen, dem Problem der Mehrschichtigkeit des Mythos beizukommen, indem

---

[239] Ich beziehe mich hier auf Nicolaus Cusanus (1401-1464), der den Begriff der „coincidentia oppositorum" prägte, um das Zusammenfallen der Gegensätze in der Gottheit zum Ausdruck zu bringen. Mythen-, Symbol- und Ritualforscher haben den Begriff später immer wieder aufgegriffen, wie wir später noch genauer sehen werden.

man die einzelnen Aussagen dieser „obersten Ebene" auf kürzeste Sätze reduziert, wobei im Zentrum eines jeden Satzes stets die Zuweisung eines Prädikates
zu einem Subjekt besteht. Sätze mit gleichen Aussagen bzw. vergleichbaren Bezügen faßt man unter gleichen Nummern zusammen und erhält so Gruppen, die
Lévi-Strauss „Mytheme" nennt. Sie stellen die Bausteine und Konstituenten des
Mythos dar, anhand dessen man die unter der „obersten Ebene" liegenden
„Strukturen" des Mythos erkennen kann.

Es bleibt allerdings die Frage, ob es legitim ist, das methodische Werkzeug bei-
zubehalten, aber ein wenig anders zu fokussieren. Verschiebt sich damit das von
Lévi-Strauss postulierte, viel weiter ausgreifende Erkenntnisinteresse, dem er
mit der strukturalistischen Mythosdeutung beikommen will, oder kann man das
Werkzeug, mit einem viel unmittelbareren Ziel vor Augen unverändert beibehalten? Ich meine ja, denn selbst wenn mich die Frage nach den allumfassenden
Strukturen als solche (in diesem Fall) nicht interessieren, stimme ich doch mit
Lévi-Strauss überein, wenn er sagt, daß die Substanz des Mythos weniger in der
Erzählweise oder der Syntax zu suchen ist, sondern vielmehr in der Geschichte,
die darin erzählt wird. Lévi-Strauss macht den *Sinn* dieser Geschichte nicht an
den logischen Aussagen der einzelnen Mytheme fest, sondern daran, wie diese
miteinander *verknüpft* sind. Er interessiert sich, mit anderen Worten, für die *Beziehungen* der Mytheme zueinander, genauer gesagt für *Beziehungsbündel*. Erst
diese können, wie übereinandergelegte Folien, gedeutet werden indem sie den
Blick auf die dahinterliegenden Strukturen, die eine Art „genetisches Gesetz"
des Mythos sein sollen, freigeben. Genau das will ich hier einmal versuchen –
allerdings eben nur auf der lokalen Ebene und keinesfalls mit dem Interesse, an
einer universellen strukturalistischen Mythostheorie weiterzuarbeiten. Insofern
handelt es sich um ein Experiment mit offenem Ausgang, das im übrigen anschließend durch eine Analyse der in den Mythen enthaltenen Symbole ergänzt
wird. Beginnen wir also zunächst mit der Isolierung der Mytheme der oben genannten Mythen.

16.4 Isolierung der Mytheme nach Lévi-Strauss
Die Isolierung von Mythemen des *gol* Mythos gestaltet sich nicht allzu schwie-
rig, da die entsprechenden Texte verhältnismäßig knapp ausfallen. Folgt man
Lévi-Strauss, muß man alle Variationen eines Mythos gleich behandeln, denn
nur aufgrund einer Zusammenschau aller Fassungen kann die Analyse gelingen.
Isolieren wir daher zunächst die Mytheme, indem wir die jeweils entscheidende
Beziehung zwischen Subjekt und Prädikat herstellen.

A: Mann heiratet Frau

B: Familie (= Vater) der Frau bringt (=gibt = hat er-
            schaffen) Frau

C: Frau will Mann töten

D: Frau läuft in den Busch

E: Mann folgt Frau

F: Frau wendet List an

G: Mann fällt auf List herein

H: Frau überlebt

I: Mann ist tot

J: Mann überlebt

K: Frau ist tot

L: Frau erweckt Mann zu neuem Leben

M: Mann erweckt Frau zu neuem Leben

(Der zeitliche Ablauf der Geschichte muß von oben nach unten gelesen werden.)

Tafel 15: Die wichtigsten Mytheme aus Mythos VIII (1-5)

Es fällt zunächst auf, daß der Mythos fast ausschließlich Beziehungskonstella-
tionen zwischen Mann und Frau zum Inhalt hat. Bemerkenswert ist, daß ab
Punkt (H) eine vollständig symmetrische Dialektik zwischen den binären Oppo-
sitionspaaren herrscht, die das Überleben und den Tod von Mann und Frau genauso betrifft wie deren Auferweckung zu neuem Leben. Bereits in der Zusammenschau (dies ist noch nicht die eigentliche Mythem-Analyse!) wird also deutlich, daß der Konflikt zu Beginn der Geschichte letztlich in eine Situation führt,
in der sich die Gegensätze im Zusammenfallen von Tod und Leben auflösen.
Fast könnte man meinen, diese Daten würden der Hypothese von Lévi-Strauss
zu sehr entsprechen, aber so ist nun einmal der Befund. Nun wollen wir, in einer
zweiten Tabelle, alle thematisch zueinander gehörenden Beziehungen in einer
senkrechten Spalte gruppieren. Mytheme, zu denen es kein Oppositionspaar
gibt, werden hier nicht mehr berücksichtigt. Dabei werden solche Mytheme um
so näher beieinander plaziert, je ähnlicher deren Charakterzüge sind, und umgekehrt. Leben und Tod werden dementsprechend so weit wie möglich entfernt
voneinander dargestellt, da sie zwar aufeinander bezogen sind, aber einander
entgegengesetzte Pole der menschlichen Existenz darstellen. Es ergibt sich folgendes Bild:

1	2	3	4	5
Mann ist tot	**Frau überlebt**			
		Frau will Mann töten		
			Mann folgt Frau	
				Mann heiratet Frau
			Mann fällt auf List von Frau herein	**Mann erweckt Frau zu neuem Leben**
		Frau erweckt Mann zu neuem Leben		
Mann überlebt	**Frau ist tot**			

(Der zeitliche Ablauf der Geschichte ist aufgelöst, nur die Subjekt-Prädikat Beziehungen sind entscheidend)

Tafel 16: Versuch einer strukturalistischen Analyse von Mythos VIII.

16.5 Deutung der Mytheme nach Lévi-Strauss

Wie könnte man diesen Befund deuten? In den Spalten 1 und 2 wird, wie weiter oben bereits gezeigt, das Zusammenfallen der Gegensätze deutlich. Tod und Leben bilden, gerade weil sie einander bedingen, die Extreme des Daseins ab. Lévi-Strauss meint zur Struktur des mythischen Denkens: „Die Unmöglichkeit, Beziehungsgruppen miteinander in Verbindung zu bringen, ist überwunden (oder, genauer gesagt, ersetzt) durch die Bestätigung, daß zwei einander sich widersprechende Beziehungen identisch sind, soweit sie beide in sich widersprüchlich sind" (Lévi-Strauss 1977:237f). Genau dieses Phänomen können wir m. E. hier beobachten. Dasselbe gilt auch für alle anderen Spalten, allerdings nimmt die Widersprüchlichkeit der Subjekt-Prädikat Paare mit zunehmender Nähe zueinander ab, wenngleich sie keinesfalls aufgelöst werden, sondern, eben lediglich in abnehmendem Masse, bestehen bleibt. Unter 3 begegnen uns Tod und Leben bereits nur noch als entgegengesetzte Möglichkeiten bzw. Übergangsformen. Spalte 4 thematisiert mit den Mythemen „Mann folgt Frau" und „Mann fällt auf List von Frau herein" die in Opposition zueinander stehende Begriffspaarung „Vertrauen" und „Hinterlist". Es sind dies bereits Dimensionen der Mann-Frau Beziehung, die deutlich näher beieinander liegen als die vorangegangene Paarung „Leben" und „Tod". In Spalte 5 schließlich ergibt sich eine Verbindung, die am unmittelbarsten mit der Frage des „In-der-Welt-Seins" von Mann und Frau zu tun hat, ja gleichsam zum Kern derselben vordringt. Mir scheint, daß in der Paarung „Mann heiratet Frau" – „Mann erweckt Frau zu neuem Leben" (Spalte 5) ein zentraler Problemfall thematisiert wird, den schon Lévi-Strauss aufgegriffen hat: die Frage nämlich nach der Autochthonie des Menschen, in unserem Fall konkret die, nach der Autochthonie des Mannes. Im *gol* Mythos zeigt sich, daß die Sa Gesellschaft vor einer Aporie steht. Die strukturalistische Analyse fördert die Autochthonie des Mannes zutage, dieser ist in der Lage, sich aus sich selbst heraus zu reproduzieren (Spalte 5). Der tatsächliche Befund ist aber ein anderer, nämlich der, daß jeder Mensch aus einer Vereinigung von Mann und Frau geboren wird. Wir haben es also in Wirklichkeit mit einem Mann-Frau Dualismus zu tun, angesichts dessen sich die grundsätzliche Frage stellt, ob man aus Einem oder aus Zweien geboren ist. Wie kommt es, daß wir nicht einen einzigen Erzeuger haben, sondern eine Mutter *und* einen Vater. Oder, noch weiter gedacht: wird das Selbst aus dem Selbst geboren, oder aus dem Anderen? In diesem Fall besteht die Leistung des Mythos darin, so sagt Lévi-Strauss, ein Instrument zu liefern, mit dem die Aporie aufgelöst wird. Der Geschlechterdualismus wird in ein Bild der Autochthonie überführt (vgl.a. Lévi-Strauss 238f).[240]

Ich habe in Kap. 9 eine Auswahl der wichtigsten Mythen der Sa aufgeführt, auf die ich hier, mit Hinblick auf das eben geschilderte Phänomen zurückkommen möchte. Da wir hier aus Platzgründen nicht alle weiteren Mythen einer vergleichbaren strukturalistischen Analyse unterziehen können, müssen wir zunächst auf der „obersten Ebene" der mythischen Texte bleiben. Folgt man Lévi-Strauss, sollte sich zeigen, daß auf dieser Ebene die Einsicht in die Nichtlösbarkeit der Frage nach dem Zusammenfallen der Gegensätze im Wesentlichen bestehen bleibt und in Form von Metaphern thematisiert wird. Beginnen wir mit Mythos I, der die Besiedlung der Welt sowie die Erschaffung der ersten Frau zum Thema hat. In beiden Fällen haben wir es mit der autochthonen Leistung eines Mannes zu tun. Barkulkul verläßt die Blütenscheide der Kokospalme, um die Welt als Erster zu betreten. Ihm folgen sechs andere Männer. Die Frau die er schafft, indem er einen anderen Mann kastriert, ist aus dem männlichen Selbst geboren.[241] Ein ganz ähnliches Bild begegnet uns in Mythos II. Hier wird thematisiert, wie aus den Hoden des Mannes Wagher die ersten Schweine entstehen.

---

[240] Es muß hier erwähnt werden, daß der sog. niederländische Strukturalismus diese zentrale These von Lévi-Strauss' aufgegriffen und, auf der Grundlage von verwandtschaftsethnologischen und Mythenforschungen in Indonesien, kritisch erweitert hat. Dabei wurde nicht zuletzt Lévi-Strauss Überlegungen zur Autochthonie kritisiert und angeregt, die weibliche Beteligung an der Prokreation käme in vielen Mythen sehr wohl zur Geltung. Ich kann diese Diskussion hier nicht weiter vertiefen, sondern lediglich darauf verweisen, daß man mit dem Material auch unter strukturalistischen Gesichtspunkten durchaus anders arbeiten könnte (vgl. Van Wouden 1968; Josselin de Jong 1977).

[241] Daß diese erste Frau den Namen Sermop erhält, wie die Frau im *gol* Mythos und auch der Tochter von Jamwop im Liede „*mele ai*", ist m. E. kein Zufall sondern ein Indiz für eine ursprüngliche Verlinkung dieser Texte. Über mögliche linguistische Verknüpfungen kann ich jedoch keine Aussage treffen.

Auch Mythos III greift das Thema wieder auf, indem der Yams aus Singit, also einem männlichen Selbst, entsteht.[242] Deutlich wird, daß wir es mit Geschichten zu tun haben, die von Dingen sprechen, die jeder menschlichen Erfahrung vollständig entgegenlaufen, auf der Symbolebene jedoch Bilder entfalten, die das konkrete Handeln der Sa besser verstehen lassen. In Mythos IV begegnet uns erstmals eine Frau als Akteur. Sie läßt es zu, daß Marelul, ein Bruder Barkulkuls, mit ihr schläft. Diesen Vertrauensbruch bestraft Barkulkul mit dem Tode. Allerdings tötet er nicht etwa seine Frau, sondern seinen Bruder.[243] Frauen stellen, wie wir in Kap. 9 bereits gesehen haben, in den wenigen Mythen der Sa, in denen sie überhaupt auftauchen, eine ausgesprochene Gefahr für den Mann dar, indem sie seine reproduktiven Fähigkeiten, ja sogar sein Leben bedrohen. In Mythos V muß Mélésia sterben, weil er seiner (unzuverlässigen) Frau das Geheimnis seiner Unsterblichkeit verraten hat. In Mythos VI wird thematisiert, daß ein Mann einer Frau nicht trauen kann, da diese die Züge eines Gestaltwandlers besitzt und ihm so ein wertvolles Geheimnis entlocken kann. In Mythos IX schließlich, der begründet, warum die Beschneidung in die Welt gelangt ist, stößt man auf Elemente, die bei genauerem Hinsehen dem *gol* Mythos sehr ähneln. Hier fordert der Mann von seiner Frau, daß diese ihren „ehelichen Pflichten" nachkommt, diese läuft jedoch weg und es entspannt sich eine Geschichte, die wir nochmals näher betrachten wollen: Schon der Verweis auf die Sexualität deutet das Autochthonie Problem an, in der Durchführung der Geschichte gewinnt der Stoff weiter an Brisanz, denn es stellt sich heraus, daß die geschlechtliche Vereinigung eine große Gefahr für den Mann darstellt. Wir wollen hier noch einmal eine Mythenanalyse nach Lévi-Strauss versuchen, um unsere Datenlage wenigstens in bescheidenem Umfang zu ergänzen. Allerdings lag mir von diesem Mythos lediglich eine einzige Version vor, so daß das hier erzielte Ergebnis lediglich als vorläufiges Bild betrachtet werden muß.

---

[242] Die Erfahrung, daß dies möglich ist, machen die Sa jeden Tag, indem sie Taro und Yams in mehrere Stücke zerteilen und diese dann einpflanzen. In wenigen Monaten vermehrt sich die Pflanze in der Erde - ohne die Hilfe eines Zweiten, Anderen, gänzlich autochthon.

[243] Übrigens findet sich auch hier wiederum ein typisches Dema-Bild, in dem Tod und Fruchtbarkeit in eins gesetzt werden: Marelul gräbt sich sein eigenes Grab ausdrücklich in Form eines Yams-Pflanzloches. Allerdings ist er (aufgrund seines sexuellen Verkehrs?) nicht mehr zur autochthonen Reproduktion in der Lage. Vielmehr „verdirbt" sein Körper, so daß er ins Reich der Toten Lon We gehen muß. Die Metapher bezieht sich sowohl auf das Verwesen des Leichnams, als auch auf die Yams, die ebenfalls von Fäulnis befallen werden kann und dann ungenießbar wird.

A: Mann heiratet Frau

B: Frau läuft weg

C: Mann sucht Frau

D: Frau wendet List an

E: Mann zeigt Glied

F: Frau beschneidet Glied

G: Mann empfindet Schmerz

H: Frau empfindet Lust

(Der zeitliche Ablauf der Geschichte muß von oben nach unten gelesen werden.)

Tafel 17: Die wichtigsten Mytheme aus Mythos IX.

Auch dieser Mythos hat im Kern den Dualismus zwischen Mann und Frau zum Inhalt. Bereits in der Reduktion auf die Mytheme wird die Dialektik der Handlungen deutlich, die in der basalen Erfahrung besteht, daß auf jede Reaktion des (männlichen) Selbst eine (gefährliche) Gegenreaktion des (weiblichen) Anderen folgt. Wiederum wollen wir nun, in einer zweiten Tabelle, alle thematisch zueinander gehörenden Beziehungen in einer senkrechten Spalte gruppieren. Dabei werden auch hier solche Mytheme um so näher beieinander plaziert, je verwandter ihre Subjekt-Prädikat Beziehung ist und umgekehrt. Das Bild, das sich hier ergibt, scheint zunächst weniger eindeutig zu sein als in Tafel 16. weiter oben, bei genauerem Hinsehen stellt sich allerdings heraus, daß der Mythos hier eine ebenso prägnante Botschaft bereithält.

Mann heiratet
Frau

        Frau läuft weg

                Mann sucht Frau

                        Frau empfindet Lust

                Mann zeigt Glied   **Frau beschneidet Glied**

        Frau wendet List
        an

Mann empfindet
Schmerz

(Hier ist der zeitliche Ablauf der Geschichte gänzlich aufgelöst, nur noch die Subjekt-Prädikat Beziehungen sind entscheidend)

Tafel 18: Versuch einer strukturalistischen Analyse von Mythos IX.

Mir scheint, daß in diesem Fall die beiden Mytheme „Mann heiratet Frau" und „Mann empfindet Schmerz" das Anliegen des Mythos besonders deutlich zum Ausdruck bringen: die Heirat eröffnet dem Mann die potentiell bedrohliche Welt der *Sexualität* , bedeutet also gleichzeitig seine *Gefährdung* („Frau beschneidet

Glied" und „Frau empfindet Lust"). Möglicherweise ist die besondere Betonung der Autochthonie im Mythos IX nicht als die unmittelbare Botschaft zu erkennen. Betrachtet man jedoch das Beschneidungsritual als den Vollzug des Mythos, so steht hier fraglos die Betonung der Autochthonie im Mittelpunkt: die Beschneidung wird man mit Fug und Recht als ein typisches Übergangsritual betrachten dürfen, als Initiation, „zweite Geburt" oder „nachgeburtliche Behandlung" der Jungen durch die Männer der Gemeinschaft. Die Gefährdung der Männer durch die Frauen soll mit Hilfe der Beschneidung, durch die ein irgendwie weibliches Element (Vorhaut) entfernt, und die männliche Kraft (*konan*) durch die Zeit der Trennung von den Müttern gestärkt wird, gemindert werden (vgl. Kap.10.5).

Versuchen wir eine zusammenfassende Betrachtung des Mythenmaterials: mit dem Mythos IX schließt sich, nach dem Umweg über die Mythen II, III, IV und VI die Klammer zum *gol* Mythos VIII. In allen Fällen wird auf der „obersten Ebene" der Dualismus zwischen Mann und Frau thematisiert. Dieser Befund würde auch zu der in Kap. 13.7 gemachten Beobachtung passen, wonach in wichtigen beim *gol* gesungenen Liedern, das Mann-Frau Problem besonders betont wird. Wie erklärt sich aber, daß es, betrachtet man die „oberste Ebene" des *gol* Mythos IX sowie von Mythos VIII, die Frauen sind, die eine entscheidende Entdeckung machen, die erst in Nachhinein von den Männern aufgegriffen wird? Ich meine, daß wir es hier mit ausgesprochenen „Umkehrmythen" zu tun haben, in denen uns die Botschaft in einer Form der Verschlüsselung gegenübertritt, die wir als „coincidentia oppositorum" bereits kennengelernt haben und die den mythischen Charakter der Geschichte besonders betont. Betrachtet man überdies Mythos und darstellende Kulthandlung als zusammengehöriges Ensemble, so wird deutlich, daß sich hier der Befund der strukturalistischen Mythenanalyse bestätigt, da spätestens im Ritual eine Auflösung dieser Aporie durch die Herstellung männlicher Autochthonie angestrebt wird. Die Männer stellen durch das Entfalten von Symbolen in verschiedenen Formen der kulturellen Performance ihre Autochthonie als soziale Wirklichkeit *de facto* her.

Derartige Umkehrmythen sind nicht selten, im Gegenteil. So hat sich z.B. Claude Meillassoux in seiner wohl bekanntesten Arbeit „Die wilden Früchte der Frau" (1978), vor allem aber im Aufsatz „Le mâle ein gesine" (1979) diesem Thema gewidmet. Demnach erzählen Völker auf der ganzen Welt Mythen, denen zufolge einstmals die Frauen die Natur beherrscht hätten: Die wilden Tiere gehorchten ihnen und sie waren die Herrscherinnen der Welt und der Menschen. Eines Tages aber unterlief ihnen ein Fehler, und sie mußten ihre besondere Macht an die Männer abtreten. So, meint Meillassoux, postulieren die Mythen die Unfähigkeit der Frauen, die Natur zu zivilisieren. Die Nachkommen, so wie die Frauen sie zur Welt bringen, verharren im Zustand der Tiere, denn Frauen sind nicht fähig, ihre Kinder, vor allem ihre Söhne, zu richtigen Menschen zu machen. Diese Aufgabe der sozialen Reproduktion müssen daher die Männer übernehmen, die dadurch das Überleben der Gruppe insgesamt sichern. Durchsetzen können sie dies, meint Meillassoux, indem sie ihre körperliche Überlegenheit, etwa im Krieg, einsetzen, um sich so einen höheren sozialen Wert zuzuschreiben. Auch wenn Frauen in ihren häuslichen Aktivitäten, bei ihrer Arbeit in Gärten oder bei der Anfertigung von handwerklichen Gegenständen selbst große physische Kräfte aufbringen müssen, vom Kriegshandwerk verstehen sie nichts, ihre „natürliche Schwäche" liegt daher auf der Hand (vgl. Völger 1997a:28). Meillassoux' Modell einer evolutiven Entwicklung der Geschlechterbeziehungen, in einer breiteren historischen Perspektive ähnlich auch vertreten von Waltraud Dumont du Voitel, sieht vor, daß die Männer stets versuchen, ihre Rolle als Vater und (männlicher) Gott so tief als möglich im gesellschaftlichen Bewußtsein zu verankern. Entscheidend ist dabei vor allem auch die Etablierung der Patrilinearität, die, so Meillassoux, an die „Stelle des natürlichen Bandes der Mutterschaft" tritt (Meillassoux 1979: 370). Der Vater ist also, historisch betrachtet, eine „späte" Erfindung, mit deren Hilfe das Band zwischen Mutter und Kind durchschnitten und die Verwandtschaft der Mütter mit ihren Kindern geleugnet wird (vgl.a. Dumont du Voitel 1997:159ff). Um dies zu erreichen, setzen die Männer durchaus keine unmittelbare Gewalt gegen ihre Frauen ein, sondern es gelingt ihnen mit der Hilfe von Mythen und Ritualen.

Wenngleich dieses Modell zu schematisch erscheint, und sich in seiner „Zielgerichtetheit" auch nur bedingt mit dem deckt, was wir weiter oben als „Charakter des Mythos" beschrieben haben, so ist doch auffällig, wie sehr sich manche der in dieser Arbeit vorgestellten Überlegungen mit Meillassoux Theorie decken: Die heute an sich patrilineare Ordnung der Sa enthält, etwa durch das historisch ältere *lo sal* System, nach wie vor starke matrilineare Elemente. Layard hat mehrere Indizien dafür aufgeführt, daß ein möglicher Übergang möglicherweise gar nicht sehr lange zurückliegt. Ich stimme ihm weitgehend zu und habe weitere, ebenfalls dafür sprechende Beispiele hinzugefügt (vgl. Kap. 11.2 & 12.1). Vielleicht kann man das *gol* tatsächlich als Ausdruck von Gebärneid begreifen, als eine männliche Antwort auf die, als Mangel empfundene, fehlende (eigene) Gebärfähigkeit. Versteht man das Turmspringen als symbolische Geburt, könnte man es gleichzeitig als den Versuch der Männer auffassen, Patrilinearität konkret zu etablieren.[244] Ich habe bereits gezeigt, daß das *gol* vermutlich im Norden des Sa Gebietes entstanden ist, da die meines Erachtens ältere Form, das *gol abwal,* dort heute noch praktiziert wird, während die technologisch höherentwickelte Form des *gol abri* ausschließlich im Süden des Sa Gebietes angetroffen werden kann (Kap. 13.3 & 13.5). Zieht man zusätzlich noch in Betracht, daß die Ethnien im Norden Pentecosts, Seke, Apma oder Raga, bis heute matrilinear organisiert sind, daß, mit anderen Worten, die Grenze zwischen Patri- und Matrilinearität genau dort verläuft, wo das *gol* ursprünglich vielleicht erfunden wurde,

---

[244] McDougall behauptet dasselbe für den Kula Ring der Trobriander, den er für eine ausgedehnte männliche Antwort auf die weibliche Reproduktionsfähigkeit hält (McDougall 1975).

so könnte dies die oben skizzierte Theorie stützen, wonach hier, in Abgrenzung zu den matrilinearen Ethnien, der Versuch gemacht wird, männliche Prokreationskraft *de facto* zu demonstrieren und so Patrilinearität zu etablieren.[245] Beweisen lässt sich diese Überlegung allerdings nicht, sondern bestenfalls durch eine Fülle von Indizien belegen.

---

[245] Die Sa selbst grenzen sich sehr bewußt und deutlich von den matrilinearen Raga, Apma, Seke und Sowa im Norden der Insel ab. „Die folgen ihren Frauen" sagen sie. Das sei aber nicht gut, weil die Frauen zu mächtig würden und dadurch alles viel komplizierter sei und es viel „Ärger" gebe.

17. Symbolische Dimensionen des *gol.* Versuch einer Analyse

Was für den Begriff des Mythos gesagt wurde, gilt analog auch für den des Symbols (von altgriechisch σύμβολον „Zeichen", „*Emblem*", „*Sinnbild*", „Bild"): die Vereinbarungen darüber, was darunter zu verstehen ist, sind keineswegs eindeutig. Ich kann die entsprechenden Diskurse hier allerdings nicht einmal ansatzweise entfalten, sondern will lediglich versuchen, in aller Kürze zu skizzieren, in welchen Grenzen ich den Begriff verwenden werde.

Legt man einen basalen Symbolbegriff zugrunde, sind damit allgemein Bedeutungsträger (Wörter, Gegenstände, Vorgänge etc.) gemeint, die eine Vorstellung von etwas evozieren sollen, das nicht gegenwärtig sein muss. Symbole gehören, das würden wohl alle Forscher, die damit befaßt sind, bestätigen, wesentlich zum Menschsein dazu, denn die Welt ist durchgehend und überall von Symbolen durchzogen. Ganz grundsätzlich können Symbole deswegen als „Symbol" bezeichnet werden, weil andere in der Lage sind, sie zu verstehen. Schon hier jedoch endet die Übereinkunft, denn *warum* Menschen Symbole verstehen können und wie das funktioniert, ist Gegenstand erbitterter Auseinandersetzungen. Da ich in dieser Arbeit religionswissenschaftliche mit ethnologischer Theorie in Beziehung setzen will, soll hier am Beispiel des *gol* die grundsätzliche Frage aufgeworfen werden, ob Symbole Bedeutungsträger von Vorstellungen sind, die jenseits von Raum und Zeit bestehen, und an denen der Mensch lediglich partizipiert, wie es etwa Mircea Eliade behaupten würde, oder ob Symbole letztlich unendlich wandelbar sind, dann aber auch ausschließlich auf der Folie eines spezifischen „lokalen Wissens" gelesen werden können, wie es z.B. die Symbolische Ethnologie, etwa mit Clifford Geertz oder Victor Turner, vertritt. Forscher wie C. G. Jung, Rudolf Otto, Mircea Eliade oder Joseph Campbell bauen auf einer Philosophie auf, derzufolge die „Idee" an den *Anfang* des Denkens gestellt werden muß.[246] Damit beziehen sie sich auf Platon, für den jedes

---

[246] Claude Lévi-Strauss muß hier gleichfalls erwähnt werden, weil er mit seiner Formel „Nicht die Gesellschaft bringt Symbolik hervor, sondern die Symbolik Gesellschaft" die grundsätzliche Richtung dieses Denkens beibehalten, ihm aber doch seinen ganz eigenen Ausdruck verliehen hat. Er macht nicht die Vorstellung einer göttlichen Idee oder eines Urbildes zum Ausgangspunkt seiner Untersuchungen, sondern sucht nach den allen Erscheinungen zugrundeliegenden Strukturen, die solche Symbole hervorbringen. Hinter den äußeren Formen der verschiedenen Ebenen des sozialen Lebens, also auch den Symbolen, verbirgt sich eine bestimmte Anzahl an Modellen, die gemeinsam eine Modellfamilie bilden. Der Anthropologe muß versuchen diese Modelle auf einer Ebene zu erfassen, die so tief reicht, daß man sicher sein kann, daß sie, in welchem kulturellen Rahmen sie auch immer auftreten, gleichbleiben (Lévi-Strauss 1977; 1980). Die Organisation von Wirklichkeit basiert letztlich auf einer Struktur, die durch alle Transformationen der einzelnen Modelle dieser Struktur immer gleich bleibt. Dabei sind die einzelnen Modelle des Systems miteinander verbunden. Ändert man ein Merkmal eines Modelles, transformiert man dieses Modell zwar in ein anderes Modell, nach wie vor ergibt die Gesamtheit der Modelle aber das immer gleich bleibende System. Auf dieser erkenntnistheoretischen Grundlage betrachtet Lévi-Strauss das Symbol. Geht man tief genug, findet man die Universalität der Symbole. Lévi-Strauss hält die Verneinung der Möglichkeit, diese den Symbolen zugrundeliegende Ordnung entdecken und ent-

Lernen bzw. Erkennen in einem Wieder-Erinnern *(anamnesis)* an die unveränderlichen „Ideen" *(archai)* bestand. Der Mensch als „homo religiosus" ist notwendig auch „homo symbolicus", denn Symbole transportieren sozusagen die basalen Ideen einer Religion. Eliade, den ich hier als einen „Kronzeugen" eines so gearteten Blickes auf die Welt anführe, will Symbole als Vorläufer der Sprache und des diskursiven Denkens und insofern auch als eine, dem Mythos eng verwandte, eigengesetzliche Form der Anschauung verstanden wissen. Das Symbol und seine Botschaft richten sich nicht nur an das erwachte Bewußtsein, sondern an das gesamte „psychische Leben" (vgl. Eliade 1963:134). Insofern ist die wesentliche Funktion der religiösen Symbole die anschauliche Darstellung der tiefsten, auf begrifflicher Ebene widerspruchsvoll erscheinenden Wirklichkeit. Im Symbol können, ähnlich wie im Mythos oder im Ritual, an sich unüberbrückbare Gegensätze vereint werden, sie können das „Ganze" oder das „Absolute" beinhalten. Auch das Symbol spiegelt also Ausdruck und Bestreben des Menschen, die disparaten und widersprüchlichen Aspekte einer Wirklichkeit oder Sakralität, die Eliade als kompakt und homogen anzusehen geneigt war, zu einer kohärenten Einheit zusammenzufassen. Es ist Ausdruck einer existentiellen Spannung und dient dem Versuch einer universalen und totalen Erfassung der Wirklichkeit, der Integration und „kosmischen Rechtfertigung" der von ihm empfundenen „negativen und heillosen Aspekte des Kosmos und der Götter" (vgl. Eliade 1963:128). Jeder geschichtliche Mensch, so Eliade, trägt in seinem Bewußtsein die Symbole einer vorgeschichtlichen Zeit. Dieser nicht- bzw. außergeschichtliche Teil des Menschen reicht aber nicht nur in den animalischen, instinktiven und organischen Bereich seiner Existenz hinab, sondern erhebt sich auch über das Leben empor. Der Mensch muß quasi für immer mit diesen ursprünglichen Symbolen leben, er ist geradezu „Gefangener dieser Symbole", die in der, im Vergleich zur profanen Welt von Geschichte und Zeit, an Geist ungleich reicheren Seele von Anbeginn an schon vorgefunden werden. Die Kenntnis des Begriffes der „Imagination" ist zum Verständnis von Eliades Symboltheorie unerläßlich. Er hält sie für die Vorstellung der „paradiesischen Vergangenheit": die Imagination imitiert beispielhafte Vorbilder (lat. *imagines*), reproduziert sie, aktualisiert sie stets von neuem, und wiederholt sie unendlich oft. Von daher sind diese Imaginationen weder durch den wachbewußten menschlichen Geist bedroht, noch kann eine durchweg positivistische bzw. vordergründig areligiös ausgerichtete Zivilisation diese zum Verschwinden bringen. Die Imagination, die von anderen Forschern oft als „Kreativität" bezeichnet, dadurch aber mißverstanden wird, ist für Eliade lediglich das Suchen und Finden der Urbilder, die wir sowieso alle in uns tragen.

---

schlüsseln zu können, für eine Kapitulation des wissenschaftlichen Auftrags. Im Gegenteil, so die Auffassung von Lévi-Strauss, ist es gerade die ureigenste Aufgabe der Wissenschaft, diese Entschlüsselung zu leisten.

„Die Symbole kommen aus zu weiter Ferne als daß sie sterben könnten: sie bilden einen Teil des Menschen, und es ist unmöglich, daß sie irgendwann einmal nicht mehr auffindbar wären in einer existentiellen Situation des Menschen im Kosmos." (Eliade 1959:25)

In diametralem Gegensatz zu einer Auffassung des Symbols als Bild ewiger, unveränderlicher *Ideen* oder *Strukturen* steht Kants „kopernikanische Wende der Metaphysik" genannte Überlegung, daß sich die Erkenntnis nicht nach den Gegenständen, sondern die Gegenstände sich nach der Erkenntnis richten. Demnach fängt alle menschliche Erkenntnis mit Anschauungen an, geht von da zu Begriffen und *endet* schließlich mit Ideen (Kant 1989). Selbst Descartes, der mit seiner Trennung von *res cogitans* und *res extensa* das geistige Handwerkszeug zur Konstitution der aufgeklärten Moderne maßgeblich beitrug, hatte zur Erklärung der Gottesvorstellung noch von angeborenen Ideen *(idea innata)* gesprochen. Bei Kant nun ist der Mensch selbst der Schöpfer der Ideen, die ihrerseits am *Ende* des Erkenntnisprozesses stehen. Die Symbolische Anthropologie hat sich dieses erkenntnistheoretische Grundaxiom zu Eigen gemacht, wenn sie davon ausgeht, daß es immer einzelne Menschen sind, die Symbole aus der Anschauung heraus entwerfen und dann das Symbol, als verbildlichte Idee von etwas, nach und nach anderen Mitgliedern der Gruppe näherbringen.[247]

"A culture apparently includes a body of symbolic material out of which myths and rites are constructed and modified. The creation or modification of rites or myths may be more culturally channelled and formally structured than many of the creations of private fantasy; but they are ultimately created or modified by individual minds and become shared or borrowed from the neighbours only if they are psychologically meaningful to other people." (Keesing & Strathern 1998:63)

Ich will hier versuchen, den von Clifford Geertz vorgeschlagenen Symbolbegriff noch etwas genauer zu umreißen: Symbole sind demnach aus der Erfahrung abgeleitete Abstraktionen, die uns als in wahrnehmbare Formen geronnene Vorstellungen gegenübertreten. Als solches können sie konkrete Verkörperungen von Ideen, Verhaltensweisen, Meinungen, Sehnsüchten und Glaubensanschauungen sein. Kulturelle Handlungen – das Bilden, Auffassen und Verwenden symbolischer Formen – sind zumeist öffentliche, und daher beobachtbare, sozia-

---

[247] Alternativ könnte man Symbole neodarwinistisch auch für „Zufallsvariation und systematisch-selektive Erhaltung" halten, ein Ansatz, den z.B. Donald T. Campbell vertritt (D. T. Campbell 1975:1103-1126). Oder man könnte komplementär mit Mary Douglas' strukturalistischer Symboltheorie arbeiten, derzufolge Symbole ausgehend vom menschlichen Körper gebildet werden. Da der Körper eine Art „Chassis ohne Rahmen" darstellt, kann „alles" in Analogie zum Körper verstanden werden. Wie sich das im Einzelnen formiert, was konkret auf den Körper projiziert wird, ist abhängig von der Sozialstruktur und ergibt daher eine ungeheuer große Vielfalt von kulturellen Bedeutungsvarianzen (Douglas 1970; 1966).

le Ereignisse, die als solche auch dem Ethnologen zugänglich sind, der sie um so besser beschreiben und verstehen kann, je breiter seine Kenntnis „lokalen Wissens" ausfällt. Die Kenntnis der Symbole einer Gesellschaft ist für den Ethnologen schon deshalb unerläßlich, weil die Symbole bei den von ihm untersuchten Menschen kulturell verankerte Dispositionen auslösen und Ordnungsvorstellungen formulieren. Die Abhängigkeit des Menschen von Symbolen und Symbolsystemen ist derart groß, daß sie über seine Lebensfähigkeit maßgeblich entscheidet. Schon der geringste Anlaß zu der Befürchtung, das vorhandene Instrumentarium an Symbolen könne mit irgendeinem Aspekt der Erfahrung nicht fertig werden, löst schwerwiegende Ängste im Menschen aus. Symbole sind letztlich dazu da, „starke, umfassende und dauerhafte Stimmungen und Motivationen in den Menschen zu schaffen" (Geertz 1987:54). Der symbolischen Ethnologie wird häufig die fehlende zeitliche Tiefe zur Last gelegt, weshalb hier gesagt sei, daß ich ich in dieser Untersuchung historische Dimensionen bewußt nicht ausklammere sondern mit-einzubeziehen versucht habe.

Es liegt auf der Hand, und gilt auch für die vorliegende Untersuchung, daß der Ethnologe, der sich mit Symbolen beschäftigt, auf vielfältige Probleme stößt. Über die Ungewißheit der Entstehung von Symbolen habe ich bereits gesprochen. Darüber hinaus muß er sich mit der Frage beschäftigen, inwieweit er überhaupt wissen kann, welche Mitglieder der von ihm untersuchten Gesellschaft eigentlich über eine Kenntnis bestimmter Symbole verfügen. Oder anders gefragt, wenn viele Mitglieder einer Gesellschaft viele Symbole nicht kennen, sondern vielleicht nur ein paar besonders Kundige, die der Forscher aber gerade deshalb zu seinen Informanten gemacht hat, wie wirksam bzw. gültig können diese Symbole, nach denen er ja sucht, weil er sie für wichtig hält, dann tatsächlich sein? Können sie in so einem Fall überhaupt noch als wirksame Symbole begriffen werden? Hier möchte ich folgende Antwort versuchen: Wir finden Symbole in vielfach übereinandergelegter Form, längst nicht alle davon sind jedermann zugänglich, im Gegenteil ist der Zugang zur Kenntnis bestimmter Symbole vielfach von (verschiedenen) gesellschaftlichen Autoritäten blockiert und wird nicht selten erst nach aufwendigen Initiationen eröffnet. Andererseits *muß* es, folgt man der Argumentation von Geertz, eine zwar vielfach unreflektierte, aber doch vorhandene Grundkenntnis über die wichtigsten Symbole in einer Gesellschaft geben, da diese sonst nicht funktionieren kann.[248] In jedem Fall meine ich, daß die weiter oben getroffene Aussage über das „Ethos" einer Gesellschaft auch für das Symbol gültig ist: vielfach bedienen sich die einzelnen Mitglieder einer Gesellschaft bestimmter Symbole, ohne sie explizit formulieren zu können.

---

[248] Das Gleiche würden auch Eliade oder Lévi-Strauss behaupten, allerdings mit der wichtigen Unterscheidung, daß der Mensch diese nicht lernen müßte, sondern sie „wiedererkennt" bzw. gar nicht anders kann, als sich ihrer zu bedienen.

Auf der anderen Seite stellt sich die Frage, wie der Ethnologe eigentlich verhindern will, daß er das Symbolsystem einer anderen Kultur anhand der – auch wiederum von Symbolen durchwirkten – Kategorien seiner eigenen Kultur deutet. Aus diesem Dilemma gibt es nicht nur keinen sicheren Ausweg, es kommt sogar noch eine weitere Schwierigkeit hinzu: da sich kulturelle Systeme beständig ändern, sind Symbole in ihrer Bedeutung nach verschiedenen Seiten hin offen, weisen quasi einen „Bedeutungsüberschuß" auf, der eindeutige Zuordnungen selbst für die Mitglieder der beschriebenen Kultur schwierig macht, obwohl ein Symbol dort möglicherweise ständige Anwendung findet.[249] Um nicht allzusehr Verwirrung zu stiften und meine Vorgehensweise so transparent wie möglich zu gestalten, versuche ich in dieser Arbeit, mich bei meiner Analyse auf diejenigen Symbole der Sa zu beschränken, die in aller Öffentlichkeit entfaltet werden und die ich hier deswegen auch ausführlich darstellen konnte. Selbst wenn sie nicht von allen Mitgliedern gleichermaßen *gelesen* werden können, so sind sie doch als Bilder im *Bewußtsein* nicht nur vorhanden, sondern haben dieses sogar in entscheidender Weise mitgeprägt, was sich letzten Endes im Handeln des Einzelnen nachweisen läßt, in dem sich dann auch wieder das Ethos der Gesellschaft insgesamt spiegelt.[250]

17.1 Illud Tempus und universale Symbole. Eliades kreative Hermeneutik

Da ich mich bereits an anderer Stelle ausführlich mit dem Werk und der Terminologie von Mircea Eliade beschäftigt habe (vgl. Lipp 2000) lag es nahe, hier die von ihm entwickelte „kreative Hermeneutik" in Hinblick auf das *gol* mit dem ethnographischen Befund in Beziehung zu setzen. Folgt man Eliade müßte es folgerichtig sein, den *tarbe-gol* grundsätzlich für ein universales Symbol in Form einer „axis mundi" zu halten, einer Hierophanie in Form eines Weltenbaumes. Durch das Bauen und Besteigen des Turmes versuchen die Männer, so müßte man ihn auslegen, die Welt „nach oben hin" zu durchbrechen, um an *illo tempore* anzuschließen, an jene Zeit, als noch Einheit zwischen Menschen und Göttern herrschte. Mit Hilfe des Turmsprunges, so könnte man Eliade weiter verstehen, versuchen die Springer, ihren gegenwärtigen Zustand als „gefallener Mensch" aufzuheben und die ursprüngliche Verfassung, von denen die Paradiesmythen erzählen, wiederherzustellen. Wenn Eliade den Schamanen als Ekstasespezialisten beschreibt, der in der Lage ist, seinen Körper zu verlassen und in den Himmel aufzusteigen, um eine „mystische Himmelsfahrt" vorzunehmen,

---

[249] Denken wir an des Kreuz, das für die katholische Nonne, für den Atheisten, den Satanisten oder die kesse 19-jährige, die es sich, weil schick, als Modeschmuck um den Hals hängt, eine gänzlich andere Bedeutung hat.
[250] Letztlich beruht, wie ich eingangs dieser Arbeit bereits betont habe, jede Begegnung zwischen dem Ethnologen und den Mitgliedern der Kultur, die er untersucht, auf einem wechselseitigen kommunikativen Prozeß, der auch schöpferische Züge trägt und letztlich auch in so etwas wie „Erfindung von Kultur" mündet (Clifford 1983:121; Wagner 1981).

die durch die Ersteigung des Himmelsbaumes eingeleitet wird, sollte dieses Bild auch für den Turmspringer zutreffcn können. Für ihn würde der *tarbe-gol tatsächlich* zum Weltenbaum, zum Tor in den Himmel, denn wie in *illo tempore* nähert sich die Erde durch die *axis mundi* wieder dem Himmel an. Der Turmspringer tritt durch das Erklimmen des Turmes in Verbindung mit den Göttern und stellt den Zustand der Ursprungszeit partiell wieder her. Hier zeigen sich zwei, von Eliade „Urphänomene" genannte, und daher allen Menschen prinzipiell zugängliche Erfahrungen. Weil sie allen Menschen gemeinsam und „sehr, sehr alt" sind, muß es sich, so Eliade, um einen nichthistorischen Bereich menschlicher Erfahrungen handeln, der außerhalb von Raum und Zeit seine Ursache hat. Gemeint ist neben dem „magischen Aufstieg in den Himmel" andererseits auch der „Flug". In diesem erkennt Eliade ein Symbol für die Sehnsucht nach dem Durchbrechen der ontologischen Ebenen, die den gefallenen Menschen von den Göttern trennen. Der Turmspringer sucht nach einem konkreten Zutritt in den Himmel, er erlebt eine „tatsächliche Himmelsfahrt". Anders als dem Schamanen, dem nur ein Teilerfolg beschieden ist, da seine Himmelsfahrt nicht körperlich, sondern nur im Geiste stattfindet, verwirklicht der Turmspringer seine Himmelsfahrt tatsächlich, und zwar in einer, in der Welt der traditionellen Kulturen, beinahe einmaligen konzeptionellen Radikalität und technischen Perfektion.[251] Auch das Durchbrechen der ontologischen Ebenen gelingt dem Turmspringer in geradezu „archetypischer" Weise, denn im Moment des Fluges begibt er sich, der ja Mensch und kein Vogel ist, in einen Zwischenbereich, der ihm „an und für sich" nicht zusteht. Kernpunkte der Erfahrung des Turmspringers sind also der „Aufstieg in den Himmel", der „Flug", das „Verlassen von Zeit und Geschichte" (vgl. Eliade 1997) sowie das „Durchbrechen der ontologischen Ebenen". Hier wird deutlich, daß Eliade all denjenigen skeptisch gegenübersteht, die behaupten, daß eine Erkenntnis der „conditio humana" nur vor dem Hintergrund einer jeweiligen historischen Situation möglich sei. Eliade sieht vielmehr in der „Wiederentdeckung" des „homo generalis" seinen zentralsten Auftrag und ist insofern auf der Suche nach *der* allgemeingültigen „conditio humana", die für ihn gerade im Transzendenzbewußtsein des Menschen besteht, das seiner Ansicht nach eben das „eigentlich Menschliche" darstellt.

Ethnologie, so wie ich sie verstehe und hier betreibe, hat ein anderes Erkenntnisinteresse. Sie untersucht das „lokale Wissen" einer Kultur in einer bestimmten Raum/Zeit Konstellation, um auf dieser Grundlage den Versuch zu unternehmen, den Boden der kulturphilosophischen Spekulation zu verlassen und zur Falsifizierbarkeit ihrer theoretischen Postulate zu gelangen. Eliades Suche nach den Bedingtheiten des menschlichen Geistes paßt, zumindest auf der von ihm entwickelten Folie, nicht in dieses Konzept, da Eliade ja grundsätzlich der Auffassung ist, daß der Mensch unabhängig von seinen Verstrickungen in die Ge-

---

[251] Wenn man von den Errungenschaften der modernen Freizeit- und Flugzeugtechnik einmal absieht.

schichte betrachtet werden soll. Das macht die Evaluierung seines Ansatzes aber nach Auffassung nicht nur von Ethnologen besonders schwierig. Robert Baird hält Eliades Methode historisch für nicht falsifizierbar, wodurch sie eher zu einem Hindernis für jede authentische religiös-geschichtliche Erkenntnis wird. In Bairds Augen ist Eliades Phänomenologie normativ wie die Theologie, da sie auf einer angenommenen Ontologie beruht, die weder historisch abgeleitet noch historisch verifizierbar ist (vgl. Baird 1971:86).

Man hat Eliade vielfach vorgeworfen, daß sein Vorgehen lediglich im „System Eliade" Sinn mache, das weniger einem wissenschaftlichen Programm als vielmehr einer Ideologie entspreche. Der österreichische Ethnologe Agehananda Bharati bemängelt, daß eine methodische Grundlegung in Eliades Ansatz fehle. Statt dessen habe dieser vielmehr zum Grundsatz erhoben, „irgendwie emotional über Emotion" zu sprechen oder religiöse Einsichten und Gefühle dazu zu verwenden, religiöses Verhalten zu analysieren. Dadurch vermische Eliade die Ebenen der Betrachtung und projiziere seine persönliche Sehnsucht nach Einheit des Seins in wissenschaftliche Aussagen hinein, die genau dadurch aber an Wert verlören (Bharati1983: 37f). Bharati hält grundsätzlich jedes übertriebene Befrachten eines Begriffes oder Bildes aus einer anderen Kultur für einen „Fehlschluß der immer tieferen Weisheit" und kritisiert die darin verborgene ethnozentrische Grundhaltung. Nicht alles und jedes kulturelle Phänomen habe eine versteckte, geheimnisvolle Dimension oder enthalte „tiefe Weisheit". Aus diesen Gründen hält Bharati Eliades Symboltheorie für „Schreibtischkategorien", die der „tatsächlichen Realität" nicht gerecht würden, sondern vor allem etwas über das Interesse bzw. den Standpunkt desjenigen aussagen, der ihn verwendet:

„ […] die wirklich modernen Sozialwissenschaftler [stehen] alle auf demselben Boden von bestimmten Annahmen und einer sehr allgemeinen Orientierung. […] Eliade ist kein moderner Wissenschaftler, da er nicht akzeptieren kann, daß die für ihn so faszinierenden Symbole willkürlich sein und auf Übereinkunft beruhen sollen, weil diese Begriffe so gewöhnlich, so grausam, so amoralisch etc. klingen. Aber genau dies ist die Scheidelinie zwischen romantischen Schreibtischspekulationen, mögen sie auch noch so gelehrt und im Hinblick auf die Fülle des Materials bewundernswert sein, und einer konsequenten Analyse." (Bharati1983: 47)

Der Ethnologe Edmund Leach vertritt eine ähnliche Auffassung, er sieht den Wert von Symbolen vor allem in deren binären Beziehungen:

„[... we should] attach importance to structural relations rather than to symbols as such; the ladder, the boat, the bridge are all 'the same' because they do the same thing, they link two worlds. But in Eliade's Jungian scheme it is the symbol *per se* that matters. " (Leach 1970 in Ricketts 1973:26).

In eine andere Richtung weist die Kritik von Kurt Rudolph, derzufolge Eliade die Bedeutung von Symbolik in einer nicht vertretbaren Weise überbewertet habe, die beinahe einer Beschränkung der Religionswissenschaft auf eine Symbolhermeneutik gleichkomme. Dabei sei zunächst zu kritisieren, daß die Begriffe „Symbol", „Zeichen", „Bild", „Metapher" nicht deutlich genug gegeneinander abgegrenzt seien und Eliade auch Rituale und Mythen als Symbole behandele:

> „Dabei wird oft nicht zwischen ursprünglicher Bedeutung, späterer Interpretation und Erklä-
> rung unterschieden; die Tradition der Symbole, ihre wirkliche Geschichte, spielt nur eine un-
> tergeordnete Rolle. Begleitet wird die Universalisierung (um nicht zu sagen 'Kosmisierung')
> des Symbols mit einer Auseinanderreißung von Form und Inhalt: Der historische Kontext ist
> eigentlich zweitrangig, obwohl er doch gerade das Symbol 'ortet' und den spezifischen Ge-
> halt verleiht (etwa entsprechend den Kulturstufen aller Kulturgebiete). Eliade ist vornehmlich
> an dem (oft nur scheinbaren) überzeitlichen, überhistorischen 'Inhalt' seiner religiösen Struk-
> tur interessiert, obwohl er um den historischen Zusammenhang, etwa der Agrarsymbolik, sehr
> gut weiß." (Rudolph 1984:64)

Ich will hier nicht genauer auf die Kritik an Eliade eingehen, seit vier Jahrzehnten setzten sich Ethnologen, Religionswissenschaftler und die Vertreter benachbarter Disziplinen kontrovers mit ihm auseinander.[252] Statt dessen will ich nun
ganz konkret versuchen, der anhand von Eliades Terminologie entwickelten
Analyse des *gol* eine ethnologische Sichtweise entgegenzusetzen, die auf der
Fülle des unmittelbar erhobenen ethnographischen Materials selbst basiert.

17.2 Die Symbolik der „zweiten Geburt" und „männlichen Fruchtbarkeit"

Ich komme bei meiner Betrachtung des *gol,* die sich bislang auf die Mythenanalyse bezieht und hier nun um die Untersuchung der Symbole erweitert wird, zu
einer gänzlich anderen Einschätzung, die ich im vorangegangenen Kapitel bereits angedeutet habe und nun weiter ausführen will. Meine Symbolanalyse steht
nicht nur im Gegensatz zu Eliade, sondern eröffnet auch eine völlig neue Perspektive auf das Phänomen, die sich von allen anderen bislang vorgebrachten
Deutungen unterscheidet. Betrachten wir die durch das Turmspringen entfaltete
Symbolik ganz konkret: aus einem großen, künstlichen Körper, *tarbe-gol*, den
die Sa Männer unter striktem Ausschluß ihrer Frauen errichtet haben, springen
ausschließlich Jungen und Männer herunter. Sie springen von einem Sprungbrett, das unter anderem aus den Bestandteilen *wichin* (Penis – die mittlere der
drei Abstrebungen des Sprungbrettes beim *gol abri*) und *sinbwel* (Vagina – die
beiden äußeren Abstrebungen des Sprungbrettes beim *gol abri*) besteht. Gesichert werden sie lediglich von einer Liane, die eine Art „Nabelschnur" darstellt.
Unten angekommen, wird diese Nabelschnur durchtrennt, und sie fügen sich als
„Neugeborene", die ihre Geburt ausschließlich dem Wirken männlicher Kraft im
Allgemeinen und der Hilfe bestimmter männlicher Mentoren im Besonderen zu
verdanken haben, erneut in die Gemeinschaft ein. Die Männer, die den *tarbe-gol*
bauen und organisieren, übernehmen so etwas wie eine kollektive Vaterschaft
für die Springenden. Das Motiv der „Vaterschaft" wird durch folgendes Bild

---

[252] Vgl. f.a. Allen 1978, 1980, 1982; Berner 1997; Bharati 1983; Dudley 1977; Duerr 1984;
Lipp 2000; Rennie 1996, 2007a, 2007b; Ricketts 1973, 1988; Rudolph 1984; Saliba 1976;

eindrücklich symbolisiert: oft steht ein in der Hierarchie bedeutender Mann, im Jahre 2002 war es Chief Warisul, zu Füßen des Turmes und empfängt „seine" Kinder, wie eine Mutter, mit weit ausgebreiteten Armen. Der Akt des Turmspringens entspricht daher, betrachtet man den Befund der Mythen- und Symbolanalyse zusammen, einer künstlichen Geburt von Jungen und Männern durch das Kollektiv aller anderen Männer des Dorfes und bestätigt eindrucksvoll und unmißverständlich die Autochthonie der Männer, ja stellt sie als soziale Wirklichkeit *de facto* her. Obwohl es sich, vordergründig betrachtet, beim *gol* um eine ausgesprochen männliche Veranstaltung handelt, ist die Anwesenheit der Frauen bei der Zurschaustellung dieses Wunders männlicher Autochthonie absolut unerläßlich, ihnen gilt das Spektakel nämlich in mindestens ebenso hohem Maße, wie den Männern selbst. Sie sollen, ja, müssen sich von den besonderen, prokreativen Fähigkeit ihrer Männer mit eigenen Augen überzeugen. Indem sie mit roten Kroton Blättern, die sie wie einen Säugling im Arm halten, auf das Bild der Männer „antworten" bzw. „reagieren", nehmen auch sie symbolisch eindeutig Bezug auf das Motiv der „Geburt".[253]

Abb. 46: Frauen tanzen während eines *gol*. **Sie wiegen rote Kroton Blätter wie einen Säugling in ihren Armen. (Bunlap, April 2002)**

---

[253] Die Videoanalyse zeigt, daß immer dann, wenn ein Junge oder Mann erfolgreich gesprungen ist und darauf wartet, losgeschnitten zu werden, die Frauen ihre entsprechenden wiegenden Tanzbewegungen verstärken.

Für sich alleine genommen mag diese Interpretation noch nicht tragfähig genug erscheinen, setzt man sie jedoch in Beziehung zur Mythenanalyse und zu den im rituellen Repertoire entfalteten Bildern sowie den grundlegenden Konzepten von Ordnung innerhalb der Sa Gesellschaft, so verfestigt sich der Befund. Dabei beruht meine Analyse durchaus nicht ausschließlich auf der etischen Perspektive des Ethnologen, sondern – bei genauerem Hinsehen – finden sich viele offene und versteckte Hinweise, die diese Interpretation auch aus emischer Perspektive stützen. Versuchen wir zunächst, die im *gol* entfalteten Symbole aus der etischen Perspektive des Ethnologen zu betrachten und mit weiteren Symbolen in Verbindung zu bringen, die das Motiv einer „zweiten Geburt" von Jungen und Männern durch das Kollektiv der Männer ebenfalls transportieren. Zu denken ist da insbesondere an das Beschneidungs-, aber auch an alle übrigen Titelrituale, weshalb ich hier einige Elemente aus diesen Veranstaltungen nochmals in Erinnerung rufen will:

Bei der Beschneidung übernehmen die Väter die Rolle der Mütter, indem sie für die Zeit der Seklusion einige von deren Aufgaben übernehmen. So kümmern sich die Männer um das Wohl ihrer Kinder, in dem sie von den Müttern aus Kokoswedeln geflochtenen Schlafmatten, wie Frauen sie brauchen, um Säuglinge zu betten, symbolisch in Empfang nehmen.

Daß die Neophyten von den letztjährigen Initianden auf dem Rücken getragen werden, erinnert ebenfalls an die Zeit, als sie von ihren Müttern so herumgetragen wurden, deren Rolle jetzt jedoch von den Männern selbst übernommen werden kann. Die Zeit im dunklen Männerhaus kann man als Reifezeit in der männlichen Sphäre betrachten. Das *mal* stellt, so betrachtet, eine große künstliche Gebärmutter dar, in der die Knaben durch das Zusammensein mit den Männern in deren exklusiven Raum möglichst viel männliche Energie in sich aufnehmen sollen. Andererseits sind auch Symbole des Todes unübersehbar. Die wilden Schreie der Mütter, die zu hören sind, wenn die Knaben beschnitten werden und man sie ins Männerhaus bringt, erinnern an die Schreie, mit denen man die Toten betrauert (vgl. Kap. 10.5). Ohne Übertreibung kann man sagen, daß hier ein Übergang von der weiblich dominierten Sphäre der Kindheit, in eine männlich dominierte *warsangul* Zeit stattfindet. Im Rahmen des auf die Beschneidung folgenden *taltabwean* Rituals übrigens, mit dem das erfolgreiche Ende der Übergangszeit gefeiert wird, finden wir auch wieder den oben beschriebenen Tanz der Frauen, die in ihren Armen rote Kroton Blätter wie Säuglinge hin und her wiegen. Auch in den *warsangul* Ritualen begegnet uns allenthalben das Motiv der „zweiten Geburt". Sieht man von *wot* ab, bestehen sie alle im Kern darin, daß einem Jungen oder Mann von einem oder mehreren anderen Mentoren ein neuer Status verliehen wird. Ohne diese Männer, die eine symbolische Vaterschaft übernehmen, kann ein *warsangul* Ritual nicht vollzogen werden. Daß die Frauen über das *lo sal* System implizit an allen *warsangul* Ritualen beteiligt sind, habe ich weiter oben bereits erwähnt (Kap. 11.2).

Tatsächlich aber sind es nicht die Frauen selbst, sondern ihre männlichen Verwandten, die die entscheidende Rolle auf der matrilinearen Seite spielen. Auch auf der Symbolebene finden wir im Rahmen von *warsangul* immer wieder Bilder, die eindeutig das Motiv der Geburt aufgreifen. Denken wir nur an die *awawas* Zeremonialkonstruktionen, die ich bereits bei der Beschreibung der *warsangul* Rituale (Kap. 12.1) mit einer künstlichen Gebärmutter verglichen habe. Der Initiand tritt in sie ein, um, nach dem Töten der Tiere, als Neubenannter und „Neugeborener", wieder aus ihr herauszukommen. Wie beim *gol,* so treten auch bei den *warsangul* Ritualen die Frauen lediglich als Zuschauer oder mittelbar beteiligte Akteure auf, deren Anwesenheit jedoch unbedingt notwendig ist, damit sie sich ein Bild der besonderen Fähigkeiten ihrer Männer machen können. Wie beim *gol* sind sie, physisch betrachtet, Randfiguren, die sich an der Peripherie des Tanzplatzes aufhalten. Auch hier jedoch nehmen sie wieder symbolisch Bezug auf das Motiv der „Geburt", indem sie mit roten Kroton Blättern, die sie wie ein Baby im Arm halten, tanzen.[254] Selbst im *wot* Ritual, das eine Sonderstellung unter den *warsangul* Ritualen einnimmt (vgl. Kap. 12.1), begegnet uns ein ver-

Abb. 47 Oben ein Steinensemble, das Teil einer Zeremonialkonstruktion ist. Unten der runde Opferstein *wot*. (Bunlap-Bena, Nov. 2004)

---

[254] Ich bin mir keineswegs sicher, wie man dieses Bild deuten könnte. Ist es eine Anspielung auf die eigene, *tatsächliche* Geburtsfähigkeit, oder wird damit die *symbolische* Prokreation durch die Männer anerkannt? Halten wir fest: Im Mythos sind es die Frauen, die sowohl das *gol* als auch die Beschneidung „in die Welt setzen". *De facto* sind es aber die Männer, die sich sowohl das eine wie das andere „angeeignet" haben. Beide Mythen begründen, folgt man der strukturalistischen Analyse, die Autochthonie des Mannes. Gleichzeitig tragen sie auf der „obersten Ebene" der Geschichte dem Umstand Rechnung, daß es zuerst die Frauen sind, die tatsächlich gebären. So drückt sich in den Mythen letztlich die Einheit von Männern und Frauen aus, die Abhängigkeit beider voneinander: ohne die Frauen wäre, wie der Mythos bis heute verrät, das *gol* nicht in die Welt gelangt, genauso wenig wie die Beschneidung. Vielleicht könnte man daher den Tanz der Frauen als Erinnerung an die Einheit hinter den Gegensätzen verstehen.

gleichbares Bild: Das Wort für die Steinzirkel, an denen die Schweine getötet werden, *ot* oder *or,* bringt der Linguist John Layard mit dem Begriffen *wur* (Hafen) bzw. *wuru* (diejenigen, die uns Schutz geben, uns versorgen) in Verbindung. Weiter stellt Layard die Verbindung zum indonesischen *batu* her (geboren oder wiedergeboren werden) (Layard 1942). Margaret Jolly legt den Gedanken nahe, man könne die Begriffe *ot* oder *or* als eine Art rituelle Gebärmutter verstehen. Somit würde auch in dieser Veranstaltung, durch den rituellen Akt des Schweinetötens auf dem „Gebärmutteraltar", die Beziehung eines Initianden zu seinem Mentor oder seinen Mentoren symbolisch einer neuen Geburt gleichkommen, weil diese dem Initianden Leben in Form eines neuen Titels bzw. Namens schenken (Jolly1994a). Auch hier stoßen wir also m.E. auf das Motiv einer erneuten Geburt bzw. symbolischen Vaterschaft durch die Mentoren. Verweise auf die besonderen prokreativen Fähigkeiten der Männer finden sich aber auch in der Vorstellung, der MB *(tsik)* könne in seiner Rolle als *uot* die Fruchtbarkeit seiner ZD *(alak)* durch bloßes Handauflegen kontrollieren (vgl. Kap. 12.1). Auch bei der Betrachtung der Herkunftsmythen der *buluim* von Bunlap haben wir die Vorstellung kennengelernt, bestimmte Männer (der *remlili buluim)* könnten über das Zeichnen eines aus zwei ineinander liegenden Kreisen bestehenden Symbols in die Erde Land in Besitz nehmen – auch durch dieses Symbol, das man als Anlehnung an eine Gebärmutter verstehen kann, begegnet uns die in der Sa Kultur überall präsente Vorstellung männlicher Prokreationskraft. Implizit wird die Autochthonie der Männer auch durch die stets sichtbar vorhandene, strenge Trennung des Raumes betont, die v.a. dazu da ist, die Männer vor den verunreinigenden Kräften der Frauen zu schützen: Männer und Frauen kochen und essen getrennt voneinander, viele Bereiche der öffentlichen Sphäre, in denen sich männliche Kraft besonders gut entfalten soll bzw. muß, sind den Frauen verboten: die Männerhäuser, der Tanzplatz, der Bauplatz des *tarbe-gol,* der Wald, in dem das Holz für den Turm gefällt wird usw.

Es sollte hier generell gezeigt werden, wie die Vorstellung männlicher Prokreationskraft viele entscheidende Institutionen der Sa Kultur prägt. Wie sehr die Sa auch die besonderen prokreativen Fähigkeiten des Turmes tatsächlich ernst nehmen, zeigt sich z.B. daran, daß sie vom *gol melala* als „Zwillingsturm" sprechen. Eher zufällig stieß ich während eines Gespräches mit Chief Willi Orian Bebe hier auf die emische Vorstellung, daß durch den Turm „Kinder", hier konkret Zwillinge, zur Welt gebracht werden. Aufschlußreich war auch ein Gespräch mit Chief Warisul, in dem er mir schilderte, welches Unbehagen er dabei empfand, als auf der Westseite der Insel in mehreren Fällen ungenutzte Türme einfach angezündet wurden, weil keine Touristen gekommen waren und man den Turm entsorgen wollte. In den Augen der *kastom* Männer aus Bunlap handelt es sich dabei um ein gefährliches Sakrileg: einen noch „jungfräulichen" *tarbe-gol* zu verbrennen, der seiner ureigenen Aufgabe, der Produktion von „Kindern" noch nicht nachgekommen ist, kommt in ihren Augen einer ähnlichen „Verschwendung" gleich, wie einem fortpflanzungsfähigen menschlichen Körper Schaden zuzufügen.[255] Wenn man hingegen vom *tarbe-gol* gesprungen ist, hat dieser seinen Zweck erfüllt und man kann ihn beruhigt abreißen. Solche und ähnliche, meist eher beiläufig gemachten Aussagen, unterstreichen die implizite Annahme über die prokreative Potenz des *tarbe-gol,* der, als ein von Männern geschaffenes Wunderwerk, ihre Fruchtbarkeit im Allgemeinen, und ihre Fähigkeit zur „zweiten Geburt" im Speziellen, eindrucksvoll symbolisiert.

Abschließend muß erwähnt werden, daß die Entdeckung dieses Motivs keinesfalls neu oder gar einzigartig ist. Die österreichische Feministin und Philosophin Ingvild Birkhan hat vor einiger Zeit mit dem Oxymoron „todbringende Weiblichkeit" bzw. „prokreative Männlichkeit" den Mann-Frau Dualismus als *coincidentia oppositorum* darzustellen verstanden (Birkhahn 1993). Dem Ethnologen Klaus E. Müller gelang in seiner großangelegten kulturvergleichenden Studie der aus ethnologischer Sicht überzeugende Nachweis, daß der Mann-Frau Dualismus in allen menschlichen Gesellschaften thematisiert wird, mithin also als ein universelles Phänomen betrachtet werden kann. *Wie* dieses grundsätzliche Problem allerdings gehandhabt wird, ist von Kultur zu Kultur durchaus unterschiedlich (Müller 1984). Zu den ersten Forschern, die konkret auf das Phänomen der Nachahmung weiblicher Körperfunktionen in der männlichen Gestaltung von Kultur aufmerksam machten, gehörten Margaret Mead (1947) und Bruno Bettelheim (1975), allerdings wurde dem Thema erst seit den 1970er Jahren breitere Aufmerksamkeit zuteil. In Deutschland hat sich Gisela Völger seit Mitte der 1980er Jahre in drei großangelegten Ausstellungs- und Buchprojekten, zusammen mit einer Vielzahl von Autoren, dem Mann-Frau-Dualismus gewidmet (Völger 1985; 1990; 1997). In dem von ihr konzipierten Katalog „Männerbünde, Männerbande. Zur Rolle des Mannes im Kulturvergleich" (1990) hat sie z.B. zahlreiche Beispiele aufführen lassen, die zeigen, wie Aufnahmeriten in Geheim- oder Initiationsbünde, Kriegerkasten etc. mit einer ausgeprägt weiblichen Symbolik verbunden sind, die teils sehr drastisch den eigentlichen Geburtsvorgang nachahmen. Männer, so belegt sie, versuchen auf der ganzen Welt die männlichen Nachkommen einer nachgeburtlichen Behandlung zu unterziehen, um das noch unfertige Wesen durch erneute Geburt(en) zum „richtigen" Menschen zu machen. Als Autorin ist sie dabei selbst ganz explizit auf das Phänomen der Männergeburten eingegangen und beschreibt etwa das Männerkindbett, die sogenannte Couvade, die mythische Geburt der Athene aus dem Körper des Zeus oder die Vorstellung von Eva als der „Tochter" Adams (Völger 1997a).

Werfen wir, auf der Grundlage der hier erarbeiteten Einsichten, noch einen letzten Blick auf unseren Versuch, Eliades „kreative Hermeneutik" auf den Fall des

---

[255] Ich spreche hier von "Verschwendung", weil der Wert eines Menschenlebens sich, in den Augen der Sa, in weitaus höherem Maß an seinem materiell verwertbaren Nutzen bemißt, als man dies zunächst von den westlichen Gesellschaften annehmen möchte.

Turmspringens anzuwenden. Der „Aufstieg" in den Himmel mit Hilfe des Sprungturms als „axis mundi", die Überwindung dcr „Trennung zwischen Göttern und Menschen" und die Wiederangliederung an „illud tempus", sowie der Flug als Symbol für die Überwindung der ontologischen Ebenen: das Turmspringen scheint, wie weltweit kaum eine zweite Kulthandlung, anhand von Eliades Begriffen *per se* erklärbar zu sein, so gut paßt – auf den ersten Blick – die beobachtbare Symbolik zu seiner Theorie. Tatsächlich jedoch deckt sich diese weder mit der emischen Perspektive der Sa noch mit der etischen Analyse des Ethnologen. Ich konstatiere nämlich für die Sa eine typisch melanesische horizontale Kosmologie, bei der der „Ursprung", die Blütenscheide einer Kokospalme in Rebrion (vgl. Mythos I), genauso im benachbarten Urwald liegt, wie das Totenreich Lon We (vgl. Mythos IV). Die Götter sind nicht im Himmel zu finden, sondern kommen aus dem Urwald „zu Besuch", wo sie ohnehin zuhause sind, wie man schon daran sieht, daß sie über und über mit Blättern, Lianen und sonstigem Grünzeug bedeckt sind (vgl. Abb. 40).[256] Ein Aufstieg in den Himmel über eine *axis mundi* wird daher durch das Turmspringen genausowenig symbolisiert, wie der Flug zu den Göttern oder eine „Sehnsucht nach dem Ursprung". Im Gegenteil ist das *gol* eine Veranstaltung, die sich in erster Linie an die Anwesenden selbst richtet. Es werden Bilder entfaltet, die vor allem mit dem Motiv einer „zweiten Geburt" zu tun haben, wie ich oben ausführlich gezeigt habe.

Obwohl die vorangegengene Analyse gezeigt hat, daß Eliades Ansatz hier zunächst nicht fruchtbar gemacht werden konnte, will ich diesen dennoch nicht rundweg und pauschal für unbrauchbar erklären oder gar seine Person selbst diskreditieren, so wie das in den vergangenen beiden Jahrzehnten mehrfach geschehen ist (vgl. zuletzt Dubuisson 1993, 2005; Laignel-Lavastine 2002). Es muß konstatiert werden, daß sich trotz aller Kritik, doch immer wieder auch Forscher finden, die seinen Ansatz verteidigen, oder ihm doch wenigstens positive Aspekte abgewinnen können. Vor allem der amerikanische Religionswissenschaftler Bryan Rennie, Professor für Religionswissenschaft am Westminster College, bemüht sich seit etwa zehn Jahren mit einer eigenen Monographie (vgl.f.a. 1996), in Aufsatzbänden (2001, 2007a) und einem Reader (2007b) um eine Entideologisierung und Versachlichung der Diskussion. Auf der anderen Seite soll auch zu bedenken gegeben werden, daß es für manch einen Forscher wohl gerade die, mitunter in entschiedene Opposition mündende Auseinandersetzung mit Eliade gewesen ist, die die je nötigen Impulse für persönliche und wissenschaftliche Weiterentwicklungen gegeben hat. So wurde etwa der Eliade Schüler Bruce Lincoln von einem Apologeten zum distanzierten Kritiker. Im Jahre 1977, als man Eliade zu seinem 70. Geburtstag eine Sonderausgabe der „History of Religions" widmete, erwähnte Lincoln in seinen Beitrag Eliade mehrfach und lobt ihn ausdrücklich: *„The thought of archaic, traditional, or*

---

[256] Vgl. f.a. Swain & Trompf 1995; Stöhr 1991a. Für den Hinweis, daß aus dem Busch die „Götter zu Besuch" kommen, bin ich Thomas Bargatzky dankbar.

‚primitive' peoples... as... Eliade has brilliantly recognized and richly documented... " (vgl. Lincoln 1981:358). In seinem ersten Buch, „Emerging from the Chrysalis" (1981) analysiert Lincoln weibliche Initiationsritten ganz im Eliade-schen Sinne in Hinblick auf die symbolisch religiösen Bedeutungen. Zehn Jahre später, im Nachwort zur zweiten Auflage (1991), distanziert er sich von der ersten Fassung des Buches und betont nun mehr die sozioökonomischen Aspekte der untersuchten Phänomene. Er würde, so sagt er, heute aber nicht nur einen anderen wissenschaftlichen Fokus anlegen, sondern überdies eine andere moralische Evaluation vornehmen:

> „I have come to vie wimmoral any discourse or practice that systematically operates to benefit the already privileged members of society ath the expense of others, and I reserve the same judgement for any society that tolerates or encourages such discourses and practices. By these standards few, if any, rituals of women's initiation fare very well, and looking back, I fear that in some measures I was myself seduced by the elegant structures, well wrought symbolism, and complex ideologies that are found within these rituals." (Lincoln 1991:112).

Im Jahre 1999 bringt Lincoln mit "Theorizing Myth. Narrative, Ideology, and scholarship" erneut einen Beitrag zur Mythosforschung heraus, geht da aber nur noch am Rande auf Eliade ein, da sich zuvor bereits Ivan Strenski in „Four theories of myth in twentieth-century history: Cassirer, Eliade, Lévi-Strauss, and Malinowski" mit Eliades Mythoskonzept beschäftigt hatte. Das was er hier über Eliade sagt, bleibt sachlich und voller Bewunderung für das Werk des Gelehrten, den er, zusammen mit Dumezil und Lévi-Strauss, zu den drei bedeutendsten Mythos-Forschern des 20. Jhs. zählt. Dennoch meint er abschließend, daß er, bei allem persönlichen Respekt für seinen ehemaligen Lehrer, seinem wissenschaftlichen Ansatz nicht viel Zukunft gebe: *„I am forced to conclude, that the flaws that have been identified in Eliades work are real and grievous" (Lincoln 1999:146).*

Ein unaufgeregter und aufschlußreicher Beitrag zur Eliade Diskussion stammt von Ulrich Berner. Im gerade erst erschienenen Sammelband „The International Eliade" zeigt er in einem Vergleich dreier, aus der Antike selbst stammender Interpretationen des Adonis Mythos, daß es schon zu dieser Zeit mythische, rationale und theologische Zugänge bzw. Deutungsversuche mythischer Texte gegeben habe. Sie alle eröffneten zwar unterschiedliche, nichtsdestoweniger aber fruchtbare Einsichten. Auf dieser Folie kann Berner eindrucksvoll zeigen, daß es bei der Eliade Diskussion vielfach weniger um die Sache selbst, sondern vielmehr um eine geradezu „religiöse Kontroverse" zwischen religiösen und nichtreligiösen Wissenschaftlern entstanden ist. Der Fehler beim Umgang mit Eliade liege vielfach in der Erwartung dessen, so Berner, daß man von Eliades Ansatz erwarte, er müsse entweder *alles* oder aber, er könne *gar nichts* erklären. Ulrich Berner ist zuzustimmen, wenn er behauptet, daß ein unzweifelhafter Wert von Eliades Ansatz nicht zuletzt in einer vorsichtigen Interpretation der religiösen

Perspektive als solcher besteht, im Versuch zu verstehen – und zu beschreiben – wie religiöse Menschen die Welt betrachten (Berner 2007).

Ich selbst habe hier versucht, deutlich zu machen, daß der Ethnologe von Eliade durchaus profitieren kann. Dann nämlich, wenn er seinen Ansatz als eines von mehreren brauchbaren Rastern versteht, das ihm bei seiner Suche nach „Ordnung" wertvolle Anhaltspunkte geben kann, aber nicht notwendig muß. Wissenschaftliche Arbeit geht von Ideen aus, die sie überprüft und modifiziert. Ohne die wenigen großen Denker, die in der Lage sind, Ideen tatsächlich durchzuformulieren, würde das „Wuchern des Sekundären" noch mehr Raum einnehmen, als dies ohnehin schon der Fall ist. Insofern bin ich Eliade für seine oft so plastische, anschauliche und in sich selbst letztlich stimmige – ja schöne – Theorie auch jetzt noch dankbar, obwohl es mir gelungen sein dürfte, sie diesmal zu widerlegen.

18. *Gol* als Ritual. Versuche zur Ritualtheorie

There is the widest possible disagreement
as to how the word ritual should be understood.
Edmund Leach (1910 – 1989)

Bislang habe ich das *gol* als „Veranstaltung" oder „Spektakel", nicht jedoch als „Ritual" bezeichnet. Dies geschah mit gutem Grund, da ich, trotz aller explizit und implizit ganz sicher vorhandenen Relevanz des Phänomens, erst hier die Frage aufwerfen möchte, ob man das *gol* überhaupt als Ritual betrachten kann. Die Ritualtheorie ist ein weites Feld. Edmund Leach meinte bereits in den sechziger Jahren, daß es, angesichts einer Vielzahl von Auslegungen, keine Übereinstimmung über das Verständnis des „Rituals" geben könne (Leach 1966). Vierzig Jahre später sind die Dinge nicht überschaubarer geworden, im Gegenteil, Catherine Bell kommt in „Ritual Theory, Ritual Practice" ebenfalls zu dem Schluß, daß eine in sich geschlossene Ritualtheorie angesichts der Unmöglichkeit, diese mit einer hyperkomplexen rituellen Praxis zur Deckung zu bringen, Utopie bleiben muß (Bell 1992:219). Es ist klar, daß ich hier nicht einmal ansatzweise die Bandbreite an bestehenden Ritualtheorien erfassen kann, wir können lediglich versuchen, uns einige grundlegende Überlegungen, die zu teils sehr unterschiedlichen Ergebnissen führen, vor Augen zu halten, um dann auf dieser Folie einen für unsere Zwecke brauchbaren Ritualbegriff zu skizzieren und eine Einordnung des *gol* zu versuchen.

18.1 Grundlegendes zum Ritual

Grundsätzlich kann man sagen, daß Kultur ohne Ritual nicht denkbar ist. Es gehört zum Grundwissen nicht nur der Ethnologie, daß alle Gesellschaften ritualisierte Gesellschaften sind, wobei man beachten muß, daß dies einigen Gesellschaften mehr und anderen weniger bewußt ist. Überall gibt es rituelle Formalisierungen von Zeit und Raum, rituelle Werkzeuge, Ritualsprache, Ritualspezialisten etc. Gleichzeitig muß man konstatieren, daß die wichtigsten rituellen Idiome von allen Mitgliedern einer Gesellschaft beherrscht werden müssen (vgl.f.a. Goffmann 1969). Dieses Beherrschen der rituellen Idiome ist, so könnte man argumentieren, der eigentliche Grund dafür, daß Kollektivrituale überhaupt funktionieren können: der Einzelne kann davon ausgehen, daß sein *alter ego* im Vollzug des Rituals genauso handelt wie er selbst, was wiederum voraussetzt, daß der rituellen Performance eine *Pre*-formance zugrunde liegen muß, damit Ordnung überhaupt entstehen kann.[257] Das Ritual zeichnet sich weiter, so kann man mit den Worten von Helmuth Plessner sagen, durch seine „vermittelte Unmittelbarkeit" aus (Plessner 1965; vgl. a. Hauke 2000). Unmittelbarkeit deswegen, weil Bedeutungsvermittlung durch das Ritual in vielen Fällen ohne Sprache

---

[257] Vgl. zum Konzept der „Appräsentation" bzw. „Mitvergegenwärtigung" Husserl 1981; 1983; 1986; vgl. auch MacAloon 2006.

auskommt. Vielmehr präsentieren Rituale ihnen zugrundeliegende Symbole, indem sie entsprechende Bilder entfalten, die, so meint etwa Edmund Leach, wie Zeichen[258] gelesen werden können (Leach:1966). In diesen Bildern wird nicht selten Alltägliches und Außer-Alltägliches aufeinander bezogen (vgl.f.a. Langer 1956; Douglas 1985). Vor dieser Folie wird verständlich, weshalb man, ähnlich wie bei Mythos und Symbol, auch im Ritual häufig eine *coincidentia oppositorum* beobachten kann, ein Zusammenfallen der Gegensätze:[259] Die (Sicherheit vermittelnde) Ordnung wird im Ritual nicht selten (allerdings auch nicht zwangsläufig) durch das bewußte Inkaufnehmen von Risiken unterstrichen.[260] Diese können z.B. darin bestehen, daß die am Vollzug Beteiligten an ihre physischen und psychischen Grenzen geführt werden. So betrachtet ist das Risiko auf die Überforderung des Individuums bezogen. Ein noch größeres Risiko stellt der mangelhafte Vollzug eines Rituals, oder, was noch schlimmer ist, sein Boykott dar. Durch das Scheitern eines Rituals auf dieser Ebene ist möglicherweise sogar die Integrität der Gesellschaft insgesamt betroffen.

Versucht man, das oben Gesagte so knapp als möglich zu subsumieren, so könnte man dies mit den Worten von Roy Rappaport tun, der gesagt hat: „... I take ritual to be *the* basic social act." (Rappaport 1979:174). Ich betone nochmals, daß die Sphäre des Rituals kaum ohne die Dimension des Risikos gedacht werden kann, da das Ritual immer auch eine, potentiell krisenhafte, Zuspitzung darstellt – eben *weil* es ein Ritual, und nicht Alltag ist.

18.2 Victor Turners Konzept der Liminalität

Will man verstehen, wie Ritual und Risiko aufeinander bezogen sind, kann man etwa Formen der Initiation bzw. des Überganges von einer Lebensphase in eine andere betrachten, da diese in der Regel schon per se riskant sind, wie gleich gezeigt werden wird. Hier hat sich in den letzten Jahrzehnten eine Terminologie bewährt, die vom schottischen Kulturanthropologen Victor Turner entwickelt wurde: Turner baut zunächst auf den in der Ethnologie, aber auch in den Religionswissenschaften als „klassisch" geltenden Überlegungen Arnold van Gennep's auf. Dieser bezeichnet Initiationen als individuelle „Lebenskrisen", als

---

[258] Schon über die angebliche Zeichenhaftigkeit von Ritualen besteht in der Forschung keine Übereinstimmung mehr (vgl. Staal 1979; 1989 s.u.)

[259] Auch das Ritual, als Handlungsform des Symbols verstanden, spiegelt Ausdruck und Bestreben des Menschen, die disparaten und widersprüchlichen Aspekte einer Wirklichkeit oder Sakralität, die er als kompakt und homogen anzusehen geneigt war, zu einer kohärenten Einheit zusammenzufassen. Es ist Ausdruck einer existentiellen Spannung und dient dem Versuch einer universalen und totalen Erfassung der Wirklichkeit, der Integration und kosmischen Rechtfertigung der von ihm empfundenen „negativen und heillosen Aspekte des Kosmos und der Götter" (vgl. Eliade 1963: 128).

[260] Ich verdanke einige wichtige Anregungen zur Einordnung neuerer Ritualtheorien der Teilnahme an der Tagung „Ritual als provoziertes Risiko" des SFB 447 - *Kulturen des Performativen*, die vom 26. – 28. Oktober 2006 an der FU Berlin abgehalten wurde.

„rites de passage" (van Gennep 1906; 1986). Unter „rites de passage" ist die Aufeinanderfolge von bestimmten Zuständen zu verstehen, die ein Individuum während seines Lebens durchläuft; Rituale symbolisieren dabei die Übergänge und haben während der Übergangsphase die Aufgabe, das Individuum vor feindlichen Mächten zu schützen. Drei Hauptphasen können bei allen Übergangsriten unterschieden werden: 1. die Trennung, 2. der Übergang in einen anderen sozialen Zustand und 3. die Wiedereingliederung in die Gemeinschaft. Turner hat diese Gedanken aufgegriffen und beschäftigt sich an verschiedenen Stellen mit den von van Gennep beschriebenen Formen der Übergänge, den Riten, die einen Orts-, Zustands-, Positions- oder Altersgruppenwechsel begleiten. Während der Trennungsphase setzt die Loslösung eines Individuums oder einer Gruppe von einem früheren fixierten Punkt einer Sozialstruktur und/oder gesellschaftlichen Bindung ein. In der anschließenden Schwellenphase ist das rituelle Subjekt, der „Passierende", von Ambiguität gekennzeichnet. Es wird ein Bereich durchschritten, der weder mit dem früheren noch mit dem zukünftigen in Verbindung steht. Mit der Angliederungs- oder Wiedereingliederungsphase hat das rituelle Subjekt den Übergang vollzogen und befindet sich wieder in einem neuen stabilen Zustand. Laut Turner entsteht während der Vorbereitung bzw. dem Vollzug eines Rituals eine, implizit riskante, „Antistruktur" (Turner 1989). Er meint damit, vereinfacht ausgedrückt, eine soziale Situation, in der die normative Sozialstruktur, ihr Rollensystem, ihre Statuspositionen, ihre Rechte und Pflichten etc. temporär aufgelöst werden. Insofern sind die Teilnehmer des Rituals „Grenzgänger", das Ritual selbst „liminal", eine (riskante) „Grenzerfahrung". Die innere Verfassung der am Ritual Teilnehmenden kommt durch ein besonderes, nichtalltägliches Zusammengehörigkeitsgefühl zum Ausdruck, dem Turner den Begriff „communitas" zugeordnet hat. Im Vollzug des Rituals, diesem gemeinschaftlich intensiv erlebten Grenzzustand, entsteht eine Art gewollter, ja sogar streng geplanter „Unordnung", die Turner für eine Art „Samenbeet kultureller Kreativität" hält (Turner 1989:41). Der Teilnehmer soll in der „Unordnung" einerseits den Sinn und die Notwendigkeit der althergebrachten „Ordnung" erkennen, aber auch eventuell neue, jenseits dieser alten Ordnung liegende Möglichkeiten entdecken. Ich füge hinzu, daß sich Rituale, so verstanden, als eine besondere Form des Kalküls in vorwissenschaftlichen Gesellschaften verstehen lassen: das durch das Ritual symbolisch gerahmte Zeit-Raum Moment gleicht einem wissenschaftlichen Labor, das ebenfalls ein abgeschlossener, streng kontrollierter Raum mit besonderer Kleiderordnung, strengen Hierarchien und Prozessen ungewissen Ausganges ist. Die Partizipation am Ritual geschieht, so Turner, nicht freiwillig, sondern wird von den gesellschaftlichen Autoritäten erzwungen. Insofern dient es weniger dem „Erkenntnisgewinn" des Einzelnen als vielmehr der Bestätigung bzw. Fortentwicklung der Gruppenstrukturen. Auch diese Beobachtung läßt sich weitgehend auf ein modernes, wissenschaftliches Labor übertragen.[261] Liminale Phänomene haben also, auch wenn sie „inversiv"

---

[261] Diesen Gedanken entlehne ich Georg Soeffners Vortrag: „Rituale – kalkuliertes Risiko

zu sein scheinen, die Tendenz, für die Sozialstruktur letztendlich funktional zu sein, da sie für ihr möglichst reibungsfreies Funktionieren sorgen (vgl. Turner 1989:86).

18.3 Entstehung und Funktion von Ritualen

Wie und warum auch immer, Rituale *funktionieren* dann, wenn sie auf das Verständnis der betroffenen Akteure und Zuschauer stoßen, bzw. diese darauf reagieren. Dies ist dann der Fall, wenn die in den Ritualen vermittelten Bilder gelesen werden können, oder wenigstens nicht im Vollzug gestört werden (vgl. Eliade 1966; Leach: 1966). Ich meine daher etwa mit Hans-Georg Soeffner, daß das Entscheidende beim Ritual letzten Endes ist, ob es *wirkt* oder nicht[262] Die Frage nach der Entstehung von Ritualen taucht in vielfältigster Form immer wieder auf. Sie hat die ethnologische wie die religionswissenschaftliche Forschung von Anfang an vor grundsätzliche erkenntnistheoretische Probleme gestellt, eine „Lösung" ist keineswegs in Sicht, die Lager scheinen sich vielmehr unversöhnlich gegenüberzustehen.

So kann man einerseits, z.B. mit Eliade, davon ausgehen, daß die im Ritual entfalteten Bilder keineswegs beliebig sind, sondern daß durch das Ritual „mythische Urgeschichten" zelebriert werden, die aus *illo tempore,* der Zeit der Götter, stammen. Das Ritual ist also die mit dem Mythos untrennbar verbundene, „ewige" Wiederholung eines tatsächlich gewesenen Urzeitgeschehens. Durch das Ritual stellt der Mensch demnach ein tatsächliches Verhältnis zu den Göttern her. Zu dieser Vorstellung gehört auch der Gedanke, daß es eine wirkliche Unterscheidung von „Heilig" und „Profan" letzten Endes nicht geben kann, da jeder möglichen Handlung der Menschen eine Ur-Handlung der Götter vorausgegangen ist (Eliade 1966). Die unverbrüchliche Einheit zwischen Mythos und Kultus wurde sowohl in der Ethnologie (vgl.f.a.: Thiel 1992; Ad.E.Jensen 1960; W. Müller 1956; Preuss 1933) wie in der Religionswissenschaft (vgl.f.a.: Eliade1966; Otto 1960; van der Leeuw 1950) immer wieder behauptet. Im Ritual zeigt sich dementsprechend der Versuch des Menschen, sich in das „wirklich Reale", „Heilige" einzufügen und daran teilzuhaben; man könnte auch sagen der Mythos „entfaltet sich" im Ritus. Aber diese Entfaltung findet nicht an beliebigen Orten und zu beliebigen Zeiten statt, vielmehr werden ganz bestimmte Orte und ganz bestimmte Zeiten durch verschiedene Hierophanien geheiligt. Sie

---

oder riskantes Kalül. Zur ‚pragmatischen Ästhetik' von Ritualen", den dieser am 26.10.06 an der FU Berlin hielt. Das Problem der Wirksamkeit von Ritualen steht in Zusammenhang mit der weiter oben vorgetragenen Diskussion des Mythosbegriffes. Wie schon mehrfach angedeutet, beschäftigt mich die grundsätzliche Frage, ob diese Wirkung nun in Form eines unbewußten „Aufblitzens" zustande kommt, die *Pre*-formance also eine Erinnerung an *arche*, Urbilder, darstellt, oder ob sie auf gänzlich wandel- und formbaren, kulturell geprägten Lernprozessen beruht.

[262] Dies kann als Fazit von Soeffners Vortrag gelten.

werden dadurch zu „Zentren des Heiligen", zu „Ursprungsorten", zu unversieg-
baren „Quellen der Macht". In ihrer Nähe können die verschiedenen ontologischen Ebenen durchbrochen werden. Die Besonderheit der Zeit verweist dabei
auf die „heilige, uranfängliche Zeit", die Besonderheit des Ortes deutet auf das
Vorhandensein eines „archetypischen Raumes" hin. Der Mensch trägt im Ritus
seiner Sehnsucht, seinem „Heimweh" nach den transzendenten Formen der uranfänglichen Zeit Rechnung, indem er den Mythos in den verschiedenen Riten
und Ritualsystemen wiederauferstehen läßt. Mit Hilfe des Ritus soll der ontolo-
gische Bruch zwischen Heiligem und Profanem überwunden und die profane
Lebenswirklichkeit des „homo religiosus" zur „großen, uranfänglichen Zeit" hin
aufgebrochen werden. Durch den Ritus wird eine periodische Einfügung in diese
Zeit möglich (vgl. Eliade 1990: 63ff). Man könnte sagen, daß der Mensch und
seine durch sein „Sein in der Zeit" bedingte Profanität im Vollzug des Ritus ab-
stirbt und auf magisch symbolische Weise in den Ursprung *(illud tempus)* zu-
rückversetzt wird: Der Mensch wird aufs neue „Zeitgenosse der Götter und der
Schöpfung". Die Zeit „vor dem Fall in die Geschichte" wird wiederhergestellt.
Das Ritual ist also ein Versuch der Reintegration in *jene Zeit* und besteht vornehmlich in der genauen Wiederholung und Nachahmung der in den Mythen
gegebenen Uroffenbarungen und Vorbilder.

Auf der anderen Seite wird die Durchführung von Ritualen als kulturell geprägte
und daher unendlich wandelbare soziale Strategie begriffen, die letztlich der Bestätigung von Ordnung und damit der Weltdeutung dient, aber mit dem Mythos
nicht zwingend in Zusammenhang steht. Über die Frage, welches die wichtigsten Motive bei der „Erfindung" bzw. „Entstehung" von Ritualen und Mythen
sind, herrscht keine Einigkeit. Hier reicht die Bandbreite der Überlegungen von
psychologischen (Durkheim 1912, Freud 1968ff.) über intellektualistische (Frazer 1924), funktionalistische bzw. kulturmaterialistische (Malinowski 1925;
1926; 1960; Harris 1988) bis hin zu strukturalistischen Thesen (Lévi-Strauss
1958; 1976ff). Gegen die These der unbedingten Bezogenheit von Mythos und
Kultus aufeinander plädiert u.a. der Ägyptologe Jan Assmann. In Ägypten seien
priesterliche Kulthandlungen das für den Fortbestand des Staates ausschlagge-
bende Moment gewesen; Mythen sind oft wohl erst später zur Erklärung der
Kulthandlungen gleichsam nachgereicht worden. Nach Assmann wird das Ritual
durch einen Text konstituiert, der vom Mythos durchaus als losgelöst betrachtet
werden kann (Assmann 1991). In gewisser Weise nimmt Claude Lévi-Strauss
auch hier wieder eine Sonderstellung ein, hat er doch die These vertreten, daß
das Ritual nicht immer eine genau parallele Darstellung des mythischen Urzeitgeschehens bei ein und derselben Ethnie sein muß, sondern daß sich beide Elemente oft erst in größeren regionalen Zusammenhängen ergänzen (Lévi-Strauss
1976). Daß es diese Zusammenhänge gibt, steht für ihn allerdings außer Frage
und war letztlich für die Entstehung des Strukturalismus konstituierend (vgl.
Oppitz 1992).

Trotz ihrer Verschiedenheit liegt allen oben geschilderten ritualtheoretischen Vorstellungen die Annahme zugrunde, daß Rituale stets (sinnvoll) soziale Wirklichkeit konstituieren und die bestehende Ordnung, vielleicht unter Hereinnahme von partiellen Veränderungen, letzten Endes aktiv sichern helfen.[263] Das Ritual ist, so verstanden, immer die „Handlungsform eines Symbols" (vgl.f.a. Luckmann 1963; 1991). Ritualen steht man nicht gleichgültig gegenüber, sondern man vollzieht sie, um aktiv etwas zu erreichen. Sie sind auf einer operationalen Ebene *wirksam*. Aus diesem Grund werden sie auch stets von der betroffenen Gruppe, Ausführenden wie Zuschauern, evaluiert, ihr Gelingen oder Scheitern wird diskutiert und kommentiert.

18.4 Performanz, Spiel, Handlungslegitimation, Bedeutungsvermittlung

Unter dem Strich bleibt in diesen Ritualkonzepten die Sinnhaftigkeit rituellen Tuns bestehen. Seit etwa zwei Jahrzehnten stellen sich dieser Auffassung jedoch zunehmend Lektüren der Vielstimmigkeit von „Partituren des Rituals" entgegen. Der Indologe Frits Staal (1979; 1989) etwa behauptet, entgegen der langen Tradition der Interpretation von Ritualen als symbolische Verweisungssysteme, daß diese nicht selten bedeutungslos seien. Statt dessen rückt er die Regelhaftigkeit rituellen Handelns in den Vordergrund (Staal 1989:108) und versteht das Ritual als Reproduktion einer Syntax ohne Semantik. Knapp zusammengefasst lautet seine These: „Ritual is pure activity, without meaning or goal." (Staal 1975:9) Auch Humphrey und Laidlaw (1994) betrachten nicht die Kommunikation von Bedeutungen als wesentliches Element des Rituals, sondern sehen darin vielmehr die spirituelle Hingabe an das rituelle Geschehen als solches. Die Performanz selbst wird hier zum „Eigentlichen" des Rituals. Die weitere Dynamisierung der Diskussion verdankt sich vor allem der Einsicht in das ludische Potential des (wie ich fragen würde: dann noch rituellen?) Vollzuges, in die konstitutive Rolle des häufig riskanten Spiels für das Liminale und für die je spezifische Präsenzerfahrung der involvierten Akteure. In vielen Fällen ebenso wichtig wie der, wie auch immer geartete, zugrundeliegende Text, sollte es ihn denn überhaupt geben, scheint also der (ludische) Vollzug zu sein. Das Ritual besteht, so verstanden, nicht mehr (nur) in der Re-Präsentation von etwas, sondern stellt selbst die Präsentation von etwas dar. Sieht man das Ritual nicht mehr als lesbares Zeichen, sondern stellt seine performativen bzw. ludischen Aspekte in den Vordergrund, verliert es in der Konsequenz an Bedeutung bezüglich seiner Handlungslegitimation. Allerdings besteht dann die Gefahr, so meine ich, daß die Grenzen zwischen Ritual und Spiel so stark verwischen, daß man am Ende begriffliches Terrain verliert anstatt neues hinzuzugewinnen. Um Unterschiede

---

[263] Viele Beispiele zeigen, daß vermeintlich letztgültige Normen bei der Durchführung von Ritualen keineswegs starr und unveränderlich, sondern stetigen Wandlungen unterworfen sind und an veränderte Gegebenheiten, ohne daß man viel Aufhebens darum machen würde, angeglichen werden (vgl. Köpping & Rao 2000).

zwischen Ritual und Spiel konkret zu verdeutlichen ist es sinnvoll, hier kurz auf den Begriff des Spiels einzugehen. Nach Roger Caillois bestimmen sechs Definitionsmerkmale das Spiel (Caillois 1982).

Das Spiel ist:

- *frei*, d.h. keiner kann zu einem Spiel gezwungen werden. Das notwendige Überwinden eines existentiellen Risikos fehlt.
- *abgetrennt*, d.h. es findet in einem von anderen Lebensbereichen abgesonderten Raum und zu einer bestimmten Zeit statt.
- *ungewiß*, d.h. sein Ausgang ist von vornherein nicht genau vorhersagbar.
- *unproduktiv*, d.h. es dient weder der Güterproduktion noch dem Erwerb des Lebensunterhaltes (der professionelle Sport gehört demnach nicht zum Spiel.)
- (entweder) *geregelt*, d.h. die Spielregeln schaffen eine künstliche Gesetzeswelt, welche die allgemeine Gesetzgebung aufhebt,
- (oder) *fiktiv*, d.h. bestimmte Spiele erfordern kein klar festgelegtes Regelwerk, sondern lassen Platz für freie Improvisationen, durch die eine neue Wirklichkeit entsteht, die im Gegensatz zu der des gewöhnlichen Lebens steht.

Caillois unterscheidet für das Spiel zwischen *âgon* (griech. für „Wettkampf"); *alea* (lat. für „Würfel"), *mimicry* (engl. [aus d. Griech. *mimese*] für „Nachahmung", „Wandlung", „Anpassung") sowie *ilinx* (griech. für „Wasserstrudel"). Die letzte Kategorie könnte für unseren Fall von besonderer Bedeutung sein, denn in dieser Spielkategorie wird versucht, die nüchterne Wahrnehmung für einen Moment zu stören und durch eine Art „wollüstige Panik" (Caillois 1982:32) zu ersetzen. Ziel ist die Überwindung der alltäglichen Balance und der Übergang in einen trance- oder rauschartigen Zustand, der die Wirklichkeit negiert. Spiele mit hoher Rotations- oder Fallgeschwindigkeit sind prädestiniert, einen „organischen Zustand der Verwirrung und des Außersichseins" (Caillois 1982:19) hervorzurufen. Spiele des *ilinx* entstehen durch Stürze und Schweben im Raum, durch schnelle Rotationen und durch extreme Beschleunigungen auf einer geraden Strecke. Da der *ilinx* durch den Einsatz moderner Technik, die Geschwindigkeiten und Rotationszahlen erhöht, begünstigt wird, verhalf das Industriezeitalter dieser Spielform zu einer rasanten Weiterentwicklung. Die Attraktionen der Jahrmärkte und Vergnügungsparks sowie modernste Erfindungen der Freizeitindustrie, nicht zuletzt das Bungee-Springen, weckten das Interesse eines breiten Publikums (vgl. Enser 2000). Andererseits gibt es zahllose ethnographische Bespiele für das Vorhandensein rauschhafter Spiele auch in urproduktiven Gesellschaften, etwa die Exerzitien der Derwische, die durch schnelle Drehungen um die eigene Achse bei schnellen Tambourschlägen in Ekstase geraten. Auch die Aufführungen der mexikanischen *voladores*, die sich in schnellen, kreisenden Bewegungen von hohen Masten abseilen, gehören in diese Kategorie (vgl. Stresser-Péan 1947). Zweifellos könnte hier der Begriff des Spiels noch um die Ansätze von Huizinga (1939), Gadamer (1965), Popitz (1994) oder Enser (2000) erweitert werden. Mir reicht es jedoch aufzuzeigen, daß schon auf den ersten Blick sowohl die Gemeinsamkeiten als auch die Unterschiede zwischen (älteren) Definitionen des Rituals und der hier vorgetragenen Definition des Spiels deutlich werden. Mir scheint, daß Unterschiede zwischen Ritual und Spiel durchaus benennbar sind. Allerdings ist die Überschneidungszone, in der beide ineinander übergehen so groß, daß selbst ein Victor Turner offenbar Schwierigkeiten hatte, dafür eine passende Terminologie zu entwickeln.

18.5 Ritual und Spiel in urproduktiven und modernen Gesellschaften

Turner hatte seinem Begriff der Liminalität einen zweiten hinzugefügt, den der „Liminoidität". Damit bezeichnet er Phänomene, die den liminalen zwar ähnlich sind, jedoch unter anderen Vorzeichen ablaufen. Liminoide Phänomene gedeihen demnach in „modernen" bzw. „säkularen" Gesellschaften, für die vertragliche Bindungen charakteristisch sind, die sich als Folge der Entstehung des bürgerlichen Gesellschaftstypus ab ca. 1750 entwickelten. Liminoide Phänomene können kollektiv sein, sind es aber meistens nicht. Es handelt sich charakteristischerweise eher um individuelle Hervorbringungen. Außerdem sind sie nicht in den gesamtgesellschaftlichen Kontext eingebettet, sondern entstehen abseits der zentralen ökonomischen und politischen Prozesse. Liminoide Phänomene gehören daher nicht zum unverzichtbaren kulturellen Instrumentarium einer Gesellschaft, sondern werden in erster Linie von solchen Gruppen, Zirkeln, Schulen oder Cliquen hervorgebracht, die mehr am Rande der Gesellschaft stehen. Insofern sind sie eher Teil der sozialen Kritik, als daß sie zum Funktionieren der Gesellschaft wesentlich beitragen würden (vgl. Turner 1989:83ff). Beide, liminale und liminoide Phänomene, schaffen eine Art Freiraum, in dem ein besonderes Gemeinschaftsgefühl möglich wird. Das ist die wohl wichtigste Gemeinsamkeit beider Modelle. Im „stammesgesellschaftlichen" Kontext muß dieser Freiraum, so Turner, als liminal betrachtet werden und ist letztlich der Gesellschaft insgesamt von Nutzen. Im modernen Kontext hingegen sind diese Phänomene liminoid und vor allem für den Einzelnen relevant, wie die moderne Gesellschaft überhaupt durch eine starke Betonung von Individualität und Freiwilligkeit gekennzeichnet ist. Mit der Dichotomie zwischen Liminalität und Liminoidität betont Turner eine *wesenhafte Verschiedenheit* moderner und traditionaler Gesellschaften. In neuerer Zeit ist Turners Dichotomie vielfach in die Kritik geraten. Die amerikanische Soziologin Sharon Rowe hat kürzlich mit einigem Erfolg gezeigt, daß der moderne Sport, von Turner als liminoides Phänomen bezeichnet, viele liminale Züge aufweist. Insofern, so Rowe, ist die Dichotomie zwischen liminalen und liminoiden Phänomenen fragwürdig, wenn nicht sogar überflüssig (Rowe 1998). Von einer anderen Seite stellt der Turner-Schüler John MacAloon Turners liminal/liminoid Dichotomie infrage. Mit dem Motto „games are not rituals and rituals are not games" (MacAloon 2006) behauptet er, ein "a little bit of ritual", wie es Turners Konzept der Liminoidität vorsehe, könne nicht gedacht werden. Entweder betrachtet man ein Phänomen als Spiel und hält es also für eine spezifische Art der kulturellen Performanz, der bestimmte Elemente des Rituals fehlen, etwa die verpflichtende Teilnahme oder die funktionelle Ebene für den Zuschauer, oder man klassifiziert es als Ritual, das dann aber genau diese (und andere, s.u.) Elemente aufweisen müsse (MacAloon 2006).

Auch unter dem Aspekt des Performativen bzw. des Ludischen drängt sich die Frage nach dem Anteil von (individuellem) Risiko bei religiöser wie parareligiöser Ritualhandlung sogleich wieder auf. Neuere soziologische, ethnologische und religionswissenschaftliche Forschungen haben erbringen können, daß sowohl Aspekte des Ludischen als auch das bewußte Inkaufnehmen von Risiken keineswegs ein spezifisches „Wesensmerkmal" von Menschen moderner Gesellschaften ist, sondern sich als Lust an der performativen Provokation von Gefahr durchaus auch in urproduktiven Gesellschaften finden läßt.[264] Entgegen der althergebrachten Annahme seiner Isolierbarkeit als einer fremdkulturellen, einheitlichen Größe, wird das rituelle Geschehen in den im Sammelband „Im Rausch des Rituals" von Köpping & Rao vorgelegten Studien als dynamische, vieldeutige und ambivalente Größe beschrieben, die den Prozessen in modernen Gesellschaften viel ähnlicher ist, als etwa Turners dichotomes liminal/liminoid Konzept vermuten ließe (Köpping & Rao 2000). In mehreren Beiträgen wird hier die These vertreten, dass die Annahmen von Staal (1979, 1989) oder Humphrey und Laidlaw (1994) deswegen eine künftige Theoriebildung blockierten, weil diese versuchten zu trennen, was als zusammengehörig gedacht werden müsse, dies aber einer zu starken Vereinfachung gleichkomme (vgl.f.a. Michaels 2000). Dies zeige sich etwa darin, dass die These der Bedeutungslosigkeit des Rituals auf der Beobachtung eines zu kleinen Ausschnitts des rituellen Geschehens beruhe. Dagegen wird in Köpping & Rao an die Indexikalität, die Verweisungsstruktur und die Kontextsensitivität im Gesamtzusammenhang der jeweiligen Aktualisierung des rituellen Repertoires erinnert. Diese Rückbindung an den jeweils aktuellen Raum-Zeit-Kontext soll es sein, die Rituale als sozial kontrollierte, nicht zuletzt auch ver- und ausgehandelte Performanzvarietäten erweist (vgl. dazu auch Bell 1992).

18.6 Der hier herangezogene Ritualbegriff

Im Gegensatz etwa zu den Beiträgen im Sammelband von Köpping & Rao (vgl. z.B. Michaels 2000), die um eine Neufassung und Erweiterung des Ritualbegriffs bemüht sind, möchte ich hier grundsätzlich die Frage aufwerfen, ob es tatsächlich sinnvoll ist, kategoriale Unterschiede zwischen Spiel und Ritual über Konzepte des Ludischen bzw. der Performanz aufzulösen. Zwar tut man sich in der Tat schwer, eine Vielzahl von Phänomenen, darunter auch das *gol* in die bislang verfügbaren Kategorien einzuordnen, dennoch scheint mir, daß man gut

---

[264] Vgl. f.a.: Beck 2003; Enser 2000; Köpping & Rao 2000; Michaels 2003; 2002; 2000.

daran täte, das Ritual von anderen kulturellen Handlungsformen, hier konkret dem Spiel, zu trennen. Wenn nämlich nicht wenigen beobachteten Phänomenen, die man mit einer unscharfen, weil zu offenen, Terminologie in jüngster Zeit als Ritual begreift, *keine* universale Ritualgrammatik zugrunde liegt, ihnen also Elemente fehlen, die bislang als für das Ritual konstituierend galten, ist es vielleicht doch besser, sie nicht mit dem Begriff des Rituals zu befrachten, sondern diesem seinen besonderen Bedeutungshorizont als *Handlungsform des Symbols* zu belassen. Ich schließe mich insofern John MacAloon an, der meint, daß „Rituale keine Spiele und Spiele keine Rituale" seien (MacAlloon 2006). Andererseits halte ich den auch in Köpping & Rao (2000) oder von Rowe (1998) vorgetragenen Vorwurf an die These, urproduktive Gesellschaften unterschieden letztlich nicht zwischen Spiel und Ritual, sondern Spiele könnten hier nur vor der Folie des Rituals verstanden werden, für sehr berechtigt. Gerade das *gol* fügt sich nämlich, wie gleich zu sehen sein wird, nicht in diese Trennung ein, und zwar weder aus der etischen Perspektive des deutend verstehenden Ethnologen, noch von einer emischen Position aus betrachtet. Turners Trennung zwischen liminalen („ganz Ritual") und liminoiden („ein bißchen Ritual, ein bißchen Spiel") Phänomenen geht nämlich sowohl zu weit, wenn sie von wesenhaften Unterschieden zwischen modernen und urproduktiven Gesellschaften ausgeht, als auch nicht weit genug, wenn sie versucht, „ein bißchen Ritual" und „ein bißchen Spiel" mit der Formel der Liminoidität in eins zu setzen. Bevor wir uns nun gleich wieder konkret dem *gol* zuwenden, möchte ich doch versuchen, eine kategoriale Unterscheidung zwischen Ritual und Spiel hier ganz konkret zu treffen:

Rituale erscheinen als krisenhafte Zeit im Jahreszyklus, die durch eine risikobehaftete Infragestellung und Reorganisation der Ordnung der Gemeinschaft durch eine gemeinsam erlebte Grenzerfahrung ausgezeichnet ist, bedeutungsvoll. So ließe sich resümieren, dass Rituale, anders als Spiele, auf drei Ebenen wirksam sind:

o *auf der symbolischen Ebene:* Rituale sind als Handlungsform von Symbolen zu betrachten, die das Ethos einer Gesellschaft reflektieren, transportieren und letztlich meist festigen.
   ▪ Die Regeln in Spielen hingegen schaffen eine künstliche Gesetzeswelt, welche die allgemeine Gesetzgebung nicht selten vollständig aufhebt.

o *auf der funktionalen Ebene:* Rituale sind auf einer operationalen Ebene für die Gesellschaft wirksam. Dazu gehört auch, daß die Teilnahme am Ritual für die, innerhalb des jeweiligen Kontextes Betroffenen, verpflichtend ist. Außerdem erfolgt häufig eine Statusänderung der am Ritual Teilnehmenden.
   ▪ Sowohl die verpflichtende Teilnahme, als auch der funktionale Rückbezug, zumindest für die Zuschauer, fehlen beim Spiel.

o *auf der ästhetisch-performativen Ebene:* in Ritualen werden, vielfach mit größter organisatorisch-technischer Perfektion, Bilder entfaltet, die im Moment der Aufführung für Teilnehmer wie Zuschauer nicht selten zum Eigentlichen des Rituals werden, dann nämlich, wenn der Sinn mancher Handlungen sogar den Akteuren selbst nicht mehr geläufig ist.

- Wirkungskräftige Riten überdauern, auch ohne daß deren Sinngehalt allen Teilnehmenden stets vor Augen steht. Für Spiele gilt dies höchstwahrscheinlich nicht.

Wenn wir die in früheren Kapiteln dieser Arbeit geschilderten tatsächlichen Rituale der Sa betrachten, etwa *warsangul, juban, taltabwean* oder *koran,* so wird man sagen müssen, daß es sich hierbei nicht um simple Aufführung des Geschehens in der Art eines inszenierten Passions*spiels* handelt. Vielmehr müssen wir diese Phänomene tatsächlich als die wirkungsmächtige Wiederholung der Schöpfungsmythen betrachten, die die Ordnung der Welt bestätigt und sie gleichzeitig erneuert bzw. ihren Bestand garantiert. Die genannten Phänomene sind auf der symbolischen, der funktionalen und auch auf der ästhetisch-performativen Ebene als Rituale zu bezeichenen. Allerdings beschränken sich die Sa dabei oft auf Chiffren und Andeutungen, die nicht selten nur den Eingeweihten vertraut waren und sind. Der Sinn vieler Handlungen liegt im Verborgenen, ja ist verlorengegangen, wenngleich er bei sorgfältiger Analyse durch den Beobachter, etwa den Ethnologen, möglicherweise (re-) konstruiert werden kann. Eine solche Exegese will ich nun, mit Hinblick auf das Turmspringen, in den nächsten Kapiteln versuchen. Dabei werde ich jetzt ganz konkret die Fragen aufwerfen, ob man das *gol* überhaupt als Ritual bzw. genauer als Initiations- oder Fruchtbarkeitsritual verstehen kann, und ob sich vielleicht direkte funktionale Beziehungen zwischen *gol* und anderen Ritualen, hier denke ich vor allem an die *warsangul* Rituale, finden lassen.

18.7 *Gol* als Initiationsritual?

Im ersten Kapitel dieser Arbeit haben wir mehrfach gehört, daß das *gol* nicht selten für ein „manhood thing" gehalten wird, und schon Irving und Electa Johnson (1955) hatten suggeriert, es handele sich beim Turmspringen um eine Initiation der jungen Männer. Auf den ersten Blick ist diese Überlegung nicht abwegig, verbindet man doch mit dem umgangssprachlich verwendeten Begriff „Initiation" zunächst vor allem zweierlei: eine schwierige Prüfung und einen, durchaus auch konkret physischen, Übergang.[265] Beides scheint hier der Fall zu sein, denn vergegenwärtigt man sich den Mut, dessen es zweifellos bedarf, von einem viele Meter hohen Turm zu springen, wird man sicher sagen können, daß

---

[265] Denken wir nur an die vielen Beschreibungen von Übergangsriten, bei denen der Initiand, gerade auch in Melanesien, durch eine symbolische Verengung wie durch einen Geburtskanal in ein neues Leben tritt (vgl. f.a. Godelier 1987: 145).

es sich dabei um eine ziemlich schwierige „Prüfung" handelt. Dem Erklimmen des Turmes folgt eine gefährliche „Schwellenphase" zwischen Himmel und Erde und schließlich die „Landung", die den Vorgang beendet. Sieht man jedoch genauer hin und nähert sich den Begriffen „Initiation" und „Ritual" anhand der

oben vorgestellten Terminologie, so wird gleich mehrfach deutlich, daß der ethnographische Befund es *nicht* rechtfertigt, das *gol* für eine Initiation zu halten: Die Teilnahme am *gol* ist gänzlich freiwillig. Die gesellschaftlichen Autoritäten (vgl. Turner 1989), hier also Väter, Onkel, sonstige ältere Verwandte und Freunde oder gar die Chiefs, üben auf die Jungen keinerlei formellen Zwang aus, am *gol* teilzunehmen. Allenfalls machen sie manchmal einen indirekten Einfluß informell geltend. Es ist die feste Überzeugung der Sa Jungen und Männer, daß es von jedem selbst abhängt, ob er am Turmspringen teilnimmt oder nicht. „I stap long evri man from man hemi master long life blong hem" so sagen sie: „es hängt von jedem Mann selbst ab, denn der Mann ist der Herr seines Lebens". Schon zehnjährige Jungen unterstreichen damit sehr überzeugend und eindrucksvoll ihre Autonomie in dieser und anderen Fragen. Es kommt, wie wir bereits gesehen haben, durchaus vor, daß ein Junge oder Mann nicht springen will. Sei es, daß er Angst hat, sich krank fühlt oder, was auch geschieht, aus Rücksicht auf einen Freund verzichtet, weil mehr Anwärter als Sprungplätze vorhanden sind. Er sagt dann, daß er nicht springen will, und es erübrigt sich jede weitere Diskussion. Zwar mag es geschehen, dass seine gleichaltrigen Freunde ihn ein paarmal im Scherz aufziehen, oder noch während des Turmspringens ein

Abb. 48: Ein Junge spielt *gol* mit einem angebundenen Holzstück. (Bunlap-Bena, Mai 2002)

spöttisches Lied gesungen wird (vgl. Kap. 13.7), aber ein Verlust an formalem Ansehen, etwa die Aberkennung eines Titels oder dergleichen, ist damit nicht verbunden. Auch eine Schmälerung an informellem Ansehen ist nicht feststellbar. Manche Männer sind in ihrem Leben überhaupt noch niemals gesprungen, nehmen aber eine gefestigte Rolle innerhalb des Dorfes ein, wie wir gleich noch genauer sehen werden. Ferner ist beim *gol* meines Erachtens keine, oder höchstens eine sehr schwach ausgeprägte „communitas" zu beobachten, was mit der Flexibilität der

Veranstaltung zu tun hat: man kann daran teilnehmen, muß aber nicht; man kann am Turm mitbauen, muß aber nicht – manch einer arbeitet nur einen halben Tag mit, ein anderer drei Tage, wieder ein anderer die gesamte Bauzeit. Feste Regeln gibt es hier keine, lediglich vom Baumeister wird erwartet, daß er den Prozeß von Anfang bis Ende begleitet. Die Teilnahme am Sprung selbst ist auch dann noch möglich, wenn der Kandidat erst am Tag der Veranstaltung dazustößt, etwa weil er aus einem anderen Dorf kommt, krank war oder einfach keine Lust hatte, mitzubauen. Nicht selten springen Männer aus verschiedenen Dörfern, die sich untereinander kaum kennen, gemeinsam von einem Turm, um sofort anschließend wieder in ihre eigenen Dörfer zurückzukehren.[266] Außerdem findet, auch das ist sehr bemerkenswert, keine Status- oder Namensänderung statt. Und zwar weder in positiver Hinsicht, nach einem erfolgreich absolvierten Sprung, noch in negativer, nach einem schlechten Sprung oder gar einem Rücktritt. Es fehlt also der direkte funktionale Rückbezug zwischen der Teilnahme am *gol* und anderen, wichtigen Institutionen, der ja, wie eben ausgeführt, integraler Bestandteil des Rituals ist, so wie ich es mit Turner skizziert habe. Im Gegensatz dazu steht die Beschneidung, die Teil des obligatorischen *warsangul* Systems ist und die wir zweifellos als ein Initiationsritual der Sa betrachten müssen (vgl. Kap. 10.5). Die Teilnahme an der Beschneidung ist für alle Mitglieder einer Altersklasse obligatorisch und stellt die Grundlage für jeden weiteren Aufstieg innerhalb des *warsangul* Systems dar (vgl. Kap. 12.1). Während der Vorbereitung und der Durchführung der Beschneidung bilden die Teilnehmer am Ritual zweifelsohne eine „communitas". Die Jungen verbringen mehrere Wochen mit ihren Vätern in den Männerhäusern, wo sie von ihren Müttern streng getrennt sind. Wenn sie, nach den Wochen der Trennung, wieder mit diesen zusammenkommen, tragen sie neue Namen und sind der Welt der erwachsenen Männer ein bedeutendes Stück nähergekommen. Das gleiche gilt im Wesentlichen auch für alle anderen *warsangul* Rituale. Wenn, aus welchen Gründen auch immer, eine Beschneidung oder ein *warsangul* Ritual scheitert, hat dies gravierende Konsequenzen nicht nur für den Initianden, sondern auch für alle anderen Teilnehmer, da hier eine vielfach größere Bandbreite an der Zurschaustellung derjenigen Fähigkeiten, die das Ethos der Sa bestimmen, von einem Mann (und auch seinen Mentoren und seiner Familie) gefragt sind: diplomatische und politische Begabung, rhetorisches Talent, wirtschaftliches Geschick, gärtnerisches Können, Erfolg in der Schweinezucht, Verläßlichkeit als Ehemann und Familienvater (vgl. Kap. 12). Beim *gol* ist das, wie wir oben gesehen haben, keineswegs der Fall, hier geht es (lediglich) um den Beweis von Mut und Kraft. Überdies beschränkt sich das Risiko zu scheitern ausschließlich auf das Individuum und besteht (lediglich) darin, vom Sprung zurückzutreten (ohne gravierende soziale Konsequenzen) oder aber, durch einen Unfall, einen individuellen physischen Schaden zu erleiden.

---

[266] Dies trifft vor allem dann zu, wenn es sich um ein besonders großes *gol* handelt, zu dem mitunter hunderte Sa aus allen Teilen ihres Siedlungsgebietes zusammenkommen.

Als Fazit kann gelten, daß der ethnographische Befund es keinesfalls rechtfertigt, das *gol* für ein Initiationsritual zu halten. Statt dessen sind die Beschneidung, und mit ihr das Set von *warsangul* Ritualen, die wir nun nochmals etwas differenzierter und im direkten Vergleich zum Turmspringen betrachten wollen, als typische Initiationsrituale zu betrachten. Insgesamt verstärkt sich die bereits mehrfach geäußerte Vermutung, wonach das *gol*, folgt man den oben erarbeiteten Kategorien, grundsätzlich eher als eine Art Spiel erscheint.

Abb. 49: Jungen spielen *gol* und üben so das Springen und das Tanzen.
(Bunlap-Bena, April 2002)

18.8 *Gol* und *warsangul* im Vergleich

In Kap. 12.1 haben wir gesehen, daß sich der Erwerb von *warsangul* Titeln nach relativ strengen Regeln vollzieht, die auch weitestgehend eingehalten werden. Höchstens kleine Spielräume werden gewährt. So ist das Überspringen einzelner Grade im Prinzip nicht möglich, wenn es dennoch mitunter praktiziert wird, beschränkt es sich auf die obersten Titel nach dem Erreichen der ersten *mol* Titel. Ich meine, daß das *warsangul* System das der Sa Gesellschaft zugrundliegende Ethos reflektiert, transportiert und festigt. In Kapitel 12 haben wir gesehen, daß sich ein diesem Ethos verpflichtet fühlender Mann innerhalb eines lebenslangen Prozesses aufgrund eigener Leistung in den geschilderten, sehr verschiedenen Lebensbereichen, eine durch die Titel symbolisch abgesicherte, gefestigte gesellschaftliche Position verschaffen kann. Auf dieser Ebene gibt es also eindeutig funktionale Rückbezüge zwischen *warsangul* System und anderen wichtigen Institutionen.

Hingegen besteht beim Turmspringen in vielerlei Hinsicht, etwa bezüglich Teilnahme, Anzahl der Sprünge oder Höhe des Absprunges, weitgehende Entscheidungsfreiheit des Einzelnen. Es gibt hier praktisch keine festgelegten Beziehungen zwischen Sprunghöhe und Alter oder Titel der einzelnen Springer. Die von den Teilnehmern am Turmspringen geforderten Fähigkeiten sind vor allem Mut und ein gewisses Maß an körperlicher Fitneß. Vergleicht man diesen Befund mit der dem *warsangul* System zugrundeliegenden Ordnungsvorstellung, dann muß man zu dem Schluß kommen, daß beim *gol* Regeln gelten, welche die normale

Ordnung eher aufheben als direkt bestätigen, was ebenfalls wieder darauf hindeutet, daß wir es hier mit einer Form des Spiels und nicht mit einem Ritual zu tun haben.

Muß man das *gol* also als so etwas wie „Kultur mit Bedeutung (künstliche Geburt) aber ohne Zweck" betrachten, oder hängt nicht doch, wenigstens indirekt, funktional alles mit allem zusammen? Um sich dieser Fragestellung anzunähern, müssen wir zunächst überprüfen, ob es nicht wenigstens implizite Rückbezüge zwischen *gol* und anderen Institutionen der Sa Gesellschaft gibt. Mit Hinblick auf den hier zu behandelnden Vergleich zwischen *warsangul* und *gol* könnte man vielleicht vermuten, daß eine häufige und erfolgreiche Teilnahme an den Turmsprüngen den Aufstieg im *warsangul* System mittelbar erleichtert oder sich vielleicht sogar proportional zueinander vollzieht, etwa in der Art, daß auf einen erfolgten Titelerwerb auch ein Sprung von einer bestimmten Höhe zu erfolgen habe oder umgekehrt. Bei genauer Prüfung zeigt sich jedoch, daß dies nicht der Fall ist. Auch ein Verhältnis zwischen erfolgreich absolvierten Sprüngen und erworbenen Titeln kann nicht beobachtet werden (s.u.). Männer, die sehr häufig springen, sind nicht unbedingt überdurchschnittlich strebsam im Erwerb von Titeln. Umgekehrt müssen hohe Titelträger keineswegs besonders gute Springer (gewesen) sein. *Warsangul* und *gol* sind funktional weitestgehend voneinander entkoppelte Veranstaltungen. Allerdings sind indirekte Wechselwirkungen zwischen beiden auch nicht vollkommen ausgeschlossen, das Zurschaustellen von Mut beim Turmsprung könnte möglicherweise einen potentiellen Mentor bewegen, einen bestimmten Titel an einen engagierten, mutigen jungen Mann zu besonders günstigen Konditionen zu verkaufen. Noch wichtiger jedoch scheint mir die Rolle zu sein, die der Organisator spielt. Er kann, wie wir bereits gesehen haben, sich als ein Mann bewähren, der andere zur Mitarbeit bewegt, über handwerkliches Geschick, Kraft und möglicherweise auch über bestimmte materielle Ressourcen verfügt, die helfen können, das Gelingen des Unternehmens *gol* sicherzustellen. Je nach Größe und Anzahl der Teilnehmer am Turmspringen wird er sich so auf dörflicher oder sogar auf regionaler Ebene einen Namen machen, Kontakte knüpfen, sich ins Gespräch bringen. All dies kann ihm nützen, potentielle *warsangul* Mentoren zu beeindrucken bzw. für sich zu gewinnen, Handelskontakte zu knüpfen, politische Verbündete zu finden und dergleichen mehr. Dennoch muß man sagen, daß es sich hier bestenfalls um indirekte Zusammenhänge handelt, die sich ergeben können, aber nicht notwendig müssen.

An dieser Stelle muß schließlich noch hervorgehoben werden, daß sich das Turmspringen auch auf der ästhetisch-performativen Ebene von den *warsangul* Ritualen deutlich unterscheidet. Der Turmbau stellt zweifellos eine beachtliche technische Leistung dar, steht jedoch hinsichtlich seiner organisatorisch-technischen Komplexität hinter dem Ensemble der *warsangul* Rituale deutlich zurück. Zur Verdeutlichung genügt es, sich die ausführlichen Beschreibungen der einzelnen *warsangul* Zeremonien nochmals vor Augen zu führen, da sie die

Folie bilden, auf der wir das *gol* in ästhetisch-performativer Hinsicht betrachten müssen (vgl. Kap. 12.1). Gerade auch in Bezug auf die Vielschichtigkeit seiner performativen Dimensionen ist ein Vergleich zwischen *gol* und *warsangul* aufschlußreich. Das Turmspringen läuft zwar nach bestimmten Regeln ab, diese haben allerdings eher informellen Charakter und erinnern vielmehr an fiktive Spielregeln (vgl. Kap 17.4). Wir haben z.B. gesehen, daß die Veranstaltung ohne besondere Einleitung und zu einem Zeitpunkt beginnen kann, an dem möglicherweise noch nicht einmal alle Teilnehmer erschienen sind. Genausowenig ist der Ablauf der einzelnen Lieder und Tänze klar festgelegt. Selbst die Reihenfolge der Sprünge ergibt sich viel eher aus den technischen Gegebenheiten, als daß sie einer bestimmten Systematik folgen würde (vgl. Kap. 13.6). Dies alles steht in Gegensatz zu den *warsangul* Ritualen, deren Ablauf und Choreographie um ein Vielfaches genauer beschrieben sind und eingehalten werden (vgl. Kap. 12.1). Betrachtet man zusammenfassend funktionale und ästhetisch-performative Aspekte von *warsangul* und *gol* im Vergleich so wird wiederum deutlich, daß das Turmspringen auch in dieser Hinsicht eher Elemente eines Spieles aufweist.

Mit den nun folgenden Tafeln will ich die gerade gemachten Aussagen anhand der ethnographischen Daten konkret erhärten. Ich konnte hier aus Platzgründen nur eine kleine Auswahl an typischen Befunden integrieren. Dennoch läßt sich anhand der teils sehr unterschiedlich verlaufenden „Titelgeschichten" die Bandbreite an möglichen Konstellationen von Alter, Nachkommenschaft, Anzahl der Titel und der dafür bezahlten Schweine sowie der Anzahl von Turmsprüngen usw. erkennen. Die Tafeln sind so konzipiert, daß der Leser schon beim bloßen Überfliegen seine Schlußfolgerungen ziehen, bei weitergehendem Interesse das Material aber auch näher analysieren kann. Die Reihenfolge der Nennung bemißt sich hier nach der Anzahl der *warsangul* Titel, zuerst wird genannt, wer die größte Anzahl an *warsangul* Titeln trägt usw. Es gilt, hier mehrere Dinge zu berücksichtigen: Einmal fällt auf, daß bedeutendere Männer ihre Titel meist von vielen verschiedenen Mentoren gekauft haben und keinesfalls ausschließlich von z.B. ihren nächsten Verwandten, wie es hingegen häufig bei schwächeren Initianden zu beobachten ist. Vor allem die Zahl der getöteten Tiere gibt Aufschluß über den tatsächlichen Wert eines Titels, da ein Teil der lebend übergebenen Tiere nicht selten, allerdings auch keineswegs immer, an den Mentor zurückgegeben wird. Schließlich wird sehr eindrücklich deutlich, daß hochrangige Männer durchaus nicht sehr häufig gesprungen sein müssen – allerdings ist eine große Anzahl an Titeln nicht gleichzeitig mit politischer Macht gleichzusetzen, das dürfen wir bei unserer Betrachtung keinesfalls vergessen.

1. Chief Molbua

Alter:	ca. 65 Jahre
Buluim:	Molbua gehört zu den wenigen älteren Männern, die sich aus Gründen der Höflichkeit zwischen einer Zugehörigkeit zur *ta lon bwela mwil* (von der sie einst adoptiert wurden) und der *ta remlili* aus der sie tatsächlich stammen, nicht recht entscheiden können. Sein Vater (Meleun Magana) und Chief Telkons Vater (Watas Meleun Temat) waren Brüder.
Status:	verheiratet
	1. Frau: Belaku. *Buluim ta ran bwelamorp (gestorben)*
	2. Frau: Jibesor. *Buluim lon sie*
Kinder:	4 Kinder aus erster Ehe
	9 Kinder aus zweiter Ehe
Position im Dorf:	Molbua ist der Mann mit der größten Anzahl an Titeln in der gesamten *kastom* Bevölkerung. Als Politiker hat er sich jedoch kaum hervorgetan, obwohl Chief Telkon versucht hat, ihn als seine rechte Hand zu installieren. Molbua ist ein höflicher, stiller und arbeitsamer Mann, der über keine besondere intellektuelle oder rednerische Begabung verfügt. Bei den abendlichen Gesprächen im Männerhaus erhebt er nur selten seine Stimme. Molbua wird aufgrund der bloßen Vielzahl seiner Titel und der überdurchschnittlichen Anzahl Schweine, die er dafür bezahlt hat, respektiert und geachtet. Allzuviel Gewicht hat sein Wort bei Entscheidungen jedoch nicht.
Kurzer Abriß der Lebensgeschichte:	Schon in den 60er Jahren verdiente Molbua mit Arbeit in Kopraplantagen in Santo und Malakula erstes Geld. In den achtziger Jahren verließ er Bunlap und beanspruchte (aufgrund des angeblich durch den Burau vererbten Landrechtes, vgl. Kap. 9.3) ein großes Stück Land in der Nähe von Point Cross, um dort selbst eine Kokosplantage zu pflanzen. Nach und nach baute er dort zwei Häuser. Er schickte seine eigenen und ein paar andere Kinder aus Bunlap-Bena, darunter auch Bebe Telkon (s.u.) zur Schule, weil er der Meinung war, es sei gut, wenn auch einige *kastom* Kinder lesen und schreiben könnten. Nach etwa sechs oder sieben Jahren verbrannten die Männer von Point Cross aufgrund von strittigen Landrechtsfragen sein Haus. Molbua mußte seinen Besitz aufgeben und nach Bunlap zurückkehren. Dennoch meint er bis heute, daß es gut gewesen sei, beide Seiten im Leben kennengelernt zu haben, *kastom* und *skul*.
Anzahl der Titel insgesamt:	34 [267]
Anzahl der Turmsprünge gesamt:	6
davon *ban* (Schulter):	0
davon *butun* (Kopf):	0
	Molbua ist insgesamt nur sechs Mal von unteren Ebenen des *tarbe-gol* gesprungen. Er meinte, er habe sich danach lieber auf seine Titelkäufe konzentrieren wollen, anstatt zuviel an das Turmspringen zu denken.
Aufstieg im Titelsystem:	Kontinuierlich aufgestiegen und überdurchschnittlich weit gekommen. Anzahl der getöteten Schweine überdurchschnittlich, große Bandbreite verschiedener Mentoren.

---

[267] Ich habe insgesamt nur 27 Titel explizit aufgeführt, nenne hier aber 34 Titel. Die ersten sieben Titel, die Molbua anführt, werden heute, meinen Daten zufolge, überhaupt nicht mehr erworben und haben daher auch keinen Eingang in meine Betrachtung mehr gefunden.

Titel und Name:	Anzahl der getöteten Schweine insgesamt:	Davon Tusker:	Wieviele Schweine für wen getötet:	Wieviele Schweine an Mentor gegeben:	Wer ist der Mentor:
Imtagaro im	1	0	1 für *tsik*	1	*tsik*
I msorti konan te pri	1	0	1 für *tsik*	1	*tsik*
I msorti ringi	1	0	1 für *tsik*	1	*tsik*
I msorti ambu pola	1	0	1 für *tsik*	1	*tsik*
Tea ndo re im	1	0	1 für *tsik*	1	*tsik*
Tea ndo re mal	1	0	1 für *tsik*	1	*tsik*
Tebat	1	0	1 für *tsik*	1	*tsik*
Tokon mbu	1	0	1 für *tsik*	1	*tsik*
Wahbo	1	0	1 für *tsik*	1	*tsik*
Gom tutuan	0	0		1 lebend für *tsik*	*tsik*
Wot	1	1	1 für *tsik*		*Barkulkul* (Gott)
Teul sal (*sal sal* – kommen und gehen) Diesen Namen gab er sich, weil er zu dieser Zeit viel unterwegs war und mit einigen anderen Männern aus Bunlap (Meleun Temat, Bumangari Telel, Chief Bong, Chief Telkon, Chief Benkat) auf Plantagen in Santo, Vila, Malakula etc. gearbeitet hatte. Einige Jahre ging das so, bis er nach Bunlap zurückkam und, noch vor seiner Hochzeit mit seiner ersten Frau, *Teul* wurde	2	1	2 für *tsik*	3 lebend an *selak*	*selak*
Brang sal (sal - ein Mann, der kommt und geht wie das Meer.) In der Zwischenzeit hatte Molbua geheiratet, fuhr aber fort, in Malo auf der Plantage eines Franzosen zu arbeiten. Er blieb je drei bis sechs Monate dort.	2	1	2 für *tsik*	3 lebend an *tsik* Sali	*tsik*
Atolmis (Singsingbu)	1	0	1 für *tsik*	1 lebend an *tsat*	*tsat*
Mwil magana (ein Mann der vor Kälte zittert) Der Name existierte bereits in seiner Familie, weil sein Vater, als er Meleun wurde und die Leiter erkletterte, im Regen vor Kälte zitterte.	2	2	1 für alle Teilnehmer 1 für *yak*	5 lebend an *yak*	*yak*
Bosis ral (Ral - ein Mann, der Affären mit Frauen hat)	2	1	1 für *tsik* 1 für *yak*	5 lebend an *selak*	*selak*

Titel und Name:	Anzahl der getöteten Schweine insgesamt:	Davon Tusker:	Wieviele Schweine für wen getötet:	Wieviele Schweine an Mentor gegeben:	Wer ist der Mentor:
Mol I *Molbua* (Ein Mann, der viele Schweine besitzt)	3	2	1 für *tsik* 2 für *yak*	5 lebend an *tsat*	*tsat*
Mol II *Lunglungmol*	3	0	1 für *tsien tsat* 1 für *yak* 1 für *tsik*	5 lebend an *bibi*	*bibi*
Mol IV (*Mol sari*)	3	2	1 für *tsik* 2 für *yak*	5 lebend an *selak*	*selak*
Mol V (*Mol merere*)	5	3	2 für *tsik* 2 für yak 1 für *tsien tsat*	6 lebend an *selak*	*selak*
Bumangari reme	4	3	2 für *tsik* 1 für *yak* 1 für *tsien tsat*	6 lebend an *tarit*	*tarit*
Ambu pola	1	1	1 für *tsik* Presin	2 lebend an *tsat*	*tsat*
Arkon	6	4	2 für *tsik* 2 für *yak* 2 für *asie*	6 lebend an *yak*	*yak*
Meleun Bambang (ein Mann, der dauernd Taro erntet und eine kleine Feier nach der anderen macht)	4	2	2 für *tsik* 2 für yak	7 lebend an *selak*	*selak*
Sagran meleun (zweite Seite des *mal*)	3	1	1 für *tsik* 2 für yak,	6 lebend an *tsat*	*tsat*
Nahim solwa (ein Mann der seine Schweine auch tränkt und nicht nur füttert)	5	4	1 für *asie* (eine Frau aus der gleichen Linie wie s. Mutter) 1 für *tsik* 2 für yak 1 für wantsuk Tema (bzw. seine Frau, die er *asie*, Mutter nennt (BSW). 1 für *wantsuk* Tho (bzw. seine Frau, die er *asie*, Mutter nennt (BSW)	6 lebend an *tsat* (Meleun Temat)[268]	*tsat*

---

[268] Der war zu dieser Zeit bereits gestorben. Molbua bezahlte daher tatsächlich dessen Erben, hier Chief Telkon.

Titel und Name:	Anzahl der getöteten Schweine insgesamt:	Davon Tusker:	Wieviele Schweine für wen getötet:	Wieviele Schweine an Mentor gegeben:	Wer ist der Mentor:
Mol entekan (*Mol melemle*)	2	2	1 für *tsik* 1 für *yak*	2 lebend an *tsat* (Meleun Magana)	*tsat*
Mol enbola n atolmis (*Mol gau*)	3	3	1 für *asie* (eine Frau aus der gleichen Linie wie s. Mutter) 1 für *tsik* 1 für yak	2 lebend an *tsat* (Meleun Magana)	*tsat*
Mwilguruguru (*Molilang bing*)	3	1	1 für *wantsuk* Tema (BS) (bzw. seine Frau, die er *asie*, Mutter nennt (BSW) 1 für *tsik* 1 für yak	5 lebend an *tsat* (Molgau)	*tsat*
Mwilguruguru ensol lulu (*namwele* verkehrt herum)	4	2	1 für wantsuk Tema (BS) (bzw. seine Frau, die er *asie*, Mutter nennt (BSW) 1 für wantsuk Tho Lack (bzw. seine Frau, die er *asie*, Mutter nennt (BSW) 1 für *tsik* 1 für yak,	5 lebend an *selak* (Bumangari)	*selak*
Mwilguruguru (*namwele* wird geknickt)	3	3	1 für wantsuk Tema (BS) (bzw. seine Frau, die er *asie*, Mutter nennt (BSW) 1 für *tsik* 1 für yak	5 lebend an *tsat* (Meleun Temat)	*tsat*
mol ban	5	2	1 für *wantsuk* Tema (BS) (bzw. seine Frau, die er *asie*, Mutter nennt (BSW) 1 für *wantsuk* Tho (bzw. seine Frau, die er *asie*, Mutter nennt (BSW) 1 für *tsik* 1 für *yak* 1 für *tsien tsat*	6 lebend an *tarit* (Mol Ban)	*tarit*
Lus ban	5	3	1 für *wantsuk* Tema (BS) (bzw. seine Frau, die er *asie*, Mutter nennt (BSW), 1 für wantsuk Tho (bzw. seine Frau, die er *asie*, Mutter nennt (BSW), 1 für *tsik* 1 für yak 1 für *tsien tsat*.	6 lebend an *tarit* (Chief Telkon)	*tarit*

Tafel 19: Abriß der Lebens- und Titelgeschichte von Chief Molbua

2. Chief Warisul

Alter:	ca. 47 Jahre
Buluim:	*ta lon bwela mwil*
Status:	verheiratet mit Belaku, *buluim lon sie*
Kinder:	5 Kinder
Position im Dorf:	Chief, politischer Führer auf Dorfebene. Ein Mann mit großem intellektuellem Potential, der die Welt jedoch eher aus der distanzierten Perspektive des Philosophen betrachtet. Ihm fehlt der unbedingtte Wille zur Macht.
Kurzer Abriß der Lebensgeschichte:	Warisuls Vater war Telkon Molsuta, die rechte Hand von Meleun Temat, dem ersten Chief von Bunlap. Als Chief Telkon Anfang der 90er Jahre nach Port Vila übersiedelte, ernannte er Warisul zu seinem Stellvertreter. Dies geschah nicht zuletzt aufgrund der Tatsache, daß schon Warisuls Vater, Molsuta, Chief war. Heute betonen die Bewohner von Bunlap-Bena zwar gerne, dass Warisul ihr erster und wichtigster Chief ist, auf den sie in allen Angelegenheiten des Dorfes hören, in Wirklichkeit aber verhält es sich nicht so, denn Chief Telkon verfügt nach wie vor über erstaunlich großen Einfluß. Die Stimmung im Dorf ist eine andere, sobald der immer noch mächtige Telkon für einige Tage ins Dorf kommt. Warisul befindet sich in einem ständigen Zwiespalt zwischen seiner eigene familiären Vorgeschichte, der ihm von Telkon übertragenen Macht und der Achtung, die er sich inzwischen erworben hat. Dabei ist Warisul viel eher Philosoph als Politiker, was in vielen in dieser Arbeit abgedruckten Gesprächen eindrucksvoll deutlich wird. Warisul ist, gemessen an seinem Alter, ein sehr fleißiger Titelkäufer, der seine Titel überdurchschnittlich großzügig bezahlt hat. Hingegen ist er nur ein einziges Mal vom Kopf des *gol* gesprungen.
Anzahl der Titel gesamt:	16
Anzahl der Turmsprünge gesamt:	18
davon *ban* (Schulter):	0
davon *butun* (Kopf):	1
Aufstieg im Titelsystem:	schnell und kontinuierlich. Anzahl der getöteten Schweine überdurchschnittlich, große Bandbreite verschiedener Mentoren.

Titel und Name:	Anzahl der getöteten Schweine insgesamt:	Davon Tusker:	Wie viele Schweine für wen getötet:	Wie viele Schweine lebend an Mentor gegeben:	Wer ist der Mentor:
Tokon mal	(1 Hahn)	0	1 Hahn für *tsik*	1 lebend an *tsik*	*tsik*
Gom tutuan	1	0	1 für *tsik*	1 lebend an *tsik*	*tsik*
Wot – latsu	1	1	1 für *tsik*	0	*Barkulkul* (Gott)
Teul kaon (*Kaon* – leihen. Weil er Geld leihen mußte, um seine Frau zu bezahlen)	2	1	2 für *tsik*	2 lebend an *selak*	*selak*
Brang tola molbangbang (Bangbang – viel. Weil er in dieser Zeit viel in Südpentecost unterwegs war)	2	1	2 für *tsik*	2 lebend an *selak*	*selak*

Titel und Name:	Anzahl der getöteten Schweine insgesamt:	Davon Tusker:	Wie viele Schweine für wen getötet:	Wie viele Schweine lebend gegeben:	Wer ist der Mentor:
Saran mwil (Sara – Tanzplatz. Warisul hat also seinen Mwil Grad auf dem Tanzplatz erworben)	2	1	2 für *tarit*	3 lebend für *tarit*	*tarit*
Bosis madle (Madle – einer, der zurückkommt und sofort wieder verschwindet. Warisul war in dieser Zeit viel in Vanuatu unterwegs, in Santo, Malakula, Vila oder Ambae)	3	2	2 für *tsik* 1 für *tarit*	3 lebend für *temak*	*temak*
Mol tola (Weil er in dieser Zeit ein großes Stück Busch *(tola)* in der Nähe von Lonisis urbar machte und daher immer zwischen Bunlap und Lonisis pendelte.)	2	1	1 für *tsik* 1 für *tarit*	3 lebend an *selak*	*selak*
Langlangmol	2	1	1 für *tsik* 1 für *tarit*	3 lebend für *selak*	*selak*
Molsere	2	1	1 für *tsik* 1 für *tarit*	3 lebend für *selak*	*selak*
Molsaribwere	2	1	1 für *tsik* 1 für *tarit*	5 lebend für *temak*	*temak*[269]
Bumangari pone (*Pane* – Schweinekoben, *pone* – Garten, oder anderer Platz, Vorratshaus, Gästehaus, wo Schweine nicht hin dürfen, *Lone* – eingezäunte Siedlung der Menschen) Einer von Warisuls Tusker war immer wieder aus dem Schweinekoben ausgebrochen, daher der Name.	4	2	2 für *tsik* 1 für *tarit* 1 für *alak*	6 lebend für *tarit*	*tarit*
Arkon tabil (*tabil* – alles kommt zusammen) Weil Warisul je ein Schwein für die Linie seiner Mutter (*tsik*), seine Frau (*tarit*) und seinen Vater (FMB, *Tsien tsat* oder *tsibik*) getötet hatte.	3	3	1 für *tsik* 2 für *tarit* 1 für *selak* 1 für *tsibik* & *tsien tsat* 1 für *alak*	8 (darunter 3 tusker) lebend für *tsik*[270]	*tsik*

Tafel 20: Abriß der Lebens- und Titelgeschichte von Chief Warisul

---

[269] es handelt sich hier um einen ein FFFB, der aber schon lange verstorben war, dessen Familie aber seine Titel geerbt hatte. Dies er erste Titel, den Warisul nicht von einem lebenden Verwandten kaufte.

[270] Warisul meint zum Schluss, dass ihn sein *tsik*, hier der alte Meleun Benkat, "ausgeraubt" hätte, weil er acht Schweine für den Titel bezahlen habe müssen. Der alte Betu stimmt lachend ein und meint, ja, so sei das, alle hohen Titelträger würden die Initiaden ausrauben, Telkon sei genauso. Wenn kein nächster Verwandter einen ersehnten Titel hält (wie das bei den hohen Titel wie Meleun etc. ja manchmal eben nicht der Fall ist), dann muss man diesen Titel notgedrungen von jemandem kaufen, der einem evtl. nicht über die Massen freundlich gesonnen ist, und eben seinerseits auch ein gutes "Geschäft" machen will.

3. Warisus Telkon

Alter:	ca. 44 Jahre
Buluim:	*ta remlili*
Status:	verheiratet mit Se (aus Point Cross)
Kinder:	6 Kinder: Telkon, Jurop, Tsiren, Wari, Weyang, Olsus
Position im Dorf:	Warisus ist der älteste Sohn von Chief Telkon. Ein energischer Mann, der mit vollem Einsatz versucht, eine politische Führungsrolle zu übernehmen. Bei Fehden mit anderen Dörfern, bei denen es fast immer um Landrechte geht, ist er stets Wortführer und schreckt auch vor Gewalt nicht zurück. Er ist ein mäßig begabter Redner und intellektuell nicht übermäßig beweglich, was er allerdings durch stets vollen Einsatz und Überzeugungskraft, auch unter Einsatz von Gewalt, kompensiert.
Kurzer Abriß der Lebensgeschichte:	Warisus hat nie die Schule besucht, kann weder Lesen noch Schreiben. Er hat den Großteil seines Lebens in Bunlap verbracht, ging also, anders als andere Männer, auch nicht für längere Zeit nach Vila oder Santo um Geld zu verdienen. Anläßlich eines Besuches in Point Cross lernte er Sè kennen, ein *skul* Mädchen, das später seine Frau wurde und heute nach den Regeln von *kastom* mit ihm in Bunlap wohnt. In mancher Hinsicht stand Warisus stets im Schatten seines Vaters, der ihn einerseits fördert, andererseits aber fürchtet, Warisus könne früher oder später zu mächtig werden und seine eigene Macht beschneiden. Eine Befürchtung, die nicht von der Hand zu weisen ist, da Warisus sich mitunter öffentlich gegen seinen Vater ausspricht – jedenfalls, wenn dieser nicht im Dorf ist. Im Gegensatz zu Chief Telkon, der das Leben in Vila schon lange vorzieht, ist Warisus *kastom* Mann durch und durch. Mitunter fährt er zwar in die Hauptstadt, was er jedoch wirklich anstrebt ist das Amt des Chiefs von Bunlap.
Anzahl der Titel gesamt:	16
Anzahl der Turmsprünge gesamt:	28
davon *ban* (Schulter):	7
davon *butun* (Kopf):	5
Aufstieg im Titelsystem:	Warisus ist ein fleißiger, gründlicher und überdurchschnittlich schneller Titelkäufer, der Titel von verschiedenen Mentoren erworben, und bislang, was selten ist, keinen wichtgen Titel übergangen hat.

Titel und Name:	Anzahl der getöteten Schweine insgesamt:	Davon Tusker:	Wie viele Schweine für wen getötet:	Wie viele Schweine lebend an Mentor gegeben:	Wer ist der Mentor:
Tokon mal	(1 Hahn)	0	1 Hahn für *tsik*	1 lebend an *tsik*	*tsik*
Gom tutuan	1	0	1 für *tsik*	1 lebend an *tsik*	*tsik*
Wot	1	1	1 für *tsik*	0	*Barkulkul* (Gott)
Atolmis	1	0	1 für *tsik*	1 lebend an *tsat*	*tsat*
Ambu pola	1	0	1 für *bibi*	0	0
Manman teul (Mann, bei dem man lachen muss, wenn man ihn sieht, weil er etwas liebenswert komisches an sich hat	2	1	2 für *tsik*	2 lebend an *selak*	*selak*

Titel und Name:	Anzahl der getöteten Schweine insgesamt:	Davon Tusker:	Wie viele Schweine für wen getötet:	Wie viele Schweine lebend an Mentor gegeben:	Wer ist der Mentor:
Brang Melo (ein Name, den bereits sein Vater trug)	2	1	2 für *tsik*	2 lebend an *selak*	*selak*
Mwil gelan (*Gelan* ist eine Bambusart. Der Name existierte bereits in der Familie)	2	1	2 für *tsik*	4 lebend für *tsat*	*tsat*
Bosis molos (ein Mann der immer schwimmen geht)	2	1	1 für *tsik* 1 für *bibi*	3 lebend für *selak*	*selak*
Mol (I) Molsaru (Ein Mann, der zuviel spricht.)	2	1	1 für *tsik* 1 für *bibi*	3 lebend an *tsat*	*tsat*
Mol (II) Langlungmol	2	1	1 für *tsik* 1 für *yak*	3 lebend für *bibi*	*bibi*
Molsere	2	1	1 für *tsik* 1 für *yak*	3 lebend für *selak*	*selak*
Molsari taut (weil das Dorf der *remlii* Leute früher im Busch war)	3	2	2 für *tsik* 1 für *alak*	5 lebend für *selak*	*selak*
Mol entekan	2	2	1 für *tsik* 1 für *yak*	2 lebend an *tsik*	*tsik*
Mol enbolan atolmis (Mol gau)	2	2	1 für *tsik* 1 für *yak*	2 lebend an *tsik*	*tsik*
Bumangari taut (weil das Dorf der *remlii* Leute früher im Busch war)	4	2	3 für *tsik* 1 für *yak*	6 lebend an *tarit*	*tarit*

Tafel 21: Abriß der Lebens- und Titelgeschichte von Warisus Telkon

4. Melsul Tokon

Alter:	ca. 53 Jahre
Buluim:	*ta lon bwela mwil*
Status:	verheiratet mit Wano *buluim remlili*
Kinder:	6 Kinder
Position im Dorf:	Melsul ist ein kleiner, mit einer, für einen *kastom* Mann, etwas dicklichen Statur. Er hat viele Jahre außerhalb von Bunlap verbracht und spricht daher ein wenig französisch und englisch. Melsul ist aufgrund seiner Redebegabung, seines wirtschaftlichen Geschicks und seiner Reiseerfahrungen ein geachteter Mann im Dorf. Daß Melsul *niemals* vom *gol* gesprungen ist, tut seinem Ansehen keinerlei Abbruch.

Kurzer Abriß der Lebensgeschichte:	Schon als vierzehnjähriger Junge fuhr Melsul erstmals zur Hafenarbeit nach Santo, wo er etwa fünf bis sieben Jahre lang jedes Jahr sechs bis acht Monate blieb. Eines Tags lernte er dort einen Amerikaner kennen, der ihn und ein paar andere Männer als Gehilfen für den Hausbau anlernte. Etwa ein halbes Jahr arbeitete er so in Santo, dann wollte es der Zufall, daß der Amerikaner den Auftrag bekam, die Zementgebäude in Baie Barrier herzurichten: Kirche, Hospital, Wohnhaus des Priesters, die Schule usw. Melsul war inzwischen so versiert im Hausbau, daß man ihn als Vorarbeiter einsetzte. Als die Zementgebäude in Baie Barrier fertig waren, blieb er eine kurze Weile in Bunlap, wollte dann aber unbedingt einmal nach Vila fliegen. Er und Watabu aus Bunlap kannten in Vila nur Chief Willi Orian Bebe, der damals ebenfalls in Vila arbeitete und dort auch ein kleines Haus hatte, wo die beiden unterkommen konnten. Während dieses ersten Aufenthaltes blieb er etwa sieben Monate in Vila und baute unter anderem am Communal Hospital mit. Danach fuhr er in den Jahren zwischen 1969 und 1977 noch viermal nach Vila und blieb jedesmal fünf bis acht Monate dort. Beim vierten Aufenthalt im Jahre 1974 wurde Melsul Zeuge des Besuches der Queen. In der Zwischenzeit war er des Hausbauens überdrüssig geworden und verdiente sein Geld unter anderem damit, in Nord Efate Rinder zu hüten, zu schlachten und auszuliefern. Da seit seinem letzten Aufenthalt in Bunlap bereits vier Jahre vergangen waren, und sich sein Vater Wari sehr nach seinem Sohn sehnte, schickte er Telkon (der damals allerdings noch kein Chief war) nach Efate, um Melsul zurückzuholen. Melsul hatte in dieser Zeit längst eine Freundin, die ihn anflehte zu bleiben, aber der Wunsch seines Vaters wog offenbar schwerer und so ließ er ihr auf ihren Wunsch ein Hemd von ihm als Andenken zurück und flog zurück nach Pentecost, wo ihn seine Familie bereits erwartete. Sein Vater hatte ein Mädchen für Melsul gefunden, Wano, die dieser bald darauf heiratete. Erst jetzt, immerhin schon Anfang 30, begann er mit dem Kauf von *warsangul* Titeln. Aber erst als sein erster Sohn geboren wurde, begann er langsam, sich auf sein neues altes Leben im Dorf einzulassen. Heute meint er, es sei viel besser im Dorf als in der Stadt und er bereue nicht mehr, wieder nachhause zurückgekehrt zu sein.
Anzahl der Titel insgesamt:	16
Anzahl der Turm-sprünge gesamt:	
davon *ban* (Schulter):	0
davon *butun* (Kopf):	Melsul ist *nie* vom *tarbe-gol* gesprungen. Als Kind wollte er nicht, später war er dann aufgrund seiner langen Abwesenheit schon zu alt. Er selbst gibt unumwunden zu, dass er außerdem Angst gehabt habe.
Aufstieg im Titel-system:	Gemessen am späten Beginn noch durchschnittlich schnell

Titel und Name:	Anzahl der getöteten Schweine insgesamt:	Davon Tusker:	Wie viele Schweine für wen getötet:	Wie viele Schweine an Mentor gegeben:	Wer ist der Mentor:
Tokon mal	1 Hahn für *tsik*	0	0	0	*tsik*
Wahbo	1	0	1 für *tsik*	0	*tsik*
Gom tutuan	0	0	0	1 lebend für *tsik*	*Barkulkul* (Gott)
Ambu pola	1	0	1 für *tsik*	0	*tsik*
Wot	1	0	1 für *tsik*	0	*tsik*
Atolmis Singsingbu	1	0	1 für *tsik*	0	*tsik*

Titel und Name:	Anzahl der getöteten Schweine insgesamt:	Davon Tusker:	Wie viele Schweine für wen getötet:	Wie viele Schweine an Mentor gegeben:	Wer ist der Mentor:
Teul wela	2	1	1 für tsik 1 für yak	2 lebend an *tsat*	*tsat*
Brang Sal	2	1	1 für tsik 1 für yak	2 lebend an selak	*selak*
Mwil dasumwil (eine weiße, frische *namwele*) Der Name existierte bereits in seiner Familie	2	2	1 für tsik 1 für yak	3 lebend an tsat	*tsat*
Bosis langtes (*langtes* – existierte bereits in der Familie)	2	1	1 für tsik 1 für yak	2 lebend an selak	*selak*
Mol moluman (Ein arbeitsamer Mann)	3	1	1 für tsik 1 für yak 1 für tsien tsat	3 lebend an tsat	*tsat*
Mol lunglungmol	3	2	1 für tsik 2 für yak	3 lebend an selak	*selak*
Mol tola	2	2	1 für tsik 1 für yak	3 lebend an tarit	*tarit*
Molsari tola	3	1	2 für tsik 1 für yak	4 lebend an tarit	*tarit*
Molilang	5	3	2 für tsik 2 für yak 1 für tsien tsat	4 lebend an *tsat*	*tsat*
Mwilguruguru molilang bing (Asche)	2	2	1 für tsik 1 für yak	4 lebend an *tsat*	*tsat*

Tafel 22: Abriß der Lebens- und Titelgeschichte von Melsul Tokon

5. Bebe Presin Jackson

Alter:	ca. 45 Jahre alt
Buluim:	*ta tobol*
Status:	verheiratet mit Jibe aus der *buluim*
Kinder:	6 Kinder
Position im Dorf:	Mäßig geachteter Mann, der keine besonderen politischen oder wirtschaftlichen Ambitionen hat. Etwas stigmatisiert, aufgrund eines früheren Gefängnisaufenthaltes. Gilt als ängstlich.
Kurzer Abriß der Lebensgeschichte:	Bebe hatte als etwa fünfzehnjähriger Junge ein dreizehnjähriges Mädchen mit Namen Maju verführt. Ihr Vater informierte daraufhin die Polizei in Malakula (Lakator). Diese war gekommen und hatte Bebe nach einem kurzen Gerichtsverfahren zu mehreren Monaten Haft verurteilt. Er wurde nach Malakula gebracht und mußte dort im Gefängnis seine Strafe absitzen (prison wird im Bislama zu *presin,* und als Bebe später *Teul* wurde, gab er sich den Beinamen *presin,* den er bis heute behalten hat. Jedermann in Bunlap und Umgebung kennt ihn unter diesem Namen). Presin hatte im Gefängnis Bislama gelernt und war bei seiner Rückkehr zum jungen Mann gereift. Da er in Malakula die *skul* Welt kennengelernt hatte, ging er nach seiner Rückkehr in Ranwas zur Schule, wo man ihn auf den Namen Jackson taufte. Nach etwa zwei Jahren wollte der Vater seines dortigen Mentors, Tom, ein Mädchen für Presin finden, aber der Vater des Mädchens, Johnson, lehnte das Gesuch ab. Daraufhin wollte Presin nicht länger in Ranwas bleiben und ging nach Bunlap zurück. Presins Vater Melsul war offenbar nicht allzusehr daran interessiert, seinem Sohn beim Erlernen des *gol* behilflich zu sein. So verging Jahr um Jahr ohne dass Presin je vom *gol* gesprungen wäre. Als er schließlich schon etwa 18 Jahre alt geworden war, bat er seinen Vater, ihm nun doch einmal beim Bau einer Plattform behilflich zu sein. Da er aber schon so alt war, wollte er nicht mit den anderen sechs- oder achtjährigen von ganz unten springen und errichtete eine Plattform etwas unterhalb der Mitte. Als der Tag des *gol* gekommen war, bereitete er sich auf den Sprung vor, zögerte aber offenbar so lange, dass sein Vater ungeduldig wurde und ihm von hinten einen Stoß gab. Unten angekommen weinte Presin, der sich zwar nicht ernsthaft verletzt hatte aber schlecht gesprungen war, und einen gehörigen Schrecken bekommen hatte. Wari Bumangari vail, ein *tsik* von Presin, war sehr ärgerlich mit dessen Vater Melsul, weil dieser den bereits zu alten und zu schweren Jungen heruntergestoßen hatte. Dies sei unverantwortlich, der Junge sei schon zu alt und zu schwer, als daß man ihn wie ein kleines Kind behandelte. Und wenn er sich verletze, koste es außerdem Geld, wenn er ins Krankenhaus müsse. Seitdem ist Presin nie wieder gesprungen. Er sagt offen, daß er zuviel Angst hat. Sein Sohn Bong (16) hingegen ist ein begeisterter Springer, der mit seinen jungen Jahren schon von sehr weit oben im Turm springt.
Anzahl der Titel gesamt:	11
Anzahl der Turmsprünge gesamt:	1
davon *ban* (Schulter):	0
davon *butun* (Kopf):	0
Aufstieg im Titelsystem:	Etwas unterdurchschnittlich. Zahl der getöteten Schweine eher gering, Auswahl der Mentoren aus dem engeren Familienkreis, sehr häufig der leibliche Vater.

Titel und Name:	Anzahl der getöteten Schweine insgesamt:	Davon Tusker:	Wie viele Schweine für wen getötet:	Wie viele Schweine an Mentor gegeben:	Wer ist der Mentor:
Tokon mal	1 Hahn	0	1 Hahn für *tsik*	0	*tsik*
Wahbo	1	0	1 für *tsik*	0	*tsik*
Wot	1	0	1 für *tsik*	0	Barkulkul (Gott)
Atolmis – Singsingbu	1	0	1 für *tsik*	1	*tsat*
Teul Presin (*Presin* – prison. Bebe hatte im Gefängnis gesessen)	1	0	1 für *tsik*	2	*tsat*
Brang sus (sus – ein Mann der noch bei der Mutter saugt, noch nicht verheiratet ist.)	1	0	1 für *tsik*	3	*tsat*
Mwil mwali (ein Mann, der immer alle anderen herumscheucht, damit sie ihm etwas bringen.) Jibe, Bebes Frau hatte die Idee zu diesem Namen.	1	0	1 für *tsik*	3	*selak*
Bosis Malegel	2	1	1 für *tsik* 1 für yak	3	*tsat*
Mol wela der Name Mol Wela existierte bereits in Presins Familie und sein Vater wollte, dass auch er den Namen trägt	2	1	1 für *tsik*, 1 für yak	4	*tsat*
Mol ge (*Ge* ist eine besondere Tarosorte – der Name bestand bereits in der Familie.)	3	1	1 für *bibi* 1 für *tsik* 1 für *yak*	4	*tsat*
Mol sere	2	1	1 für *tsik* 1 für *yak*	4	*tsat*

Tafel 23: Abriß der Lebens- und Titelgeschichte von Bebe Presin Jackson

6. Chief Bebe Malegel

Alter:	ca. 37 Jahre
Buluim:	*ta remlili*
Status:	verheiratet mit Wano aus der *remlili buluim*
Kinder:	4 Kinder
Position im Dorf:	Beliebter und geachteter Mann, der aufgrund seines ruhigen, unaufgeregten Wesens eine natürliche Autorität ausstrahlt. Redet in der Öffentlichkeit nicht allzuviel, weshalb man ihm besonders zuhört, wenn er es doch einmal tut. Die jungen Männer bezeichnen ihn als „ihren" Chief und es gilt als sicher, daß er einer der kommenden Männer in Bunlap ist.
Kurzer Abriß der Lebensgeschichte:	Sein Vater war Meleun Temat, ein geachteter und gebildeter *kastom* Mann, von dessen großem Wissen man heute noch spricht. Meleun Temat war in den 60er Jahren kurzzeitig Chief von Bunlap', legte sein Amt dann aber aufgrund einer Beinverletzung nieder. Bebe Malegel betont stets, daß er am Wissen seines Vaters sehr interessiert gewesen sei, und von diesem viel gelernt habe. Obwohl Bebe Malegel nur zweimal in Vila war und auch sonst nicht allzuviel herumgekommen ist, gilt er schon heute in einigen Dingen als die rechte Hand von Chief Warisul und kennt sich besonders gut mit der überlieferten Siedlungsgeschichte und daher auch mit Fragen aus, die das Landrecht betreffen. Bebe Malegel ist ein guter Turmspringer, wenngleich er bislang nur ein einziges Mal vom Kopf des Turmes gesprungen ist. Besondere Achtung genießt er aufgrund seiner Fähigkeiten als *abile* (Zauberer), die er jedoch bislang nicht zu irgendjemandes Schaden eingesetzt hat.
Anzahl der Titel insgesamt:	10
Anzahl der Turmsprünge gesamt:	
davon *ban* (Schulter):	16
davon *butun* (Kopf):	2 1
Aufstieg im Titelsystem:	Durchschnittlich. Zahl der getöteten Schweine eher gering, Auswahl der Mentoren aus dem weiteren Familienkreis. Dennoch aufgrund seiner Persönlichkeit und Familiengeschichte sowie aufgrund seiner magischen Kenntnisse eine der zukünftigen Führungsgestalten in Bunlap.

Titel und Name:	Anzahl der getöteten Schweine insgesamt:	Davon Tusker:	Wie viele Schweine für wen getötet:	Wie viele Schweine an Mentor gegeben:	Wer ist der Mentor:
Tokon mal	1 Hahn für tsik				*tsik*
Wahbo	1	0	1 für *tsik*		*tsik*
Gom tutuan		0	0	1 lebend an *tsik*	*tsik*
Wot	1	0	1 für *tsik*		*Barkulkul* (Gott)
Atolmis	1	0	1 für *tsik*	1 lebend an *tsat*	*tsat*
Teul Malegel (*Malegel* – niedlicher, kleiner Junge)	1	0	1 für *tsik*	2 lebend an *mabik*	*mabik*
Brang Malegel	1	0	1 für *tsik*	2 lebend an *selak*	*selak*

Titel und Name:	Anzahl der getöteten Schweine insgesamt:	Davon Tusker:	Wie viele Schweine für wen getötet:	Wie viele Schweine an Mentor gegeben:	Wer ist der Mentor:
Mwil baresan (*baresan* – Name eines Ortsteils von Bunlap)	1	1	1 für *tsik*	2 lebend an *selak*	*selak*
Bosis Malegel	1	1	1 für *yak*	2 lebend an *selak*	*selak*
Mol sus	2	2	1 für *tsik* 1 für *yak*	3 lebend an *tarit*	*tarit*

Tafel 24: Abriß der Lebens- und Titelgeschichte von Chief Bebe Malegel

7. Watas Teul taut

Alter:	ca. 43 Jahre
Buluim:	*ta remlili*
Status:	ledig
Kinder:	keine
Position im Dorf:	„Dorftrottel"

Kurzer Abriß der Lebensgeschichte: Watas Vater war Mol teman. Er und der bedeutende Chief Meleun Temat hatten eine gemeinsame Mutter, Mates. Trotz dieser Abstammung ist Watas der „Dorftrottel" von Bunlap-Bena. Man reißt ständig Witze über den immer noch unverheirateten Mann, der noch dazu von außerordentlich dunkler Hautfarbe ist. Scherzhaft meinen die Leute: „Watas stand zu lange hinter einem Auspuff, daß er so schwarz ist". Obwohl geistig eher langsam und in seinen Bewegungen mitunter etwas linkisch, kann man ihn keineswegs als „behindert" bezeichnen. Da er unverheiratet ist, und daher nicht über die Arbeitskraft von Frau und Kindern verfügen kann, tut er sich mit dem Aufstieg im Titelsystem außerordentlich schwer und ist, trotz seines Alters, bislang lediglich bis *bosis* gekommen. Obwohl sozial marginalisiert, ist Watas überdurchschnittlich häufig vom *gol* gesprungen, einmal sogar von der Spitze des Turmes. Dennoch hat er auch auf diese Weise keine Frau finden können. Bei den Gesprächen mit Watas fiel mir auf, dass er keinerlei Schwierigkeiten hatte, sich an seine Sprünge vom *gol* recht detailliert zu erinnern, während ihm das bei seinen Titeln deutlich schwerer fiel. Offenbar haben die Sprünge einen prominenteren Stellenwert in seinen Erinnerungen als die Titelkäufe. Vielleicht liegt es daran, daß sie zu den erfolgreichsten und hoffnungsvollsten Momenten seines bisherigen Lebens zählen. Im Gegenteil dazu erinnert er sich m.E. nur zögernd an seine *warsangul* Rituale, vielleicht, weil er hier inzwischen deutlich hinter den anderen Männern seines Alters zurückgeblieben ist. Nur sehr selten verkauft Watas ein wenig Kava, weshalb er praktisch nie Geld hat, mit dem er sich ein paar neue Flip Flops, Lampenöl oder ein neues Buschmesser kaufen könnte. Auch hat er nur ein einziges Mal an einem bezahlten *gol*, in Wali, teilgenommen.

Anzahl der Titel gesamt:	8
Anzahl der Turmsprünge gesamt:	9
davon *ban* (Schulter):	2
davon *butun* (Kopf):	1

Aufstieg im Titelsystem: Unterdurchschnittlich, sehr langsam. Watas hat fast immer dieselben Mentoren, die aus dem engen Familienkreis kommen. Er bezahlte seine Titel mit unterdurchschnittlich wenigen Schweinen.

Titel und Name:	Anzahl der getöteten Schweine insgesamt:	Davon Tusker:	Wie viele Schweine für wen getötet:	Wie viele Schweine an Mentor gegeben:	Wer ist der Mentor:
Tokon mal	1 Hahn		1 Hahn für *tsik*		*tsik*
Wahbo	1	0	1 für *tsik*	und 1 lebend an *tsik* für Gom Tutuan	*tsik*
Wot	1	0	1 für *tsik*		*Barkulkul* (Gott)
Atolmis[271]		0	1 für *tsik*	1	*tsat*
Teul taut	1	0	1 für *tsik*	2	*tsat*
Brang taut	1	0	1 für *tsik*	3	*selak*
Mwil taut	2	1	2 für *tsik*	3	*tsat*
Bosis taut	1	0	1 für *tsik*	3	*tsat*

Tafel 25: Abriß der Lebens- und Titelgeschichte von Watas Teul taut

8. Bong Aya

Alter:	ca. 29 Jahre
Buluim:	*ta lon bwela mwil*
Status:	verheiratet mit Jibesor aus der *buluim remlili*
Kinder:	3 Jungen: Aya, Tema, Bebe
Position im Dorf:	Bong Aya ist ein energischer junger Mann, der vor allem für seine außerordentliche Begabung beim *gol* bekannt ist und geschätzt wird. Er ist viel herumgekommen und hat, aufgrund seiner Tätigkeit als *gol*-Profi, überdurchschnittlichen wirtschaftlichen Erfolg. Im Männerhaus erhebt er zwar hin und wieder seine Stimme, ist aber kein Wortführer, der andere Männer längerfristige für bestimmte Ziele begeistern kann. Seine außerordentliche Begabung beim *gol* hat ihm also, zumindest bislang, keinen entscheidenden politischen Vorteil verschaffen können. Auch sein Aufstieg im Titelsystem ist nur durchschnittlich.
Kurzer Abriß der Lebensgeschichte:	Bongs verstorbener Vater, Aya, war ein Sohn des ehemaligen Chiefs Molsuta. Er hatte drei Brüder: Oskar, Watabu, und Sali. Diese vier Männer waren, der Überlieferung zufolge, allesamt besonders begabte *gol* Springer. Bong Aya berichtete mir, daß sein Onkel Oskar bei einem *gol* fünfmal gesprungen war (weil andere Plätze frei wurden), und daß er selbst bei einem anderen Turmspringen sogar sechsmal sprang. Er übernahm, neben seinem eigenen Sprung, zusätzlich die Plätze von Kal, Wabak Ronnie, Tema und Warius. Dies dürfte wohl Rekord sein. Niemand kann sich erinnern, daß sonst irgend jemand vorher oder nachher so häufig an einem einzigen Tag gesprungen ist, wie Bong Aya. Noch bevor Bong heiratete oder Teul erwarb, war er bereits mehrfach im Auftrag des Geschäftsmannes Harry Wabak aus Pangi nach Vila gefahren, auch das außergewöhnlich für einen jungen *kastom* Mann. Insgesamt ist er seither schon etwa zehnmal in Vila gewesen. Meist für Harry Wabak, für den er Geschäfte dort abwickelt. Während der *gol* Saison wohnt Bong Aya permanent auf der Westseite der Insel, weil er der gefragteste Sprungprofi in Pentecost überhaupt ist. Insgesamt ist er, so hat er in einen Holzstab eingeritzt, schon 46mal vom Kopf des *gol* gesprungen, wofür er jedesmal zwischen 2000 und 5000 Vatu verdient. Obwohl er schon so oft gesprungen ist, macht ihm das *gol* immer noch großen Spaß und Bong Aya will noch einige weitere Jahre regelmäßig für Touristen springen. Ein einziges Mal nur hatte er einen schweren Unfall, weil beide Lianen gerissen waren. Er hatte sich bei dem Unfall die Schul-

---

[271] zwei Brüder, sagt Bebe Malegel, können Atolmis zur gleichen Zeit machen und dabei nur ein Schwein töten, das an den Mutterbruder geht.)

ter angebrochen, weil er mit dem Rücken auf dem Erdboden aufgekommen war und mußte mit dem Boot nach Melsissi ins Krankenhaus gebracht werden. Seit Bong erstmals vom Kopf des *gol* gesprungen ist, weigert er sich, nochmals von einer anderen Position zu springen. Das, so sagt er, sei eben seine ganz persönliche Überzeugung. Anläßlich des großen *gol* für die Pacific Sky im Jahre 2004 hatte er sich zwar eine Plattform in der Mitte des Turmes gebaut, sprang dann aber nicht, weil er fand, daß diese Höhe unter seiner Würde sei. Interessant ist in diesem Zusammenhang, daß Bong bei unzähligen eher kleineren, touristischen Veranstaltungen vom Kopf des Turmes gesprungen ist, aber bei den bedeutendsten Turmspringen der letzten Jahre (z.B. das zweite *gol* in Bunlap 2002 oder die beiden großen Turmspringen für die Pacific Sky 2004) gar nicht teilgenommen hat.

Anzahl der Titel insgesamt:	8
Anzahl der Turmsprünge gesamt:	mehr als 60
davon *ban* (Schulter):	mehr als 10
davon *butun* (Kopf):	46
Aufstieg im Titelsystem:	Durchschnittlich.

Titel und Name:	Anzahl der getöteten Schweine insgesamt:	Davon Tusker:	Wie viele Schweine für wen getötet:	Wie viele Schweine an Mentor gegeben:	Wer ist der Mentor:
Tokon mal	1 Hahn	0	1 Hahn für *tsik*		*tsik*
Wahbo	1	0	1 für *tsik*		*tsik*
Gom tutuan	0	0	0	1 lebend für *tsik*	*tsik*
Wot	1	0	1		Barkulkul (Gott)
Atolmis	1	1	1 für *tsik*	1 lebend für *selak*	*selak*
Menmen Teul (Ein Mann, der lacht, nicht böse ist)	2	1	2 für *bibi*	1 lebend an *bibi*	*bibi*
Brang sus	2	1	1 für *bibi* 1 für *tsik*	1 lebend an *selak*	*selak*
Mansi mwil	2	1	1 für *yak* 1 für *tsik*	2 lebend an *yak*	*yak*

Tafel 26: Abriß der Lebens- und Titelgeschichte von Bong Aya

9. Bebe Telkon

Alter:	ca. 24 Jahre
Buluim:	*ta remlili*
Status:	ledig
Kinder:	keine
Position im Dorf:	Bebe versucht, als Geschäftsmann und Politiker in die Fußstapfen seines Vaters Chief Telkon zu treten. Er ist ein guter Redner, der trotz seines jugendlichen Alters und seines geringen *warsangul* Grades häufig im Männerhaus spricht. Er dürfte der wirtschaftlich am erfolgreichsten agierende Mann in Bunlap sein. Bebe Telkon verkörpert einen gänzlich neuen Typus innerhalb der *kastom* Gruppe. Er kümmert sich nur noch marginal um einen Aufstieg im *warsangul* System und ist in erster Linie an seinem eigenen ökonomischen Erfolg interessiert, auch wenn der zu Lasten der Gruppe gehen sollte. Den *bi pis* legt er nur noch zu ganz besonderen Anlässen an.
Kurzer Abriß der Lebensgeschichte:	Als Bebe etwa 7 Jahre alt war, ging er nach Point Cross, wo zu dieser Zeit Molbua mit seiner Familie wohnte. Einige andere Kinder aus Bunlap waren kurz vorher ebenfalls nach Point Cross gezogen, um dort in die Schule zu gehen. Bebe meint, dass diese Kinder hin und wieder in den Schulferien nachhause gekommen seien und vom Leben in der Schule erzählt hätten: dass man dort Fußball spielen könne, nicht in den Garten gehen müsse und sich jeden Tag waschen könne. Vor allem sein Vater, Chief Telkon, drängte ihn dann, die Schule zu besuchen und übernahm die Schulgebühren, damals 1000 Vatu pro Trimester. Bebe blieb 6 Jahre in Point Cross. Zu Beginn des 6. Jahres entstanden jedoch Spannungen, weil Molbua angeblich Boden bearbeitete, der ihm nicht gehörte (s.o.). Bebe und ein anderer Junge aus Bunlap wären, so wird berichtet, von einer aufgebrachten Menge fast gelyncht worden, weil sein Bruder Warisus Wabak aus Point Cross im Streit um die Landrechte mit einer Machete schwer verletzt hatte. Als sich die Situation etwas beruhigt hatte, konnte Bebe nach Bunlap fliehen. Er beendete die Schule in Ranwas und ging danach ins Vila City College auf der Hauptinsel Efate, wo er bei seinem Vater Chief Telkon unterkam. Er blieb fünf weitere Jahre in Vila, ging aber vor der Vollendung des zehnten Schuljahres von der Schule ab und kehrte nach Bunlap zurück. Weil Bebe englisch lesen, schreiben und sprechen kann, ist er, trotz seines noch jugendlichen Alters, der verlängerte Arm von Telkon in Bunlap. Seine Aufgabe besteht vor allem darin, sich um die Touristen und Filmcrews zu kümmern, die sein Vater ins Dorf schickte. Alle paar Monate fährt Bebe nach Vila, um sich dort zu „amüsieren". Im Jahre 2002 machte er, mit einem Teil des Geldes, das das Dorf mit den beiden Turmspringen verdient hatte, dort z.B. seinen Führerschein. Bebe hat viele Pläne: er würde gerne ein Boot kaufen, um den Kavatransport zu vereinfachen. Auch ein Auto wäre gut meint er, aber ein Auto würde zuviel kosten und die Strassen würde ja nicht bis nach Bunlap reichen. Inzwischen hat Bebe außerdem einen kleinen Laden, in dem er u.a. Schnaps und Bier verkauft, was ein sehr einträgliches Geschäft darstellt. Bebe ist der vielleicht einzige Mann in Bunlap, der sich praktisch ausschließlich als Geschäftsmann betrachtet. Eigene Gärten hat er im Grunde nicht mehr. Im November 2004 gelang es ihm, aufgrund der Unterstützung seines Vaters und seines Bruders Warisus, ins Provinzparlament gewählt zu werden. Er bezieht nun drei Jahre lang ein festes Einkommen und wird sicher lich versuchen, seine Machtbasis schrittweise zu erweitern.
Anzahl der Titel insgesamt:	7
Anzahl der Turmsprünge gesamt:	
davon *ban* (Schulter):	9
davon *butun* (Kopf):	2
	0
Aufstieg im Titelsystem:	Bislang eher langsam, was jedoch seinem beinahe kometenhaften politischen Aufstieg keinerlei Abbruch tut.

Titel und Name:	Anzahl der getöteten Schweine insgesamt:	Davon Tusker:	Wie viele Schweine für wen getötet:	Wie viele Schweine an Mentor gegeben:	Wer ist der Mentor:
Tokon mal	(1 Hahn für tsik Molbua)				
Wahbo	1	0	1 für *tsik*		
Gom tutuan	0	0		1 lebend für *tsik*	
Ambu pola	1	0	1 für *tsik*		
Wot	1	0	1 für *tsik*		*Barkulkul* (Gott)
Atolmis	1	0	1 für *tsik*		
Teul taut (Ein Mann aus dem Busch)	2	1	2 für *tsik*	1 lebend an *selak*	*selak*

Tafel 27: Abriß der Lebens- und Titelgeschichte von Bebe Telkon

Ich habe hier versucht, einen möglichst genauen Blick auf das Verhältnis zwischen *warsangul* und *gol* zu richten. Als Fazit des ethnographischen Befundes kann gelten, daß weder eine hohe Anzahl an Sprüngen die gesellschaftliche Stellung eines Mannes notwendig nachhaltig positiv beeinflußt, noch, daß eine niedrige Anzahl etwa zu sozialer Marginalisierung führen würde. Tatsächlich haben wir gesehen, daß einige Männer häufig oder sehr häufig am *gol* teilgenommen haben, ohne zu besonders „bedeutenden" Männern geworden zu sein, ein Beispiel hierfür ist Bong Aya. Andererseits ist klar, daß sich ein Mann wie Warisus Telkon sehr wohl mit seinem überdurchschnittlichen *gol* Engagement, aber auch auf allen anderen möglichen Wegen, außer der Magie, für eine zukünftige Führungsrolle qualifizieren will. Tatsächlich gibt es auch einige, durchaus nicht unbedeutende Männer, die überhaupt noch nie gesprungen sind. Darunter sind z.B. Melsul Tokon und sein Bruder Sali Tronisha (beide *remlili*). Auch Lala Mwilgayap (*bwela mwil*), Watas Watabu Teul (*lon sie*), Telkon (*bwelamorp*), Bong Moltas (*bwela mwil*), Bebeul (*remlili*), Bong Sali und Wari Sali (*bwela mwil*), Melsul Betu und Lala Betu (*tan wis*), Tomro Benkat und Kal Benkat (*remlili*) haben nie aktiv als Springer am *gol* teilgenommen. Sie alle sind aber respektierte Mitglieder der *kastom* Gemeinschaft, haben Frauen und Kinder, sind stolze Gärtner und nehmen, unterschiedlich erfolgreich, an den *warsangul* Ritualen teil.

18.9 *Gol* als Fruchtbarkeitsritual zur Sicherung der Yamsernte?

Ich habe weiter oben bereits ausgeführt, daß ich das Turmspringen in symbolischer Hinsicht für eine Zurschaustellung männlicher Autochthonie halte. Nun könnte es nahe liegen, die besondere Prokreationskraft des *tarbe-gol* auch auf den Komplex des Yamsanbaues zu übertragen. In diesem Kapitel will ich daher die Frage stellen, ob man den Turm möglicherweise als „Dema-Kostüm" verstehen muß und ob dementsprechend auch das Turmspringen eine Art Yams-Fruchtbarkeitsritual darstellen könnte (vgl. Jensen 1966). Wir erinnern uns, daß in nichtwissenschaftlichen Publikationen häufig behauptet wird, daß der Springer zur Sicherstellung einer guten Yamsernte den Erdboden mit seinem Kopf berühren müsse und daß dies eine Anspielung auf das Pflanzen der Yams sei.

"It is also a fertility rite. Every year in April, when the first yam crop is ready, the islanders on the south of the island start building a huge tower for the land diving... As the vines stretch at the end of the dive, the land diver's heads curl under and their shoulders touch the earth, making it fertile for the following year's yam crop." (Vanuatu Tourism Office – Brochure 2004)

"It is part of the annual yam festival and circumcised boys and men of all ages can take part... Usually, he will hit the broken earth and 'fertilise' the soil, bringing on a healthy yam crop. The jumper's male relatives release him and the watchers again break into singing and dancing."
(http://www.vanuatuatoz.com/n.html, Stand: 16 März 2006)

Da mir diese Interpretation von Anbeginn meiner Forschungen an immer wieder begegnete, konfrontierte ich auch meine Informanten schon frühzeitig damit. Diese reagierten jedoch auf die Frage, ob es eine Verbindung zwischen der Fruchtbarkeit der Yams und dem *gol* gebe, stets mit Kopfschütteln. Die einzige Beziehung, so sagte man mir immer wieder, sei in dem Umstand zu sehen, daß die Lianen, die man zum Turmspringen benötige und die Ranken der Yams, zur gleichen Zeit zu trocknen beginnen, weil sich die Trockenzeit ankündige. Daher ließe sich am Zustand der Yamsranken ablesen, wann die Zeit zum Turmspringen gekommen sei. Diese Bescheide meiner Informanten müssen, wenngleich einstimmig vorgetragen, mit der gebotenen Vorsicht zur Kenntnis genommen werden. Ich habe schon ausgeführt, daß die Mitglieder einer Gesellschaft selbst oft gar nicht in der Lage sind zu beschreiben, welche Regeln sie warum befolgen bzw. welche kosmologischen Begründungen dahinterstehen könnten oder wenigstens früher einmal vorhanden gewesen sind. Wir sollten daher trotzdem untersuchen, ob es vielleicht Hinweise auf indirekte Verbindungen zwischen *gol* und Fruchtbarkeit der Yams gibt. Um zu erläutern, wie es möglicherweise zur Auffassung einer engen Verbindung zwischen Fruchtbarkeit der Yams und *gol* gekommen sein könnte, müssen wir uns nochmals die Bedeutung der Yams als Taktgeber für das Jahr sowie als bedeutende Nahrungspflanze kurz vor Augen führen. Eine von Margaret Jollys zentralen Thesen bei der Betrachtung des Sa Ethos lautet, daß es einen direkten Zusammenhang zwischen Yams und Männlichkeit gebe. Der Yams symbolisiere das männliche Prinzip, weil er von fester

Konsistenz und haltbar sei und am besten in den harten, braunen Böden in Meeresnähe gedeihe. Überdies müsse eine strikte Arbeitsteilung bei der Kultivierung von Yams beachtet werden. Frauen dürften bestimmte Tätigkeiten, vor allem Pflanzen und Ernten, gar nicht verrichten, sondern lediglich den Boden vorbereiten. Demgegenüber sei die Taro von weicher Konsistenz, schnell verderblich, nicht saisonal und wachse in den schwarzen, weichen Böden des Hochlandes. Bei der Kultivierung von Taro gebe es, im Vergleich zur Yams, keine Arbeitsteilung, alle Beteiligten dürften vielmehr auch alle anfallenden Arbeiten erledigen. Die Taro symbolisiere daher den weiblichen, der Yams den männlichen Pol der Sa Kultur. Insofern sei es kein Zufall, daß das *gol* zeitlich mit der Yamsernte in enger Verbindung stehe (vgl. Jolly 1994a: 59ff & 237ff). Jolly will hier den auch von mir behaupteten Mann-Frau Dualismus anhand einer Yams-Taro-Dichotomie verdeutlichen: sie sieht in der Kultivierung und im Umgang mit den beiden dominanten Knollenfrüchten eine Zuweisung von Attributen, die dem männlichen bzw. dem weiblichen Prinzip innerhalb des Sa Ethos entsprechen soll. Dazu hat sie das folgende Schema entworfen:

	Taro	**Yams**
Crop qualities	Wet black soil	Hard brown soil
	Non-seasonal	Seasonal
	Interior	Coastal
Work practises	Non-storable	Storable
	Houshold labour	Communal labour
	Diffuse sexual division	Rigid sexual division
Symbolic associations	Softness	Hardness
	Prone to decay	Resist decay
	Secularity	Sanctity
	FEMALE	**MALE**

Tafel 28: Yams-Taro Dichotomie nach Margaret Jolly (1994a: 68)

Jolly behauptet, das Ausheben der Pflanzlöcher sowie das Pflanzen selbst sei, da es einen, dem Koitus ähnlichen Befruchtungsvorgang darstelle, ausschließlich den Männern vorbehalten.

„Specifically, in the process of planting, only men are allowed to dig the holes and insert the tubers, women are permitted only to soften the soil by shifting it and to shape a mound over the planted tuber. This co-operative process is explicitly likened to sexual coupling and procreation. It is the occasion of risqué joking and hilarious repartee. Most of this is based on the equation between men and yam, and more especially yam and penis." (Jolly 1994a: 67)

Abb. 50: Männer und Frauen beim Pflanzen der Yams. (Bunlap, Oktober 2004)
Oben links überprüft der junge Yamspriester *(loas na dam)* Tho Melsul,
die zu pflanzenden Knollen.

Hier wird ersichtlich, warum es wichtig war, dem Vorgang des Yamspflanzens soviel Aufmerksamkeit gewidmet zu haben (Kap. 10.4). Eine so kategorisch vorgetragene strenge Trennung der Geschlechter in Hinblick auf die Kultivierung der Yams ist mir so nämlich nicht begegnet, die Meinungen über das Verhältnis zwischen Männern, Frauen und Yams gehen vielmehr weit auseinander. Chief Warisul meinte, dass es einen bestimmten Bereich des Gartens gebe, in denen die Frauen keine Yams pflanzen dürften, weil dort der *loas na dam* (Yamspriester) zuvor die erste Yams des Jahres gepflanzt hat. In allen anderen Bereichen des Gartens dürften die Frauen den Yams hingegen sowohl pflanzen als auch ernten. Allerdings, so schränkt Warisul ein, bei den ganz langen Yamssorten *(tsere, aralis, tairau, dambis)* müsse ein Unterschied gemacht werden, diese dürften Frauen dann nicht pflanzen oder ernten, wenn ihre Männer es ihnen verbieten. Ein solches Verbot könnten die Männer zu bestimmten Gelegenheiten, z.B. bei der Hochzeit, aussprechen. Wenn der Mann einer Frau, die ein solches Verbot zu befolgen habe, nicht anwesend sei, solle die Frau einen ihrer Söhne oder ihren Vater bitten, die Yams für sie zu pflanzen bzw. zu ernten. Täte sie es selbst, würde ihr Gesicht anschwellen und sie bald darauf sterben.[272] Im Gegensatz zu Chief Warisul meint Sali Warara, der älteste Sohn des verstorbenen Chief Bong, dass seine Frau sehr wohl Yams pflanzen und ernten dürfe, auch die großen, langen Sorten und zwar an jeder Stelle seiner Gärten. Auch die älteste Bewohnerin von Bunlap, die etwa neunzig Jahre zählende Mali, Mutter von Chief Molsmok, meinte, dass Frauen schon immer alle Arten von Yams, auch die besonders langen, gepflanzt hätten. Allerdings sei dies eine besonders harte Arbeit, die in der Regel den Männern überlassen werde. Ich selbst habe mehrfach beobachtet, daß Frauen und Mädchen Yams sowohl geerntet als auch gepflanzt haben (siehe Abb. 50 & 52).[273] Beide Tätigkeiten sind Frauen, diesen Auskünften und meinen eigenen Beobachtungen zufolge, also durchaus erlaubt.[274] Insgesamt gesehen ist der Befund jedoch eben nicht ganz eindeutig, möglicherweise gibt es, wie ich oben gezeigt habe, bestimmte, individuell verhängte Tabus. Die Frage allerdings, ob die *kastom* Sa beim Yamsanbau tatsächlich einen kategorialen Unterschied zwischen Männern und Frauen machen, würde ich, im Gegensatz zu Jolly, eindeutig verneinen. Auch Muller schreibt 1975:

„Both sexes share in the work of the gardens. The men usually do the more strenuous jobs, such as clearing, while the women perform the lighter but more monotonous chores, such as weeding. Either sex can and often does the various jobs at one time or another." (Muller 1975: 215).

Umgekehrt behauptet Jolly, daß Taro, obwohl im Vergleich zur Yams eindeutig der wichtigere Nahrungslieferant, von nachrangiger Bedeutung sei. Sie begründet dies damit, daß Taro in den feuchten, weichen Hochlandböden angebaut werde, und die *Sa* sie daher mit dem weiblichen Prinzip assoziierten. Meine Informanten hingegen bestätigen weder eine angenommene Zweitrangigkeit von Taro, noch, daß diese ein weibliches Prinzip symbolisiere. Im Übrigen darf man nicht vergessen, daß die Sa sowohl einen *loas na dam* für die Yams als auch einen *loas na bwet* für die Taro kennen, was m. E. die tatsächliche wie die symbolische Bedeutung der Taro derjenigen von Yams im Grundsatz vergleichbar

---

[272] Dieses Motiv einer speziellen, durch den Genuß befallener Yams übertragenen Krankheit, die ein Anschwellen des Gesichtes verursacht und zum Tod führen kann, unterstreicht zweifellos die Potenz der Yams. Aufgrund des Ausbruches dieser Krankheit, an die bis heute eine besondere Form der *juban* Maske, die *juban ene bwelantan sumsum* erinnert, ging das Priesteramt des *loas na dam* vor nicht allzulanger Zeit von der *ta ran bwela mwil* auf die *ta tobol* über. Dieser Vorgang wird nach wie vor erinnert, über die tatsächliche historische Tiefe vermag ich jedoch keine genaue Aussage zu treffen.

[273] Die anwesenden Männer legten großen Wert darauf, daß ich diese Bilder machte, da sie Jolly's Behauptung, Frauen dürften keine Yams pflanzen, für absurd hielten und explizit richtigstellen wollten.

[274] Allerdings habe ich tatsächlich nicht selbst gesehen, und kann es daher auch nicht bestätigen, daß Frauen die sehr mühevolle und spezialisierte Aufgabe des Pflanzens der größten Yamssorten übernommen hätten.

macht, keinesfalls aber Taro als deutlich minderwertig erscheinen läßt.[275] Jolly führt dagegen das Fehlen eines speziellen Taromythos auf dessen minderwertigen Status zurück.[276] Zwar bestätigten ältere Informanten, denen der Myhos von Singit bzw. Lingus noch bekannt ist (vgl. Kap. 9.1), daß der Yams aus dem Körper eines Mannes entstand. Hingegen vertritt niemand die Ansicht, daß die Taro irgendwie mit dem weiblichen Körper in ursächlicher Verbindung stünde. In der Tat gibt es, anders als Jolly meint, gleich mehrere Geschichten, die den Ursprung von Taro zum Inhalt haben. Allerdings bleiben diese, im Vergleich zum Yamsmythos, eher vage. Der etwa 75-jährige Betu Malsalus meinte, die Taro stamme aus dem Meer und die beiden der Baie Barrier vorgelagerten Felsen hätten mit ihrer Entstehung zu tun.[277] Der 48-jährige Sali Warara wiederum hatte von einer Geschichte gehört, derzufolge die Entstehung der Taro mit den runden schwarzen Steinen des *watsun* Flusses bei Baie Barrier in Verbindung stehen solle.[278]

Jolly's Behauptung, daß zu wichtigen, besonders „männlichen" Festen und Ritualen in erster Linie Yams ausgetauscht bzw. gegessen werde, konnte ich nicht bestätigen, meine eigenen Daten sowie Auswertungen von Videoaufnahmen aus den letzten 25 Jahren belegen, daß der überwiegende Großteil der während wichtiger Feierlichkeiten, etwa *taltabwean* und *warsangul* Ritualen, Hochzeiten oder großen Festessen *(mas)* ausgetauschten bzw. verzehrten Knollen nicht aus Yams, sondern aus Taro besteht. Ja noch nicht einmal die von Jolly explizit behauptete ausschließliche Verköstigung der beschnittenen Jungen im Männerhaus mit Yams kann ich bekräftigen (vgl. Jolly 1994a:155). Heute setzt man den Jungen im Männerhaus in den Tagen und Wochen nach der Beschneidung nicht nur Yams, sondern auch Taro, Reis, Maniok, Bananen und alle möglichen anderen Dinge vor, Nahrungstabus werden meines Wissens gar keine (mehr?) befolgt. Selbst wenn es vor einigen Jahrzehnten noch so gewesen sein sollte, daß die gerade Beschnittenen ihre männliche Kraft über den ausschließlichen Verzehr von Yams zu stärken hatten, so kann dies auch damals für die weiter im Hochland

---

[275] Allerdings zeigt sich auch hier wieder implizit die Annahme der Sa, daß es die *Männer* sind, die über prokreative Fähigkeiten verfügen. Deshalb vertrauen die Männer auch anderen Männern, den *loas*-Priestern und nicht etwa Frauen die Sorge um die Fruchtbarkeit der Gärten an.

[276] Es könnte natürlich auch umgekehrt sein, der minderwertige Status von Taro könnte auf das Fehlen eines Mythos zurückgefürt werden.

[277] Dies erstaunt, weil Jolly ja gerade das Meer mit männlichen und die Taro mit weiblichen Attributen assoziiert wissen will.

[278] Diese, allerdings diffuse, Vorstellung wird auch durch eine Beobachtung von Jolly indirekt belegt, die von einer Auseinandersetzung zwischen Bumangari Kaon, Chief von Bunlap und Malsa, einem Mann aus Phohurur berichtet, die sich in den siebziger Jahren zugetragen hat. Malsa beschuldigte Bumangari Kaon, die heiligen Steine des *watsun* manipuliert zu haben, so daß der kleine Fluß seine Richtung änderte. Offenbar ist es nämlich für die Fruchtbarkeit des Landes wichtig, daß der Fluß in südlicher Richtung ins Meer fließt und nicht in nördlicher Richtung (Jolly 1994a:230).

gelegenen Dörfer Lonbwe, Bilaut, Lonlibilie oder Sankar, allesamt *kastom* Siedlungen, schon deswegen nicht zugetroffen haben, da hier, aufgrund anderer klimatischer Bedingungen, wesentlich weniger oder gar kein Yams angebaut werden kann.[279] Es stimmt zwar, daß die Sa ihren Kalender an der Yams ausrichten, dieser Umstand darf uns jedoch nicht dazu verleiten, die besondere Bedeutung, die der Yams, v.a. dort, wo er angebaut wird, z.B. als Zeitindikator zweifellos besitzt, fraglos auch auf alle möglichen anderen Bereiche der Gesellschaft zu übertragen. Anhand der Reifezeit der Yams wird schließlich nicht nur bei den Sa, sondern auch bei unzähligen anderen Ethnien weltweit das Fortschreiten des Jahres gemessen – und zwar ungeachtet deren Verwandtschaftsordnung bzw. Konzepten von Männlichkeit und Weiblichkeit. Meines Erachtens ist die von Jolly postulierte Yams-Taro-Dichotomie, bezogen auf den Mann-Frau-Dualismus nicht haltbar, zumindest nicht in der von ihr vorgetragenen Form. Zweifellos existiert ein Mann-Frau-Dualismus, dieser äußert sich jedoch anderswo um ein Vielfaches eindeutiger und eindrucksvoller als hier.

Hier wird deutlich, weshalb ich neben Aspekten des Gartenbaus, der Kosmologie und dem Ethos der Sa auch deren rituellen Jahreskalender so ausführlich geschildert habe. Dort haben wir nämlich gesehen, daß es das *juban* Ritual ist, mit dem das neue (Yams-) Jahr eingeleitet wird und das gleichzeitig auch den Beginn der Ritualsaison darstellt. Die *juban* Masken sind, im Gegensatz zum *gol*, tatsächlich ausgesprochene „Dema-Kostüme". Der *juban* Tanz, mit seinen dramatischen, teils angsteinflößenden Bewegungen, erinnert explizit an den Tod des Kulturheroen *Singit* bzw. *Lingus* und kann zweifellos als eine darstellende Kulthandlung identifiziert werden, dem ein Ensemble bestimmter Mythen zugrunde liegt, nämlich die Mythen III und IV, die beide den Yamsanbau direkt mit dem Tod eines Kulturheroen in Verbindung bringen.

Abb. 51: Yamsernte und Turmspringen fallen zeitlich zusammen. (Bunlap, Mai 2002.)
Diese Koinzidenz rechtfertigt jedoch nicht die Theorie, das *gol* für ein Yams-Fruchtbarkeitsritual zu halten.

---

[279] Was diese jedoch keinesfalls daran hindert, Turmspringen abzuhalten!

Abb. 52: Männer und Frauen teilen sich die Arbeit sowohl beim Vorbereiten des Bodens als auch beim Pflanzen der Yams. (Bunlap November 2004)

Im folgenden soll meine Analyse nochmals um eine emische Perspektive ergänzt werden. Zu Wort kommt der etwa 75 Jahre alte Betu Malsalus (vgl. Abb. 51), mit dem ich lange über die Yamsernte gesprochen habe.

Auszug aus einem Gespräch mit Betu Malsalus. Bunlap im Mai 2002:
Wenn wir mit dem *gol* anfangen, dann sind die Ranken der Yams noch nicht trocken. Dann fangen wir an, den *tarbe-gol* zu bauen. Wenn sie trocken sind, ist die Zeit des *gol* auch vorbei. Wenn die Yamsranken noch wachsen, dann bauen wir den *gol*, weil die Lianen (die man dafür braucht, T.L.) dann ebenfalls nicht reißen. Wenn die Yamsranken trocken sind und Männer vom Turm springen, dann werden auch ihre Lianen reißen. Sie werden springen und ihre Lianen werden reißen, weil die Yamsranken längst getrocknet sind. Aber wenn die Yamsranken noch nicht trocken sind, kann auch die Liane nicht reißen. Wenn die Yamsranken eines Mannes trocken sind, dann kann er gehen und die Yams ernten. Wenn ein Mann aber sieht, daß seine Yamsranken noch nicht trocken sind, dann geht er einfach weiter in seinen Tarogarten.
Bei der Yamsernte alle arbeiten alle zusammen, Frauen und Männer. Auch Frauen ernten die Yams. Die ganz langen Yamsknollen können manche Frauen nicht ernten, weil sie zu lang sind und die Frauen zu schwach!

Frage: Ich habe gehört daß in einem Jahr, in dem die Männer nicht, oder nicht gut vom gol *springen, daß dann auch die Yams nicht gut wird. Ist das wahr oder nicht?*

Einige Männer springen gut, andere springen nicht gut. So einfach ist das. Manche springen mit dem Bein zuerst, das ist schlecht, andere springen mit dem Kopf zuerst, das ist richtig. Es ist nicht so, daß einige Männer nicht gut springen und dann die Yamsernte nicht gut wird. Nein. Die Yams ist trotzdem gut. Sie springen nur deswegen nicht gut, weil sie Angst haben. Aber wenn jemand keine Angst hat, dann springt er auch gut. Natürlich gedeiht die Yams auch dann gut, wenn es kein *gol* gibt. Es liegt am Regen und am Wind! Regen und Wind machen die Yams kaputt. Wenn die Yams gut gediehen ist und dann viel Regen kommt, dann wird die Yams schwarz. Das ist nicht gut. Und der Wind. Diese beiden Dinge sind es, die dazu führen, daß die Yams nicht gut wächst. Wenn die Yams gut gewachsen ist und dann Wind und Regen kommen führt das dazu, daß die Yams verdirbt. Diese beiden Sachen sind es bloß. Das hat überhaupt nichts mit dem *gol* zu tun. Wind und Regen, das macht, daß die Yams nicht gut wächst und verdirbt.
(Betu Malsalus. Bunlap-Bena, Mai 2002)

Ich meine abschließend, daß eine kosmologisch nachvollziehbare Beziehung zwischen der Fruchtbarkeit der Yams und dem *gol* nicht existiert. Die Betrachtung von Mythen und Symbolen hat ein anderes Bild ergeben: das Turmspringen bestätigt symbolisch die Autochthonie der Männer, es beweist ihre besonderen Prokreationsfähigkeiten und stellt ihre Fruchtbarkeit *de facto* unter Beweis. Einfach den Analogieschluß zu ziehen, daß, weil sowohl Yams als auch *gol,* irgendwie ein männliches Prinzip verkörperten, beide, kosmologisch betrachtet, wie zwei Puzzlestücke zusammenpassen müßten und das *gol* daher quasi automatisch ein Yams-Fruchtbarkeitsritual darstelle, trifft nicht zu. Ebenso ist Chuck de Burlos eingangs dieser Arbeit geschilderte These abzulehnen, derzufolge das Emporsteigen auf den Turm symbolisch wie das Erklimmen des Männerhausdaches beim *meleun* Grad verstanden werden müsse (vgl. de Burlo 1996). Schließlich muß man auch die mitunter vorgebrachte vulgärethnologische Behauptung, der *tarbe-gol* müsse als überdimensionales Phallussymbol betrachtet werden, entschieden zurückweisen.[280] Diese Interpretationen klingen zwar nach symbolischer Schlüssigkeit, decken sich jedoch nicht mit dem ethnographischen Befund.

18.10 *Gol* als riskantes Spektakel

Ich habe gezeigt, daß man das *gol* weder als Initiations-, noch als Fruchtbarkeitsritual bezeichnen kann, und daß ihm überdies zentrale Elemente des Rituals generell fehlen, so daß es mitunter eher an eine Art Spiel erinnert. Ein Befund, der auch der emischen Perspektive der Sa selbst nächsten kommt. Andererseits meine ich aber, daß es sich um eine in so hohem Maße ausdifferenzierte Veranstaltung handelt, die so deutlich symbolische Bezüge transportiert, daß es ebenfalls zu ungenau erscheint, das Turmspringen einfach nur als „Spiel" zu bezeichnen, zumal es sich so ganz mit den verschiedenen, für das Spiel zur Verfügung stehenden Gattungen auch nicht beschreiben läßt. Stellen wir uns daher abschließend die grundlegende Frage, in welche Kategorie kultureller Performance sich die Veranstaltung am ehesten einfügt.

Betrachtet man alle Dimensionen des Turmspringens zusammengenommen, so scheint mir, daß der Begriff des „Spektakels" am ehesten geeignet ist, seine verschiedenen Dimensionen zu erfassen. Von allen Arten der kulturellen Performance stellt das Spektakel wohl die am wenigsten untersuchte Kategorie dar, eine „Ethnographie des Spektakels" ist gerade erst dabei, den Kinderschuhen zu entwachsen.[281] Ich beziehe mich bei meiner Betrachtung des *gol* auf John MacAloon, der den Begriff in Hinblick auf seine Untersuchung der Olympischen Spiele erfolgreich anzuwenden und zu präzisieren verstanden hat, wodurch er nach und nach auch in der Ethnologie entdeckt worden ist. MacAloon bezieht sich in seinem Aufsatz "Olympic Games and the Theory of Spectacle in Modern Societies" zunächst explizit auf das Spektakel als Erscheinung in modernen Gesellschaften (Mac Aloon 1984). Da er inzwischen jedoch selbst der von Turner vorgeschlagenen Trennung zwischen modernen und vormodernen Gesellschaften mehr und mehr skeptisch gegenübersteht (vgl. MacAloon 2006 & persönliche Kommunikation), halte ich den Versuch für berechtigt, den Begriff versuchsweise einmal auf eine Veranstaltung in einer vormodernen Gesellschaft, hier das Turmspringen, anzuwenden.

Das Wort Spektakel ist etymologisch mit dem lat. *specere* (zusehen) bzw. dem indoeuropäischen *spek* (beobachten) verwandt. Bereits hier deutet sich an, daß es ohne Zuschauer kein Spektakel geben kann. Daß man sowohl zur Realisierung eines Spiels wie auch eines Rituals *Akteure* benötigt, leuchtet sofort ein.

---

[280] Nicht selten hört man solche Interpretationsversuche von wohlmeinenden *gol*-Touristen.

[281] Eigentlich verwunderlich, da der französische Kulturkritiker Guy Debord zumindest den Begriff als solchen mit seinem Buch „Die Gesellschaft des Spektakels" (Debord 1996 [frz. zuerst 1967] tief in die Köpfe der Apologeten der 1968er Bewegung eingebrannt hat.

Allerdings können sowohl Spiele als auch Rituale ohne *Zuschauer* auskommen, und die meisten tun das auch: denken wir nur an ein einsames Computerspiel, das Schachspiel zweier Freunde, das Federballspiel eines verliebten Pärchens, das Fußballspiel der Dorfjugend oder den Bungee-Springer, der irgendwo in Neuseeland von einer Brücke springt. Zuschauer bilden kein notwendiges Element der Veranstaltung. Noch weniger Platz für Zuschauer bieten Rituale, zumindest dann, wenn sie als solche ernstgenommen werden und nicht „degeneriert" sind, sich, mit anderen Worten, von ihrer eigentlichen Bestimmung, ihrem tatsächlichen Geschlecht, entfernt haben (lat: *de- gens* – „von Geschlecht bzw. Gattung weg"). Wenn also aus „Ostern" die amerikanische „Easterparade" geworden ist, handelt es sich nicht mehr um ein Ritual, sondern um eine andere Art der kulturellen Performance (MacAloon 1984: 243). Bei Ritualen, so meint MacAloon, sind Zuschauer in aller Regel unerwünscht. Ich möchte hinzufügen, daß bei einer Beschneidungszeremonie der Sa, beim Zeichnen eines Sand-*Mandala* in Tibet oder einem katholischen Gottesdienst alle Anwesenden in der ein oder anderen Art und Weise beteiligt sind, als Väter, Onkel, Mütter oder Tanten der Initianden, als in Meditation versunkene Teilnehmer oder betende Gottesdienstbesucher. Ist dies ausnahmsweise einmal nicht der Fall, sind tatsächlich distanzierte Beobachter dabei, ruft deren oft als Voyeurismus empfundenes Interesse bei ihnen selbst so etwas wie ein „schlechtes Gewissen hervor", während die eigentlichen Ritualteilnehmer das „Gelingen" des Rituals durch die Zuschauer gefährdet sehen, oder gar einen „Schaden" für das Ritual befürchten. Denken wir nur an das ungute Gefühl, das uns beschleicht, wenn wir eine Kirche besichtigen, in der gerade ein Gottesdienst abgehalten wird.[282] Ganz anders beim Spektakel: hier ist der Zuschauer unverzichtbarer Bestandteil der Veranstaltung. Ein Spektakel *ohne* Zuschauer ist undenkbar. Insofern, so meint MacAloon, geht auch Max und Mary Gluckmanns These, wonach die meisten Zeremonien und Rituale Spektakel seien, in die Irre (Gluckmann 1977: 227). Mac Aloon bringt den wesenhaften Unterschied zwischen Ritual und Spektakel auf den Punkt, wenn er sagt: „Ritual is a duty, spectacle a choice" (Mac Aloon 1984:243).

Eine Veranstaltung kann dann als „Spektakel" begriffen werden, wenn sie – nebst den Zuschauern – über einige besondere Eigenschaften verfügt. Zunächst zeichnet sich das Geschehen durch seine bloße Größe aus: Spektakeln liegt, so

---

[282] Selbst dem Zuschauer einer vermeintlich zwanglosen Sportveranstaltung, der eben wirklich bloß unbeteiligter Zuschauer sein will, und nicht wenigstens ein Minimum an Empathie und (rituellem?) Spezialwissen mitbringt, stehen die wahren Fans skeptisch gegenüber, weil er „aus der Rolle" fällt und die Stimmung stört, wie der Sketch von (und mit) Heinz Erhardt auf der Trabrennbahn exemplarisch deutlich macht (Wo laufen sie denn…). Wäre der völlig unwissende Zuschauer in einem Stadion, wo es wirklich nur um den gerade aufgeführten Sport, und nicht auch noch um eine andere, bedeutendere Idee geht, wie man sie etwa für die Olympiade als Fest der Völkerverständigung konstatieren kann, nicht letztlich total fehl am Platz, würde der Witz nicht funktionieren!

könnte man sagen, die Maxime zugrunde „je größer desto besser". Das Spektakel stellt generell eine sehr dynamische Form der kulturellen Performance dar, es beinhaltet eine lebhafte „action" in Form von Bewegungen und Wandlungen der Akteure. Durch diese „action", gepaart mit der schieren Größe und Dramatik des Dargebotenen, wird der Zuschauer in ein spezielles Erstaunen versetzt, was das Spektakel mehr als alle anderen Formen der kulturellen Performance auszeichnet.[283] Das Tun der Akteure stellt das Zentrum des Spektakels dar, die Zuschauer befinden sich an der Peripherie, allerdings kann, ja soll sich der besondere „Funke" der Performance von den Akteuren auf die Zuschauer übertragen.[284] Anders als beim Ritual oder Spiel, werden beim Spektakel keine besonderen Kenntnisse von den Zuschauern erwartet, das Spektakel soll lediglich ein unmittelbares Gefühl von Spannung und Erstaunen evozieren.[285] Die Teilnahme am Spektakel ist für den Zuschauer gänzlich freiwillig. Mit den Worten von John MacAloon könnte man seine Rolle mit den Worten beschreiben: „All you have to do is to watch" (MacAloon 1984:269). Aber auch den Akteuren ist völlig freigestellt, ob sie mitmachen wollen oder nicht.

Natürlich können auch Rituale visuell sehr beeindruckend sein und große Aufmerksamkeit erregen, es ist aber etwas ganz anderes, ob eine Veranstaltung *in erster Linie* für den Zuschauer ausgerichtet wird (ein visuell spektakuläres Ritual wäre dann möglicherweise zum Spektakel degeneriert), oder aber, ob Zuschauer eine eher zufällige Erscheinung bleiben, während die Ritualteilnehmer die Mehrheit der Anwesenden darstellen. Ein weiteres Charakteristikum des Spektakels ist, daß dieses in der Regel weder an bestimmte Zeiten gebunden ist, noch notwendigerweise regelmäßig veranstaltet wird. Dieser Umstand korrespondiert auch mit der Beobachtung, das die sonst in einer Gesellschaft gültigen zeitlichen Abläufe und grundlegenden Vorstellungen von Harmonie, Rhythmus und Balance im Spektakel, damit es seine besondere Wirkung überhaupt entfalten kann, eher außer Kraft gesetzt als bestätigt werden.[286]

In modernen Gesellschaften stellt das Spektakel zweifellos eine bedeutende und häufige Form der kulturellen Performance dar, was Victor Turner zu der Aussa-

---

[283] Hier findet sich übrigens eine grundsätzliche Übereinkunft zwischen MacAloons Begriff vom Spektakel und dem Urheber der Theorie von der modernen Gesellschaft als der „Gesellschaft des Spektakels" Guy Debord (1996), der das Überhandnehmen einer Ideologie des „Immer mehr", der er überaus skeptisch gegenübersteht, als konstituierend betrachtet.

[284] Im Gegensatz dazu, meint MacAloon, sind bestimmte andere Formen der kulturellen Performance zwar visuell spektakulär, stellen aber kein Spektakel im eigentlichen Sinne dar, weil ihnen die gerade genannten Elemente fehlen. Zu denken ist hierbei etwa an Cristos Verpakkungskunst.

[285] An sich kommt das Ritual ohne Zuschauer aus, allerdings können Zuschauer zu Teilnehmern werden (eben *wenn* sie es können), in dem sie sich ins Ritual integrieren. Wenn sich also z.B. der Kunstgenuß suchende Kirchentourist entschließt, an der Messe teilzunehmen, kann er das nur, wenn er die Regeln kennt, die dort zur Anwendung kommen.

[286] Hierin ist vielleicht der entscheidende Unterschied zum Fest, Festival oder Volksfest zu sehen, das der bestehenden Ordnung in viel größerem Umfang direkt verpflichtet ist.

ge veranlaßte, das Spektakel müsse als geradezu typisch für liminoide Phänomene in modernen Gesellschaften betrachtet werden. Der Versuch hingegen,
den Begriff auf ein Phänomen in einer vormodernen Gesellschaft anzuwenden,
mag eher überraschen. Betrachtet man jedoch das soeben Gesagte, werden unmißverständlich wesentliche Übereinstimmungen zum *gol* deutlich: Wir haben
gesehen, daß es die einzige Veranstaltung im Sa Kalender ist, bei der eine große
Anzahl Zuschauer nicht „zufälliger" Nebeneffekt, oder durch Tourismus bedingte rezente Entwicklung, sondern von vornherein angelegter, für das Gelingen
notwendiger Bestandteil ist. Ohne Zuschauer, die tatsächlich in keiner Weise an
der Vorbereitung oder Durchführung beteiligt sind, über keinerlei Spezialwissen
verfügen müssen und auch sonst in jeder Hinsicht vollkommen unbeteiligt bleiben können, ist das Turmspringen nicht denkbar. Zuschauer können Einheimische, Touristen oder TV-Teams sein, im Grunde spielt es aber keine Rolle *wer*
zusieht, entscheidend für die Durchführung des *gol* ist allein, *daß* Zuschauer
anwesend sind.[287] Auch die Art und Weise der Performance des *gol* deckt sich
mit MacAloons Beschreibung des Spektakels. Eine dynamischere, beeindruk-
kendere und staunenswertere Veranstaltung als das Turmspringen ist kaum
denkbar, schon gar nicht, wenn man die geringe Anzahl der in den Sa Dörfern
zur Verfügung stehenden Arbeitskräfte und den verhältnismäßig niedrigen Stand
der Technologie ins Verhältnis zu dem geradezu berauschenden performativen
Ergebnis setzt. Für mich ist aber noch ein weiterer Punkt entscheidend, der es
rechtfertigt, das *gol* für ein Spektakel zu halten: der Umstand nämlich, daß das
gol schon sehr früh vom Fernsehen entdeckt und ausgewertet wurde. Fernsehbe-
richte, -dokumentationen und Spielfilme, die über das Turmspringen berichten
bzw. es enthalten, gehen in die hunderte. Die Fernsehmacher erkannten sofort
und mit sicherem Instinkt, daß das *gol* alle entscheidenden Elemente aufweist,
die das Spektakel, nach dem sie selbst von Berufs wegen ständig auf der Suche
sind, unverkennbar auszeichnet (vgl. Kap. 1 dieser Arbeit; vgl. auch Bourdieu
1998:25).

Letzten Endes ist es für ein möglichst genaues Beschreiben und Erfassen des
Turmspringens in allen seinen sehr unterschiedlichen Dimensionen vielleicht gar
nicht so entscheidend, welchen Namen man der Veranstaltung zuweist und für
welche Kategorie von kultureller Performance man es hält. Wenn ich es dennoch versucht habe, und mich hier entschließe, das *gol* als „riskantes Spektakel"
zu bezeichnen, so wird man dies mit der notwendigen Skepsis bzw. als typisches
Modell betrachten müssen. Denn auch wenn MacAloon meint, „Games are not
rituals and rituals are not games" (MacAloon 2006), darf man nicht verkennen,
daß das Turmspringen einerseits mit der ihm untrennbar verbundenen Dimension des Risikos für den Einzelnen (nicht für die Gemeinschaft!) eine durch und

---

[287] Allerdings muß man den Sonderfall berücksichtigen, daß die Sa Frauen, obwohl viele von
ihnen selbst als Tänzer zu den Akteuren zählen, in gewisser Hinsicht gleichzeitig die wichtigste Zuschauergruppe darstellen (vgl. Kap. 16.5 & 17.2)

durch liminale Erfahrung darstellt, und daß ihm andererseits bestimmte symbolische Bedeutungen deutlich erkennbar zugrunde liegen. Man könnte daher vielleicht die Vermutung äußern, daß das *gol* einstmals dem Ritual nähergestanden hat als heute. Ob wir es aber tatsächlich mit einem irgendwie „degenerierten" Ritual zu tun haben oder nicht, läßt sich erstens nicht beweisen und steht zweitens nicht im Mittelpunkt meines Erkenntnisinteresses. Vielmehr verlangt diese Frage nach einer anderen Untersuchung, die das *gol* dann auschließlich in Hinblick auf seine Einordnbarkeit in mögliche Kategorien der kulturellen Performance zu (über-) prüfen hätte.

19. Funktionen des *gol*. Versuch einer Analyse

Die Bctrachtung von Mythen und Symbolen der Sa hat gezeigt, daß die Bedeutung des *gol* im Kontext einer „zweiten Geburt" gelesen werden muß, die die Autochthonie der Männer *de facto* herstellt. Was diesen Bedeutungshorizont anbelangt, muß es, auch das haben wir festgestellt, in einer Reihe mit verschiedenen anderen Ritualen der Sa gesehen werden. Allerdings fehlen dem Turmspringen selbst viele eindeutige Merkmale des Rituals, weshalb ich es als „riskantes Spektakel" bezeichnet habe. Die Frage, die sich nun erneut stellt ist die, ob wir es mit „Kultur ohne Zweck" zu tun haben, oder ob nicht doch, jenseits von symbolischen *Bedeutungen* und potentiell nicht ausgeschlossenen, impliziten funktionalen Rückbezügen, auch konkret isolierbare, explizite *Funktionen* feststellbar sind, mit denen bestimmte gesellschaftliche Bedürfnisse befriedigt werden.

Der Etablierung des Funktionsbegriffes in der Ethnologie wird in erster Linie mit Bronislaw Malinowski verbunden. Kultur ist nach Malinowski im wesentlichen „ein instrumenteller Apparat, durch den der Mensch in die Lage versetzt wird, mit den besonderen konkreten Problemen, denen er sich in seiner Umwelt und im Laufe der Befriedigung seiner Bedürfnisse gegenübergestellt sieht, besser fertig zu werden. Sie ist ein System von Gegenständen, Handlungen, Einstellungen, innerhalb dessen jeder Teil als Mittel zu einem Zweck existiert" (Malinowski 1985:23). Die Grundlage jeder sinnvollen Kulturanalyse besteht für Malinowski darin, Einzelphänomene, die er Institutionen nennt und als eine organisierte Art des Tuns bezeichnet, in einen geordneten Zusammenhang zu stellen. Die Leistung der Institutionen besteht in ihrer Funktion in bezug auf ein menschliches Bedürfnis. Mit der Funktion einer Institution ist daher immer originär eine bedürfnisbefriedigende Wirkung verbunden. Malinowski war fest davon überzeugt, daß die einzelnen Institutionen einer Gesellschaft funktionell zusammenwirken. Dieses Zusammenwirken geht so weit, daß sich Parallelen zwischen äußerem Erscheinungsbild und innerer Verfassung bzw. Bedeutung ziehen lassen:

„ ... betrachten wir etwa die menschliche Behausung. Das ist ein physischer Gegenstand, eine Konstruktion aus Baumstämmen oder Zweigen, aus Tierhäuten, aus Schnee oder Stein. Ihre Form jedoch, die Technik ihres Aufbaues doch auch die Art ihrer Einteilung, ihrer Bestandteile und ihrer Ausstattung stehen alle in enger Beziehung zu den häuslichen Bräuchen, die mit der Organisation des Haushaltes der Familie samt ihren Dienern und Knechten zusammenhängen" (Malinowski 1985: 28).

Bei der Betrachtung des Objektes muß der Ethnologe also stets die Gesamtfunktion im Auge behalten. Nur so macht die Betrachtung der einzelnen Phasen seines Entstehens bzw. die Bedeutung seiner Einzelteile, funktionalistisch betrachtet, Sinn.

„Wollen wir eine Beschreibung des Daseins irgendeines Einzelnen in unserer Kultur oder in irgendeiner anderen geben, so müssen wir seine Handlung in Verbindung bringen mit dem sozialen Schema der Lebensorganisation, das heißt, mit dem System von Institutionen, die in der betreffenden Kultur den vorherrschenden Platz einnehmen. Die beste Beschreibung einer Kultur durch faßbare Tatsachen wird also in der Aufzählung und Analyse der Institutionen bestehen, in die die Kultur organisch aufgeteilt ist" (vgl. Malinowski 1985: 85).

So weit würde ich Malinowski zustimmen. Ich folge ihm auch dort, wo er sagt, daß man zwischen tatsächlichem Handeln und den zugrundeliegenden Regeln sehr deutlich unterscheiden muß, weil das Handeln in höchstem Maße von der Fertigkeit, Macht, Redlichkeit und Willfährigkeit der Mitglieder einer Gesellschaft abhängig ist, während die Regeln in geronnener Form als Vorschriften, Texte und Anordnungen vorliegen. Wichtig ist festzuhalten, daß das tatsächliche Handeln stets von den Regeln abweicht. Diese stellen zwar das Ideal der Ausführung dar, die Wirklichkeit sieht jedoch anders aus. Insofern halte ich es für wesentlich, bei der Untersuchung von Funktionen eine Trennung zwischen postuliertem Ideal und realem Handeln zu unterscheiden (vgl. Malinowski 1985:89). Die Grenze des Funktionalismus als in sich geschlossene Theorie sehe ich dort, wo der Funktionsgedanke in positivistischer Manier zur gänzlich bestimmenden Matrix wird, auf die der Forscher dann tatsächlich alle seine Beobachtungen beziehen muß:

„Kein entscheidendes System von Handlungen kann bestehen bleiben, ohne in unmittelbarem oder mittelbarem Zusammenhang mit menschlichen Bedürfnissen und ihrer Befriedigung zu stehen" (Malinowski 1985: 167)

Wenn Malinowski meint, daß es keine „Überlebsel", kulturellen Atavismen, Nutzlosigkeiten oder Überflüssigkeiten gebe, da eben alles eine funktionale Bedeutung habe, geht er entschieden zu weit und ich pflichte Claude Lévi-Strauss bei, wenn er meint: „[...] zu sagen, eine Gesellschaft funktioniere, ist eine Banalität; aber zu sagen, alles in einer Gesellschaft funktioniere, ist eine Absurdität." (Lévi-Strauss 1977:21). Ich kann die Debatte um das Für und Wider, die Möglichkeiten und Grenzen des Funktionsgedankens hier nicht weiter vertiefen, es genügt mir festzuhalten, daß es sinnvoll ist, nach funktionalen Bezügen zu suchen, daß man aber keineswegs erwarten darf, diese immer und überall, folgerichtig aufeinander bezogen, anzutreffen

19.1 *Gol* als Akt der Reinigung zu Beginn des neuen Jahres?

Der *Ul li tsingtsingan* (Februar / März) markiert das Ende des alten Jahres, das neue Jahr steht kurz bevor. Es ist eine stille Zeit: Lärm soll vermieden werden, um das Wachstum der Yams nicht zu gefährden. Alle Tänze und Rituale sind eingestellt, in den Gärten wird nicht mehr gekocht oder mit Feuer gerodet. Schon Tattevin hatte beschrieben, daß die Männer in diesen stillen Wochen häufiger als sonst in den Männerhäusern zusammensitzen, sich Geschichten erzählen oder Politik betreiben (Tattevin 1929:983f). Kurz, es ist eine Zeit der Muße und Kreativität. Es könnte auch die Zeit sein, so meinten mehrere Informanten aus Ponof im katholischen Nordosten des Sa Gebietes, in der unausgesprochene, schon länger schwelende Konflikte im Dorf zur Sprache kommen. Damit solche Konflikte gelöst werden könnten, so vermutet z.B. der Vorsitzende der PonWa-Ha Association, Lazare Asal, existiere das *gol*. Genaugenommen besagt Asals Interpretation folgendes: Wenn ein Mann das Gefühlt hat, daß man hinter seinem Rücken über ihn redet, dann kann er im Männerhaus vorschlagen, ein *gol* zu veranstalten. Er wird dann zum „Organisator" des Turmbaues und springt auch selbst vom Kopf des Turmes.[288] Wenn er den Sprung überlebt, so Lazare weiter, dann hat das Turmspringen seine reinigende Wirkung erfolgreich entfaltet und das ungute Getuschel muß aufhören. Eine andere Interpretation lautet, daß ein Mann nicht selbst den Turmbau anregen muß, sondern lediglich, wenn er auf der Plattform steht und bereit zum Sprung ist, ein entsprechendes Lied anstimmen soll. Wenn der Springer selbst nicht den Mut dazu hat, dann kann auch ein Verwandter oder Freund, der unter dem Turm mittanzt, das Lied für ihn beginnen. Wenn es erklingt dann wissen alle Anwesenden, daß der Konflikt nun bereinigt werden soll. Tatsächlich habe ich in Kap. 13.7 bereits einige entsprechende Lieder vorgestellt, die aus Ponof stammen und diese These durchaus belegen könnten, eines davon sei hier nochmals wiederholt:

Siniang   Ein Lied, das Frieden stiften und Konflikte bereinigen soll.

Siniang, Siniang, Siniang, Siniang ae   Ich bin in meinem Dorf
e e e Agnga humale lea e   und denke mir nichts Böses
Ne poseke seke gnak ae   Die Leute sind freundlich zu mir und tun, als ob nichts wäre
ba ware pagni pagno mane nie   Aber sie foppen mich nur, wenn sie freundlich tun
gasu malse nie   Denn hinter vorgehaltener Hand sprechen sie über mich
Beren lon tebar po beto ne waran   Aber wer sagt es mir, damit ich Bescheid weiß?
mane nie   Ich will nur eines: Wenn ich sterbe
Berete be pol nema-an ne nie   (beim Sprung – symbolisch - ums Leben komme?)
Tepe mane nie   will ich nicht mehr hören, daß man über mich redet
ne mete kele e   (muß das Gerede aufhören)
ne margno beto reg na ne
ne mete lal o
be e aga amale le ae

(Feldnotiz Thorolf Lipp. Ponof, September 2004)

Meine Informanten meinten weiter, daß die Tänzer am Fußende des Turmes den schwelenden Konflikt mit ihren Füßen in den nassen Lehm treten und diesen dadurch „begraben". Wir haben ja bereits gehört, daß das Turmspringen kurz nach dem *juban* Tanz stattfindet, also unmittelbar zu der Zeit, welche die Sa explizit für den Jahresbeginn halten. Insofern macht diese Interpretation auch innerhalb der emischen Perspektive durchaus Sinn. Reinigungsrituale zu Jahres-

---

[288] Vgl. die These von Victor Turner, daß ein „Bruch" als „Auslöser" des sozialen Dramas zu betrachten sei (1989:110).

beginn, zu einer Zeit der „Erneuerung des Kosmos", so könnte man argumentieren, treten schließlich weltweit auf, warum dann nicht auch hier?[289] Das Problem scheint mir zu sein, daß sich eine solche Einschätzung des *gol* nicht, oder bestenfalls nur sehr bedingt, mit der Symbolik der „zweiten Geburt" vereinbaren läßt, die wir in so vielen anderen Institutionen der Sa finden. Aus diesen Gründen halte ich es eher für wahrscheinlich, daß es sich bei dieser Interpretation um eine erst nach der Christianisierung entwickelt Adaption judäochristlicher Vorstellungen von „Schuld" und „Sühne" bzw. „Vergebung" handelt. Da ich jedoch mit den entsprechenden indigenen Konzepten der Sa noch zu wenig vertraut bin, kann ich mir hier ein endgültiges Urteil nicht erlauben.

19.2 *Gol* als Ventilsitte?

Eine weitere mögliche funktionale Dimension des *gol* könnte in seiner Bedeutung als „Ventilsitte" bestehen.[290] Es sollte deutlich geworden sein, daß das Turmspringen in mancherlei Hinsicht den ansonsten üblichen sozialen Geltungen entgegenläuft, etwa indem der Einzelne ein Maß an Entscheidungsfreiheit genießt, das ihm in anderen Bereichen der Gesellschaft, die wesentlich stärker reglementiert sind, verwehrt bleibt. So können, ganz im Gegensatz etwa zum *warsangul* System, schon sehr junge Männer, wenn sie es wollen, von sehr weit oben im Turm springen. Andererseits wird man sagen müssen, daß wir es beim Turmspringen nicht mit einer ausgesprochenen Umkehrung der sozialen Normen zu tun haben, wie wir sie etwa beim Fasching bzw. Karneval oder bei Saturnalien usw. beobachten können. Als sicher kann hingegen die grundsätzliche Feststellung gelten, daß im *gol* diejenigen „heißen" Kräfte freigesetzt werden können, die der Gesellschaft ansonsten, zumindest in Friedenszeiten, durchaus Schaden zufügen können. Beim Turmspringen haben Jungen und Männer einen Freiraum, in dem sie unbehelligt „Dampf ablassen", ihre Stärke zeigen bzw. ihr „Mütchen kühlen" können, um sich dann anschließend möglicherweise wieder leichter in ihre täglichen Routinen einzufügen (vgl. Bell 1997). Eine solche Funktionszuweisung klingt durchaus schlüssig, wirft aber wieder die Frage auf, wo, zwischen Spiel und Ritual, man das *gol* eigentlich verorten muß, denn betrachtet man das *gol* als Ventilsitte, wäre damit ja doch ein funktionaler Rückbezug zu anderen gesellschaftlichen Institutionen feststellbar.

---

[289] Denken wir nur an die Vertreibung der „bösen Geister" mit Lärm zu Jahresende und -anfang überall in Mitteleuropa oder Asien. Zur Sonnenwende entfachten Kelten und Germanen große, reinigende Feuer usw. usf.

[290] Der Begriff „Ventilsitte" wurde von Richard Thurnwald (vgl. z.B. 1953) geprägt und fand schnell Eingang in den begrifflichen Kanon der Sozialwissenschaften

19.3 *Gol* zur Friedensstiftung bzw. -sicherung und Brautschau

Das *gol* ist, im Gegensatz zu allen anderen wichtigen Ritualen im traditionellen Veranstaltungskalender der Sa, die einzige Veranstaltung, die eine regionale Relevanz besitzen kann. *Warsangul* Rituale finden auf dörflicher Ebene oder bestenfalls im lokalen Verbund von zwei oder drei, eng benachbarten Dörfern statt. Dies liegt schon daran, daß der Initiand seinen Mentor unter denjenigen Männern findet, mit denen er ohnehin bereits nähere Beziehungen pflegt. Das aber ist, heute wie früher, nur auf dörflicher oder bestenfalls auf lokaler Ebene möglich. *Warsangul* Rituale waren und sind zweifellos Ereignisse von hoher sozialer Relevanz, aber sie dürften nur in sehr seltenen Fällen, etwa wenn ein Mann einen der letzten bedeutenden Titel erwerben will, regionale Bedeutung erlangt haben. Gleiches gilt für *juban* oder *taltabwean*, die ebenfalls innerhalb der Dorfgemeinschaft von großer Wichtigkeit sind, darüber hinaus aber nicht auf allzu großes Interesse stoßen. Zu einem besonderen *gol* hingegen kommen stets Verwandte und Freunde, aber auch Fremde, aus allen Teilen des Sa Gebietes zusammen. Wenn man sich vor Augen hält, wie erbittert noch in den 1910er und 20er Jahren Konflikte auf lokaler und regionaler Ebene ausgefochten wurden (vgl. Kap. 6.2), versteht man die Bedeutung einer Veranstaltung, deren Anziehungs- und Integrationskraft so groß ist, daß man bestehende Konflikte temporär ruhen läßt oder sogar gänzlich beilegt. Denkt man an die jüngere Geschichte, steht einem vor allem das *gol* zu Ehren von Queen Elizabeth im Jahre 1974 vor Augen, das ich in Kap. 14.2 ausführlich geschildert habe. Kein *warsangul, taltabwean* oder *juban* Ritual hat je soviel überregionale Bedeutung erlangt, als daß man heute noch mit vergleichbarer Intensität davon sprechen würde. Es ist vielmehr dieses eine Turmspringen, das die Sa selbst als das einschneidendste Ereignis in der jüngeren Geschichte ihrer Insel betrachten. Erstmals nach vierzig Jahren kultureller Spaltung in *kastom* und *skul* taten sich 1974 wieder Männer aus allen Teilen von Südostpentecost zusammen, um gemeinsam ein *gol* auszurichten. Die übereinstimmende Meinung vieler, unabhängig voneinander befragter Informanten war stets die, daß nach dem *gol* des Jahres 1974, trotz aller nach wie vor bestehenden Gegensätze zwischen *kastom* und *skul,* der Weg zu besseren Beziehungen zueinander frei wurde. Dasselbe kann für das Turmspringen gesagt werden, das im Jahre 2004 für das P&O Kreuzfahrtschiff „MS Pacific Sky" veranstaltet wurde, und bei dem wiederum über tausend Sa aus allen Teilen der Insel zusammenkamen. Aber auch auf lokaler Ebene ist m.E. eindeutig eine friedensstiftende Funktion der Veranstaltung festzustellen. Im Jahre 2002 erschienen anläßlich des zweiten Turmspringens diesen Jahres mehrere hundert Besucher aus ganz Südpentecost in Bunlap, darunter auch mehrere Dutzend Männer aus dem benachbarten Ranwas, mit denen zu dieser Zeit ein immer noch ungeklärter Konflikt um Landrechte schwelte, der kurz nach dem *gol* übrigens wieder aufbrach. Während des *gol* jedoch trat der Konflikt in den Hintergrund: Männer und Frauen aus Ranwas feierten, erstmals seit einigen Jahren, wieder mit den Leuten aus Bunlap und anderen *kastom* Dörfern, die sie ansonsten energisch bekämpfen. Anläßlich eines *gol* eröffnet sich also die Möglichkeit, informell und ohne Gesichtsverlust aufeinander zuzugehen, auch, um eine mögliche Beilegung des Konfliktes zu erreichen.

In diesem Zusammenhang ist außerdem an eine funktionale Bedeutung des *gol* als einem Ort der Brautschau zu denken. In Kap. 11.3 bin ich auf Formen von Werbung und Liebe sowie auf die Heiratsregeln der Sa eingegangen. Dabei hat sich gezeigt, daß mit dem *imaraga* System zwar bestimmte Vorstellungen über eine ideale Ehe existieren, parallel dazu aber auch andere Konstellationen durchaus möglich, ja sogar häufiger als die idealen *imaraga* Verbindungen sind. Diese Flexibilität der Heiratsregeln ist eine der Vorraussetzungen dafür, daß wir dem *gol* überhaupt eine gewisse Bedeutung als Ort und Anlaß für eine Art Brautschau zuweisen können. Abgesehen von den impliziten symbolischen Bedeutungen des *gol* ist nicht zu übersehen, daß wir es auch ganz explizit mit der Zurschaustellung von männlicher Schönheit und Mut zu tun haben. Ich habe beobachtet, daß in denjenigen Dörfern, in denen das *gol* auch heute noch ohne die Anwesenheit zahlender Touristen abgehalten wird, es meist die Jungen und jungen Männer sind, die am Abhalten eines *gol* besonders interessiert sind. Sie sind es auch, die sich am Tag des Sprunges, wenn alle Augen auf sie gerichtet sind, außerordentlich sorgfältig herrichten. Sie baden und rasieren sich, schneiden ihre Haare, legen ihre besten Rindengürtel und Penisbinden an, schmücken sich mit den ihnen zustehenden Insignien und parfümieren sich ein. Aber auch die jungen Mädchen machen sich, wie wir in Kap. 13.6 gesehen haben, besonders schön. Es soll hier auch nochmals an die Geschichte vom alten Watas erinnert werden, der berichtet hatte, daß früher ein Mädchen „ungestraft" mit einem Jungen schlafen durfte, wenn sie das Blatt auffangen konnte, das er kurz vor seinem Sprung vom Turm warf (vgl. ebenfalls Kap 13.6). Die Interpretation des *gol* als eine Art Brautschau wird m.E. zusätzlich durch den Umstand unterstrichen, daß mehrere der beim *gol* vorgetragenen Lieder von der Liebe oder der Ehe handeln. Im Lied *„Mele ai"*, aber auch in anderen Liedern wird explizit betont, daß ein Mädchen einen Jungen aus einem fremden Dorf heiratet (vgl. Kap. 13.7). Hier schließt sich der Kreis zum anfangs Gesagten, denn zur Sicherung des regionalen Friedens sind Allianzen zwischen verschiedenen Dörfern durchaus erwünscht: das *gol* bietet die Möglichkeit eine Liaison aus Liebe einzugehen, von deren Existenz wir ja bereits gehört haben. Allerdings ist mir die Funktion des *gol* als Brautschau ausschließlich aus Point Cross, Bunlap, Murubak und Farsari bekanntgeworden, also aus den Dörfern, in denen die Tradition ohnehin überlebt hat und aktiv gepflegt wird. An der Westküste, wo die Veranstaltung zur reinen Touristenattraktion geworden ist, und eindeutig einem Wandel vom Formalen zum Technischen unterworfen war (vgl. Hall 1966), sind derlei Motivationen hingegen nicht mehr zu beobachten.

19.4 *Gol,* Geld, Macht und Herrschaft

Eine Besprechung von Funktionen des *gol* wäre keinesfalls vollständig, würde man nicht auch die rezente Entwicklung betrachten, in der das *gol* zur ökonomischen Ressource geworden ist. Sieht man es im Kontext zu den sich verändernden lokalen Strategien zur Erlangung von Macht und Herrschaft, so wird deutlich, daß diese Dimension des *gol* seine, weiter oben beschriebenen, anderen Funktionen, heute vielleicht sogar überlagert. Schon Malinowski hielt die Vorstellung vom „Primitiven" als einem individuell entmächtigten, in abergläubischer Furcht an Brauch und Tradition gebundenen und von kollektiven Zwängen vollständig beherrschten Subjekt, für grundlegend falsch. Er zeigte etwa in seiner Studie „Crime and Custom in Savage Society", daß der Einzelne durchaus in der Lage ist, sich den Zwängen der Tradition zu widersetzen, einzelne Normen gegeneinander auszuspielen und sich ihrer zur Durchsetzung seiner persönlichen Interessen zu bedienen (vgl. Malinowski 1978). Gerade für Melanesien ist immer wieder beobachtet worden, daß sich Adaptionen an geänderte soziale Verhältnisse schnell und teils sogar radikal vollziehen können.[291] Es verwundert daher nicht, daß auch das neuerdings so hohe wirtschaftliche Potential des Turmspringens zu derartigen Adaptionen geführt hat. Ich schließe mich grundsätzlich den Empfehlungen von z.B. Raymond Firth oder Maurice Godelier an, die besagen, daß der Ethnologe die ökonomische Basis einer Gesellschaft in seine Betrachtungen miteinbeziehen muß, weil die soziale Struktur eng von den spezifischen ökonomischen Verhältnissen abhängt (vgl. Godelier 1973:45ff).

Wir haben gesehen, daß sich die *kastom* Bewegung viele Jahrzehnte lang gegen vielfältige Widerstände hartnäckig behaupten konnte, woran auch „Blackbirder", Kolonialherren oder Missionare nichts ändern konnten. Das wirtschaftliche Potential des *gol*-Tourismus jedoch hat die ökonomischen Strukturen, und daher auch das gesamtgesellschaftliche Gefüge, nachhaltiger verändert, als alle zuvor genannten politisch-kulturell motivierten Einflußnahmen. Man könnte hier aus vielen verschiedenen Blickwinkeln über das Verhältnis von *gol,* Geld, Macht und Herrschaft sprechen, ich will versuchen, entsprechende Wechselwirkungen vor allem am Beispiel von Bunlap-Bena konkret zu verdeutlichen:
Das *gol* ist für die *kastom* Leute bis heute die einzige Möglichkeit, an größere Geldsummen zu gelangen. Ich habe allerdings bereits in Kap. 12.3 und Kap. 14. gezeigt, daß der Gewinn für den Einzelnen in der Regel nicht sehr hoch ausfällt. De facto konnte sogar nur ein sehr kleiner Teil der Bevölkerung tatsächlich von

---

[291] Es ist sicher zu überlegen, inwieweit sich Malinowskis melanesische Daten auf andere Verhältnisse übertragen lassen. Nicht umsonst war es sein, vornehmlich in den viel hierarchischer organisierten Gesellschaften Ost- und Zentralafrikas forschender Schüler der zweiten Generation, E.E. Evans-Pritchard, der Malinowski hier zunehmend kritisch betrachtet. Da wir es hier jedoch ebenfalls mit einem melanesischen Beispiel zu tun haben und noch dazu unsere Daten Malinowski im Großen und Ganzen bestätigen, halte ich den Verweis auf ihn hier für berechtigt.

der Kommerzialisierung des *gol* profitieren. Frauen sind von bedeutenden ökonomischen Vorgängen ohnehin ausgeschlossen und auch der überwiegende Anteil der Jungen und Männer verfügt nicht über die organisatorischen und intellektuellen Mittel, um die ökonomischen Chancen, die das *gol* bietet, für sich erschließen zu können. Tatsächlich ist es in den letzten vier Jahrzehnten lediglich einer handvoll Männern besonders gut gelungen, diese außergewöhnliche Ressource zu ihren Gunsten zu nutzen. Dabei ist es interessant, zu beobachten, daß sich darin, *wer* dies versucht hat, eine gewisse Kontinuität zu manchen anderen bislang gemachten Beobachtungen zeigt, während in der Art und Weise *wie* dies geschehen ist, überlieferte Traditionen und Normen nachhaltig außer Kraft gesetzt wurden.

Ich habe mehrfach darauf hingewiesen, daß die *ta remlili buluim* in vielerlei Hinsicht eine besondere Rolle in Südpentecost spielt. Anfangs eine kleine, wahrscheinlich vertriebene Minderheit, die, so besagt sowohl der Mythos als auch die kollektive Erinnerung, von der *bwelamwil buluim* adoptiert wurde, sind sie heute zur zahlenmäßig stärksten Gruppe in Bunlap-Bena angewachsen (vgl. Kap. 10.2). Es ist nicht zu übersehen, daß manche *remlili* Männer sich anders verhalten, als die Vertreter der anderen *buluim* in Bunlap: Sie heiraten, obwohl dies als anrüchig gilt, signifikant überdurchschnittlich häufig *remlili* Frauen, wodurch ein Großteil der beim *lo sal* auszutauschenden Ressourcen innerhalb der eigenen *buluim* verbleibt, was letztlich einen entscheidenden ökonomischen Vorteil für die *remlili buluim* insgesamt darstellt (vgl. Kap. 11.3). Ich habe Pseudomythen beschrieben, die von den *remlili* Leuten zur Begründung von Landrechten zu ihren Gunsten konstruiert wurden (vgl. Herkunftsmythen der *buluim* von Bunlap und Mythos vom *burau* in Kap. 9.3; vgl. a. 10.3), jedoch von den Vertretern anderer *buluim,* vor allem außerhalb von Bunlap, in der Regel nicht anerkannt werden. Aus den genannten Gründen sind fast immer *remlili* Angehörige beteiligt, wenn es in Südpentecost gravierende Streitigkeiten um Landrechte gibt (vgl. z.B. den Streit zwischen Bunlap und Ranwas in Kap. 10.3; oder die Vertreibung von Molbua aus Point Cross in Kap. 18.8). Auffällig ist auch, daß es von Anfang an *remlili* Männer gewesen sind, die von der Implementierung der Chief-Titel durch die Kolonialmächte profitiert haben. Der erste Chief von Bunlap, Meleun Temat, war ein *remlili* Mann. Der nächste bedeutende Chief, Bong Bumangari Kaon, gehörte als Sohn von Meleun Temat ebenfalls der *remlili buluim* an. Auf ihn folgte sein Bruder Telkon Watas, ebenfalls *remlili.* Telkon wiederum versucht nun seinerseits seit einigen Jahren, seine beiden Söhne Warisus und Bebe zu seinen Nachfolgern zu machen. Betrachtet man nun die Geschichte der Kommerzialisierung des *gol* so wird klar, daß es von Anfang an *remlili* Männer waren, die diese Kommerzialisierung betrieben haben. Zunächst allein Chief Telkon, der heute von seinen beiden Söhnen darin unterstützt wird. Praktisch alle anderen Männer von Bunlap sind, was die Ausbeutung der Ressource *gol* anbelangt, nicht dauerhaft oder nachhaltig in Erscheinung getreten. Damit wäre nun gesagt, *wer* in Bunlap versucht, das *gol* für seine Zwecke zu instrumentalisieren: es sind ausschließlich die *remlili* Männer. Der Befund verwundert nicht, wenn man sich vor Augen hält, wie diese Gruppe auch anderswo „aus der Rolle" fällt. Ich nehme an, daß das „abweichende Verhalten" der *remlili* Leute, ihre Instrumentalisierung von Traditionen und Normen zu ihren Gunsten, aus der überlieferten Erfahrung der einstmaligen Vertreibung rührt.[292]

Damit kommen wir zu der Frage, *wie,* ausgerechnet durch die Instrumentalisierung des *gol,* überlieferte Traditionen und Normen so nachhaltig außer Kraft gesetzt werden können. Vielleicht nimmt der hiermit verbundene Prozeß seinen Ausgang mit der Implementierung der Chief-Titel durch die Kolonialmächte. Beim ersten Hinsehen könnte man vielleicht meinen, daß sich durch diesen Eingriff von außen nichts Grundlegendes an den traditionellen Machtstrukturen in den *kastom* Dörfern geändert habe, da die Bedeutung des Chief sich ja doch, zumindest war es ursprünglich so gedacht, jeweils aus einer bereits bestehenden *warsangul* Legitimation ableiten sollte. Dem muß man widersprechen, denn es ist durch die Einführung des „Chief"-Titels unabsehbar eine Entwicklung in Gang gekommen, die nach und nach die vorsichtig austarierte Machtbalance des *warsangul* Systems aus dem Gleichgewicht gebracht hat. Schon bei Jolly wurde deutlich, daß Bong Bumangari Kaon, obwohl er nicht selten in Opposition zur Kolonialmacht stand, einen guten Teil seiner Macht aus seiner Position als „Chief" ableitete. Sie zitiert Bong mit den Worten:

„If the government comes they know me, Bong. I look after Pentecost. They selected me, because I seek life."
(Jolly 1994a:231)

Bong Bumangari Kaon wurde in den spätern 1950er Jahren bereits nicht mehr von der Kolonialregierung bestellt, sondern von den Männern von Bunlap selbst zum Chief gemacht, obwohl er, anders als sein Vater Meleun Temat, im *warsangul* System bis dato nur unterdurchschnittlich weit gekommen war. Bei seiner Wahl zählten wohl vor allem seine während des langen Aufenthaltes außerhalb von Bunlap gesammelten Erfahrungen, die ihm ein besonders Charisma verliehen hatten. Bongs Wahl ist noch mit den Traditionen der *kastom* Sa zur Deckung zu bringen, denn zweifellos verfügte er über Eigenschaften, die dem *kastom* Ethos entsprachen: Er war in seiner Jugend ein mutiger, abenteuerlustiger Mann. Nach seiner Rückkehr ins Dorf jedoch fügte er sich in die *kastom* Lebensweise mit dem *warsangul* System als zentralem Eckpfeiler wieder ein. Er heiratete, wohnte in Bunlap, bestellte fleißig seine Gärten, züchtete Schweine und kümmerte sich um die täglichen Probleme seiner Leute. Seine Macht setzte

---

[292] Überlagerungen von „Alteingesessenen" und „Zugezogenen" kommen in Melanesien nicht selten vor, Maurice Godelier beschreibt diesen Fall z.B. für die Baruya. Auch hier sind die „Zugezogenen" diejenigen, die sich als „Eroberer" bestimmte Privilegien, in diesem Fall den Besitz der *kwaimatnié,* bestimmter, heiliger Gegenstände, gesichert haben (Godelier 1987).

er, soviel ist bis heute überliefert, zum Wohl der Gemeinschaft und zum Schutz der *kastom* Ideologie ein, deren Vorzüge er, nach innen wie nach außen, hartnäckig verteidigte. Abgesehen von dem bereits behandelten Turmspringen für Kal Muller lehnte Bong eine Kommerzialisierung des *gol* offenbar weitgehend ab, diese wurde erst nach seinem Tod eingeleitet, als sein Bruder Telkon Watas zum Chief gewählt wurde. Hier jedoch setzte eine Entwicklung ein, die bestenfalls noch vordergründig mit den überlieferten Normen und Traditionen der *kastom* Sa zur Deckung zu bringen ist. Dafür sehe ich mehrere Gründe:
Erstens beruht Telkons Autorität nur noch zum Teil auf der Autorität des *warsangul,* der ja ein „primus inter pares" sein soll. Vielmehr bezieht Telkon seine Macht heute zu einem großen Teil aus Geldern, die er durch den *gol* Tourismus und den Verkauf von Filmrechten am Turmspringen einnimmt. Hier zeigt sich übrigens, wie der Forscher das Erforschte verändert. Es war nämlich der Kontakt zu Kal Muller, der Telkon die Idee einer weitergehenden Vermarktung des *gol* erst entwickeln ließ (vgl. Kap. 14). Dadurch, daß Telkon es verstanden hat, diese Ressource mehr oder weniger exklusiv für seine eigenen Interessen zu nutzen, entstand ein ökonomisches Gefälle, das in einer Gesellschaft, in der alle mehr oder weniger das Gleiche tun, um ihren Lebensunterhalt zu bestreiten, bis dato vollkommen unbekannt war. Allerdings hat auch Telkon die Denkgewohnheiten seiner Kultur keineswegs gänzlich verlassen können, sondern er investierte in den 1970er, und 80er Jahren noch große Teile seiner Gewinne in seinen Aufstieg innerhalb des Titelsystems, um seinen ökonomischen Erfolg auch symbolisch zu legitimieren bzw. abzusichern.[293] Allerdings beruhte dieser Aufstieg, weil er ihn nicht mehr unmittelbar mit seiner eigenen Arbeitskraft in den Gärten und bei der Aufzucht von Schweinen bezahlte, sondern mit den beim *gol* verdienten Geldern, bereits nur noch teilweise auf dem überlieferten, traditionellen Weg. Zwar versuchte Telkon, mit einem Teil der Einkünfte aus dem *gol,* einige Projekte zum Wohl seines Dorfes Bunlap-Bena zu lancieren, keinem davon war jedoch längerfristiger Erfolg beschieden. Die Anschaffung eines Speedbootes, das zum Warentransport gedacht war und Gewinn abwerfen sollte, erwies sich als ebenso ruinös wie der Kauf eines Geländewagens zum gleichen Zweck.[294] Ein Dieselgenerator, der Mitter der 80er Jahre mitten im Wald, mehrere Kilometer vom Dorf entfernt in einem kleinen Häuschen untergebracht wurde, wo er als Wasserpumpe eingesetzt werden sollte, funktionierte nur einige Monate, da niemand in Bunlap ihn sachgemäß betreiben oder gar warten konnte. Auch die zu dieser Zeit extra verlegten Wasserleitungen ins Dorf sind längst unbrauchbar, so daß bis heute jeder Liter Wasser mehrere Kilometer weit ins Dorf getragen

---

[293] Es kann wohl als erwiesen gelten, daß Menschen Traditionen in der Regel nicht radikal aufgeben, sondern eher Stück für Stück und das auch nur dann, wenn sie eine glaubhafte Alternative für Altbekanntes erkannt zu haben glauben (vgl. Evans-Pritchard 1978; vgl. auch Keesing & Strathern 1998)
[294] Das Boot ging, samt zwei Außenbordmotoren, kaputt und ist inzwischen verschollen. Der Geländewagen existiert immer noch, er wird als Privatfahrzeug von Telkon in Port Vila genutzt.

werden muß.[295] Ein anderer Generator wurde lediglich zum gelegentlichen Lichtmachen eingesetzt und rostete dann, mangels Ersatzteilen, jahrelang unter einer Plane im Männerhaus vor sich hin. Auch ein Radiotelefon samt zugehöriger Solaranlage hielt Klima und fehlender Pflege nur kurze Zeit stand. Zwei Wassertanks aus Blech und Beton sind ohne Wartung undicht geworden. Einmal investierte Telkon, einer Information von Chief Warisul zufolge, über eine Millionen Vatu, um sich an der Anschaffung eines größeren Frachtschiffes zu beteiligen, die dann jedoch nie getätigt wurde und daher auch keinen Gewinn abwarf usw.

Als Fazit kann gelten, daß in vier Jahrzehnten *gol* Tourismus viele Millionen Vatu sinnlos verschwendet worden sind, weil innerhalb der *kastom* Bevölkerung niemand das Know How besaß, die entsprechenden Geschäfte zu managen bzw. die erworbenen Geräte zu betreiben.[296] Mitte der 90er Jahre verließ Telkon Bunlap, er hatte nach und nach an Rückhalt im Dorf verloren.[297] Es war immer deutlicher geworden, daß er mit den großen Geldsummen, die das Turmspringen abwarf, und die er praktisch im Alleingang verwaltete, nicht umgehen konnte. Das Erstaunliche ist jedoch, daß Telkon Bunlap verlassen, und *trotzdem* Chief bleiben konnte. Dies ist nur dem Umstand geschuldet, daß er es geschickt verstanden hat, sich nicht nur als Veranstalter, sondern auch als Vermittler des *gol* unabkömmlich zu machen. Wer immer ein *gol* in Bunlap sehen oder filmen will, kommt an Telkon nicht vorbei. Tatsächlich kontrolliert er auch jetzt noch einen guten Teil des *gol* Tourismus und steckt meist mehr als die Hälfte der Gelder, die ihm vor allem von den zahlreichen TV-Teams gezahlt werden, bevor sie nach Bunlap reisen dürfen, in die eigene Tasche. Es ist klar, daß Telkon nur deswegen so agieren kann, weil er durch die Kommerzialisierung des Turmspringens über eine einmalige Machtposition verfügt, die es ihm ermöglicht, Normen und Traditionen zu seinen Gunsten gegeneinander auszuspielen. Einerseits wirft er seine Autorität als Chief, seinen Einfluß als hochrangiger *warsangul* und seine finanzielle Macht in die Waagschale, um seine Leute dazu zu

---

[295] Vor allem die kleinen Kinder leiden sehr an der dadurch bedingten mangelnden Hygiene und bilden Krätze und andere Hautkrankheiten aus.

[296] Die meines Wissens einzige „nachhaltige Entwicklung" bestand bislang darin, daß Telkon im Jahr 2003 für etwa eine Million Vatu, die er auf Vermittlung des australischen Linguisten Murray Garde als symbolische Entschädigung für das „Intellectual Property Right" am *gol* durch ein großes Bungee-Jumping Unternehmen erhielt, auf Gardes sanften Druck hin in den Erwerb eines Stückchens Land in Port Vila investierte, das seither als Basis für diejenigen Männer und Frauen aus Bunlap dient, die nach Port Vila kommen, um dort z.B. ihre frisch geerntete Kava zu verkaufen. Hier können sie während ihrer Zeit in der Hauptstadt wohnen, freilich nicht, ohne eine gehörige Miete an ihren „Chief" zu errichten, der hier mit seiner zweiten Frau wohnt und eine kleine Kava Bar betreibt.

[297] Einige Männer von der Westküste sagten mir einmal hinter vorgehaltener Hand, daß einige Männer gedroht hatten Telkon umzubringen, wenn er nicht freiwillig das Dorf verlassen würde. Als Telkon im Jahre 2004 etwa drei Wochen in Bunlap verbrachte, nächtigte er, vielleicht aus Angst vor Anschlägen, mit mir in meiner Hütte, die etwas abseits vom Dorf gelegen war.

bringen, Turmspringen für seine Kunden zu veranstalten. Andererseits läßt er sie an den damit verbundenen Einnahmen keineswegs adäquat teilhaben. Er beansprucht also, mit anderen Worten, Rechte, ohne auch nur annähernd seinen Pflichten als Chief und hochrangigem *warsangul* nachzukommen. Rechte jedoch, von denen noch nicht einmal sicher ist, ob ein *warsangul* oder Chief sie überhaupt besitzt.

Telkon hat es aber auch in anderer Hinsicht verstanden, seine Macht auszudehnen. Er unternimmt seit einigen Jahren unübersehbar den Versuch, in Bunlap eine Art Dynastie zu errichten. Das *warsangul* System der *kastom* Sa sieht dergleichen natürlich vor, betrachtet man Telkons Aktivitäten jedoch im Zusammenhang mit den bereits beschriebenen Strategien der *remlili buluim* zur Stärkung der eigenen Position im Dorf, kann man sie unschwer als deren konsequente Weiterentwicklung betrachten. Telkon versucht einerseits, seinen ältesten Sohn Warisus als *gol* Veranstalter und Organisator in Pentecost zu etablieren, was ihm, wie die Kap. 13.6 und 14. gezeigt haben, bereits gelungen ist. Warisus kann weder lesen noch schreiben, und versucht stattdessen, sich auf traditionellem Weg zu etablieren. Er ist ein mutiger Kämpfer, fleißiger Titelkäufer, erfolgreicher *gol* Organisator, guter Springer und immerhin mäßig begabter Redner (vgl. Kap. 18.8), der die Leute von Bunlap bislang im Sinne seines Vaters kontrolliert. Allerdings war zwischen 2002 und 2004 immer sichtbarer geworden, daß Warisus, als gestandener Mann, immer widerwilliger auf die ständigen, telefonisch übermittelten Anweisungen aus Vila reagierte. Telkon versucht daher außerdem, die immer noch reichlich sprudelnden *gol* Einnahmen dazu heranzuziehen, seinem jüngsten Sohn Bebe eine politische Karriere auf nationaler Ebene zu ermöglichen. Bebe ist fast zehn Jahre zur Schule gegangen, länger, als je ein *kastom* Mann vor ihm. Obwohl erst *teul,* ist er aufgrund seiner rednerischen Begabung und seines ökonomischen Erfolges bereits ein wichtiger Mann nicht nur in Bunlap, sondern auch darüber hinaus. Tatsächlich gelang es Telkon, seinem Sohn Bebe soviel Geld zur Verfügung zu stellen, daß dieser genügend feuchtfröhliche Wahlveranstaltungen abhalten konnte, um im Jahre 2004 mit etwas unter dreihundert Stimmen aus Pentecost – als erster Vertreter der *kastom* Gruppe überhaupt – ins PENAMA Provinzparlament gewählt zu werden. Diese Position verschafft ihm nun drei Jahre lang ein festes, für dortige Verhältnisse außerordentlich großzügiges Einkommen und bietet ihm die Möglichkeit, sich weiter auf der regionalen und sogar auf der nationalen politischen Bühne zu etablieren.

In der traditionellen *kastom* Sa Gesellschaft wäre eine derartige Disproportionalität zwischen geringer Anzahl an *warsangul* Titeln und jugendlichem Alter einerseits, sowie tatsächlicher Macht andererseits nicht denkbar gewesen gewesen, da ein Junge in Bebe Telkons Alter nicht über die dazu notwendigen Ressourcen verfügt hätte. Es läßt sich auch deswegen nicht mit den überlieferten Normen und Traditionen begründen, weil Bebe Telkon als cleverer Geschäftsmann sei-

nem Dorf, z.B. durch den Verkauf von Alkohol und ähnlichen Geschäften, in
jüngster Vergangenheit schweren Schaden zugefügt hat (vgl. Kap. 12.3). Es ist
daher berechtigt, zu sagen, daß Chief Telkon bei der Unterstützung seines Sohnes keineswegs aus der Überzeugung heraus gehandelt hat, mit der von ihm be-
triebenen Wahl Bebes den *kastom* Gedanken ideell oder die Dorfgemeinschaft
konkret zu unterstützen. Vielmehr hat er vor allem persönliche Interessen an
Bebes, wie auch an Warisus' Aufstieg. Er würde es schon deswegen gerne sehen, daß seine Söhne in seine Fußstapfen treten, weil er in seiner neuen Heimat
Port Vila keine tragfähige ökonomische Basis hat, die ihn ernähren wird, sollte
er doch einmal die Kontrolle über die *gol* Einkünfte verlieren.

Abbildung 53: Wahlzettel mit Namen, Parteisymbolen und Photos der Kandidaten.
Zusätzlich hat jede Partei auch noch eine eigene Farbe, so daß die vielen lese- und schreibun-
kindigen Wähler an der Wahl teilnehmen können. Ganz rechts Bebe Telkon, der in dieser
Wahl (2004) für drei Jahre ins PENAMA Provinzparlament gewählt wurde.

19.5 Das Ende des *gol* Tourismus?

Chief Telkon ist nicht der Einzige, der in den vergangenen Jahrzehnten zu seinen persönlichen Gunsten agiert und teilweise erhebliche Summen eingenommen hat, während gleichzeitig eine nachhaltige Entwicklung der Dörfer in der
Region ausgeblieben ist. Luc Fago veranstaltet sechs bis acht *gol* pro Jahr, die er
reihum von den Mitgliedern des "Council blong Tourism blong Saot Pentikos"
und den jeweils dahinter stehenden Dörfern durchführen läßt. So haben, wie er
sagt, alle Dörfer etwas davon, während er selbst angeblich nur eine Provision
von 15 % einbehält. Die Chiefs in den betroffenen Dörfern sehen das jedoch in
der Regel anders, da niemand genau weiß, so argumentieren sie, wieviel Geld
Fago tatsächlich einnimmt. In Londot führt Luc Fagos Sohn, Eston Fago, die
Sprünge durch. Wann immer ihm von seinen wechselnden Agenten in Port Vila
eine Gruppe Besucher vermittelt wird, läßt er Männer aus Bunlap, Lonbwe oder
Bilaut kommen, die beim Springen, Singen und Tanzen helfen müssen, während
er selbst mit seinen Leuten den Turm errichtet. Auch hier weiß niemand außer
ihm, wie hoch Umsatz und Gewinn tatsächlich sind, und es kommt nicht selten
vor, daß Tänzer oder Springer aus Bunlap oder anderen Dörfern nur einen klei-

nen Teil der versprochenen Gage erhalten. In Wali, wo Sam Kalo die Sprünge organisiert, präsentiert sich ein ähnliches Bild. Auch Chief Willi in Salap wirtschaftet ausschließlich in die eigene Tasche.

Selbst wenn es hier und da zu einer fairen Verteilung der Einnahmen kommen sollte, fließen diese nicht in die Entwicklung der Dorfgemeinschaften, sondern so gut wie ausschließlich in den privaten Konsum. Eine langfristige geplante, sorgfältig durchgeführte Anlage der Gelder aus dem Turmspringen zum Wohl des *bonum commune,* hat in Ansätzen nur im Rahmen der PonWaHa Association stattgefunden. Da das *gol* zu den wichtigsten nationalen Symbolen von Vanuatu zählt und längst zu einem Politikum geworden ist (vgl. Kap. 14), werden diese und andere das *gol* betreffende Mißstände bereits seit einiger Zeit auch auf nationaler Ebene diskutiert. Im Frühjahr des Jahres 2006 hat nun das Vanuatu Cultural Centre verfügt, daß alle kommerziellen *gol* Veranstaltungen für TV-Crews bis auf weiteres einzustellen sind, bis sichergestellt ist, daß die Einnahmen längerfristigen und im Sinne einer nachhaltigen Entwicklung dienlichen Projekten zugeführt werden.

Moratorium (ban) on commercial filming of Nagol (Pentecost island land dive)

This moratorium has been declared in response to growing concerns about the increasing distortion of this traditional ceremony due to growing commercialisation. The Vanuatu Cultural Centre, the institution mandated to regulate commercial filming of cultural subjects in Vanuatu under section 6(2)(l) of the 'Vanuatu National Cultural Council' act (chapter 186 of the Laws of the Republic of Vanuatu) has declared a moratorium or ban on all commercial filming by foreign film companies of the Nagol or Pentecost land dive ceremony, effective from the 1st of January 2006. This moratorium has been declared in response to growing concerns about the increasing distortion of this traditional ceremony due to growing commercialisation and about the lack of transparency in the distribution of fees paid by foreign film companies to communities to film this event. This moratorium has been declared after consultation with chiefs, community leaders and the Member of Parliament for South Pentecost. The Vanuatu Cultural Centre is calling upon the National Tourism Development Office, the Vanuatu Tourism Office and all relevant tour operators to work together with the Cultural Centre and the chiefs and communities of South Pentecost to develop a proper long-term management plan for the Nagol ceremony, to ensure that its cultural meaning is not lost, the customary knowledge associated with it continues to be transmitted to younger generations, the bush resources required to build the Nagol towers are preserved and the significant cash revenues earned from tourism and other commercial activities associated with the Nagol are properly chanelled into appropriate and sustainable development for the communities of the area. The Cultural Centre is advocating for the establishment of a further two associations of customary owners of the Nagol, along the lines of the Ponwaha Development Association already set up by residents of Point Cross, Ponof, Wanur and Harop villages, in order to provide a structure through which all the customary owners of the Nagol can be represented. It is only through such a structure that proper management of the Nagol can begin to be implemented. Furthermore, the existence of a distinct entity representing all custom owners of the Nagol is an essential prerequisite for any claim for Intellectual Property Rights or Moral Rights over the multi-million dollar "bungy jumping" industry to be successful. (http://www.vanuatuculture.org/film-policy/20051122_pentecost_land_dive.shtml, Stand, 16. November 2006)

Zum Zeitpunkt der Drucklegung lagen noch keine verläßlichen Daten über die Akzeptanz dcs Moratoriums vor. Allerdings unterstreicht schon der alleinige Umstand, daß das Cultural Center die Notwendigkeit eines derart massiven Eingriffs gesehen hat, sowohl das Ausmaß des vorangegangenen Mißmanagementes als auch die Bedeutung, die dem *gol* als schützens- und bewahrenswertem nationalem *kastom* Symbol heute zweifellos beigemessen wird.

ABSCHLIESSENDE BEMERKUNGEN

Was unser Denken begreifen kann, ist kaum ein Punkt,
fast gar nichts im Verhältnis zu dem, was es nicht begreifen kann.
John Locke (1632-1704)

Zu Beginn dieser Arbeit wurde die Frage gestellt, um was für eine Veranstaltung es sich beim Turmspringen eigentlich handelt. Die bislang entwickelten monokausalen Interpretationen reichten von einfachen Analogieschlüssen (wie:„das Turmspringen ist eine Imitation des Trainings amerikanischer Fallschirmspringer") über Erklärungen (wie: „it's a manhood thing") bis zu der vermeintlich auf der Hand liegenden Deutung es sei ein Initiationsritual. Komplexere Erklärungsversuche meinen, das *gol* beinhalte „many spiritual and cultural values", oder sie beschreiben das Phänomen als „gut" für die „Psychohygiene" und/oder als eine Institution, die dazu diene, die „Frauen zu beeindrucken", um „häusliche Probleme" zu lösen. Außerdem ist es für ein „Ritual mit therapeuthischer Wirkung" gehalten worden, das „Körper und Geist gesunden" lasse und eine „gute Yamsernte" garantieren soll. Schließlich hat man es als Fruchtbarkeitsritual betrachtet, durch das „männliche Kraft zelebriert" wird und das analog zum „Emporsteigen auf das Dach des Männerhauses" bei manchen *warsangul* Ritualen verstanden werden müsse.

Ich habe mich bemüht zu zeigen, daß alle der hier vorgestellten Interpretationen zu kurz greifen. Einerseits stoßen sie weder zum eigentlichen „Kern" des Phänomens vor, noch gelingt es ihnen anderseits, die vielfältigen impliziten und expliziten Bezüge zu erfassen, die das Turmspringen als ein wesentliches Elemente der *kastom* Sa Kultur erscheinen lassen und, direkt oder indirekt, mit vielen anderen Institutionen symbolisch oder funktional verbindet. Insofern muß man konstatieren, daß sich ein Großteil der auf Tafel 1 aufgestellten Behauptungen nicht bewährt hat und diese dementsprechend korrigiert werden muß. Lediglich die sehr allgemeinen Aussagen, das Turmspringen sei „a manhood thing" und die Überlegung, es sei dazu angetan, die Frauen zu beeindrucken, haben sich, wenngleich ursprünglich anders gemeint, teilweise als zutreffend herausgestellt. Darauf, was das *gol* alles *nicht* ist, möchte ich an dieser Stelle nicht mehr eingehen, vielmehr sollen nun nochmals meine wichtigsten Ergebnisse resümiert werden:

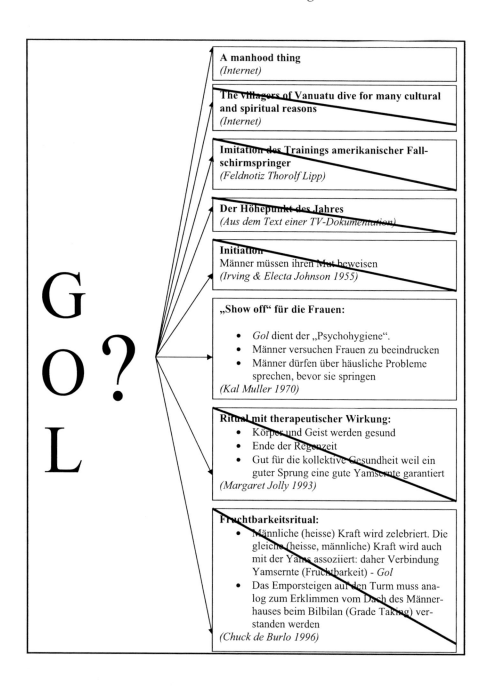

Tafel 30: Suche nach der Bedeutung des *gol* II

Die Untersuchung hat erbracht, daß das Turmspringen der Sa als ein „riskantes Spektakel" betrachtet werden muß, das auf mehreren, unterschiedlichen Ebenen Bedeutungen entfaltet. Analysiert man Mythen und Symbole, begegnet uns unverkennbar das Motiv einer künstlichen Geburt bzw. kollektiven Vaterschaft. Die Entdeckung dieses Motivs an sich ist keinesfalls neu oder gar einzigartig, eine nachgeburtliche Behandlung der Knaben durch die Männer läßt sich weltweit immer wieder beobachten. Allerdings trägt diese dann in aller Regel die typischen Merkmale einer rituellen Initiation, sie setzt also für die Mitglieder einer Altersgruppe die verpflichtende Teilnahme voraus, kreiert eine *communitas*, schafft Liminalität und hat den Statuswechsel der Initianden zur Folge. Dies alles ist beim *gol* nicht der Fall. Denn obwohl es unverkennbar die Züge einer künstlichen Geburt trägt, fehlen ihm doch, erstaunlicherweise, die typischen Merkmale des eigentlichen Initiationsrituals. Ob die rituellen Elemente einst stärker ausgeprägt waren als heute, und das *gol* früher vielleicht ein „echtes" Initiationsritual darstellte, läßt sich wohl nicht mehr rekonstruieren bzw. abschließend beantworten. Allerdings könnte ein kulturübergreifender Vergleich mit anderen, ähnlichen Phänomenen das hier erzielte Ergebnis in einen größeren Kontext stellen und daher auch in ritualtheoretischer Hinsicht aufschlußreich sein. Es hat sich herausgestellt, daß der Versuch, das *gol* in die gängigen begrifflichen Kategorien einzuordnen, mit einigen Schwierigkeiten verbunden ist. Dies aufgezeigt zu haben, könnte man vielleicht als den wichtigsten theoretischen Ertrag dieser Arbeit bezeichnen, der einer künftigen Diskussion einige fruchtbare Impulse geben kann: Ich meine belegt zu haben, daß das Turmspringen sich der liminal-liminoid-Dichotomie von Victor Turner entzieht, daß diese, mit anderen Worten, neu zu überdenken ist. Denn obwohl das Turmspringen eindeutig in einem „vormodernen" Kontext angesiedelt war, und teils bis heute noch ist, trägt es weitaus mehr liminoide als liminale Züge. Insofern könnte man meinen, daß meine Ergebnisse allen denjenigen gelegen kommen, die die „Vielstimmigkeit" des Rituals postulieren. Ich habe diesbezüglich aber bereits deutlich gemacht, daß man nicht gut daran tut, den Begriff des „Rituals" zu weit zu überdehnen, da er sonst noch weiter an Trennschärfe gegenüber den anderen Formen der kulturellen Performance verliert. Wenn es nun einmal der Fall ist, daß sich das *gol* nicht als Ritual beschreiben läßt, ist es sinnvoller, einen anderen Begriff dafür heranzuziehen, als den bestehenden zu erweitern. Da sich das Turmspringen heute als eine Art aufwendig inszeniertes Spiel präsentiert, habe ich es, wie ich meine aus guten Gründen, als „riskantes Spektakel" bezeichnet. Den Begriff der „Liminoidität" hingegen verwerfe ich als unbrauchbares, weil zu unscharfes begriffliches Instrument.

Eine weitere Dimension des Turmspringens erschließt sich, wenn man es mit der Verwandtschaftsordnung der Sa in Beziehung setzt. Deren heute patrilineares System enthält nämlich nach wie vor auch einige unübersehbar matrilineare Elemente, weshalb ich die Frage aufgeworfen habe, ob der Übergang zwischen Matri- und Patrilinearität hier möglicherweise ein eher rezentes Ereignis gewesen sein könnte. Jedenfalls weist auch dieser Befund in Richtung einer Interpretation des *gol* als zweite Geburt, die die Prokreationskraft der Männer *de facto* herstellt. Konkret könnte man es auf dieser Folie als eine Form des Gebärneides begreifen, als den Versuch der Männer, mittels dieses unmißverständlichen Symbols Patrilinearität konkret zu etablieren. Gerade weil die Ethnien im Norden der Insel Pentecost bis heute matrilinear organisiert sind und der wahrscheinlichste Ursprungsort des Turmspringens im Norden des Sa Gebietes liegt, also genau dort, wo die Grenze der Verwandtschaftssysteme verläuft, muß diese Möglichkeit zumindest in Betracht gezogen werden. Beweisen kann man sie nicht.

Zur möglichst vollständigen Erfassung des *gol* war es nötig, über die bloße Mythen- und Symbolanalyse hinauszugehen und die Frage nach seinen möglichen Funktionen zu stellen. Obwohl das *gol* vor allem durch Zwanglosigkeit und Freiwilligkeit geprägt ist, bleibt es nicht ohne funktionale Rückbezüge zu anderen Institutionen der Sa, sondern präsentiert sich als eine Veranstaltung mit mehreren, teils komplett voneinander entkoppelten „Gewinnchancen" für den Einzelnen, der es als Einkommensquelle betrachten kann, als Gelegenheit seinen Mut zu zeigen oder als Möglichkeit, seinen sozialen Aufstieg indirekt durch das erfolgreiche Organisieren oder Veranstalten des Turmspringens zu befördern. Sowohl die Anforderungen, die durch das Turmspringen an den Einzelnen gestellt werden, als auch die Möglichkeiten, die sich dadurch für seine weitere Entwicklung eröffnen, fügen sich nahtlos in das dem sozialen Leben der Sa zugrundeliegende Ethos ein, bei dem ein Mann durch seinen Einsatz auf sehr verschiedenen Gebieten sozial aufsteigen kann. Darüberhinaus kann das Turmspringen aber auch auf der überindividuellen Ebene bestimmte Wirkungen entfalten. Es kann als Ventilsitte beschrieben werden, weil durch ein *gol* bestimmte soziale Konflikte auf dörflicher Ebene gezielt entschärft und der lokale Frieden wiederhergestellt wird. Es dient zumindest zweitweise dazu, regionale Konflikte beiseite zu schieben und trägt dadurch zur Bildung neuer Allianzen und folglich zur Friedensstiftung bei.

Obwohl Pentecost in jeder Hinsicht an der Peripherie gelegen ist, darf man nicht vergessen, daß es auch hier belegbare historische Prozesse gegeben hat, die man kennen und berücksichtigen muß, wenn man verstehen will, was das Turmspringen heute bedeutet. Wir haben es mit einer „Insel der Geschichte" zu tun, die sich nicht zuletzt aufgrund der Überschaubarkeit der Vorgänge für eine historische Betrachtung geradezu anbietet und manche Rückschlüsse und Rekonstruktionen vielleicht leichter ermöglicht, als es anderswo der Fall wäre. Ich habe gezeigt, daß Sandelholzhändler, „Blackbirder", Walfänger, Missionare, Kolonialherren und seit einigen Jahrzehnten auch Ethnologen, Filmemacher, Touristen und die nationale Politik einen erheblichen Einfluß auf die Kultur der Sa ausgeübt haben. Das Turmspringen ist davon keineswegs unberührt geblieben, sondern stand und steht in einem wechselseitigen Prozeß, in dem verschiedene Interessen austariert werden. So spielt es seit vier Jahrzehnten, aufgrund seiner enormen Bedeutung als finanzielle Ressource, eine neue, ja geradezu entscheidende Rolle bei der Konstituierung von Macht und hat in der Tat mit dazu beigetragen, traditionelle Vorstellungen von Herrschaft bei den *kastom* Sa nachhaltig zu verändern. Zuletzt ist es sogar zu einem wichtigen Symbol nationaler Identität geworden, was zu einer Ausweitung seiner Symbolwirkung, aber auch zu Bestrebungen des Staates geführt hat, an der Kontrolle und Definition der Veranstaltung teilzuhaben.

Ein totales soziales Phänomen wie das Turmspringen in *allen* individuell und kollektiv wirksamen Bedeutungen und Funktionen zu erfassen, ist unmöglich. Ziel dieser Arbeit war es vielmehr, die Multidimensionalität des Phänomens überhaupt zu zeigen und mit Hilfe eines polyparadigmatischen Theorieansatzes möglichst viele der, teils sehr dicht über- und nebeneinanderliegenden Schichten, vorsichtig voneinander zu trennen um sie letztlich doch zusammendenken zu können. Es ist zu hoffen, daß die vorliegende Schrift zum einen als ethnographisches Dokument die bisher verfügbaren Daten ergänzen und zum anderen, aufgrund der mitunter vielleicht überraschenden Befunde, die Theoriediskussion beleben kann.

GLOSSAR

abile
{Sa} Zauberer. Die Fähigkeit zur Zauberei ist nicht erblich, sondern kann prinzipiell von jedem talentierten Novizen erlernt werden, sofern dieser bereit ist, seinem Lehrmeister das entsprechende Wissen abzukaufen.

abwal
{Sa} 1. leiter- oder bettähnliche Holzkonstruktion. 2. derartige Konstruktionen spielen auch bei bestimmten, besonders bedeutsamen Titelritualen eine wichtige Rolle, weswegen ein ganzes Set an *warsangul* Titeln *abwal* genannt wird.

airi
{Sa} besonders dicke Lianen, deren Rinde durch Klopfen weichgemacht und dann, einem Seil vergleichbar, für alle möglichen Verbindungen eingesetzt werden kann. Wird z.B. auch beim Bau des *gol* eingesetzt.

ap kon
{Sa} wörtl.: „heiliges Feuer". Das dritte Feuer im Männerhaus, nahe am Kopfende. Hier sitzen bzw. kochen diejenigen Männern, die *mwil* und höhere Titel besitzen.

ap lon tobol
{Sa} wörtl.: „Feuer in der Mitte". Das zweite Feuer im Männerhaus, für Träger von *teul* und *brang* Titeln

ap tor
{Sa} wörtl.: „das Feuer, das durch Reiben zweier Hölzer erzeugt wird". Dieses vierte Feuer direkt am Kopfende des Männerhauses wird nur nach bestimmten, besonders wichtigen Titelritualen entzündet und ist dem neuen Titelträger während einiger Tage oder Wochen nach dem Ritual vorbehalten.

ap tun
{Sa} wörtl.: „Feuer am Anfang / ganz unten". Das erste Feuer im Männerhaus. Denjenigen Jungen und jungen Männern vorbehalten, die noch keinen *teul* Titel erworben haben.

awawas
{Sa} wörtl: „heilige Bucht". Zeremonialkonstruktion aus Pflanzen bzw. Pflanzenteilen. Das Betreten des inneren Bereiches der Konstruktion durch eine schmale Öffnung signalisiert den Höhepunkt bestimmter Titelrituale. Hier, im Inneren, werden die Schweine gekeult und der Initiand ruft mehrfach seinen neuen Namen aus. Wenn der Initiand danach die *awawas* durch die schmale Öffnung wieder verläßt, zwängt er sich, wie durch einen Geburtskanal, in sein neues Leben.

ban
{Sa} 1. wörtl.: „Fußband". 2. bezeichnet ein Set an *warsangul* Titeln. Früher trugen die Initianden dieser *ban* Titel ein Fußband in Form von besonders fein gewebten Matten.

bata
{Sa} evtl. von *barbat* (Muttersau) abgeleitet. Bezeichnet einen Tanz, anläßlich dessen eine Muttersau geopfert wird. *Bata* bildet den Rahmen für verschiedene Rituale und Feste, etwa die Einweihung eines neuen Männerhauses oder den Erwerb bestimmter Titel.

batatun
{Sa} Verwandtschaftskategorie. Die Mitglieder einer *batatun* zeichnen sich dadurch aus, daß sie Ihre potentiellen Heiratspartner aus den in Frage kommenden anderen *batatun* auswählen. Die Kategorie bezeich-

net also alle diejenigen, die man selbst entweder heiraten sollte, oder aber nicht heiraten darf.

Barkulkul *{Sa}* Kulturheros, der in vielen *Sa* Mythen eine bedeutende Rolle spielt. Trägt Züge eines Schöpfergottes und wird häufig mit dem christl. Gott gleichgesetzt.

batsi *{Sa}* rote Matte. Wichtiges Zahlungsmittel bei bedeutsamen Ritualen.

betlap *{Sa}* wört.: viel, reichhaltig, übervoll, fett, dickleibig.

bilbilan *{Sa}* wörtl.: „Zusammensein". Ein Tanz, der in erster Linie bei Titelritualen aufgeführt wird.

bi pis *{Sa}* Penisbinde. Das öffentliche Tragen der Penisbinde ist das wichtigste Kennzeichen für die Andersartigkeit von *kastom* im Vergleich zu *skul*.

boss blong nang-gol *{Bislama}* Organisator eines *nanggol*. Er kann zwar als „treibende Kraft" hinter dem gesamten Vorhaben bezeichnet werden, ist aber trotzdem mehr „primus inter pares" als „Boss".

buluim *{Sa}* Verwandtschaftskategorie, wörtl.: Loch im Haus. *Bulu* (Loch) und *im* (Haus, genauer: Schlafhaus im Vergleich zu *mal* – Männerhaus.) Begriff für „erweiterte Hausgemeinschaft". Ein verbindendes Element für alle Mitglieder einer *buluim* ist die mythische Herleitung eines gemeinsamen Ursprunges aus, oder einer besonderen Verbindung zu, bestimmten Pflanzen (z.B. Taro, Yams, Liane etc.), Tieren (z.B. Schwein, Fisch, Schlange etc.) Naturelementen (z.B. Sonne, Meer, bestimmte Felsenformationen etc.) oder ausnahmsweise auch einem mythischen Gründer. Diese besondere Verbundenheit geht in der Regel mit Tötungs-, Speise- und Berührungsverboten einher. Die gleichzeitige Zugehörigkeit zu verschiedenen *buluim*, etwa durch Adoption, ist prinzipiell möglich.

buluwa *{Sa}* wörtl.: Loch im Boden. Wasserloch, Quelle.

bumangari *{Sa}* 1. wörtl.: ein Mann, der gut mit Schweinen umgehen kann. *Mbu:* Schwein, *mangari:* füttern. 2. Bezeichnet den ersten *abwal* Titel.

chinere *{Sa}* grünes Blattgemüse (*Brassica oleracea*), welches das ganze Jahr über geerntet wird und so gut wie täglich auf dem Speiseplan steht.

dam *{Sa}* Yams

gol *{Sa}* Turmspringen. Jungen und Männer eines oderer mehrerer Dörfer springen an einem vorher festgelegten Tag zu Beginn der Yamserntezeit von einem etwa 25 – 30 Meter hohen Holzturm. Dabei werden sie lediglich von um die Füße gebundenen Linanen vor dem, Aufschlagen auf dem Erdboden gesichert. Das *gol* findet traditionell höchstens einmal pro Jahr und Dorf statt. Mitunter vergehen mehrere Jahre ohne *gol*. Obwohl das *gol* vor allem durch Zwanglosigkeit und Freiwilligkeit geprägt ist, bleibt es nicht ohne funktionale Rückbezüge zu anderen Institutionen der Sa, sondern präsentiert sich als eine Veranstaltung mit mehreren, teils komplett voneinander entkoppelten „Gewinnchancen" für den Einzelnen, der es als Einkommensquelle betrachten kann, als Gelegenheit seinen Mut zu zeigen oder als Möglichkeit, seinen sozialen Aufstieg indirekt durch das erfolgreiche Organisieren oder Veranstalten des Turmspringens zu befördern. Sowohl die Anforderungen, die durch das Turmspringen an den Einzelnen gestellt werden, als auch die Möglichkeiten, die sich dadurch für seine weitere Entwicklung eröffnen, fügen sich nahtlos in das dem sozialen Leben der Sa zugrundeliegende Ethos ein, bei dem ein Mann durch seinen Einsatz auf sehr verschiedenen Gebieten sozial aufsteigen kann. Darüberhinaus kann das Turmspringen aber auch auf der überindividuellen Ebene bestimmte Wirkungen entfalten. Es kann als Ventilsitte beschrieben werden, weil durch ein *gol* bestimmte soziale Konflikte auf dörflicher Ebene gezielt entschärft und der lokalen Frieden wiederhergestellt werden kann. Außerdem kann es zumindest zweitweise dazu dienen, regionale Konflikte beiseite zu schieben und dadurch zur Bildung neuer Allianzen und folglich zur Friedensstiftung beizutragen.

gol abri *{Sa}* technologisch gesehen die am weitesten entwickelte Form der Turmkonstruktion bzw. des Turmspringens, bei der sich die Turmkonstruktion im oberen Drittel verjüngt und leicht nach hinten gebogen ist. Die Springer stehen zum Sprung aufrecht auf der Plattform.

gol abwal *{Sa}* ältere Form des Turmspringens mit einer weniger elaborierten Turmform. Mitunter sitzen oder hocken die Springer beim Absprung auf der Plattform. Wird ausschließlich im Norden des *Sa* Gebietes praktiziert.

gol bereti *{Sa}* ältere Form des Turmspringens. Statt eines Turms bauen die *Sa* lediglich eine Art großer, an einem Baum befestigter Leiter. Wird heute nicht mehr praktiziert, man erinnert sich noch in Erzählungen daran.

gol melala *{Sa}* die wohl älteste Form des Turmspringens. Die Plattformen werden direkt in einem großen Baum befestigt. Wird heute nicht mehr praktiziert, man erinnert sich noch in Erzählungen daran.

im *{Sa}* Wohnhaus. Die symbolische Ordnung des Raumes ist ein Abbild der Sozialstruktur. Unten, am Fußende des Hauses, nahe beim Eingang, halten sich Frauen und Kinder auf, die hier auf einem eigenen Feuer ihre Nahrung zubereiten. Das Kopfende des Hauses ist vom unteren Teil durch einen Baumstamm, der den Raum der Breite nach zerteilt, symbolisch getrennt. Hier kochen alle diejenigen Knaben und Männer, die mindestens einen *teul* Titel besitzen.

imaraga *{Sa}* Verwandtschaftskategorie. Wörtl.: „es kommt und geht", eine Anspielung auf bestimmte, stetig wiederkehrende, zwischen den Generationen alternierende Allianzen von, auch klassifikatorischen, Kreuzcousins.

juban *{Sa}* 1. Bezeichnet alle aus Holz geschnitzten Masken. 2. Tanz anläßlich des Beginns der Yamsernte, bei dem hölzerne Masken auftreten.

kaliko *{Bislama}* Stoff, Kleidung aus Stoff (aus d. frz. *calicot*).

kastom *{Bislama} Kastom* ist vielfach als „religiöse Revitalisationsbewegung" beschrieben worden. Im allgemeinen versteht man darunter die Ableh-nung des Christentums und die Wiederbelebung bzw. das ganz bewuß-te Festhalten an regional wichtigen, „traditionellen" Werten und Bräu-chen, das sich augenfällig häufig schon in der Ablehnung westlicher Kleidung zeigt. In Vanuatu findet man neben den *kastom* Sa von Süd-pentecost auch in der Gegend von Yakel auf der Insel Tanna eine grö-ßere *kastom* Gemeinschaft. Ähnlich wie in Bunlap lehnt man auch in Yakel ganz bewußt westliche Kleidung ebenso wie Schulen und Missi-onsstationen ab. Ähnliche, mehr oder weniger rigide Formen von *ka-stom* finden sich auch anderswo in Melanesien. Was *kastom* im Einzel-nen jeweils bedeutet, läßt sich nur sehr allgemein definieren, weil es sich von Fall zu Fall sehr unterschiedlich darstellt, es ist aber in jedem Fall nicht bloß mit dem Festhalten an einer tatsächlichen oder ange-nommenen „traditionellen" Kultur gleichzusetzen, sondern wird selbst zu einer *Ideologie,* die Kultur aktiv gestaltet. Somit bezeichnet *kastom* zunächst das Betonen, genauso aber auch das Neudefinieren bzw. Er-finden einer eigenen regionalen, aber auch überregionalen melanesi-schen Identität. Dabei werden fremde Einflüsse nicht durchweg abge-lehnt, sondern bestimmte, in den Augen der Agierenden nicht im Wi-derspruch zum „Eigenen" stehende Elemente anderer Religionen und Kulturen kreativ in das eigene System integriert. Joel Bonnemaison, einer der besten Kenner Melanesiens und Vanuatus im Besonderen berichtet, er habe einmal einen hochrangigen *kastom* Mann gefragt, was *kastom* denn eigentlich genau sei. Die schlaue und selbstbewußte Antwort war: „Ich bin *kastom* ".

konan *{Sa}* Eine besondere, heilige Kraft, die in etwa dem entspricht, was Ethnologen unter *mana* verstehen. *Konan* erwirbt man sich einerseits durch den Aufstieg im *warsangul* Titelsystem oder andere, allgemein anerkannte Leistungen. Manche Menschen verfügen über ein hohes Maß an *konan* von Geburt an, ohne daß man genau erklären könnte, warum das so ist.

koran *{Sa}* Das letzte Fest im rituellen Jahreskalender. Es besteht aus einem gemeinsamen Verzehr von in den Männerhäusern gegarten Yamsspei-sen. Es wird gefeiert, wenn die Yamsgärten bestellt und die neuen Knollen gepflanzt sind. Mit *koran* wird die „Zeit der Stille" eingeleitet, die notwendig ist, damit der Yams nicht beim Wachsen gestört wird.

kumilini *{Sa}* Eine Art Anzahlung auf den Brautpreis, in Form von ein paar Schweinen und *batsi* Matten an die Eltern des Mädchens. Sollten diese es sich anders überlegen und ihre Tochter doch noch an einen anderen Mann verheiraten, ist die *kumilini* Gabe zurückzuzahlen.

Lingus *{Sa}* ein bedeutender Kulturheros, dem die *Sa,* einem typischen „Hai-nuwele" Mythos zufolge, das Vorhandensein der Yams zu verdanken haben (mitunter auch *Singit* genannt).

liulu *{Sa}* wildwachsender, eßbarer Farn.

loas *{Sa}* Ritualexperte bzw. Priester. Ein Amt, das in der Regel vom Vater auf den Sohn vererbt wird. Es ist aber auch schon vorgekommen, daß *loas* Titel an andere Familien, oder gar an andere *buluim* weitergereicht worden sind, etwa dann, wenn ein Träger nicht die nötigen Qualitäten mitbringt, um das Amt adäquat auszuführen.

loas na beta   *{Sa}* Priester der Brotfrucht.

loas na bwet   *{Sa}* Priester der Taro.

loas na dam   *{Sa}* Priester der Yams.

loas na ul   *{Sa}* Priester der Kokosnuß.

lok   *{Sa}* Eine Art Yamskuchen. Der rohe Yams wird zu einem feinen Brei zerrieben und anschließend mit Kokosmilch beträufelt, in Blätter eingewickelt und im Erdofen mehrere Stunden lang gegart. Bleibt eingewickelt zwei bis max. drei Tage genießbar.

lonlimworp   *{Sa}* Drittes, jüngstes und größtes Männerhaus in Bunlap. Gehört den *ta remlili* Leuten.

lo sal   *{Sa}* wörtl.: „auf" bzw. „im" *(lo)* „Weg" *(sal)*. Gemeint ist, daß Frauen (Mütter und Ehefrauen), metaphorisch gesprochen, einen „Weg" zu anderen (nämlich den Verwandten der Mütter bzw. Ehefrauen) darstellen. *Lo sal* ist eine typische *do ut des* Einrichtung, mit der eine langfristige Reziprozität von Gaben zwischen den, durch *lo sal* verbundenen *buluim,* sichergestellt werden soll. Konkret verpflichtet *lo sal* den Geber, sich für die Arbeits- und Reproduktionskraft der Mutter oder Ehefrau bei deren Verwandten zu bedanken und mit seinen Gaben das vergossene Blut zu sühnen, das beim ersten Geschlechtsverkehr bzw. bei der Geburt von Kindern fließt. Die *lo sal* Riten bestehen, je nach Kategorie, aus einer Gabe von Schweinen und roten *batsi* Matten, oder aber aus der Präsentation von Yams- oder Taroknollen. Diese Verpflichtungen begleiten alle wesentlichen dramatischen Zuspitzungen bzw. Übergangsrituale des Lebens, also Geburt, Beschneidung, Heirat, Tod sowie alle *warsangul* Rituale. Wer seinen *lo sal* Obligationen nicht nachkommt gefährdet die Ordnung und läuft Gefahr, sich bösen Verwünschungen und auch Zauberei der zu kurz gekommenen potentiellen Empfänger auszusetzen. Die Verbindung von Jungen und Mädchen aus einer gemeinsamen *buluim* gilt deswegen als problematisch, weil das *lo sal* System dann nicht die ihm zugedachte Rolle, nämlich die langfristige Friedenssicherung zwischen den einzelnen *buluim,* erfüllen kann.

mal   *{Sa}* Männerhaus. Die symbolische Ordnung des Raumes ist ein Abbild der Sozialstruktur ist. Ganz unten, am Fußende des Hauses, halten sich die jüngsten Mitglieder der Männergemeinschaft auf, die die wenigsten Titel besitzen. Ganz oben, am Kopfende, sind diejenigen Männer zu finden, die die größte Zahl an Titeln besitzen. Profane Gegenstände werden am Fußende des Hauses aufbewahrt, sakrale Gegenstände am Kopfende.

mah mas   *{Sa}* Eine rituelle Präsentation *(mah)* von viel *(mas)* Yams und/oder Taro, die an die *lo sal* Empfänger zu bezahlen sind. *Mah mas* kann anläßlich bestimmter Feste und Rituale abgehalten werden, aber auch jederzeit dann, wenn ein Mann wünscht, sich als ein besonders fleißiges und ehrbares Mitglied der Gemeinschaft zu präsentieren um sich so möglicherweise auch für bedeutende Ämter indirekt zu empfehlen.

Marelul {Sa} Kulturheros, einer der Brüder Bruder von *Barkulkul*. Dem Mythos zufolge der erste Mensch, der sterben muß. Er wird von Barkulkul umgebracht, weil er mit dessen Frau Ehebruch begeht.

mas {Sa} viel, reichhaltig, bewundernswert.

mele ai {Sa} Ein, in einem verdichteten, altertümlichen Duktus verfaßtes Lied, das einem jedem *gol* vorausgehen sollte. Das Lied ist voll von schwer verständlichen Anspielungen auf bestimmte Orte und geheimes Wissen. Angeblich stammt es aus Rebrion, tatsächlich ist es überall in Pentecost bekannt. Es handelt sich um eine Art geheimer Beschwörung, um einen Liebeszauber, der an ein Mädchen gerichtet wird, freilich ohne, daß das Mädchen wüßte, daß es der Adressat des Liedes ist.

Melesia {Sa} Kulturheros, einer der Brüder Bruder von *Barkulkul*. Dem Mythos zufolge der letzte Mensch, der das Geheimnis des ewigen Lebens kannte. Er mußte aber schließlich doch sterben, weil er das Geheimnis nicht gut genug vor seiner (heimtückischen) Frau zu verbergen wußte.

men ples {Bislama} Männer, Frauen und Kinder (*men*), die „von jeher" mit dem Ort (*ples*) und seiner „ursprünglichen" Kultur *(kastom)* verwurzelt sind. Bei den *kastom* Sa gehört dazu an vorderster Stelle das weithin sichtbare Bekenntnis zur traditionellen Bekleidung, Penisbinde und Grassrock. Die Weißen werden *ai salsal* genannt, was wörtl übersetzt soviel bedeutet wie, „Leute, die kommen und gehen" oder „Leute, die immer unterwegs sind" und daher von vornherein in einem fundamentalen Gegensatz zu den „*men ples*" stehen.

mol {Sa} 1. Pflanze, deren Blätter (*walu mol*) eine wichtige Rolle bei bestimmten Ritualen spielen. 2. ein Ensemble von insgesamt sieben *warsangul* Titeln.

moltoro {Sa} Das zweitälteste Männerhaus in Bunlap, Treffpunkt der *ta tobol, ta lon sie, ta nwis,* und *ta ran bwelamorp* Leute.

nangalatt {Bislama} Blätter einer bestimmten Pflanze *(Dendrocnide latifolia).* Wird bei bestimmten Ritualen benötigt. So soll z.B. der MB *(tsik)* eines Turmspringers diesen kurz vor seinem Sprung mit *nangalatt*-Blättern schlagen, um ihn so besonders zu motivieren.

nanggol {Bislama} Turmspringen.

nasara {Bislama} Tanzplatz.

natagora {Bislama} Eine von mir nicht identifizierte Palmenart mit langen, Blättern, die in Aussehen und Konsistenz in etwa denen der Pandanuspalme (*lat: Pandanus tectorius*) gleichen. Aus *natagora* werden z.B. die Dächer der traditionellen Wohn- und Männerhäuser hergestellt.

natanbea {Bislama} kleines, i.d.R. aus einem Stück geschnitztes Tischchen mit vier Füßen. Wird vor allem für die Kavazubereitung benutzt.

pressfrut / presswud	*{Bislama}* Brotfrucht (-baum).
tal	*{Sa}* Liane. Vor allem sind die Lianen gemeint, die beim Turmspringen als Sprungsicherung Verwendung finden.
ta lon bwela mwil	*{Sa}* Dem Mythos nach die älteste *buluim* von Bunlap.
ta lon sie	*{Sa}* Eine *buluim* von Bunlap.
ta pantayal	*{Sa}* Dem Mythos nach die älteste *buluim* der Sa in Südpentecost.
ta ran bwelamorp	*{Sa}* Kleinste und jüngste *buluim* von Bunlap.
ta remlili	*{Sa}* Die zahlenmäßig größte *buluim* von Bunlap.
ta tobol	*{Sa}* Eine der älteren *buluim* von Bunlap.
ta torni	*{Sa}* Eine der älteren *buluim* von Bunlap.
rahis	*{Sa}* Grassrock.
Rebrion	*{Sa}* Einem Mythos zufolge beginnt die Geschichte von Bunlap in Rebrion, einem Platz, den es auch heute noch gibt. Rebrion liegt knapp zwei Kilometer Luftlinie von Bunlap entfernt in südsüdöstlicher Richtung auf einer Anhöhe, die nicht ohne weiteres betreten werden darf. Die Leute von Bunlap sprechen nicht gerne über Rebrion, denn mehrere *buluim* reklamieren ihre Teilnahme an der ursprünglichen Gründung von Bunlap für sich und leiten daraus bestimmte Privilegien ab, die jedoch nicht allseits respektiert sind.
rut	*{Sa}* wildwachsender, eßbarer Farn.
sara	*{Sa}* Tanzplatz.
Singit	*{Sa}* ein bedeutender Kulturheros, dem die *Sa,* einem typischen „Hainuwele" Mythos zufolge, das Vorhandensein der Yams zu verdanken haben (mitunter auch *Lingus* genannt).
skul	*{Bislama}* aus d. engl. *school.* Im Gegensatz zu *kastom* Leuten, tragen *skul* Leute Kleidung aus Stoffen (*kaliko*) und gehen zur Schule bzw. in die Kirche. Jedermann, der *skul* ist, hat in den Augen der *kastom* Anhänger seine Identität als „*man ples*" in vielerlei Hinsicht verloren und versucht statt dessen, den „Weg des weißen Mannes" (*fasin blong waet men)* zu gehen.
taltabwean	*{Sa}* Fest, das einige Wochen nach der Knabenbeschneidung stattfindet und v.a. in einer Präsentation von vielen hundert oder gar tausend Yams- und Taroknollen besteht. Die Geber sind die Väter der Jungen, die Empfänger zunächst die *loas* Priester, denen man für ihre gelungene Arbeit dankt. Darüber hinaus beschenken die Väter ihre *lo sal* Berechtigten, in diesem Fall die Verwandten der Mütter der Neophyten. Die Familien der beschnittenen Jungen versuchen, sich in Quantität und Qualität der präsentierten Knollen gegenseitig zu übertreffen.

Tamalié	*{Sa}* ein Kulturheros, der, dem Mythos zufolge, eine wichtige Rolle bei der „Erfindung" des Turmspringens spielt.
tam tam	*{Bislama}* Ausgehöhlter Baumstamm, der als Trommel verwendet wird.
tarbe gol	*{Sa}* wörtl.: „Das Spiel mit dem Körper." Bezeichnet die für das Turmspringen zu erbauende Holzkonstruktion.
temat	*{Sa}* weise, klug, friedliebend.
tumpot	*{Sa}* das älteste Männerhaus in Bunlap-Bena. Der Name bedeutet soviel wie „aus der Erde gekommen" und verweist auf eine, allerdings in Vergessenheit geratene, mythische Gründung. *Tumpot* ist Eigentum der *ta lon bwela mwil* Leute, wird aber auch mit der *ta remlili* in Verbindung gebracht, weil diese von den *bwela mwil* Leuten adoptiert wurden.
uot	*{Sa}* besondere Bezeichnung für den MB.
Vatu	*{Sa}* Die Währung der Republik Vanuatu. 1 Euro = 150 Vatu (August 2004).
Wahbo	*{Sa}* 1. Bezeichnung für die etwa sechs- bis achtjährigen Initianden. 2. Titel, der anläßlich der Beschneidung verliehen wird.
warsangul	*{Sa}* 1. Umgangssprachlich eine Form der Anrede, die zunächst in etwa „geachteter Mann" oder „geehrter Herr" bedeutet. Grundsätzlich wird ein Mann dann als *warsangul* betrachtet, wenn er bereits mehrere Kinder gezeugt und eine Mindestanzahl an Titeln erworben hat, über ein freundliches, vermittelndes Wesen verfügt, Frieden stiftet, wann immer es möglich ist und keine Angst vor Krieg hat, wenn es keinen anderen Ausweg mehr gibt. 2. *warsangul* bezeichnet darüber hinaus auch ein System von ca. 27 verschiedenen Titeln die nacheinander erworben werden können, indem der Titelanwärter eine für jeden Titel in etwa festgelegte Anzahl an Schweinen sammelt (durch eigene Zucht, Tausch, Kauf), die dann zu einem vom Titelanwärter festgelegten Zeitpunkt im Rahmen eines Rituals auf dem Tanzplatz teils öffentlich gekeult, teils lebend verschenkt werden. Im Grunde ermöglicht das Titelsystem zweierlei: einmal formalisiert es individuelle Machtbestrebungen und zum anderen ist es, aufgrund seiner allgemeinen Akzeptanz, ein wichtiger Garant für den sozialen Frieden. Der Titelanwärter muss seine Fähigkeiten als Diplomat, Politiker, Händler, Gärtner, Schweinezüchter, Ehemann und Familienvater unter Beweis stellen, um die jeweils nächste Stufe zu erreichen.

LITERATURVERZEICHNIS

Adams, R.
  1984   In the Land of Strangers: A Century of European Contact
          with Tanna, 1774 – 1874.
          Pacific Research Monograph No. 9. Canberra: National Centre for
          development Studies, The Australian National University.

Allen, Douglas
  1978   Structure and creativity in religion.
          Hermeneutics in Mircea Eliade's Phenomenology and New Directions.
          The Hague, Paris, New York. Mouton Publishers.
  1980   Mircea Eliade. An Annotated Biography.
          New York. Mouton Publishers.
  1982   Mircea Eliade et le phenomène religieux.
          Paris. Payot.

Allen, J; **Golson**, J; **Jones**, R. (eds.)
  1977   Sunda and Sahul.
          London. Academic Press.

Allen, Michael R.
  1967   Male Cults and Secret Initiation in Melanesia
          Melbourne. Melbourne University Press.
  1968   The Establishment of Christianity and Cash Cropping in a New Hebridean
          Commuinity.
          In: The Journal of Pacific History 3: 25-46
  1972   Rank and Leadership in Ndui-Ndui, Northern Hebrides.
          In: Mankind (8) 270-282.
  1981   Vanuatu: Politics, Economics and Ritual in Island Melanesia (ed.)
          Sydney. Academic Press.
  1988   The Hidden Power of Male Ritual: The North Vanuatu Evidence.
          In: Myths of Matriarchy reconsidered. Edited by D. Gewertz, pp. 74-98.
          Oceania Monographs 33
          Sydney. Oceania Publications.

Akin, David
  2004   Ancestral Vigilance and the Corrective Conscience:
          Kastom as Culture in a Melanesian Society.
          In: Anthropological Theory No. 4 / 2004: 299-324.

Armstrong, E.S.
  1900   The History of the Melanesian Mission.
          London. Isbister and Company.

Ashby, Gene
  1983   Micronesian Customs and Beliefs.
          Eugene (Oregon) / Kolonia. Rainy Day Press.
  1993   A Guide to Pohnpei. An Island Argosy.
          Eugene (Oregon) / Kolonia. Rainy Day Press.

Literaturverzeichnis

Asmann, Jan
    1991   Ägypten. Theologie und Frömmigkeit einer frühen Hochkultur. (2.Auflg.)
           Stuttgart. Kohlhammer.

Aster, Ernst von
    1954   Geschichte der Philosophie.
           Stuttgart. Kröner Verlag.

Bachmann-Medick, Doris
    2006   Cultural Turns. Neuorientierungen in den Kulturwissenschaften.
           Hamburg. Rowohlt.

Baird, Robert D.
    1971   Category, Formation and the History of Religion.
           Den Haag. Mouton & Co.

Barrau, Jacques
    1956   L'Agriculture vivrière aux Nouvelles Hybrides.
           In : Journal de la Société des Océanistes 12: 181-225.

Bargatzky, Thomas
    1984   Matai as Elders and Big-Men.
           Some Notes on Traditional Samoan Political Organization.
           Unveröffentlichtes Manuskript.
    1988   Evolution, sequential hierarchy, and areal integration:
           the case of traditional Samoan Society.
           In: J. Gledhill, B. Bender and M.T. Larsen (eds.)
           State and Society, pp. 43-56.
           London. Unwin Hyman.
    1992   Kulturelle Rekonstruktion von Natur: Mythos, Wissenschaft
           und der 'Weg der Physis'.
           In: Bernhard Glaeser u. Parto Teherani-Krönner (Hrsg.),
           Humanökologie und Kulturökologie, S. 71-87.
           Opladen. Westdeutscher Verlag.
    1996   Embodied Ideas. An Essay on Ritual and Politics in pre-capitalist Society.
           In: Henri J.M. Claessen and Jarich G. Oosten (eds.),
           Ideology and the Formation of Early States, pp. 298-320.
           Leiden. E.J. Brill.
    1997a The Kava Ceremony is a Prophecy:
           An Interpretation of the Transition to Christianity in Samoa.
           In: Hermann J. Hiery and John MacKenzie (eds.),
           European Impact and Pacific Influence, pp. 82-99.
           I. B. Tauris. London.
    1997b Ethnologie: eine Einführung in die Wissenschaft von
           den urproduktiven Gesellschaften.
           Hamburg. Buske.
    1999a Der Haß auf die eigene Kultur: Das peccatum essentiale der Ethnologie?
           In: Kokot, Waltraud und Dorle Dracklé (Hrsg.) Wozu Ethnologie? S. 127-138.
           Berlin. Reimer.

Literaturverzeichnis

Bargatzky, Thomas
- 1999b Die Ethnologie und die Urproduktive Gesellschaft.
  Eine Wissenschaft und ihr Gegenstand.
  In: Sociologica Internationalis 37 (1): 91-113.
- 2003 Geschichte wird Mythos. Die Ortung der polynesischen Urheimat.
  In: Anthropos 98:529-531
- 2007 Mythos, Weg und Welthaus. Erfahrungsreligion als Kultus und Alltag.
  Münster. Lit Verlag.

Barnard, T.T.
- 1928a The Social Organization of Ambrim.
  In: Man 28:133-137
- 1928b The Regulation of Marriage in Ambrim.
  In: Man 28:126-127

Bastian, Adolf
- 1881 Die Heilige Sage der Polynesier.
  Leipzig.(Nachdruck: Hildesheim 2006, Olms Verlag)

Bateson, Gregory
- 1958 Naven. A survey of the problems suggested by a composite picture of the
  culture of a New Guinea tribe drawn from three points of view.
  Stanford University Press.

Beck, Ullrich
- 2003 Risikogesellschaft. Auf dem Weg in eine andere Moderne.
  Frankfurt am Main. Suhrkamp.

Bedford, Stuart Hugo
- 2000 Pieces of the Vanuatu Puzzle: Archaeology of the North, South and Centre.
  Canberra. ANU.

Bell, Catherine
- 1992 Ritual Theory, Ritual Practice.
  New York & Oxford. Oxford University Press.
- 1997 Ritual. Perspectives and Dimensions.
  New York & Oxford. Oxford University Press.

Bellwood, P.S.
- 1978 Man's conquest of the Pacific: The Prehistory of Southeast Asia and Oceania.
  Oxford. Oxford University Press.
- 1987 The Polynesians.
  London. Thames and Hudson.

Berner, Ulrich
- 1982 Untersuchung zur Verwendung des Synkretismus Begriffes.
  Wiesbaden. Harrassowitz.
- 1981 Universalgeschichte und kreative Hermeneutik.
  Reflexionen anhand des Werkes von Mircea Eliade.
  In: Saeculum 32, 221-241.

Berner, Ulrich

 1988 Religionswissenschaft und Theologie.
    Das Programm der Religionsgeschichtlichen Schule.
    In: H.Zinser (Hrsg.) Religionswissenschaft. Eine Einführung. S. 216-238.
    Berlin. Dietrich Reimer.

 1997a Mircea Eliade.
    In: A.Michaels (Hrsg.), Klassiker der Religionswissenschaft. Von Friedrich
    Schleiermacher bis Mircea Eliade. S. 343-353.
    München. Beck.

 1997b Religionswissenschaft und Religionsphilosophie.
    In: Zeitschrift für Religionswissenschaft 5, 149-178.

 2000 Reflections on the Concept of New Religious Movements.
    In: Method and Theory in the Study of Religion 12, 267-276.

 2001 The Notion of Syncretism in Historical and/or Empirical Research.
    In: W.Cassidy (Ed.), Retrofitting Syncretism S. 499-509.

 2007 Mircea Eliade and the Myth of Adonis.
    In: Rennie, Bryan: The International Eliade (Ed.) pp. 37 – 46.
    Albany. State University of New York Press.

Bettelheim, Bruno

 1975 Die symbolischen Wunden. Pubertätsriten und der Neid des Mannes.
    München. Kindler.

Betz, Astrid

 2003 Die Inszenierung der Südsee.
    Untersuchung zur Konstruktion von Authentizität im Theater.
    München. Herbert Utz Verlag.

Bharati, Agehananda

 1983 Eliade: Privilegierte Information und Anthropologische Aporien.
    In: Duerr, Hans Peter (Hrsg.): Sehnsucht nach dem Ursprung.
    Zu Mircea Eliade.
    Frankfurt am Main. Syndikat.

Bice, C. & **Brittain**, A.

 1887 Journal of Residence in the New Hebrides, S.W. Pacific Ocean.
    London.

Birkhan, Ingvild

 1993 Der Mensch ist zwei. Das Denken der Geschlechterdifferenz.
    Wien. Milena.

Blumenberg, Hans

 1986 Arbeit am Mythos.
    Suhrkamp. Frankfurt am Main

Blust, R.
  1985 The Austronesian Homeland: a linguistic perspective.
        In: Asian Perspect 26:35-67
  1999 Subgrouping, circularity and extinction: some issues in Austronesian
        comparative linguistics.
        In: Symp Ser Inst Linguist Acad Sinica 1: pp. 31-95
        Vgl. auch : (www.familytreedna.com/pdf/Gibbons_Science2001.pdf)

Böhme, Hartmut
  2006 Fetischismus und Kultur.
        Eine andere Theorie der Moderne.
        Reinbek. Rowohlt.

Bohnsack, Ralf
  1999 Rekonstruktive Sozialforschung.
        Einführung in Methodologie und Praxis qualitativer Forschung.
        Opladen. Leske & Budrich

Bongmatur, Willie
  1994 National Cultural Policies.
        In: Lindstrom, L.; White, G. M.: Culture – Kastom – Tradition. p. 85.
        Suva. Institute of Pacific Studies.

Bonnemaison, Joel
  1972 Systèmes des grades et differences régionales en Aoba.
        In: Cahiers ORSTOM IX (1): 87-108.
  1974 Espaces et paysages agraires des Nouvelles-Hébrides.
        In: Journal de la Societé des Océanistes 44-5: pp.163-232 & pp. 259-281.
  1979 Les voyages et l'enraciment: formes de fixation et de mobilité dans les sociétés
        traditionelles des Nouvelles-Hébrides.
        In: L'Espace Géographique. 8(4): pp. 303-318.
  1986 L'arbre et la pirogue.
        Paris. ORSTOM.
  1987 Tanna. Les hommes lieux.
        Paris. ORSTOM.
  1994 The Tree and the Canoe: Roots and Mobility in
        Vanuatu Societies. (Engl. Übers. von 1986)
        Honolulu. University of Hawai'i Press.
  1996 Arts of Vanuatu (ed. with Kirk Huffmann, Christian Kaufmann, Darell Tyron)
        Bathurst. Crawford House Publishing.

Bourdieu, Pierre
  1998 Über das Fernsehen.
        Frankfurt a. Main. Suhrkamp.

Caillois, Roger
  1982 Die Spiele und die Menschen. Maske und Rausch.
        Frankfurt am Main, Wien, Berlin. Ullstein.

Carrier, James G.; **Carrier,** Achsah H.
  1989 Wage, Trade, and Exchange in Melanesia.
        A Manus Society in a Modern State.
        Berkely; L.A., London. University of California Press.

Chowning, Ann
  1972 An introduction to the peoples and cultures of Melanesia.
        Menlo Park. CA.

Clark, J.
  1986 The Aboriginal people of Tasmania
        University of New South Wales. James L. Kohen.

Clifford, James
  1983 Power and Dialogue in Ethnography. Marcel Griaule's Initiation.
        In: Stocking, G.W. (Ed.) Observers Observed. Madison.

Codrington, R.H.
  1885 The Melanesian Languages.
        Oxford. Clarendon Press.

Corris
  1970 Pacific Island Labour Migrants in Queensland.
        In: The Journal of Pacific History 5:43-64
  1973 Passage, Port and Plantation:
        A History of Solomon Islands Labour Migration 1870-1914
        Melbourne. Melbourne University Press.

Crowley, Terry
  1995 A new Bislama dictionary.
        University of the South Pacific. Institute of Pacific Studies. Port Vila

Danielsson, Bengt:
  1953 Rückkehr zur glücklichen Insel.
        Wien. Ullstein.

Deacon, A. Bernard
  1927 The Regulation of Marriage in Ambrym
        In: Journal of the Royal Anthropological Institute 57: pp. 325-342
  1927 Notes on Some Islands in the New Hebrides.
        In: Journal of the Royal Anthropological Institute 59: pp. 463-515
  1934 Malekula: A vanishing people in the New Hebrides.
        London. Routledge.

Debord, Guy
  1996 Die Gesellschaft des Spektakels
        Berlin. Edition Tiamat.

de Burlo, Chuck
    1996   Cultural resistance and ethnic tourism on South Pentecost, Vanuatu
            In: Butler, Richard und Hinch, Tom
            Tourism and Indigenous Peoples.
            London und Boston. International Thomson Business Press.
    1984   Indigenous response and participation in tourism
            in a South Pacific island nation, Vanuatu.
            Unpublished Ph.D. Thesis. Syracuse University.

DeVita, David
    1990   The humbled Anthropologist. Tales from the Pacific.
            Belmont California. Wadsworth.

Diamond, Michael J.
    1985   Express Train to Polynesia.
            In: Nature 336: pp. 307-308
    2000   Taiwan's gift to the world.
            In : Nature 403: pp. 709-710

Diamond, Stanley
    1980   Anthropology: Ancestors and Heirs.
            New York. Mouton.

Dixon, R.B.
    1923   The Racial History of Man.
            New York. Charles Scriber's Sons.

Dixon, Robert M.W.
    1980   The languages of Australia.
            Cambridge. Cambridge University Press.

Douceré, Mgr. Victor
    1934   La Mission Catholique aux Nouvelles-Hébrides.
            Lyon. Vitte.

Douglas, Mary
    1985   Reinheit und Gefährdung.
            Eine Studie zu Vorstellungen von Verunreinigung und Tabu.
            Berlin. Reimer
    2004   Ritual, Tabu und Körpersymbolik.
            Frankfurt a.Main. Fischer.

Douglas, Ngaire
    1996   They came for Savages: 100 years of tourism in Melanesia
            Alstonville. Southern Cross Univ. Press.

Drilhon, F.
    1958   A Legend that's become Big Business.
            In: Pacific Islands Monthly 28 (7): pp. 84-85

Dubuisson, Daniel
  2002   Mythologies du XXe si`ecle Dum´ezil, L´evi-Strauss, Eliade.
         Iasi. Éditions Polirom.
  2005   Impostures et pseudo-science : L'oeuvre de Mircea Eliade.
         Presses Universitaires du Septentrion.

Dudley, Guilford
  1977   Religion on Trial: Mircea Eliade and his Critics.
         Philadelphia. Temple University Press.
  1984   Eliade und Jung. Der Geist von Eranos.
         In: Duerr, Hans Peter (Hrsg.): Die Mitte der Welt. Aufsätze zu Mircea Eliade.
         Frankfurt am Main. Suhrkamp.

Duerr, Hans Peter
  1983a Die Sehnsucht nach dem Ursprung. Zu Mircea Eliade. (Hrsg.)
         Frankfurt am Main. Syndikat Verlag.
  1983b alcheringa oder die beginnende Zeit. (Hrsg.)
         Frankfurt am Main. Qumran Verlag.
  1984   Die Mitte der Welt. Aufsätze zu Mircea Eliade (Hrsg.)
         Frankfurt am Main. Suhrkamp.
  1985   Traumzeit. Über die Grenzen zwischen Wildnis und Zivilisation.
         Frankfurt am Main. Suhrkamp.

Dumont du Voitel, Waltraud
  1997   Männlicher Gebärneid und weibliche Macht.
         In Völger 1997: Frauenmacht und Männerherrschaft im Kulturvergleich.
         (Hrsg.)
         Köln. Rautenstrauch Jost Museum für Völkerkunde. S. 159-164.
Dumont, L.
  1966   Descent or Intermarriage? A Relational View of Australian Kinship Systems.
         Southwestern Journal of Anthropology 22(3): pp. 231-250.

Durkheim, Emile
  1912   Les formes élémentaires de la vie religieuse.
         Le systéme totèmique en Australie.
         Paris. Presses Universitaires.

Epstein, A.L.
  1974   Contention and Dispute. Aspects of Law and Social Control in Melanesia.
         Canberra. Australian National University Press.

Eliade, Mircea
  1958   Birth and Rebirth: The Religious Meaning of Initiation in Human Culture.
         New York. Harper & Row.
  1959a Ewige Bilder und Sinnbilder.
         Freiburg i. Brsg. Walter.
  1959b Structure and Changes.
         In: The History of Religions. pp 139-163.
         (Eds. Mircea Eliade & Joseph M. Kitagawa.)
         Chicago. University of Chicago Press.

Eliade, Mircea

1961 Mythen, Träume und Mysterien. [frz. orig. 1957]
Salzburg. Otto Müller.

1963 Methodologische Anmerkungen zur Erforschung der
Symbole in den Religionen.
In: Grundfragen der Religionswissenschaft.
(Hrsg. Mircea Eliade und Joseph M. Kitagawa.)
Salzburg. Otto Müller.

1966 Kosmos und Geschichte. Der Mythos der ewigen Wiederkehr.
Reinbek. Rowohlt.

1969 The Quest. History and Meaning in Religion.
Chicago. University of Chicago Press.

1973 Australian Religions. An Introduction.
London. Ithaka.

1976a Sehnsucht nach dem Ursprung.
Baden Baden. Suhrkamp.

1976b Occultism, Witchcraft and Cultural Fashions.
Chicago. University of Chicago Press.

1988a Mythos und Wirklichkeit.
Frankfurt am Main. Suhrkamp.

1990 Das Heilige und das Profane. Vom Wesen des Religiösen. [frz. orig. 1956]
Frankfurt am Main. Suhrkamp.

1994 Kosmos und Geschichte. [frz. orig. als „Le Mythe de l'Eternel Retour" 1949]
Frankfurt a.M./Leipzig. Insel Verlag.

1997a Schamanismus und archaische Ekstasetechnik. [frz. orig. 1951]
Frankfurt a.M. Suhrkamp Verlag.

1997b Das Mysterium der Wiedergeburt. [engl. orig. 1958]
Frankfurt am Main. Insel Verlag.

1998 Die Religionen und das Heilige.
Elemente der Religionsgeschichte. [frz. orig. 1949]
Frankfurt am Main und Leipzig. Insel Verlag.

Eliade, Mircea (ed.)

1978 Geschichte der religiösen Ideen. [frz. orig. ab 1976]
-1991 (Band 3/2 von diversen anderen Autoren)
Freiburg im Breisgau. Herder.

    1978 Band 1.
          Von der Steinzeit bis zu den Mysterien von Eleusis.

    1979 Band 2.
          Von Gautama Buddha bis zu den Anfängen des Christentums.

    1983 Band 3/1
          Von Mohammed bis zum Beginn der Neuzeit.

    1991 Band 3/2
          Vom Zeitalter der Entdeckungen bis zur Gegenwart.

    1983 Band 4
          Quellentexte.

Elkin, Adolphus P.

1976 The Australian Aborigines.
London. Angus & Robertson.

Elkington, N.J. and N. Hardy
  1907   The Savage South Seas.
         London.

Enser, Stephan
  2000   Spiele der „Maske" und des „Rausches", „chokförmige Erlebnisse" und
         arrangierte Events der Freizeitindustrie.
         Universität Würzburg. Dissertation.

Erckenbrecht, Corinna
  1998   Traumzeit. Die Religion der Ureinwohner Australiens.
         Freiburg. Herder.

Ernst, Manfred
  1996   The Role of Social Change in the Rise and Development of New Religious
         Groups in the Pacific Islands.
         Hamburg. LIT Verlag.

Evans-Pritchard, Edward. E.
  1978   Hexerei, Orakel und Magie bei den Zande.
         Frankfurt a.Main. Suhrkamp.

Fagan, Brian M.
  1990   Aufbruch aus dem Paradies. Ursprung und frühe Geschichte der Menschheit.
         München. C.H. Beck.

Festetics de Tolna, R.
  1903   Chez les Cannibales, Huit Ans de Croisére
         Paris.

Fitzpatrick, Judith M. (Ed.)
  2001   Endangered Peoples of Oceania. Struggles to Survive and Thrive.
         Westport & London. Greenwood Press.

Fischer, Hans,
  1981   Die Hamburger Südsee-Expedition: Über Ethnographie und Kolonialismus.
         Frankfurt am Main, Syndikat.
  2006   Geist frißt Kind. 26 Versionen einer Erzählung.
         Berlin. Reimer.

Flannery, Tim F.
  1994   The future eaters.
         Jackson. Grove Press.

Fletcher, James A.
  1912   Inseln der Illusionen.
         London. Routledge.

Foley, W.A.
  1986   The Papuan Languages of New Guinea.
         Cambridge. Cambridge University Press.

Forster, Georg
    1995 Entdeckungsreise nach Tahiti und in die Südsee 1772-1775.
           Stuttgart/Wien. Edition Erdmann. (Orig. Leipzig 1835)

Fortes, M.
    1959 Descent, Filiation and Affinity: A Rejoinder to Dr Leach. Parts 1 and 2.
           In: Man 59 (309): 193-197 and (331):206-212

Foster, George M.
    1965 Peasant Society and the image of limited good
           In: American Anthropologist Vol. 67, 1965.
           Menasha, Wisconsin, USA

Foucault, Michel
    1973 Die Ordnung der Dinge. Eine Archäologie der Humanwissenschaft.
           Frankfurt am Main. Suhrkamp.

Fox, Robin
    2003 Kinship and Marriage. An Anthropological Perspective.
           Cambridge. Cambridge University Press.

Fox, C.E.   Lord of the Southern Isles: Being the Story of the
    1958 Anglican Mission in Melanesia 1849 – 1949.
           London. Mowbray.

Frater, M.
    1922 Midst Volcanic Fires.
           London. James Clarke & Co. Ltd.

Frazer, Sir James George
    1910 Totemism and Exogamie. (4 Vol.)
           London. MacMillan and Co. Ltd
    1913 The Belief in Immortality. And The Worship of the Dead.
           London. MacMillan and Co. Ltd.
    1924 The Golden Bough. Study in Magic and Religion (abriged edition).
           New York. The Macmillan Company.

Freeman, Dave; **Teplica,** Neil
    1999 100 Things to Do Before You Die
           New York. Cooper Square Press.

Freud, Sigmund
    1968ff Gesammelte Werke. 18. Bde.
           Frankfurt a. M. Fischer.
    1974 Totem und Tabu
           in: ders.: Studienausgabe Band IX, hrsg. v. Mitscherlich, Alexander u.a.
           Frankfurt am Main. Fischer.

Friedrich, M., A. Hagemann-Doumbia, R. Kapfer, W. Petermann, R. Thoms; M.-J. v.d. Loo
(Hrsg.)
    1984   Die Fremden sehen. Ethnologie und Film.
           München. Trickster.

Galin, Dagmar.
    1997   Vaaloa. Die Ankunft der weißen Geister.
           Erster Kontakt mit Europäern in der Überlieferung Ozeaniens.
           Berlin. Clemens Zerling.

Gadamer, Hans Georg
    1965   Wahrheit und Methode. Grundzüge einer philosophischen Hermeneutik.
           Tübingen. Mohr.

Garanger, José
    1972   Mythes et Archéologie en Océanie.
           In: La Recherche 21:233-242
    1996   Preface to „The arts of Vanuatu"
           In: Bonemaison et al. "The arts of Vanuatu" S. 8-12
           Bathurst. Crawdford House Publishing.

Geertz, Clifford
    1973   The Interpretation of Cultures. Selected Essays.
           New York. Basic Books.
    1987   Dichte Beschreibung.
           Frankfurt a. Main. Suhrkamp.
    1990   Die künstlichen Wilden. Der Anthropologe als Schriftsteller.
           München & Wien. Hanser.

Gennep, Arnold van
    1986   Übergangsriten.
           Frankfurt / New York. Campus. (Franz. Orig. 1906)

Girtler, Roland
    1979   Kulturanthropologie.
           München. dtv.

Gluckman, Max & Mary
    1977   On Drama, Games, and Athletic Contests.
           In: Moore, Sally & Myerhoff, Barbara "Secular Ritual"
           Amsterdam. Van Gorcum Ltd.

Godelier, Maurice
    1973   Ökonomische Anthropologie.
           Untersuchungen zum Begriff der sozialen Struktur primitiver Gesellschaften.
           Reinbek. rowohlt.
    1987   Die Produktion der großen Männer.
           Macht und männliche Vorherrschaft bei den Baruya in Neuguinea.
           Frankfurt a. M. Campus.
           1991   Wird der Westen das universale Modell der Menschheit?
           Wien. Picus Verlag.

Godelier, Maurice and **Strathern** Marilyn
　　　1991　Big men and great men: personifications of power in Melanesia.
　　　　　　Cambridge University Press & Editions de la maison des sciences de l'homme.
　　　　　　Cambridge & Paris.

Goffman, Erving
　　　1969　Wir spielen alle Theater – Die Selbstdarstellung im Alltag.
　　　　　　München. Piper.

Gorecki, Paul
　　　1996　The Initial Colonisation of Vanuatu.
　　　　　　In: Bonemaison et al. "The arts of Vanuatu" S. 62-65
　　　　　　Bathurst. Crawdford House Publishing.

Gourgechon's, Charlene
　　　1974　Journey to the end of the world. A three year adventure in the New Hebrides.
　　　　　　New York. Charles Scribner's Sons.

Green, Roger C.
　　　1991　Near and Remote Oceania – disestablishing 'Melanesia' in culture istory.
　　　　　　In : Man and a Half : Essays in Honor of Ralph Bulmer. pp.491-502.
　　　　　　Ed.by A.K. Pawley.
　　　　　　Auckland. The Polynesian Society.

Guiart, Jean
　　　1951　Société, Rituels et Mythes du Nord Ambrym (Nouvelles Hébrides).
　　　　　　In: Journal de la Societé des Océanistes 7: 5-103
　　　1952　Report on the native situation in the North of Ambrim (New Hebrides)
　　　　　　In : South Pacific. Vol. V. No. 2.
　　　1956　Le mouvement coopératif aux Nouveles Hebrides.
　　　　　　In: Journal de la Societé des Océanistes 12: 321-334
　　　1956b Unité culturelle et variations locale dans le centrenord des Nouvelles Hébrides.
　　　　　　In: Journal de la Societé des Océanistes 12: 217-225
　　　1963　Structure de la cheffrie en Mélanesie du sud.
　　　　　　Paris. Institut d'ethnologie.
　　　1965　Mondes et cultures: Nouvelles Hebrides.
　　　　　　Auvers-sur Oise: Archée.

Gundert, Sybille
　　　1984　Der historische Rahmen der wirtschaftlichen
　　　　　　und politischen Entwicklung von Vanuatu.
　　　　　　München. Minerva Publikation.

Gundert-Hock, Sybille
　　　1986　Mission und Wanderarbeit in Vanuatu.
　　　　　　München. Minerva Publikation.

Gunn, W.
　　　1914　The Gospel in Futuna.
　　　　　　London. Hodder and Stoughton.

Gunn, W. (Mrs.)
    1924   Heralds of Dawn! Early Converts in the New Hebrides.
            London. Hodder and Stoughton.

Habermas, Jürgen
    1985   Die neue Unübersichtlichkeit.
            Frankfurt am Main. Suhrkamp.

Hall, Edward T.
    1966   The Silent Language
            New York. Fawcett World Library.

Hambruch, Paul
    1927   Südseemärchen.
            Berlin. Diederichs.

Harris, Marvin
    1987   Cultural Anthropology
            New York. Harper & Row.

    1988   Culture - People- Nature. An Introduction to General Anthropology.
            New York. Harper & Row.

Harrison, Simon
    1993   The Mask of War. Violence, Ritual and the Self in Melanesia.
            Manchester & New York. Manchester University Press.

Hauke, Kai
    2000   Plessner zur Einführung.
            Hamburg. Junius.

Hays, Terence E. (Volume Editor)
    1991   Encyclopedia of World Cultures.
            Volume II. Oceania.
            Boston. Human Relations Area Files Inc. / G.K. Hall & Co.

Herder, Johann Gottfried
    1935   Geist der Völker
            Jena. Diederichs.

Herdt, Gilbert H (Ed.)
    1982   Rituals of Manhood. Male Initiation in Papua New Guinea.
            Berkely, Los Angeles, London. University of California Press.

Hilliard, D.
    1978   God's Gentlemen: A History of the Melanesian Mission 1849 – 1942.
            St. Lucia: University of Queensland Press.

Hobsbawm, Eric
    1983   The Invention of Tradition.
           Cambridge. Cambridge University Press.

Hornbacher, Anette
    2005   Zuschreibung und Befremden. Postmoderne Repräsentationskrise und
           verkörpertes Wissen im balinesichen Tanz.
           Berlin. Reimer.

Houghton, Philip
    1996   People of the Great Ocean. Aspects on Human Biology of the Early Pacific.
           Cambridge University Press.

Howells, William White
    1966   Population distances: biological, linguistic, geographical and environmental.
           In: Current Anthropology 7: 531-540.

    1970   Anthropometric grouping analysis of Pacific peoples.
           In: Archaeology & Physical Anthropology in Oceania 5: pp 192-217.

Hübner, Kurt
    1985   Die Wahrheit des Mythos
           München. Beck.

Huizinga, Johan
    1939   Homo ludens. Versuch einer Bestimmung des Spielelementes in der Kultur.
           Amsterdam. Akad. Verlags Anstalt.

Humphrey, Caroline & **Laidlaw,** James
    1994   The Archetypal Actions of Ritual.
           A Theory of Ritual Illustrated by the Jain Rite of Worship.
           Oxford. Clarendon Press.

Husserl, Edmund
    1981   Philosophie als strenge Wissenschaft.
           Frankfurt a. Main. Klostermann
    1983   Die Phänomenologie und die Fundamente der Wissenschaften.
           Hamburg. Meiner.
    1986   Die Idee der Phänomenologie.
           Hamburg. Meiner.

Hutchins, E.L., Jr.
    1980   Reasoning in Discourse: An Analyses of Trobriand Land Litigation.
           Cambridge Massachusetts. Harverd University Press.

Hymes, Dell H.
    1972   Models of the Interaction of Languages and Social Life.
           In: Gumperz, John J. & Hymes Dell H. (eds.): Directions in Sociolinguistics.
           The Ethnography of Communication: 35-71.
           New York etc. Holt, Rinehart and Winston.

Hymes, Dell H.
>   1973   Die Ethnographie des Sprechens.
>   *In: Arbeitsgruppe Bielefelder Soziologen (Hrsg). Alltagswissen, Interaktion*
>   *und gesellschaftliche Wirklichkeit, Band 2: Ethnotheorie und Ethnographie*
>   *des Sprechens: 338 – 432.*
>   1985   Language, Memory, and Selective Performance: Cultee's 'Salmon Myth' as
>   Twice Told to Boas.
>   *In: Journal of American Folklore Vol. 98, No. 390:391-434*

Island Spirit
>   2004   Inflight Magazine, Air Vanuatu.
>   Issue 28.

Inglis, K.S.
>   1971   The History of Melanesia.
>   Canberra. ANU.

Jensen, Ad. E.
>   1966   Die getötete Gottheit. Weltbild einer frühen Kultur.
>   Stuttgart. Kohlhammer.

Johnson & Johnson
>   1955   South Seas' Incredible Land Divers
>   *In: National Geographic: January 1955 (Vol 107, No. 1: 77-92)*

Jolles, André
>   1976   Mythe.
>   *In: Kerényi, Karl (Hrsg.)*
>   *Die Eröffnung des Zugangs zum Mythos. Ein Lesebuch. S. 194-211*
>   Darmstadt. Wissenschaftliche Buchgesellschaft.

Jolly, Margaret
>   1979   Men, Women and Rank in South Pentecost.
>   Unpublished Ph.D. Dissertation.
>   University of Sydney, Department of Anthropology.
>   1982   Birds and Banyans of South Pentecost: *kastom* in Anti-colonial Struggle
>   *In: Mankind 13: 228-356*
>   1987   The forgotten Women: A History of Migrant Labour and
>   Gender Relations in Vanuatu.
>   *In: Oceania 58 (2):119-139*
>   1991   Gifts, Commodity and Corporeality: Food and Gender in
>   South Pentecost, Vanuatu.
>   *In: Anthropology 14: 45-66*
>   1994a   Women of the Place. *Kastom,* colonialism and gender in Vanuatu
>   Chur, Harwood
>   1994b   *kastom* as Commodity: The Land Dive as Indigenous
>   Rite and Tourist Spectacle in Vanuatu.
>   *In: Lindstrom & White (eds.) Culture - kastom - Tradition.*
>   *Developing Cultural Policy in Melanesia.*
>   Suva, Institute of Pacific Studies, University of the South Pacific.

Jolly, Margaret; **Macintyre,** Martha
    1989   Family and Gender in the Pacific.
             Cambridge etc. Cambridge University Press.

Josselin de Jong, P.E. de
    1966   Ambrym and Other Class Systems.
             In : Bijdragen tot de Taal-, Land- en Volkenkunde 122 (1) :64-81
    1977   Structural Anthropology in the Netherlands.
             The Hague. Martinus Nijhoff.

Jung, C.G.
    1984   Der Mensch und seine Symbole.
             Olten. Walter-Verlag.

Kant,Immanuel
    1989   Kritik der reinen Vernunft.
             Stuttgart: Reclam.

Kaufmann, Christian; **Kaeppler,** Adrienne L.; **Newton,** Douglas.
    1994   Ozeanien: Kunst und Kultur.
             Freiburg i. Br. Herder.

Kayser, Manfred et al.
    2000   Melanesian origin of Polynesian Y chromosomes.
             In: Current Biology 10: 1237-1246
    2001   Melanesian and Australian Y Chromosomes.
             In: American Journal of Human Genetics 68:173-190
    2003   Reduced Y-Chromosome, but Not Mitochondrial DNA, Diversity in Human
             Populations from West New Guinea.
             In: American Journal of Human Genetics 72:281-302

Keesing, Roger; **Strathern**, Andrew
    1998   Cultural Anthropology. A Contemporary Perspective.
             Orlando, Florida. Harcourt Brace & Company.

Keesing, Roger; **Tonkinson,** Robert (eds.)
    1982   Reinventing Traditional Culture. The Politics of Kastom in Island Melanesia.
             Mankind. Special Edition Issue 13/4.

Kerényi, Karl (Hrsg.)
    1976   Die Eröffnung des Zugangs zum Mythos. Ein Lesebuch.
             Darmstadt. Wissenschaftliche Buchgesellschaft.
    1976   Was ist Mythologie?
             In: Kerényi, Karl (Hrsg.)
             Die Eröffnung des Zugangs zum Mythos. Ein Lesebuch. S. 212-233
             Darmstadt. Wissenschaftliche Buchgesellschaft.

Kirch, Patrick Vinton
    1984   The Evolution of Polynesian Chiefdoms.
             Cambridge. Cambridge University Press.
    1986   Island Societies. Archaeological Approaches to Evolution and Transformation.
             Cambridge. Cambridge University Press.

Kirch, Patrick Vinton
  1995   The Lapita Peoples.
         Cambridge (Massachusetts). Blackwell.
  1996   Legacy of the Landscape: An Illustrated Guide to Hawaiian
         Archaeological Sites.
         Honolulu. University of Hawaii Press.
  2000   On the Road of the Winds: An Archaeological History of the Pacific Islands
         Before European Contact.
         Berkeley. University of California Press.

Kirch, Patrick Vinton & **Green**, Roger
  2001   Hawaiki, Ancestral Polynesia: An Essay in Historical Anthropology.
         Cambridge. Cambridge University Press.

Kirk, R.L.
  1982   Linguistic, ecological, and genetic differentiation in New Guinea and the
         Western Pacific.
         In: Current development in anthropological genetics. Vol. 2: 229-53.
         Herausgegeben von: Crawford, M.H. & Mielke, H.J.
         New York. Plenum Press.

Koch, Gerd
  2000   Ein besseres Leben. Eine Suche im Südpazifik..
         Dresden. Gerd Koch Selbstverlag
  2003   Man wusste nicht viel voneinander. Ein Ethnologe unterwegs im Pazifik.
         Dresden. Gerd Koch Selbstverlag.

Köpping, Klaus-Peter & **Rao**, Ursula (Hrsg.)
  2000   Im Rausch des Rituals. Gestaltung und Transformation der
         Wirklichkeit in körperlicher Performanz.
         Hamburg. LIT-Verlag.

Kohl, Karl-Heinz
  2000   Ethnologie. Die Wissenschaft vom kulturell Fremden.
         München. C.H. Beck.

Kokot, Waltraud und Dorle Dracklé (Hrsg.)
  1999   Wozu Ethnologie?
         Berlin. Reimer.

Kuipers, Joel Corneal
  1990   Power in Performance: The Creation of Textual Authority
         in Weyewa Ritual Speech.
         Cambridge. Cambridge University Press.

Laignel-Lavastine, Alexandra
  2002   Cioran, Eliade, Ionesco - L'oubli du fascisme
         Paris. Presses universitaires de France.

Lamb, R.
   1905   Saints and Savages: The Story of Five Years in the New Hebrides.
           Edinburgh, London: Blackwood and Sons.

Lambek, Michael; **Strathern,** Andrew
   1998   Bodies and Persons.
           Comparative Perspectives form Africa and Melanesia.
           Cambridge University Press.

Landmann, Michael
   1962   De Homine. Der Mensch im Spiegel seines Gedankens.
           Freiburg/München. Karl Alber Verlag.

Lane, R.B.
   1956   The Heathen Communities of Southeast Pentecost.
           In: Journal de la Societé des Océanistes 12: 139-180
   1965   The Melanesians of South Pentecost, New Hebrides.
           In: Lawrence, P. and Meggitt, M.: Gods, Ghosts
           and Men in Melanesia: 248-272
           Oxford University Press.

Lane, R. and B.
   1956   A Reinterpretation of the "Anomalous" Six-Section Marriage System
           of Ambrym, New Hebrides.
           In: Southwestern Journal of Anthropology 12:406-414
   1958   The Evolution of Ambrym Kinship.
           In: Southwestern Journal of Anthropology 14(2):107-135

Langer, Susanne
   1956   Philosopy in a new key.
           A study in symbolism of reason, rite, and art.
           New York. New American Library.

Larsen, Helga
   1937   Notes on the Volador and Its Associated Ceremonies and Superstitions.
           In: Ethnos. Bd. II Nr. 4 S. 179-192.

Layard, John
   1942   Stone Men of Malekula
           London.

Leach, Edmund Ronald
   1966   Rethinking Anthropology.
           London. Athlone Press.
   1970   Sermons by a Man on a Ladder.
           In: The New York Review of Books. Oct. 20 1966.
           New York.
   1976   Culture and Communication. The Logic by Which Symbols are Connected.
           Cambridge. Cambridge University Press.

Leeuw, Gerardus van der
    1950   Urzeit und Endzeit.
           In: Eranos Jahrbuch 17, S. 11-51

Lévi-Strauss, Claude
    1949   Les structures élémentaires de la parenté.
           Paris. Plon
    1958   Anthropologie structurale.
           Paris. Plon.
    1962   Le Totémisme aujourd'hui
           Paris. Plon.
    1964   Le cru et le cuit.
           Paris. Plon.
           Englisch 1969: The Raw and The Cooked.
           New York. Harper and Row Publishers.
    1968   Das wilde Denken.
           Frankfurt am Main. Suhrkamp.
    1976ff Mythologica (4 Bde.)
           Frankfurt am Main. Suhrkamp.
    1977   Strukturale Anthropologie
           Frankfurt am Main. Suhrkamp.
    1978   Traurige Tropen.
           Frankfurt a. Main. Suhrkamp.
    1980   Mythos und Bedeutung.
           Frankfurt am Main.Suhrkamp.

Lincoln, Bruce
    1981   Emerging from the Chrysalis.
           Cambridge/London. Harvard University Press (2. Aufl. 1991).
    1999   Theorizing Myth: Narrative, Ideology, and Scholarship.
           Chicago: University of Chicago Press.

Lindstrom, Lamont
    1990   Knowledge and Power in a South Pacific Society.
           Washington DC. Smithsonian Institution Press.
    1993   Cargo Cult.
           Honolulu. University of Hawaii Press.

Lindstrom, Lamont; **White**, Geoffrey M.
    1994   Culture – Kastom – Tradition
           Suva. Institute of Pacific Studies.

Linnekin, Jocelyn; **Poyer**, Lin
    1990   Cultural Identity and Ethnicity in the Pacific.
           Honolulu. University of Hawai'i Press.

Loeliger, Carl; **Trompf**, Garry
    1995   New Religious Movements in Melanesia.
           Suva. University of the South Pacific.

Lipp, Thorolf
2000 Zurück in die Zukunft? Zur Rezeption Mircea Eliades in der Ethnologie.
Universität Bayreuth. Magisterarbeit.
2006 Neuere Daten zur Besiedlungsgeschichte Ozeaniens. Zusammenfassung,
Ausblick und Plädoyer für die Einführung des Begriffes „Neumelanesien".
Unpubliziertes Manuskript.

Lipp, Wolfgang
1994 Drama Kultur.
Berlin. Duncker und Humblot.

Löffler, L.G.
1960 The Development of the Ambrym and Pentecost Kinship Systems.
In: Southwestern Journal of Anthropology 16:442-462

Luckmann, Thomas
1963 Das Problem der Religion in der modernen Gesellschaft.
Institution, Person und Weltanschauung.
Freiburg, Rombach.
1991 Die unsichtbare Religion.
Frankfurt am Main. Suhrkamp.

MacAloon, John
1984 Rite, Drama, Festival, Spectacle (Hrsg.)
Philadelphia. Inst. for the Study of Human Issues
2006 This Great Symbol: Pierre de Coubertin and the Origins of the Modern
Olympic Games.
In: The International Journal of the History of Sport.
Vol. 23, No. 3-4, May–June 2006: S. 666 – 686.

Mageo, Jeannette Marie
2001 Cultural Memory: Reconfoguring History and Identity in
the Postcolonial Pacific.
University of Hawai'i Press 2001

Malinowski, Bronislaw
1925 Magie, Wissenschaft und Religion. Und andere Schriften.
Frankfurt a. Main. Fischer.
1926 Myth in Primitive Psychology.
London. Routledge & Kegan Paul.
1976 Die Rolle der Mythen im Leben.
In: Kerényi, Karl (Hrsg.)
Die Eröffnung des Zugangs zum Mythos. Ein Lesebuch. S. 177-193.
Darmstadt. Wissenschaftliche Buchgesellschaft.
1978 Crime and Custom in Savage Society.
London. Routledge.
1979 [1922] Argonauten des westlichen Pazifik.
Frankfurt am Main. Syndikat Verlag.
1985 Eine wissenschaftliche Theorie der Kultur. Und andere Aufsätze.
Frankfurt a. Main. Suhrkamp.

Marshall, Mac; Caughey, John L.
  1989   Culture, Kin, and Cognition.
         Essays in Honour of Ward H. Goodenough
         Washington, D.C. American Anthropological Association.

Mauss, Marcel
  1968   Sociologie et Anthropologie.
         Paris. Presses Universitaires de France.
  1984   Die Gabe. Form und Funktion des Austausches in archaischen Gesellschaften.
         Frankfurt a. Main. Suhrkamp.

McDougall, L.
  1975   The Quest of the Argonauts.
         In: Williams, T.R. (ed.) Psychological Anthropology.
         Paris. Mouton and Company.

Mead, Margaret
  1947   Male and Female
         New York.
  1965   Leben in der Südsee.
         Jugend und Sexualität in Primitiven Gesellschaften.
         München. Szczesny Verlag.
  1959   Die Mundugumor vom Fluß.
         In: Geschlecht und Temperament in primitiven Gesellschaften
         Hamburg. Rowohlt.

Meggitt, M.J.
  1962   Desert People.
         Sydney. Oxford University Press.

Mescam, Genevieve
  1989   Pentecost. An Island in Vanuatu.
         Suva. University of the South Pacific. Institute of Pacific Studies.

Meillassoux, Claude
  1978   Die wilden Früchte der Frau
         Frankfurt a. Main. Syndikat.
  1979   Le mâle en gésine, ou De l'historicité des mythes.
         In : Cahiers d'Etudes africaines 19 : 353-380

Meyers großes Taschenlexikon
  1987   Mannheim. B.I. Verlag.

Michaels, Axel
  1997   Klassiker der Religionswissenschaft. Von Friedrich
         Schleiermacher bis Mircea Eliade.
         München. Beck.
  2000   Ex opere operato: Zur Intentionalität promissorischer Akte in Ritualen.
         *In: Köpping, K.P./Ursula Rao (Hrsg.), Im Rausch des Rituals. Gestaltung und
         Transformation der Wirklichkeit in körperlicher Performanz. S. 104-123.*
         Münster. Lit-Verlag.

Michaels, Axel
  2002   Wozu Rituale gut sind.
         In : Ruperto Carola, Nr. 3: S. 32-36
  2003   Inflation der Rituale? Grenzen eines vieldeutigen Begriffs.
         In: Humanismus aktuell 13: S. 25-36

Michaels, Axel; **Assmann,** Jan; **Maciejewski,** Franz
  2005   Der Abschied von den Toten. Trauerrituale im Kulturvergleich.
         Göttingen. Wallstein

Miller, J.G.
  1978   Live: A History of Church Planting in the New Hebrides to 1880.
         Book One, Sydney: Committees on Christian Education and Overseas
         Missions; General Assembly of the Presbyterian Church of Australia.
         Book One, Sydney

Monnier, Paul
  1991   L'eglise catholique au Vanuatu.
         Port Vila. Maison Mariste.

Moore, C.R.
  1985   Kanaka: A History of Melanesian Mackay.
         Port Moresby: Institute of Papua New Guinea Studies and University of Papua
         New Guinea Press.

Mückler, Hermann
  2000   Melanesien in der Krise.
         Ethnische Konflikte, Fragmentierung und Neuorientierung.
         Wiener Ethnohistorische Blätter. Heft 46.
         Wien. Institut für Ethnologie, Kultur- und Sozialanthropologie.
  2001   Brennpunkt Melanesien. Historische Rahmenbedingungen, aktuelle Konflikte
         und Zukunftsperspektiven.
         Frankfurt. IKO – Verlag für interkulturelle Kommunikation.

Müller, Klaus E.
  1984   Die bessere und die schlechtere Hälfte
         Frankfurt / New York. Campus.

Müller, Werner
  1956   Die Religion der Waldlandindianer Nordamerikas.
         Berlin. Dietrich Reimer.

Muller, Kal
  1970   Land Diving With the Pentecost Islanders
         In: National Geographic: December 1970 (Vol 138, No.6: 796-817)
  1971   Le saut du Gol dans le sud de l'ile Pentecôte aux Nouvelles-Hébrides.
         In: Journal de la Société des océanistes. XXVII (32): 219-233.
  1974   Funeral Rites in Mallicollo.
         In: Journal de la Societé des Océanistes 30 : 71-77
  1975   Acriculture and Food Preparation in Bunlap (New Hebrides)
         In: Journal de la Societé des Océanistes 31 : 103-221

Nevermann, Hans
1941   Ein Besuch bei Steinzeitmenschen.
        Stuttgart. Kosmos.

Nevermann, Hans; **Worms,** E.A.; **Petri,** Helmut
1941   Ein Besuch bei Steinzeitmenschen.
        Stuttgart. Kosmos.
1968   Die Religionen der Südsee und Australiens.
        In: Die Religionen der Menschheit Bd. 5/2
        Stuttgart. Kohlhammer.

Nichols, J.
1994   The spread of language around the Pacific rim.
        In: Evolutionary Anthropology 3:206-215

Nile, Richard & **Clerk,** Christian
1998   Australien, Neuseeland und der Südpazifik.
        Augsburg. Bechtermünz.

NPC (National Population Census 1999)
1999   Population Atlas III: Ambae, Maewo. Pentecost
        Port Vila / Vanuatu. Statistics Office.

O'Byrne, Denis und David Harcombe
1999   Vanuatu.
        Hawthurn. Lonely Planet Publications.

O'Hanlon, Michael; **Welsch,** Robert, L.
2000   Hunting the Gatherers.
        Ethnographic Collectors, Agents and Agency in Melanesia, 1870's – 1930's
        New York & Oxford. Berghahn Books.

Oliver, Douglas L.
1988   Return to Tahiti: Blighs Second Breadfruit Voyage.
        Honolulu. University of Hawaii Press.
1989a   Native Cultures of the Pacific Islands.
        Honolulu. University of Hawaii Press.
1989b   Oceania: The Native Cultures of Australia and the Pacific Islands.
        Honolulu. University of Hawaii Press.
1989c   The Pacific Islands.
        Honolulu. University of Hawaii Press.

Oppitz, Michael
1975   Notwendige Beziehungen. Abriß der strukturalen Anthropologie.
        Frankfurt am Main. Suhrkamp.
1992   Mythische Reisen.
        In: Karl Heinz Kohl (Hrsg.): Mythen im Kontext.
        Ethnologische Perspektiven. S. 19-48.
        Frankfurt am Main. Campus.

Otto, Walter F.
　　1960　Dionysos. Mythos und Kultus.
　　　　　Frankfurt am Main. Vittorio Klostermann.

Pannof, Michel; **Perrin,** Michel
　　1982　Handwörterbuch der Ethnologie.
　　　　　Berlin. Reimer.

Parsonson, G.S.
　　1956　La mission presbyterienne des Nouvelles Hebrides.
　　　　　In: Journal de la Societé des Océanistes 12 (12):107-137

Patterson, Mary
　　1976　Kinship, Marriage and Ritual in North Ambrym. Ph.D thesis,
　　　　　Anthropology, University of Sydney
　　1981　Slings and Arrows: Rituals of Status Acquisition in North Ambrym.
　　　　　In: M. Allen (Ed.) Vanuatu. Politics, Economics and Ritual
　　　　　in Island Melanesia.

Pawley, A.K. & **Green,** R.C.
　　1973　Dating the dispersal of Oceanic Languages.
　　　　　In: Oceanic Linguistics 12: 1-67.

Petermann, Werner
　　2004　Die Geschichte der Ethnologie.
　　　　　Wuppertal. Peter Hammer Verlag.

Platon
　　1974　Jubiläumsausgabe sämtlicher Werke.
　　　　　Herausgegeben von O. Gigeon, übersetzt von R. Rufener.
　　　　　Zürich und München.

Plessner, Helmuth
　　1965　Die Stufen des Organischen und der Mensch.
　　　　　Einleitung in die philosophische Anthropologie.
　　　　　Berlin. De Gruyter.

Popitz, Heinrich
　　1994　Spielen.
　　　　　Göttingen. Wallstein Verlag.

Preuß, Konrad Theodor
　　1933　Der religiöse Gehalt der Mythen.
　　　　　Tübingen. J.C.B. Mohr (Paul Siebeck).

Quanchi, Max; **Adams,** Ron W. (eds.)
　　1993　Culture Contact in the Pacific. Essays on Contact, Encounter & Response.
　　　　　Cambridge. Cambridge University Press.

Radcliffe-Brown, A.R.
>1927 The Regulation of Marriage in Ambrym.
>*In: Journal of the Royal Anthropological Institute 57:343-348*
>1929 A Further Note on Ambrym
>*In: Man 29:50-53*
>1952 Structure and Function in Primitive Society
>London. Routledge & Kegan Paul.

Radin, Paul
>1957 Primitive Man as Philosopher.
>New York. Dover Publications.

Rappaport, Roy A.
>1979 Ecology, Meaning and Religion.
>Richmond, California. Richmond Books.

Redd, A.J. & **Stoneking,** M.
>1999 Peopling of Sahul: mtDNA variation in aboriginal Australian and Papua New
>Guinea populations.
>*In: American Journal of Human Genetics 65:808-828*

Reimann, Ralf-Ingo
>1998 Der Schamane sieht eine Hexe, der Ethnologe sieht nichts.
>Menschliche Informationsverarbeitung und ethnologische Forschung.
>Frankfurt/New York. Campus.

Rennie, Brian
>1996 Reconstructing Eliade. Making Sense of Religion.
>Albany. State University of New York Press.
>2001 Changing Religious Worlds. The Meaning ans end of Mircea Eliade. (Ed.)
>Albany. State University of New York Press.
>2007a The International Eliade (Ed.)
>Albany. State University of New York Press.
>2007b Mircea Eliade. A Critical Reader. (Ed.)
>London. Equinox.

Reynolds, H.
>1995 Fate of a free people. A radical re-examination of the Tasmanian wars.
>Melbourne. Penguin Books.

Rhoads, J.G.
>1983 Melanesian Gene Frequencies: a multivariate data-analytic approach.
>*In: Journal of Human Evolution 12: 93-101.*

Ricketts, Mac Linscott
>1973 In Defense of Eliade: Toward bridging the Communications gap
>between Anthropology and the History of Religions.
>*In: Religion:Journal of Religion and Religions. S. 13-43*
>1988 Mircea Eliade: The Romanian Roots. 2 Vols.
>New York. Columbia University Press

Riesenfeld. A.
>   1950   The megalithic culture of Melanesia.
>   Leiden. E.J. Brill.

Rivers, W.H.R.
>   1914   The history of Melanesian Society.
>   Cambridge. Cambridge University Press.
>   1915   Descent and Ceremonial in Ambrim.
>   *In: Journal of the Royal Anthropological Institute 45:229-233*

Roberts, R.G. & **Jones,** R.
>   1994   Luminescence dating of sediments: new light on
>   the human colonisation of Australia.
>   *In: Australian Aboriginal Studies. 2:2-7*

Roberts, R.G.; **Jones**, R.; **Smith,** M.A.
>   1990   Thermoluminescence dating of of a 50.000-year-old human
>   occupation site in Northern Australia.
>   *In: Nature 345:153-156*

Roberts-Thomson, J.M. et al
>   1996   An ancient common origin of Aboriginal Australians and New Guinea High-
>   landers is supported by a á-globinhaplotype analysis.
>   *In: American Journal of Human Genetics 58:1017-1024*

Rodemeier, Susanne
>   2006   Tutu Kadire in Pandai – Munaseli. Erzählen und Erinnern auf der vergessenen
>   Insel Pantar (Ostoindonesien).
>   Münster. Lit Verlag.

Rodman, M.C.
>   1974   Men of Influence, Men of Rank: Leadership and Graded
>   Society on Aoba, New Hebrides.
>   PhD thesis. University of Chicago.
>   1989   Deep Water
>   Boulder. Westwood Press.

Rodman, W.L.
>   1987   Masters of Tradition: Consequences of Customary
>   Land Tenure in Longana, Vanuatu.
>   Vancouver. University of British Columbia Press.

Rodman, W.L. and **Rodman**, M.C.
>   1985   Rethinking *kastom*: On the Politics of Place Naming in Vanuatu.
>   *In: Oceania 40 (4): 242-251.*

Rowe, Sharon
>   1998   Modern Sports: Liminal Ritual or Liminoid Leisure.
>   *In: Journal of Ritual Studies. 12.1 pp.47-60.*

Rudolph, Kurt
  1984   Eliade und die „Religionsgeschichte".
         In: Duerr, Hans Peter (Hrsg.): Die Mitte der Welt. Aufsätze zu Mircea Eliade.
         Frankfurt am Main. Suhrkamp.

Ryan, Lyndan
  1996   The Aboriginal Tasmanians
         Sydney. Allen & Unwin.

Ryman, Anders
  1998   Söderhav - människor och kulturer i Stilla havets övärld
         Göteborg, Kulturhistoriska förlaget.

Sahlins, Marshall
  1963   Poor Man, Rich Man, Big Man, Chief:
         Political Types in Melanesia and Polynesia.
         In: Comparative Studies in Society and History 5 (3): 285-303.
  1992   Inseln der Geschichte.
         Hamburg. Junius.
  1993   Waiting for Focault, Still.
         Chigaco. Chivago University Press.

Saliba, John A.
  1976   „Homo Religiosus" in Mircea Eliade. An Anthropological Evaluation.
         Leiden. E. J. Brill

Scheffler, H.W.
  1966   Ancestor Worship in Anthropology,
         or Observations on Descent and Descent Groups
         In: Current Anthropology 7:541-551
  1970   Ambrym Revisited: A Preliminary Report.
         In: Southwestern Journal of Anthropology 26:52-66
  1984   Kin Classification as Social Structure: The Ambrym Case.
         In: American Ethnologist 11(4):791-806

Schindelbeck, Markus
  1997   Gestern und Heute – Traditionen in der Südsee.
         Festschrift zum 75 Geburtstag von Gerd Koch.
         In: Baessler-Archiv. Beiträge zur Völkerkunde.
         Neue Folge Band XLV (LXX. Band)
         Berlin. Reimer.

Schmid, Thomas
  2000   Australiens Holocaust. Wie englische Siedler, Sträflinge und Soldaten
         zwischen 1802 und 1876 das Volk der Tasmanier ausgerottet haben.
         Hamburg. Die Zeit.(www.zeit.de/archiv/2000/23/200023.tasmanien_.xml)

Schmidt, P. Wilhelm S.V.D.
  1910   Grundlinien einer Vergleichung der Religionen und Mythologien
         der austronesischen Völker.
         Wien.

Schubert, Rose
> 1970   Methodologische Untersuchungen an ozeanischem Mythenmaterial.
> Wiesbaden. Franz Steiner Verlag.

Seligman, B.
> 1927   Bilateral Descent and the Formation of Marriage Classes.
> *Journal of the Royal Anthropological Institute 57:349-375*
> 1928   Asymmetry in Descent, with Special Reference to Pentecost.
> *Journal of the Royal Anthropological Institute 58:533-537*

Sherzer, Joel
> 1983   Kuna Ways of Speaking: An Ethnographic Perspective.
> Austin. University of Texas Press.

Shineberg, D.
> 1967   They came for Sandalwood: A Study of the Sandalwood Trade
> in the S.W. Pacific, 1830 – 1865.
> Melbourne. Melbourne University Press.

Shostak, Marjorie
> 2001   Nisa erzählt.
> Hamburg. Rowohlt.

Shutler, R., Jr. & **Marck**, J.C.
> 1975   On the dispersal of the Austronesian horticulturalists.
> *In: Archaology & Physical Anthropology in Oceania. 10: 81-113.*

Siegel, J.
> 1985   Origins of Pacific Islands Labourers in Fiji.
> *In: The Journal of Pacific History 20:42-54*

Silitoe, Paul
> 1998   An Introduction to the Anthropology of Melanesia. Culture and Tradition.
> Cambridge. Cambridge University Press.
> 2000   Social Change in Melanesia. Development and History.
> Cambridge. Cambridge University Press.

Singer, A.
> 1973   Marriage Payments and the Exchange of People.
> *In: Man 8 (1):80-92*

Siro, Steve
> o.J.   The Origins of the Pentecost Land Diving Ritual.
> Recent Influences on the Custom.
> Port Vila. Vanuatu Kaljoral Senta.

Speiser, Felix
> 1923   Ethnographische Materialien aus den Neuen Hebriden und den Banks-Inseln
> Berlin. C.W. Kreidel's Verlag.
> 1996   Ethnology of Vanuatu. An early twentieth century study.
> Bathurst. Crawford House Publishing.

Spriggs, Matthew
 1985 The Lapita Cultural Complex: origins, distribution, contemporaries
   and successors.
   In: Journal of Pacific History 1985: 185-206

Staal, Frits
 1975 The Meaninglessness of Ritual.
   In: Numen 26,No. 1: 2-22.
 1989 Rituals Without Meaning. Ritual, Mantras and the Human Sciences.
   New York: Peter Lang.

Stagl, Justin
 1971 Älteste und Big Men. Politische Führungsrollen in Melanesien.
   In: Zeitschrift für Politik. Vol. 18: 368-383.

Stephen, Michele (Ed.)
 1987 Sorcerer and Witch in Melanesia.
   New Brunswick. Rutgers University Press.

Stöhr, Waldemar; **Zoetmulder,** Piet
 1965 Die Religionen Indonesiens.
   Stuttgart. Kohlhammer.

Stöhr, Waldemar
 1972 Melanesien. Schwarze Inseln der Südsee. (Ausstellungskatalog)
   Rautenstrauch - Joest – Museum für Völkerkunde Köln.
   Köln. Bachem.
 1991a Mana & Tabu – Die ozeanischen Religionen.
   In: Eliade, Mircea: Geschichte der religiösen Ideen.
   Band 3/2: 143-183 (herausgegeben von Ioan P. Cilianu)
   Freiburg im Breisgau. Herder.
 1991b Totem, Traumzeit, Tjurunga – Die australischen Religionen.
   In: Eliade, Mircea: Geschichte der religiösen Ideen.
   Band 3/2: 184-207 (herausgegeben von Ioan P. Cilianu)
   Freiburg im Breisgau. Herder.

Strathern, Andrew J.
 1969a Descent and Alliance in the New Guinea Highlands.
   Some Problems of Comparison.
   In: Proceedings of the Royal Anthropological Institute, 37-52
 1969b Finance and Production: Two Strategies in New Guinea
   Highlands Exchange Systems.
   In: Oceania 40(1):42-67

Strathern, Marilyn
 1972 Women in Between :Female Roles in a Male World
   London.. Seminar Press.
 1984 Subject or Object? Women and the Circulation of Valuables in Highlands New
   Guinea. In R. Hirschon (ed.) *Women and Property, Women as Property.*
   London: Croom Helm.

Strathern, Marilyn
    1987   The Gender of the Gift.
           Problems with Women and Problems with Society in Melanesia.
           Berkely University of California Press.

Strathern, Andrew; **Stewart,** Pamela; **Carucci,** Laurence M.; **Poyer,** Lyn; **Feinberg,**
    Richard; **Macpherson,** Cluny
    2002   Oceania. An Introduction to the Cultures and Identities of Pacific Islanders.
           Durham. Carolina Academic Press.

Streck, Bernhard
    1997   Fröhliche Wissenschaft Ethnologie.
           Wuppertal. Trickster.

Strenski, Ivan.
    1987   Four theories of myth in twentieth-century history:
           Cassirer, Eliade, Lévi-Strauss, and Malinowski.
           University of Iowa Press.

Stresser-Péan, Guy
    1947   Les origines du volador et du comelagatoazte.
           In: Actes du XXVIIIe Congrès International des
           Américanistes: S. 327-334. Paris.

Swain, Tony; **Trompf,** Garry.
    1995   The religions of Oceania:
           London, 1995.

Tattevin Élie
    1915   A l'ombre des ignames. Mythes et legends de l'île Pentecôte.
           In: Les Missiones Catholiques 47:213, 226-7, 236-7
    1917   L'organisation sociale chez les canaques neo-hébridais.
           In: Les Missiones Catholiques 49:89, 102-2
    1919   Sacrifices et superstitions chez les canaques.
           In: Annales dePropagation de la Foi 91:263-270.
    1925   Censitaire de l'île Pentecote.
           Nicht veröffentlichtes Manuskript.
           Archives de l'Eglise Catholique au Vanuatu.
    1926   Sur les bords de la mer sauvage.
           In : Revue d'Histoire des Missions, 3: 370-413
    1927a Sur les bords de la mer sauvage.
           In : Revue d'Histoire des Missions, 4: 82-97
    1927b Sur les bords de la mer sauvage.
           In : Revue d'Histoire des Missions, 4: 407-429
    1927c Sur les bords de la mer sauvage.
           In : Revue d'Histoire des Missions, 4: 557-579
    1928   L'organisation sociale du sud de l'île Pentecôte
           In : Anthropos 23 :448-463
    1929   Mythes et legends du Sud de l'île Pentecôte.
           In: Anthropos 24:983-1004

Tattevin Élie
1931 Mythes et legends du Sud de l'île Pentecôte.
In: Anthropos 26:489-512

Terrell, John
1986 Prehistory in the Pacific Islands
Cambridge. Cambridge University Press.

Terrell, John et al.
2001 Foregone conclusions. In search of Papuans and Austronesians.
In: Current Anthropology 41:97-124

Thiel, Josef Franz
1992 Grundbegriffe der Ethnologie
Berlin. Reimer.

Thorne, A. et al.
1999 Australias oldest human remains: age of the Lake Mungo 3 skeleton.
Journal of Human Evolution 36: 591-612

Thurnwald, Richard
1927 Die Eingeborenen Australiens und der Südseeinseln.
Tübingen. Mohr.
1953 Forschungen zur Sozialpsychologie und Ethnologie.
Berlin. Duncker und Humblot.
1965 Economics in primitive communities.
Oosterhout. Anthropological Publications.

Tonkinson, Robert
1982a *Kastom* in Melanesia: Introduction.
In: Keesing & Tonkinson (eds.) Reinventing Traditionale Culture: The Politics of Kastom in Island Melanesia. Mankind Special Issue 13/4: 302-315
1982b National Identity and the Problem of Kastom in Vanuatu.
In: Keesing & Tonkinson (eds.) Reinventing Traditionale Culture: The Politics of Kastom in Island Melanesia. Mankind Special Issue 13/4: 302-315

Torrence, Robin; **Clark,** Anne (eds.)
2000 The Archaeology of Difference.
Negotiating cross-cultural engagements in Oceania.
London & New York. Routledge.

Turner, Victor
1982 The Ritual Process. Structure and Anti-Structure.
New York. Aldine Publishing. (9..Auflage)
1985 On the Edge of the Bush: Anthropology as Experience.
Tuscon, Arizona. University of Arizona Press.
1989 Vom Ritual zum Theater. Der Ernst des menschlichen Spiels.
Frankfurt. Edition Qumran im Campus Verlag.

Literaturverzeichnis

Tyron, Darrell
>
> 1996   The Peopling of Oceania. The Linguistic Evidence.
> *In: Bonemaison et al. "The arts of Vanuatu" S. 54-61*
> *Bathurst. Crawdford House Publishing.*
>
> 2001   Evri samting yu wantem save long Bislama be yu fraet tumas blong askem.
> A traveller's guide to Vanuatu Pidgin English.
> Singapur. Media Masters.

Van Trease, Howard,
>
> 1995   Melanesian Politics. Stael blong Vanuatu.
> Christchurch & Suva.

Vanuatu Government
>
> 1991   National Population Census May 1989.
> Port Vila. Statistics Office.

Valjavec, Friedrich
>
> 1995   Wege der Tradition: Aspekte kultureller Wechselbeziehungen in Vanuatu und
> Neukaledonien.
> Berlin. Reimer.

Völger, Gisela,
>
> 1973   Die Tasmanier. Versuch einer ethnographisch historischen Rekonstruktion.
> Wiesbaden. Steiner.
>
> 1985   Die Braut. Geliebt, verkauft, getauscht, geraubt.
> Zur Rolle der Frau im Kulturvergleich. (Hrsg.)
> Köln. Ausstellungskatalog. Rautenstrauch Jost Museum für Völkerkunde.
>
> 1990   Männerbande – Männerbünde
> Zur Rolle des Mannes im Kulturvergleich. (Hrsg.)
> Köln. Ausstellungskatalog. Rautenstrauch Jost Museum für Völkerkunde.
>
> 1997   Sie und Er.
> Frauenmacht und Männerherrschaft im Kulturvergleich. (Hrsg.)
> Köln. Ausstellungskatalog. Rautenstrauch Jost Museum für Völkerkunde.
>
> 1997a Männergeburten. Zur Problematik einer kulturbestimmenden Kraft.
> *In Völger 1997: Frauenmacht und Männerherrschaft im Kulturvergleich.*
> *(Hrsg.)*
> Köln. Ausstellungskatalog. Rautenstrauch Jost Museum für Völkerkunde.

Vorländer, Karl
>
> 1955   Geschichte der Philosophie.
> Zweiter Band: Die Philosophie der Neuzeit bis Kant.
> Hamburg. Richard Meiner Verlag.

Wagner, Roy
>
> 1981   The Invention of Culture.
> Chicago. University of Chicago Press.

Walsh, David
>
> 1972   Languages of Pentecost Island.
> Paper presented at Conference on the New Hebrides.
> Sydney University.

Wassmann, Jürg
  1993   Zahl und Zählen. Requiem für den allwissenden Informanten.
         In Wassmann, Jürg: Das Ideal des leicht gebeugten Menschen. Eine Ethno-
         kognitive Analyse der Yupno in Papua Neu Guinea. S. 43 – 82.
         Berlin. Reimer.

Weber, Max
  1980   Wirtschaft und Gesellschaft. Grundriß der verstehenden Soziologie
         Tübingen. Mohr.

Weiss, Florence
  1986   Die dreisten Frauen. Eine Begegnung in Papua Neuguinea.
         Frankfurt. Fischer Taschenbuch.

White, G.P.; **O'Connell,** F.
  1982   A Prehistory of Australia, New Guinea and Sahul.
         Sydney. Academic Press.

White, Peter J.
  1973   Melanesia.
         In: Jennings, Jesse D. (ed.): The prehistory of Polynesia. P. 352-377.
         Cambridge, Massachusetts.

Wilpert, Clara B.
  1987   Südsee. Inseln, Völker und Kulturen.
         Hamburg. Christians.

Worsley, Peter
  1968   The Trumpet Shall Sound. A Study of Cargo Cults in Melanesia.
         New York. Schoken Books.

Wouden, F. A. E. van
  1968   Types of social structure in Eastern Indonesia.
         La Haye. Martinus Nijhof.

Wurm, Stephan A.
  1982   Papuan Languages of Oceania.
         Tübingen. Narr.

FILME

Garve, Roland
    1997   Die Turmspringer von Pentecost
            Hamburg, Norddeutscher Rundfunk.

Lipp, Thorolf
    1998   Kava - The Drink of the Gods. (Film, englisch, 90 Minuten)
            Suva. Institute of Pacific Studies.
    1999   Kava - Trank der Götter. (Film, deutsch 58 Minuten)
            München. Bayerischer Rundfunk.
    2004   Vom Ursprung. (Film, deutsch, 45 Minuten)
            München. Bayerischer Rundfunk.

Muller, Kal
    1971   New Hebrides Film Project: Pentecost Island (46 min)
            National Anthropological Archives – Human Studies Film Archives
            (OC-75.1.3)

Seale, John
    1990   Till there was You. (Spielfilm, 90 Minuten)
            AUS 1990.

Segur, Jerome
    2004   Mann braucht Mut.
            ZED, Paris (in Deutschland ausgestrahlt zuerst vom WDR)

ABBILDUNGSVERZEICHNIS
Photos und Zeichnungen:[298]

---

[298] MK = Martina Kleinert; TL = Thorolf Lipp; KF = Katrin Friedrich; AH = Amelie Hüneke; KK = Katharina Kaiser.

Abbildungsverzeichnis

Tafeln:

Abbildungsverzeichnis

INDEX